손해사정사 1차
한권으로 끝내기
보험업법

끝까지 책임진다! 시대에듀!
QR코드를 통해 도서 출간 이후 발견된 오류나 개정법령, 변경된 시험 정보, 최신기출문제, 도서 업데이트 자료 등이 있는지 확인해 보세요!
시대에듀 합격 스마트 앱을 통해서도 알려 드리고 있으니 구글 플레이나 앱 스토어에서 다운받아 사용하세요.
또한, 파본 도서인 경우에는 구입하신 곳에서 교환해 드립니다.

편집진행 서정인 | **표지디자인** 하연주 | **본문디자인** 장성복·윤준하

2026 시대에듀 손해사정사 1차 보험업법 한권으로 끝내기

Always with you

사람의 인연은 길에서 우연하게 만나거나 함께 살아가는 것만을 의미하지는 않습니다.
책을 펴내는 출판사와 그 책을 읽는 독자의 만남도 소중한 인연입니다.
시대에듀는 항상 독자의 마음을 헤아리기 위해 노력하고 있습니다. 늘 독자와 함께하겠습니다.

PROFILE

김명규
- 인하대학교 사학과 졸업
- 경희대학교 대학원 졸업(보험행정 전공)
- 現) 목원대학교 금융보험부동산학과 교수
- 現) 한국손해사정학회 상임 부회장
- (사)한국손해사정사회 기획실장, 사무국장, 사무총장 역임(1998~2014)
- 금융감독원 손해사정사 제도개선 TF팀(2013)
- 남북협력기금지급심의위원(2004~2014)
- 자동차사고과실비율인정기준 개정작업 위원(2014)
- 국민대학교 법무대학원 손해사정전공 외래교수
- 손해사정사 시험 출제 및 선정위원 역임
- 현대손해사정(주) 대표이사 역임
- 한국소비자원 보험전문상담위원 역임
- 중소기업제조물책임분쟁조정위원 역임

강문우
- 아주대학교 대학원 졸업(금융보험 전공) 경영학 석사
- 목원대학교 대학원 졸업(보험전공) 경영학 박사
- 現) 목원대학교 겸임교수
- 現) 명문손해사정사법인 대표
- 現) 손해사정법인 CANA 재물사업팀장

김창영
- 한양대학교 경영학사(회계학전공)
- 목원대학교 대학원 경영학석사(금융보험전공)
- 現) 목원대학교 부동산금융보험학과 겸임교수
- 現) 미래보험교육원 재물손해사정사 전임교수
- 現) 가람종합손해사정(주) 대표이사
- 종합손해사정사(신체, 재물, 차량)
- KMAS(한국경영자문원) 경영지원본부장
- 한국손해사정학회 재무관리위원장
- 한국손해사정학회 종신회원
- 한국손해사정사회 이사 · 감사 · 서울지회장 역임
- 중부연합뉴스 · 어떠카지 TV · 데일리경제 칼럼니스트 역임

보다 깊이 있는 학습을 원하는 수험생들을 위한
시대에듀의 동영상 강의가 준비되어 있습니다.
www.sdedu.co.kr ➜ 회원가입(로그인) ➜ 강의 살펴보기

머리말 PREFACE

손해사정사 시험의 처음과 끝, 손해사정사 1차 보험업법 한권으로 끝내기

손해사정사는 보험사고발생시 손해액 및 보험금의 산정업무를 전문적으로 수행하는 자로서 보험금 지급의 객관성과 공정성을 확보하여 보험계약자나 피해자의 권익을 침해하지 않도록 해주는 일을 하는 보험업계의 전문자격인 입니다.

손해사정사 시험은 2014년부터 대폭 변경되어 시행하고 있습니다. 즉 손해사정사의 종류를 1종에서 4종까지 업무영역에 따라 분류하던 방식에서 재물·차량·신체의 세 영역으로 새롭게 분류하였습니다. 손해사정사 1차 시험 과목은 「보험업법」, 「보험계약법(상법 중 보험편)」, 「손해사정이론」으로 구성되어 있으며, 객관식 4지 선택형으로 치르게 됩니다.

본서는 과목별 실제시험에 출제될 가능성이 높은 '핵심이론'과 핵심이론을 학습한 후 그 내용을 확인할 수 있는 '기출유형문제'로 구성하였습니다. 또한 최근 10년간 출제된 중요 기출문제와 그 해설을 '기출분석문제 100選'으로 실어 수험생들이 실제 시험의 경향을 체감할 수 있도록 하였습니다. 더불어 '핵심이론 ➡ 기출유형문제 ➡ 기출분석문제 100選' 순으로 학습함으로써 총 세 번의 학습반복효과를 누릴 수 있도록 하였습니다.

수험생들이 시험 준비에 대한 시간과 노력을 줄이기 위해 방대한 학습내용을 한권에 담았으며, 구성과 내용면에서 더 나아질 수 있도록 노력하고 있습니다. 이 한권으로 손해사정사 시험에 합격한다는 것은 쉬운일은 아니지만 불가능한 일도 아닙니다. 이 책을 믿고 선택해주신 수험생들에게 감사의 마음을 전하며, 합격의 행운이 함께 하기를 기원합니다.

대표 편저자 씀

이 책의 구성과 특징 STRUCTURES

STEP 01 | 실전핵심 NOTE

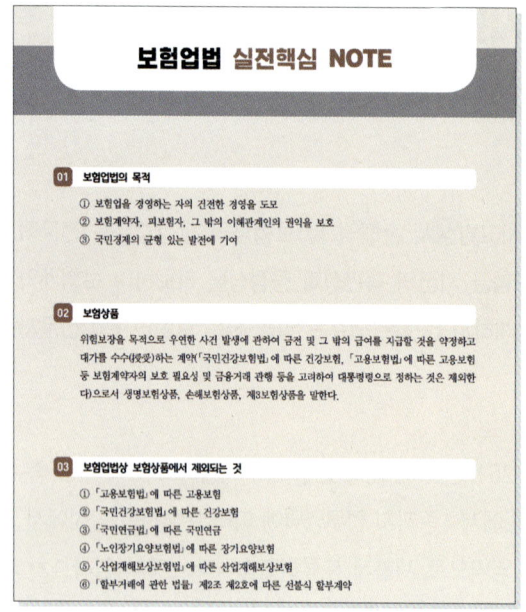
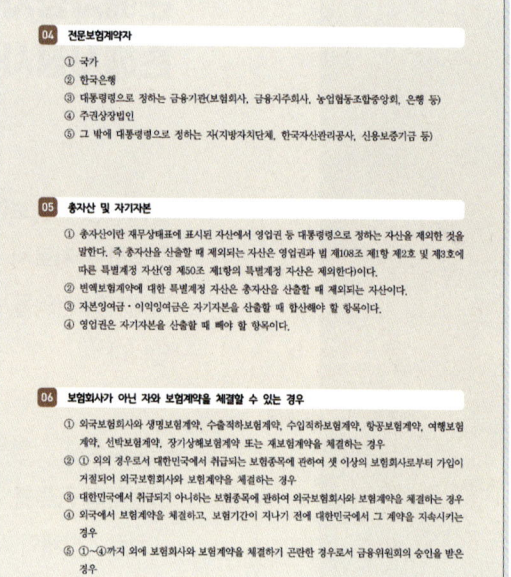

▶ 실제 시험에 나왔던 개념을 알기 쉽게 정리한 실전핵심 NOTE

STEP 02 | 핵심이론

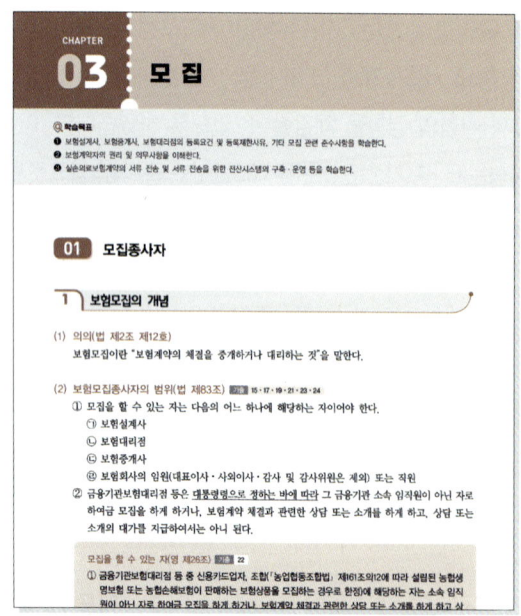
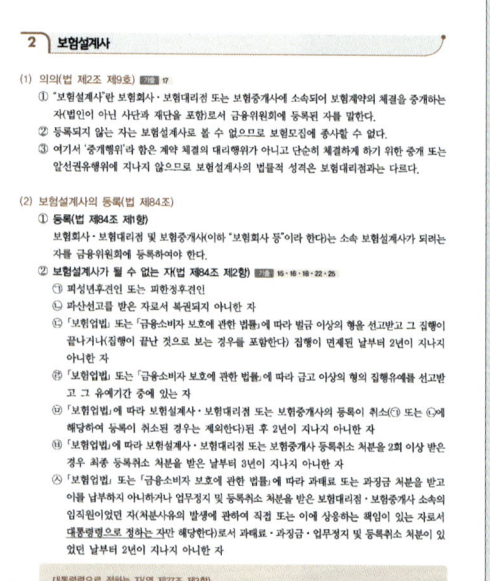

▶ 최근 10개년 기출문제 및 개정사항을 반영하여 꼼꼼하게 수록한 핵심이론

STEP 03 | 기출유형문제

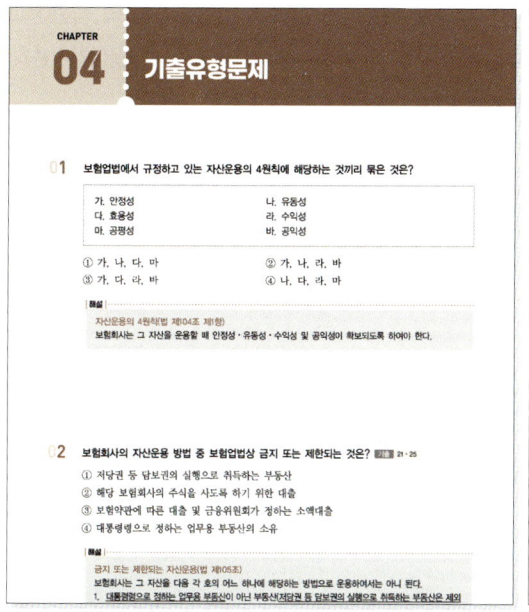
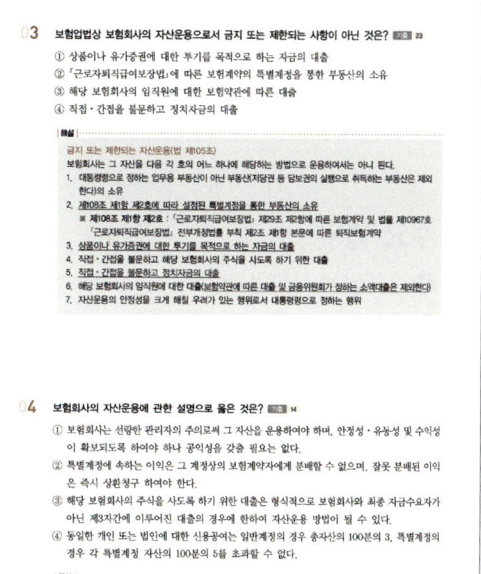

▶ 실전감각을 향상시킬 수 있는 기출유형문제

STEP 04 | 기출 키워드 분석 + 기출분석문제 100選

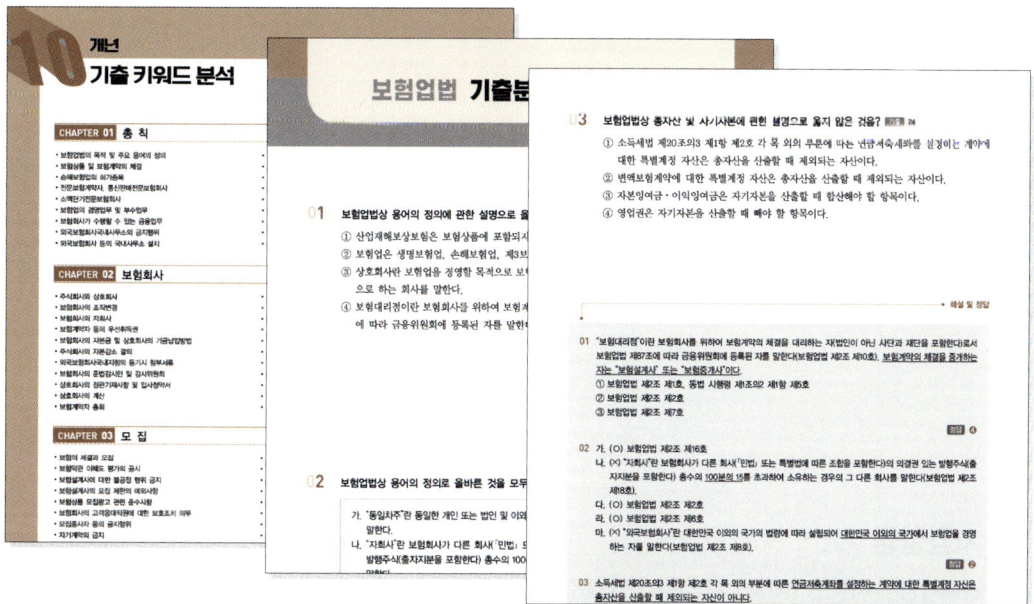

▶ 어떤 포인트가 출제되었는지 한눈에 확인할 수 있는 기출 키워드 분석 & 최근 10년간 출제된 중요 기출 문제만을 엄선하여 수록한 기출분석문제 100選

자격시험 소개 INTRODUCE

◉ 손해사정사란?
보험사고발생시 손해액 및 보험금의 산정업무를 전문적으로 수행하는 자로서 보험금 지급의 객관성과 공정성을 확보하여 보험계약자나 피해자의 권익을 침해하지 않도록 해주는 일, 즉 보험사고발생시 손해액 및 보험금을 객관적이고 공정하게 산정하는 자를 말합니다.

◉ 주요 업무
❶ 손해발생 사실의 확인
❷ 보험약관 및 관계법규 적용의 적정 여부 판단
❸ 손해액 및 보험금의 사정
❹ 손해사정업무와 관련한 서류작성, 제출 대행
❺ 손해사정업무 수행 관련 보험회사에 대한 의견 진술

◉ 손해사정사의 구분

업무영역에 따른 구분	재물손해사정사, 차량손해사정사, 신체손해사정사, 종합손해사정사
업무수행에 따른 구분	고용손해사정사, 독립손해사정사

※ 단, 종합손해사정사는 별도의 시험없이 재물·차량·신체손해사정사를 모두 취득하게 되면 등록이 가능합니다.

◉ 자격취득

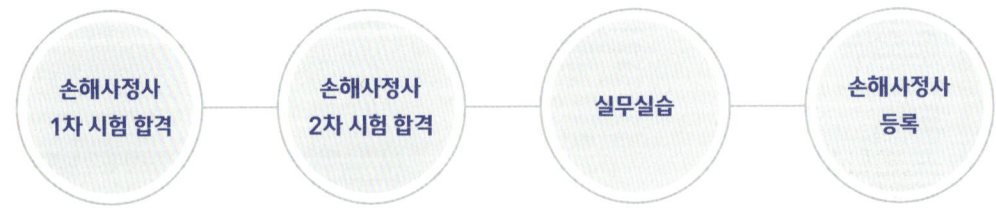

손해사정사 1차 시험 합격 → 손해사정사 2차 시험 합격 → 실무실습 → 손해사정사 등록

◉ 시험일정
손해사정사 시험은 1차와 2차 각각 연 1회 실시됩니다. 1차 시험은 그 해의 상반기(4월)에 실시하고, 2차 시험은 그 해의 하반기(8월)에 실시합니다. 매해 시험일정이 상이하므로 상세한 시험일정은 보험개발원(www.insis.or.kr:8443)의 홈페이지에서 '시행계획공고'를 통하여 확인하시기 바랍니다.

1차 시험 소개 INFORMATION

시험과목 및 방법

구분	재물	차량	신체
시험과목	• 보험업법 • 보험계약법(상법 중 보험편) • 손해사정이론 • 영어(공인시험으로 대체)	• 보험업법 • 보험계약법(상법 중 보험편) • 손해사정이론	• 보험업법 • 보험계약법(상법 중 보험편) • 손해사정이론
시험방법	선택형(객관식 4지 선택형 택1)		
비고	재물손해사정사의 1차 시험과목 중 영어는 공인영어시험으로 대체됩니다.		

합격자 결정

1차 시험 합격자를 결정할 때에는 영어 과목을 제외한 나머지 과목에 대하여 매 과목 100점을 만점으로 하여 매 과목 40점 이상, 전 과목 평균 60점 이상 득점한 사람을 합격자로 결정합니다. 단, 한 과목이라도 과락이 발생하면 합격할 수 없습니다.

검정현황

❶ 재물

구분	2016년 제39회	2017년 제40회	2018년 제41회	2019년 제42회	2020년 제43회	2021년 제44회	2022년 제45회	2023년 제46회	2024년 제47회	2025년 제48회
접수(명)	131	150	153	157	193	170	194	247	290	438
합격(명)	65	55	91	95	101	82	117	143	159	227
합격률(%)	49.62	36.67	59.48	60.51	52.33	48.24	60.31	57.89	54.83	51.83

❷ 차량

구분	2016년 제39회	2017년 제40회	2018년 제41회	2019년 제42회	2020년 제43회	2021년 제44회	2022년 제45회	2023년 제46회	2024년 제47회	2025년 제48회
접수(명)	1,305	1,244	1,177	1,187	1,098	1,036	907	826	849	889
합격(명)	293	138	279	326	191	138	228	203	160	213
합격률(%)	22.45	11.09	23.70	27.46	17.40	13.32	25.14	24.58	18.85	23.96

❸ 신체

구분	2016년 제39회	2017년 제40회	2018년 제41회	2019년 제42회	2020년 제43회	2021년 제44회	2022년 제45회	2023년 제46회	2024년 제47회	2025년 제48회
접수(명)	4,351	4,926	4,947	4,583	5,221	5,217	4,809	5,238	6,022	6,913
합격(명)	1,224	825	1,644	1,667	1,405	1,485	1,795	1,717	1,908	2,423
합격률(%)	28.13	16.75	33.23	36.37	26.91	28.46	37.33	32.78	31.69	35.05

이 책의 차례 CONTENTS

실전핵심 NOTE

핵심이론 + 기출유형문제 + 기출분석문제 100選

CHAPTER 01 총 칙
01 보험업법 일반 … 2
02 보험업의 허가 및 업무 … 10
기출유형문제 … 23

CHAPTER 02 보험회사
01 주식회사 … 50
02 상호회사 … 54
03 외국보험회사국내지점 … 65
기출유형문제 … 68

CHAPTER 03 모 집
01 모집종사자 … 88
02 모집 관련 준수사항 등 … 110
03 보험계약자의 권리 등 … 121
기출유형문제 … 125

CHAPTER 04 자산운용
01 자산운용의 원칙 … 160
02 자회사 … 176
기출유형문제 … 180

CHAPTER 05 계 산
01 개 요 … 191
02 계산 일반 … 192
기출유형문제 … 197

CHAPTER 06 감 독
01 보험감독의 일반 … 204
02 보험업법상의 보험감독규정 … 206
기출유형문제 … 219

CHAPTER 07 해산 및 청산
01 해 산 … 240
02 청 산 … 246
기출유형문제 … 248

CHAPTER 08 관계자에 대한 조사 및 손해보험계약의 제3자 보호
01 관계자에 대한 조사 … 263
02 손해보험계약의 제3자 보호 … 266
기출유형문제 … 270

CHAPTER 09 보험관계단체 등
01 보험협회 등 … 279
02 보험계리 및 손해사정 … 288
기출유형문제 … 301

CHAPTER 10 보칙 및 벌칙
01 보 칙 … 321
02 벌 칙 … 327
기출유형문제 … 340

기출분석문제 100選 … 348

손해사정사 1차
보험업법
한권으로 끝내기

합격의 공식 시대에듀 www.sidaegosi.com

보험업법

실전핵심 NOTE

실제 시험에 나왔던 개념을 알기 쉽게 정리한 NOTE!

보험업법 실전핵심 NOTE

01 보험업법의 목적

① 보험업을 경영하는 자의 건전한 경영을 도모
② 보험계약자, 피보험자, 그 밖의 이해관계인의 권익을 보호
③ 국민경제의 균형 있는 발전에 기여

02 보험상품

위험보장을 목적으로 우연한 사건 발생에 관하여 금전 및 그 밖의 급여를 지급할 것을 약정하고 대가를 수수(授受)하는 계약(「국민건강보험법」에 따른 건강보험, 「고용보험법」에 따른 고용보험 등 보험계약자의 보호 필요성 및 금융거래 관행 등을 고려하여 대통령령으로 정하는 것은 제외한다)으로서 생명보험상품, 손해보험상품, 제3보험상품을 말한다.

03 보험업법상 보험상품에서 제외되는 것

① 「고용보험법」에 따른 고용보험
② 「국민건강보험법」에 따른 건강보험
③ 「국민연금법」에 따른 국민연금
④ 「노인장기요양보험법」에 따른 장기요양보험
⑤ 「산업재해보상보험법」에 따른 산업재해보상보험
⑥ 「할부거래에 관한 법률」 제2조 제2호에 따른 선불식 할부계약

04 전문보험계약자

① 국가
② 한국은행
③ 대통령령으로 정하는 금융기관(보험회사, 금융지주회사, 농업협동조합중앙회, 은행 등)
④ 주권상장법인
⑤ 그 밖에 대통령령으로 정하는 자(지방자치단체, 한국자산관리공사, 신용보증기금 등)

05 총자산 및 자기자본

① 총자산이란 재무상태표에 표시된 자산에서 영업권 등 대통령령으로 정하는 자산을 제외한 것을 말한다. 즉 총자산을 산출할 때 제외되는 자산은 영업권과 법 제108조 제1항 제2호 및 제3호에 따른 특별계정 자산(영 제50조 제1항의 특별계정 자산은 제외한다)이다.
② 변액보험계약에 대한 특별계정 자산은 총자산을 산출할 때 제외되는 자산이다.
③ 자본잉여금·이익잉여금은 자기자본을 산출할 때 합산해야 할 항목이다.
④ 영업권은 자기자본을 산출할 때 빼야 할 항목이다.

06 보험회사가 아닌 자와 보험계약을 체결할 수 있는 경우

① 외국보험회사와 생명보험계약, 수출적하보험계약, 수입적하보험계약, 항공보험계약, 여행보험계약, 선박보험계약, 장기상해보험계약 또는 재보험계약을 체결하는 경우
② ① 외의 경우로서 대한민국에서 취급되는 보험종목에 관하여 셋 이상의 보험회사로부터 가입이 거절되어 외국보험회사와 보험계약을 체결하는 경우
③ 대한민국에서 취급되지 아니하는 보험종목에 관하여 외국보험회사와 보험계약을 체결하는 경우
④ 외국에서 보험계약을 체결하고, 보험기간이 지나기 전에 대한민국에서 그 계약을 지속시키는 경우
⑤ ①~④까지 외에 보험회사와 보험계약을 체결하기 곤란한 경우로서 금융위원회의 승인을 받은 경우

07 보험업의 보험종목

생명보험업	• 생명보험 • 연금보험(퇴직보험을 포함)
손해보험업	• 화재보험 • 해상보험(항공·운송보험을 포함) • 자동차보험 • 보증보험 • 재보험
제3보험업	• 상해보험 • 질병보험 • 간병보험

08 통신판매전문보험회사

「보험업법」상 통신판매전문보험회사란 총보험계약건수 및 수입보험료의 100분의 90 이상을 전화, 우편, 컴퓨터통신 등 통신수단을 이용하여 모집하는 보험회사를 말한다.

09 소액단기전문보험회사

① 자본금 또는 기금은 20억원이어야 한다.
② 보험금의 상한액은 5천만원이어야 한다.
③ 연간 총보험료 상한액은 500억원이어야 한다.
④ 보험기간은 2년 이내의 범위에서 금융위원회가 정하여 고시하는 기간이어야 한다.

10 소액단기전문보험회사가 모집할 수 있는 보험상품의 종류

① 생명보험상품 중 생명보험계약에 따른 보험상품
② 손해보험상품 중 책임보험계약, 도난보험계약, 유리보험계약, 동물보험계약, 비용보험계약, 날씨보험계약에 따른 보험상품
③ 제3보험상품 중 상해보험계약 또는 질병보험계약에 따른 보험상품

11 보험업의 예비허가 및 허가

① 금융위원회는 보험업의 허가에 대하여도 조건을 붙일 수 있다.
② 예비허가의 신청을 받은 금융위원회는 2개월 이내에 심사하여 예비허가 여부를 통지하여야 하며, 총리령으로 정하는 바에 따라 그 기간을 연장할 수 있다.
③ 금융위원회는 예비허가를 받은 자가 예비허가의 조건을 이행한 후 본허가를 신청하면 허가하여야 한다.
④ 제3보험업에 관하여 허가를 받은 자는 대통령령으로 정하는 기준에 따라 제3보험의 보험종목에 부가되는 보험을 취급할 수 있다.

12 보험회사의 겸영업무

보험회사는 경영건전성을 해치거나 보험계약자 보호 및 건전한 거래질서를 해칠 우려가 없는 금융업무로서 다음에 규정된 업무를 할 수 있다.
① 대통령령으로 정하는 금융 관련 법령에서 정하고 있는 금융업무로서 해당 법령에서 보험회사가 할 수 있도록 한 업무
② 대통령령으로 정하는 금융업으로서 해당 법령에 따라 인가·허가·등록 등이 필요한 금융업무
③ 그 밖에 보험회사의 경영건전성을 해치거나 보험계약자 보호 및 건전한 거래질서를 해칠 우려가 없다고 인정되는 금융업무로서 대통령령으로 정하는 금융업무

13 자본금 또는 기금

보험회사는 300억원 이상의 자본금 또는 기금을 납입함으로써 보험업을 시작할 수 있다. 다만, 보험회사가 보험종목의 일부만을 취급하려는 경우에는 50억원 이상의 범위에서 대통령령으로 자본금 또는 기금의 액수를 다르게 정할 수 있다.

14 겸영가능 보험종목

① 생명보험의 재보험 및 제3보험의 재보험
② 다른 법령에 따라 겸영할 수 있는 보험종목으로서 대통령령으로 정하는 보험종목
　겸영가능 보험종목은 다음의 보험을 말한다. 다만, 손해보험업의 보험종목(재보험과 보증보험은 제외한다) 일부만을 취급하는 보험회사와 제3보험업만을 경영하는 보험회사는 겸영할 수 없다.
- 「소득세법」제20조의3 제1항 제2호 각 목 외의 부분에 따른 연금저축계좌를 설정하는 계약
- 「근로자퇴직급여보장법」제29조 제2항에 따른 보험계약 및 법률 제10967호 「근로자퇴직급여보장법」 전부개정법률 부칙 제2조 제1항 본문에 따른 퇴직보험계약

③ 대통령령으로 정하는 기준에 따라 제3보험의 보험종목에 부가되는 보험
　질병을 원인으로 하는 사망을 제3보험의 특약 형식으로 담보하는 보험으로서 다음의 요건을 충족하는 보험을 말한다.
- 보험만기는 80세 이하일 것
- 보험금액의 한도는 개인당 2억원 이내일 것
- 만기시에 지급하는 환급금은 납입보험료 합계액의 범위 내일 것

15 보험회사의 부수업무 제한

금융위원회는 보험회사가 하는 부수업무가 다음의 어느 하나에 해당하면 그 부수업무를 하는 것을 제한하거나 시정할 것을 명할 수 있다.
① 보험회사의 경영건전성을 해치는 경우
② 보험계약자 보호에 지장을 가져오는 경우
③ 금융시장의 안정성을 해치는 경우

16 겸영업무 · 부수업무의 회계처리

보험회사가 다음의 업무 및 부수업무(직전 사업연도 매출액이 해당 보험회사 수입보험료의 1천분의 1 또는 10억원 중 많은 금액에 해당하는 금액을 초과하는 업무만 해당한다)를 하는 경우에는 해당 업무에 속하는 자산·부채 및 수익·비용을 보험업과 구분하여 회계처리하여야 한다.
① 「자산유동화에 관한 법률」에 따른 유동화자산의 관리업무
② 「주택저당채권 유동화회사법」에 따른 유동화자산의 관리업무 〈2023.5.16. 삭제〉
③ 「한국주택금융공사법」에 따른 채권유동화자산의 관리업무
④ 「자본시장과 금융투자업에 관한 법률」 제6조 제6항에 따른 투자자문업
⑤ 「자본시장과 금융투자업에 관한 법률」 제6조 제7항에 따른 투자일임업
⑥ 「자본시장과 금융투자업에 관한 법률」 제6조 제8항에 따른 신탁업

17 보험회사가 수행할 수 있는 금융업무

① 「자산유동화에 관한 법률」에 따른 유동화자산의 관리업무
② 「한국주택금융공사법」에 따른 채권유동화자산의 관리업무
③ 「전자금융거래법」 제28조 제2항 제1호에 따른 전자자금이체업무(같은 법 제2조 제6호에 따른 결제중계시스템의 참가기관으로서 하는 전자자금이체업무와 보험회사의 전자자금이체업무에 따른 자금정산 및 결제를 위하여 결제중계시스템에 참가하는 기관을 거치는 방식의 전자자금이체업무는 제외한다)
④ 「신용정보의 이용 및 보호에 관한 법률」에 따른 본인 신용정보관리업

18 외국보험회사 등의 국내사무소 설치

① 국내사무소의 명칭에는 '사무소'라는 글자를 포함하여야 한다.
② 국내사무소를 설치한 날부터 30일 이내에 금융위원회에 신고하여야 한다.
③ 국내사무소는 보험업을 경영하는 행위 및 보험계약의 중개나 대리 업무를 수행할 수 없다.
④ 「보험업법」에 따른 명령을 위반한 경우, 금융위원회는 6개월 이내의 기간을 정하여 업무의 정지를 명하거나 국내사무소의 폐쇄를 명할 수 있다.

19 외국보험회사국내지점이 등기를 신청하는 경우에 첨부하여야 하는 서류

외국상호회사국내지점이 등기를 신청하는 경우에는 그 외국상호회사국내지점의 대표자는 신청서에 대한민국에서의 주된 영업소와 대표자의 이름 및 주소를 적고 다음의 서류를 첨부하여야 한다.
① 대한민국에 주된 영업소가 있다는 것을 인정할 수 있는 서류
② 대표자의 자격을 인정할 수 있는 서류
③ 회사의 정관이나 그 밖에 회사의 성격을 판단할 수 있는 서류

20 외국보험회사 등의 국내사무소의 금지행위

① 보험업을 경영하는 행위
② 보험계약의 체결을 중개하거나 대리하는 행위
③ 국내 관련 법령에 저촉되는 방법에 의하여 보험시장의 조사 및 정보의 수집을 하는 행위
④ 그 밖에 국내사무소의 설치 목적에 위반되는 행위로서 대통령령으로 정하는 행위

21 외국보험회사의 허가요건

① 30억원 이상의 영업기금을 보유할 것
② 국내에서 경영하려는 보험업과 같은 보험업을 외국 법령에 따라 경영하고 있을 것
③ 자산상황·재무건전성 및 영업건전성이 국내에서 보험업을 경영하기에 충분하고, 국제적으로 인정받고 있을 것
④ 보험계약자를 보호할 수 있고 그 경영하려는 보험업을 수행하기 위하여 필요한 전문 인력과 전산설비 등 물적(物的) 시설을 충분히 갖추고 있을 것. 이 경우 업무의 일부를 외부에 위탁하는 경우에는 그 위탁한 업무와 관련된 전문 인력과 물적 시설을 갖춘 것으로 본다.
⑤ 사업계획이 타당하고 건전할 것

22 외국보험회사국내지점의 대표자

① 대표자는 보험업법에 따른 보험회사의 임원으로 본다.
② 대표자는 회사의 영업에 관하여 재판상 또는 재판 외의 모든 행위를 할 권한이 있다.
③ 외국보험회사국내지점의 대표자는 퇴임한 후에도 후임 대표자의 이름 및 주소에 관하여 「상법」 제614조 제3항에 따른 등기가 있을 때까지는 계속하여 대표자의 권리와 의무를 가진다.
④ 대표자의 권한에 대한 제한은 선의의 제3자에게 대항하지 못한다.

23 외국보험회사국내지점의 허가취소 등

① 금융위원회는 외국보험회사의 본점이 합병, 영업양도 등으로 소멸하는 경우 그 외국보험회사국내지점에 대하여 청문을 거쳐 보험업의 허가를 취소할 수 있다.
② 외국보험회사국내지점의 대표자는 퇴임한 후에도 후임 대표자의 이름 및 주소에 관하여「상법」에 따른 등기가 있을 때까지는 계속하여 대표자의 권리와 의무를 가진다.
③ 외국보험회사국내지점은 그 외국보험회사의 본점이 휴업하거나 영업중지한 경우에는 그 사유가 발생한 날부터 7일 이내에 그 사실을 금융위원회에 알려야 한다.
④ 보험업의 허가를 받은 외국보험회사의 본점이 보험업을 폐업하거나 해산한 경우에는 금융위원회가 필요하다고 인정하면 잔무처리를 할 자를 선임하거나 해임할 수 있다.

24 주식회사의 조직변경

① 주식회사의 조직변경은 주주총회의 결의를 거쳐야 한다.
② 주식회사는 조직변경을 결의할 때 보험계약자 총회를 갈음하는 기관에 관한 사항을 정할 수 있다.
③ 보험계약자 총회는 보험계약자 과반수의 출석과 그 의결권의 4분의 3 이상의 찬성으로 결의한다.
④ 주식회사의 이사는 조직변경에 관한 사항을 보험계약자 총회에 보고하여야 한다.
⑤ 주식회사는 조직변경 결의의 공고를 한 날 이후에 보험계약을 체결하려면 보험계약자가 될 자에게 조직변경 절차가 진행 중임을 알리고 그 승낙을 받아야 한다.
⑥ 승낙을 한 보험계약자는 조직변경 절차를 진행하는 중에는 보험계약자가 아닌 자로 본다.

25 주식회사의 자본감소

① 자본감소를 결의한 경우에는 그 결의를 한 날부터 2주 이내에 결의의 요지와 재무상태표를 공고하여야 한다.
② 주식 금액 또는 주식 수의 감소에 따른 자본금의 실질적 감소를 하려면 미리 금융위원회의 승인을 받아야 한다.
③ 자본감소에 대하여 이의가 있는 보험계약자는 1개월 이상의 기간으로 공고된 기간 동안 이의를 제출할 수 있다.
④ 자본감소는 이의제기 기간 내에 이의를 제기한 보험계약자에 대하여도 그 효력이 미친다.

26 보험계약자 등의 우선취득권과 예탁자산의 우선변제권

① 보험계약자나 보험금을 취득할 자는 피보험자를 위하여 적립한 금액을 다른 법률에 특별한 규정이 없으면 주식회사의 자산에서 우선하여 취득한다.
② 「보험업법」 제108조에 따라 특별계정이 설정된 경우에는 우선취득권은 특별계정과 그 밖의 계정을 구분하여 적용한다.
③ 보험계약자나 보험금을 취득할 자는 피보험자를 위하여 적립한 금액을 주식회사가 보험업법에 따른 금융위원회의 명령에 따라 예탁한 자산에서 다른 채권자보다 우선하여 변제를 받을 권리를 가진다.
④ 「보험업법」 제108조에 따라 특별계정이 설정된 경우에는 우선변제권은 특별계정과 그 밖의 계정을 구분하여 적용한다.

27 상호회사의 설립

① 상호회사의 기금은 금전 이외의 자산으로 납입하지 못한다.
② 상호회사의 발기인은 상호회사의 기금의 납입이 끝나고 사원의 수가 예정된 수가 되면 그 날부터 7일 이내에 창립총회를 소집하여야 한다.
③ 상호회사 성립 전의 입사청약에 대하여는 「민법」 제107조 제1항(진의 아닌 의사표시) 단서를 적용하지 아니한다.
④ 설립등기는 이사 및 감사의 공동신청으로 하여야 한다.

28 상호회사의 기관

① 상호회사는 사원총회를 갈음할 기관을 정관으로 정한 때에는 그 기관에 대하여는 사원총회에 관한 규정을 준용한다.
② 정관에 특별한 규정이 없는 한, 상호회사의 사원은 사원총회에서 각각 1개의 의결권을 가진다.
③ 사원총회의 소집청구가 있은 후 지체 없이 총회 소집의 절차를 밟지 아니한 때에는 청구한 사원은 법원의 허가를 받아 총회를 소집할 수 있다. 이 경우 주주총회의 의장은 법원이 이해관계인의 청구나 직권으로 선임할 수 있다.
④ 상호회사의 사원은 영업시간 중에는 언제든지 사원총회 및 이사회의 의사록을 열람하거나 복사할 수 있다.

29 상호회사의 정관기재사항

① 취급하려는 보험종목과 사업의 범위
② 명칭
③ 사무소 소재지
④ 기금의 총액
⑤ 기금의 갹출자가 가질 권리
⑥ 기금과 설립비용의 상각 방법
⑦ 잉여금의 분배 방법
⑧ 회사의 공고 방법
⑨ 회사 성립 후 양수할 것을 약정한 자산이 있는 경우에는 그 자산의 가격과 양도인의 성명
⑩ 존립시기 또는 해산사유를 정한 경우에는 그 시기 또는 사유

30 상호회사 사원의 권리와 의무

① 상호회사의 사원은 회사의 채권자에 대하여 직접적인 의무를 지지 아니한다.
② 상호회사의 사원은 보험료의 납입에 관하여 상계(相計)로써 회사에 대항하지 못한다.
③ 생명보험 및 제3보험을 목적으로 하는 상호회사의 사원은 회사의 승낙을 받아 타인으로 하여금 그 권리와 의무를 승계하게 할 수 있다.
④ 상호회사는 정관으로 보험금액의 삭감에 관한 사항을 정하여야 한다.

31 상호회사 사원의 퇴사

① 상호회사의 사원은 정관으로 정하는 사유의 발생이나 보험관계의 소멸에 의하여 퇴사한다.
② 퇴사한 사원이 회사에 대하여 부담한 채무가 있는 경우, 회사는 그 사원에게 환급해야 하는 금액에서 그 채무액을 공제할 수 있다.
③ 퇴사한 사원의 환급청구권은 그 환급기간이 경과한 후 2년 동안 행사하지 아니하면 시효로 소멸한다.
④ 사원이 사망한 때에는 그 상속인이 그 지분을 승계하여 사원이 된다.

32 상호회사의 해산 및 청산

① 해산을 결의한 경우에는 그 결의가 금융위원회의 인가를 받은 날부터 2주 이내에 결의의 요지와 재무상태표를 공고하여야 한다.
② 상호회사가 해산한 경우에는 합병과 파산의 경우가 아니면 보험업법 규정에 따라 청산을 하여야 한다.
③ 청산인은 회사자산을 처분함에 있어서, 기금의 상각보다 일반채무의 변제를 먼저 하여야 한다.
④ 정관에 특별한 규정이 없으면, 회사자산의 처분 후 남은 자산은 잉여금을 분배할 때와 같은 비율로 사원에게 분배하여야 한다.

33 상호회사의 계산

① 손실보전준비금의 총액과 매년 적립할 최저액은 정관으로 정한다.
② 설립비용과 사업비의 전액을 상각하고 손실보전준비금을 공제하기 전에는 기금의 상각 또는 잉여금의 분배를 하지 못한다.
③ 상호회사가 이 법의 규정을 위반하여 기금이자의 지급, 기금의 상각 또는 잉여금의 분배를 한 경우에는 회사의 채권자는 이를 반환하게 할 수 있다.
④ 상호회사가 기금을 상각할 때에는 상각하는 금액과 같은 금액을 적립하여야 한다.

34 보험설계사

① 보험회사·보험대리점 및 보험중개사는 소속 보험설계사가 되려는 자를 금융위원회에 등록하여야 한다.
② 보험업법에 따라 금고 이상의 형의 집행유예를 받고 그 유예기간 중에 있는 자는 보험설계사가 되지 못한다.
③ 보험업법 또는 「금융소비자 보호에 관한 법률」에 따라 벌금 이상의 형을 선고받고 그 집행이 끝나거나(집행이 끝난 것으로 보는 경우를 포함한다) 집행이 면제된 날부터 2년이 지나지 아니한 자는 보험설계사가 되지 못한다.
④ 이전에 모집과 관련하여 받은 보험료, 대출금 또는 보험금을 다른 용도로 유용한 후 3년이 지나지 않은 자는 보험설계사가 되지 못한다.

35 보험설계사의 모집 제한의 예외사항

① 생명보험회사 또는 제3보험업을 전업(專業)으로 하는 보험회사에 소속된 보험설계사가 1개의 손해보험회사를 위하여 모집을 하는 경우
② 손해보험회사 또는 제3보험업을 전업으로 하는 보험회사에 소속된 보험설계사가 1개의 생명보험회사를 위하여 모집을 하는 경우
③ 생명보험회사나 손해보험회사에 소속된 보험설계사가 1개의 제3보험업을 전업으로 하는 보험회사를 위하여 모집을 하는 경우

36 보험설계사에 대한 불공정 행위 금지

① 보험모집 위탁계약서를 교부하지 아니하는 행위
② 위탁계약서상 계약사항을 이행하지 아니하는 행위
③ 위탁계약서에서 정한 해지요건 외의 사유로 위탁계약을 해지하는 행위
④ 정당한 사유 없이 보험설계사가 요청한 위탁계약 해지를 거부하는 행위
⑤ 위탁계약서에서 정한 위탁업무 외의 업무를 강요하는 행위
⑥ 정당한 사유 없이 보험설계사에게 지급되어야 할 수수료의 전부 또는 일부를 지급하지 아니하거나 지연하여 지급하는 행위
⑦ 정당한 사유 없이 보험설계사에게 지급한 수수료를 환수하는 행위
⑧ 보험설계사에게 보험료 대납(代納)을 강요하는 행위
⑨ 그 밖에 대통령령으로 정하는 불공정한 행위

37 교차모집보험설계사의 금지행위

① 업무상 알게 된 특정 보험회사의 정보를 다른 보험회사에 제공하는 행위
② 보험계약을 체결하려는 자의 의사에 반하여 다른 보험회사와의 보험계약 체결을 권유하는 등 모집을 위탁한 보험회사 중 어느 한 쪽의 보험회사만을 위하여 모집하는 행위
③ 모집을 위탁한 보험회사에 대하여 회사가 정한 수수료·수당 외에 추가로 대가를 지급하도록 요구하는 행위
④ 그 밖에 보험계약자 보호와 모집질서 유지를 위하여 총리령으로 정하는 행위

38 교차모집보험설계사의 소속 보험회사 또는 교차모집을 위탁한 보험회사의 금지행위

① 교차모집보험설계사에게 자사 소속의 보험설계사로 전환하도록 권유하는 행위
② 교차모집보험설계사에게 자사를 위하여 모집하는 경우 보험회사가 정한 수수료·수당 외에 추가로 대가를 지급하기로 약속하거나 이를 지급하는 행위
③ 교차모집보험설계사가 다른 보험회사를 위하여 모집한 보험계약을 자사의 보험계약으로 처리하도록 유도하는 행위
④ 교차모집보험설계사에게 정당한 사유 없이 위탁계약 해지, 위탁범위 제한 등 불이익을 주는 행위
⑤ 교차모집보험설계사의 소속 영업소를 변경하거나 모집한 계약의 관리자를 변경하는 등 교차모집을 제약·방해하는 행위

39 보험대리점

① "보험대리점"이란 보험회사를 위하여 보험계약의 체결을 대리하는 자(법인이 아닌 사단과 재단을 포함한다)로서「보험업법」제87조에 따라 금융위원회에 등록된 자를 말한다.
② 보험대리점은 개인보험대리점과 법인보험대리점으로 구분할 수 있고, 업무범위와 관련하여 생명보험대리점·손해보험대리점·제3보험대리점으로 구분한다.
③ 금융위원회는 보험대리점이 거짓이나 그 밖에 부정한 방법으로「보험업법」제87조에 따른 등록을 한 경우에는 그 등록을 취소하여야 한다.
④「보험업법」에 따라 벌금 이상의 형을 선고받고 그 집행이 끝나거나 면제된 날부터 3년이 경과하지 아니한 자는 법인보험대리점의 이사가 되지 못한다.

40 보험대리점으로 등록이 제한되는 자

① 보험설계사의 결격사유(법 제84조 제2항 각 호)의 어느 하나에 해당하는 자
② 보험설계사 또는 보험중개사로 등록된 자
③ 다른 보험회사 등의 임직원
④ 외국의 법령에 따라 ①항에 해당하는 것으로 취급되는 자
⑤ 그 밖에 경쟁을 실질적으로 제한하는 등 불공정한 모집행위를 할 우려가 있는 자로서 대통령령으로 정하는 자

41 법인보험대리점

① 법인보험대리점은 「방문판매 등에 관한 법률」에 따른 다단계판매업을 하지 못한다.
② 법인보험대리점은 경영하고 있는 업무의 종류, 모집조직에 관한 사항, 모집실적에 관한 사항, 그 밖에 보험계약자 보호를 위하여 금융위원회가 정하여 고시하는 사항을 보험협회의 인터넷 홈페이지를 통하여 반기별로 공시하여야 한다.
③ 미성년자는 법인보험대리점의 임원이 될 수 없다.
④ 보험설계사가 100명 이상인 법인보험대리점으로서 금융위원회가 정하여 고시하는 법인보험대리점은 보험계약자 보호를 위한 업무지침의 준수 여부를 점검하고, 그 위반 사항을 조사하는 임원 또는 직원을 1명 이상 두어야 한다.

42 보험중개사

① 보험중개사란 보험회사 등에 소속되어 보험계약의 체결을 중개하는 자이다.
② 보험중개사는 보험회사의 임직원이 될 수 없으며, 보험계약의 체결을 중개하면서 보험회사·보험설계사·보험대리점·보험계리사 및 손해사정사의 업무를 겸할 수 없다.
③ 법인보험중개사는 보험계약자 보호를 위한 업무지침을 정하여야 하며, 그 업무지침의 준수 여부를 점검하고 위반사항을 조사하기 위한 임원 또는 직원을 1인 이상 두어야 한다.
④ 보험중개사가 소속 보험설계사와 보험모집을 위한 위탁을 해지한 경우에는 금융위원회에 신고하여야 한다.

43 보험대리점 또는 보험중개사로 등록할 수 있는 금융기관

① 「은행법」에 따라 설립된 은행
② 「자본시장과 금융투자업에 관한 법률」에 따른 투자매매업자 또는 투자중개업자
③ 「상호저축은행법」에 따른 상호저축은행
④ 그 밖에 다른 법률에 따라 금융업무를 하는 기관으로서 대통령령으로 정하는 기관
  • 「한국산업은행법」에 따라 설립된 한국산업은행
  • 「중소기업은행법」에 따라 설립된 중소기업은행
  • 「여신전문금융업법」에 따라 허가를 받은 신용카드업자(겸영여신업자는 제외)
  • 「농업협동조합법」에 따라 설립된 조합 및 농협은행

44 보험안내자료

① 보험안내자료에 보험회사의 자산과 부채에 관한 사항을 적는 경우에는 「보험업법」 제118조에 따라 금융위원회에 제출한 서류에 적힌 사항과 다른 내용의 것을 적지 못한다.
② 보험안내자료에는 보험회사의 장래의 이익 배당 또는 잉여금 분배에 대한 예상에 관한 사항을 적지 못한다. 다만, 보험계약자의 이해를 돕기 위하여 금융위원회가 필요하다고 인정하여 정하는 경우에는 그러하지 아니하다.
③ 보험안내자료에는 보험회사의 상호나 명칭 또는 보험설계사·보험대리점 또는 보험중개사의 이름·상호나 명칭에 관한 사항을 명백하고 알기 쉽게 적어야 한다.
④ 보험안내자료에는 보험금 지급제한 조건에 관한 사항을 명백하고 알기 쉽게 적어야 한다.

45 보험안내자료의 기재사항

① 보험회사의 상호나 명칭 또는 보험설계사·보험대리점 또는 보험중개사의 이름·상호나 명칭
② 보험 가입에 따른 권리·의무에 관한 주요 사항
③ 보험약관으로 정하는 보장에 관한 사항
④ 보험금 지급제한조건에 관한 사항
⑤ 해약환급금에 관한 사항
⑥ 「예금자보호법」에 따른 예금자보호와 관련된 사항
⑦ 그 밖에 보험계약자를 보호하기 위하여 대통령령으로 정하는 사항

46 설명의무의 중요 사항

보험계약 체결단계	• 보험의 모집에 종사하는 자의 성명, 연락처 및 소속 • 보험의 모집에 종사하는 자가 보험회사를 위하여 보험계약의 체결을 대리할 수 있는지 여부 • 보험의 모집에 종사하는 자가 보험료나 고지의무사항을 보험회사를 대신하여 수령할 수 있는지 여부 • 보험계약의 승낙절차 • 보험계약 승낙거절시 거절사유 • 「상법」 제638조의3 제2항에 따라 3개월 이내에 해당 보험계약을 취소할 수 있다는 사실 및 그 취소 절차·방법 • 그 밖에 일반보험계약자가 보험계약 체결단계에서 설명받아야 하는 사항으로서 금융위원회가 정하여 고시하는 사항
보험금 청구단계	• 담당 부서, 연락처 및 보험금 청구에 필요한 서류 • 보험금 심사 절차, 예상 심사기간 및 예상 지급일 • 일반보험계약자가 보험사고 조사 및 손해사정에 관하여 설명받아야 하는 사항으로서 금융위원회가 정하여 고시하는 사항 • 그 밖에 일반보험계약자가 보험금 청구단계에서 설명받아야 하는 사항으로서 금융위원회가 정하여 고시하는 사항
보험금 심사·지급단계	• 보험금 지급일 등 지급절차 • 보험금 지급 내역 • 보험금 심사 지연시 지연사유 및 예상 지급일 • 보험금을 감액하여 지급하거나 지급하지 아니하는 경우에는 그 사유 • 그 밖에 일반보험계약자가 보험금 심사·지급단계에서 설명받아야 하는 사항으로서 금융위원회가 정하여 고시하는 사항

47 모집 관련 준수사항

① 보험계약자는 보험계약의 체결 또는 모집에 종사하는 자(보험중개사는 제외한다)가 기존보험계약을 소멸시키거나 소멸하게 하였을 때에는 그 보험계약의 체결 또는 모집에 종사하는 자가 속하거나 모집을 위탁한 보험회사에 대하여 그 보험계약이 소멸한 날부터 6개월 이내에 소멸된 보험계약의 부활을 청구하고 새로운 보험계약은 취소할 수 있다.
② 보험회사는 보험계약자가 계약을 체결하기 전에 통신수단을 이용한 계약해지에 동의한 경우에 한하여 통신수단을 이용한 계약해지를 허용할 수 있다.
③ 보험안내자료에는 금융위원회가 따로 정하는 경우를 제외하고는 보험회사의 장래의 이익 배당 또는 잉여금 분배에 대한 예상에 관한 사항을 적지 못한다.

48 보험계약의 체결 또는 모집에 관한 금지행위

① 보험계약자 또는 피보험자로 하여금 이미 성립된 보험계약(이하 "기존보험계약"이라 한다)을 부당하게 소멸시킴으로써 새로운 보험계약(기존보험계약과 보장 내용 등이 비슷한 경우만 해당한다)을 청약하게 하거나 새로운 보험계약을 청약하게 함으로써 기존보험계약을 부당하게 소멸시키거나 그 밖에 부당하게 보험계약을 청약하게 하거나 이러한 것을 권유하는 행위
② 실제 명의인이 아닌 자의 보험계약을 모집하거나 실제 명의인의 동의가 없는 보험계약을 모집하는 행위
③ 보험계약자 또는 피보험자의 자필서명이 필요한 경우에 보험계약자 또는 피보험자로부터 자필서명을 받지 아니하고 서명을 대신하거나 다른 사람으로 하여금 서명하게 하는 행위
④ 다른 모집 종사자의 명의를 이용하여 보험계약을 모집하는 행위
⑤ 보험계약자 또는 피보험자와의 금전대차의 관계를 이용하여 보험계약자 또는 피보험자로 하여금 보험계약을 청약하게 하거나 이러한 것을 요구하는 행위
⑥ 정당한 이유 없이 「장애인차별금지 및 권리구제 등에 관한 법률」 제2조에 따른 장애인의 보험 가입을 거부하는 행위
⑦ 보험계약의 청약철회 또는 계약 해지를 방해하는 행위

49 모집에 대한 수수료 지급

① 보험회사는 모집할 수 있는 자 이외의 자에게 모집을 위탁하거나 모집에 관하여 수수료, 보수, 그 밖의 대가를 지급하지 못하는 것이 원칙이다.
② 보험회사가 대한민국 밖에서 외국보험사와 공동으로 원보험계약(原保險契約)을 인수하거나 대한민국 밖에서 외국의 모집조직(외국의 법령에 따라 모집을 할 수 있도록 허용된 경우만 해당)을 이용하여 원보험계약 또는 재보험계약을 인수하는 경우에는 모집할 수 있는 자 이외의 자에게 수수료를 지급할 수 있다.
③ 보험중개사는 대통령령으로 정하는 경우 이외에는 보험계약 체결의 중개와 관련한 수수료나 그 밖의 대가를 보험계약자에게 청구할 수 없다.
④ 보험중개사는 보수나 그 밖의 대가를 청구하려는 경우에는 해당 서비스를 제공하기 전에 제공할 서비스별 내용이 표시된 보수명세표를 보험계약자에게 알려야 한다.

50 고객응대직원에 대한 보호조치 의무

① 직원이 요청하는 경우 해당 고객으로부터의 분리 및 업무담당자의 교체를 하여야 한다.
② 고객의 폭언이나 성희롱, 폭행 등이 관계 법률의 형사처벌 규정에 위반된다고 판단되고 그 행위로 피해를 입은 직원이 요청하는 경우에는 관할 수사기관 등에 고발조치하여야 한다.
③ 직원이 직접 폭언 등의 행위를 한 고객에 대한 관할 수사기관 등에 고소, 고발, 손해배상 청구 등의 조치를 하는데 필요한 행정적, 절차적 지원을 하여야 한다.
④ 고객의 폭언 등을 예방하거나 이에 대응하기 위한 직원의 행동요령 등에 대한 교육을 실시하여야 한다.

51 통신수단을 이용하여 모집·철회 및 해지 등을 하는 자가 준수해야 할 사항

① 전화·우편·컴퓨터통신 등 통신수단을 이용하여 모집을 하는 자는 「보험업법」에 따라 모집을 할 수 있는 자이어야 하며, 금융위원회로부터 별도로 이에 관한 허가를 받아야 하는 것은 아니다.
② 보험회사는 보험계약자가 통신수단을 이용하여 체결한 계약을 해지하고자 하는 경우, 그 보험계약자가 계약을 해지하기 전에 안정성 및 신뢰성이 확보되는 방법을 이용하여 보험계약자 본인임을 확인받은 경우에 한하여 이용하도록 할 수 있다.
③ 사이버몰을 이용하여 모집하는 자가 보험약관 또는 보험증권을 전자문서로 발급하는 경우에는 보험계약자가 해당 문서를 수령하였는지를 확인하여야 하며, 보험계약자가 서면으로 발급해 줄 것을 요청하는 경우에는 서면으로 발급해 주어야 한다.
④ 보험회사는 보험계약을 청약한 자가 전화를 이용하여 청약의 내용을 확인·정정 요청하거나 청약을 철회하려는 경우에는 상대방의 동의를 받아 청약 내용, 청약자 본인인지를 확인하고 그 내용을 음성녹음을 하는 등 증거자료를 확보·유지하여야 한다.

52 보험회사의 중복계약 체결 확인의무

① 중복계약 체결 확인의무와 관련된 실손의료보험계약이란 실제 부담한 의료비만 지급하는 제3보험상품계약을 말한다.
② 보험회사는 실손의료보험계약을 모집하기 전에 보험계약자가 되려는 자의 동의를 얻어 모집하고자 하는 보험계약과 동일한 위험을 보장하는 보험계약을 체결하고 있는지를 확인하여야 한다.
③ 보험의 모집에 종사하는 자가 실손의료보험계약을 모집하는 경우에는 피보험자가 되려는 자가 이미 다른 실손의료보험계약의 피보험자로 되어 있는지를 확인하여야 한다.
④ 국외여행, 연수 또는 유학 등 국외체류 중 발생한 위험을 보장하는 보험계약은 제외된다.

53 특별이익의 제공 금지

보험계약의 체결 또는 모집에 종사하는 자는 그 체결 또는 모집과 관련하여 보험계약자나 피보험자에게 다음의 어느 하나에 해당하는 특별이익을 제공하거나 제공하기로 약속하여서는 아니 된다.
① 금품(대통령령으로 정하는 금액을 초과하지 아니하는 금품은 제외한다)
　※ 대통령령으로 정하는 금액 : 보험계약 체결시부터 최초 1년간 납입되는 보험료의 100분의 10과 3만원(보험계약에 따라 보장되는 위험을 감소시키는 물품의 경우에는 20만원) 중 적은 금액
② 기초서류에서 정한 사유에 근거하지 아니한 보험료의 할인 또는 수수료의 지급
③ 기초서류에서 정한 보험금액보다 많은 보험금액의 지급 약속
④ 보험계약자나 피보험자를 위한 보험료의 대납
⑤ 보험계약자나 피보험자가 해당 보험회사로부터 받은 대출금에 대한 이자의 대납
⑥ 보험료로 받은 수표 또는 어음에 대한 이자 상당액의 대납
⑦ 「상법」 제682조에 따른 제3자에 대한 청구권 대위행사의 포기

54 금융기관보험대리점 등의 영업기준

금융기관보험대리점 등(최근 사업연도 말 현재 자산총액이 2조원 이상인 기관만 해당한다)이 모집할 수 있는 1개 생명보험회사 또는 1개 손해보험회사 상품의 모집액은 매 사업연도별로 해당 금융기관보험대리점 등이 신규로 모집하는 생명보험회사 상품의 모집총액 또는 손해보험회사 상품의 모집총액 각각의 100분의 25(보험회사 상품의 모집액을 합산하여 계산하는 경우에는 100분의 33)를 초과할 수 없다.

55 금융기관보험대리점 등의 금지행위

① 대출 등 해당 금융기관이 제공하는 용역(이하 "대출 등"이라 한다)을 받는 자의 동의를 미리 받지 아니하고 보험료를 대출 등의 거래에 포함시키는 행위
② 해당 금융기관의 임직원(「보험업법」 제83조에 따라 모집할 수 있는 자는 제외한다)에게 모집을 하도록 하거나 이를 용인하는 행위
③ 해당 금융기관의 점포 외의 장소에서 모집을 하는 행위
④ 모집과 관련이 없는 금융거래를 통하여 취득한 개인정보를 미리 그 개인의 동의를 받지 아니하고 모집에 이용하는 행위
⑤ 그 밖에 ①~④까지의 행위와 비슷한 행위로서 대통령령으로 정하는 행위

56 간단손해보험대리점의 준수사항

① 소비자에게 재화 또는 용역의 판매·제공·중개를 조건으로 보험가입을 강요하지 아니할 것
② 판매·제공·중개하는 재화 또는 용역과 별도로 소비자가 보험계약을 체결 또는 취소하거나 보험계약의 피보험자가 될 수 있는 기회를 보장할 것
③ 단체보험계약(보험계약자에게 피보험이익이 없고, 피보험자가 보험료의 전부를 부담하는 경우만 해당한다)을 체결하는 경우 사전에 서면, 문자메세지, 전자우편 또는 팩스 등의 방법으로 다음의 사항이 포함된 안내자료를 피보험자가 되려는 자에게 제공할 것
  - 영 제42조의2 제1항 제1호부터 제11호까지에서 규정한 사항
  - 단체보험계약의 피보험자에서 제외되는 방법 및 절차에 관한 사항
  - ②항에 따라 소비자에게 보장되는 기회에 관한 사항
  - 보험계약자 등 소비자 보호를 위하여 금융위원회가 정하여 고시하는 사항
④ 재화·용역을 구매하면서 동시에 보험계약을 체결하는 경우와 보험계약만 체결하는 경우간에 보험료, 보험금의 지급조건 및 보험금의 지급규모 등에 차이가 발생하지 아니하도록 할 것
⑤ 등록한 간단손해보험대리점의 경우에는 인터넷 홈페이지[이동통신단말장치에서 사용되는 애플리케이션(Application) 및 그 밖에 이와 비슷한 응용프로그램을 통하여 가상의 공간에 개설하는 장소를 포함한다]를 통해서만 다음의 행위를 할 것
  - 보험을 모집하는 행위
  - 단체보험계약을 위하여 피보험자로 이루어진 단체를 구성하는 행위

57 실손의료보험계약의 서류 전송을 위한 전산시스템의 구축·운영

① 보험회사는 실손의료보험계약의 보험금 청구를 위한 서류 전송에 따른 업무를 수행하기 위하여 필요한 전산시스템을 구축·운영하여야 한다.
② 보험회사는 전산시스템의 구축·운영에 관한 업무를 공공성·보안성·전문성 등을 고려하여 대통령령으로 정하는 전송대행기관에 위탁하거나 직접 수행할 수 있다.
③ 전산시스템의 구축·운영에 관한 비용은 보험회사가 부담한다.
④ 보험회사 또는 전송대행기관은 요양기관 등과 전산시스템의 구축·운영에 관한 사항을 협의하기 위하여 대통령령으로 정하는 바에 따라 위원회를 구성·운영할 수 있다.

58 보험회사의 자산운용

① 「보험업법」에 따른 자산운용한도의 제한을 피하기 위하여 다른 금융기관 또는 회사의 의결권 있는 주식을 서로 교차하여 보유하거나 신용공여를 하는 행위를 할 수 없다.
② 보험회사는 그 보험회사의 대주주와 대통령령으로 정하는 금액 이상의 신용공여를 하였을 때에는 7일 이내에 그 사실을 금융위원회에 보고하고 인터넷 홈페이지 등을 이용하여 공시하여야 한다.
③ 보험회사는 신용공여 계약을 체결하려는 자에게 재산 증가나 신용평가등급 상승 등으로 신용상태의 개선이 나타난 경우에는 금리인하를 요구할 수 있음을 알려야 한다.
④ 보험회사는 그 자산운용을 함에 있어 안정성·유동성·수익성 및 공익성이 확보되도록 하여야 하며, 선량한 관리자의 주의로써 그 자산을 운용하여야 한다.

59 금지 또는 제한되는 자산운용

① 대통령령으로 정하는 업무용 부동산이 아닌 부동산(저당권 등 담보권의 실행으로 취득하는 부동산은 제외)의 소유
② 특별계정을 통한 부동산의 소유
③ 상품이나 유가증권에 대한 투기를 목적으로 하는 자금의 대출
④ 직접·간접을 불문하고 해당 보험회사의 주식을 사도록 하기 위한 대출
⑤ 직접·간접을 불문하고 정치자금의 대출
⑥ 해당 보험회사의 임직원에 대한 대출(보험약관에 따른 대출 및 금융위원회가 정하는 소액대출은 제외한다)
⑦ 자산운용의 안정성을 크게 해칠 우려가 있는 행위로서 대통령령으로 정하는 다음의 행위
 • 금융위원회가 정하는 기준을 충족하지 아니하는 외국환 및 파생금융거래
 • 그 밖에 자산운용의 안정성을 크게 해칠 우려가 있는 행위로서 금융위원회가 정하여 고시하는 행위

60 보험회사의 자산운용 제한의 적용 예외 사유

① 보험회사의 자산가격의 변동 등 보험회사의 의사와 관계없는 사유로 자산상태가 변동된 경우
② 보험회사에 적용되는 회계처리기준(「주식회사 등의 외부감사에 관한 법률」 제5조 제1항 제1호에 따른 회계처리기준을 말한다)의 변경으로 보험회사의 자산 또는 자기자본 상태가 변동된 경우
③ 다음의 어느 하나에 해당하는 경우로서 금융위원회의 승인을 받은 경우
- 보험회사가 재무건전성 기준을 지키기 위하여 필요한 경우
- 「기업구조조정 촉진법」에 따른 출자전환 또는 채무재조정 등 기업의 구조조정을 지원하기 위하여 필요한 경우
- 그 밖에 보험계약자의 이익을 보호하기 위하여 필수적인 경우

61 특별계정의 설정·운용

① 보험회사는 특별계정에 속하는 자산은 다른 특별계정에 속하는 자산 및 그 밖의 자산과 구분하여 회계처리하여야 한다.
② 보험회사는 특별계정에 속하는 이익을 그 계정상의 보험계약자에게 분배할 수 있다.
③ 퇴직보험계약은 특별계정으로 설정하여 운용할 수 있다.
④ 보험회사는 보험계약자의 지시에 따라 특별계정의 자산을 운용해서는 안 된다.

62 금융위원회의 승인을 받아 보험회사가 자회사로 소유할 수 있는 경우

① 「금융산업의 구조개선에 관한 법률」 제2조 제1호에 따른 금융기관이 경영하는 금융업
② 「신용정보의 이용 및 보호에 관한 법률」에 따른 신용정보업 및 채권추심업
③ 보험계약의 유지·해지·변경 또는 부활 등을 관리하는 업무
④ 그 밖에 보험업의 건전성을 저해하지 아니하는 업무로서 대통령령으로 정하는 업무

63 금융위원회에 신고하고 자회사로 소유할 수 있는 경우

① 보험회사의 사옥관리업무
② 보험수리업무
③ 손해사정업무
④ 보험대리업무
⑤ 보험사고 및 보험계약 조사업무
⑥ 보험에 관한 교육·연수·도서출판·금융리서치 및 경영컨설팅 업무
⑦ 보험업과 관련된 전산시스템·소프트웨어 등의 대여·판매 및 컨설팅 업무
⑧ 보험계약 및 대출 등과 관련된 상담업무
⑨ 보험에 관한 인터넷 정보서비스의 제공업무
⑩ 자동차와 관련된 긴급출동·차량관리 및 운행정보 등 부가서비스 업무
⑪ 보험계약자 등에 대한 위험관리 업무
⑫ 건강·장묘·장기간병·신체장애 등의 사회복지사업 및 이와 관련된 조사·분석·조언 업무

64 자회사에 대한 금지행위

① 자산을 대통령령으로 정하는 바에 따라 무상으로 양도하거나 일반적인 거래 조건에 비추어 해당 보험회사에 뚜렷하게 불리한 조건으로 매매·교환·신용공여 또는 재보험계약을 하는 행위
② 자회사가 소유하는 주식을 담보로 하는 신용공여 및 자회사가 다른 회사에 출자하는 것을 지원하기 위한 신용공여
③ 자회사 임직원에 대한 대출(보험약관에 따른 대출과 금융위원회가 정하는 소액대출은 제외한다)

65 보험회사와 그 대주주와의 거래제한

① 보험회사는 직접 또는 간접으로 그 보험회사의 대주주(그의 특수관계인인 보험회사의 자회사는 제외한다)가 다른 회사에 출자하는 것을 지원하기 위한 신용공여의 행위를 하여서는 아니 된다.
② 보험회사는 그 보험회사의 대주주에 대하여 대통령령으로 정하는 금액 이상의 신용공여를 하거나 그 보험회사의 대주주가 발행한 채권 또는 주식을 대통령령으로 정하는 금액 이상으로 취득하려는 경우에는 미리 이사회의 의결을 거쳐야 한다. 이 경우 이사회는 재적이사 전원의 찬성으로 의결하여야 한다.
③ 보험회사는 해당 보험회사의 대주주에 대한 신용공여나 그 보험회사의 대주주가 발행한 채권 또는 주식의 취득에 관한 사항을 대통령령으로 정하는 바에 따라 분기별로 금융위원회에 보고하고, 인터넷 홈페이지 등을 이용하여 공시하여야 한다.
④ 보험회사는 해당 보험회사의 대주주가 발행한 주식에 대한 의결권을 행사하는 행위를 하였을 때에는 7일 이내에 그 사실을 금융위원회에 보고하고 인터넷 홈페이지 등을 이용하여 공시하여야 한다.

66 보험회사의 계산

① 보험회사는 원칙적으로 매년 12월 31일까지 재무제표 등 장부를 폐쇄하고 장부를 폐쇄한 날로부터 3개월 이내에 금융위원회가 정하는 바에 따라 부속명세서를 포함한 재무제표 및 사업보고서를 금융위원회에 제출하여야 한다.
② 보험회사는 매월의 업무 내용을 적은 보고서를 다음 달 말일까지 금융위원회가 정하는 바에 따라 금융위원회에 제출하여야 한다.
③ 보험회사는 재무제표 및 사업보고서를 일반인이 열람할 수 있도록 금융위원회에 제출하는 날부터 본점과 지점, 그 밖의 영업소에 비치하거나 전자문서로 제공하여야 한다.
④ 보험회사는 결산기마다 보험계약의 종류에 따라 대통령령으로 정하는 책임준비금과 비상위험준비금을 계상하고 따로 작성한 장부에 각각 기재하여야 한다.

67 보험회사의 재무건전성기준

① 지급여력비율은 100분의 100 이상을 유지할 것
② 대출채권 등 보유자산의 건전성을 정기적으로 분류하고 대손충당금을 적립할 것
③ 보험회사의 위험, 유동성 및 재보험의 관리에 관하여 금융위원회가 정하여 고시하는 기준을 충족할 것

68. 보험설계사·보험대리점 또는 보험중개사가 금융위원회에 신고하여야 할 사항

보험설계사·보험대리점 또는 보험중개사는 다음의 어느 하나에 해당하는 경우에는 지체 없이 그 사실을 금융위원회에 신고하여야 한다.

① 보험설계사·보험대리점 또는 보험중개사의 등록을 신청할 때 제출한 서류에 적힌 사항이 변경된 경우
② 보험설계사의 결격사유에 해당하게 된 경우
③ 모집업무를 폐지한 경우
④ 개인의 경우에는 본인이 사망한 경우
⑤ 법인의 경우에는 그 법인이 해산한 경우
⑥ 법인이 아닌 사단 또는 재단의 경우에는 그 단체가 소멸한 경우
⑦ 보험대리점 또는 보험중개사가 소속 보험설계사와 보험모집에 관한 위탁을 해지한 경우
⑧ 「보험업법」 제85조 제3항에 따라 보험설계사가 다른 보험회사를 위하여 모집을 한 경우나, 보험대리점 또는 보험중개사가 생명보험계약의 모집과 손해보험계약의 모집을 겸하게 된 경우

69. 보험회사가 보험계약자를 보호하기 위하여 즉시 공시하여야 할 사항

보험회사는 보험계약자를 보호하기 위하여 필요한 사항으로서 대통령령으로 정하는 사항을 금융위원회가 정하는 바에 따라 즉시 공시하여야 한다.

① 재무 및 손익에 관한 사항
② 자금의 조달 및 운용에 관한 사항
③ 「보험업법」 제123조 제2항(재무건전성의 유지), 제131조 제1항(금융위원회의 명령권), 제134조(보험회사에 대한 제재) 및 「금융산업의 구조개선에 관한 법률」 제10조(적기시정조치), 제14조(행정처분)에 따른 조치를 받은 경우 그 내용
④ 보험약관 및 사업방법서, 보험료 및 해약환급금, 공시이율 등 보험료 비교에 필요한 자료
⑤ 그 밖에 보험계약자의 보호를 위하여 공시가 필요하다고 인정되는 사항으로서 금융위원회가 정하여 고시하는 사항

70 보험상품공시위원회

① 보험협회가 실시하는 보험상품의 비교·공시에 관한 중요사항을 심의·의결한다.
② 위원장 1명을 포함하여 9명의 위원으로 구성한다.
③ 위원의 임기는 2년으로 한다. 다만, 금융감독원 상품담당 부서장과 보험협회의 상품담당 임원 및 보험요율산출기관의 상품담당 임원인 위원의 임기는 해당 직(職)에 재직하는 기간으로 한다.
④ 보험협회의 장은 보험회사 상품담당 임원 또는 선임계리사 2명을 위원으로 위촉할 수 있다.

71 보험상품의 비교·공시

① 보험협회는 보험료 등 보험계약에 관한 사항으로서 대통령령으로 정하는 사항을 금융위원회가 정하는 바에 따라 보험소비자가 쉽게 알 수 있도록 비교·공시하여야 한다.
② 보험협회가 보험료 등 보험계약에 관한 사항으로서 대통령령으로 정하는 사항을 비교·공시를 하는 경우에는 대통령령으로 정하는 바에 따라 보험상품공시위원회를 구성하여야 한다.
③ 보험상품공시위원회는 보험협회가 실시하는 보험상품의 비교·공시에 관한 중요 사항을 심의·의결한다.
④ 금융위원회는 비교·공시가 거짓이거나 사실과 달라 보험계약자 등을 보호할 필요가 있다고 인정되는 경우에는 공시의 중단이나 시정조치 등을 요구할 수 있다.

72 보험회사의 상호협정

① 보험회사가 그 업무에 관한 공동행위를 하기 위하여 다른 보험회사와 상호협정을 체결(변경하거나 폐지하려는 경우를 포함한다)하려는 경우에는 대통령령으로 정하는 바에 따라 금융위원회의 인가를 받아야 한다.
② 금융위원회는 공익 또는 보험업의 건전한 발전을 위하여 특히 필요하다고 인정되는 경우에는 보험회사에 대하여 협정의 체결·변경 또는 폐지를 명하거나 그 협정의 전부 또는 일부에 따를 것을 명할 수 있다.
③ 금융위원회는 보험회사에 대하여 상호협정에 따를 것을 명하려면 미리 공정거래위원회와 협의하여야 한다.
④ 금융위원회는 상호협정 체결을 위한 신청서를 받았을 때에는 그 내용이 보험회사간의 공정한 경쟁을 저해하는지와 보험계약자의 이익을 침해하는지를 심사하여 그 인가 여부를 결정하여야 한다.

73 상호협정의 체결을 위한 신청서에 기재하여야 하는 사항

① 상호협정 당사자의 상호 또는 명칭과 본점 또는 주된 사무소의 소재지
② 상호협정의 명칭과 그 내용
③ 상호협정의 효력의 발생시기와 기간
④ 상호협정을 하려는 사유
⑤ 상호협정에 관한 사무를 총괄하는 점포 또는 사무소가 있는 경우에는 그 명칭과 소재지
⑥ 외국보험회사와의 상호협정인 경우에는 그 보험회사의 영업 종류와 현재 수행 중인 사업의 개요 및 현황

74 보험회사의 기초서류 작성 또는 변경

① 보험회사는 법령의 제정·개정에 따라 새로운 보험상품이 도입되거나 보험상품의 가입이 의무화 되는 경우에는 금융위원회에 신고하여야 한다.
② 보험회사는 보험계약자 보호 등을 위하여 대통령령으로 정하는 경우에는 금융위원회에 신고하여야 한다.
③ 금융위원회는 보험계약자 보호 등을 위하여 필요하다고 인정되면 보험회사에 대하여 기초서류에 관한 자료 제출을 요구할 수 있다.
④ 금융위원회는 보험회사가 기초서류를 신고하는 경우 보험료 및 책임준비금 산출방법서에 대하여 보험요율산출기관 또는 대통령령으로 정하는 보험계리업자(이하 "독립계리업자"라 한다)의 검증확인서를 첨부하도록 할 수 있다.

75 보험약관의 이해도 평가

① 금융위원회는 보험소비자와 보험 모집에 종사하는 자 등 대통령령으로 정하는 자를 대상으로 보험약관에 대하여 보험약관의 이해도를 평가하여 공시할 수 있다.
② 금융위원회는 보험소비자 등의 보험약관에 대한 이해도를 평가하기 위하여 평가대행기관을 지정할 수 있다.
③ 보험약관 이해도 평가에 수반되는 비용의 부담, 평가시기, 평가방법 등 평가에 관한 사항은 금융위원회가 정한다.
④ 금융위원회에 의해 지정된 평가대행기관은 조사대상 보험약관 등에 대하여 보험소비자 등의 이해도를 평가하고, 그 결과를 금융위원회에 보고하여야 한다.

76 보험요율산출의 원칙

① 보험요율이 보험금과 그 밖의 급부(給付)에 비하여 지나치게 높지 아니할 것
② 보험요율이 보험회사의 재무건전성을 크게 해칠 정도로 낮지 아니할 것
③ 보험요율이 보험계약자간에 부당하게 차별적이지 아니할 것
④ 자동차보험의 보험요율인 경우 보험금과 그 밖의 급부와 비교할 때 공정하고 합리적인 수준일 것

77 보험계약 체결단계에서 일반보험계약자에게 설명하여야 하는 중요사항

① 보험의 모집에 종사하는 자의 성명, 연락처 및 소속
② 보험의 모집에 종사하는 자가 보험회사를 위하여 보험계약의 체결을 대리할 수 있는지 여부
③ 보험의 모집에 종사하는 자가 보험료나 고지의무사항을 보험회사를 대신하여 수령할 수 있는지 여부
④ 보험계약의 승낙절차
⑤ 보험계약 승낙거절시 거절 사유
⑥ 「상법」 제638조의3 제2항에 따라 3개월 이내에 해당 보험계약을 취소할 수 있다는 사실 및 그 취소 절차・방법
⑦ 그 밖에 일반보험계약자가 보험계약 체결단계에서 설명받아야 하는 사항으로서 금융위원회가 정하여 고시하는 사항

78 보험회사가 금융위원회에 보고하여야 하는 사항

보험회사는 다음의 어느 하나에 해당하는 사유가 발생한 경우에는 그 사유가 발생한 날부터 5일 이내에 금융위원회에 보고하여야 한다.
① 상호나 명칭을 변경한 경우
② 본점의 영업을 중지하거나 재개(再開)한 경우
③ 최대주주가 변경된 경우
④ 대주주가 소유하고 있는 주식 총수가 의결권 있는 발행주식 총수의 100분의 1 이상만큼 변동된 경우
⑤ 그 밖에 해당 보험회사의 업무 수행에 중대한 영향을 미치는 경우로서 대통령령으로 정하는 경우

79 금융위원회의 명령권

금융위원회는 보험회사의 업무운영이 적정하지 아니하거나 자산상황이 불량하여 보험계약자 및 피보험자 등의 권익을 해칠 우려가 있다고 인정되는 경우에는 다음의 어느 하나에 해당하는 조치를 명할 수 있다.

① 업무집행방법의 변경
② 금융위원회가 지정하는 기관에의 자산 예탁
③ 자산의 장부가격 변경
④ 불건전한 자산에 대한 적립금의 보유
⑤ 가치가 없다고 인정되는 자산의 손실처리
⑥ 그 밖에 대통령령으로 정하는 필요한 조치(보험계약자 보호에 필요한 사항의 공시를 명하는 것)

80 보험회사에 대한 금융위원회의 제재

금융위원회는 보험회사(그 소속 임직원을 포함한다)가 이 법 또는 이 법에 따른 규정·명령 또는 지시를 위반하여 보험회사의 건전한 경영을 해치거나 보험계약자, 피보험자, 그 밖의 이해관계인의 권익을 침해할 우려가 있다고 인정되는 경우에는 금융감독원장으로 하여금 보험회사에 대한 주의·경고 또는 그 임직원에 대한 주의·경고·문책의 요구의 조치를 하게 할 수 있다.

81 보험회사의 해산사유

① 존립기간의 만료, 그 밖에 정관으로 정하는 사유의 발생
② 주주총회 또는 사원총회의 결의
③ 회사의 합병
④ 보험계약 전부의 이전
⑤ 회사의 파산
⑥ 보험업의 허가취소
⑦ 해산을 명하는 재판

82 해산결의 인가신청

보험회사는 해산결의의 인가를 받으려면 인가신청서에 다음의 서류를 첨부하여 금융위원회에 제출하여야 한다.
① 주주총회 의사록(상호회사인 경우에는 사원총회 의사록)
② 청산 사무의 추진계획서
③ 보험계약자 및 이해관계인의 보호절차 이행을 증명하는 서류
④ 「상법」 등 관계 법령에 따른 절차의 이행에 흠이 없음을 증명하는 서류
⑤ 그 밖에 금융위원회가 필요하다고 인정하는 서류

83 보험계약의 이전

① 보험회사는 계약의 방법으로 책임준비금 산출의 기초가 같은 보험계약의 전부를 포괄하여 다른 보험회사에 이전할 수 있다.
② 보험계약을 이전하려는 보험회사는 그 결의를 한 날부터 2주일 이내에 계약 이전의 요지와 각 보험회사의 재무상태표를 공고하고, 보험계약자에게 통지하여야 한다.
③ 보험계약 이전의 공고 및 통지에는 보험계약자가 이의를 제출할 수 있도록 1개월 이상의 이의제출기간을 부여하여야 한다.
④ 보험계약을 이전하려는 보험회사는 주주총회 등의 결의가 있었던 때부터 보험계약을 이전하거나 이전하지 아니하게 될 때까지 그 이전하려는 보험계약과 같은 종류의 보험계약을 하지 못한다.

84 보험회사의 합병

① 보험회사는 다른 보험회사와 합병할 수 있다.
② 합병하는 보험회사의 한 쪽이 주식회사인 경우 합병 후 존속하는 보험회사 또는 합병으로 설립되는 보험회사는 주식회사로 할 수 있다.
③ 보험회사가 합병을 결의한 경우에는 그 결의를 한 날부터 2주 이내에 합병계약의 요지와 각 보험회사의 재무상태표를 공고하여야 한다.
④ 합병 후 존속하는 보험회사 또는 합병으로 설립되는 보험회사가 상호회사인 경우에는 합병으로 해산하는 보험회사의 보험계약자는 그 회사에 입사하고, 주식회사인 경우에는 상호회사의 사원은 그 지위를 잃는다.
⑤ 보험회사는 합병을 하는 경우에는 7일 이내에 그 취지를 공고해야 한다. 합병을 하지 아니하게 된 경우에도 또한 같다.

85 보험회사의 청산

① 금융위원회는 보험회사로 하여금 청산인의 보수를 지급하게 할 수 있다.
② 금융위원회는 청산인을 감독하기 위하여 보험회사의 청산업무와 자산상황을 검사하고 자산의 공탁을 명할 수 있다.
③ 청산인은 채권신고기간 내에는 채권자에게 변제를 하지 못한다.
④ 보험회사가 보험업의 허가취소로 해산한 경우에는 금융위원회가 청산인을 선임한다.
⑤ 금융위원회는 감사, 3개월 전부터 계속하여 자본금의 100분의 5 이상의 주식을 가진 주주, 100분의 5 이상의 사원의 청구에 의하여 청산인을 해임할 수 있다.

86 보험조사협의회의 심의사항

① 보험조사업무의 효율적 수행을 위한 공동 대책의 수립 및 시행에 관한 사항
② 조사한 정보의 교환에 관한 사항
③ 공동조사의 실시 등 관련 기관간 협조에 관한 사항
④ 조사 지원에 관한 사항
⑤ 그 밖에 협의회장이 협의회의 회의에 부친 사항

87 자료제출 및 검사

① 금융위원회는 공익 또는 보험계약자 등을 보호하기 위하여 보험회사에 이 법에서 정하는 감독업무의 수행과 관련한 주주 현황, 그 밖에 사업에 관한 보고 또는 자료 제출을 명할 수 있다.
② 보험회사는 그 업무 및 자산상황에 관하여 금융감독원의 검사를 받아야 한다.
③ 보험회사의 업무 및 자산상황에 관하여 검사를 하는 자는 그 권한을 표시하는 증표를 지니고 이를 관계인에게 내보여야 한다.
④ 금융감독원장은 「주식회사 등의 외부감사에 관한 법률」에 따라 보험회사가 선임한 외부감사인에게 그 보험회사를 감사한 결과 알게 된 정보나 그 밖에 경영건전성과 관련되는 자료의 제출을 요구할 수 있다.

88 손해보험계약의 제3자 보호

① 손해보험계약의 제3자 보호에 관한 규정은 법령에 따라 가입이 강제되는 손해보험계약(자동차보험계약의 경우에는 법령에 따라 가입이 강제되지 아니하는 보험계약을 포함한다)으로서 대통령령으로 정하는 손해보험계약에만 적용한다.
② 손해보험회사는 「예금자보호법」 제2조 제8호의 사유로 손해보험계약의 제3자에게 보험금을 지급하지 못하게 된 경우에는 즉시 그 사실을 보험협회 중 손해보험회사로 구성된 협회의장에게 보고하여야 한다.
③ 손해보험협회의 장은 「보험업법」 제167조(지급불능의 보고)에 따른 보고를 받으면 금융위원회의 확인을 거쳐 손해보험계약의 제3자에게 대통령령으로 정하는 보험금을 지급하여야 한다.
④ 손해보험회사는 손해보험계약의 제3자에 대한 보험금의 지급을 보장하기 위하여 수입보험료 및 책임준비금을 고려하여 대통령령으로 정하는 비율을 곱한 금액을 손해보험협회에 출연하여야 한다.

89 보험협회의 업무

① 보험회사간의 건전한 업무질서의 유지
② 「보험업법」 제85조의3 제2항(보험설계사에 대한 보험회사의 불공정한 모집위탁행위 금지)에 따른 보험회사 등이 지켜야 할 규약의 제정·개정
③ 보험상품의 비교·공시 업무
④ 정부로부터 위탁받은 업무
⑤ ①·② 및 ③의 업무에 부수하는 업무
⑥ 그 밖에 대통령령으로 정하는 업무

90 보험요율산출기관의 업무

① 보험요율산출기관이 보험회사가 적용할 수 있는 순보험요율을 산출하여 금융위원회에 신고한 경우, 금융위원회는 그 내용을 검토하여 이 법에 적합하면 신고를 수리하여야 한다.
② 보험요율산출기관은 그 업무와 관련하여 정관으로 정하는 바에 따라 보험회사로부터 수수료를 받을 수 있다.
③ 보험요율산출기관은 순보험요율산출을 위하여 보험 관련 통계를 체계적으로 통합·집적하여야 하며, 보험회사에 자료의 제출을 요청하는 경우 보험회사는 이에 따라야 한다.
④ 보험요율산출기관은 음주운전 등 교통법규 위반의 효력에 관한 개인정보를 보유하고 있는 기관의 장으로부터 그 정보를 제공받아 보험회사가 보험금 지급업무에 이용하게 할 수 있다.」

91 보험계리사 등의 업무

① 기초서류의 작성에 관한 사항
② 책임준비금, 비상위험준비금 등 준비금의 적립과 준비금에 해당하는 자산의 적정성에 관한 사항
③ 잉여금의 배분·처리 및 보험계약자 배당금의 배분에 관한 사항
④ 지급여력비율 계산 중 보험료 및 책임준비금과 관련된 사항
⑤ 상품 공시자료 중 기초서류와 관련된 사항

92 보험계리업자의 등록 및 업무

① 보험계리업자는 책임준비금, 비상위험준비금 등 준비금의 적립과 준비금에 해당하는 자산의 적정성에 관한 업무를 수행할 수 있다.
② 보험계리업자는 잉여금의 배분·처리 및 보험계약자 배당금의 배분에 관한 업무를 수행할 수 있다.
③ 보험계리업자는 지급여력비율 계산 중 보험료 및 책임준비금과 관련한 업무를 처리할 수 있다.
④ 보험계리업자가 되려는 자는 총리령으로 정하는 수수료를 내고 금융위원회에 등록하여야 한다.

93 선임계리사의 임면

① 선임계리사를 해임하려는 경우에는 선임계리사의 해임 전에 이사회의 의결을 거쳐 금융위원회에 신고해야 하지만, 외국보험회사의 국내지점의 경우에는 이사회의 의결을 거치지 아니할 수 있다.
② 보험회사는 선임계리사가 업무정지 명령을 받은 경우에는 업무정지 기간 중 그 업무를 대행할 사람을 선임하여 금융위원회에 보고하여야 한다.
③ 금융위원회는 선임계리사가 그 직무를 게을리 하거나 직무를 수행하면서 부적절한 행위를 하였다고 인정되는 경우에는 6개월 이내의 기간을 정하여 업무의 정지를 명하거나 해임하게 할 수 있다.
④ 보험회사가 선임계리사를 선임한 경우에는 금융위원회의 해임 요구가 있는 때에는 그 선임일이 속한 사업연도의 다음 사업연도부터 연속하는 3개 사업연도가 끝나는 날까지 그 선임계리사를 해임할 수 없다.

94 선임계리사의 의무

① 선임계리사는 기초서류의 내용 및 보험계약에 따른 배당금의 계산 등이 정당한지 여부를 검증하고 확인하여야 한다.
② 선임계리사는 보험회사가 기초서류관리기준을 지키는지를 점검하고, 이를 위반하는 경우에는 조사하여 그 결과를 이사회에 보고하여야 하며, 기초서류에 법령을 위반한 내용이 있다고 판단하는 경우에는 금융위원회에 보고하여야 한다.
③ 선임계리사는 보험회사가 금융위원회에 제출하는 서류에 기재된 사항 중 기초서류의 내용 및 보험계약에 의한 배당금의 계산 등이 정당한지 여부를 최종적으로 검증하고 이를 확인하여야 한다.
④ 선임계리사는 보험회사의 기초서류에 법령을 위반한 내용이 있다고 판단하는 경우에는 금융위원회에 보고하여야 한다.

95 선임계리사의 금지행위

① 고의로 진실을 숨기거나 거짓으로 보험계리를 하는 행위
② 업무상 알게 된 비밀을 누설하는 행위
③ 타인으로 하여금 자기의 명의로 보험계리업무를 하게 하는 행위
④ 그 밖에 공정한 보험계리업무의 수행을 해치는 행위로서 대통령령으로 정하는 행위
  - 정당한 이유 없이 보험계리업무를 게을리하는 행위
  - 충분한 조사나 검증을 하지 아니하고 보험계리업무를 수행하는 행위
  - 업무상 제공받은 자료를 무단으로 보험계리업무와 관련이 없는 자에게 제공하는 행위

96 손해사정사 등의 업무

① 보험회사가 출자한 손해사정법인에 소속된 손해사정사는 그 출자한 보험회사가 체결한 보험계약에 관한 보험사고에 대하여 손해사정을 할 수 있다.
② 보험회사로부터 손해사정업무를 위탁받은 손해사정업자는 손해사정서에 피보험자의 건강정보 등 「개인정보보호법」에 따른 민감정보가 포함된 경우 피보험자의 동의를 받아야 한다.
③ 금융위원회는 손해사정업자가 그 업무를 할 때 고의 또는 과실로 타인에게 손해를 발생하게 한 경우 그 손해의 배상을 보장하기 위하여 손해사정업자에게 금융위원회가 지정하는 기관에의 자산 예탁, 보험가입, 그 밖에 필요한 조치를 하게 할 수 있다.
④ 보험회사로부터 손해사정업무를 위탁받은 손해사정업자는 손해사정업무를 수행한 후 손해사정서를 작성한 경우에 지체 없이 서면, 문자메시지, 전자우편, 팩스 또는 이와 유사한 방법에 따라 보험회사, 보험계약자, 피보험자 및 보험금청구권자에게 손해사정서를 내어 주고 그 중요한 내용을 알려주어야 한다.

97 손해사정사의 손해사정업무 수행시 금지행위

① 고의로 진실을 숨기거나 거짓으로 손해사정을 하는 행위
② 업무상 알게 된 보험계약자 등에 관한 개인정보를 누설하는 행위
③ 타인으로 하여금 자기의 명의로 손해사정업무를 하게 하는 행위
④ 정당한 사유 없이 손해사정업무를 지연하거나 충분한 조사를 하지 아니하고 손해액 또는 보험금을 산정하는 행위
⑤ 보험회사 및 보험계약자 등에 대하여 이미 제출받은 서류와 중복되는 서류나 손해사정과 관련이 없는 서류 또는 정보를 요청함으로써 손해사정을 지연하는 행위
⑥ 보험금 지급을 요건으로 합의서를 작성하거나 합의를 요구하는 행위
⑦ 그 밖에 공정한 손해사정업무의 수행을 해치는 행위로서 대통령령으로 정하는 행위

98 공제에 대한 협의

① 금융위원회는 법률에 따라 운영되는 공제업과 보험업간의 균형 있는 발전을 위하여 필요하다고 인정하는 경우에는 그 공제업을 운영하는 자에게 기초서류에 해당하는 사항에 관한 협의를 요구할 수 있다.
② 금융위원회는 법률에 따라 운영되는 공제업과 보험업간의 균형 있는 발전을 위하여 필요하다고 인정하는 경우에는 그 공제업 관련 중앙행정기관의 장에게 재무건전성에 관한 사항에 관한 협의를 요구할 수 있다.
③ 금융위원회로부터 협의를 요구받은 그 공제업을 운영하는 자 또는 그 공제업 관련 중앙행정기관의 장은 정당한 사유가 없으면 그 요구에 따라야 한다.
④ 중앙행정기관의 장은 공제업의 재무건전성 유지를 위하여 필요하다고 인정하는 경우에는 공제업을 운영하는 자에 대한 공동검사에 관한 협의를 금융위원회에 요구할 수 있다.

99 민감정보 및 고유식별정보의 처리

보험협회의 장은 일정한 사무를 수행하기 위하여 불가피한 경우「개인정보보호법」제23조에 따른 건강에 관한 정보, 같은 법 시행령 제19조에 따른 주민등록번호, 여권번호, 운전면허의 면허번호 또는 외국인등록번호가 포함된 자료를 처리할 수 있다. 다만, 포상금 지급에 관한 사무의 경우에는 「개인정보보호법」제23조에 따른 건강에 관한 정보 및 같은 법 시행령 제19조에 따른 운전면허의 면허번호가 포함된 자료는 제외한다.

100 미수범 처벌규정에 따라 처벌받는 경우

① 보험계리사가 그 임무를 위반하여 재산상의 이익을 취득하거나 제3자로 하여금 재산상 이익을 취득하게 하여 보험회사에 재산상의 손해를 입히는 행위
② 상호회사의 청산인이 재산상의 이익을 취득하거나 제3자로 하여금 재산상 이익을 취득하게 하여 보험회사에 재산상의 손해를 입히는 행위
③ 보험계약자 총회 대행기관을 구성하는 자가 그 임무를 위반하여 재산상의 이익을 취득하거나 제3자로 하여금 재산상 이익을 취득하게 하여 보험계약자나 사원에게 손해를 입히는 행위

대부분의 사람은 마음먹은 만큼 행복하다.

- 에이브러햄 링컨 -

보험업법

핵심이론 + 기출유형문제 + 기출분석문제 100選

CHAPTER 01	총 론
CHAPTER 02	보험회사
CHAPTER 03	모 집
CHAPTER 04	자산운용
CHAPTER 05	계 산
CHAPTER 06	감 독
CHAPTER 07	해산 및 청산
CHAPTER 08	관계자에 대한 조사 및 손해보험계약의 제3자 보호
CHAPTER 09	보험관계단체 등
CHAPTER 10	보칙 및 벌칙

CHAPTER 01 총 칙

학습목표
① 보험업의 개념과 목적, 용어의 정의 등 기본적인 사항을 학습한다.
② 보험업의 허가, 겸영업무 및 부수업무 등 제반사항을 이해한다.

01 보험업법 일반

1 보험업법의 개설

(1) 보험업법의 의의 및 성격

① 의 의

보험업법은 보험계약자를 보호하기 위하여 민영보험업의 지도·감독에 대한 근거 및 내용, 방법 등을 규정하고 있는 보험업감독에 관한 기본법이다. 즉 보험업법은 민영보험업에 대한 감독법규이므로 우체국보험, 국민건강보험 등의 공영보험과 공제조합에는 적용되지 않는다.

② 성 격

보험업법은 공법적 규정(보험업감독 및 보험모집단속)과 사법적 규정(보험업실체)이 혼합되어 있으며, 이 중 사법적 규정은 상법에 대한 특별법의 지위를 갖는다.

공법적 성질의 규정	• 보험업의 영위규정 • 보험업의 실질적 감독 및 규제 • 보험대리점, 보험중개사 및 기타 관계단체 등에 대한 인·허가 • 보험업자, 보험관계단체, 보험모집 종사자 등의 업무와 자산상태에 대한 규제와 감독 등
사법적 성질의 규정	• 주식회사, 상호회사의 설립·조직·운영에 관한 사항

(2) 보험업법의 목적(법 제1조) 기출 15·17

① 보험업법은 보험업을 경영하는 자의 건전한 경영을 도모한다.
② 보험계약자, 피보험자, 그 밖의 이해관계인의 권익을 보호한다.
③ 보험업의 건전한 육성을 꾀한다.
④ 국민경제의 균형 있는 발전에 기여함을 목적으로 한다.

2 용어의 정의(법 제2조)

(1) 보험상품(제1호) 기출 14·18·20

위험보장을 목적으로 우연한 사건 발생에 관하여 금전 및 그 밖의 급여를 지급할 것을 약정하고 대가를 수수(授受)하는 계약(보험계약자의 보호 필요성 및 금융거래 관행 등을 고려하여 <u>대통령령으로 정하는 것은 제외한다</u>)으로서 다음의 것을 말한다.

① 생명보험상품 기출 24

위험보장을 목적으로 사람의 생존 또는 사망에 관하여 약정한 금전 및 그 밖의 급여를 지급할 것을 약속하고 대가를 수수하는 계약

② 손해보험상품

위험보장을 목적으로 우연한 사건(질병·상해 및 간병은 제외한다)으로 발생하는 손해(계약상 채무불이행 또는 법령상 의무불이행으로 발생하는 손해를 포함한다)에 관하여 금전 및 그 밖의 급여를 지급할 것을 약속하고 대가를 수수하는 계약

③ 제3보험상품 기출 15·17

위험보장을 목적으로 사람의 질병·상해 또는 이에 따른 간병에 관하여 금전 및 그 밖의 급여를 지급할 것을 약속하고 대가를 수수하는 계약

> **대통령령으로 정하는 것으로 보험상품에서 제외되는 것(영 제1조의2 제1항)**
> 1. 고용보험
> 2. 건강보험
> 3. 국민연금
> 4. 장기요양보험
> 5. 산업재해보상보험
> 6. 선불식 할부계약

[보험상품]

생명보험상품	1. 생명보험계약 2. 연금보험계약(퇴직보험계약을 포함)
손해보험상품	1. 화재보험계약 2. 해상보험계약(항공·운송보험계약을 포함) 3. 자동차보험계약 4. 보증보험계약 5. 재보험계약 6. 책임보험계약 7. 기술보험계약 8. 권리보험계약 9. 도난보험계약 10. 유리보험계약 11. 물보험계약 12. 원자력보험계약 13. 비용보험계약 14. 날씨보험계약
제3보험상품	1. 상해보험계약 2. 질병보험계약 3. 간병보험계약

(2) 보험업(제2호) 기출 19

보험상품의 취급과 관련하여 발생하는 보험의 인수(引受), 보험료 수수 및 보험금 지급 등을 영업으로 하는 것으로서 생명보험업·손해보험업 및 제3보험업을 말한다.

생명보험업(제3호)	생명보험상품의 취급과 관련하여 발생하는 보험의 인수, 보험료 수수 및 보험금 지급 등을 영업으로 하는 것을 말한다.
손해보험업(제4호)	손해보험상품의 취급과 관련하여 발생하는 보험의 인수, 보험료 수수 및 보험금 지급 등을 영업으로 하는 것을 말한다.
제3보험업(제5호)	제3보험상품의 취급과 관련하여 발생하는 보험의 인수, 보험료 수수 및 보험금 지급 등을 영업으로 하는 것을 말한다.

(3) 보험회사 등

① 보험회사(제6호) 기출 14·19

허가를 받아 보험업을 경영하는 자를 말한다.

② 상호회사(제7호)

보험업을 경영할 목적으로 이 법에 따라 설립된 회사로서 보험계약자를 사원(社員)으로 하는 회사를 말한다.

③ 외국보험회사(제8호) 기출 17·19·21

대한민국 이외의 국가의 법령에 따라 설립되어 대한민국 이외의 국가에서 보험업을 경영하는 자를 말한다.

④ 자회사(제18호) 기출 16·19

보험회사가 다른 회사(「민법」 또는 특별법에 따른 조합을 포함)의 의결권 있는 발행주식(출자지분을 포함한다) 총수의 100분의 15를 초과하여 소유하는 경우의 그 다른 회사를 말한다.

(4) 모집 등

① 모집(제12호) 기출 17

보험계약의 체결을 중개하거나 대리하는 것을 말한다.

② 보험설계사·보험대리점·보험중개사 기출 17·24

보험설계사(제9호)	보험회사·보험대리점 또는 보험중개사에 소속되어 보험계약의 체결을 중개하는 자(법인이 아닌 사단과 재단을 포함한다)로서 제84조에 따라 등록된 자를 말한다.
보험대리점(제10호)	보험회사를 위하여 보험계약의 체결을 대리하는 자(법인이 아닌 사단과 재단을 포함한다)로서 제87조에 따라 등록된 자를 말한다.
보험중개사(제11호)	독립적으로 보험계약의 체결을 중개하는 자(법인이 아닌 사단과 재단을 포함한다)로서 제89조에 따라 등록된 자를 말한다.

(5) 자산운용 등

① 신용공여(제13호)

대출 또는 유가증권의 매입(자금 지원적 성격인 것만 해당한다)이나 그 밖에 금융거래상의 신용위험이 따르는 보험회사의 직접적·간접적 거래로서 대통령령으로 정하는 바에 따라 금융위원회가 정하는 거래를 말한다.

> **대통령령으로 정하는 신용공여의 범위(영 제2조)**
> ① 신용공여의 범위는 다음 각 호의 것으로서 그 구체적인 내용은 금융위원회가 정하여 고시한다.
>   1. 대출
>   2. 어음 및 채권의 매입
>   3. 그 밖에 거래 상대방의 지급불능시 이로 인하여 보험회사에 손실을 초래할 수 있는 거래
>   4. 보험회사가 직접적으로 제1호부터 제3호까지에 해당하는 거래를 한 것은 아니나 실질적으로 제1호부터 제3호까지에 해당하는 거래를 한 것과 같은 결과를 가져올 수 있는 거래
> ② 금융위원회는 제1항에도 불구하고 다음 각 호의 어느 하나에 해당하는 거래를 신용공여의 범위에 포함시키지 아니할 수 있다.
>   1. 보험회사에 손실을 초래할 가능성이 적은 것으로 판단되는 거래
>   2. 금융시장에 미치는 영향 등 해당 거래의 상황에 비추어 신용공여의 범위에 포함시키지 아니하는 것이 타당하다고 판단되는 거래

② 총자산(제14호) `기출` 24
재무상태표에 표시된 자산에서 영업권 등 대통령령으로 정하는 자산을 제외한 것을 말한다.

> **영업권 등 대통령령으로 정하는 자산(영 제3조 제1항)** 〈2023.6.27. 개정〉
> 영업권과 법 제108조 제1항 제2호 및 제3호에 따른 특별계정 자산(영 제50조 제1항의 특별계정 자산은 제외한다)을 말한다.
>   1. 「근로자퇴직급여보장법」 제29조 제2항에 따른 보험계약 및 법률 제10967호 「근로자퇴직급여보장법」 전부개정법률 부칙 제2조 제1항 본문에 따른 퇴직보험계약
>   2. 변액보험계약(보험금이 자산운용의 성과에 따라 변동하는 보험계약을 말한다)

③ 자기자본(제15호)
납입자본금·자본잉여금·이익잉여금, 그 밖에 이에 준하는 것(자본조정은 제외한다)으로서 대통령령으로 정하는 항목의 합계액에서 영업권, 그 밖에 이에 준하는 것으로서 대통령령으로 정하는 항목의 합계액을 뺀 것을 말한다.

> **자기자본의 범위(영 제4조)** `기출` 19·20
> 자기자본을 산출할 때 합산하여야 할 항목 및 빼야 할 항목은 다음 각 호의 기준에 따라 금융위원회가 정하여 고시한다.
>   1. **합산하여야 할 항목** : 납입자본금, 자본잉여금 및 이익잉여금 등 보험회사의 자본 충실에 기여하거나 영업활동에서 발생하는 손실을 보전(補塡)할 수 있는 것
>   2. **빼야 할 항목** : 영업권 등 실질적으로 자본 충실에 기여하지 아니하는 것

(6) 대주주 등

① 동일차주(제16호) `기출` 19
동일한 개인 또는 법인 및 이와 신용위험을 공유하는 자로서 대통령령으로 정하는 자를 말한다.

> **대통령령으로 정하는 자(영 제5조)**
> 「독점규제 및 공정거래에 관한 법률」 제2조 제11호에 따른 기업집단에 속하는 회사를 말한다.

② 대주주(제17호)

「금융회사의 지배구조에 관한 법률」 제2조 제6호에 따른 주주를 말한다.

㉠ 최대 주주 : 금융회사의 의결권 있는 발행주식(출자지분을 포함한다) 총수를 기준으로 본인 및 그와 대통령령으로 정하는 특수한 관계가 있는 자(이하 "특수관계인"이라 한다)가 누구의 명의로 하든지 자기의 계산으로 소유하는 주식(그 주식과 관련된 증권예탁증권을 포함한다)을 합하여 그 수가 가장 많은 경우의 그 본인

심화TIP 대통령령으로 정하는 특수관계인의 범위(금융회사의 지배구조에 관한 법률 시행령 제3조 제1항)

1. **본인이 개인인 경우** : 다음 각 목의 어느 하나에 해당하는 자. 다만, 「독점규제 및 공정거래에 관한 법률 시행령」 제3조의2 제1항 제2호 가목에 따른 독립경영자 및 같은 목에 따라 공정거래위원회가 동일인관련자의 범위로부터 분리를 인정하는 자는 제외한다.
   - 가. 배우자(사실상의 혼인관계에 있는 사람을 포함한다)
   - 나. 6촌 이내의 혈족
   - 다. 4촌 이내의 인척
   - 라. 양자의 생가(生家)의 직계존속
   - 마. 양자 및 그 배우자와 양가(養家)의 직계비속
   - 바. 혼인 외의 출생자의 생모
   - 사. 본인의 금전이나 그 밖의 재산으로 생계를 유지하는 사람 및 생계를 함께 하는 사람
   - 아. 본인이 혼자서 또는 그와 가목부터 사목까지의 관계에 있는 자와 합하여 법인이나 단체에 100분의 30 이상을 출자하거나, 그 밖에 임원(업무집행책임자는 제외한다)의 임면 등 법인이나 단체의 중요한 경영사항에 대하여 사실상의 영향력을 행사하고 있는 경우에는 해당 법인 또는 단체와 그 임원(본인이 혼자서 또는 그와 가목부터 사목까지의 관계에 있는 자와 합하여 임원의 임면 등의 방법으로 그 법인 또는 단체의 중요한 경영사항에 대하여 사실상의 영향력을 행사하고 있지 아니함이 본인의 확인서 등을 통하여 확인되는 경우에 그 임원은 제외한다)
   - 자. 본인이 혼자서 또는 그와 가목부터 아목까지의 관계에 있는 자와 합하여 법인이나 단체에 100분의 30 이상을 출자하거나, 그 밖에 임원의 임면 등 법인이나 단체의 중요한 경영사항에 대하여 사실상의 영향력을 행사하고 있는 경우에는 해당 법인 또는 단체와 그 임원(본인이 혼자서 또는 그와 가목부터 아목까지의 관계에 있는 자와 합하여 임원의 임면 등의 방법으로 그 법인 또는 단체의 중요한 경영사항에 대하여 사실상의 영향력을 행사하고 있지 아니함이 본인의 확인서 등을 통하여 확인되는 경우에 그 임원은 제외한다)

2. **본인이 법인이나 단체인 경우** : 다음 각 목의 어느 하나에 해당하는 자
   - 가. 임원
   - 나. 「독점규제 및 공정거래에 관한 법률」에 따른 계열회사 및 그 임원
   - 다. 혼자서 또는 제1호 각 목의 관계에 있는 자와 합하여 본인에게 100분의 30 이상을 출자하거나, 그 밖에 임원의 임면 등 본인의 중요한 경영사항에 대하여 사실상의 영향력을 행사하고 있는 개인(그와 제1호 각 목의 관계에 있는 자를 포함한다) 또는 법인(계열회사는 제외한다), 단체와 그 임원
   - 라. 본인이 혼자서 또는 본인과 가목부터 다목까지의 관계에 있는 자와 합하여 다른 법인이나 단체에 100분의 30 이상을 출자하거나, 그 밖에 임원의 임면 등 다른 법인이나 단체의 중요한 경영사항에 대하여 사실상의 영향력을 행사하고 있는 경우에는 해당 법인, 단체와 그 임원(본인이 임원의 임면 등의 방법으로 그 법인 또는 단체의 중요한 경영사항에 대하여 사실상의 영향력을 행사하고 있지 아니함이 본인의 확인서 등을 통하여 확인되는 경우에 그 임원은 제외한다)

ⓒ 주요 주주
  ⓐ 누구의 명의로 하든지 자기의 계산으로 금융회사의 의결권 있는 발행주식 총수의 100분의 10 이상의 주식(그 주식과 관련된 증권예탁증권을 포함한다)을 소유한 자
  ⓑ 임원(업무집행책임자는 제외한다)의 임면(任免) 등의 방법으로 금융회사의 중요한 경영사항에 대하여 사실상의 영향력을 행사하는 주주로서 대통령령으로 정하는 자

> **심화TIP** 대통령령으로 정하는 주요 주주의 범위(금융회사의 지배구조에 관한 법률 시행령 제4조)
> 1. 혼자서 또는 다른 주주와의 합의·계약 등에 따라 대표이사 또는 이사의 과반수를 선임한 주주
> 2. 다음 각 목의 구분에 따른 주주
>   가. 금융회사가 「자본시장과 금융투자업에 관한 법률」 제8조 제1항에 따른 금융투자업자(겸영금융투자업자는 제외하며 이하 "금융투자업자"라 한다)인 경우 : 다음의 구분에 따른 주주
>   1) 금융투자업자가 「자본시장과 금융투자업에 관한 법률」에 따른 투자자문업, 투자일임업, 집합투자업, 집합투자증권에 한정된 투자매매업·투자중개업 또는 온라인소액투자중개업 외의 다른 금융투자업을 겸영하지 아니하는 경우 : 임원(「상법」 제401조의2 제1항 각 호의 자를 포함한다)인 주주로서 의결권 있는 발행주식 총수의 100분의 5 이상을 소유하는 사람
>   2) 금융투자업자가 「자본시장과 금융투자업에 관한 법률」에 따른 투자자문업, 투자일임업, 집합투자업, 집합투자증권에 한정된 투자매매업·투자중개업 또는 온라인소액투자중개업 외의 다른 금융투자업을 영위하는 경우 : 임원인 주주로서 의결권 있는 발행주식 총수의 100분의 1 이상을 소유하는 사람
>   나. 금융회사가 금융투자업자가 아닌 경우 : 금융회사(금융지주회사인 경우 그 금융지주회사의 「금융지주회사법」 제2조 제1항 제2호 및 제3호에 따른 자회사 및 손자회사를 포함한다)의 경영전략·조직변경 등 주요 의사결정이나 업무집행에 지배적인 영향력을 행사한다고 인정되는 자로서 금융위원회가 정하여 고시하는 주주

(7) 보험계약자

① 전문보험계약자(제19호) [기출] 15·18·19·22

보험계약에 관한 전문성, 자산규모 등에 비추어 보험계약의 내용을 이해하고 이행할 능력이 있는 자로서 다음의 어느 하나에 해당하는 자를 말한다.
  ㉠ 국가
  ㉡ 한국은행
  ㉢ 대통령령으로 정하는 다음의 금융기관

> **대통령령으로 정하는 금융기관(영 제6조의2 제2항)** [기출] 19
> 1. 보험회사
> 2. 금융지주회사
> 3. 농업협동조합중앙회
> 4. 산림조합중앙회
> 5. 상호저축은행 및 그 중앙회
> 6. 새마을금고연합회

> 7. 수산업협동조합중앙회
> 8. 신용협동조합중앙회
> 9. 여신전문금융회사
> 10. 은행
> 11. 금융투자업자(겸영금융투자업자는 제외), 증권금융회사, 종합금융회사 및 자금중개회사
> 12. 중소기업은행
> 13. 한국산업은행
> 14. 한국수출입은행
> 15. 제1호부터 제14호까지의 기관에 준하는 외국금융기관

　ⓒ 주권상장법인
　ⓓ 그 밖에 대통령령으로 정하는 다음의 자

대통령령으로 정하는 자(영 제6조의2 제3항) 〈2022.2.17. 개정〉

1. 지방자치단체
2. 법 제83조에 따라 모집을 할 수 있는 자
3. 법 제175조에 따른 보험협회, 법 제176조에 따른 보험요율산출기관 및 법 제178조에 따른 보험관계단체
4. 「한국자산관리공사 설립 등에 관한 법률」에 따른 한국자산관리공사
5. 「금융위원회의 설치 등에 관한 법률」에 따른 금융감독원
6. 「예금자보호법」에 따른 예금보험공사 및 정리금융회사
7. 「자본시장과 금융투자업에 관한 법률」에 따른 한국예탁결제원 및 같은 법 제373조의2에 따라 허가를 받은 거래소
8. 「자본시장과 금융투자업에 관한 법률」에 따른 집합투자기구. 다만, 금융위원회가 정하여 고시하는 집합투자기구는 제외한다.
9. 「한국주택금융공사법」에 따른 한국주택금융공사
10. 「한국투자공사법」에 따른 한국투자공사
11. 삭제 〈2014.12.30.〉
12. 「기술보증기금법」에 따른 기술보증기금
13. 「신용보증기금법」에 따른 신용보증기금
14. 법률에 따라 공제사업을 하는 법인
15. 법률에 따라 설립된 기금(제12호와 제13호에 따른 기금은 제외한다) 및 그 기금을 관리·운용하는 법인
16. 해외 증권시장에 상장된 주권을 발행한 국내법인
17. 다음 각 목의 어느 하나에 해당하는 외국인
    가. 외국 정부
    나. 조약에 따라 설립된 국제기구
    다. 외국 중앙은행
    라. 제1호부터 제15호까지 및 제18호의 자에 준하는 외국인
18. 그 밖에 보험계약에 관한 전문성, 자산규모 등에 비추어 보험계약의 내용을 이해하고 이행할 능력이 있는 자로서 금융위원회가 정하여 고시하는 자

② 일반보험계약자(제20호)
  ㉠ 전문보험계약자가 아닌 보험계약자를 말한다.
  ㉡ 다만, 전문보험계약자 중 대통령령으로 정하는 자가 일반보험계약자와 같은 대우를 받겠다는 의사를 보험회사에 서면으로 통지하는 경우 보험회사는 정당한 사유가 없으면 이에 동의하여야 하며, 보험회사가 동의한 경우에는 해당 보험계약자는 일반보험계약자로 본다(제19호 단서).

> **대통령령으로 정하는 자(영 제6조의2 제1항)** 기출 24
> 1. 지방자치단체
> 2. 주권상장법인
> 3. 대통령령으로 정하는 금융기관에 준하는 외국금융기관
> 4. 법률에 따라 설립된 기금(기술신용보증기금과 신용보증기금은 제외한다) 및 그 기금을 관리·운용하는 법인
> 5. 해외 증권시장에 상장된 주권을 발행한 국내법인
> 6. 그 밖에 보험계약에 관한 전문성, 자산규모 등에 비추어 보험계약의 내용을 이해하고 이행할 능력이 있는 자로서 금융위원회가 정하여 고시하는 자

3 보험계약의 체결(법 제3조) 기출 15·17·18

누구든지 보험회사가 아닌 자와 보험계약을 체결하거나 중개 또는 대리하지 못한다. 다만, 대통령령으로 정하는 경우에는 그러하지 아니하다.

> **보험회사가 아닌 자와 보험계약을 체결할 수 있는 경우(영 제7조 제1항)** 기출 21·25
> 1. 외국보험회사와 생명보험계약, 수출적하보험계약, 수입적하보험계약, 항공보험계약, 여행보험계약, 선박보험계약, 장기상해보험계약 또는 재보험계약을 체결하는 경우
> 2. 제1호 외의 경우로서 대한민국에서 취급되는 보험종목에 관하여 셋 이상의 보험회사로부터 가입이 거절되어 외국보험회사와 보험계약을 체결하는 경우
> 3. 대한민국에서 취급되지 아니하는 보험종목에 관하여 외국보험회사와 보험계약을 체결하는 경우
> 4. 외국에서 보험계약을 체결하고, 보험기간이 지나기 전에 대한민국에서 그 계약을 지속시키는 경우
> 5. 제1호부터 제4호까지 외에 보험회사와 보험계약을 체결하기 곤란한 경우로서 금융위원회의 승인을 받은 경우

02 보험업의 허가 및 업무

1 보험업의 허가

(1) 허가의 의의(법 제4조) 기출 16 · 18 · 20 · 21 · 22

① 보험업을 경영하려는 자는 다음에서 정하는 보험종목별로 금융위원회의 허가를 받아야 한다.

생명보험업	1. 생명보험 2. 연금보험(퇴직보험을 포함)	
손해보험업	1. 화재보험 3. 자동차보험 5. 재보험 7. 기술보험 9. 도난 · 유리 · 동물 · 원자력 보험 11. 날씨보험	2. 해상보험(항공 · 운송보험을 포함) 4. 보증보험 6. 책임보험 8. 권리보험 10. 비용보험
제3보험업	1. 상해보험 2. 질병보험 3. 간병보험	

② 보험허가를 받은 자는 해당 보험종목의 재보험에 대한 허가를 받은 것으로 본다. 다만, 제9조 제2항 제2호의 보험회사는 그러하지 아니하다.
③ 생명보험업이나 손해보험업에 해당하는 보험종목의 전부(보증보험 및 재보험은 제외한다)에 관하여 허가를 받은 자는 제3보험업에 해당하는 보험종목에 대한 허가를 받은 것으로 본다.
④ 생명보험업 또는 손해보험업에 해당하는 보험종목의 전부(보증보험 및 재보험은 제외)에 관하여 허가를 받은 자는 경제질서의 건전성을 해친 사실이 없으면 해당 생명보험업 또는 손해보험업의 종목으로 신설되는 보험종목에 대한 허가를 받은 것으로 본다.
⑤ 제3보험업에 관하여 허가를 받은 자는 제3보험의 보험종목에 부가되는 보험종목을 취급할 수 있다.
⑥ 보험업의 허가를 받을 수 있는 자는 주식회사, 상호회사 및 외국보험회사로 제한하며, 허가를 받은 외국보험회사의 국내지점은 보험업법에 따른 보험회사로 본다.
⑦ 금융위원회는 허가에 조건을 붙일 수 있다.
⑧ 조건이 붙은 보험업 허가를 받은 자는 사정의 변경, 그 밖의 정당한 사유가 있는 경우에는 금융위원회에 그 조건의 취소 또는 변경을 신청할 수 있다. 이 경우 금융위원회는 2개월 이내에 조건의 취소 또는 변경 여부를 결정하고, 그 결과를 지체 없이 신청인에게 문서로 알려야 한다.

(2) 허가신청서 등의 제출(법 제5조) 기출 14 · 15 · 16 · 19 · 21 · 25

① 허가를 받으려는 자는 신청서에 다음의 서류를 첨부하여 금융위원회에 제출하여야 한다. 다만, 보험회사가 취급하는 보험종목을 추가하려는 경우에는 <u>정관의 서류</u>는 제출하지 아니할 수 있다.
  ㉠ 정관
  ㉡ 업무 시작 후 3년간의 사업계획서(추정재무제표를 포함한다)
  ㉢ 경영하려는 보험업의 보험종목별 사업방법서, 보험약관, 보험료 및 해약환급금의 산출방법서(이하 "기초서류"라 한다) 중 대통령령으로 정하는 서류(<u>보험종목별 사업방법서</u>)
  ㉣ 위 규정에 따른 서류 이외에 <u>대통령령으로 정하는 서류</u>

대통령령으로 정하는 서류(영 제9조 제3항) 〈2022.12.27. 개정〉

다음 각 호의 구분에 따른 서류를 말한다. 이 경우 금융위원회는 「전자정부법」 제36조 제1항 또는 제2항에 따른 행정정보의 공동이용을 통하여 회사의 법인등기사항증명서(외국보험회사를 제외한 주식회사 또는 상호회사의 경우만 해당한다)를 확인하여야 한다.

외국보험회사를 제외한 주식회사 또는 상호회사	외국보험회사
다음 각 목의 서류. 다만, 취급하는 보험종목을 추가하려는 경우에는 가목부터 다목까지의 서류를 제출하지 아니할 수 있다. 가. 발기인회의 의사록 나. 임원 및 발기인의 이력서 및 경력증명서 다. 합작계약서(외국기업과 합작하여 보험업을 하려는 경우만 해당한다) 라. 자본금 또는 기금의 납입을 증명하는 서류 마. 재무제표와 그 부속서류 바. 주주(상호회사의 경우에는 사원)의 성명 또는 명칭과 소유 주식 수(상호회사의 경우에는 출자지분)를 적은 서류 사. 그 밖에 법 또는 이 영에 따른 허가 요건의 심사에 필요한 서류로서 총리령으로 정하는 서류	다음 각 목의 서류. 다만, 취급하는 보험종목을 추가하려는 경우에는 나목, 라목 및 마목의 서류를 제출하지 아니할 수 있다. 가. 외국보험회사의 본점이 적법한 보험업을 경영하고 있음을 증명하는 해당 외국보험회사가 속한 국가의 권한 있는 기관의 증명서 나. 대한민국에서 외국보험회사를 대표하는 자(이하 "대표자"라 함)의 대표권을 증명하는 서류 다. 외국보험회사 본점의 최근 3년간의 재무상태표와 포괄손익계산서 라. 영업기금의 납입을 증명하는 서류 마. 대표자의 이력서 및 경력증명서 바. 재무제표와 그 부속서류 사. 그 밖에 법 또는 이 영에 따른 허가 요건의 심사에 필요한 서류로서 총리령으로 정하는 서류

② 보험업의 허가를 신청하는 자는 금융위원회에 제출하는 신청서에 다음의 사항을 적어야 한다(영 제9조 제1항).
  ㉠ 상호
  ㉡ 주된 사무소의 소재지
  ㉢ 대표자 및 임원의 성명 · 주민등록번호 및 주소
  ㉣ 자본금 또는 기금에 관한 사항
  ㉤ 시설, 설비 및 인력에 관한 사항
  ㉥ 허가를 받으려는 보험종목

③ 금융위원회는 허가신청을 받았을 때에는 2개월(법 제7조에 따라 예비허가를 받은 경우에는 1개월) 이내에 이를 심사하여 신청인에게 허가 여부를 통지해야 한다(영 제9조 제4항).

④ 통지기간을 산정할 때 다음의 구분에 따른 기간은 통지기간에 산입(算入)하지 않는다(영 제9조 제5항). 〈2022.4.19. 신설〉

㉠ 보험업의 허가를 받으려는 자 또는 그 허가를 받으려는 자의 대주주(법 제6조 제1항 제4호에 따른 대주주를 말한다)를 상대로 형사소송 절차가 진행되고 있거나 금융위원회, 공정거래위원회, 국세청, 검찰청 또는 금융감독원 등에서 조사·검사 등의 절차가 진행되고 있고, 소송이나 조사·검사 등의 내용이 법 제4조 제1항에 따른 허가에 중대한 영향을 미칠 수 있다고 인정되는 경우 : 그 소송이나 조사·검사 등과 관련하여 금융위원회가 정하여 고시하는 기간

㉡ 제출된 허가신청서 및 첨부서류의 흠결에 대하여 보완을 요구한 경우 : 그 보완기간

㉢ 허가요건을 갖추었는지 확인하기 위하여 다른 기관 등에 필요한 자료를 요청한 경우 : 그 자료를 제공받는 데에 걸리는 기간

㉣ 그 밖에 허가요건의 심사를 진행하기 곤란하다고 인정되는 경우 : 금융위원회가 정하여 고시하는 기간

(3) 허가의 요건 등(법 제6조) 기출 17

① 보험업의 허가를 받으려는 자(외국보험회사 및 보험종목을 추가하려는 보험회사는 제외)는 다음의 요건을 갖추어야 한다.

㉠ 법 규정(제9조 제1항 및 제2항)에 따른 자본금 또는 기금을 보유할 것

㉡ 보험계약자를 보호할 수 있고 그 경영하려는 보험업을 수행하기 위하여 필요한 전문 인력과 전산설비 등 물적 시설을 충분히 갖추고 있을 것. 이 경우 대통령령으로 정하는 바에 따라 업무의 일부를 외부에 위탁하는 경우에는 그 위탁한 업무와 관련된 전문 인력과 물적 시설을 갖춘 것으로 본다.

> **허가의 세부요건(영 제10조 제1항, 제2항)** 기출 17
> ① 보험업의 허가를 받으려는 자가 갖추어야 하는 전문 인력 및 물적 시설의 세부 요건은 다음 각 호와 같다.
> 1. 임원이 「금융회사의 지배구조에 관한 법률」 제5조 제1항에 따른 임원의 결격사유에 해당되지 아니하여야 하며, 허가를 받으려는 보험업에 관한 전문성과 건전성을 갖춘 보험 전문 인력과 보험회사의 업무 수행을 위한 전산요원 등 필요한 인력을 갖출 것
> 2. 허가를 받으려는 보험업을 경영하는 데에 필요한 전산설비를 구축하고 사무실 등 공간을 충분히 확보할 것
> ② 보험업의 허가를 받으려는 자가 다음 각 호의 어느 하나에 해당하는 업무를 외부에 위탁하는 경우에는 그 업무와 관련된 전문 인력과 물적 시설을 갖춘 것으로 본다.
> 1. 손해사정업무
> 2. 보험계약 심사를 위한 조사업무
> 3. 보험금 지급심사를 위한 보험사고 조사업무
> 4. 전산설비의 개발·운영 및 유지·보수에 관한 업무
> 5. 정보처리 업무

ⓒ 사업계획이 타당하고 건전할 것

> **사업계획의 요건(영 제10조 제3항)**
> 사업계획은 다음 각 호의 요건을 모두 충족하여야 한다.
> 1. 사업계획이 지속적인 영업을 수행하기에 적합하고 추정재무제표 및 수익 전망이 사업계획에 비추어 타당성이 있을 것
> 2. 사업계획을 추진하는데 드는 자본 등 자금의 조달방법이 적절할 것
> 3. 사업방법서가 보험계약자를 보호하기에 적절한 내용일 것

ⓔ 대주주(최대주주의 특수관계인인 주주를 포함)가 「금융회사의 지배구조에 관한 법률」 제5조 제1항에 따른 임원의 결격사유에 해당하지 아니하고, 충분한 출자능력과 건전한 재무상태를 갖추고 있으며, 건전한 경제질서를 해친 사실이 없을 것

심화TIP 대주주의 요건(영 별표 1)

구 분	요 건
1. 대주주가 「금융위원회의 설치 등에 관한 법률」 제38조에 따라 금융감독원의 검사를 받는 기관(기관전용 사모집합투자기구는 제외하며, 이하 "금융기관"이라 한다)인 경우	가. 최근 사업연도 말 현재 재무상태표상 자산총액에서 부채총액을 뺀 금액(이하 "재무상태표상 자기자본"이라 한다)이 출자하려는 금액의 3배 이상으로서 금융위원회가 정하여 고시하는 기준을 충족할 것 나. 해당 금융기관에 적용되는 재무건전성에 관한 기준으로서 금융위원회가 정하여 고시하는 기준을 충족할 것 다. 해당 금융기관이 「독점규제 및 공정거래에 관한 법률」에 따른 상호출자제한기업집단 등(이하 "상호출자제한기업집단 등"이라 한다)에 속하거나 같은 법에 따른 기업집단으로서 금융위원회가 정하여 고시하는 주채무계열(이하 "주채무계열"이라 한다)에 속하는 회사인 경우에는 해당 상호출자제한기업집단 등 또는 주채무계열의 부채비율(최근 사업연도 말 현재 재무상태표상 부채총액을 재무상태표상 자기자본으로 나눈 비율을 말하며, 이 경우 금융기관은 부채비율 산정대상에서 제외한다)이 100분의 300 이하로서 금융위원회가 정하여 고시하는 기준을 충족할 것 라. 출자금은 금융위원회가 정하여 고시하는 바에 따라 차입으로 조성된 자금이 아닐 것 마. 다음의 요건을 충족할 것. 다만, 그 위반 등의 정도가 경미하다고 인정되는 경우는 제외한다. 　1) 최근 5년간 금융관련법령, 「독점규제 및 공정거래에 관한 법률」 및 「조세범 처벌법」을 위반하여 벌금형 이상에 상당하는 형사처벌을 받은 사실이 없을 것 　2) 최근 5년간 채무불이행 등으로 건전한 신용질서를 해친 사실이 없을 것 　3) 「금융산업의 구조개선에 관한 법률」에 따라 부실금융기관으로 지정되거나 금융관련법령에 따라 허가 · 인가 또는 등록이 취소된 금융기관의 대주주 또는 그 특수관계인이 아닐 것. 다만, 법원의 판결에 따라 부실책임이 없다고 인정된 자 또는 부실에 따른 경제적 책임을 부담하는 등 금융위원회가 정하여 고시하는 기준에 해당하는 자는 제외한다. 　4) 그 밖에 금융위원회가 정하여 고시하는 바에 따라 건전한 금융거래질서를 해친 사실이 없을 것

2. 대주주가 제호 외의 내국법인(기관전용 사모집합투자기구와 투자목적회사는 제외한다)인 경우	가. 최근 사업연도 말 현재 재무상태표상 자기자본이 출자하려는 금액의 3배 이상으로서 금융위원회가 정하여 고시하는 기준을 충족할 것 나. 최근 사업연도 말 현재 부채비율이 100분의 300 이하로서 금융위원회가 정하여 고시하는 기준을 충족할 것 다. 해당 법인이 상호출자제한기업집단 등에 속하거나 주채무계열에 속하는 회사인 경우에는 해당 상호출자제한기업집단 등 또는 주채무계열의 부채비율이 100분의 300 이하로서 금융위원회가 정하여 고시하는 기준을 충족할 것 라. 제1호 라목 및 마목의 요건을 충족할 것	
3. 대주주가 내국인으로서 개인인 경우	가. 「금융회사의 지배구조에 관한 법률」 제5조 제1항 각 호의 어느 하나에 해당하지 않을 것 나. 제1호 라목 및 마목의 요건을 충족할 것	
4. 대주주가 외국법령에 따라 설립된 외국법인(이하 "외국법인"이라 한다)인 경우	가. 허가신청일 현재 보험업을 경영하고 있을 것 나. 최근 사업연도 말 현재 재무상태표상 자기자본이 출자하려는 금액의 3배 이상으로서 금융위원회가 정하여 고시하는 기준을 충족할 것 다. 국제적으로 인정받는 신용평가기관으로부터 투자적격 이상의 신용평가등급을 받거나 해당 외국법인이 속한 국가의 감독기관이 정하는 재무건전성에 관한 기준을 충족하고 있는 사실이 확인될 것 라. 최근 3년간 금융업의 경영과 관련하여 해당 외국법인이 속한 국가의 감독기관으로부터 법인경고 이상에 상당하는 행정처분을 받거나 벌금형 이상에 상당하는 형사처벌을 받은 사실이 없을 것 마. 제1호 마목의 요건을 충족할 것	
5. 대주주가 기관전용 사모집합투자기구 또는 투자목적회사인 경우	기관전용 사모집합투자기구의 업무집행사원과 그 출자지분이 100분의 30 이상인 유한책임사원(기관전용 사모집합투자기구에 대하여 사실상의 영향력을 행사하고 있지 않다는 사실이 정관, 투자계약서, 확약서 등에 의하여 확인된 경우는 제외한다) 및 기관전용 사모집합투자기구를 사실상 지배하고 있는 유한책임사원이 다음 각 목의 어느 하나에 해당하거나 투자목적회사의 주주나 사원인 기관전용 사모집합투자기구의 업무집행사원과 그 출자지분이 100분의 30 이상인 주주나 사원 및 투자목적회사를 사실상 지배하고 있는 주주나 사원이 다음 각 목의 어느 하나에 해당하는 경우에는 각각 다음 각 목의 구분에 따른 요건을 충족할 것 가. 제1호의 금융기관인 경우 : 제1호 나목·다목 및 마목의 요건을 충족할 것 나. 제2호의 내국법인인 경우 : 제1호 마목 및 제2호 나목·다목의 요건을 충족할 것 다. 제3호의 내국인으로서 개인인 경우 : 제1호 마목 및 제3호 가목의 요건을 충족할 것 라. 제4호의 외국법인인 경우 : 제1호 마목, 제2호 나목(금융업을 경영하는 법인은 제외한다) 및 제4호 다목·라목의 요건을 충족할 것	

[비고]
1. 재무상태표상 자기자본을 산정할 때에는 최근 사업연도 말 이후 허가신청일까지의 자본금의 증감분을 포함하여 계산한다.
2. 위 표 제4호를 적용할 때에 대주주인 외국법인이 지주회사여서 위 표 제4호 각 목의 전부 또는 일부를 그 지주회사에 적용하는 것이 곤란하거나 불합리한 경우에는 그 지주회사가 허가신청시에 지정하는 회사(해당 지주회사의 경영을 사실상 지배하고 있는 회사 또는 해당 지주회사가 경영을 사실상 지배하고 있는 회사만 해당한다)가 위 표 제4호 각 목의 전부 또는 일부를 충족하는 때에 그 지주회사가 그 요건을 충족한 것으로 본다.
3. 위 표에서 기관전용 사모집합투자기구 및 투자목적회사는 「자본시장과 금융투자업에 관한 법률」에 따른 것을 말한다.

② 보험업의 허가를 받으려는 외국보험회사는 다음의 요건을 갖추어야 한다. 기출 20
  ⊙ 30억원 이상(법 제9조 제3항)의 영업기금을 보유할 것
  ⓒ 국내에서 경영하려는 보험업과 같은 보험업을 외국 법령에 따라 경영하고 있을 것
  ⓒ 자산상황·재무건전성 및 영업건전성이 국내에서 보험업을 경영하기에 충분하고, 국제적으로 인정받고 있을 것
  ⓔ ①의 ⓒ 및 ⓒ의 요건을 갖출 것
③ 보험종목을 추가하여 허가를 받으려는 보험회사는 다음의 요건을 갖추어야 한다.
  ⊙ ① 또는 ②의 요건을 충족할 것
  ⓒ 대통령령으로 정하는 건전한 재무상태와 사회적 신용을 갖출 것

> **건전한 재무상태와 사회적 신용(영 제10조 제6항)**
>
> 1. **건전한 재무상태**
>   보험회사의 보험금 지급능력과 경영건전성을 확보하기 위한 것으로서 금융위원회가 정하여 고시하는 재무건전성 기준을 충족할 수 있는 상태
>
> 2. **사회적 신용**
>   다음 각 목의 요건을 모두 충족할 것. 다만, 그 위반 등의 정도가 경미하다고 인정되는 경우는 제외한다.
>   가. 최근 3년간 「금융회사의 지배구조에 관한 법률 시행령」 제5조에 따른 법령(이하 "금융관련법령"이라 한다), 「독점규제 및 공정거래에 관한 법률」 및 「조세범 처벌법」을 위반하여 벌금형 이상에 상당하는 형사처벌을 받은 사실이 없을 것
>   나. 최근 3년간 채무불이행 등으로 건전한 신용질서를 해친 사실이 없을 것
>   다. 「금융산업의 구조개선에 관한 법률」에 따라 부실금융기관으로 지정되거나 금융관련법령에 따라 허가·인가 또는 등록이 취소된 자가 아닐 것. 다만, 법원의 판결에 따라 부실책임이 없다고 인정된 자 또는 부실에 따른 경제적 책임을 부담하는 등 금융위원회가 정하여 고시하는 기준에 해당하는 자는 제외한다.
>   라. 「금융회사의 지배구조에 관한 법률」 제2조 제7호에 따른 금융관계법령에 따라 금융위원회, 외국 금융감독기관 등으로부터 지점이나 그 밖의 영업소의 폐쇄 또는 그 업무의 전부나 일부의 정지 이상의 조치를 받은 후 다음 구분에 따른 기간이 지났을 것
>
> | 업무의 전부정지 | 업무정지가 끝난 날부터 3년 |
> |---|---|
> | 업무의 일부정지 | 업무정지가 끝난 날부터 2년 |
> | 지점이나 그 밖의 영업소의 폐쇄 또는 그 업무의 전부나 일부의 정지 | 해당 조치를 받은 날부터 1년 |

④ 보험회사는 ①의 ⓒ의 요건을 대통령령으로 정하는 바에 따라 보험업의 허가를 받은 이후에도 계속하여 유지하여야 한다. 보험회사가 보험업 허가를 받은 이후 전산설비의 성능 향상이나 보안체계의 강화 등을 위하여 그 일부를 변경하는 경우에는 물적 시설을 유지한 것으로 본다(영 제10조 제7항). 다만, 보험회사의 경영건전성을 확보하고 보험가입자 등의 이익을 보호하기 위하여 <u>대통령령으로 정하는 경우로서 금융위원회의 승인을 받은 경우에는 그러하지 아니하다.</u>

> **대통령령으로 정하는 경우(영 제10조 제8항)**
> 보험계약자의 이익 보호에 지장을 주지 아니하고 해당 보험회사의 경영효율성 향상 등을 위하여 불가피한 경우로서 다음 각 호의 요건을 모두 충족하는 경우를 말한다.
> 1. 개인정보 보호에 차질이 없을 것
> 2. 보험서비스 제공의 지연 등으로 인한 민원 발생의 우려가 없을 것
> 3. 보험계약과 관련한 신뢰성 있는 보험통계를 제때에 산출할 수 있을 것
> 4. 해당 보험회사에 대한 감독·검사 업무의 수행에 지장을 주지 아니할 것

(4) 예비허가(법 제7조) 기출 15·16·17·21·22

① 보험업의 본허가를 신청하려는 자는 미리 금융위원회에 예비허가를 신청할 수 있다.
② 신청을 받은 금융위원회는 2개월 이내에 심사하여 예비허가 여부를 통지하여야 한다. 다만, 총리령으로 정하는 바에 따라 그 기간을 연장할 수 있다.
③ 금융위원회는 예비허가에 조건을 붙일 수 있다.
④ 금융위원회는 예비허가를 받은 자가 예비허가의 조건을 이행한 후 본허가를 신청하면 허가하여야 한다.
⑤ 예비허가의 기준과 그 밖에 예비허가에 관하여 필요한 사항은 총리령으로 정한다.

(5) 상호 또는 명칭(법 제8조) 기출 20

① 보험회사는 그 상호 또는 명칭 중에 주로 경영하는 보험업의 종류를 표시하여야 한다.
② 보험회사가 아닌 자는 그 상호 또는 명칭 중에 보험회사임을 표시하는 글자를 포함하여서는 아니 된다.

(6) 자본금 또는 기금(법 제9조) 기출 15·16·17

① 보험회사(법 제9조 제1항) 기출 25

㉠ 보험회사는 300억원 이상의 자본금 또는 기금을 납입함으로써 보험업을 시작할 수 있다.
㉡ 다만, 보험회사가 보험종목의 일부만을 취급하려는 경우에는 50억원 이상의 범위에서 <u>대통령령으로</u> 자본금 또는 기금의 액수를 다르게 정할 수 있다.

> **자본금 또는 기금의 액수(영 제12조 제1항)** 기출 16·21
> 보험종목의 일부만을 취급하려는 보험회사가 납입하여야 하는 보험종목별 자본금 또는 기금의 액수는 다음의 구분에 따른다.
>
> | 보험종목 | 액 수 | 보험종목 | 액 수 |
> | --- | --- | --- | --- |
> | 보증보험 | 300억원 | 화재보험 | 100억원 |
> | | | 상해보험 | |
> | 재보험 | | 질병보험 | |
> | | | 간병보험 | |
> | 생명보험 | 200억원 | 책임보험 | 50억원 |
> | 연금보험(퇴직보험을 포함) | | 기술보험 | |
> | 자동차보험 | | 권리보험 | |
> | 해상보험(항공·운송보험을 포함) | 150억원 | 그 외의 보험종목 | |

※ **재보험의 경우**
재보험을 전업(專業)으로 하려는 보험회사에 한정하여 적용한다. 다만, 취급하고 있는 보험종목에 대한 재보험을 하려는 경우에는 그러하지 아니하다.
※ **보험회사가 보험종목 중 둘 이상의 보험종목을 취급하려는 경우**
각 구분에 따른 금액의 합계액을 자본금 또는 기금으로 한다. 다만, 그 합계액이 300억원 이상인 경우에는 300억원으로 한다.

② 전문보험회사(법 제9조 제2항) 기출 16·24

모집수단 또는 모집상품의 종류·규모 등이 한정된 보험회사로서 다음의 어느 하나에 해당하는 보험회사는 다음의 구분에 따른 금액 이상의 자본금 또는 기금을 납입함으로써 보험업을 시작할 수 있다.

㉠ 전화·우편·컴퓨터통신 등 통신수단을 이용하여 <u>대통령령으로 정하는 바에 따라 모집을 하는 보험회사</u>(소액단기전문보험회사는 제외) : ①에 따른 자본금 또는 기금의 3분의 2에 상당하는 금액

> **통신판매전문보험회사(영 제13조)** 기출 24
> ① "<u>대통령령으로 정하는 바에 따라 모집을 하는 보험회사</u>"란 총보험계약건수 및 수입보험료의 100분의 90 이상을 전화, 우편, 컴퓨터통신 등 통신수단을 이용하여 모집하는 보험회사(이하 "통신판매전문보험회사"라 한다)를 말한다.
> ② 통신판매전문보험회사가 모집비율을 위반한 경우에는 그 비율을 충족할 때까지 통신수단 외의 방법으로 모집할 수 없다.
> ③ 모집비율의 산정기준 등 통신수단을 이용한 모집에 필요한 사항은 금융위원회가 정하여 고시한다.

ⓒ 모집할 수 있는 보험상품의 종류, 보험기간, 보험금의 상한액, 연간 총보험료 상한액 등 대통령령으로 정하는 기준을 충족하는 소액단기전문보험회사 : 10억원 이상의 범위에서 대통령령으로 정하는 금액(20억원)

> **소액단기전문보험회사(영 제13조의2 제1항)** 기출 22·24
> "모집할 수 있는 보험상품의 종류, 보험기간, 보험금의 상한액, 연간 총보험료 상한액 등 대통령령으로 정하는 기준"이란 다음 각 호의 구분에 따른 기준을 말한다.
> 1. 모집할 수 있는 보험상품의 종류 : 다음 각 목의 보험상품
>   가. 생명보험상품 중 제1조의2 제2항 제1호에 따른 보험상품
>   나. 손해보험상품 중 제1조의2 제3항 제6호, 제9호부터 제11호까지, 제13호 또는 제14호에 따른 보험상품
>   다. 제3보험상품 중 제1조의2 제4항 제1호 또는 제2호에 따른 보험상품
> 2. 보험기간 : 2년 이내의 범위에서 금융위원회가 정하여 고시하는 기간
> 3. 보험금의 상한액 : 5천만원
> 4. 연간 총보험료 상한액 : 500억원

③ 외국보험회사(법 제9조 제3항)
외국보험회사가 대한민국에서 보험업을 경영하려는 경우에는 대통령령으로 정하는 영업기금(30억원 이상)을 자본금 또는 기금으로 본다.

2 보험업의 겸영업무 및 부수업무 등

(1) 보험업 겸영의 제한(법 제10조)
① 원칙
보험회사는 생명보험업과 손해보험업을 겸영(兼營)하지 못한다.
② 예외 기출 15·17·19·21·25
다만, 다음의 어느 하나에 해당하는 보험종목은 그러하지 아니하다.
㉠ 생명보험의 재보험 및 제3보험의 재보험
㉡ 다른 법령에 따라 겸영할 수 있는 보험종목으로서 대통령령으로 정하는 보험종목

> **대통령령으로 정하는 보험종목(영 제15조 제1항)** 기출 19
> 다음 각 호의 보험을 말한다. 다만, 손해보험업의 보험종목(재보험과 보증보험은 제외) 일부만을 취급하는 보험회사와 제3보험만을 경영하는 보험회사는 겸영할 수 없다.
> 1. 「소득세법」 제20조의3 제1항 제2호 각 목 외의 부분에 따른 연금저축계좌를 설정하는 계약
> 2. 「근로자퇴직급여보장법」 제29조 제2항에 따른 보험계약 및 법률 제10967호 「근로자퇴직급여보장법」 전부개정법률 부칙 제2조 제1항 본문에 따른 퇴직보험계약

㉢ 대통령령으로 정하는 기준에 따라 제3보험의 보험종목에 부가되는 보험

대통령령으로 정하는 기준에 따라 제3보험의 보험종목에 부가되는 보험(영 제15조 제2항) 기출 23

질병을 원인으로 하는 사망을 제3보험의 특약형식으로 담보하는 보험으로서 다음 각 호의 요건을 충족하는 보험을 말한다.
1. 보험만기는 80세 이하일 것
2. 보험금액의 한도는 개인당 2억원 이내일 것
3. 만기시에 지급하는 환급금은 납입보험료 합계액의 범위 내일 것

(2) 보험회사의 겸영업무(법 제11조) 기출 16·18·21·25

보험회사는 경영건전성을 해치거나 보험계약자 보호 및 건전한 거래질서를 해칠 우려가 없는 금융업무로서 다음에 규정된 업무를 할 수 있다. 이 경우 보험회사는 ① 또는 ③의 업무를 하려면 그 업무를 시작하려는 날의 7일 전까지 금융위원회에 신고하여야 한다.

① 대통령령으로 정하는 금융 관련 법령에서 정하고 있는 금융업무로서 해당 법령에서 보험회사가 할 수 있도록 한 업무

대통령령으로 정하는 금융 관련 법령에서 정하고 있는 금융업무(영 제16조 제1항) 기출 24
1. 「자산유동화에 관한 법률」에 따른 유동화자산의 관리업무
2. 삭제 〈2023.5.16.〉
3. 「한국주택금융공사법」에 따른 채권유동화자산의 관리업무
4. 「전자금융거래법」에 따른 전자자금이체업무(같은 법에 따른 결제중계시스템의 참가기관으로서 하는 전자자금이체업무와 보험회사의 전자자금이체업무에 따른 자금정산 및 결제를 위하여 결제중계시스템에 참가하는 기관을 거치는 방식의 전자자금 이체업무는 제외)
5. 「신용정보의 이용 및 보호에 관한 법률」에 따른 본인신용정보관리업

② 대통령령으로 정하는 금융업으로서 해당 법령에 따라 인가·허가·등록 등이 필요한 금융업무

대통령령으로 정하는 금융업(영 제16조 제2항) 기출 16
1. 「자본시장과 금융투자업에 관한 법률」에 따른 집합투자업·투자자문업·투자일임업·신탁업·집합투자증권에 대한 투자매매업·집합투자증권에 대한 투자중개업
2. 「외국환거래법」에 따른 외국환업무
3. 「근로자퇴직급여보장법」에 따른 퇴직연금사업자의 업무
4. 보험업의 경영이나 보험업에 부수(附隨)하는 업무의 수행에 필요한 범위에서 영위하는 「전자금융거래법」에 따른 선불전자지급수단의 발행 및 관리 업무

③ 그 밖에 보험회사의 경영건전성을 해치거나 보험계약자 보호 및 건전한 거래질서를 해칠 우려가 없다고 인정되는 금융업무로서 대통령령으로 정하는 금융업무

대통령령으로 정하는 금융업무(영 제16조 제3항)
다른 금융기관의 업무 중 금융위원회가 정하여 고시하는 바에 따라 그 업무의 수행방법 또는 업무수행을 위한 절차상 본질적 요소가 아니면서 중대한 의사결정을 필요로 하지 아니한다고 판단하여 위탁한 업무를 말한다.

(3) 보험회사의 부수업무(법 제11조의2) 기출 14·17·19

① 부수업무의 신고

보험회사는 보험업에 부수(附隨)하는 업무를 하려면 그 업무를 하려는 날의 7일 전까지 금융위원회에 신고하여야 한다. 다만, <u>공고된 다른 보험회사의 부수업무(제한명령 또는 시정명령을 받은 것은 제외)와 같은 부수업무를 하려는 경우에는 신고를 하지 아니하고 그 부수업무를 할 수 있다.</u>

② 부수업무의 신고수리

금융위원회는 신고를 받은 경우 그 내용을 검토하여 보험업법에 적합하면 신고를 수리하여야 한다.

③ 부수업무의 제한 및 시정명령 기출 21·24·25

<u>금융위원회는 보험회사가 하는 부수업무가 다음의 어느 하나에 해당하면 그 부수업무를 하는 것을 제한하거나 시정할 것을 명할 수 있다.</u>

  ㉠ 보험회사의 경영건전성을 해치는 경우
  ㉡ 보험계약자 보호에 지장을 가져오는 경우
  ㉢ 금융시장의 안정성을 해치는 경우

④ 구체적인 문서

제한명령 또는 시정명령은 그 내용 및 사유가 구체적으로 적힌 문서로 하여야 한다.

⑤ 인터넷 홈페이지 등에 공고

금융위원회는 신고받은 부수업무 및 제한명령 또는 시정명령을 한 부수업무를 <u>대통령령으로 정하는 방법</u>에 따라 인터넷 홈페이지 등에 공고하여야 한다.

> **부수업무 등의 공고(영 제16조의2)**
> ① 금융위원회는 보험회사가 보험업에 부수(附隨)하는 업무(이하 "부수업무"라 한다)를 신고한 경우에는 그 신고일부터 7일 이내에 다음 각 호의 사항을 인터넷 홈페이지 등에 공고하여야 한다.
>   1. 보험회사의 명칭
>   2. 부수업무의 신고일
>   3. 부수업무의 개시 예정일
>   4. 부수업무의 내용
>   5. 그 밖에 보험계약자의 보호를 위하여 공시가 필요하다고 인정되는 사항으로서 금융위원회가 정하여 고시하는 사항
> ② 금융위원회는 부수업무를 하는 것을 제한하거나 시정할 것을 명한 경우에는 그 내용과 사유를 인터넷 홈페이지 등에 공고해야 한다.

(4) 겸영업무 · 부수업무의 회계처리(법 제11조의3)

보험회사가 다른 금융업 또는 부수업무를 하는 경우에는 대통령령으로 정하는 바에 따라 그 업무를 보험업과 구분하여 회계처리하여야 한다. 회계처리의 세부 기준 등 그 밖에 필요한 사항은 금융위원회가 정하여 고시한다(영 제17조 제2항).

> **겸영업무 · 부수업무의 회계처리(영 제17조 제1항)** 기출 19·23
>
> 보험회사가 다음의 업무 및 부수업무(직전 사업연도 매출액이 해당 보험회사 수입보험료의 1천분의 1 또는 10억원 중 많은 금액에 해당하는 금액을 초과하는 업무만 해당한다)를 하는 경우에는 해당 업무에 속하는 자산·부채 및 수익·비용을 보험업과 구분하여 회계처리하여야 한다.
> 1. 「자산유동화에 관한 법률」에 따른 유동화자산의 관리업무
> 2. 삭제 〈2023.5.16.〉
> 3. 「한국주택금융공사법」에 따른 채권유동화자산의 관리업무
> 4. 「자본시장과 금융투자업에 관한 법률」에 따른 투자자문업, 투자일임업, 신탁업

(5) 외국보험회사 등의 국내사무소 설치 등(법 제12조) 기출 18

① 외국보험회사 등 국내사무소의 설치

외국보험회사, 외국에서 보험대리 및 보험중개를 업(業)으로 하는 자 또는 그 밖에 외국에서 보험과 관련된 업을 하는 자(이하 "외국보험회사 등"이라 한다)는 보험시장에 관한 조사 및 정보의 수집이나 그 밖에 이와 비슷한 업무를 하기 위하여 국내에 사무소(이하 "국내사무소"라 한다)를 설치할 수 있다.

② 외국보험회사 등 국내사무소의 신고 기출 25

외국보험회사 등이 국내사무소를 설치하는 경우에는 그 설치한 날부터 30일 이내에 금융위원회에 신고하여야 한다.

③ 외국보험회사 등 국내사무소의 금지행위 기출 20

㉠ 보험업을 경영하는 행위
㉡ 보험계약의 체결을 중개하거나 대리하는 행위
㉢ 국내 관련 법령에 저촉되는 방법에 의하여 보험시장의 조사 및 정보의 수집을 하는 행위
㉣ 그 밖에 국내사무소의 설치 목적에 위반되는 행위로서 대통령령으로 정하는 행위

④ 외국보험회사 등 국내사무소의 명칭

국내사무소는 그 명칭 중에 사무소라는 글자를 포함하여야 한다.

⑤ 외국보험회사 등 국내사무소의 명령 또는 처분 위반 기출 22

금융위원회는 국내사무소가 보험업법 또는 보험업법에 따른 명령 또는 처분을 위반한 경우에는 6개월 이내의 기간을 정하여 업무의 정지를 명하거나 국내사무소의 폐쇄를 명할 수 있다.

(6) 행정정보의 공동이용(영 제18조)

① 보험회사는 보험업(법 제2조 제2호)의 업무를 수행하기 위해 필요한 경우 「전자정부법」제36조 제2항에 따른 행정정보의 공동이용을 통해 별표 2에 따른 행정정보를 확인할 수 있다.

심화TIP 공동이용 대상 행정정보(영 별표 2)

목 적	공동이용 대상 행정정보
본인 및 대리 확인	주민등록표 등·초본, 가족관계등록 전산정보, 외국인등록 사실증명, 자동차 운전면허증
가입 자격 및 대상 확인	여권, 주민등록표 등·초본, 국내거소신고 사실증명, 출입국에 관한 사실증명, 주민등록 전입세대, 지방세 납세증명서, 공장등록 증명서, 기초생활수급자 증명서, 차상위계층 확인서, 장애인증명서, 건강진단결과서, 건강보험자격 확인서, 건강보험자격득실 확인서, 건축물대장, 가설건축물관리대장, 개별주택가격 확인서, 공동주택가격 확인서, 자동차등록원부, 자동차등록증, 이륜자동차사용신고필증, 건설기계 등록원부, 건설기계 등록증, 선박검사증서, 선박국적증서, 선박원부, 어선등록필증, 소방시설완공검사증명서, 소득금액증명, 표준재무제표증명(법인·개인), 사업자등록증명, 가족관계등록 전산정보, 법인 등기사항증명서, 건물 등기사항증명서, 토지 등기사항증명서
보험금 청구 및 지급	출입국에 관한 사실증명, 주민등록표 등·초본, 가족관계등록 전산정보, 지방세 세목별 과세증명서, 지방세 납세증명서, 축산업등록증, 공장(신설증설, 이전, 업종변경, 제조시설) 승인(변경승인)서, 전기안전점검확인서, 건강보험자격 확인서, 건강보험자격득실 확인서, 건강·장기요양보험료 납부확인서(개인), 사업장 건강·장기요양보험료 납부확인서, 건축물대장, 건설업등록증, 건축·대수선·용도변경 허가서, 건축물사용 승인서, 부동산 등기용 등록번호 증명서, 자동차등록원부, 자동차등록증, 자동차 말소등록사실 증명서, 이륜자동차사용신고필증, 건설기계 등록원부, 건설기계 등록증, 위반건축물 관리대장, 임대사업자 등록증, 착공신고필증, 토지(임야)대장, 선원승선신고사실 확인서, 화재증명원, (국세)납세증명서, 부가가치세과세표준증명원, 산재보험급여 지급확인원, 입금계좌확인정보(통장사본)
계약유지· 변경 및 해지	여권, 외국인등록 사실증명, 국내거소신고 사실증명, 주민등록표 등·초본, 가족관계등록 전산정보, 자동차등록원부, 자동차등록증, 자동차 말소등록사실 증명서, 이륜자동차사용신고필증, 건설기계 등록원부, 건설기계 등록증, 사업자등록증명, 폐업사실증명, 수입신고필증, 수출신고필증, 법인 등기사항증명서, 건물 등기사항증명서, 토지 등기사항증명서, 건강보험자격 확인서, 건강보험자격득실 확인서

② 보험협회는 보험가입 조회업무(제84조 제6호의 업무)를 수행하기 위해 필요한 경우 「전자정부법」 제36조 제2항에 따른 행정정보의 공동이용을 통해 다음의 행정정보를 확인할 수 있다.
  ㉠ 주민등록표 초본
  ㉡ 가족관계등록 전산정보
  ㉢ 외국인등록 사실증명
  ㉣ 자동차 운전면허증

③ 보험회사 및 보험협회는 행정정보[「전자정부법 시행령」 제49조 제2항 제3호(누구든지 서류로 발급받거나 열람할 수 있는 행정정보를 공동이용하는 경우)에 따른 행정정보는 제외한다]를 확인하려는 경우 「개인정보보호법」 제2조 제3호의 정보주체로부터 사전동의를 받아야 한다.

CHAPTER 01 기출유형문제

01 다음 중 보험업법 제1조에 명시된 보험업법의 목적이 아닌 것은? `기출 15`

① 보험업을 경영하는 자의 건전한 경영을 도모
② 보험계약자, 피보험자, 그 밖의 이해관계인의 권익을 보호
③ 보험사업의 효율적 지도·감독
④ 국민경제의 균형 있는 발전에 기여

> **해설**
> 보험업법은 보험업을 경영하는 자의 건전한 경영을 도모하고 보험계약자, 피보험자, 그 밖의 이해관계인의 권익을 보호함으로써 보험업의 건전한 육성과 국민경제의 균형 있는 발전에 기여함을 목적으로 한다(법 제1조).

02 보험업법상 생명보험상품에 해당하는 보험계약은? `기출 24`

① 질병보험계약
② 퇴직보험계약
③ 간병보험계약
④ 장기요양보험계약

> **해설**
> **생명보험상품**(법 제2조 제1호 가목, 영 제1조의2 제2항)
> 위험위험보장을 목적으로 사람의 생존 또는 사망에 관하여 약정한 금전 및 그 밖의 급여를 지급할 것을 약속하고 대가를 수수하는 계약으로서 대통령령으로 정하는 계약
> 1. 생명보험계약
> 2. 연금보험계약(퇴직보험계약을 포함한다)

정답 01 ③ 02 ②

03 보험업법 제2조의 정의에 관한 설명으로 옳지 않은 것은? 기출 20

① 보험상품에는 생명보험상품, 손해보험상품, 제3보험상품이 있다.
② 보험업에는 생명보험업, 손해보험업 및 제3보험업이 있다.
③ 보험상품에는 위험보장을 목적으로 요구하지 아니한 상품도 있다.
④ 상호회사란 보험업을 경영할 목적으로 보험업법에 따라 설립된 회사로서 보험계약자를 사원으로 하는 회사를 말한다.

> **해설**
> 보험상품이란 <u>위험보장을 목적</u>으로 우연한 사건 발생에 관하여 금전 및 그 밖의 급여를 지급할 것을 약정하고 대가를 수수(授受)하는 계약(「국민건강보험법」에 따른 건강보험, 「고용보험법」에 따른 고용보험 등 보험계약자의 보호 필요성 및 금융거래 관행 등을 고려하여 대통령령으로 정하는 것은 제외한다)으로서 생명보험상품, 손해보험상품, 제3보험상품을 말한다(법 제2조 제1호). 즉 <u>보험상품은 위험보장을 목적으로 한 상품</u>이다.
> ① 법 제2조 제1호
> ② 법 제2조 제2호
> ④ 법 제2조 제7호

04 보험업법상 용어의 정의에 관한 설명으로 옳지 않은 것은? 기출 21

① 생명보험업이란 생명보험상품의 취급과 관련하여 발생하는 보험의 인수, 보험료 수수 및 보험금 지급 등을 영업으로 하는 것을 말한다.
② 외국보험회사란 대한민국 이외의 국가의 법령에 따라 설립되어 대한민국 내에서 보험업을 영위하는 자를 말한다.
③ 모집이란 보험계약의 체결을 중개하거나 대리하는 것을 말한다.
④ 신용공여란 대출 또는 유가증권의 매입(자금 지원적 성격만 해당한다)이나 그 밖에 금융거래상의 신용위험이 따르는 보험회사의 직접적·간접적 거래로서 대통령령으로 정하는 바에 따라 금융위원회가 정하는 거래를 말한다.

> **해설**
> "외국보험회사"란 대한민국 이외의 국가의 법령에 따라 설립되어 <u>대한민국 이외의 국가에서 보험업을 경영하는 자를 말한다</u>(법 제2조 제8호).
> ① 법 제2조 제3호
> ③ 법 제2조 제12호
> ④ 법 제2조 제13호

05 보험업법 제2조에서 정의하고 있는 용어 가운데 옳지 않은 것은? 기출 17

① "외국보험회사"라 함은 대한민국 이외의 국가의 법령에 따라 설립되어 대한민국 이외의 국가에서 보험업을 경영하는 자이다.
② "모집"이라 함은 보험회사를 위하여 보험계약의 체결을 중개 또는 대리하는 것을 말한다.
③ "보험설계사"라 함은 보험회사·보험대리점·보험중개사에 소속되어 보험계약의 체결을 중개하는 자로서 금융위원회에 등록된 자이다.
④ "보험대리점"이라 함은 보험회사를 위하여 보험계약의 체결을 대리하는 자로서 금융위원회에 등록된 자이다.

|해설|
"모집"이란 보험계약의 체결을 중개하거나 대리하는 것을 말한다. 지문 중 "보험회사를 위하여"란 문장이 옳지 않다(법 제2조 제12호).

06 다음 중 현행 보험업법에 관한 설명으로 옳은 것을 모두 고른 것은? 기출 17

> 가. 보험업법은 보험업을 경영하는 자의 건전한 운영을 도모함을 목적으로 한다.
> 나. 보험업법은 보험회사, 보험계약자, 피보험자, 기타 이해관계인의 권익보호를 목적으로 한다.
> 다. 보험업법은 건강보험, 산업재해보상보험, 원자력손해배상보험에는 적용되지 않는다.
> 라. 보험업법은 보험업의 허가부터 경영 전반에 걸쳐 계속 감독하는 방식을 택하고 있다.
> 마. 보험업법에 의한 손해보험 상품에는 보증보험계약, 권리보험계약, 날씨보험계약 등이 포함된다.

① 가, 나, 다   ② 나, 다, 라
③ 나, 라, 마   ④ 가, 라, 마

|해설|
가. (○) 보험업법은 보험업을 경영하는 자의 건전한 경영을 도모함을 목적으로 한다(법 제1조).
나. (×) 보험업법은 보험계약자, 피보험자, 그 밖의 이해관계인의 권익보호를 목적으로 한다(법 제1조). 보험회사가 제외되어야 한다.
다. (×) 보험업법은 「고용보험법」에 따른 고용보험, 「국민건강보험법」에 따른 건강보험, 「국민연금법」에 따른 국민연금, 「노인장기요양보험법」에 따른 장기요양보험, 「산업재해보상보험법」에 따른 산업재해보상보험, 「할부거래에 관한 법률」제2조 제2호에 따른 선불식 할부계약에는 적용되지 않는다(영 제1조의2 제1항). 원자력손해배상보험은 적용된다.
라. (○) 보험업법은 보험업의 허가부터 경영 전반에 걸쳐 정부의 지속적인 감독 및 인가를 받는 실질적인 감독주의를 택하고 있다.
마. (○) 영 제1조의2 제3항

07 보험업법이 인정하고 있는 "보험업" 및 "보험상품"에 관한 설명 중 옳지 않은 것은? 기출 18

① 보험업이란 보험상품의 취급과 관련하여 발생하는 보험의 인수, 보험료 수수 및 보험금 지급 등을 영업으로 하는 것을 말한다.
② 보험업법은 생명보험상품, 손해보험상품, 제3보험상품으로 각각 구분하여 "보험상품"을 정의하고 있다.
③ 손해보험상품에는 운송보험계약, 보증보험계약, 재보험계약, 권리보험계약, 원자력보험계약, 비용보험계약, 날씨보험계약, 동물보험계약, 도난보험계약, 유리보험계약, 책임보험계약이 포함된다.
④ 보험업법은 보험계약자의 보호 필요성 및 금융거래 관행 등을 고려하여 건강보험, 연금보험계약, 선불식 할부계약 등을 보험상품에서 제외하고 있다.

| 해설 |
연금보험계약(퇴직보험계약을 포함한다)은 생명보험상품에 포함된다(법 제2조 제1호 가목, 영 제1조의2 제2항 제2호).
① 법 제2조 제2호
② 법 제2조 제1호
③ 법 제2조 제1호 나목, 영 제1조의2 제3항

08 보험업법 및 동법 시행령에서 손해보험상품으로서 대통령령으로 정하는 계약이 아닌 것은?
기출 15

① 날씨보험
② 비용보험
③ 기술보험
④ 수출입보험

| 해설 |
손해보험상품으로서 대통령령으로 정하는 계약(영 제1조의2 제3항)
1. 화재보험계약
2. 해상보험계약(항공·운송보험계약을 포함한다)
3. 자동차보험계약
4. 보증보험계약
5. 재보험계약
6. 책임보험계약
7. 기술보험계약
8. 권리보험계약
9. 도난보험계약
10. 유리보험계약
11. 동물보험계약
12. 원자력보험계약
13. 비용보험계약
14. 날씨보험계약

09 다음 중 보험업법상 신용공여에 해당하는 것을 모두 고른 것은?

> 가. 대출
> 나. 어음 및 채권의 매입
> 다. 거래 상대방의 지급불능시 이로 인하여 보험회사에 손실을 초래할 수 있는 거래
> 라. 보험회사가 직접 대출을 한 것은 아니나 대출을 한 것과 같은 결과를 가져올 수 있는 거래

① 가, 나
② 가, 나, 다
③ 가, 나, 라
④ 가, 나, 다, 라

| 해설 |

신용공여의 범위(영 제2조 제1항)
신용공여의 범위는 다음 각 호의 것으로서 그 구체적인 내용은 금융위원회가 정하여 고시한다.
1. 대출
2. 어음 및 채권의 매입
3. 그 밖에 거래 상대방의 지급불능시 이로 인하여 보험회사에 손실을 초래할 수 있는 거래
4. 보험회사가 직접적으로 제1호부터 제3호까지에 해당하는 거래를 한 것은 아니나 실질적으로 제1호부터 제3호까지에 해당하는 거래를 한 것과 같은 결과를 가져올 수 있는 거래

10 보험업법상 자기자본을 산출할 때 빼야 할 항목에 해당하는 것은? 기출 19

① 영업권
② 납입자본금
③ 자본잉여금
④ 이익잉여금

| 해설 |

자기자본의 범위(영 제4조)

합산하여야 할 항목	납입자본금, 자본잉여금 및 이익잉여금 등 보험회사의 자본 충실에 기여하거나 영업활동에서 발생하는 손실을 보전(補塡)할 수 있는 것
빼야 할 항목	영업권 등 실질적으로 자본 충실에 기여하지 아니하는 것

정답 07 ④ 08 ④ 09 ④ 10 ①

11 보험회사의 자회사에 관한 설명으로 옳지 않은 것은? 기출 14

① 자회사는 민법 또는 특별법에 따른 조합을 포함한다.
② 보험회사는 자회사와 자회사가 다른 회사에 출자하는 것을 지원하기 위한 신용공여 행위를 할 수 없다.
③ 보험회사는 자회사를 소유하게 된 날부터 15일 이내에 자회사가 발행주식 총수의 100분의 10을 초과하여 소유하고 있는 회사의 현황 등을 금융위원회에 제출하여야 한다.
④ 자회사란 보험회사가 다른 회사의 의결권 있는 발행주식 또는 출자지분 총수의 100분의 50을 초과하여 소유하는 경우의 그 다른 회사를 말한다.

| 해설 |
"자회사"란 보험회사가 다른 회사(「민법」 또는 특별법에 따른 조합을 포함한다)의 의결권 있는 발행주식(출자지분을 포함한다) 총수의 100분의 15를 초과하여 소유하는 경우의 그 다른 회사를 말한다(법 제2조 제18호).

12 다음 중 보험업법상 전문보험계약자에 해당하는 자가 아닌 것은? 기출 15

① 국가
② 한국은행
③ 농업협동조합중앙회
④ 주권미상장법인

| 해설 |
"전문보험계약자"란 보험계약에 관한 전문성, 자산규모 등에 비추어 보험계약의 내용을 이해하고 이행할 능력이 있는 자로서 다음의 어느 하나에 해당하는 자를 말한다(법 제2조 제19호).
• 국가
• 한국은행
• 대통령령으로 정하는 금융기관(보험회사, 금융지주회사, 농업협동조합중앙회 등)
• 주권상장법인
• 그 밖에 대통령령으로 정하는 자(지방자치단체 등)

13 보험업법상 다음 보기의 ( )에 들어갈 내용으로 옳은 것은? 기출 24

> 전문보험계약자 중 ( )가(이) 일반보험계약자와 같은 대우를 받겠다는 의사를 보험회사에 서면으로 통지하는 경우 보험회사는 정당한 사유가 없으면 이에 동의하여야 하며, 보험회사가 동의한 경우에는 해당 보험계약자는 일반보험계약자로 본다.

① 국가
② 지방자치단체
③ 한국은행
④ 신용보증기금

해설

전문보험계약자 중 대통령령으로 정하는 자가 일반보험계약자와 같은 대우를 받겠다는 의사를 보험회사에 서면으로 통지하는 경우 보험회사는 정당한 사유가 없으면 이에 동의하여야 하며, 보험회사가 동의한 경우에는 해당 보험계약자는 일반보험계약자로 본다(법 제2조 제19호 단서). "대통령령으로 정하는 자"란 다음 각 호의 자를 말한다(영 제6조의2 제1항).
1. 지방자치단체
2. 주권상장법인
3. 보험업법 시행령 제6조의2 제2항 제15호에 해당하는 자(대통령령으로 정하는 금융기관에 준하는 외국금융기관)
4. 보험업법 시행령 제6조의2 제3항 제15호, 제16호 및 제18호에 해당하는 자
   - 법률에 따라 설립된 기금(기술보증기금과 신용보증기금은 제외한다) 및 그 기금을 관리·운용하는 법인(제15호)
   - 해외 증권시장에 상장된 주권을 발행한 국내법인(제16호)
   - 그 밖에 보험계약에 관한 전문성, 자산규모 등에 비추어 보험계약의 내용을 이해하고 이행할 능력이 있는 자로서 금융위원회가 정하여 고시하는 자(제18호)

14 보험업법상 전문보험계약자 중 보험회사의 동의에 의하여 일반보험계약자로 될 수 있는 자에 해당하지 않는 것은? 기출 22

① 한국은행
② 지방자치단체
③ 주권상장법인
④ 해외 증권시장에 상장된 주권을 발행한 국내법인

정답 11 ④ 12 ④ 13 ② 14 ①

| 해설 |

한국은행은 전문보험계약자에 해당한다(법 제2조 제19호 나목).

TIP 보험회사의 동의에 의하여 일반보험계약자로 될 수 있는 자(법 제2조 제19호 단서)
전문보험계약자 중 대통령령으로 정하는 자가 일반보험계약자와 같은 대우를 받겠다는 의사를 보험회사에 서면으로 통지하는 경우 보험회사는 정당한 사유가 없으면 이에 동의하여야 하며, 보험회사가 동의한 경우에는 해당 보험계약자는 일반보험계약자로 본다.
1. 지방자치단체
2. 주권상장법인
3. 대통령령으로 정하는 금융기관에 준하는 외국금융기관(영 제6조의2 제2항 제15호)
4. 법률에 따라 설립된 기금(기술보증기금과 신용보증기금에 따른 기금은 제외한다) 및 그 기금을 관리·운용하는 법인(영 제6조의2 제3항 제15호)
5. 해외 증권시장에 상장된 주권을 발행한 국내법인(영 제6조의2 제3항 제16호)
6. 그 밖에 보험계약에 관한 전문성, 자산규모 등에 비추어 보험계약의 내용을 이해하고 이행할 능력이 있는 자로서 금융위원회가 정하여 고시하는 자(영 제6조의2 제3항 제18호)

15 보험업법상 허가된 보험회사가 아닌 자와 보험계약을 체결할 수 있는 경우에 해당하지 않는 것은?

기출 18

① 대한민국에서 허가된 보험회사와 보험계약의 체결이 곤란하고 금융감독원의 허가를 얻은 경우
② 대한민국에서 취급되지 아니하는 보험종목에 관하여 외국보험회사와 보험계약을 체결하는 경우
③ 외국에서 보험계약을 체결하고, 보험기간이 지나기 전에 대한민국에서 그 계약을 지속시키는 경우
④ 대한민국에서 취급되는 보험종목에 관하여 셋 이상의 보험회사로부터 가입이 거절되어 외국보험회사와 보험계약을 체결하는 경우

| 해설 |

보험회사가 아닌 자와 보험계약을 체결할 수 있는 경우(영 제7조)
1. 외국보험회사와 생명보험계약, 수출적하보험계약, 수입적하보험계약, 항공보험계약, 여행보험계약, 선박보험계약, 장기상해보험계약 또는 재보험계약을 체결하는 경우
2. 제1호 외의 경우로서 대한민국에서 취급되는 보험종목에 관하여 셋 이상의 보험회사로부터 가입이 거절되어 외국보험회사와 보험계약을 체결하는 경우
3. 대한민국에서 취급되지 아니하는 보험종목에 관하여 외국보험회사와 보험계약을 체결하는 경우
4. 외국에서 보험계약을 체결하고, 보험기간이 지나기 전에 대한민국에서 그 계약을 지속시키는 경우
5. 제1호부터 제4호까지 외에 보험회사와 보험계약을 체결하기 곤란한 경우로서 금융위원회의 승인을 받은 경우

16 누구든지 보험회사가 아닌 자와 보험계약을 체결하거나 중개 또는 대리하지 못하나, 예외적으로 허용되는 경우를 모두 고른 것은? [기출 21]

> 가. 외국보험회사와 생명보험계약을 체결하는 경우
> 나. 외국보험회사와 선박보험계약을 체결하는 경우
> 다. 대한민국에서 취급되지 아니하는 보험종목에 관하여 외국보험회사와 보험계약을 체결하는 경우
> 라. 외국에서 보험계약을 체결하고 보험기간이 지나기 전제 대한민국에서 그 계약을 지속시키는 경우

① 가, 나
② 나, 다
③ 나, 다, 라
④ 가, 나, 다, 라

| 해설 |

보험회사가 아닌 자와 보험계약을 체결할 수 있는 경우(영 제7조 제1항)
1. 외국보험회사와 생명보험계약, 수출적하보험계약, 수입적하보험계약, 항공보험계약, 여행보험계약, 선박보험계약, 장기상해보험계약 또는 재보험계약을 체결하는 경우
2. 제1호 외의 경우로서 대한민국에서 취급되는 보험종목에 관하여 셋 이상의 보험회사로부터 가입이 거절되어 외국보험회사와 보험계약을 체결하는 경우
3. 대한민국에서 취급되지 아니하는 보험종목에 관하여 외국보험회사와 보험계약을 체결하는 경우
4. 외국에서 보험계약을 체결하고, 보험기간이 지나기 전에 대한민국에서 그 계약을 지속시키는 경우
5. 제1호부터 제4호까지 외에 보험회사와 보험계약을 체결하기 곤란한 경우로서 금융위원회의 승인을 받은 경우

17 보험업법상 손해보험의 허가종목을 모두 고른 것은? [기출 20]

> 가. 연금보험
> 나. 화재보험
> 다. 해상보험(항공·운송보험)
> 라. 자동차보험
> 마. 상해보험
> 바. 보증보험

① 가, 나, 다
② 나, 다, 라
③ 가, 라, 마, 바
④ 나, 다, 라, 바

| 해설 |

가. 연금보험은 생명보험업의 허가종목이고, 마. 상해보험은 제3보험업의 허가종목이다.
TIP 손해보험업의 보험종목(법 제4조 제1항 제2호)
    가. 화재보험
    나. 해상보험(항공·운송보험을 포함한다)
    다. 자동차보험
    라. 보증보험
    마. 재보험(再保險)
    바. 그 밖에 대통령령으로 정하는 보험종목

정답 15 ① 16 ④ 17 ④

18 보험업법상 제3보험업의 허가종목을 모두 고른 것은? 기출 21

가. 연금보험	나. 상해보험
다. 질병보험	라. 퇴직보험
마. 간병보험	바. 보증보험

① 가, 다, 라 ② 다, 마, 바
③ 나, 다, 마 ④ 가, 나, 다

| 해설 |

제3보험업의 보험종목(법 제4조 제1항 제3호)
1. 상해보험
2. 질병보험
3. 간병보험
4. 그 밖에 대통령령으로 정하는 보험종목

19 보험업에 관한 설명으로 옳은 것은?

① 보험업의 허가를 받을 수 있는 자는 주식회사 및 상호회사에 한한다.
② 화재보험업만을 영위하기 위해 허가를 받은 자가 간병보험업을 영위하기 위하여는 간병보험업에 대한 별도의 허가를 받아야 한다.
③ 허가를 받은 이후에는 허가 요건을 계속 유지할 필요 없다.
④ 생명보험업과 보증보험업을 겸영하고자 하는 경우에는 그 합계액인 500억원의 자본금 또는 기금을 납입하여야 한다.

| 해설 |

생명보험업이나 손해보험업에 해당하는 보험종목의 전부(보증보험 및 재보험은 제외한다)에 관하여 허가를 받은 자는 제3보험업에 해당하는 보험종목에 대한 허가를 받은 것으로 본다. 따라서 전부가 아닌 화재보험업만을 영위하기 위하여 허가를 받은 자가 간병보험업을 영위하기 위하여는 간병보험업에 대한 별도의 허가를 받아야 한다(법 제4조 제3항).
① 보험업의 허가를 받을 수 있는 자는 주식회사, 상호회사 및 외국보험회사로 제한한다(법 제4조 제6항).
③ 보험회사는 허가요건을 보험업의 허가를 받은 이후에도 계속하여 유지하여야 한다. 다만, 보험회사의 경영건전성을 확보하고 보험가입자 등의 이익을 보호하기 위하여 대통령령으로 정하는 경우로서 금융위원회의 승인을 받은 경우에는 그러하지 아니하다(법 제6조 제4항).
④ 보험종목 중 둘 이상의 보험종목을 취급하려는 경우에는 보험종목별 구분에 따른 금액의 합계액을 자본금 또는 기금으로 한다. 다만, 그 합계액이 300억원 이상인 경우에는 300억원으로 한다(영 제12조 제3항).

20 보험업의 허가에 관한 다음 설명 중 옳은 것끼리 짝지어진 것은?

> 가. 보험업 허가의 주체는 금융위원회이다.
> 나. 금융위원회의 허가를 받은 자는 해당 보험종목의 재보험에 대한 허가를 받은 것으로 본다.
> 다. 자본금으로 120억원을 납입했다면 생명보험을 영위하는 통신판매전문보험회사의 자본금에 관한 허가요건을 충족한다.
> 라. 생명보험업에 속하는 보험종목의 전부에 대하여 허가를 받은 회사가 상해보험을 영위하기 위해서는 별도의 허가를 받아야 한다.

① 가, 나
② 나, 다
③ 다, 라
④ 가, 라

| 해설 |

가. (○) 보험업 허가의 주체는 금융위원회이다(법 제4조 제1항).
나. (○) 보험업을 경영하는 자가 보험종목별로 금융위원회의 허가를 받으면, 해당 보험종목의 재보험에 대한 허가를 받은 것으로 본다(법 제4조 제2항).
다. (×) 전화·우편·컴퓨터통신 등 통신수단을 이용하여 모집하는 보험회사는 해당 종목이 보유할 자본금 또는 기금의 3분의 2에 상당하는 금액 이상을 납입해야 한다(법 제9조 제2항 제1호). 그런데 생명보험의 납입 자본금 200억에 대하여 3분의 2에 상당하는 금액(약 133억)보다 덜 납입하였으므로 허가요건을 충족하지 못한다.
라. (×) 생명(손해)보험업에 해당하는 보험종목의 전부에 관하여 허가를 받은 자는 제3보험업(상해, 질병, 간병)에 허가를 받은 것으로 본다(법 제4조 제3항).

21 금융위원회로부터 보험업의 허가를 받은 자에 대한 설명으로 옳지 않은 것은? 기출 16

① 화재보험의 허가를 받은 자는 그 재보험에 대해서도 허가를 받은 것으로 본다.
② 생명보험업의 보험종목의 전부에 관하여 허가를 받은 자는 질병보험에 대해서도 허가를 받은 것으로 본다.
③ 손해보험업의 보험종목의 전부에 관하여 허가를 받은 자는 연금보험에 대해서도 허가를 받은 것으로 본다.
④ 제3보험업에 관하여 허가를 받은 자는 대통령령으로 정하는 기준에 따라 제3보험의 보험종목에 부가되는 보험을 취급할 수 있다.

| 해설 |

생명보험업 또는 손해보험업에 해당하는 보험종목의 전부(보증보험 및 재보험은 제외한다)에 관하여 허가를 받은 자는 경제질서의 건전성을 해친 사실이 없으면 해당 생명보험업 또는 손해보험업의 종목으로 신설되는 보험종목에 대한 허가를 받은 것으로 본다(법 제4조 제4항).

정답 18 ③ 19 ② 20 ① 21 ③

22 다음 중 보험업법 제5조 제3호에서 규정한 "기초서류"를 모두 고르시오. [기출수정] 15

> 가. 정관
> 나. 업무 시작 후 3년간의 사업계획서
> 다. 경영하려는 보험업의 보험종목별 사업방법서
> 라. 보험약관
> 마. 보험료 및 해약환급금의 산출방법서

① 가, 나, 다 ② 나, 다, 라
③ 나, 다, 마 ④ 다, 라, 마

| 해설 |

허가신청서 등의 제출(법 제5조)
보험업의 허가를 받으려는 자는 신청서에 다음 각 호의 서류를 첨부하여 금융위원회에 제출하여야 한다. 다만, 보험회사가 취급하는 보험종목을 추가하려는 경우에는 제1호의 서류는 제출하지 아니할 수 있다.
1. 정관
2. 업무 시작 후 3년간의 사업계획서(추정재무제표를 포함한다)
3. 경영하려는 보험업의 보험종목별 사업방법서, 보험약관, 보험료 및 해약환급금의 산출방법서(이하 "기초서류"라 한다) 중 대통령령으로 정하는 서류
4. 제1호부터 제3호까지의 규정에 따른 서류 이외에 대통령령으로 정하는 서류

23 다음 중 보험업을 경영하려는 자가 보험종목별로 금융위원회의 허가를 받기 위해 제출하여야 하는 신청서에 적어야 할 사항에 해당하는 것으로 옳은 것은?

> 가. 상호   나. 임원의 주민등록번호
> 다. 설비에 관한 사항   라. 기금에 관한 사항

① 가   ② 가, 나
③ 가, 나, 다 ④ 가, 나, 다, 라

| 해설 |

신청서 기재사항(영 제9조 제1항)
1. 상호
2. 주된 사무소의 소재지
3. 대표자 및 임원의 성명·주민등록번호 및 주소
4. 자본금 또는 기금에 관한 사항
5. 시설, 설비 및 인력에 관한 사항
6. 허가를 받으려는 보험종목

24 처음으로 보험업을 경영하려는 자가 금융위원회의 허가를 받기 위하여 제출하여야 하는 서류로 옳지 않은 것은? 기출수정 19

① 업무 시작 후 3년간의 사업계획서(추정재무제표를 포함)
② 경영하려는 보험업의 종목별 보험약관, 보험료 및 해약환급금의 산출방법서
③ 발기인회의 의사록(외국보험회사 제외)
④ 정관

| 해설 |
경영하려는 보험업의 보험종목별 사업방법서, 보험약관, 보험료 및 해약환급금의 산출방법서(이하 "기초서류"라 한다) 중 보험종목별 사업방법서를 제출하여야 한다(영 제9조 제2항).

25 보험업의 허가를 받으려는 자가 허가신청시에는 제출하여야 하나, 보험회사가 취급하는 종목을 추가하려는 경우에 제출하지 아니할 수 있는 서류는? 기출 21·25

① 정관
② 업무 시작 후 3년간의 사업계획서(추정재무제표 포함)
③ 경영하려는 보험업의 보험종목별 사업방법서
④ 보험약관

| 해설 |
허가신청서 등의 제출(법 제5조)
보험업의 허가를 받으려는 자는 신청서에 다음 각 호의 서류를 첨부하여 금융위원회에 제출하여야 한다. 다만, 보험회사가 취급하는 보험종목을 추가하려는 경우에는 정관은 제출하지 아니할 수 있다.
1. 정관
2. 업무 시작 후 3년간의 사업계획서(추정재무제표를 포함한다)
3. 경영하려는 보험업의 보험종목별 사업방법서, 보험약관, 보험료 및 해약환급금의 산출방법서(이하 "기초서류"라 한다) 중 대통령령으로 정하는 서류
4. 제1호부터 제3호까지의 규정에 따른 서류 이외에 대통령령으로 정하는 서류

26 금융위원회는 보험업법 제5조에 따른 허가신청을 받았을 때는 (㉠)[보험업법 제7조에 따른 예비허가를 받았을 때는 (㉡)] 이내에 이를 심사하여 신청인에게 허가 여부를 통지해야 한다. 괄호 안에 들어갈 것으로 알맞은 것은? 기출수정 19

① ㉠ 2개월, ㉡ 1개월
② ㉠ 3개월, ㉡ 2개월
③ ㉠ 4개월, ㉡ 3개월
④ ㉠ 6개월, ㉡ 5개월

| 해설 |
금융위원회는 보험업법 제5조에 따른 허가신청을 받았을 때에는 (2개월)[보험업법 제7조에 따라 예비허가를 받은 경우에는 (1개월)] 이내에 이를 심사하여 신청인에게 허가 여부를 통지해야 한다(영 제9조 제4항).

27 보험업의 예비허가 신청을 받은 금융위원회는 (a)개월 이내에 심사하여 예비허가 여부를 통지하여야 하는데, 일정한 사유가 있는 경우 한 차례만 (b)개월의 범위에서 통지기간을 연장할 수 있다. ( )에 들어갈 것으로 맞는 것은? 기출 16

① a : 1, b : 2
② a : 2, b : 3
③ a : 3, b : 4
④ a : 4, b : 5

| 해설 |
허가를 신청하려는 자는 미리 금융위원회에 예비허가를 신청할 수 있다. 신청을 받은 금융위원회는 2개월 이내에 심사하여 예비허가 여부를 통지하여야 한다. 다만, 금융위원회는 일정한 사유가 있는 경우에는 한 차례만 3개월의 범위에서 통지기간을 연장할 수 있다(법 제7조 제1항, 제2항, 규칙 제9조 제5항).

28 보험업의 예비허가에 관한 설명으로 옳지 않은 것은? 기출 21

① 보험업에 관한 본허가를 신청하려는 자는 미리 금융위원회에 예비허가를 신청할 수 있다.
② 예비허가의 신청을 받은 금융위원회는 3개월 이내에 심사하여 예비허가 여부를 통지할 수 있다.
③ 금융위원회는 예비허가를 하는 경우에 조건을 붙일 수 있다.
④ 예비허가를 받은 자가 예비허가의 조건을 이행한 후 본허가를 신청하면 허가를 하여야 한다.

| 해설 |
예비허가의 신청을 받은 금융위원회는 2개월 이내에 심사하여 예비허가 여부를 통지하여야 한다. 다만, 총리령으로 정하는 바에 따라 그 기간을 연장할 수 있다(법 제7조 제2항).

29 보험업의 예비허가 신청에 관한 다음 설명 중 옳은 것은 몇 개인가? 기출 17

> 가. 보험업의 예비허가 신청을 받은 금융위원회는 6개월 내에 예비허가 여부를 통지하여야 한다.
> 나. 금융위원회는 예비허가에 조건을 붙일 수 없다.
> 다. 보험업의 예비허가를 받은 자는 3개월 이내에 예비허가의 내용 및 조건을 이행한 후에 본허가를 신청하여야 한다.
> 라. 금융위원회는 예비허가 신청에 대하여 이해관계인의 의견을 요청하거나 공청회를 개최할 수 있다.

① 0개
② 1개
③ 2개
④ 3개

해설
- 가. (×) 보험업의 예비허가 신청을 받은 금융위원회는 <u>2개월 이내</u>에 심사하여 예비허가 여부를 통지하여야 한다(법 제7조 제2항).
- 나. (×) 금융위원회는 예비허가에 <u>조건을 붙일 수 있다</u>(법 제7조 제3항).
- 다. (×) 금융위원회는 예비허가를 받은 자가 예비허가의 조건을 이행한 후 본허가를 신청하면 허가하여야 한다. "3개월 이내에"란 조건이 틀린 내용이다(법 제7조 제4항).
- 라. (○) 금융위원회는 예비허가 신청에 대하여 이해관계인의 의견을 요청하거나 공청회를 개최할 수 있다(규칙 제9조 제3항).

---

30 보험업법상 보험회사의 업무규제 등에 관한 설명으로 옳지 않은 것은? 기출 20

① 보험회사는 그 상호 또는 명칭 중에 주로 경영하는 보험업과 함께 부수적으로 경영하는 보험업의 종류를 표시하여야 한다.
② 보험회사는 원칙적으로 300억원 이상의 자본금 또는 기금을 납입함으로써 보험업을 시작할 수 있다.
③ 보험회사는 생명보험의 재보험 및 제3보험의 재보험 등 일정한 경우를 제외하고 생명보험업과 손해보험업을 겸영하지 못한다.
④ 보험회사는 경영건전성을 해치거나 보험계약자 보호 및 건전한 거래질서를 해칠 우려가 없는 금융업무를 영위할 수 있다.

해설
보험회사는 그 상호 또는 명칭 중에 주로 경영하는 보험업의 종류를 표시하여야 하며, <u>부수적으로 경영하는 보험업의 종류까지 표시하여야 하는 것은 아니다</u>(법 제8조 제1항).
② 법 제9조 제1항
③ 법 제10조 제1호
④ 법 제11조 제3호

31 보험업법상 보험업의 허가 요건으로서 자본금 또는 기금에 관한 설명인 바, ( ) 안에 순서대로 들어갈 내용으로 옳은 것은? 기출 25

> 보험회사는 ( ) 이상의 자본금 또는 기금을 납입함으로써 보험업을 시작할 수 있다. 다만, 보험회사가 보험종목의 일부만을 취급하려는 경우에는 ( ) 이상의 범위에서 대통령령으로 자본금 또는 기금의 액수를 다르게 정할 수 있다.

① 100억원, 50억원
② 200억원, 100억원
③ 300억원, 50억원
④ 500억원, 50억원

| 해설 |

자본금 또는 기금(법 제9조 제1항)
보험회사는 (**300억원**) 이상의 자본금 또는 기금을 납입함으로써 보험업을 시작할 수 있다. 다만, 보험회사가 보험종목의 일부만을 취급하려는 경우에는 (**50억원**) 이상의 범위에서 대통령령으로 자본금 또는 기금의 액수를 다르게 정할 수 있다.

32 다음 설명 중 ( ) 안에 들어갈 것끼리 올바르게 짝지어진 것은? 기출 17

> 어느 보험회사가 보험업법 제9조 제1항 단서에 따라 자동차보험만을 취급하려는 경우 (a) 이상의 자본금 또는 기금을 확보하면 되고 여기에 질병보험을 동시에 취급하려는 경우 그 합계액이 (b) 이상일 것이 요구되지만, 만일 동 보험회사가 전화·우편·컴퓨터통신 등 통신수단을 이용하여 대통령령으로 정하는 바에 따라 모집을 하는 회사인 경우 앞의 자본금 또는 기금의 (c) 이상을 납입함으로써 보험업을 시작할 수 있다.

① a : 100억원, b : 200억원, c : 2분의 1
② a : 200억원, b : 300억원, c : 2분의 1
③ a : 200억원, b : 300억원, c : 3분의 2
④ a : 200억원, b : 400억원, c : 3분의 2

| 해설 |

보험업법 제9조 제1항의 단서에 따라 자동차보험만을 취급하려는 경우 a. 200억원 이상, 질병보험만을 취급하려는 경우 100억원 이상이 요구되며, 자동차보험과 질병보험을 동시에 취급하려는 경우 그 합계액이 b. 300억원 이상인 경우에는 300억원으로 한다(영 제12조 제1항, 제3항). 또한, 전화·우편·컴퓨터통신 등 통신수단을 이용하여 대통령령으로 정하는 바에 따라 모집을 하는 보험회사는 자본금 또는 기금의 c. 3분의 2에 상당하는 금액 이상을 자본금 또는 기금으로 납입함으로써 보험업을 시작할 수 있다(법 제9조 제2항 제1호).

33 보험종목의 일부만을 취급하려는 보험회사(통신판매전문보험회사가 아닌 경우)가 납입하여야 하는 보험종목별 자본금 또는 기금의 액수에 관한 다음 기술 중 틀린 것은? 기출 16

① 생명보험 : 200억원
② 해상보험(항공·운송보험을 포함한다) : 150억원
③ 화재보험 : 100억원
④ 보증보험 : 200억원

> **해설**
> 보험종목별 자본금 또는 기금(영 제12조 제1항)
> 보험종목의 일부만을 취급하려는 보험회사가 납입하여야 하는 보험종목별 자본금 또는 기금의 액수는 다음 각 호의 구분에 따른다.
> 1. 생명보험 : 200억원
> 2. 연금보험(퇴직보험을 포함한다) : 200억원
> 3. 화재보험 : 100억원
> 4. 해상보험(항공·운송보험을 포함한다) : 150억원
> 5. 자동차보험 : 200억원
> 6. 보증보험 : 300억원
> 7. 재보험 : 300억원
> 8. 책임보험 : 100억원
> 9. 기술보험 : 50억원
> 10. 권리보험 : 50억원
> 11. 상해보험 : 100억원
> 12. 질병보험 : 100억원
> 13. 간병보험 : 100억원
> 14. 제1호부터 제13호까지 외의 보험종목 : 50억원

34 보험업의 허가시 보험종목의 일부만을 취급하려는 보험회사가 납입하여야 하는 보험종목별 자본금 또는 기금의 액수에 관한 설명으로 옳지 않은 것은? 기출 21

① 생명보험 : 200억원
② 연금보험(퇴직보험 포함) : 200억원
③ 화재보험 : 100억원
④ 책임보험 : 50억원

> **해설**
> 책임보험 : 100억원(영 제12조 제1항 제8호)

35 보험업법상 통신판매전문보험회사란 총보험계약건수 및 수입보험료의 100분의 (　) 이상을 전화, 우편, 컴퓨터통신 등 통신수단을 이용하여 모집하는 보험회사를 말한다. 다음 중 (　)에 들어갈 내용으로 옳은 것은? 기출 24

① 90　② 80
③ 70　④ 60

정답 31 ③　32 ③　33 ④　34 ④　35 ①

| 해설 |
> 보험업법상 통신판매전문보험회사란 총보험계약건수 및 수입보험료의 100분의 (90) 이상을 전화, 우편, 컴퓨터통신 등 통신수단을 이용하여 모집하는 보험회사를 말한다(영 제13조 제1항).

36 통신판매전문보험회사에 관한 설명으로 옳은 것은?

① "통신판매전문보험회사"란 총보험계약건수 및 수입보험료의 100분의 80 이상을 전화, 우편, 컴퓨터통신 등 통신수단을 이용하여 모집하는 보험회사를 말한다.
② 통신판매전문보험회사는 법 규정으로 정한 금액의 3분의 2에 상당하는 금액 이상을 자본금 또는 기금으로 납입함으로써 보험업을 시작할 수 있다.
③ 통신판매전문보험회사가 통신수단에 의한 총보험계약건수 및 수입보험료의 모집비율이 대통령령으로 정하는 바에 미달하는 경우에는 부득이 통신수단 이외의 방법으로 모집할 수 있다.
④ 모집비율의 산정기준 등 통신수단을 이용한 모집에 필요한 사항은 금융감독원이 정하여 고시한다.

| 해설 |
> 통신판매전문보험회사는 법 규정으로 정한 자본금 또는 기금의 3분의 2에 상당하는 금액 이상을 자본금 또는 기금으로 납입함으로써 보험업을 시작할 수 있다(법 제9조 제2항 제1호).
> ① "통신판매전문보험회사"란 총보험계약건수 및 수입보험료의 100분의 90 이상을 전화, 우편, 컴퓨터통신 등 통신수단을 이용하여 모집하는 보험회사를 말한다(영 제13조 제1항).
> ③ 통신판매전문보험회사가 모집비율을 위반한 경우에는 그 비율을 충족할 때까지 통신수단 외의 방법으로 모집할 수 없다(영 제13조 제2항).
> ④ 모집비율의 산정기준 등 통신수단을 이용한 모집에 필요한 사항은 금융위원회가 정하여 고시한다(영 제13조 제3항).

37 보험업법상 소액단기전문보험회사에 관한 내용으로 옳지 않은 것은? 기출 22

① 자본금 또는 기금은 20억원이어야 한다.
② 보험금의 상한액은 1억원이어야 한다.
③ 연간 총보험료 상한액은 500억원이어야 한다.
④ 보험기간은 2년 이내의 범위에서 금융위원회가 정하여 고시하는 기간이어야 한다.

| 해설 |
> 보험금의 상한액은 5천만원이어야 한다(영 제13조의2 제1항 제3호).

38 보험업법상 보험회사 등의 자본금 또는 기금의 최소 금액에 관한 설명으로 옳지 않은 것은?

기출 24

① 소액단기전문보험회사 : 10억원
② 해상보험만을 취급하려는 통신판매전문보험회사 : 100억원
③ 화재보험만을 취급하려는 보험회사 : 100억원
④ 생명보험만을 취급하려는 보험회사 : 200억원

|해설|

소액단기전문보험회사 : 10억원 이상의 범위에서 대통령령으로 정하는 금액
⇒ <u>20억원</u>(법 제9조 제2항 제2호, 영 제13조의2 제2항)
② 해상보험만을 취급하려는 통신판매전문보험회사 : 해상보험(항공·운송보험을 포함한다)의 일부만을 취급하려는 보험회사가 납입하여야 하는 자본금 또는 기금의 액수는 150억원인데 통신판매전문보험회사는 그 자본금 또는 기금의 3분의 2에 상당하는 금액이므로 100억원이다(법 제9조 제1항 제2호, 영 제12조 제1항 제4호)
③ 화재보험만을 취급하려는 보험회사 : 100억원(영 제12조 제1항 제3호)
④ 생명보험만을 취급하려는 보험회사 : 200억원(영 제12조 제1항 제1호)

39 보험업법상 보험회사는 생명보험업과 손해보험업을 겸영하지 못하나, 예외적으로 겸영이 허용되는 보험종목을 모두 고른 것은?[손해보험업의 보험종목(재보험과 보증보험은 제외) 일부만을 취급하는 보험회사와 제3보험업만을 경영하는 보험회사 제외] 기출수정 21

가. 생명보험의 재보험 및 제3보험의 재보험
나. 「소득세법」 제20조의3 제1항 제2호 각 목 외의 부분에 따른 연금저축계좌를 설정하는 계약
다. 해상보험
라. 자동차보험

① 가, 다   ② 나, 라
③ 다, 라   ④ 가, 나

|해설|

겸영 가능 보험종목(법 제10조, 영 제15조 제1항)
보험회사는 생명보험업과 손해보험업을 겸영(兼營)하지 못한다. 다만, 다음 각 호의 어느 하나에 해당하는 보험종목은 그러하지 아니하다.
1. <u>생명보험의 재보험 및 제3보험의 재보험</u>
2. 다른 법령에 따라 겸영할 수 있는 보험종목으로서 <u>대통령령으로 정하는 보험종목</u>
   • 「소득세법」 제20조의3 제1항 제2호 각 목 외의 부분에 따른 연금저축계좌를 설정하는 계약
   • 「근로자퇴직급여보장법」 제29조 제2항에 따른 보험계약 및 법률 제10967호 「근로자퇴직급여보장법」 전부개정법률 부칙 제2조 제1항 본문에 따른 퇴직보험계약
3. 대통령령으로 정하는 기준에 따라 제3보험의 보험종목에 부가되는 보험

40 보험업의 겸영제한에 대한 설명으로 옳지 않은 것은? 기출수정 19

① 재보험은 손해보험의 영역에 속하나, 생명보험회사는 생명보험의 재보험을 겸영할 수 있다.
② 손해보험업의 보험종목(재보험과 보증보험 제외)의 일부만을 취급하는 보험회사는 퇴직보험계약이나 연금저축계좌를 설정하는 계약을 겸영할 수 없다.
③ 생명보험업의 보험종목의 일부를 취급하는 자는 퇴직보험계약이나 연금저축계좌를 설정하는 계약은 겸영할 수 없다.
④ 보험회사는 생명보험업과 손해보험업을 겸영하지 못하나, 대통령령에서 요구하는 요건을 갖추면 손해보험회사는 "질병을 원인으로 하는 사망을 제3보험의 특약형식으로 담보하는 보험"을 겸영할 수 있다.

| 해설 |
생명보험업의 보험종목의 일부를 취급하는 자는 퇴직보험계약이나 연금저축계좌를 설정하는 계약은 겸영할 수 있다(영 제15조 제1항).

41 보험업법상 보험업 겸영의 제한에 관한 설명으로 옳지 않은 것은? (소액단기전문보험회사는 제외함) 기출 24

① 생명보험업을 경영하는 보험회사는 생명보험의 재보험을 겸영할 수 있다.
② 생명보험업을 경영하는 보험회사는 제3보험의 재보험을 겸영할 수 있다.
③ 손해보험업의 보험종목 전부를 취급하는 보험회사는 질병을 원인으로 하는 사망을 제3보험의 특약 형식으로 담보하는 보험만기가 90세 이하인 보험을 겸영할 수 있다.
④ 손해보험업의 보험종목 전부를 취급하는 보험회사는 소득세법 제20조의3 제1항 제2호 각 목 외의 부분에 따른 연금저축계좌를 설정하는 계약을 겸영할 수 있다.

| 해설 |
손해보험업의 보험종목 전부를 취급하는 보험회사는 질병을 원인으로 하는 사망을 제3보험의 특약 형식으로 담보하는 보험만기가 80세 이하인 보험을 겸영할 수 있다(영 제15조 제2항 제1호).
①·② 법 제10조 제1호
④ 법 제10조 제2호, 영 제15조 제1항 제1호

42 보험업법상 보험회사는 '제3보험의 보험종목에 부가되는 보험'으로서, 질병을 원인으로 하는 사망을 제3보험의 특약 형식으로 담보하는 보험에 대하여는 보험업을 겸영할 수 있는데, 이러한 보험에 관한 요건으로 옳지 않은 것은? 기출 17·23

① 보험의 만기는 80세 이하이어야 한다.
② 보험기간은 2년 이내의 기간이어야 한다.
③ 보험금액의 한도는 개인당 2억원 이내이어야 한다.
④ 만기시에 지급하는 환급금은 납입보험료 합계액의 범위 내이어야 한다.

| 해설 |
"대통령령으로 정하는 기준에 따라 제3보험의 보험종목에 부가되는 보험"이란 질병을 원인으로 하는 사망을 제3보험의 특약 형식으로 담보하는 보험으로서 다음 각 호의 요건을 충족하는 보험을 말한다(영 제15조 제2항).
1. 보험만기는 80세 이하일 것
2. 보험금액의 한도는 개인당 2억원 이내일 것
3. 만기시에 지급하는 환급금은 납입보험료 합계액의 범위 내일 것

43 보험업법상 보험회사의 겸영업무에 관한 설명으로 옳은 것은?

① 「한국주택금융공사법」에 따른 채권유동화자산의 관리업무를 하려는 보험회사는 그 업무를 시작하려는 날의 1월 전까지 금융위원회의 허가를 받아야 한다.
② 보험회사는 「외국환거래법」에 따른 외국환업무를 겸영할 수 없다.
③ 「자산유동화에 관한 법률」에 따른 유동화자산의 관리업무를 하려는 보험회사는 그 업무를 시작하려는 날의 7일 전까지 금융위원회에 신고하여야 한다.
④ 「자본시장과 금융투자업에 관한 법률」에 따른 투자일임업을 하려는 보험회사는 그 업무를 겸영할 수 없다.

| 해설 |
③ 법 제11조, 영 제16조 제1항 제1호
① 「한국주택금융공사법」에 따른 채권유동화자산의 관리업무를 하려는 보험회사는 그 업무를 시작하려는 날의 7일 전까지 금융위원회의 신고하여야 한다(영 제16조 제1항 제3호).
② 보험회사는 「외국환거래법」에 따른 외국환업무를 겸영할 수 있다(영 제16조 제2항 제7호).
④ 「자본시장과 금융투자업에 관한 법률」에 따른 투자일임업을 하려는 보험회사는 그 업무를 겸영할 수 있다(영 제16조 제2항 제3호).

정답 40 ③ 41 ③ 42 ② 43 ③

44 보험업법상 보험회사는 대통령령으로 정하는 금융 관련 법령에서 정하고 있는 금융업무로서 해당 법령에서 보험회사가 할 수 있도록 한 업무를 겸영할 수 있다. 이에 해당하는 업무가 아닌 것은? 기출 24

① 「자산유동화에 관한 법률」에 따른 유동화자산의 관리업무
② 「한국주택금융공사법」에 따른 채권유동화자산의 관리업무
③ 「주택저당채권유동화회사법」에 따른 유동화자산의 관리업무
④ 「신용정보의 이용 및 보호에 관한 법률」에 따른 본인신용정보관리업

| 해설 |

대통령령으로 정하는 금융 관련 법령에서 정하고 있는 금융업무(영 제16조 제1항)
다음 각 호의 어느 하나에 해당하는 업무를 말한다.
1. 「자산유동화에 관한 법률」에 따른 유동화자산의 관리업무
2. 「주택저당채권유동화회사법」에 따른 유동화자산의 관리업무 〈2023.5.16. 삭제〉
3. 「한국주택금융공사법」에 따른 채권유동화자산의 관리업무
4. 「전자금융거래법」 제28조 제2항 제1호에 따른 전자자금이체업무[같은 법 제2조 제6호에 따른 결제중계시스템(이하 "결제중계시스템"이라 한다)의 참가기관으로서 하는 전자자금이체업무와 보험회사의 전자자금이체업무에 따른 자금정산 및 결제를 위하여 결제중계시스템에 참가하는 기관을 거치는 방식의 전자자금이체업무는 제외한다]
5. 「신용정보의 이용 및 보호에 관한 법률」에 따른 본인신용정보관리업

45 보험업법상 보험회사가 겸영할 수 있는 금융업무를 열거한 것 중 옳은 것은 모두 몇 개인가? 기출 18·21·24

가. 「한국주택금융공사법」에 따른 채권유동화자산의 관리업무
나. 「자산유동화에 관한 법률」에 따른 유동화자산의 관리업무
다. 「전자금융거래법」 제28조 제2항 제1호에 따른 결제중계시스템의 참가기관으로서 하는 전자자금이체업무
라. 「자본시장과 금융투자업에 관한 법률」 제6조 제4항에 따른 집합투자업무
마. 「근로자퇴직급여보장법」 제2조 제13호에 따른 퇴직연금사업자의 업무

① 2개
② 3개
③ 4개
④ 5개

> **[해설]**
>
> **보험회사의 겸영업무(법 제11조, 영 제16조 제1항, 제2항)**
> 보험회사는 경영건전성을 해치거나 보험계약자 보호 및 건전한 거래질서를 해칠 우려가 없는 금융업무로서 다음 각 호에 규정된 업무를 할 수 있다. 이 경우 보험회사는 제1호 또는 제3호의 업무를 하려면 그 업무를 시작하려는 날의 7일 전까지 금융위원회에 신고하여야 한다.
> 1. 대통령령으로 정하는 금융 관련 법령에서 정하고 있는 금융업무로서 해당 법령에서 보험회사가 할 수 있도록 한 업무
>   가. 「자산유동화에 관한 법률」에 따른 유동화자산의 관리업무
>   나. 삭제 〈2023.5.16.〉
>   다. 「한국주택금융공사법」에 따른 채권유동화자산의 관리업무
>   라. 「전자금융거래법」 제28조 제2항 제1호에 따른 전자자금이체업무(같은 법 제2조 제6호에 따른 결제중계시스템의 참가기관으로서 하는 전자자금이체업무와 보험회사의 전자자금이체업무에 따른 자금정산 및 결제를 위하여 결제중계시스템에 참가하는 기관을 거치는 방식의 전자자금이체업무는 제외한다)
>   마. 「신용정보의 이용 및 보호에 관한 법률」에 따른 본인신용정보관리업
> 2. 대통령령으로 정하는 금융업으로서 해당 법령에 따라 인가·허가·등록 등이 필요한 금융업무
>   가. 「자본시장과 금융투자업에 관한 법률」 제6조 제4항에 따른 집합투자업
>   나. 「자본시장과 금융투자업에 관한 법률」 제6조 제6항에 따른 투자자문업
>   다. 「자본시장과 금융투자업에 관한 법률」 제6조 제7항에 따른 투자일임업
>   라. 「자본시장과 금융투자업에 관한 법률」 제6조 제8항에 따른 신탁업
>   마. 「자본시장과 금융투자업에 관한 법률」 제9조 제21항에 따른 집합투자증권에 대한 투자매매업
>   바. 「자본시장과 금융투자업에 관한 법률」 제9조 제21항에 따른 집합투자증권에 대한 투자중개업
>   사. 「외국환거래법」 제3조 제16호에 따른 외국환업무
>   아. 「근로자퇴직급여보장법」 제2조 제13호에 따른 퇴직연금사업자의 업무
> 3. 그 밖에 보험회사의 경영건전성을 해치거나 보험계약자 보호 및 건전한 거래질서를 해칠 우려가 없다고 인정되는 금융업무로서 대통령령으로 정하는 금융업무

46 보험회사는 보험업에 부수하는 업무를 하려면 그 업무를 하려는 날의 (   )까지 금융위원회에 신고하여야 한다. 괄호 안에 들어갈 것으로 알맞은 것은? [기출 19]

① 5일 전
② 6일 전
③ 7일 전
④ 10일 전

> **[해설]**
> 보험회사는 보험업에 부수(附隨)하는 업무를 하려면 그 업무를 하려는 날의 (**7일 전**)까지 금융위원회에 신고하여야 한다(법 제11조의2 제1항).

47 보험업법상 금융위원회는 일정한 경우 보험회사가 부수업무를 하는 것을 제한하거나 시정할 것을 명할 수 있다. 이에 해당하는 경우가 아닌 것은? 기출 21·24

① 보험회사의 경영건전성을 해치는 경우
② 보험계약자 보호에 지장을 가져오는 경우
③ 공정거래법상 불공정거래행위에 해당하는 경우
④ 금융시장의 안정성을 해치는 경우

| 해설 |
금융위원회는 보험회사가 하는 부수업무가 다음 각 호의 어느 하나에 해당하면 그 부수업무를 하는 것을 제한하거나 시정할 것을 명할 수 있다(보험업법 제11조의2 제3항).
1. 보험회사의 경영건전성을 해치는 경우
2. 보험계약자 보호에 지장을 가져오는 경우
3. 금융시장의 안정성을 해치는 경우

48 보험업법상 금융위원회가 보험회사에 대해 부수업무를 하는 것을 제한하거나 시정할 것을 명할 수 있는 경우를 모두 고른 것은? 기출 25

가. 보험회사의 경영건전성을 해치는 경우
나. 보험계약자 보호에 지장을 가져오는 경우
다. 금융시장의 안정성을 해치는 경우

① 가, 나
② 나, 다
③ 가, 다
④ 가, 나, 다

| 해설 |
금융위원회는 보험회사가 하는 부수업무가 다음 각 호의 어느 하나에 해당하면 그 부수업무를 하는 것을 제한하거나 시정할 것을 명할 수 있다(법 제11조의2 제3항).
1. 보험회사의 경영건전성을 해치는 경우 (가)
2. 보험계약자 보호에 지장을 가져오는 경우 (나)
3. 금융시장의 안정성을 해치는 경우 (다)

49 금융위원회는 보험회사가 보험업법 제11조의2 제1항에 따라 보험업에 부수(附隨)하는 업무를 신고한 경우 그 신고일로부터 7일 이내에 인터넷 홈페이지 등에 관련 사항을 공고하여야 한다. 다음 중 해당하지 않는 것은?

① 보험업종
② 부수업무의 신고일
③ 부수업무의 개시 예정일
④ 부수업무의 내용

|해설|
금융위원회는 보험회사가 보험업에 부수(附隨)하는 업무를 신고한 경우에는 그 신고일부터 7일 이내에 다음의 사항을 인터넷 홈페이지 등에 공고하여야 한다(영 제16조의2 제1항).
1. 보험회사의 명칭
2. 부수업무의 신고일
3. 부수업무의 개시 예정일
4. 부수업무의 내용
5. 그 밖에 보험계약자의 보호를 위하여 공시가 필요하다고 인정되는 사항으로서 금융위원회가 정하여 고시하는 사항

50 외국보험회사 등의 국내사무소의 금지행위에 관한 사항을 모두 고른 것은? 기출 20

가. 보험업을 경영하는 행위
나. 보험계약의 체결을 중개하거나 대리하는 행위
다. 국내 관련 법령에 저촉되지 않는 방법에 의하여 보험시장이 조사 및 정부의 수집을 하는 행위
라. 그 밖에 국내사무소의 설치 목적에 위반되는 행위로서 대통령령으로 정하는 행위

① 가, 나
② 나, 다
③ 가, 나, 라
④ 나, 다, 라

|해설|
외국보험회사 등의 국내사무소는 다음 각 호의 어느 하나에 해당하는 행위를 하여서는 아니 된다(법 제12조 제3항).
1. 보험업을 경영하는 행위
2. 보험계약의 체결을 중개하거나 대리하는 행위
3. 국내 관련 법령에 저촉되는 방법에 의하여 보험시장의 조사 및 정보의 수집을 하는 행위
4. 그 밖에 국내사무소의 설치 목적에 위반되는 행위로서 대통령령으로 정하는 행위

51 보험업법상 외국보험회사의 국내사무소에 관한 설명 중 옳지 않은 것은? 기출 18

① 외국보험회사국내사무소는 그 명칭 중에 반드시 '사무소'라는 글자를 포함하여야 한다.
② 외국보험회사가 국내에 사무소를 설치하려는 경우 그 설치한 날부터 30일 이내에 금융위원회에 신고하여야 한다.
③ 외국보험회사국내사무소는 보험계약의 체결을 중개하거나 대리하는 행위를 할 수 없지만 보험시장에 관한 적법한 조사 및 정보수집 업무는 할 수 있다.
④ 금융위원회는 외국보험회사국내사무소가 보험업법에 의한 명령 또는 처분을 위반한 경우 업무의 정지를 명할 수 있지만 국내사무소의 폐쇄를 명할 수는 없다.

> **해설**
> 금융위원회는 국내사무소가 보험업법 또는 보험업법에 따른 명령 또는 처분을 위반한 경우에는 6개월 이내의 기간을 정하여 업무의 정지를 명하거나 국내사무소의 폐쇄를 명할 수 있다(법 제12조 제5항).
> ① 법 제12조 제4항
> ② 법 제12조 제2항
> ③ 법 제12조 제3항 제2호, 제3호

52 보험업법상 외국보험회사 등의 국내사무소 설치 등에 관한 설명으로 옳지 않은 것은? 기출 25

① 외국보험회사는 보험시장에 관한 조사 및 정보의 수집이나 그 밖에 이와 비슷한 업무를 하기 위하여 국내에 사무소를 설치할 수 있다.
② 외국보험회사가 국내사무소를 설치하는 경우에는 그 설치한 날부터 60일이 지난 후에 금융위원회에 신고하여야 한다.
③ 국내사무소는 보험업을 경영하는 행위를 하여서는 아니된다.
④ 국내사무소는 그 명칭 중에 사무소라는 글자를 포함하여야 한다.

> **해설**
> 외국보험회사 등이 국내사무소를 설치하는 경우에는 그 설치한 날부터 30일 이내에 금융위원회에 신고하여야 한다(법 제12조 제2항).
> ① 법 제12조 제1항
> ③ 법 제12조 제3항 제1호
> ④ 법 제12조 제4항

53 보험업법상 외국보험회사 등의 국내사무소(이하 '국내사무소'라 한다) 설치에 관한 내용으로 옳은 것은? 기출 22

① 국내사무소의 명칭에는 '사무소'라는 글자가 반드시 포함되어야 하는 것은 아니다.
② 국내사무소를 설치한 날부터 30일 이내에 금융위원회의 인가를 받아야 한다.
③ 국내사무소는 보험업을 경영할 수 있지만, 보험계약의 중개나 대리 업무는 수행할 수 없다.
④ 이 법에 따른 명령을 위반한 경우, 금융위원회는 6개월 이내의 기간을 정하여 업무의 정지를 명하거나 국내사무소의 폐쇄를 명할 수 있다.

| 해설 |
④ 법 제12조 제5항
① 국내사무소의 명칭에는 '사무소'라는 글자를 포함하여야 한다(법 제12조 제4항).
② 국내사무소를 설치한 날부터 30일 이내에 금융위원회에 신고하여야 한다(법 제12조 제2항).
③ 국내사무소는 보험업을 경영하는 행위 및 보험계약의 중개나 대리 업무를 수행할 수 없다(법 제12조 제3항 제1호, 제2호).

54 보험회사가 다른 금융업무 또는 부수업무(직전 사업연도 매출액이 해당 보험회사 수입보험료의 1천분의 1 또는 10억원 중 많은 금액에 해당하는 금액을 초과하는 업무만 해당)를 하는 경우에는 해당 업무에 속하는 자산·부채 및 수익·비용은 보험업과 구분하여 회계처리를 하여야 하는데, 그 대상을 모두 고른 것은? 기출 19

> 가. 「한국주택금융공사법」에 따른 채권유동화자산의 관리업무
> 나. 「자본시장과 금융투자업에 관한 법률」 제6조 제4항에 따른 집합투자업
> 다. 「자본시장과 금융투자업에 관한 법률」 제6조 제6항에 따른 투자자문업
> 라. 「자본시장과 금융투자업에 관한 법률」 제6조 제7항에 따른 투자일임업
> 마. 「자본시장과 금융투자업에 관한 법률」 제6조 제8항에 따른 신탁업
> 바. 「자본시장과 금융투자업에 관한 법률」 제9조 제21항에 따른 집합투자증권에 대한 투자매매업
> 사. 「자본시장과 금융투자업에 관한 법률」 제9조 제21항에 따른 집합투자증권에 대한 투자중개업
> 아. 「외국환거래법」 제3조 제16호에 따른 외국환업무

① 가, 다, 라, 마
② 나, 라, 마, 바
③ 다, 바, 사, 아
④ 라, 바, 사, 아

| 해설 |
겸영업무·부수업무의 회계처리(영 제17조 제1항)
보험회사가 다음의 업무 및 부수업무(직전 사업연도 매출액이 해당 보험회사 수입보험료의 1천분의 1 또는 10억원 중 많은 금액에 해당하는 금액을 초과하는 업무만 해당한다)를 하는 경우에는 해당 업무에 속하는 자산·부채 및 수익·비용을 보험업과 구분하여 회계처리 하여야 한다.
1. 「자산유동화에 관한 법률」에 따른 유동화자산의 관리업무
2. 삭제 〈2023.5.16.〉
3. 「한국주택금융공사법」에 따른 채권유동화자산의 관리업무 **(가)**
4. 「자본시장과 금융투자업에 관한 법률」 제6조 제6항에 따른 투자자문업 **(다)**
5. 「자본시장과 금융투자업에 관한 법률」 제6조 제7항에 따른 투자일임업 **(라)**
6. 「자본시장과 금융투자업에 관한 법률」 제6조 제8항에 따른 신탁업 **(마)**

CHAPTER 02 보험회사

학습목표
1. 주식회사의 자본감소, 조직변경, 보험계약자 총회 등 전반적인 흐름을 파악한다.
2. 상호회사의 설립, 사원의 권리와 의무, 회사의 기관, 해산 및 청산에 대해서 이해한다.
3. 외국보험회사의 국내지점에 대한 특이사항을 이해한다.

01 주식회사

1 자본감소

(1) 의 의

자본의 감소란 회사의 자본액이 감소하는 것으로 그 방법에는 주식금액의 감소, 주식의 소각, 주식의 병합에 의한 주식수의 감소가 있다.

(2) 자본감소의 절차(법 제18조)

① 주주총회의 특별결의
출석한 주주의 의결권의 3분의 2 이상의 수와 발행주식 총수의 3분의 1 이상의 수로써 하여야 한다(상법 제434조).

② 공고(법 제18조 제1항) [기출] 21·24
보험회사인 주식회사가 자본감소를 결의한 경우에는 그 결의를 한 날부터 2주 이내에 결의의 요지와 재무상태표를 공고하여야 한다.

③ 자본감소의 승인 [기출] 20·22
㉠ 자본감소를 결의할 때 대통령령으로 정하는 자본감소를 하려면 미리 금융위원회의 승인을 받아야 한다(법 제18조 제2항).

> **대통령령으로 정하는 자본감소(영 제23조의2)**
> 주식 금액 또는 주식 수의 감소에 따른 자본금의 실질적 감소를 말한다.

ⓒ 자본감소의 승인신청(규칙 제13조) : 주식회사인 보험회사는 자본감소의 승인을 받으려면 신청서에 다음의 서류를 첨부하여 금융위원회에 제출하여야 한다.
ⓐ 자본감소의 방법을 적은 서류
ⓑ 재산목록과 재무상태표
ⓒ 「보험업법」 제18조・제19조 및 「상법」 제232조・제363조에 따른 공고 및 이의제출 등 그 밖에 필요한 절차의 종료를 증명하는 서류

④ 이의제기 기출 19
자본감소에 관하여는 법 제141조 제2항・제3항, 제149조 및 제151조 제3항을 준용한다.
㉠ 자본감소에 관하여 보험계약자로서 이의가 있는 자는 일정한 기간 동안 이의를 제출할 수 있다는 뜻을 덧붙여야 한다. 다만, 그 기간은 1개월 이상으로 하여야 한다(법 제141조 제2항).
㉡ 이의기간에 이의를 제기한 보험계약자가 보험계약자 총수의 10분의 1을 초과하거나 그 보험금액이 보험금 총액의 10분의 1을 초과하는 경우에는 자본감소를 하지 못한다(법 제141조 제3항).
㉢ 이의를 제기한 보험계약자나 그 밖에 보험계약으로 발생한 권리를 가진 자에 대하여도 그 효력이 미친다(법 제151조 제3항).

2 조직변경

(1) 개요 기출 17・18・22
① 주식회사는 그 조직을 변경하여 상호회사로 할 수 있다(법 제20조 제1항). 기출 21・25
② 상호회사는 자본금 또는 기금의 총액을 300억원 미만으로 하거나 설정하지 아니할 수 있다(법 제20조 제2항).
③ 조직변경에 의하여 주식회사가 상호회사로 변경한 경우 손실의 보전에 충당하기 위하여 금융위원회가 필요하다고 인정하는 금액을 준비금으로 적립하여야 한다(법 제20조 제3항).

> 손실보전준비금이란 상호회사가 손실을 보전하기 위하여 각 사업연도의 잉여금 중에서 적립하는 준비금을 말한다(법 제60조 제1항).

(2) 절차
① 주주총회의 결의(법 제21조) 기출 18・19・21
㉠ 주식회사의 조직변경은 주주총회의 결의를 거쳐야 한다.
㉡ 출석한 주주의 의결권의 3분의 2 이상의 수와 발행주식 총수의 3분의 1 이상의 수로써 하여야 한다(상법 제434조).
② 결의의 공고와 통지(법 제22조) 기출 19
주식회사가 조직변경을 결의한 경우 그 결의를 한 날부터 2주 이내에 결의의 요지와 재무상태표를 공고하고 주주명부에 적힌 질권자(質權者)에게는 개별적으로 알려야 한다.

③ 이의제기(법 제141조 제2항)

조직변경의 공고 및 통지에는 보험계약자로서 이의가 있는 자는 일정한 기간 동안 이의를 제출할 수 있다는 뜻을 덧붙여야 한다. 다만, 그 기간은 1개월 이상으로 하여야 한다.
  ㉠ 일반채권자의 경우 : 이의제출기간 내에 채권자가 이의를 제출하지 아니하면 조직변경을 승인한 것으로 보며, 이의제출 채권자 등이 있으면 회사는 그 채권자에 대하여 변제 또는 상당한 담보를 제공하거나 이를 목적으로 하여 상당한 자산을 신탁회사에 신탁하여야 한다(상법 제232조).
  ㉡ 보험계약자의 경우 : 이의기간에 이의를 제기한 보험계약자가 보험계약자 총수의 10분의 1을 초과하거나 그 보험금액이 보험금 총액의 10분의 1을 초과하는 때에는 조직변경을 할 수 없다(법 제141조 제3항).

(3) 조직변경 결의 공고 후의 보험계약(법 제23조) 기출 18·19·25

① 주식회사는 조직변경 결의의 공고를 한 날 이후에 보험계약을 체결하려면 보험계약자가 될 자에게 조직변경 절차가 진행 중임을 알리고 그 승낙을 받아야 한다.
② 승낙을 한 보험계약자는 조직변경 절차를 진행하는 중에는 보험계약자가 아닌 자로 본다.

(4) 보험계약자 총회(법 제24조)

① 소 집

조직변경 결의의 공고에 대하여 일정한 기간(1개월 이상의 기간)에 이의를 제출한 보험계약자의 수와 그 보험금이 보험계약자 총수 또는 보험금총액의 10분의 1을 초과하지 아니하는 경우에는 이사는 「상법」 제232조에 따른 이의신청 절차가 끝난 후 7일 이내에 보험계약자 총회를 소집하여야 한다.

② 소집통지(상법 제353조)
  ㉠ 총회의 소집에 대한 통지는 보험계약자 명부에 기재된 보험계약자의 주소 또는 보험계약자가 회사에 통지한 장소에 하면 된다.
  ㉡ 통지 또는 최고는 보통 그 도달할 시기에 도달한 것으로 본다.

③ 보험계약자 총회 대행기관(법 제25조) 기출 18·21
  ㉠ 주식회사는 조직변경을 결의할 때 보험계약자 총회를 갈음하는 기관에 관한 사항을 정할 수 있다.
  ㉡ ㉠에 따른 기관에 대하여는 보험계약자 총회에 관한 규정을 준용한다.
  ㉢ 기관에 관한 사항을 정한 경우에는 그 기관의 구성방법을 조직변경 결의의 공고 내용에 포함하여야 한다.

④ 보험계약자 총회의 결의방법(법 제26조 제1항) 기출 18·20

보험계약자 총회는 보험계약자 과반수의 출석과 그 의결권의 4분의 3 이상의 찬성으로 결의한다.

⑤ 보험계약자 총회에서의 보고(법 제27조) 기출 18·23

주식회사의 이사는 조직변경에 관한 사항을 보험계약자 총회에 보고하여야 한다.

⑥ 보험계약자 총회의 결의 등(법 제28조)
  ㉠ 보험계약자 총회는 정관의 변경이나 그 밖에 상호회사의 조직에 필요한 사항을 결의하여야 한다.
  ㉡ 주식회사의 조직변경에 대한 주주총회의 결의는 보험계약자 총회의 결의로 변경할 수 있다. 이 경우 주식회사의 채권자의 이익을 해하지 못한다.
  ㉢ 변경으로 주주에게 손해를 입히게 되는 경우에는 주주총회의 동의를 받아야 한다.
  ㉣ 보험계약자 총회의 결의는 소집통지서에 그 뜻의 기재가 없는 경우에도 이를 할 수 있다.

(5) 조직변경의 등기(법 제29조)

① 등기시기
   주식회사가 그 조직을 변경한 경우에는 변경한 날부터 2주일 이내에 주된 사무소의 소재지에서 주식회사는 해산의 등기를 하고 상호회사는 설립등기를 하여야 한다. 〈2024.9.20. 개정〉

② 등기의 신청서
   등기의 신청서에는 정관과 다음의 사항이 적힌 서류를 첨부하여야 한다.
   ㉠ 조직변경의 결의
   ㉡ 조직변경 결의의 공고
   ㉢ 보험계약자 총회의 결의 및 동의
   ㉣ 조직변경(법 제141조 제3항)의 이의(異義)
   ㉤ 「상법」 제232조(채권자의 이의)에 따른 절차를 마쳤음을 증명하는 내용

(6) 조직변경에 따른 입사(법 제30조) 기출 17·18
주식회사의 보험계약자는 조직변경에 따라 해당 상호회사의 사원이 된다.

3 우선취득권과 우선변제권

(1) 보험계약자 등의 우선취득권(법 제32조) 기출 20·25
① 보험계약자나 보험금을 취득할 자는 피보험자를 위하여 적립한 금액을 다른 법률에 특별한 규정이 없으면 주식회사의 자산에서 우선하여 취득한다.
② 특별계정이 설정된 경우에는 특별계정과 그 밖의 계정을 구분하여 적용한다.

(2) 예탁자산에 대한 우선변제권(법 제33조)
① 보험계약자나 보험금을 취득할 자는 피보험자를 위하여 적립한 금액을 주식회사가 보험업법에 따른 금융위원회의 명령에 따라 예탁한 자산에서 다른 채권자보다 우선하여 변제를 받을 권리를 가진다.
② 특별계정이 설정된 경우에도 특별계정과 그 밖의 계정을 구분하여 적용한다.

02 상호(相互)회사

1 개요

(1) 의의

상호회사는 「보험업법」에 의하여 특유의 회사로 설립되는 사단법인으로서 보험계약자 상호간의 상호보험을 목적으로 하고 있다.

(2) 특성

① 보험계약자 상호간에 보험업을 영위하는 것을 목적으로 한다.
② 상호회사는 「보험업법」의 규정에 의하여 설립되는 것이다(상법에는 규정이 없다).
③ 상호회사는 영리를 목적으로 하지 않는 중간형태의 법인이다.
④ 상호회사는 사람(인)의 집합체인 사단법인이다.
⑤ 상호회사는 상호주의에 입각하여 보험계약자인 "사원의, 사원에 의한, 사원을 위한 회사자치제도"이다.
⑥ 회사의 최고의사결정기관은 사원총회이다(주식회사는 주주총회).
⑦ 이익금은 사원에게 귀속된다(주식회사는 주주).

2 설립

(1) 발기인

① 발기인이란 일반적으로 회사의 설립을 실질적으로 기획하고 관여한 자를 말하나, 실질적인 회사설립의 관여 여부를 묻지 않고 정관에 발기인으로 기명날인 또는 서명한 자를 말한다(상법 제289조 제1항).
② 발기인의 수는 최저 1인 이상이어야 한다. 발기인은 자연인이든 법인이든 관계없고 반드시 능력자임을 요하지 않는다.

(2) 정관기재사항(법 제34조) 기출 20·22

상호회사의 발기인은 정관을 작성하여 다음의 사항을 적고 기명날인하여야 한다.
① 취급하려는 보험종목과 사업의 범위
② 명칭
③ 사무소 소재지
④ 기금의 총액
⑤ 기금의 갹출자가 가질 권리
⑥ 기금과 설립비용의 상각 방법

⑦ 잉여금의 분배 방법
⑧ 회사의 공고 방법
⑨ 회사 성립 후 양수할 것을 약정한 자산이 있는 경우에는 그 자산의 가격과 양도인의 성명
⑩ 존립시기 또는 해산사유를 정한 경우에는 그 시기 또는 사유

(3) 명칭(법 제35조)
상호회사는 그 명칭 중에 상호회사라는 글자를 포함하여야 한다.

(4) 기금의 납입(법 제36조) 기출 14·21
상호회사의 기금은 금전 이외의 자산으로 납입하지 못한다. 기금의 납입에 관하여는 「상법」 제295조 제1항, 제305조 제1항·제2항 및 제318조를 준용한다.
① 발기 설립의 경우의 납입(상법 제295조 제1항)
  발기인이 회사의 설립시에 발행하는 주식의 총수를 인수한 때에는 지체 없이 각 주식에 대하여 그 인수가액의 전액을 납입하여야 한다. 이 경우 발기인은 납입을 맡을 은행 기타 금융기관과 납입장소를 지정하여야 한다.
② 주식에 대한 납입(상법 제305조 제1항·제2항)
  ㉠ 회사 설립시에 발행하는 주식의 총수가 인수된 때에는 발기인은 지체 없이 주식인수인에 대하여 각 주식에 대한 인수가액의 전액을 납입시켜야 한다.
  ㉡ 납입은 주식청약서에 기재한 납입장소에서 하여야 한다.
③ 납입금 보관자의 증명과 책임(상법 제318조)
  ㉠ 납입금을 보관한 은행이나 그 밖의 금융기관은 발기인 또는 이사의 청구를 받으면 그 보관금액에 관하여 증명서를 발급하여야 한다.
  ㉡ 은행이나 그 밖의 금융기관은 증명한 보관금액에 대하여는 납입이 부실하거나 그 금액의 반환에 제한이 있다는 것을 이유로 회사에 대항하지 못한다.
  ㉢ 자본금 총액이 10억원 미만인 회사를 발기 설립하는 경우에는 증명서를 은행이나 그 밖의 금융기관의 잔고증명서로 대체할 수 있다.

(5) 사원의 수(법 제37조) 기출 25
상호회사는 100명 이상의 사원으로써 설립한다.

(6) 입사청약서(법 제38조) 기출 20
① 발기인이 아닌 자가 상호회사의 사원이 되려면 입사청약서 2부에 보험의 목적과 보험금액을 적고 기명날인하여야 한다. 다만, 상호회사가 성립한 후 사원이 되려는 자는 그러하지 아니하다.
② 발기인은 입사청약서를 다음의 사항을 포함하여 작성하고, 이를 비치(備置)하여야 한다.
  ㉠ 정관의 인증 연월일과 그 인증을 한 공증인의 이름
  ㉡ 정관의 기재사항
  ㉢ 기금 갹출자의 이름·주소와 그 각자가 갹출하는 금액

ㄹ 발기인의 이름과 주소
　　ㅁ 발기인이 보수를 받는 경우에는 그 보수액
　　ㅂ 설립시 모집하려는 사원의 수
　　ㅅ 일정한 시기까지 창립총회가 끝나지 아니하면 입사청약을 취소할 수 있다는 뜻
③ 상호회사 성립 전의 입사청약에 대하여는 「민법」 제107조 제1항 단서를 적용하지 아니한다.

> **심화TIP** 「민법」 제107조 제1항 단서
>
> 의사표시는 표의자가 진의아님을 알고 한 것이라도 그 효력이 있다. 그러나 상대방이 표의자의 진의아님을 알았거나 이를 알 수 있었을 경우에는 무효로 한다.

(7) 창립총회(법 제39조) 기출 21

① 상호회사의 발기인은 상호회사의 기금의 납입이 끝나고 사원의 수가 예정된 수가 되면 그 날부터 7일 이내에 창립총회를 소집하여야 한다.
② 창립총회는 사원 과반수의 출석과 그 의결권의 4분의 3 이상의 찬성으로 결의한다.

(8) 설립등기(법 제40조) 기출 21·23

① 상호회사의 설립등기는 창립총회가 끝난 날부터 2주 이내에 하여야 한다.
② 설립등기에는 다음의 사항이 포함되어야 한다.
　　㉠ 정관기재사항(법 제34조)
　　㉡ 이사와 감사의 이름 및 주소
　　㉢ 대표이사의 이름
　　㉣ 여러 명의 대표이사가 공동으로 회사를 대표할 것을 정한 경우에는 그 규정
③ 설립등기는 이사 및 감사의 공동신청으로 하여야 한다.

> **설립등기신청서의 첨부서류(영 제25조)**
> 상호회사의 설립등기를 하려는 경우에는 등기신청서에 다음 각 호의 서류를 첨부하여야 한다.
> 1. 정관
> 2. 사원명부
> 3. 사원을 모집하는 경우에는 각 사원의 입사청약서
> 4. 이사, 감사 또는 검사인의 조사보고서 및 그 부속서류
> 5. 창립총회의 의사록
> 6. 대표이사에 관한 이사회의 의사록

(9) 등기부(법 제41조)

관할 등기소에 상호회사 등기부를 비치하여야 한다.

(10) 배상책임(법 제42조)

이사가 다음의 어느 하나에 해당하는 행위로 상호회사에 손해를 입힌 경우에는 사원총회의 동의가 없으면 그 손해에 대한 배상책임을 면제하지 못한다.
① 위법한 이익 배당에 관한 의안을 사원총회에 제출하는 행위
② 다른 이사에게 금전을 대부하는 행위
③ 그 밖의 부당한 거래를 하는 행위

(11) 발기인에 대한 소송(법 제43조)

발기인이 고의 또는 과실로 법령 또는 정관에 위반한 행위를 하거나 그 임무를 게을리한 경우에는 회사에 대하여 연대하여 손해를 배상할 책임이 있다. 이러한 발기인의 손해배상책임은 총사원의 동의로 면제할 수 있다(상법 제399조 제1항, 제400조 제1항).

3 사원의 권리와 의무

(1) 사원관계의 발생·승계·소멸 기출 17

① 사원관계의 발생

회사설립과 함께 사원이 되는 경우	• 발기인은 사원이 된다. • 발기인이 아닌 자가 입사청약서에 보험의 목적과 보험금액을 기재하고 기명날인하면 사원이 된다(법 제38조 제1항).
회사설립 후에 사원이 되는 경우	• 보험계약자는 보험계약을 체결하면 사원의 자격을 당연히 취득한다.
특수한 원인으로 되는 경우	• 주식회사가 상호회사로 조직변경하면 보험계약자는 사원이 된다(법 제30조). • 보험계약이 이전된 경우 이전을 받은 보험회사가 상호회사인 경우에는 그 보험계약자는 그 상호회사에 입사한다(법 제147조). • 합병으로 인하여 설립 또는 존속되는 회사가 상호회사인 경우 보험계약자는 사원이 된다(법 제154조).

② 사원명부(법 제52조)

상호회사의 사원명부에는 다음의 사항을 적어야 한다.
㉠ 사원의 이름과 주소
㉡ 각 사원의 보험계약의 종류, 보험금액 및 보험료

③ 사원관계의 승계 기출 16·19
㉠ 상호회사와 상호회사 상호간에 보험계약의 이전(법 제147조)
㉡ 상호회사와 상호회사가 합병된 경우(법 제154조)
㉢ 상속의 경우
㉣ 손해보험의 목적의 양도 : 손해보험을 목적으로 하는 상호회사의 사원이 보험의 목적을 양도한 경우에는 양수인은 회사의 승낙을 받아 양도인의 권리와 의무를 승계할 수 있다(법 제51조).
㉤ 생명보험계약 등의 승계 : 생명보험 및 제3보험을 목적으로 하는 상호회사의 사원은 회사의 승낙을 받아 타인으로 하여금 그 권리와 의무를 승계하게 할 수 있다(법 제50조).

④ 사원관계의 소멸
  ㉠ 상호회사가 해산한 경우(법 제69조)
  ㉡ 주식회사로 보험계약의 이전(법 제140조)
  ㉢ 합병으로 설립 또는 존속하는 회사가 주식회사인 경우(법 제154조 제1항)
  ㉣ 정관에 의하여 정하는 사유가 발생하여 퇴사하는 경우(법 제66조 제1항 제1호)
  ㉤ 보험계약관계의 소멸로 퇴사하는 경우(법 제66조 제1항 제2호)
    ⓐ 보험기간이 경과한 경우
    ⓑ 보험계약이 해지된 경우
    ⓒ 보험계약의 무효와 실효된 경우
    ⓓ 손해보험의 목적이 양도된 경우
    ⓔ 생명보험계약이 양도된 경우
  ㉥ 상호회사 사원의 사망(법 제66조 제2항)
⑤ 통지와 최고(법 제53조)
  상호회사의 입사청약서나 사원에 대한 통지 및 최고(催告)에 관하여는 「상법」 제353조를 준용한다. 다만, 보험관계에 속하는 사항의 통지 및 최고에 관하여는 그러하지 아니하다.

(2) 사원의 의무 [기출 17·19·20·24]

① 간접책임(법 제46조)
  상호회사의 사원은 보험계약에 의한 보험료 지급의무만을 부담할 뿐이므로 회사의 채무에 대하여 채권자에게 직접적인 의무를 지지 아니한다.
② 유한책임(법 제47조)
  상호회사의 채무에 관한 사원의 책임은 보험료를 한도로 한다. 따라서 그 외의 어떠한 의무도 부담하지 아니한다.
③ 상계의 금지(법 제48조) [기출 25]
  상호회사의 사원은 보험료의 납입에 관하여 상계로써 회사에 대항하지 못한다. 다만, 회사에 대하여 보험계약자로서 가지는 보험금청구권과 보험료 납입의무와의 상계는 가능하다.
④ 보험금액의 삭감(법 제49조)
  상호회사는 정관으로 보험금액의 삭감에 관한 사항을 정하여야 한다. 상호회사 사원은 회사의 채무에 대하여 간접·유한책임을 지므로 회사의 경영부실로 인하여 파산 또는 해산의 위험이 있을 경우를 대비하기 위함이다. 보험금액의 삭감은 장래를 향하여 그 효력이 발생하므로 이미 발생한 보험사고로 인하여 보험금을 지급한 것과 보험사고가 발생하여 보험금을 지급할 의무가 있는 것에 대해서는 그 효력이 미치지 아니한다.
⑤ 보험계약자로서의 의무
  상호회사 사원은 보험계약자이므로 계약자의 의무인 보험료 지급의무, 고지의무, 통지의무 등 상법상 의무와 계약(약관)상 의무를 진다.

(3) 사원의 권리

① 공익권과 자익권

공익권	의결권, 사원총회소집청구권, 정관·의사록 및 사원명부열람권·복사권 및 등·초본교부청구권, 대표소송제기권, 사원총회의 결의의 취소·무효제기권, 이사에 대한 제소권 등
자익권	이익배당청구권, 잉여금분배청구권, 잔여자산분배청구권 등

② 단독사원권과 소수사원권

단독사원권	의결권, 사원총회의 결의의 취소·무효제기권, 각종 서류의 열람권 또는 등·초본교부청구권 등
소수사원권	사원총회소집청구권, 대표소송제기권, 이사·감사·청산인의 해임청구권, 검사인청구권, 이사·감사의 위법행위제소권 등

③ 고유권

사원총회의 다수결이나 정관으로도 박탈할 수 없는 권리로 주식회사처럼 획일적으로 구분하기란 매우 어려운 일이므로, 상호회사의 본질이나 그 권리의 성격에 따라 결정하여야 할 것이다.

④ 보험계약자로서의 권리

상호회사에만 인정되는 특징적 권리로서 보험계약자가 가지는 보험계약상에 의한 권리와 재무제표와 사업보고서의 열람권 또는 등사권 및 등·초본교부청구권을 갖는다.

4 회사의 기관

(1) 사원총회 및 대행기관

① 의의

㉠ 사원총회는 상호회사에 있어서 사원의 총의에 의한 회사 내부의 의사결정기관이자 필요적 기관이지만, 총회에서 결정한 것을 집행하거나 대외적으로 회사를 대표하는 기관은 아니다. 그리고 상호회사는 사원이 많고 총회의 소집과 개회가 매우 어려우므로 이러한 문제를 해결하기 위하여 정관으로 사원총회에 갈음할 기관을 정할 수 있는데, 이것이 사원총회 대행기관이다(법 제54조 제1항).

㉡ 대행기관은 사원총회에 관한 규정을 준용한다(법 제54조 제2항).

② 의결권(법 제55조)

상호회사의 사원은 사원총회에서 각각 1개의 의결권을 가진다. 다만, 정관에 특별한 규정이 있는 경우에는 그러하지 아니하다.

③ 총회소집청구권(법 제56조) 기출 21·23

㉠ 사원총회의 소집은 이사회의 결정이 원칙이다(상법 제362조).

㉡ 상호회사의 100분의 5 이상의 사원은 회의의 목적과 그 소집의 이유를 적은 서면을 이사에게 제출하여 사원총회의 소집을 청구할 수 있다. 다만, 이 권리의 행사에 관하여 정관으로 다른 기준을 정할 수 있다(법 제56조 제1항).

ⓒ 사원총회소집의 청구가 있은 후 지체 없이 총회소집의 절차를 밟지 아니한 때에는 청구한 사원은 법원의 허가를 얻어 총회를 소집할 수 있다. 이 경우 사원총회의 의장은 법원이 이해관계인의 청구나 직권으로 선임할 수 있다. 또한 사원총회는 회사의 업무와 재산상태를 조사하게 하기 위하여 검사인을 선임할 수 있다(법 제56조 제2항, 상법 제366조 제2항·제3항).

(2) 상호회사의 이사(법 제59조 제2항)

① 이사의 선임, 회사와의 관계(상법 제382조)
  ㉠ 이사는 사원총회에서 선임한다.
  ㉡ 회사와 이사의 관계는 「민법」의 위임에 관한 규정을 준용한다.

② 이사의 임기(상법 제383조)
  ㉠ 이사의 임기는 3년을 초과하지 못한다.
  ㉡ 임기는 정관으로 그 임기 중의 최종의 결산기에 관한 정기사원총회의 종결에 이르기까지 연장할 수 있다.

③ 해임(상법 제385조)
  ㉠ 이사는 언제든지 사원총회의 결의로 이를 해임할 수 있다. 그러나 이사의 임기를 정한 경우에 정당한 이유 없이 그 임기만료 전에 이를 해임한 때에는 그 이사는 회사에 대하여 해임으로 인한 손해의 배상을 청구할 수 있다.
  ㉡ 이사가 그 직무에 관하여 부정행위 또는 법령이나 정관에 위반한 중대한 사실이 있음에도 불구하고 사원총회에서 그 해임을 부결한 때에는 사원 총수의 100분의 3 이상에 해당하는 사원은 총회의 결의가 있은 날부터 1월 내에 그 이사의 해임을 법원에 청구할 수 있다.

④ 결원의 경우(상법 제386조 제1항)
  법률 또는 정관에 정한 이사의 원수를 결한 경우에는 임기의 만료 또는 사임으로 인하여 퇴임한 이사는 새로 선임된 이사가 취임할 때까지 이사의 권리의무가 있다.

⑤ 대표이사(상법 제389조)
  ㉠ 회사는 이사회의 결의로 회사를 대표할 이사를 선정하여야 한다. 그러나 정관으로 사원총회에서 이를 선정할 것을 정할 수 있다.
  ㉡ 수 인의 대표이사가 공동으로 회사를 대표할 것을 정할 수 있다.

⑥ 회사에 대한 책임(상법 제399조 제1항)
  이사가 고의 또는 과실로 법령 또는 정관에 위반한 행위를 하거나 그 임무를 게을리한 경우에는 그 이사는 회사에 대하여 연대하여 손해를 배상할 책임이 있다.

⑦ 제3자에 대한 책임(상법 제401조 제1항)
  이사가 고의 또는 중대한 과실로 그 임무를 게을리한 때에는 그 이사는 제3자에 대하여 연대하여 손해를 배상할 책임이 있다.

⑧ 서류의 비치와 열람(법 제57조) 기출 21
　㉠ 상호회사의 이사는 정관과 사원총회 및 이사회의 의사록을 각 사무소에, 사원 명부를 주된 사무소에 비치하여야 한다.
　㉡ 상호회사의 사원과 채권자는 영업시간 중에는 언제든지 위의 서류를 열람하거나 복사할 수 있고, 회사가 정한 비용을 내면 그 등본 또는 초본의 발급을 청구할 수 있다.

(3) 상호회사의 감사(법 제59조 제3항)

① 임기(상법 제410조)
　감사의 임기는 취임 후 3년 내의 최종의 결산기에 관한 정기총회의 종결시까지로 한다.
② 겸임금지(상법 제411조)
　감사는 회사 및 자회사의 이사 또는 지배인 기타의 사용인의 직무를 겸하지 못한다.
③ 감사의 직무와 보고요구, 조사의 권한(상법 제412조)
　㉠ 감사는 이사의 직무의 집행을 감사한다.
　㉡ 감사는 언제든지 이사에 대하여 영업에 관한 보고를 요구하거나 회사의 업무와 재산상태를 조사할 수 있다.
　㉢ 감사는 회사의 비용으로 전문가의 도움을 구할 수 있다.
④ 이사의 보고의무(상법 제412조의2)
　이사는 회사에 현저하게 손해를 미칠 염려가 있는 사실을 발견한 때에는 즉시 감사에게 이를 보고하여야 한다.
⑤ 총회의 소집청구(상법 제412조의3)
　감사는 회의의 목적사항과 소집의 이유를 기재한 서면을 이사회에 제출하여 임시총회의 소집을 청구할 수 있다.
⑥ 감사의 이사회 소집 청구(상법 제412조의4)
　㉠ 감사는 필요하면 회의의 목적사항과 소집이유를 서면에 적어 이사(소집권자가 있는 경우에는 소집권자를 말한다)에게 제출하여 이사회 소집을 청구할 수 있다.
　㉡ 청구를 하였는데도 이사가 지체 없이 이사회를 소집하지 아니하면 그 청구한 감사가 이사회를 소집할 수 있다.
⑦ 조사·보고의 의무(상법 제413조)
　감사는 이사가 사원총회에 제출할 의안 및 서류를 조사하여 법령 또는 정관에 위반하거나 현저하게 부당한 사항이 있는지의 여부에 관하여 사원총회에 그 의견을 진술하여야 한다.
⑧ 감사의 책임(상법 제414조 제3항)
　감사가 회사 또는 제3자에 대하여 손해를 배상할 책임이 있는 경우에 이사도 그 책임이 있는 때에는 그 감사와 이사는 연대하여 배상할 책임이 있다.

5 회사의 계산

(1) 개요
① 상호회사의 계산에 대하여 우리 「보험업법」은 상호회사라는 특수성을 고려하여 별도로 계산(법 제60조~제64조)에서 손실보전준비금, 기금이자지급 등의 제한, 기금상각적립금과 잉여금의 분배 등에 관한 특칙을 두고 있다.
② 「상법」의 주식회사의 계산에 관한 규정이 준용된다(법 제64조).

(2) 손실보전준비금(법 제60조)
① 상호회사는 손실을 보전하기 위하여 각 사업연도의 잉여금 중에서 손실보전준비금을 적립하여야 한다.
② 손실보전준비금은 법정준비금으로 「상법」상 주식회사의 이익준비금(상법 제458조)에 상당하는 것이다.
③ 손실보전준비금의 총액과 매년 적립할 최저액을 정관으로 정한다(법 제60조 제2항).

(3) 기금이자지급 등의 제한(법 제61조) 기출 22·23
① 상호회사는 손실을 보전하기 전에는 기금이자를 지급하지 못한다.
② 상호회사는 설립비용과 사업비의 전액을 상각하고 손실보전준비금을 공제하기 전에는 기금의 상각 또는 잉여금의 분배를 하지 못한다.
③ 상호회사가 위 규정을 위반하여 기금이자의 지급, 기금의 상각 또는 잉여금의 분배를 한 경우에는 회사의 채권자는 이를 반환하게 할 수 있다.

(4) 기금상각적립금(법 제62조)
상호회사의 기금을 상각할 때에는 상각하는 금액과 같은 금액을 기금상각적립금으로 적립하여야 한다.

(5) 잉여금의 분배(법 제63조)
상호회사의 잉여금은 정관에 특별한 규정이 없으면 각 사업연도 말 당시 사원에게 분배한다.

6 정관의 변경 및 사원의 퇴사

(1) 정관의 변경(법 제65조 제1항)
상호회사의 정관을 변경하려면 사원총회의 결의를 거쳐야 한다.

(2) 사원의 퇴사
① 퇴사이유(법 제66조)
  ㉠ 상호회사의 사원은 다음의 사유로 퇴사한다.
    ⓐ 정관으로 정하는 사유의 발생
    ⓑ 보험관계의 소멸
  ㉡ 상호회사의 사원이 사망한 경우에는 그 상속인이 그 지분을 승계하여 사원이 된다. 이 경우에 상속인이 수인인 때에는 사원의 권리를 행사할 자 1인을 정하여야 한다. 이를 정하지 아니한 때에는 회사의 통지 또는 최고는 그 중의 1인에 대하여 하면 전원에 대하여 그 효력이 있다(상법 제283조).

② 퇴사원의 환급청구권(법 제67조) 기출 22
  ㉠ 상호회사에서 퇴사한 사원은 정관이나 보험약관으로 정하는 바에 따라 그 권리에 따른 금액의 환급을 청구할 수 있다.
  ㉡ 퇴사한 사원이 회사에 대하여 부담한 채무(대부, 미납이자, 미납보험료)가 있는 경우에는 회사는 환급할 금액에서 그 채무액을 공제할 수 있다.

③ 환급기한 및 시효(법 제68조) 기출 24
  ㉠ 상호회사에서 퇴사한 사원의 권리에 따른 금액의 환급은 퇴사한 날이 속하는 사업연도가 종료한 날부터 3개월 이내에 하여야 한다.
  ㉡ 퇴사원의 환급청구권은 환급기간이 지난 후 2년 동안 행사하지 아니하면 시효로 소멸한다.

7 해산과 청산

(1) 해 산

① 해산결의(법 제69조 제1항)

상호회사의 해산은 사원총회의 특별결의(상법 제434조)에 의하며, 회사가 해산을 결의한 경우에는 그 결의가 금융위원회의 인가를 받은 날부터 2주 이내에 결의의 요지와 재무상태표를 공고하여야 한다.

② 이의제기(법 제69조 제2항, 법 제141조 제2항~제4항)

㉠ 해산을 결의한 때에는 공고 후 1월 이상의 기간 내에 이의를 제출할 수 있다는 뜻을 덧붙여야 한다.

㉡ 이의제출기간에 이의를 제기한 사원의 수가 사원총수의 10분의 1을 초과한 때에는 해산하지 못한다.

㉢ 상호회사가 사원총회대행기관에 의하지 아니하고 사원총회에서 해산을 결의를 한 경우에는 ㉠ 및 ㉡을 적용하지 아니한다.

③ 해산의 공고(법 제69조 제2항, 법 제145조)

상호회사가 해산한 경우에는 7일 이내에 그 취지를 공고하여야 한다. 해산하지 아니한 경우에도 역시 7일 이내에 공고하여야 한다.

④ 해산등기(법 제70조 제1항, 상법 제228조)

합병과 파산의 경우 외에는 그 해산사유가 있는 날로부터 본점소재지에서는 2주간 내, 지점소재지에서는 3주간 내에 해산등기를 하여야 한다.

(2) 청 산

① 청산(법 제71조)

상호회사가 해산한 경우에는 합병과 파산의 경우가 아니면 다음의 규정에 따라 청산을 하여야 한다.

② 자산처분의 순위(법 제72조 제1항)

상호회사의 청산인은 다음의 순위에 의하여 회사자산을 처분하여야 한다.

㉠ 일반채무의 변제
㉡ 사원의 보험금액과 사원에게 환급할 금액의 지급
㉢ 기금의 상각

③ 잔여자산의 처분(법 제72조 제2항) [기출 22]

처분을 한 후 남은 자산은 상호회사의 정관에 특별한 규정이 없으면 잉여금을 분배할 때와 같은 비율로 사원에게 분배하여야 한다.

03 외국보험회사국내지점

1 외국보험회사의 국내지점에 대한 규제

(1) **외국보험회사(법 제2조 제8호)**
  ① 외국보험회사란 대한민국 이외의 국가의 법령에 의하여 설립되어 대한민국 이외의 국가에서 보험업을 영위하는 자를 말한다.
  ② 외국보험회사의 국내지점이란 금융위원회의 허가를 받아 보험업을 영위하는 자를 말한다(법 제4조 제6항).

(2) **외국보험회사국내지점의 허가취소(법 제74조)** 기출 15・17・20・23・24
  ① 금융위원회는 외국보험회사의 본점이 다음의 어느 하나에 해당하게 되면 그 외국보험회사국내지점에 대하여 청문을 거쳐 보험업의 허가를 취소할 수 있다.
    ㉠ 합병, 영업양도 등으로 소멸한 경우
    ㉡ 위법행위, 불건전한 영업행위 등의 사유로 외국감독기관으로부터 보험업법 제134조 제2항에 따른 처분에 상당하는 조치를 받은 경우
    ㉢ 휴업하거나 영업을 중지한 경우
  ② 금융위원회는 외국보험회사국내지점이 다음의 어느 하나에 해당하는 사유로 해당 외국보험회사국내지점의 보험업 수행이 어렵다고 인정되면 공익 또는 보험계약자 보호를 위하여 영업정지 또는 그 밖에 필요한 조치를 하거나 청문을 거쳐 보험업의 허가를 취소할 수 있다.
    ㉠ 「보험업법」 또는 「보험업법」에 따른 명령이나 처분을 위반한 경우
    ㉡ 「금융소비자 보호에 관한 법률」 또는 같은 법에 따른 명령이나 처분을 위반한 경우
    ㉢ 외국보험회사의 본점이 그 본국의 법령을 위반한 경우
    ㉣ 그 밖에 해당 외국보험회사국내지점의 보험업 수행이 어렵다고 인정되는 경우
  ③ 외국보험회사국내지점은 그 외국보험회사의 본점이 ①항의 어느 하나에 해당하게 되면 그 사유가 발생한 날부터 7일 이내에 그 사실을 금융위원회에 알려야 한다.

(3) **국내자산 보유의무(법 제75조)** 기출 19・25
  ① 외국보험회사국내지점은 대한민국에서 체결한 보험계약에 관하여 적립한 책임준비금 및 비상위험준비금에 상당하는 자산을 대한민국에서 보유하여야 한다.
  ② 이는 국내보험회사와 형평을 맞추고 자산을 국내에 보유토록 하여 국내보험계약자 및 피보험자, 기타 채권자 등에 대한 담보자산을 확보케 함으로써 이들을 보호하기 위함이다.
  ③ 대한민국에서 보유하여야 하는 자산의 종류 및 범위 등에 관하여는 대통령령으로 정한다.

> **외국보험회사국내지점의 자산 보유 등(영 제25조의2)** 기출 18
>
> 외국보험회사국내지점은 다음 각 호의 어느 하나에 해당하는 자산을 대한민국에서 보유하여야 한다.
> 1. 현금 또는 국내 금융기관에 대한 예금, 적금 및 부금
> 2. 국내에 예탁하거나 보관된 증권
> 3. 국내에 있는 자에 대한 대여금, 그 밖의 채권
> 4. 국내에 있는 고정자산
> 5. 삭제 〈2022.12.27.〉
> 6. 국내에 적립된 재보험자산
> 7. 제1호부터 제6호까지의 자산과 유사한 자산으로서 금융위원회가 정하여 고시하는 자산

(4) 국내 대표자(법 제76조) 기출 16·19·22

① 외국보험회사국내지점의 대표자는 회사의 영업에 관하여 재판상 또는 재판 외의 모든 행위를 할 권한이 있으며, 그 권한에 대한 제한은 선의의 제3자에게 대항하지 못한다(상법 제209조).
② 외국보험회사국내지점의 대표자는 퇴임한 후에도 후임대표자의 이름 및 주소에 관하여 등기가 있을 때까지 계속하여 대표자의 권리와 의무를 가진다.
③ 외국보험회사국내지점의 대표자는 「보험업법」에 따른 보험회사의 임원으로 본다.

(5) 잔무처리자(법 제77조) 기출 19

① 보험업의 허가를 받은 외국보험회사의 본점이 보험업을 폐업하거나 해산한 경우 또는 대한민국에서의 보험업을 폐업하거나 그 허가가 취소된 경우에 금융위원회는 필요하다고 인정하면 잔무를 처리할 자를 선임하거나 해임할 수 있다.
② 외국보험회사의 잔무처리자는 회사의 영업에 관하여 재판상 또는 재판 외의 모든 행위를 할 권한이 있으며, 그 권한에 대한 제한은 선의의 제3자에게 대항하지 못한다(법 제76조 제1항). 또한 잔무처리자를 선임하는 경우에는 회사로 하여금 금융위원회가 정하는 보수를 지급하게 할 수 있다(법 제77조 제2항, 법 제157조).
③ 금융위원회는 잔무처리자를 감독하기 위하여 보험회사의 잔무처리업무와 자산상황을 검사하고, 자산의 공탁을 명하며, 그 밖에 잔무처리의 감독상 필요한 명령을 할 수 있다(법 제77조 제3항, 법 제160조).

2 등기와 관계법령

(1) 등기(법 제78조) 기출 22

① 상호회사인 외국보험회사(이하 "외국상호회사"라 한다)의 국내지점에 관하여는 법 제41조를 준용한다. 즉 관할등기소에 상호회사 등기부를 비치하여야 한다.

② 외국상호회사국내지점이 등기를 신청하는 경우에는 그 외국상호회사국내지점의 대표자는 신청서에 대한민국에서의 주된 영업소와 대표자의 이름 및 주소를 적고 다음의 서류를 첨부하여야 한다.
  ㉠ 대한민국에 주된 영업소가 있다는 것을 인정할 수 있는 서류
  ㉡ 대표자의 자격을 인정할 수 있는 서류
  ㉢ 회사의 정관이나 그 밖에 회사의 성격을 판단할 수 있는 서류
③ 위의 서류는 해당 외국상호회사 본국의 관할 관청이 증명한 것이어야 한다.

(2) 관계법령

① 「상법」의 준용(법 제79조)
  ㉠ 외국상호회사국내지점에 관하여는 상법 제1편 통칙 중 제3장(상업사용인 : 제16조 제외), 제22조 내지 제24조(상업등기의 효력, 주체를 오인시킬 상호사용의 금지, 명의대여자의 책임), 제26조(상호불사용의 효과), 제5장(상업장부), 제6장(상업등기), 제2편 상행위 중 제5장(대리상 : 제90조 통지 받은 권한 제외) 및 제177조(등기기간의 기산점)의 규정을 준용한다(법 제79조 제1항).
  ㉡ 외국보험회사의 국내지점이 대한민국에 종된 영업소를 설치하거나 외국보험회사국내지점을 위하여 모집을 하는 자가 설치한 영업소를 설치한 경우에는 상법 제619조(영업소 폐쇄명령), 제620조 제1항·제2항(영업소 폐쇄명령이 있은 때의 한국에 있는 자산의 청산)의 규정을 준용한다(법 제79조 제2항).

② 「보험업법」의 적용특례
  ㉠ 총회 결의 등의 의제(법 제81조) : 외국보험회사국내지점의 경우 대한민국에서 주주총회나 사원총회가 있을 수 없고 보험계약의 이전과 관련된 주주총회나 사원총회에 관한 규정을 그대로 적용할 수 없다. 따라서 외국보험회사국내지점에 적용할 경우 제141조 제1항 중 "제138조에 따른 결의를 한 날"은 "이전계약서를 작성한 날"로, 제142조 및 제144조 제1항 중 "주주총회 등의 결의가 있었던 때"는 각각 "이전계약서를 작성한 때"로, 제146조 제2항 중 "보험계약 이전의 결의를 한 후"는 "이전계약서를 작성한 후"로 본다.
  ㉡ 「보험업법」 중 적용 제외(법 제82조) : 외국보험회사국내지점은 주식회사나 상호회사와 다른 특성을 가지고 있으므로 일부규정을 적용하지 않는다. 제8조(상호 또는 명칭), 제138조(해산·합병 등의 결의)·제139조(해산·합병 등의 인가) 중 해산 및 합병에 관한 부분, 제141조 제4항(사원총회에서의 보험계약이전의 결의), 제148조(해산후의 계약 이전 결의), 제149조(해산등기의 신청), 제151조부터 제154조까지(합병결의의 공고, 계약조건의 변경, 상호회사의 합병, 합병의 경우의 사원관계), 제156조(청산인), 제157조(청산인의 보수) 및 제159조부터 제161조(채권신고기간 내의 변제, 청산인의 감독, 해산 후의 강제관리)까지의 규정을 적용하지 않는다. 또한 외국보험회사국내지점에 관하여는 총회의 결의에 관한 규정을 적용하지 않는다(법 제82조 제2항).

CHAPTER 02 기출유형문제

01 보험업법상 주식회사에 관한 설명으로 옳지 않은 것은? 기출 20

① 주식회사가 자본감소를 결의한 경우에는 그 결의를 한 날부터 2주 이내에 결의의 요지와 재무상태표를 공고하여야 한다.
② 주식회사는 자본감소를 결의할 때 대통령령으로 정하는 자본감소를 하려면 미리 금융감독원장의 승인을 받아야 한다.
③ 주식회사는 그 조직을 변경하여 상호회사로 할 수 있다.
④ 주식회사의 자본감소 결의공고 시에는 이의가 있는 자는 일정한 기간 동안 이의를 제출할 수 있다는 뜻을 덧붙여야 한다.

> |해설|
> 주식회사는 자본감소를 결의할 때 대통령령으로 정하는 자본감소를 하려면 미리 <u>금융위원회의 승인</u>을 받아야 한다(법 제18조 제2항).
> ① 법 제18조 제1항
> ③ 법 제20조 제1항
> ④ 법 제18조 제3항, 제141조 제2항

02 보험회사인 주식회사(이하 "주식회사"라 한다)에 대한 설명으로 옳은 것은? 기출수정 19

① 주식회사가 자본감소를 결의한 경우에는 그 결의를 한 날로부터 3주 이내에 결의의 요지와 재무상태표를 공고하여야 한다.
② 주식회사가 주식금액 또는 주식 수의 감소에 따른 자본금의 실질적 감소를 결의한 때에는 그 결의를 한 날로부터 7일 이내에 금융위원회의 승인을 받아야 한다.
③ 주식회사의 자본감소 결의에 따른 공고에는 이전될 보험계약의 보험계약자로서 자본감소에 이의가 있는 자는 일정한 기간 동안 이의를 제출할 수 있다는 뜻을 덧붙여야 하며, 그 기간은 1개월 이상으로 하여야 한다.
④ 보험계약자나 보험금을 취득할 자는 주식회사가 파산한 경우 피보험자를 위하여 적립한 금액을 다른 법률에 특별한 규정이 있는 경우에 한하여 주식회사의 자산에서 우선 취득할 수 있다.

| 해설 |

③ 법 제18조 제3항, 제141조 제2항
① 주식회사가 자본감소를 결의한 경우에는 그 결의를 한 날로부터 2주 이내에 결의의 요지와 재무상태표를 공고하여야 한다(법 제18조 제1항).
② 주식회사가 주식금액 또는 주식 수의 감소에 따른 자본금의 실질적 감소를 결의한 때에는 미리 금융위원회의 승인을 받아야 한다(법 제18조 제2항).
④ 보험계약자나 보험금을 취득할 자는 피보험자를 위하여 적립한 금액을 다른 법률에 특별한 규정이 없으면 주식회사의 자산에서 우선하여 취득한다(법 제32조 제1항).

03 보험회사인 주식회사의 자본감소에 관한 설명으로 옳지 않은 것은?

① 보험회사인 주식회사가 자본감소를 결의한 경우에는 그 결의를 한 날부터 2주 이내에 결의의 요지와 재무상태표를 공고하여야 한다.
② 공고에는 1개월 이상의 기간을 정하여 보험계약자로서 이의가 있는 자는 일정한 기간 동안 이의를 제출할 수 있다는 뜻을 덧붙여야 한다.
③ 이의를 제기한 보험계약자가 보험계약자 총수의 100분의 1을 초과하거나 그 보험금액이 보험금 총액의 100분의 1을 초과하는 경우에는 자본을 감소하지 못한다.
④ 자본감소를 결의할 때 주식 금액 또는 주식 수의 감소에 따른 자본금의 실질적 감소를 하려면 미리 금융위원회의 승인을 받아야 한다.

| 해설 |

이의를 제기한 보험계약자가 보험계약자 총수의 10분의 1을 초과하거나 그 보험금액이 보험금 총액의 10분의 1을 초과하는 경우에는 자본을 감소하지 못한다(법 제18조 제3항 및 제141조 제3항).

04 보험회사인 주식회사의 조직변경에 관한 다음 설명 중 옳지 않은 것은? 기출 17

① 보험업법상 조직변경은 주식회사가 그 조직을 변경하여 상호회사로 되는 것만을 의미하며, 주식회사의 보험계약자는 조직변경에 의한 상호회사의 사원이 된다.
② 조직변경시 보험계약자나 보험금을 취득할 자는 피보험자를 위하여 적립한 금액을 다른 법률에 특별한 규정이 없으면 주식회사의 자산에서 우선하여 취득하게 된다.
③ 주식회사가 그 조직을 변경한 경우에는 그 조직을 변경한 날부터 본점과 주된 사무소에서는 2주 이내에, 지점과 종된 사무소 소재지에서는 3주 이내에 주식회사의 해산등기, 상호회사의 설립등기를 마쳐야 한다.
④ 상호회사로 조직을 변경한 보험회사는 손실의 보전에 충당하기 위하여 금융위원회가 필요하다고 인정하는 금액을 준비금으로 적립하여야 하고, 300억원 이상의 기금을 납입하여야 한다.

정답 01 ② 02 ③ 03 ③ 04 ④

> **해설**
> 주식회사는 그 조직을 상호회사로 변경할 수 있고, 상호회사는 손실 보전에 충당하기 위하여 금융위원회가 필요하다고 인정하는 금액을 준비금으로 적립하여야 하며, 그 기금의 총액을 <u>300억원 미만</u>으로 하거나 설정하지 아니할 수 있다(법 제20조 제2항).

05 보험업법상 보험회사의 조직변경에 관한 설명 중 옳지 않은 것은? [기출수정 18]

① 주식회사가 조직변경을 결의한 경우 그 결의를 한 날부터 2주 이내에 결의의 요지와 재무상태표를 공고하고 주주명부에 적힌 질권자에게는 개별적으로 알려야 한다.
② 주식회사가 상호회사로 조직을 변경할 때에는 「상법」 제434조에 따른 결의를 거쳐야 한다.
③ 주식회사는 상호회사로, 상호회사는 주식회사로 조직변경을 할 수 있다.
④ 주식회사가 조직변경을 하여 상호회사로 된 경우에는 보험업법 제9조(자본금 또는 기금)에도 불구하고 기금의 총액을 300억원 미만으로 하거나 설정하지 아니할 수 있다.

> **해설**
> 주식회사는 그 조직을 변경하여 상호회사로 할 수 있지만, 상호회사는 주식회사로 조직변경을 할 수 없다(법 제20조 제1항).
> ① 법 제22조 제1항
> ② 법 제21조 제2항
> ④ 법 제20조 제2항

06 보험회사의 조직변경에 관한 설명으로 옳지 않은 것은?

① 보험업법상 조직변경은 오직 주식회사에서 상호회사만으로 가능하다.
② 출석한 주주의 의결권의 4분의 3 이상의 수와 발행주식총수의 3분의 2 이상의 수로써 하여야 한다.
③ 조직변경 절차에 하자가 있는 경우, 주주는 변경등기가 있은 날로부터 6개월 내에 조직변경무효의 소를 제기할 수 있다.
④ 주식회사는 조직변경 결의 공고 후에도 보험계약을 체결할 수 있다.

> **해설**
> 출석한 주주의 의결권의 <u>3분의 2</u> 이상의 수와 발행주식총수의 <u>3분의 1</u> 이상의 수로써 하여야 한다(법 제21조 제2항, 상법 제434조).

07 보험회사인 주식회사에 관한 설명으로 괄호 안에 들어갈 내용을 순서대로 연결한 것은?

> 가. 보험회사인 주식회사가 자본감소를 결의한 경우에는 그 결의를 한 날부터 (   )주 이내에 결의의 요지와 재무상태표를 공고하여야 한다.
> 나. 주식회사는 그 조직을 변경하여 (   )로 변경할 수 있다.
> 다. 주식회사는 조직변경을 결의할 때 (   ) 총회를 갈음하는 기관에 관한 사항을 정할 수 있다.
> 라. 주식회사의 조직변경은 (   )의 결의를 거쳐야 한다.

① 4 – 합자회사 – 보험자 – 이사회
② 4 – 주식회사 – 보험수익자 – 이사회
③ 2 – 상호회사 – 보험계약자 – 주주총회
④ 2 – 합명회사 – 보험수익자 – 보험계약자 총회

|해설|
가. 보험회사인 주식회사가 자본감소를 결의한 경우에는 그 결의를 한 날부터 (**2**)주 이내에 결의의 요지와 재무상태표를 공고하여야 한다(법 제18조 제1항).
나. 주식회사는 그 조직을 변경하여 (**상호회사**)로 변경할 수 있다(법 제20조 제1항).
다. 주식회사는 조직변경을 결의할 때 (**보험계약자**) 총회를 갈음하는 기관에 관한 사항을 정할 수 있다(법 제25조 제1항).
라. 주식회사의 조직변경은 (**주주총회**)의 결의를 거쳐야 한다(법 제21조 제1항).

08 보험업법상 보험회사의 조직변경에 관한 설명으로 옳지 않은 것은?

① 주식회사가 조직변경을 결의한 경우 그 결의를 한 날부터 2주 이내에 결의의 요지와 재무상태표를 공고하고 주주명부에 적힌 질권자(質權者)에게는 개별적으로 알려야 한다.
② 주식회사는 조직변경 결의의 공고를 한 날 이후에 보험계약을 체결하려면 보험계약자가 될 자에게 조직변경 절차가 진행 중임을 알리고 그 승낙을 받아야 한다.
③ 승낙을 한 보험계약자는 조직변경 절차를 진행하는 중에는 보험계약자로 본다.
④ 주식회사는 조직변경을 결의할 때 보험계약자 총회를 갈음하는 기관에 관한 사항을 정할 수 있다.

|해설|
승낙을 한 보험계약자는 조직변경 절차를 진행하는 중에는 <u>보험계약자가 아닌 자로 본다</u>(법 제23조 제2항).
① 법 제22조 제1항
② 법 제23조 제1항
④ 법 제25조 제1항

09 보험업법상 주식회사의 조직변경 등에 관한 설명으로 옳지 않은 것은? 기출 20

① 주식회사의 조직변경은 주주총회의 결의를 거쳐야 한다.
② 주식회사는 조직변경을 결의할 때 보험계약자 총회를 갈음하는 기관에 관한 사항을 정할 수 있다.
③ 보험계약자 총회는 보험계약자 과반수의 출석과 그 의결권의 3분의 2 이상의 찬성으로 결의한다.
④ 주식회사의 이사는 조직변경에 관한 사항을 보험계약자 총회에 보고하여야 한다.

> **해설**
> 보험계약자 총회는 보험계약자 과반수의 출석과 그 의결권의 <u>4분의 3 이상의 찬성</u>으로 결의한다(법 제26조 제1항).
> ① 법 제21조 제1항
> ② 법 제25조 제1항
> ④ 법 제27조

10 주식회사인 보험회사의 조직변경에 관한 설명 중 옳은 것을 모두 고른 것은? 기출 18

> 가. 보험회사는 조직변경의 공고를 한 날 이후에 보험계약을 체결하려면 보험계약자가 될 자에게 조직변경 절차가 진행 중임을 알리고 그 승낙을 받아야 한다.
> 나. 보험회사는 조직변경을 결의할 때 보험계약자 총회를 갈음하는 기관에 관한 사항을 정할 수 있으며, 그 기관의 구성방법을 조직변경 공고 내용에 포함하여야 한다.
> 다. 주식회사의 감사는 보험계약자 총회에 출석하여 조직변경에 관한 사항을 보고하여야 한다.
> 라. 보험계약자 총회는 보험계약자 과반수의 출석과 그 의결권의 3분의 2 이상의 찬성으로 결의한다.

① 가, 나
② 나, 다
③ 가, 다
④ 다, 라

> **해설**
> 가. (○) 법 제23조 제1항
> 나. (○) 법 제25조 제1항, 제3항
> 다. (×) 주식회사의 <u>이사</u>는 조직변경에 관한 사항을 보험계약자 총회에 보고하여야 한다(법 제27조).
> 라. (×) 보험계약자 총회는 보험계약자 과반수의 출석과 그 의결권의 <u>4분의 3 이상의 찬성</u>으로 결의한다(법 제26조 제1항).

11 보험업법상 주식회사의 조직변경에서 보험계약자 총회에 관한 설명으로 옳지 않은 것은?

기출 23

① 주식회사는 조직변경을 결의할 때 보험계약자 총회를 갈음하는 기관에 관한 사항을 정할 수 있다.
② 보험계약자 총회는 보험계약자 과반수의 출석과 그 의결권의 4분의 3 이상의 찬성으로 결의한다.
③ 주식회사의 감사는 조직변경에 관한 사항을 보험계약자 총회에 보고하여야 한다.
④ 조직변경을 위한 주주총회의 특별결의는 주식회사의 채권자의 이익을 해치지 않는 한, 보험계약자 총회의 결의로 변경할 수 있다.

| 해설 |
주식회사의 이사는 조직변경에 관한 사항을 보험계약자 총회에 보고하여야 한다(법 제27조).
① 법 제25조 제1항
② 법 제26조 제1항
④ 법 제28조 제2항

12 조직변경의 등기에 관한 설명이다. (   ) 속에 들어 갈 용어가 순서대로 옳은 것은?

주식회사가 그 조직을 변경한 경우에는 변경한 날부터 (   ) 이내에 주된 사무소의 소재지에서 주식회사는 해산의 등기를 하고 상호회사는 (   )를 하여야 한다.

① 7일, 이전등기
② 2주일, 설립등기
③ 2주일, 이전등기
④ 3주일, 설립등기

| 해설 |
주식회사가 그 조직을 변경한 경우에는 변경한 날부터 (**2주일**) 이내에 주된 사무소의 소재지에서 주식회사는 해산의 등기를 하고 상호회사는 (**설립등기**)를 하여야 한다(법 제29조 제1항). 〈2024.9.20. 개정〉

13 보험회사 중 주식회사에 대한 설명으로 옳지 않은 것은?

① 주식회사의 보험계약자는 조직변경에 따라 해당 상호회사의 사원이 된다.
② 보험계약자나 보험금을 취득할 자는 피보험자를 위하여 적립한 금액을 언제나 주식회사의 자산에서 우선하여 취득한다.
③ 보험계약자의 우선취득권은 특별계정과 그 밖의 계정을 구분하여 각각 적용한다.
④ 보험계약자나 보험금을 취득할 자는 피보험자를 위하여 적립한 금액을 주식회사가 보험업법에 따른 금융위원회의 명령에 따라 예탁한 자산에서 다른 채권자보다 우선하여 변제를 받을 권리를 가진다.

| 해설 |

보험계약자나 보험금을 취득할 자는 피보험자를 위하여 적립한 금액을 <u>다른 법률에 특별한 규정이 없으면</u> 주식회사의 자산에서 우선하여 취득한다(법 제32조 제1항).

14 보험업법상 보험계약자 등의 우선취득권 및 예탁자산에 대한 우선변제권에 관한 설명으로 옳지 않은 것은? 기출 20

① 보험계약자나 보험금을 취득할 자는 피보험자를 위하여 적립한 금액을 주식회사가 보험업법에 따른 금융위원회의 명령에 따라 예탁한 자산에서 다른 채권자보다 우선하여 변제를 받을 권리를 가진다.
② 예탁자산에 대한 우선변제권은 보험업법 제108조에 따라 특별계정이 설정된 경우, 특별계정과 그 밖의 계정을 구분하여 적용한다.
③ 보험계약자나 보험금을 취득할 자는 피보험자를 위하여 적립한 금액을 다른 법률에 특별한 규정이 없으면 주식회사의 자산에서 우선하여 취득한다.
④ 보험계약자 등의 우선취득권은 보험업법 제108조에 따라 특별계정이 설정된 경우에도 예탁자산에 대한 우선변제권과 달리 특별계정과 그 밖의 계정을 구분하여 적용하지 아니할 수 있다.

| 해설 |

보험계약자 등의 우선취득권은 보험업법 제108조에 따라 특별계정이 설정된 경우에는 특별계정과 그 밖의 계정을 <u>구분하여 적용한다</u>(법 제32조 제2항).
① 법 제33조 제1항
② 법 제33조 제2항
③ 법 제32조 제1항

15 보험업법상 상호회사의 정관기재사항을 모두 고른 것은? 기출 20

> 가. 취급하려는 보험종목과 사업의 범위
> 나. 명칭
> 다. 회사의 성립연월일
> 라. 기금의 총액
> 마. 기금의 갹출자가 가질 권리
> 바. 발기인의 성명·주민등록번호 및 주소

① 가, 나, 라, 마   ② 나, 다, 라, 마
③ 다, 라, 마, 바   ④ 가, 나, 마, 바

| 해설 |

상호회사의 정관기재사항(법 제34조)
상호회사의 발기인은 정관을 작성하여 다음 각 호의 사항을 적고 기명날인하여야 한다.
1. 취급하려는 보험종목과 사업의 범위
2. 명칭
3. 사무소 소재지
4. 기금의 총액
5. 기금의 갹출자가 가질 권리
6. 기금과 설립비용의 상각 방법
7. 잉여금의 분배 방법
8. 회사의 공고 방법
9. 회사 성립 후 양수할 것을 약정한 자산이 있는 경우에는 그 자산의 가격과 양도인의 성명
10. 존립시기 또는 해산사유를 정한 경우에는 그 시기 또는 사유

16 보험업법상 상호회사 정관의 기재사항으로서 '기금'과 관련하여 반드시 기재해야 하는 사항이 아닌 것은? 기출 22

① 기금의 총액
② 기금의 갹출자가 가질 권리
③ 기금과 설립비용의 상각 방법
④ 기금 갹출자의 각자가 갹출하는 금액

정답 13 ② 14 ④ 15 ① 16 ④

| 해설 |

정관의 기재사항(법 제34조)
1. 취급하려는 보험종목과 사업의 범위
2. 명칭
3. 사무소 소재지
4. 기금의 총액
5. 기금의 갹출자가 가질 권리
6. 기금과 설립비용의 상각 방법
7. 잉여금의 분배 방법
8. 회사의 공고 방법
9. 회사 성립 후 양수할 것을 약정한 자산이 있는 경우에는 그 자산의 가격과 양도인의 성명
10. 존립시기 또는 해산사유를 정한 경우에는 그 시기 또는 사유

17 상호회사에 관한 설명으로 옳지 않은 것은? 기출 21

① 상호회사의 발기인은 정관을 작성하여 법에서 정한 일정한 사항을 적고 기명날인하여야 한다.
② 상호회사는 그 명칭 중에 상호회사라는 글자를 포함하여야 한다.
③ 상호회사의 기금은 금전 이외의 자산으로 납입할 수 있다.
④ 상호회사는 100명 이상의 사원으로써 설립한다.

| 해설 |

상호회사의 기금은 금전 이외의 자산으로 납입하지 못한다(법 제36조 제1항).

18 보험업법상 상호회사에 관한 설명으로 옳지 않은 것은? 기출 25

① 상호회사는 그 명칭 중에 상호회사라는 글자를 포함하여야 한다.
② 상호회사는 50명 이하의 사원으로써 설립한다.
③ 상호회사의 기금은 금전 이외의 자산으로 납입하지 못한다.
④ 발기인이 아닌 자가 상호회사의 사원이 되려면 입사청약서 2부에 보험의 목적과 보험금액을 적고 기명날인하여야 하는 것이 원칙이다.

| 해설 |

상호회사는 100명 이상의 사원으로써 설립한다(법 제37조).
① 법 제35조
③ 법 제36조 제1항
④ 법 제38조 제1항

19 보험업법상 상호회사의 입사청약서에 관한 설명으로 옳지 않은 것은? 기출 20

① 상호회사가 성립한 후 사원이 되려는 자를 제외하고, 발기인이 아닌 자가 상호회사의 사원이 되려면 입사청약서 2부에 보험의 목적과 보험금액을 적고 기명날인하여야 한다.
② 발기인은 입사청약서에 정관의 인증 연월일과 그 인증을 한 공증인의 이름을 포함하여 작성하고 이를 비치하여야 한다.
③ 기금 갹출자의 이름·주소와 그 각자가 갹출하는 금액, 발기인의 이름과 주소 등도 상호회사의 입사청약서에 기재할 사항에 속한다.
④ 상호회사 성립 전의 입사청약의 경우, 청약의 상대방이 표의자의 진의 아님을 알았거나 이를 알 수 있었을 경우에는 무효로 한다.

| 해설 |
상호회사 성립 전의 입사청약에 대하여는 「민법」 제107조 제1항 단서(상대방이 표의자의 진의 아님을 알았거나 이를 알 수 있었을 경우에는 무효로 한다)를 적용하지 아니한다(법 제38조 제3항).
① 법 제38조 제1항
② 법 제38조 제2항 제1호
③ 법 제38조 제2항 제3호, 제4호

20 주식회사와 상호회사의 특성에 관한 설명 중 옳지 않은 것은? 기출 17

가. 주식회사의 주주와 상호회사의 사원은 모두 회사채권자에 대하여 간접·유한책임을 진다.
나. 주식회사와 상호회사 모두 금전 이외의 출자는 금지된다.
다. 주식회사와 상호회사 모두 그 설립에 있어서 100인 이상의 사원을 필요로 한다.
라. 상호회사의 채무에 관한 사원의 책임은 보험료를 한도로 하며, 보험료 납입에 관하여 상계로써 회사에 대항할 수 있다.
마. 주식회사의 구성원은 수수이나 상호회사의 구성원은 보험계약자인 사원이다.

① 가, 나, 다
② 나, 다, 라
③ 나, 라, 마
④ 가, 라, 마

| 해설 |
가. (O) 법 제46조, 제47조
나. (×) 상호회사의 경우 금전 이외의 자산으로 납입하지 못하지만, 주식회사의 경우 금전 이외의 주식으로 출자가 가능하다(상법 제305조).
다. (×) 상호회사는 설립에 있어서 100인 이상의 사원을 필요로 하지만, 주식회사의 경우 발기인이 정관을 작성하면서 설립하며 인원수에 제한이 없다.
라. (×) 상호회사의 사원은 보험료의 납입에 관하여 상계(相計)로써 회사에 대항하지 못한다(법 제48조).
마. (O) 법 제2조 제7호, 법 제30조

정답 17 ③ 18 ② 19 ④ 20 ②

21 상호회사의 설립에 관한 설명으로 옳지 않은 것은?

① 발기인이 아닌 자가 상호회사의 사원이 되려면 입사청약서 2부에 보험의 목적과 보험금액을 적고 기명날인하여야 한다.
② 상호회사의 발기인은 상호회사의 기금의 납입이 끝나고 사원의 수가 예정된 수가 되면 그날부터 7일 이내에 창립총회를 소집하여야 한다.
③ 창립총회는 사원 과반수의 출석과 그 의결권의 3분의 2 이상의 찬성으로 결의한다.
④ 상호회사의 설립등기는 창립총회가 끝난 날부터 2주 이내에 하여야 한다.

> | 해설 |
> 창립총회는 사원 과반수의 출석과 그 의결권의 <u>4분의 3</u> 이상의 찬성으로 결의한다(법 제39조 제2항).

22 상호회사의 창립총회 및 설립등기에 관한 설명으로 괄호 안에 들어갈 내용을 순서대로 연결한 것은? 기출 21

> 가. 상호회사의 발기인은 상호회사의 기금의 납입이 끝나고 사원의 수가 예정된 수가 되면 그 날부터 ( )일 이내에 창립총회를 소집하여야 한다.
> 나. 창립총회는 사원 과반수의 출석과 그 의결권의 ( ) 이상의 찬성으로 결의한다.
> 다. 상호회사의 설립등기는 창립총회가 끝난 날부터 ( )주 이내에 하여야 한다.

① 7 - 3분의 2 - 4
② 7 - 4분의 3 - 2
③ 14 - 3분의 2 - 2
④ 14 - 4분의 3 - 4

> | 해설 |
> 가. 상호회사의 발기인은 상호회사의 기금이 납입이 끝나고 사원의 수가 예정된 수가 되면 그 날부터 (<u>7</u>)일 이내에 창립총회를 소집하여야 한다(법 제39조 제1항).
> 나. 창립총회는 사원 과반수의 출석과 그 의결권의 (<u>4분의 3</u>) 이상의 찬성으로 결의한다(법 제39조 제2항).
> 다. 상호회사의 설립등기는 창립총회가 끝난 날부터 (<u>2</u>)주 이내에 하여야 한다(법 제40조 제1항).

23 상호회사에 관한 설명으로 옳지 않은 것은?

① 설립등기는 이사가 단독으로 신청한다.
② 관할 등기소에 상호회사 등기부를 비치하여야 한다.
③ 상호회사의 사원은 회사의 채권자에 대하여 직접적인 의무를 지지 아니한다.
④ 상호회사의 채무에 관한 사원의 책임은 보험료를 한도로 한다.

| 해설 |
설립등기는 이사 및 감사의 공동신청으로 하여야 한다(법 제40조 제3항).

24 보험업법상 상호회사의 사원의 권리와 의무에 관한 설명으로 옳지 않은 것은? 기출 25

① 상호회사의 사원은 회사의 채권자에 대하여 직접적인 의무를 지지 아니한다.
② 상호회사의 사원은 보험료의 납입에 관하여 상계(相計)로써 회사에 대항할 수 있다.
③ 상호회사의 채무에 관한 사원의 책임은 보험료를 한도로 한다.
④ 상호회사는 정관으로 보험금액의 삭감에 관한 사항을 정하여야 한다.

| 해설 |
상호회사의 사원은 보험료의 납입에 관하여 상계(相計)로써 회사에 대항하지 못한다(법 제48조).
① 법 제46조
③ 법 제47조
④ 법 제49조

25 보험업법상 상호회사의 사원의 권리와 의무에 관한 설명으로 옳지 않은 것은? 기출 20

① 상호회사의 사원은 회사의 채권자에 대하여 직접적인 의무를 부담한다.
② 상호회사의 채무에 관한 사원의 책임은 보험료를 한도로 한다.
③ 상호회사의 사원은 보험료의 납입에 관하여 상계로써 회사에 대항하지 못한다.
④ 상호회사는 정관으로 보험금액의 삭감에 관한 사항을 정하여야 한다.

| 해설 |
상호회사의 사원은 회사의 채권자에 대하여 직접적인 의무를 지지 아니한다(법 제46조).
② 법 제47조
③ 법 제48조
④ 법 제49조

정답 21 ③ 22 ② 23 ① 24 ② 25 ①

26 상호회사 사원의 권리와 의무에 대한 설명으로 옳은 것은? 기출 16·19

① 상호회사의 사원은 회사의 채권자에 대하여 직접적인 의무를 부담한다.
② 상호회사의 사원은 자신이 회사에 부담하는 채무와 회사가 자신에게 부담하는 채무가 상호 변제기에 있는 때에는 상계를 통하여 회사에 대한 채무를 면할 수 있다.
③ 생명보험 및 제3보험을 목적으로 하는 상호회사의 사원은 회사의 승낙을 받아 타인으로 하여금 그 권리와 의무를 승계하게 할 수 있다.
④ 상호회사는 보험계약자인 사원의 보호를 위하여 정관으로도 보험금 삭감에 관한 사항을 정할 수 없다.

| 해설 |

③ 법 제50조
① 상호회사의 사원은 회사의 채권자에 대하여 직접적인 의무를 지지 아니한다(법 제46조).
② 상호회사의 사원은 보험료의 납입에 관하여 상계(相計)로써 회사에 대항하지 못한다(법 제48조).
④ 상호회사는 정관으로 보험금액의 삭감에 관한 사항을 정하여야 한다(법 제49조).

27 보험업법상 상호회사 사원의 권리와 의무에 관한 설명으로 옳지 않은 것은? 기출 24

① 상호회사의 사원은 회사의 채권자에 대하여 직접적인 의무를 부담하지 않는다.
② 제3보험을 목적으로 하는 상호회사의 사원은 회사의 승낙을 받아 타인으로 하여금 그 권리와 의무를 승계하게 할 수 있다.
③ 상호회사의 사원이 회사에 대하여 가지는 채권이 변제기에 있는 때에는 사원이 회사에 지급해야 할 보험료와 상계할 수 있다.
④ 상호회사의 사원명부에는 사원의 이름과 주소 각 사원의 보험계약의 종류 보험금액 및 보험료를 적어야 한다.

| 해설 |

상호회사의 사원은 보험료의 납입에 관하여 상계(相計)로써 회사에 대항하지 못한다(법 제48조). 즉 회사에 지급해야 할 보험료와 상계할 수 없다.
① 법 제46조
② 법 제50조
④ 법 제52조

28 상호회사의 기관에 관한 설명으로 옳지 않은 것은? 기출 21

① 상호회사는 사원총회를 갈음할 기관을 정관으로 정할 수 있다.
② 상호회사의 사원은 정관에 특별한 규정이 있는 경우를 제외하고는 사원총회에서 각각 1개의 의결권을 가진다.
③ 상호회사의 100분의 5 이상의 사원은 정관으로 다른 기준을 정한 경우를 제외하고, 회사의 목적과 그 소집의 이유를 적은 서명을 이사에게 제출하여 사원총회의 소집을 청구할 수 있다.
④ 상호회사의 사원과 채권자는 언제든지 정관과 사원총회 및 이사회의 의사록을 열람하거나 복사할 수 있다.

| 해설 |
① 법 제54조 제1항
② 법 제55조
③ 상호회사의 100분의 5 이상의 사원은 회의의 목적과 그 소집의 이유를 적은 서면을 이사에게 제출하여 사원총회의 소집을 청구할 수 있다. 다만, 이 권리의 행사에 관하여는 정관으로 다른 기준을 정할 수 있다(법 제56조 제1항).
④ 상호회사의 사원과 채권자는 영업시간 중에는 언제든지 정관과 사원총회 및 이사회의 의사록을 열람하거나 복사할 수 있고, 회사가 정한 비용을 내면 그 등본 또는 초본의 발급을 청구할 수 있다(법 제57조 제2항).

29 보험업법상 상호회사의 계산에 관한 내용으로 옳지 않은 것은? 기출 22

① 이사는 매 결산기에 영업보고서를 작성하여 이사회의 승인을 얻어야 한다.
② 기금을 상각할 때에는 상각하는 금액과 같은 금액을 적립하여야 한다.
③ 손실을 보전하기 전이라도 이사회의 승인을 얻어 기금이자를 지급할 수 있다.
④ 잉여금은 정관에 특별한 규정이 없으면 각 사업연도 말 당시 사원에게 분배한다.

| 해설 |
상호회사는 손실을 보전하기 전에는 기금이자를 지급하지 못한다(법 제61조 제1항).
① 법 제64조, 상법 제447조의2 제1항
② 법 제62조
④ 법 제63조

30 보험업법상 상호회사 사원의 퇴사에 관한 내용으로 옳지 않은 것은? 기출 22

① 상호회사의 사원은 정관으로 정하는 사유의 발생이나 보험관계의 소멸에 의하여 퇴사한다.
② 퇴사한 사원이 회사에 대하여 부담한 채무가 있는 경우, 회사는 그 사원에게 환급해야 하는 금액에서 그 채무액을 공제해야 한다.
③ 퇴사한 사원의 환급청구권은 그 환급기간이 경과한 후 2년 동안 행사하지 아니하면 시효로 소멸한다.
④ 사원이 사망한 때에는 그 상속인이 그 지분을 승계하여 사원이 된다.

> **해설**
> 퇴사한 사원이 회사에 대하여 부담한 채무가 있는 경우, 회사는 그 사원에게 환급해야 하는 금액에서 그 채무액을 공제할 수 있다(법 제67조 제2항).
> ① 법 제66조 제1항 제1호, 제2호
> ③ 법 제68조 제2항
> ④ 법 제66조 제2항, 상법 제283조 제1항

31 보험업법상 상호회사 사원의 퇴사에 관한 설명으로 옳지 않은 것은? 기출 24

① 상호회사의 사원은 정관으로 정한 사유의 발생 보험관계의 소멸로 퇴사한다.
② 상호회사가 해산을 결의한 경우에는 그 결의가 금융위원회의 인가를 받은 날부터 2주 이내에 결의의 요지와 재무상태표를 공고하여야 한다.
③ 상호회사에서 퇴사한 사원은 정관이나 약관에서 정하는 바에 따라 그 권리에 따른 금액의 환급을 청구할 수 있다.
④ 상호회사에서 퇴사한 사원의 권리에 따른 금액의 환급은 퇴사한 날이 속하는 사업연도가 종료한 날부터 6개월 이내에 하여야 한다.

> **해설**
> 상호회사에서 퇴사한 사원의 권리에 따른 금액의 환급은 퇴사한 날이 속하는 사업연도가 종료한 날부터 3개월 이내에 하여야 한다(법 제68조 제1항).
> ① 법 제66조 제1항 제2호
> ② 법 제69조 제1항
> ③ 법 제67조 제1항

32 상호회사의 해산에 대한 설명으로 옳지 않은 것은?

① 상호회사의 해산은 사원총회의 특별결의에 의하며, 그 결의 후에 금융위원회의 인가를 받고, 인가를 받은 날부터 7일 이내에 결의의 요지와 재무상태표를 공고하여야 한다.
② 해산을 결의한 때에는 공고 후 1월 이상의 기간 내에 이의를 제출할 수 있다는 뜻을 덧붙여야 한다.
③ 이의제출기간에 이의를 제출한 사원의 수가 사원총수의 10분의 1을 초과한 때에는 해산하지 못한다.
④ 상호회사가 해산을 하게 되면 7일 이내에 그 취지를 공고하여야 한다.

| 해설 |
상호회사의 해산은 사원총회의 특별결의에 의하며, 그 결의 후에 금융위원회의 인가를 받고, 인가를 받은 날부터 2주 이내에 결의의 요지와 재무상태표를 공고하여야 한다(법 제69조 제1항).

33 보험업법상 상호회사의 청산인이 회사자산을 처분하는 순위로서 옳은 것은?

1. 일반채무의 변제
2. 사원의 보험금액
3. 기금의 상각

① 1 - 2 - 3
② 3 - 2 - 1
③ 2 - 3 - 1
④ 1 - 3 - 2

| 해설 |
자산 처분의 순위(법 제72조)
1. 일반채무의 변제
2. 사원의 보험금액과 사원에게 환급할 금액의 지급
3. 기금의 상각

34 금융위원회가 청문을 거쳐 외국보험회사국내지점의 허가취소를 할 수 있는 경우가 아닌 것은?

기출 15

① 외국보험회사의 지점이 허가된 국내 영업소를 이전하는 경우
② 합병, 영업양도 등으로 외국보험회사의 본점이 소멸한 경우
③ 외국보험회사의 본점이 위법행위, 불건전한 영업행위 등의 사유로 외국감독기관으로부터 보험업법 소정의 규정에 따른 처분에 상당하는 조치를 받은 경우
④ 외국보험회사의 본점이 휴업하거나 영업을 중지한 경우

| 해설 |

외국보험회사국내지점의 허가취소(법 제74조 제1항)
금융위원회는 외국보험회사의 본점이 다음 각 호의 어느 하나에 해당하게 되면 그 외국보험회사국내지점에 대하여 청문을 거쳐 보험업의 허가를 취소할 수 있다.
1. 합병, 영업양도 등으로 소멸한 경우
2. 위법행위, 불건전한 영업행위 등의 사유로 외국감독기관으로부터 제134조 제2항에 따른 처분에 상당하는 조치를 받은 경우
3. 휴업하거나 영업을 중지한 경우

35 보험업법상 외국보험회사국내지점에 관한 설명으로 옳지 않은 것은? 기출 24

① 금융위원회는 외국보험회사의 본점이 합병, 영업양도 등으로 소멸하는 경우 그 외국보험회사국내지점에 대하여 청문을 거쳐 보험업의 허가를 취소할 수 있다.
② 외국보험회사국내지점의 대표자는 퇴임한 후에도 후임 대표자의 이름 및 주소에 관하여 상법에 따른 등기가 있을 때까지는 계속하여 대표자의 권리와 의무를 가진다.
③ 외국보험회사국내지점은 그 외국보험회사의 본점이 휴업하거나 영업 중지한 경우에는 그 사유가 발생한 날부터 2주 이내에 그 사실을 금융위원회에 알려야 한다.
④ 보험업의 허가를 받은 외국보험회사의 본점이 보험업을 폐업하거나 해산한 경우에는 금융위원회가 필요하다고 인정하면 잔무처리를 할 자를 선임하거나 해임할 수 있다.

| 해설 |

외국보험회사국내지점은 그 외국보험회사의 본점이 휴업하거나 영업 중지한 경우에는 그 사유가 발생한 날부터 <u>7일</u> 이내에 그 사실을 금융위원회에 알려야 한다(법 제74조 제1항 제3호, 제74조 제3항).
① 법 제74조 제1항 제1호
② 법 제76조 제2항
④ 법 제77조 제1항

36 외국보험회사국내지점이 대한민국에서 체결한 보험계약에 관하여 보험업법 제75조에 따라 국내에서 보유해야 하는 자산에 해당하지 않은 것은? `기출수정` 18

① 현금 또는 국내 금융기관에 대한 예금, 적금 및 부금
② 국내·외에서 적립된 보험업법 시행령 제63조 제2항에 따른 재보험자산
③ 국내에 있는 자에 대한 대여금, 그 밖의 채권
④ 국내에 있는 고정자산

> **해설**
> 외국보험회사국내지점의 자산 보유 등(영 제25조의2)
> 외국보험회사국내지점은 다음 각 호의 어느 하나에 해당하는 자산을 대한민국에서 보유하여야 한다.
> 1. 현금 또는 국내 금융기관에 대한 예금, 적금 및 부금
> 2. 국내에 예탁하거나 보관된 증권
> 3. 국내에 있는 자에 대한 대여금, 그 밖의 채권
> 4. 국내에 있는 고정자산
> 5. 삭제 〈2022.12.27.〉
> 6. 국내에 적립된 제63조 제2항에 따른 재보험자산
> 7. 제1호부터 제6호까지의 자산과 유사한 자산으로서 금융위원회가 정하여 고시하는 자산

37 보험업법상 외국보험회사국내지점에 관한 설명으로 옳지 않은 것은? `기출` 16

① 외국보험회사국내지점의 대표자는 퇴임한 후 퇴임등기를 하게 되면 대표자의 권리와 의무를 상실한다.
② 금융위원회는 외국보험회사의 본점이 위법행위, 불건전한 영업행위 등의 사유로 외국감독기관으로부터 영업전부의 정지명령 또는 보험업의 허가 취소에 상당하는 조치를 받은 경우 그 외국보험회사국내지점에 대하여 청문을 거쳐 보험업의 허가를 취소할 수 있다.
③ 외국보험회사국내지점의 대표자는 회사의 영업에 관하여 재판상 또는 재판 외의 모든 행위를 할 권한이 있다.
④ 금융위원회는 외국보험회사국내지점이 보험업법 또는 보험업법에 따른 명령이나 처분을 위반하여 해당 외국보험회사국내지점의 보험업 수행이 어렵다고 인정되면 공익 또는 보험계약자 보호를 위하여 영업정지 또는 그 밖에 필요한 조치를 하거나 청문을 거쳐 보험업의 허가를 취소할 수 있다.

> **해설**
> 외국보험회사국내지점의 대표자는 퇴임한 후에도 후임 대표자의 이름 및 주소에 관하여 「상법」 제614조 제3항에 따른 등기가 있을 때까지는 계속하여 대표자의 권리와 의무를 가진다(법 제76조 제2항).
> ② 법 제74조 제1항
> ③ 법 제76조 제1항, 상법 제209조 제1항
> ④ 법 제74조 제2항

38 보험업법상 외국보험회사국내지점의 대표자에 관한 내용으로 옳지 않은 것은? 기출 22

① 대표자는 이 법에 따른 보험회사의 임원으로 본다.
② 대표자는 회사의 영업에 관하여 재판상 또는 재판 외의 모든 행위를 할 권한이 있다.
③ 대표자는 퇴임한 후에도 후임 대표자의 취임 승낙이 있을 때까지는 계속하여 대표자의 권리와 의무를 가진다.
④ 대표자의 권한에 대한 제한은 선의의 제3자에게 대항하지 못한다.

| 해설 |
외국보험회사국내지점의 대표자는 퇴임한 후에도 후임 대표자의 이름 및 주소에 관하여 「상법」 제614조 제3항에 따른 등기가 있을 때까지는 계속하여 대표자의 권리와 의무를 가진다(법 제76조 제2항).
① 법 제76조 제3항
② 법 제76조 제1항, 상법 제209조 제1항
④ 법 제76조 제1항, 상법 제209조 제2항

39 외국보험회사의 국내지점에 대한 설명으로 옳지 않은 것은? 기출 19

① 외국보험회사의 국내지점을 대표하는 사원은 회사의 영업에 관하여 재판상 또는 재판 외의 모든 행위를 할 권한이 있으며, 이 권한에 대한 제한은 선의의 제3자에게 대항하지 못한다.
② 외국보험회사의 국내지점은 대한민국에서 체결한 보험계약에 관하여 보험업법에 따라 적립한 책임준비금 및 비상위험준비금에 상당하는 자산을 대한민국에서 보유하여야 한다.
③ 외국보험회사의 국내지점이 보험업을 폐업하거나 해산한 경우 또는 국내에 보험업을 폐업하거나 그 허가가 취소된 경우에는 청산업무를 진행할 청산인을 선임하여 금융위원회에 신고하여야 한다.
④ 외국보험회사의 국내지점의 설치가 불법이거나 설치 등기 후 정당한 사유 없이 1년 내에 영업을 개시하지 아니하는 등의 경우에는 법원은 이해관계인 또는 검사의 청구에 의하여 그 영업소의 폐쇄를 명할 수 있다.

| 해설 |
보험업의 허가를 받은 외국보험회사의 본점이 보험업을 폐업하거나 해산한 경우 또는 대한민국에서의 보험업을 폐업하거나 그 허가가 취소된 경우에는 금융위원회가 필요하다고 인정하면 잔무(殘務)를 처리할 자를 선임하거나 해임할 수 있다(법 제77조 제1항).
① 법 제76조 제1항, 상법 제209조
② 법 제75조 제1항
④ 법 제79조 제2항, 상법 제619조

40 보험업법상 상호회사인 외국보험회사국내지점이 등기를 신청하는 경우에 첨부하여야 하는 서류가 아닌 것은? 기출 22

① 위법행위를 한 사실이 없음을 증명하는 서류
② 대표자의 자격을 인정할 수 있는 서류
③ 회사의 정관이나 그 밖에 회사의 성격을 판단할 수 있는 서류
④ 대한민국에 주된 영업소가 있다는 것을 인정할 수 있는 서류

> |해설|
> 외국상호회사국내지점이 등기를 신청하는 경우에는 그 외국상호회사국내지점의 대표자는 신청서에 대한민국에서의 주된 영업소와 대표자의 이름 및 주소를 적고 다음 각 호의 서류를 첨부하여야 한다(법 제78조 제2항).
> 1. 대한민국에 주된 영업소가 있다는 것을 인정할 수 있는 서류
> 2. 대표자의 자격을 인정할 수 있는 서류
> 3. 회사의 정관이나 그 밖에 회사의 성격을 판단할 수 있는 서류

CHAPTER 03 모집

학습목표
① 보험설계사, 보험중개사, 보험대리점의 등록요건 및 등록제한사유, 기타 모집 관련 준수사항을 학습한다.
② 보험계약자의 권리 및 의무사항을 이해한다.
③ 실손의료보험계약의 서류 전송 및 서류 전송을 위한 전산시스템의 구축·운영 등을 학습한다.

01 모집종사자

1 보험모집의 개념

(1) 의의(법 제2조 제12호)
보험모집이란 "보험계약의 체결을 중개하거나 대리하는 것"을 말한다.

(2) 보험모집종사자의 범위(법 제83조) 기출 15·17·19·21·23·24
① 모집을 할 수 있는 자는 다음의 어느 하나에 해당하는 자이어야 한다.
  ㉠ 보험설계사
  ㉡ 보험대리점
  ㉢ 보험중개사
  ㉣ 보험회사의 임원(대표이사·사외이사·감사 및 감사위원은 제외) 또는 직원
② 금융기관보험대리점 등은 대통령령으로 정하는 바에 따라 그 금융기관 소속 임직원이 아닌 자로 하여금 모집을 하게 하거나, 보험계약 체결과 관련한 상담 또는 소개를 하게 하고, 상담 또는 소개의 대가를 지급하여서는 아니 된다.

> **모집을 할 수 있는 자(영 제26조)** 기출 22
> ① 금융기관보험대리점 등 중 신용카드업자, 조합(「농업협동조합법」 제161조의12에 따라 설립된 농협생명보험 또는 농협손해보험이 판매하는 보험상품을 모집하는 경우로 한정)에 해당하는 자는 소속 임직원이 아닌 자로 하여금 모집을 하게 하거나, 보험계약 체결과 관련한 상담 또는 소개를 하게 하고 상담 또는 소개의 대가를 지급할 수 있다.
> ② 보험을 모집하거나 보험계약을 상담 또는 소개하게 할 수 있는 조합의 소속 임직원이 아닌 자는 보험설계사로서 구체적인 범위는 금융위원회가 정하여 고시한다.

2 보험설계사

(1) 의의(법 제2조 제9호) 기출 17
① "보험설계사"란 보험회사·보험대리점 또는 보험중개사에 소속되어 보험계약의 체결을 중개하는 자(법인이 아닌 사단과 재단을 포함)로서 금융위원회에 등록된 자를 말한다.
② 등록되지 않는 자는 보험설계사로 볼 수 없으므로 보험모집에 종사할 수 없다.
③ 여기서 '중개행위'라 함은 계약 체결의 대리행위가 아니고 단순히 체결하게 하기 위한 중개 또는 알선권유행위에 지나지 않으므로 보험설계사의 법률적 성격은 보험대리점과는 다르다.

(2) 보험설계사의 등록(법 제84조)
① 등록(법 제84조 제1항)
보험회사·보험대리점 및 보험중개사(이하 "보험회사 등"이라 한다)는 소속 보험설계사가 되려는 자를 금융위원회에 등록하여야 한다.
② 보험설계사가 될 수 없는 자(법 제84조 제2항) 기출 15·16·18·22·25
  ㉠ 피성년후견인 또는 피한정후견인
  ㉡ 파산선고를 받은 자로서 복권되지 아니한 자
  ㉢ 「보험업법」 또는 「금융소비자 보호에 관한 법률」에 따라 벌금 이상의 형을 선고받고 그 집행이 끝나거나(집행이 끝난 것으로 보는 경우를 포함한다) 집행이 면제된 날부터 2년이 지나지 아니한 자
  ㉣ 「보험업법」 또는 「금융소비자 보호에 관한 법률」에 따라 금고 이상의 형의 집행유예를 선고받고 그 유예기간 중에 있는 자
  ㉤ 「보험업법」에 따라 보험설계사·보험대리점 또는 보험중개사의 등록이 취소(㉠ 또는 ㉡에 해당하여 등록이 취소된 경우는 제외한다)된 후 2년이 지나지 아니한 자
  ㉥ 「보험업법」에 따라 보험설계사·보험대리점 또는 보험중개사 등록취소 처분을 2회 이상 받은 경우 최종 등록취소 처분을 받은 날부터 3년이 지나지 아니한 자
  ㉦ 「보험업법」 또는 「금융소비자 보호에 관한 법률」에 따라 과태료 또는 과징금 처분을 받고 이를 납부하지 아니하거나 업무정지 및 등록취소 처분을 받은 보험대리점·보험중개사 소속의 임직원이었던 자(처분사유의 발생에 관하여 직접 또는 이에 상응하는 책임이 있는 자로서 대통령령으로 정하는 자만 해당한다)로서 과태료·과징금·업무정지 및 등록취소 처분이 있었던 날부터 2년이 지나지 아니한 자

> **대통령령으로 정하는 자**(영 제27조 제3항)
> 다음 각 호의 어느 하나에 해당하는 사람을 말한다.
> 1. 직무정지 이상의 조치를 받은 임원
> 2. 정직 이상의 조치를 받은 직원
> 3. 제1호나 제2호에 따른 제재를 받기 전에 사임 또는 사직한 사람

ⓞ 영업에 관하여 성년자와 같은 능력을 가지지 아니한 미성년자로서 그 법정대리인이 ㉠부터 ㉧까지의 규정 중 어느 하나에 해당하는 자
㉢ 법인 또는 법인이 아닌 사단이나 재단으로서 그 임원이나 관리인 중에 ㉠부터 ㉧까지의 규정 중 어느 하나에 해당하는 자가 있는 자
㉱ 이전에 모집과 관련하여 받은 보험료, 대출금 또는 보험금을 다른 용도에 유용(流用)한 후 3년이 지나지 아니한 자

③ 보험설계사의 구분 및 등록요건(영 제27조)
보험설계사는 생명보험설계사, 손해보험설계사[간단손해보험대리점 소속의 손해보험설계사(이하 "간단손해보험설계사"라 한다)를 포함한다] 및 제3보험설계사로 구분한다.

[보험설계사의 등록요건]

구 분	등록요건
생명보험설계사	가. 금융위원회가 정하여 고시하는 바에 따라 생명보험 모집에 관한 연수과정을 이수한 사람 나. 금융위원회가 정하여 고시하는 생명보험 관계 업무에 1년 이상 종사한 경력이 있는 사람(등록신청일부터 3년 이내에 해당 업무에 종사한 사람으로 한정한다)으로서 별표 4에 따른 교육을 이수한 사람 다. 개인인 생명보험대리점의 등록요건을 갖춘 사람(법인보험대리점의 소속 보험설계사가 되려는 사람만 해당한다) 라. 개인인 생명보험중개사의 등록요건을 갖춘 사람(법인보험중개사의 소속 보험설계사가 되려는 사람만 해당한다)
손해보험설계사	가. 금융위원회가 정하여 고시하는 바에 따라 손해보험 모집에 관한 연수과정을 이수한 사람 나. 금융위원회가 정하여 고시하는 손해보험 관계 업무에 1년 이상 종사한 경력이 있는 사람(등록신청일부터 3년 이내에 해당 업무에 종사한 사람으로 한정한다)으로서 별표 4에 따른 교육을 이수한 사람 다. 개인인 손해보험대리점의 등록요건을 갖춘 사람(법인보험대리점의 소속 보험설계사가 되려는 사람만 해당한다) 라. 개인인 손해보험중개사의 등록요건을 갖춘 사람(법인보험중개사의 소속 보험설계사가 되려는 사람만 해당한다)
제3보험설계사	가. 금융위원회가 정하여 고시하는 바에 따라 제3보험 모집에 관한 연수과정을 이수한 사람 나. 금융위원회가 정하여 고시하는 제3보험 관계 업무에 1년 이상 종사한 경력이 있는 사람(등록신청일부터 3년 이내에 해당 업무에 종사한 사람으로 한정한다)으로서 별표 4에 따른 교육을 이수한 사람 다. 개인인 제3보험대리점의 등록요건을 갖춘 사람(법인보험대리점의 소속 보험설계사가 되려는 사람만 해당한다) 라. 개인인 제3보험중개사의 등록요건을 갖춘 사람(법인보험중개사의 소속 보험설계사가 되려는 사람만 해당한다)

[비고]
보험설계사가 되려는 사람의 등록신청 유효기간은 연수과정 또는 교육 이수 후 1년으로 한다.

④ 등록의 취소와 업무의 정지(법 제86조) 기출 15·17
㉠ 등록의 취소사유
ⓐ 보험설계사의 결격사유에 해당하는 경우
ⓑ 등록 당시 보험설계사의 결격사유에 해당하는 자이었음이 밝혀진 경우
ⓒ 거짓이나 그 밖의 부정한 방법으로 보험설계사 등록을 한 경우
ⓓ 「보험업법」에 따라 업무정지 처분을 2회 이상 받은 경우

ⓛ 6개월 이내의 기간을 정하여 업무의 정지 또는 등록을 취소할 수 있는 경우
  ⓐ 모집에 관한 「보험업법」의 규정을 위반한 경우
  ⓑ 보험계약자, 피보험자 또는 보험금을 취득할 자로서 보험사기행위를 한 경우(법 제102조의2)
  ⓒ 보험설계사가 보험관계업무 종사자 등으로 하여금 보험사기행위를 하게 하는 경우(법 제102조의3)
  ⓓ 「보험업법」에 따른 명령이나 처분을 위반한 경우
  ⓔ 「보험업법」에 따라 과태료 처분을 2회 이상 받은 경우
  ⓕ 「금융소비자 보호에 관한 법률」 제51조 제1항 제3호부터 제5호까지의 어느 하나에 해당하는 경우
  ⓖ 「금융소비자 보호에 관한 법률」 제51조 제2항 각 호 외의 부분 본문 중 대통령령으로 정하는 경우(업무의 정지를 명하는 경우로 한정한다)
ⓒ 청문 : 금융위원회는 등록을 취소하거나 업무의 정지를 명하려면 보험설계사에 대하여 청문을 하여야 한다.
ⓔ 통지 : 금융위원회는 보험설계사의 등록을 취소하거나 업무의 정지를 명한 경우에는 지체 없이 그 이유를 적은 문서로 보험설계사 및 해당 보험설계사가 소속된 보험회사 등에 그 뜻을 알려야 한다.

(3) 보험설계사의 영업범위(영 제28조)

생명보험설계사	생명보험업의 보험종목(법 제4조 제1항 제1호)
손해보험설계사	손해보험업의 보험종목(법 제4조 제1항 제2호) ※ 다만, 간단손해보험설계사의 영업범위는 간단손해보험대리점이 영위하는 본업과의 관련성 등을 고려하여 금융위원회가 정하여 고시하는 보험종목으로 한다.
제3보험설계사	제3보험업의 보험종목(법 제4조 제1항 제3호)

※ 위 표에서 규정한 사항 외에 보험설계사의 영업에 관하여 필요한 사항은 금융위원회가 정하여 고시한다.

(4) 보험설계사에 의한 모집의 제한(법 제85조) 기출 15·16·21

① 보험회사 등은 다른 보험회사 등에 소속된 보험설계사에게 모집을 위탁하지 못한다.
② 보험설계사는 자기가 소속된 보험회사 등 이외의 자를 위하여 모집을 하지 못한다.
③ 모집 제한의 적용을 받지 않는 경우
  ㉠ 생명보험회사 또는 제3보험업을 전업(專業)으로 하는 보험회사에 소속된 보험설계사가 1개의 손해보험회사를 위하여 모집을 하는 경우
  ㉡ 손해보험회사 또는 제3보험업을 전업으로 하는 보험회사에 소속된 보험설계사가 1개의 생명보험회사를 위하여 모집을 하는 경우
  ㉢ 생명보험회사나 손해보험회사에 소속된 보험설계사가 1개의 제3보험업을 전업으로 하는 보험회사를 위하여 모집을 하는 경우

④ 모집 제한의 적용을 받지 않는 보험회사 및 보험설계사가 모집을 할 때 지켜야 할 사항은 대통령령으로 정한다.

> **보험설계사의 교차모집(영 제29조)** 기출 18 · 20 · 22 · 24
> ① 보험설계사가 소속 보험회사 외의 보험회사를 위하여 모집(이하 "교차모집"이라 한다)하려는 경우에는 교차모집을 하려는 보험회사의 명칭 등 금융위원회가 정하여 고시하는 사항을 적은 서류를 보험협회에 제출해야 한다.
> ② 교차모집을 하려는 보험설계사(이하 "교차모집보험설계사"라 한다)는 모집하려는 보험계약의 종류에 따라 등록요건을 갖추어 보험협회에 보험설계사 등록을 하여야 한다.
> ③ 교차모집보험설계사의 소속 보험회사 또는 교차모집을 위탁한 보험회사는 다음 각 호의 행위를 하여서는 아니 된다.
> 　1. 교차모집보험설계사에게 자사 소속의 보험설계사로 전환하도록 권유하는 행위
> 　2. 교차모집보험설계사에게 자사를 위하여 모집하는 경우 보험회사가 정한 수수료·수당 외에 추가로 대가를 지급하기로 약속하거나 이를 지급하는 행위
> 　3. 교차모집보험설계사가 다른 보험회사를 위하여 모집한 보험계약을 자사의 보험계약으로 처리하도록 유도하는 행위
> 　4. 교차모집보험설계사에게 정당한 사유 없이 위탁계약 해지, 위탁범위 제한 등 불이익을 주는 행위
> 　5. 교차모집보험설계사의 소속 영업소를 변경하거나 모집한 계약의 관리자를 변경하는 등 교차모집을 제약·방해하는 행위
> 　6. 그 밖에 보험계약자 보호와 모집질서 유지를 위하여 총리령으로 정하는 행위
> ④ 교차모집보험설계사는 다음 각 호의 어느 하나에 해당하는 행위를 하여서는 아니 된다.
> 　1. 업무상 알게 된 특정 보험회사의 정보를 다른 보험회사에 제공하는 행위
> 　2. 보험계약을 체결하려는 자의 의사에 반하여 다른 보험회사와의 보험계약 체결을 권유하는 등 모집을 위탁한 보험회사 중 어느 한 쪽의 보험회사만을 위하여 모집하는 행위
> 　3. 모집을 위탁한 보험회사에 대하여 회사가 정한 수수료·수당 외에 추가로 대가를 지급하도록 요구하는 행위
> 　4. 그 밖에 보험계약자 보호와 모집질서 유지를 위하여 총리령으로 정하는 행위

(5) 보험설계사 등의 교육(법 제85조의2) 기출 15 · 17

① 보험회사 등은 <u>대통령령으로 정하는 바에 따라</u> 소속 보험설계사에게 보험계약의 모집에 관한 교육을 하여야 한다.
② 법인이 아닌 보험대리점 및 보험중개사는 <u>대통령령으로 정하는 바에 따라</u> 모집에 관한 교육을 받아야 한다.

> **보험설계사 등의 교육(영 제29조의2)** 기출 22
> ① 보험회사, 보험대리점 및 보험중개사(이하 "보험회사 등"이라 한다)는 소속 보험설계사에게 법 제84조에 따라 최초로 등록(등록이 유효한 경우로 한정한다)한 날을 기준으로 2년마다(매 2년이 된 날부터 6개월 이내를 말한다) 별표 4 제1호 및 제3호의 기준에 따라 교육을 해야 한다. 〈2024.7.2. 개정〉
> ② 법인이 아닌 보험대리점 및 보험중개사는 법 제87조 또는 제89조에 따라 등록한 날을 기준으로 2년마다(매 2년이 된 날부터 6개월 이내를 말한다) 별표 4 제1호 및 제3호의 기준에 따라 교육을 받아야 한다. 〈2024.7.2. 개정〉

③ 보험회사 등은 전년도 불완전판매 건수 및 비율이 금융위원회가 정하여 고시하는 기준 이상인 소속 보험설계사에게 제1항에 따른 교육과는 별도로 해당 사업연도에 별표 4 제2호의 기준에 따라 불완전판매를 방지하기 위한 교육(이하 "불완전판매방지교육"이라 한다)을 해야 한다.
④ 전년도 불완전판매 건수 및 비율이 금융위원회가 정하여 고시하는 기준 이상인 법인이 아닌 보험대리점 및 보험중개사는 제2항에 따른 교육과는 별도로 해당 사업연도에 별표 4 제2호의 기준에 따라 불완전판매방지교육을 받아야 한다.
⑤ 보험협회는 매월 제1항부터 제4항까지의 규정에 따른 교육 대상을 보험회사 등에 알려야 하며, 보험회사 등은 불완전 판매 건수 등 보험협회가 교육 대상을 파악하기 위해 필요한 정보를 제공해야 한다.
⑥ 보험협회, 보험회사 등은 제1항 및 제4항에 따른 교육을 효율적으로 실시하기 위하여 필요한 단체를 구성·운영할 수 있다.
⑦ 제1항부터 제4항까지의 규정에 따른 교육의 세부적인 기준, 방법 및 절차, 제6항에 따른 단체의 구성 및 운영에 필요한 사항은 금융위원회가 정하여 고시한다.

심화TIP 보험설계사·보험대리점 및 보험중개사의 교육기준(영 별표 4)

1. 보험설계사·보험대리점(간단손해보험설계사 및 간단손해보험대리점은 제외한다) 및 보험중개사의 교육기준

구 분	교육기준
교육과목	1) 보험모집과 관련한 윤리교육 2) 보험 관련 법령 및 분쟁 사례 3) 보험상품(생명보험상품, 손해보험상품 및 제3보험상품) 4) 회계원리 및 위험관리론(보험중개사 및 별표 3 제1호 라목의 보험설계사만 해당한다) 5) 보험소비자 보호 및 보험사기 예방
교육기관	보험회사, 보험에 관한 교육을 위하여 소유하는 자회사, 회원에 대한 연수·교육을 위하여 설립된 단체 및 금융위원회가 정하여 고시하는 교육기관
교육방법	집합교육 또는 사이버교육
교육시간	20시간 이상으로 금융위원회가 정하여 고시하는 시간. 이 경우 금융위원회가 정하여 고시하는 바에 따라 외부 교육 시간을 5시간 이상 포함하여야 한다.

2. 보험설계사·보험대리점(간단손해보험설계사 및 간단손해보험대리점은 제외한다) 및 보험중개사의 불완전판매방지교육 교육기준

구 분	교육기준
교육과목	1) 보험모집과 관련한 윤리교육 2) 보험 관련 법령 및 분쟁 사례 3) 보험소비자 보호 및 보험사기 예방 4) 그 밖에 보험소비자 보호와 관련된 교육으로 금융위원회가 정하여 고시하는 교육 과목
교육기관	회원에 대한 연수·교육을 위하여 설립된 단체 및 금융위원회가 정하여 고시하는 교육기관
교육방법	집합교육. 이 경우 강사의 자격요건 등 교육 방법의 세부적인 사항은 금융위원회가 정하여 고시하는 바에 따른다.
교육시간	5시간 이상으로 금융위원회가 정하여 고시하는 시간

3. 간단손해보험설계사 및 간단손해보험대리점의 교육기준

구 분	교육기준
교육과목	1) 보험모집과 관련한 윤리교육 2) 보험 관련 법령 3) 해당 간단손해보험상품
교육기관	보험회사, 보험에 관한 교육을 위하여 소유하는 자회사, 회원에 대한 연수·교육을 위하여 설립된 단체 및 금융위원회가 정하여 고시하는 교육기관
교육방법	집합교육 또는 사이버교육
교육시간	8시간 이상. 이 경우 금융위원회가 정하여 고시하는 바에 따라 외부 교육 시간을 2시간 이상 포함하여야 한다.

(6) 보험설계사에 대한 불공정 행위 금지(법 제85조의3) 기출 17·22·23

① 보험회사 등은 보험설계사에게 보험계약의 모집을 위탁할 때 다음의 행위를 하여서는 아니 된다.
　㉠ 보험모집 위탁계약서를 교부하지 아니하는 행위
　㉡ 위탁계약서상 계약사항을 이행하지 아니하는 행위
　㉢ 위탁계약서에서 정한 해지요건 외의 사유로 위탁계약을 해지하는 행위
　㉣ 정당한 사유 없이 보험설계사가 요청한 위탁계약 해지를 거부하는 행위
　㉤ 위탁계약서에서 정한 위탁업무 외의 업무를 강요하는 행위
　㉥ 정당한 사유 없이 보험설계사에게 지급되어야 할 수수료의 일부 또는 전부를 지급하지 아니하거나 지연하여 지급하는 행위
　㉦ 정당한 사유 없이 보험설계사에게 지급한 수수료를 환수하는 행위
　㉧ 보험설계사에게 보험료 대납(代納)을 강요하는 행위
　㉨ 그 밖에 대통령령으로 정하는 불공정한 행위
② 보험협회는 보험설계사에 대한 보험회사 등의 불공정한 모집위탁행위를 막기 위하여 보험회사 등이 지켜야 할 규약을 정할 수 있다.
③ 보험협회가 ②항에 따른 규약을 제정·개정 또는 폐지할 때에는 금융위원회가 정하여 고시하는 바에 따라 보험설계사 등 이해관계자의 의견을 수렴하는 절차를 거쳐야 한다. 〈2024.2.6. 신설〉

(7) 고객응대직원에 대한 보호조치 의무(법 제85조의4) 기출 18·22·25

보험회사는 고객을 직접 응대하는 직원을 고객의 폭언이나 성희롱, 폭행 등으로부터 보호하기 위하여 다음의 조치를 하여야 한다. 직원은 보험회사에 대하여 이러한 조치를 요구할 수 있으며, 보험회사는 직원의 요구를 이유로 직원에게 불이익을 주어서는 아니 된다.
① 직원이 요청하는 경우 해당 고객으로부터의 분리 및 업무담당자 교체
② 직원에 대한 치료 및 상담 지원
③ 고객을 직접 응대하는 직원을 위한 상시적 고충처리 기구 마련. 다만,「근로자참여 및 협력증진에 관한 법률」제26조에 따라 고충처리위원을 두는 경우에는 고객을 직접 응대하는 직원을 위한 전담 고충처리위원의 선임 또는 위촉
④ 그 밖에 직원의 보호를 위하여 필요한 법적 조치 등 대통령령으로 정하는 조치

> **법적 조치 등 대통령령으로 정하는 조치(영 제29조의3)** 기출 18·24
> 1. 고객의 폭언이나 성희롱, 폭행 등(이하 "폭언 등"이라 한다)이 관계 법률의 형사처벌 규정에 위반된다고 판단되고 그 행위로 피해를 입은 직원이 요청하는 경우 : 관할 수사기관 등에 고발
> 2. 고객의 폭언 등이 관계 법률의 형사처벌규정에 위반되지는 아니하나 그 행위로 피해를 입은 직원의 피해정도 및 그 직원과 다른 직원에 대한 장래 피해발생 가능성 등을 고려하여 필요하다고 판단되는 경우 : 관할 수사기관 등에 필요한 조치 요구
> 3. 직원이 직접 폭언 등의 행위를 한 고객에 대한 관할 수사기관 등에 고소, 고발, 손해배상 청구 등의 조치를 하는데 필요한 행정적, 절차적 지원
> 4. 고객의 폭언 등을 예방하거나 이에 대응하기 위한 직원의 행동요령 등에 대한 교육 실시
> 5. 그 밖에 고객의 폭언 등으로부터 직원을 보호하기 위하여 필요한 사항으로서 금융위원회가 정하여 고시하는 조치

3 보험대리점

(1) 의의
① 보험대리점이란 보험회사를 위하여 보험계약의 체결을 대리하는 자(법인이 아닌 사단과 재단을 포함)로서 금융위원회에 등록된 자를 말한다(법 제2조 제10호).
② 보험대리점은 「상법」 제87조에 규정된 대리상으로 체약대리상(거래의 대리)과 중개대리상(거래의 중개)이 있으나, 「보험업법」은 보험대리점에 관하여 보험계약의 체결을 대리하는 자라 하여 체결대리점만을 인정하고 있다.
③ 보험대리점은 보험자와의 계약에 의하여 보험계약의 체결을 대리하는 업무를 목적으로 하는 독립된 모집종사자로서 모집을 중개하는 보험설계사와는 법적 성격이 다르다.

(2) 보험대리점의 법적 지위
보험대리점은 「상법」상 대리상이므로, 보험대리점과 보험회사 사이의 계약의 법적 성질은 위임관계이다. 따라서 계약과 「보험업법」·「상법」에 다른 정함이 없으면, 보험대리점의 권리·의무는 모두 「민법」과 「상법」의 위임에 관한 일반규정에 따라 결정하여야 한다. 「상법」은 양자간의 계속적 관계를 고려하여 다음과 같은 규정을 두고 있다.

① 통지의무
보험대리점은 거래의 대리를 한 때에는 지체 없이 보험회사에게 그 통지를 발송하여야 한다(상법 제88조).

② 일정 보험회사의 보조자
보험대리점은 일정한 보험회사를 평상시 보조하는 자이다. 여기서 보험회사는 1인일 필요는 없지만, 반드시 특정되어야 한다. 보험회사의 허락 없이 자기 또는 제3자의 계산으로 위임관계에 있는 보험회사의 영업부류에 속한 보험계약의 체결의 대리를 하거나 동종의 영업을 목적으로 하는 회사의 무한책임사원 또는 이사가 되지 못한다(상법 제89조 제1항). 따라서 불특정다수의 보험회사를 보조하는 보험중개사와 구별된다.

③ 독립상인

보험대리점은 그 자신이 독립된 상인이므로 보험회사에 종속하여 위탁관계에 있는 보험설계사와는 다르다.

④ 유치권

보험대리점은 당사자간에 다른 약정이 없으면 거래의 대리로 인한 채권, 즉 수수료청구권·저당금상환청구권 등이 변제기에 있을 때에는 그 변제를 받을 때까지 보험회사를 위하여 점유한 물건 또는 유가증권을 유치할 수 있다(상법 제91조).

⑤ 대리권

보험대리점은 보험가입자에 대해 보험회사의 대리의 권한을 가지며, 그 범위는 대리점계약에 의해 정해진다. 따라서 대리점은 보험회사와의 사이에 수권계약이 체결되며, 대리권의 내용은 수권계약과 대리에 관한 민법과 상법의 일반규정에 의하여 정하여진다. 중요한 것은 보험대리점은 대리권이 있으므로 고지의무수령권이 있으나 보험계약의 체결은 중개하지 못한다는 점이다.

(3) 보험대리점의 구분 및 등록(법 제87조 및 영 제30조)

① 구 분

보험대리점은 개인보험대리점과 법인보험대리점으로 구분하고, 각각 생명보험대리점·손해보험대리점[재화의 판매, 용역의 제공 또는 사이버몰(「전자상거래 등에서의 소비자보호에 관한 법률」 제2조 제4호에 따른 사이버몰을 말한다)을 통한 재화·용역의 중개를 본업으로 하는 자가 판매·제공·중개하는 재화 또는 용역과 관련 있는 보험상품을 모집하는 손해보험대리점(이하 "간단손해보험대리점"이라 한다)을 포함한다] 및 제3보험대리점으로 구분한다.

② 등록요건(법 제87조 제1항)

보험대리점이 되려는 자는 개인과 법인을 구분하여 금융위원회에 등록하여야 한다.

[보험대리점의 등록요건]

구 분		등록요건
개인보험대리점	생명보험대리점	가. 금융위원회가 정하여 고시하는 바에 따라 생명보험대리점에 관한 연수과정을 이수한 사람 나. 금융위원회가 정하여 고시하는 생명보험 관계 업무에 2년 이상 종사한 경력이 있는 사람(등록신청일부터 4년 이내에 해당 업무에 종사한 사람으로 한정한다)으로서 별표 4에 따른 교육을 이수한 사람
	손해보험대리점	가. 금융위원회가 정하여 고시하는 바에 따라 손해보험대리점에 관한 연수과정을 이수한 사람 나. 금융위원회가 정하여 고시하는 손해보험 관계 업무에 2년 이상 종사한 경력이 있는 사람(등록신청일부터 4년 이내에 해당 업무에 종사한 사람으로 한정한다)으로서 별표 4에 따른 교육을 이수한 사람
	제3보험대리점	가. 금융위원회가 정하여 고시하는 바에 따라 손해보험대리점에 관한 연수과정을 이수한 사람 나. 금융위원회가 정하여 고시하는 제3보험 관계 업무에 2년 이상 종사한 경력이 있는 사람(등록신청일부터 4년 이내에 해당 업무에 종사한 사람으로 한정한다)으로서 별표 4에 따른 교육을 이수한 사람

법인보험 대리점	생명보험 대리점	가. 개인인 생명보험대리점의 등록요건 가목 및 나목의 어느 하나에 해당하는 사람을 1명 이상 두고 있는 법인 나. 임직원 수가 100명 이상인 법인(법 제91조 제1항 각 호의 금융기관은 제외한다)의 경우 소속 임직원의 10분의 1 이상이 보험설계사 등록요건을 갖춘 법인
	손해보험 대리점	가. 개인인 손해보험대리점의 등록요건 가목 및 나목의 어느 하나에 해당하는 사람을 1명 이상 두고 있는 법인 나. 임직원 수가 100명 이상인 법인(법 제91조 제1항 각 호의 금융기관 및 이 영 제30조 제1항에 따른 간단손해보험대리점은 제외한다)의 경우 소속 임직원의 10분의 1 이상이 보험설계사 등록요건을 갖춘 법인
	제3보험 대리점	가. 개인인 제3보험대리점의 등록요건 가목 및 나목의 어느 하나에 해당하는 사람을 1명 이상 두고 있는 법인 나. 임직원 수가 100명 이상인 법인(법 제91조 제1항 각 호의 금융기관은 제외한다)의 경우 소속 임직원의 10분의 1 이상이 보험설계사 등록요건을 갖춘 법인

[비고]
개인보험대리점이 되려는 사람의 등록신청 유효기간은 연수과정 또는 교육 이수 후 2년으로 한다.

③ 보험대리점의 결격사유(법 제87조 제2항) 기출 18·21

다음에 해당하는 자는 보험대리점이 되지 못한다.
㉠ 보험설계사의 결격사유에 해당하는 자
㉡ 보험설계사 또는 보험중개사로 등록된 자
㉢ 다른 보험회사 등의 임직원
㉣ 외국의 법령에 따라 보험설계사의 결격사유에 해당하는 것으로 취급되는 자
㉤ 그 밖에 경쟁을 실질적으로 제한하는 등 불공정한 모집행위를 할 우려가 있는 자로서 <u>대통령령으로 정하는 자</u>

> **보험대리점의 등록 제한(영 제32조)**
> "대통령령으로 정하는 자"란 다음 각 호의 어느 하나에 해당하는 자를 말한다.
> 1. 국가기관과 특별법에 따라 설립된 기관 및 그 기관의 퇴직자로 구성된 법인 또는 단체
> 2. 제1호의 기관, 「금융지주회사법」에 따른 금융지주회사 또는 법 제91조 제1항 각 호의 금융기관(겸영업무로 「자본시장과 금융투자업에 관한 법률」에 따른 투자매매업 또는 투자중개업 인가를 받은 보험회사는 제외한다)이 출연·출자하는 등 금융위원회가 정하여 고시하는 방법과 기준에 따라 사실상의 지배력을 행사하고 있다고 인정되는 법인 또는 단체
> 3. 「금융위원회의 설치 등에 관한 법률」 제38조 각 호의 기관 중 다음 각 목의 기관을 제외한 기관
>   가. 법 제91조 제1항 각 호의 금융기관
>   나. 「금융위원회의 설치 등에 관한 법률」 제38조 제9호에 따른 기관 중 금융위원회가 정하여 고시하는 기관
> 4. 제1호부터 제3호까지의 법인·단체 또는 기관의 임원 또는 직원
> 5. 그 밖에 보험대리점을 운영하는 것이 공정한 보험거래질서 확립 및 보험대리점 육성을 저해한다고 금융위원회가 인정하는 자
> ※ 제3호에도 불구하고 「전자금융거래법」 제2조 제4호에 따른 전자금융업자(법 제91조 제1항 각 호의 금융기관은 제외한다)는 간단손해보험대리점으로 등록할 수 있다.

④ 등록의 취소와 업무의 정지(법 제88조) 기출 19·22

등록의 취소사유	1. 등록의 결격사유에 해당하게 된 경우 2. 등록 당시 등록의 결격사유에 해당하는 자이었음이 밝혀진 경우 3. 거짓이나 그 밖에 부정한 방법으로 보험대리점 등록을 한 경우 4. 법인보험대리점의 업무범위(법 제87조의3 제1항)를 위반한 경우 5. 자기계약의 금지의무(법 제101조)를 위반한 경우
6개월 이내의 기간을 정하여 업무정지 또는 등록을 취소할 수 있는 경우	1. 모집에 관한「보험업법」의 규정을 위반한 경우 2. 보험계약자, 피보험자 또는 보험금을 취득할 자로서 보험사기행위를 한 경우(법 제102조의2) 3. 보험대리점이 보험관계 업무종사자 등으로 하여금 보험사기행위를 하게 하는 경우(법 제102조의3) 4.「보험업법」에 따른 명령이나 처분을 위반한 경우 5.「금융소비자 보호에 관한 법률」제51조 제1항 제3호부터 제5호까지의 어느 하나에 해당하는 경우 6.「금융소비자 보호에 관한 법률」제51조 제2항 각 호 외의 부분 본문 중 대통령령으로 정하는 경우(업무의 정지를 명하는 경우로 한정한다) 7. 해당 보험대리점 소속 보험설계사가 제1호 및 제4호부터 제6호까지에 해당하는 경우
청문 및 통지	금융위원회는 등록을 취소하거나 업무의 정지를 명하려면 보험대리점에 대하여 청문을 하여야 한다. 또한 등록을 취소하거나 업무의 정지를 명한 경우에는 지체 없이 그 이유를 적은 문서로 보험대리점 및 보험회사 등에 그 뜻을 알려야 한다.

(4) 보험대리점의 영업범위(영 제31조)

① 보험대리점[보험대리점으로 등록한 금융기관(금융기관보험대리점)은 제외한다]의 영업범위는 다음의 구분에 따른다.

생명보험대리점	생명보험업의 보험종목(법 제4조 제1항 제1호)
손해보험대리점	손해보험업의 보험종목(법 제4조 제1항 제2호) ※ 다만, 간단손해보험대리점의 영업범위는 개인 또는 가계의 일상생활 중 발생하는 위험을 보장하는 보험종목으로서 간단손해보험대리점을 통하여 판매·제공·중개되는 재화 또는 용역과의 관련성 등을 고려하여 금융위원회가 정하여 고시하는 보험종목으로 한다.
제3보험대리점	제3보험업의 보험종목(법 제4조 제1항 제3호)

② 위에서 규정한 사항 외에 보험대리점의 영업에 관하여 필요한 사항은 금융위원회가 정하여 고시한다.

(5) 영업보증금의 예탁과 한도액(법 제87조 제3항)

① 영업보증금의 예탁

금융위원회는 등록을 한 보험대리점으로 하여금 금융위원회가 지정하는 기관에 영업보증금을 예탁하게 할 수 있다.

② **보험대리점의 영업보증금(영 제33조)** 기출 15
　㉠ 보험대리점의 영업보증금은 1억원(법인보험대리점의 경우에는 3억원)의 범위에서 보험회사와 대리점이 협의하여 정할 수 있다. 다만, 금융기관보험대리점에 대해서는 영업보증금 예탁의무를 면제한다.
　㉡ 금융위원회는 보험계약자의 보호와 모집질서의 유지를 위하여 필요하다고 인정하면 영업보증금의 증액을 명할 수 있다.
　㉢ 보험대리점의 등록을 한 자는 영업보증금을 영업보증금예탁기관에 예탁하지 아니하고는 영업을 할 수 없다.
　㉣ 영업보증금은 현금 또는 다음의 어느 하나에 해당하는 증권 등으로 예탁할 수 있다.
　　ⓐ 거래소에 상장된 증권 중 금융위원회가 인정하는 증권
　　ⓑ 금융위원회가 인정하는 보증보험증권
　　ⓒ 금융위원회가 인정하는 기관이 발행한 지급보증서
　㉤ 보험대리점의 등록을 한 자는 예탁된 증권 등이 그 평가액의 변동으로 영업보증금 금액에 미치지 못하게 되었거나 보험기간이 만료되었을 때에는 금융위원회가 정하는 기간 내에 그 부족한 금액을 보전하거나 영업보증금을 다시 예탁하여야 한다.
　㉥ 예탁된 증권 등의 평가방법 및 평가액 결정은 「금융위원회의 설치 등에 관한 법률」에 따른 금융감독원장이 정하는 바에 따른다.

(6) 보험대리점의 영업기준(영 제33조의2) 기출 24

① 보험설계사가 100명 이상인 법인보험대리점으로서 금융위원회가 정하여 고시하는 법인보험대리점은 다음의 요건을 모두 갖추어야 한다.
　㉠ 법령을 준수하고 보험계약자를 보호하기 위한 업무지침을 정할 것
　㉡ 업무지침의 준수 여부를 점검하고 그 위반사항을 조사하는 임원 또는 직원을 1명 이상 둘 것
　㉢ 보험계약자를 보호하고 보험계약의 모집 업무를 수행하기 위하여 필요한 전산설비 등 물적 시설을 충분히 갖출 것
② <u>보험대리점과 그 보험대리점에 소속된 임직원 및 보험설계사는 보험안내자료 등 보험계약의 체결 또는 모집을 위하여 제공하는 자료에서 보험대리점의 상호를</u> 사용하는 경우에는 그 상호 중에 "보험대리점"이라는 글자를 사용해야 한다.
③ 보험대리점은 그 보험대리점에 소속된 보험설계사와의 위탁계약서, 수입 및 지출 명세에 관한 회계장부 등을 보관하고 관리하여야 한다.
④ 간단손해보험대리점은 다음의 사항을 준수하여야 한다.
　㉠ 소비자에게 재화 또는 용역의 판매ㆍ제공ㆍ중개를 조건으로 보험가입을 강요하지 아니할 것
　㉡ 판매ㆍ제공ㆍ중개하는 재화 또는 용역과 별도로 소비자가 보험계약을 체결 또는 취소하거나 보험계약의 피보험자가 될 수 있는 기회를 보장할 것

ⓒ 단체보험계약(보험계약자에게 피보험이익이 없고 피보험자가 보험료의 전부를 부담하는 경우만 해당한다)을 체결하는 경우 사전에 서면, 문자메세지, 전자우편 또는 팩스 등의 방법으로 다음의 사항이 포함된 안내자료를 피보험자가 되려는 자에게 제공할 것
　　　ⓐ 설명의무의 중요 사항 등(영 제42조의2 제1항 제1호부터 제11호까지) 〈2021.3.23. 삭제〉
　　　ⓑ 단체보험계약의 피보험자에서 제외되는 방법 및 절차에 관한 사항
　　　ⓒ 소비자에게 보장되는 기회에 관한 사항
　　　ⓓ 보험계약자 등 소비자 보호를 위하여 금융위원회가 정하여 고시하는 사항
　　ⓓ 재화·용역을 구매하면서 동시에 보험계약을 체결하는 경우와 보험계약만 체결하는 경우간에 보험료, 보험금의 지급조건 및 보험금의 지급규모 등에 차이가 발생하지 아니하도록 할 것
　　ⓔ 등록한 간단손해보험대리점의 경우에는 인터넷 홈페이지[이동통신단말장치에서 사용되는 애플리케이션(Application) 및 그 밖에 이와 비슷한 응용프로그램을 통하여 가상의 공간에 개설하는 장소를 포함한다]를 통해서만 다음의 행위를 할 것
　　　ⓐ 보험을 모집하는 행위
　　　ⓑ 단체보험계약을 위하여 피보험자로 이루어진 단체를 구성하는 행위
⑤ 위에서 규정한 사항 외에 보험대리점의 영업기준과 관련하여 필요한 사항은 금융위원회가 정하여 고시한다.

4 보험중개사

(1) 의 의

① 보험중개사는 독립적으로 보험계약의 체결을 중개하는 자(법인이 아닌 사단과 재단을 포함)로서 금융위원회에 등록을 한 자이다(법 제2조 제11호). 보험대리점은 특정한 보험회사를 위하여 그 계약의 체결을 대리하는 자인데 반하여, 보험중개사는 타인간의 법률행위의 체결에 노력하는 자로서 사안에 따라 보험회사를 위하여 또는 보험계약자를 위하여 독립적으로 보험계약의 체결을 중개한다.

② 보험설계사·보험대리점·보험중개사의 구별

구 분	계약체결권	고지수령권	통지수령권	보험료수령권
보험설계사	×	×	×	1회 수령권만 인정
보험대리점	○	○	○	○
보험중개사	×	×	×	×

(2) 보험중개사의 등록(법 제89조)

① 등 록

보험중개사가 되려는 자는 개인보험중개사와 법인보험중개사로 구분하고, 각각 생명보험중개사·손해보험중개사 및 제3보험중개사로 구분하여 다음의 등록요건을 갖추어 금융위원회에 등록하여야 한다.

[보험중개사의 등록요건]

구 분		등록요건
개인보험중개사	생명보험중개사	가. 별표 4에 따른 교육을 이수하고 생명보험중개사 시험에 합격한 사람 나. 개인인 생명보험중개사로 2년 이상 종사한 경력이 있는 사람(등록신청일부터 4년 이내에 해당 업무에 종사한 사람으로 한정한다)으로서 별표 4에 따른 교육을 이수한 사람 다. 가목의 요건을 충족하는 사람으로서 법인보험중개사의 소속 보험설계사로 2년 이상 종사한 경력이 있는 사람(등록신청일로부터 4년 이내에 해당 업무에 종사한 사람으로 한정한다)으로서 별표 4에 따른 교육을 이수한 사람
	손해보험중개사	가. 별표 4에 따른 교육을 이수하고 손해보험중개사 시험에 합격한 사람 나. 개인인 손해보험중개사로 2년 이상 종사한 경력이 있는 사람(등록신청일부터 4년 이내에 해당 업무에 종사한 사람으로 한정한다)으로서 별표 4에 따른 교육을 이수한 사람 다. 가목의 요건을 충족하는 사람으로서 법인보험중개사의 소속 보험설계사로 2년 이상 종사한 경력이 있는 사람(등록신청일로부터 4년 이내에 해당 업무에 종사한 사람으로 한정한다)으로서 별표 4에 따른 교육을 이수한 사람
	제3보험중개사	가. 별표 4에 따른 교육을 이수하고 제3보험중개사 시험에 합격한 사람 나. 개인인 제3보험중개사로 2년 이상 종사한 경력이 있는 사람(등록신청일부터 4년 이내에 해당 업무에 종사한 사람으로 한정한다)으로서 별표 4에 따른 교육을 이수한 사람 다. 가목의 요건을 충족하는 사람으로서 법인보험중개사의 소속 보험설계사로 2년 이상 종사한 경력이 있는 사람(등록신청일로부터 4년 이내에 해당업무에 종사한 사람으로 한정한다)으로서 별표 4에 따른 교육을 이수한 사람
법인보험중개사	생명보험중개사	임직원의 3분의 1 이상이 개인생명보험중개사 가목에 해당하는 자격을 갖추고 상근하는 법인
	손해보험중개사	임직원의 3분의 1 이상이 개인손해보험중개사 가목에 해당하는 자격을 갖추고 상근하는 법인
	제3보험중개사	임직원의 3분의 1 이상이 개인제3보험중개사 가목에 해당하는 자격을 갖추고 상근하는 법인

[비고]
개인보험중개사가 되려는 사람의 등록신청 유효기간은 교육 이수 또는 시험 합격 후 2년으로 한다.

② **보험중개사의 결격사유(법 제89조 제2항)** 기출 18
  ㉠ 보험설계사(법 제84조 제2항)의 결격사유의 어느 하나에 해당하는 자
  ㉡ 보험설계사 또는 보험대리점으로 등록된 자
  ㉢ 다른 보험회사 등의 임직원
  ㉣ 외국의 법령에 따라 법 제84조 제2항의 결격사유에 해당하는 것으로 취급되는 자(법 제87조 제2항 제4호)
  ㉤ 그 밖에 경쟁을 실질적으로 제한하는 등 불공정한 모집행위를 할 우려가 있는 자로서 <u>대통령령으로 정하는 자</u>(법 제87조 제2항 제5호)
  ㉥ 부채가 자산을 초과하는 법인

③ 보험중개사의 등록취소 등(법 제90조)

등록의 취소	1. 보험중개사의 등록 결격사유에 해당하게 된 경우. 다만, 일시적으로 부채가 자산을 초과하는 법인으로서 대통령령으로 정하는 법인인 경우에는 그러하지 아니하다. 2. 등록 당시 보험중개사의 등록 결격사유의 어느 하나에 해당하는 자이었음이 밝혀진 경우 3. 거짓이나 그 밖의 부정한 방법으로 등록을 한 경우 4. 법인보험중개사의 업무범위를 위반한 경우 5. 자기계약금지(제101조)를 위반한 경우
6개월 이내의 기간을 정하여 업무정지 또는 등록을 취소할 수 있는 경우	1. 보험중개사가 모집에 관한 「보험업법」의 규정을 위반한 경우 2. 보험중개사가 보험계약자, 피보험자 또는 보험금을 취득할 자로서 보험사기행위를 한 경우(제102조의2) 3. 보험중개사가 보험관계 업무종사자 등으로 하여금 보험사기행위를 하게 하는 경우 (법 제102조의3) 4. 「보험업법」에 따른 명령이나 처분을 위반한 경우 5. 「금융소비자 보호에 관한 법률」 제51조 제1항 제3호부터 제5호까지의 어느 하나에 해당하는 경우 6. 「금융소비자 보호에 관한 법률」 제51조 제2항 각 호 외의 부분 본문 중 대통령령으로 정하는 경우(업무의 정지를 명하는 경우로 한정한다) 7. 해당 보험중개사 소속 보험설계사가 제1호, 제4호부터 제6호까지에 해당하는 경우
청문 및 통지	금융위원회는 등록을 취소하거나 업무의 정지를 명하려면 보험중개사에 대하여 청문을 하여야 한다. 또한 등록을 취소하거나 업무의 정지를 명한 경우에는 지체 없이 그 이유를 적은 문서로 보험중개사 및 보험회사 등에 그 뜻을 알려야 한다.

> **보험중개사에 대한 등록취소의 예외(영 제39조)**
> ① "대통령령으로 정하는 법인"이란 보험중개사의 사업 개시에 따른 투자비용의 발생, 급격한 영업환경의 변화, 그 밖에 보험중개사에게 책임을 물을 수 없는 사유로 보험중개사의 재산상태에 변동이 생겨 부채가 자산을 초과하게 된 법인으로서 등록취소 대신 6개월 이내에 이를 개선하는 조건으로 금융위원회의 승인을 받은 법인을 말한다.
> ② 금융위원회는 승인을 받은 날부터 6개월이 지난 후에도 해당 보험중개사의 부채가 자산을 초과하는 경우에는 지체 없이 그 등록을 취소하여야 한다.
> ③ 승인의 방법 및 절차에 관하여 필요한 사항은 금융위원회가 정하여 고시한다.

(3) 보험중개사의 영업범위(영 제35조)

보험중개사[보험중개사로 등록한 금융기관(금융기관보험중개사)은 제외한다]의 영업범위는 다음의 구분에 따른다.

생명보험중개사	생명보험업의 보험종목(법 제4조 제1항 제1호) 및 그 재보험
손해보험중개사	손해보험업의 보험종목(법 제4조 제1항 제2호) 및 그 재보험
제3보험중개사	제3보험업의 보험종목(법 제4조 제1항 제3호) 및 그 재보험

(4) 보험중개사의 영업기준(영 제36조) 기출 20

① 법인보험중개사로서 금융위원회가 정하여 고시하는 법인보험중개사는 다음의 요건을 모두 갖추어야 한다.
  ㉠ 법령을 준수하고 보험계약자를 보호하기 위한 업무지침을 정할 것
  ㉡ 업무지침의 준수 여부를 점검하고 그 위반사항을 조사하는 임원 또는 직원을 1명 이상 둘 것
  ㉢ 보험계약자를 보호하고 보험계약의 모집 업무를 수행하기 위하여 필요한 전산설비 등 물적 시설을 충분히 갖출 것
② 보험중개사와 그 보험중개사에 소속된 임직원 및 보험설계사는 보험안내자료 등 보험계약의 중개를 위하여 소비자에게 제공하는 자료에서 보험중개사의 상호를 사용하는 경우에는 그 상호 중에 "보험중개사"라는 글자를 사용해야 한다.
③ 보험중개사는 그 보험중개사에 소속된 보험설계사와의 위탁계약서, 수입 및 지출 명세에 관한 회계장부 등을 보관하고 관리하여야 한다.
④ 위에서 규정한 사항 외에 보험중개사의 영업기준과 관련하여 필요한 사항은 금융위원회가 정하여 고시한다.

(5) 영업보증금의 예탁과 한도액 기출 15 · 19 · 21

① 영업보증금의 예탁(법 제89조 제3항)
  금융위원회는 등록을 한 보험중개사가 보험계약 체결 중개와 관련하여 보험계약자에게 입힌 손해의 배상을 보장하기 위하여 보험중개사로 하여금 금융위원회가 지정하는 기관에 영업보증금을 예탁하게 하거나 보험가입, 그 밖에 필요한 조치를 하게 할 수 있다.

② 보험중개사의 영업보증금(영 제37조) 기출 23
  ㉠ 보험중개사의 영업보증금은 개인은 1억원 이상, 법인은 3억원 이상으로 하며, 그 구체적인 금액은 해당 보험중개사의 영업 규모를 고려하여 총리령으로 정한다. 다만, 금융기관보험중개사에 대해서는 영업보증금 예탁의무를 면제한다.
  ㉡ 금융위원회는 보험계약자의 보호와 모집질서의 유지를 위하여 필요하다고 인정하면 최근 사업연도의 보험중개와 관련된 총수입금액의 5배의 범위에서 영업보증금의 증액을 명할 수 있다.
  ㉢ 금융위원회는 보험중개사가 다음의 이느 하나에 해당하는 경우에는 총리령으로 정하는 바에 따라 영업보증금의 전부 또는 일부를 반환한다.
    ⓐ 보험중개사가 보험중개업무를 폐지한 경우
    ⓑ 보험중개사인 개인이 사망한 경우
    ⓒ 보험중개사인 법인이 파산 또는 해산하거나 합병으로 소멸한 경우
    ⓓ 등록이 취소된 경우
    ⓔ 보험중개사의 업무상황 변화 등으로 이미 예탁한 영업보증금이 예탁하여야 할 영업보증금을 초과하게 된 경우

> **보험중개사의 손해배상(영 제38조)**
> ① 보험중개사의 보험계약 체결의 중개행위와 관련하여 손해를 입은 보험계약자 등은 그 보험중개사의 영업보증금의 한도에서 영업보증금예탁기관에 손해배상금의 지급을 신청할 수 있다.
> ② 영업보증금예탁기관의 장은 손해배상금의 지급신청을 받았을 때에는 총리령으로 정하는 절차에 따라 해당 보험중개사의 영업보증금에서 손해배상금의 전부 또는 일부를 지급할 수 있다.
> ③ 보험중개사는 영업보증금예탁기관의 장으로부터 손해배상금의 전부 또는 일부를 지급받은 보험계약자 등에 대하여 그 금액만큼 손해배상책임을 면한다.

(6) 보험중개사의 의무(법 제92조 및 영 제41조) 기출 23

① 보험중개사는 보험계약의 체결을 중개할 때 그 중개와 관련된 내용을 <u>대통령령으로 정하는 바에 따라</u> 장부에 적고 보험계약자에게 알려야 하며, 그 수수료에 관한 사항을 비치하여 보험계약자가 열람할 수 있도록 하여야 한다.

> **보험중개사의 의무(영 제41조)**
> ① 보험중개사가 장부에 적어야 할 사항은 다음 각 호와 같다.
>   1. 「상법」 제96조에 따라 작성·교부하는 결약서의 기재사항으로서 금융위원회가 정하여 고시하는 사항
>   2. 보험계약 체결의 중개와 관련하여 해당 보험중개사가 받은 수수료·보수와 그 밖의 대가
>   3. 자기 또는 자기를 고용하고 있는 자를 보험계약자 또는 피보험자로 하는 보험계약의 체결을 중개한 경우에는 그 내용
> ② 보험중개사가 갖춰 두어야 할 장부 및 서류는 다음 각 호와 같다.
>   1. 결약서 사본
>   2. 제1항 제2호 및 제3호의 사항을 적은 서류
>   3. 제3항에 따라 발급한 서류
>   4. 보험회사와 중개업무계약을 체결하거나 보험계약자와 보수계약을 체결한 경우에는 그 계약서
> ③ 삭제 〈2021.3.23.〉
> ④ 보험중개사는 보험계약자가 요청하는 경우에는 보험계약 체결의 중개와 관련하여 보험회사로부터 받은 수수료·보수와 그 밖의 대가를 알려 주어야 한다.
> ⑤ 보험중개사는 갖춰 두고 있는 장부 또는 서류를 보험계약자나 이해당사자가 열람할 수 있도록 하고 보험계약자 등이 요청할 때에는 그 내용에 대한 증명서를 발급하여야 한다.
> ⑥ 장부 및 서류의 비치방법 등에 관하여 그 밖에 필요한 사항은 금융위원회가 정하여 고시한다.

② 보험중개사는 보험회사의 임직원이 될 수 없으며, 보험계약의 체결을 중개하면서 보험회사·보험설계사·보험대리점·보험계리사 및 손해사정사의 업무를 겸할 수 없다.

(7) 보험설계사 · 보험대리점 또는 보험중개사의 신고사항(법 제93조 제1항) 기출 21 · 22 · 25

보험설계사 · 보험대리점 또는 보험중개사는 다음의 어느 하나에 해당하는 경우에는 지체 없이 그 사실을 금융위원회에 신고하여야 한다.

① 제84조(보험설계사의 등록) · 제87조(보험대리점의 등록) 및 제89조(보험중개사의 등록)에 따른 등록을 신청할 때 제출한 서류에 적힌 사항이 변경된 경우
② 제84조 제2항(보험설계사의 결격사유) 각 호의 어느 하나에 해당하게 된 경우
③ 모집업무를 폐지한 경우
④ 개인의 경우에는 본인이 사망한 경우(상속인이 신고)
⑤ 법인의 경우에는 그 법인이 해산한 경우(청산인 · 업무집행임원이었던 자 또는 파산관재인이 신고)
⑥ 법인이 아닌 사단 또는 재단의 경우에는 그 단체가 소멸한 경우(관리인이었던 자가 신고)
⑦ 보험대리점 또는 보험중개사가 소속 보험설계사와 보험모집에 관한 위탁을 해지한 경우
⑧ 보험설계사가 다른 보험회사를 위하여 모집을 한 경우나, 보험대리점 또는 보험중개사가 생명보험계약의 모집과 손해보험계약의 모집을 겸하게 된 경우

(8) 등록수수료(법 제94조)

보험설계사 · 보험대리점 또는 보험중개사가 되려는 자가 등록을 신청하는 경우에는 총리령으로 정하는 바에 따라 수수료를 내야 한다.

5 법인보험대리점 및 법인보험중개사

(1) 법인보험대리점 및 법인보험중개사 임원의 자격(법 제87조의2 및 제89조의2) 기출 20 · 24

① 다음의 어느 하나에 해당하는 자는 법인보험대리점 및 법인보험중개사의 임원이 되지 못한다.
㉠ 「금융회사의 지배구조에 관한 법률」 제5조 제1항 제1호 · 제2호 및 제4호에 해당하는 자

제1호	미성년자 · 피성년후견인 또는 피한정후견인
제2호	파산선고를 받은 자로서 복권되지 아니한 자
제4호	금고 이상의 형의 집행유예를 선고받고 그 유예기간 중에 있는 자

㉡ 법 제84조 제2항 제5호부터 제7호까지에 해당하는 자

제5호	「보험업법」에 따라 보험설계사 · 보험대리점 또는 보험중개사의 등록이 취소된 후 2년이 지나지 아니한 자
제6호	제5호에도 불구하고 「보험업법」에 따라 보험설계사 · 보험대리점 또는 보험중개사 등록취소 처분을 2회 이상 받은 경우 최종 등록취소 처분을 받은 날부터 3년이 지나지 아니한 자
제7호	「보험업법」 또는 「금융소비자 보호에 관한 법률」에 따라 과태료 또는 과징금 처분을 받고 이를 납부하지 아니하거나 업무정지 및 등록취소 처분을 받은 보험대리점 · 보험중개사 소속의 임직원이었던 자(처분사유의 발생에 관하여 직접 또는 이에 상응하는 책임이 있는 자로서 대통령령으로 정하는 자만 해당한다)로서 과태료 · 과징금 · 업무정지 및 등록취소 처분이 있었던 날부터 2년이 지나지 아니한 자

ⓒ 금고 이상의 실형을 선고받고 그 집행이 끝나거나(집행이 끝난 것으로 보는 경우를 포함한다) 집행이 면제된 날부터 3년이 지나지 아니한 자
　　ⓔ 「보험업법」 또는 「금융소비자 보호에 관한 법률」에 따라 벌금 이상의 형을 선고받고 그 집행이 끝나거나(집행이 끝난 것으로 보는 경우를 포함한다) 집행이 면제된 날부터 3년이 지나지 아니한 자
　② 임원의 자격요건에 관하여 구체적인 사항은 대통령령으로 정한다.

(2) 법인보험대리점 및 법인보험중개사의 업무범위 등(법 제87조의3 및 법 제89조의3)

① 법인보험대리점 및 법인보험중개사는 보험계약자 보호 등을 해칠 우려가 없는 업무로서 <u>대통령령으로 정하는 업무</u> 또는 보험계약의 모집 업무 이외의 업무를 하지 못한다.

> **대통령령으로 정하는 업무(영 제33조의4 제1항 및 영 제38조의2 제1항)** 기출 16
> 법인보험대리점 및 법인보험중개사는 다음 각 호의 어느 하나에 해당하는 업무를 하지 못한다.
> 1. 「방문판매 등에 관한 법률」에 따른 다단계판매업
> 2. 「대부업 등의 등록 및 금융이용자 보호에 관한 법률」에 따른 대부업 또는 대부중개업

② 법인보험대리점 및 법인보험중개사는 경영현황 등 <u>대통령령으로 정하는 업무상 주요 사항</u>을 대통령령으로 정하는 바에 따라 공시하고 금융위원회에 알려야 한다.
　ⓐ 공시를 위하여 보험회사는 공시에 필요한 자료를 모집에 관한 위탁계약을 체결한 법인보험대리점 및 보험계약 체결을 중개한 법인보험중개사에 제공하여야 한다. 보험회사 또는 보험협회는 법인보험대리점을 대신하여 <u>업무상 주요 사항</u>을 금융위원회에 알릴 수 있다.
　ⓑ 법인보험대리점은 <u>업무상 주요 사항</u>을 보험협회의 인터넷 홈페이지 등을 통하여 반기별로 공시하여야 하고, 법인보험중개사는 <u>업무상 주요 사항</u>을 법인보험중개사의 인터넷 홈페이지 등을 통하여 반기별로 공시하여야 한다.
　ⓒ 규정한 사항 외에 법인보험대리점 및 법인보험중개사의 공시 등의 방법 및 절차에 관하여 필요한 사항은 금융위원회가 정하여 고시한다.

> **경영현황 등 대통령령으로 정하는 업무상 주요 사항(영 제33조의4 제2항 및 영 제38조의2 제2항)**
> 1. 경영하고 있는 업무의 종류
> 2. 모집조직에 관한 사항
> 3. 모집실적에 관한 사항
> 4. 그 밖에 보험계약자 보호를 위하여 금융위원회가 정하여 고시하는 사항

6 금융기관보험대리점

(1) 보험대리점 또는 보험중개사로 등록할 수 있는 금융기관(법 제91조 제1항) 기출 15·20·23·25

① 「은행법」에 따라 설립된 은행
② 「자본시장과 금융투자업에 관한 법률」에 따른 투자매매업자 또는 투자중개업자
③ 「상호저축은행법」에 따른 상호저축은행
④ 그 밖에 다른 법률에 따라 금융업무를 하는 기관으로서 <u>대통령령으로 정하는 기관</u>

> **대통령령으로 정하는 기관(영 제40조 제1항)**
> 1. 「한국산업은행법」에 따라 설립된 한국산업은행
> 2. 「중소기업은행법」에 따라 설립된 중소기업은행
> 3. 「여신전문금융업법」에 따라 허가를 받은 신용카드업자(겸영여신업자는 제외)
> 4. 「농업협동조합법」에 따라 설립된 조합 및 농협은행

(2) 보험상품 및 모집방법

① 보험상품의 범위(법 제91조 제2항, 영 제40조 제2항, 영 별표 5) 기출 18
   금융기관보험대리점 등이 모집할 수 있는 보험상품의 범위는 <u>금융기관에서의 판매 용이성(容易性), 불공정거래 가능성 등을 고려하여 대통령령으로 정한다</u>. 보험상품의 범위는 다음과 같다.

생명보험	손해보험
가. 개인저축성 보험 　1) 개인연금 　2) 일반연금 　3) 교육보험 　4) 생사혼합보험 　5) 그 밖의 개인저축성 보험 나. 신용생명보험 다. 개인보장성 보험 중 제3보험(주계약으로 한정하고, 저축성보험 특별약관 및 질병사망 특별약관을 부가한 상품은 제외한다)	가. 개인연금 나. 장기저축성 보험 다. 화재보험(주택) 라. 상해보험(단체상해보험은 제외한다) 마. 종합보험 바. 신용손해보험 사. 개인장기보장성 보험 중 제3보험(주계약으로 한정하고, 저축성보험 특별약관 및 질병사망 특별약관을 부가한 상품은 제외한다)

> 다만, 「여신전문금융업법」에 따라 허가를 받은 신용카드업자(겸영여신업자는 제외)가 모집할 수 있는 보험상품의 범위는 금융기관보험대리점 등이 아닌 보험대리점이 모집할 수 있는 보험상품의 범위와 같고, 「농업협동조합법」에 따라 설립된 조합이 모집할 수 있는 보험상품의 범위는 법률 제10522호 농업협동조합법 일부 개정법률 부칙 제15조 제8항에 따라 허가받은 것으로 보는 보험상품으로서 구체적인 보험상품의 범위는 금융위원회가 정하여 고시한다(영 제40조 제2항 단서).

② 모집방법(영 제40조 제3항)

금융기관보험대리점 등은 다음의 어느 하나에 해당하는 방법으로 모집하여야 한다. 다만, 전화, 우편, 컴퓨터통신 등의 통신수단을 이용하여 모집하는 방법은 「여신전문금융업법」에 따라 허가를 받은 신용카드업자(겸영여신업자는 제외)만 사용할 수 있다.
- ㉠ 해당 금융기관보험대리점 등의 점포 내의 지정된 장소에서 보험계약자와 직접 대면하여 모집하는 방법
- ㉡ 인터넷 홈페이지를 이용하여 불특정 다수를 대상으로 보험상품을 안내하거나 설명하여 모집하는 방법
- ㉢ 전화, 우편, 컴퓨터통신 등의 통신수단을 이용하여 모집하는 방법

(3) 금융기관보험대리점 등에 대한 특례(법 제91조의2)

금융기관보험대리점 등에 대하여는 제87조의2 제1항(법인보험대리점 임원의 자격) 및 제87조의3(법인보험대리점의 업무범위 등)을 적용하지 아니한다.

(4) 금융기관보험대리점 등의 영업기준(영 제40조 제4항~제12항) 기출 16·18

① 금융기관보험대리점 등(신용카드업자는 제외)은 그 금융기관보험대리점 등의 본점·지점 등 점포별로 2명(보험설계사 자격을 갖춘 사람으로서 금융위원회가 정한 기준과 방법에 따라 채용된 사람은 제외한다)의 범위에서 금융위원회에 등록된 소속 임원 또는 직원으로 하여금 모집에 종사하게 할 수 있다.

② 금융기관보험대리점 등에서 모집에 종사하는 사람은 대출 등 불공정 모집의 우려가 있는 업무를 취급할 수 없다.

③ 금융기관보험대리점 등(최근 사업연도 말 현재 자산총액이 2조원 이상인 기관만 해당한다)이 모집할 수 있는 1개 생명보험회사 또는 1개 손해보험회사 상품의 모집액은 매 사업연도별로 해당 금융기관보험대리점 등이 신규로 모집하는 생명보험회사 상품의 모집총액 또는 손해보험회사 상품의 모집총액 각각의 100분의 25(보험회사 상품의 모집액을 합산하여 계산하는 경우에는 100분의 33)를 초과할 수 없다. 다만, 「여신전문금융업법」에 따라 허가를 받은 신용카드업자(겸영여신업자는 제외)가 다음의 구분에 따른 요건을 충족하는 경우 해당 사업연도에 신규로 모집하는 생명보험회사 상품의 모집총액 또는 손해보험회사 상품의 모집총액 중 1개 생명보험회사 또는 1개 손해보험회사 상품의 모집액이 차지하는 비율의 상한은 100분의 50(보험회사 상품의 모집액을 합산하여 계산하는 경우에는 100분의 66)으로 한다. 〈2023.12.29. 개정〉
- ㉠ 생명보험회사 상품 모집 : 직전 사업연도 말 현재 「여신전문금융업법」에 따라 허가를 받은 신용카드업자(겸영여신업자는 제외) 각각이 신규로 모집한 생명보험회사 상품의 모집액을 생명보험회사별로 합산한 경우 그 합산 금액이 10억원 이상인 생명보험회사의 수가 4개 이하일 것
- ㉡ 손해보험회사 상품 모집 : 직전 사업연도 말 현재 「여신전문금융업법」에 따라 허가를 받은 신용카드업자(겸영여신업자는 제외) 각각이 신규로 모집한 손해보험회사 상품의 모집액을 손해보험회사별로 합산한 경우 그 합산 금액이 15억원 이상인 손해보험회사의 수가 4개 이하일 것

④ 1개 보험회사 상품의 모집액 산정시 금융기관보험대리점 등과 대리점계약을 체결한 보험회사(이하 "체약보험회사"라 함)와 다음의 어느 하나에 해당하는 관계에 있는 보험회사 상품의 모집액은 합산하여 계산한다.
  ㉠ 최대주주가 동일한 보험회사
  ㉡ 체약보험회사 지분의 100분의 15 이상을 소유한 금융기관보험대리점 등이 지분의 100분의 15 이상을 소유한 보험회사
  ㉢ 체약보험회사 지분의 100분의 15 이상을 소유한 금융기관보험대리점 등의 지주회사가 지분의 100분의 15 이상을 소유한 보험회사
  ㉣ ㉠부터 ㉢까지에 준하는 경우로서 금융위원회가 정하여 고시하는 관계에 있는 보험회사
⑤ 금융기관보험대리점 등은 해당 금융기관에 적용되는 모집수수료율을 모집을 하는 점포의 창구 및 인터넷 홈페이지에 공시하여야 하며 보험회사는 모집을 위탁한 금융기관보험대리점 등의 모집수수료율을, 보험협회는 전체 금융기관보험대리점 등의 모집수수료율을 각각 비교·공시하여야 한다.
⑥ 금융기관보험대리점 등은 보험계약의 체결을 대리하거나 중개할 때에는 금융위원회가 정하여 고시하는 바에 따라 다음의 모든 사항을 보험계약자에게 설명하여야 한다.
  ㉠ 대리하거나 중개하는 보험계약의 주요 보장 내용
  ㉡ 대리하거나 중개하는 보험계약의 환급금
  ㉢ 그 밖에 불완전 판매를 방지하기 위하여 필요한 경우로서 금융위원회가 정하여 고시하는 사항
⑦ 세부 기준·방법 등 그 밖에 금융기관보험대리점 등의 모집에 필요한 사항은 금융위원회가 정하여 고시한다. 다만, 「전자상거래 등에서의 소비자보호에 관한 법률」 등 소비자 관련 법령에서 규율하고 있는 사항에 대해서는 그러하지 아니하다.
⑧ 금융감독원장은 금융기관보험대리점 등의 모집총액과 모집수수료율 등에 관한 보고서를 금융기관보험대리점 등의 사업연도별로 작성하여야 한다.
⑨ 「농업협동조합법」에 따라 설립된 조합이 농업인을 대상으로 다음의 보험상품을 모집하는 경우에는 영 제40조 제3항, 제4항 또는 제6항을 적용하지 아니한다.
  ㉠ 「농어업재해보험법」에 따른 농어업재해보험
  ㉡ 「농어업인 삶의 질 향상 및 농어촌지역 개발촉진에 관한 특별법」에 따른 농어업인 등의 복지증진 및 농어촌의 개발촉진 등을 위하여 정부나 지방자치단체가 보험료의 일부를 지원하는 보험상품으로서 금융위원회가 정하여 고시하는 보험상품

02 모집 관련 준수사항 등

1 보험모집의 제한과 준수사항

(1) 보험안내자료(법 제95조) 기출 15·17·19·25

① 개요

우리 「보험업법」은 공정한 경쟁질서의 유지와 보험계약자의 이익보호 및 장래 이익배당을 전제로 한 부실모집행위를 배제하기 위한 관점에서 모집시 사용하는 보험안내자료의 일정한 기재사항과 기재금지사항의 규제를 가하고 있다.

② 필수적 기재사항과 기재금지사항 기출 24

㉠ 모집을 위하여 사용하는 보험안내자료에는 다음 기재사항을 명백하고 알기 쉽게 적어야 한다.

필수적 기재사항	1. 보험회사의 상호나 명칭 또는 보험설계사·보험대리점 또는 보험중개사의 이름·상호나 명칭 2. <u>보험 가입에 따른 권리·의무에 관한 주요 사항</u> 3. 보험약관으로 정하는 보장에 관한 사항 4. 보험금 지급제한 조건에 관한 사항 5. 해약환급금에 관한 사항 6. 「예금자보호법」에 따른 예금자보호와 관련된 사항 7. 그 밖에 보험계약자를 보호하기 위하여 <u>대통령령으로 정하는 다음의 사항</u> 　• 보험금이 금리에 연동되는 보험상품의 경우 적용금리 및 보험금 변동에 관한 사항 　• 보험금 지급제한 조건의 예시 　• 보험안내자료의 제작자·제작일, 보험안내자료에 대한 보험회사의 심사 또는 관리번호 　• 보험 상담 및 분쟁의 해결에 관한 사항
기재 금지사항	1. 「독점규제 및 공정거래에 관한 법률」 제45조에 따른 사항 2. 보험계약의 내용과 다른 사항 3. 보험계약자에게 유리한 내용만을 골라 안내하거나 다른 보험회사 상품과 비교한 사항 4. 확정되지 아니한 사항이나 사실에 근거하지 아니한 사항을 기초로 다른 보험회사 상품에 비하여 유리하게 비교한 사항

> 보험 가입에 따른 권리·의무에 관한 사항에는 변액보험계약의 경우 다음 각 호의 사항이 포함된다(영 제42조 제1항). 기출 22·23
> 1. 변액보험자산의 운용성과에 따라 납입한 보험료의 원금에 손실이 발생할 수 있으며 그 손실은 보험계약자에게 귀속된다는 사실
> 2. 최저로 보장되는 보험금이 설정되어 있는 경우에는 그 내용

㉡ 보험안내자료에 보험회사의 자산과 부채에 관한 사항을 적는 경우에는 금융위원회에 제출한 서류에 적힌 사항과 다른 내용의 것을 적지 못한다.

㉢ 보험안내자료에는 보험회사의 장래의 이익 배당 또는 잉여금 분배에 대한 예상에 관한 사항을 적지 못한다. 다만, 보험계약자의 이해를 돕기 위하여 금융위원회가 필요하다고 인정하여 정하는 경우에는 그러하지 아니하다.

㉣ 방송·인터넷 홈페이지 등 그 밖의 방법으로 모집을 위하여 보험회사의 자산 및 부채에 관한 사항과 장래의 이익 배당 또는 잉여금 분배에 대한 예상에 관한 사항을 불특정다수인에게 알리는 경우에는 ㉡ 및 ㉢을 준용한다.

> 금융위원회는 보험계약자를 보호하고 정보취득자의 오해를 방지하기 위하여 보험안내자료의 작성 및 관리 등에 필요한 사항을 정하여 고시할 수 있다(영 제42조 제4항).

(2) 설명의무 등(법 제95조의2) 기출 17·19·23

① 보험회사는 보험계약의 체결시부터 보험금 지급시까지의 주요 과정을 대통령령으로 정하는 바에 따라 일반보험계약자에게 설명하여야 한다. 다만, 일반보험계약자가 설명을 거부하는 경우에는 그러하지 아니하다.
② 보험회사는 일반보험계약자가 보험금 지급을 요청한 경우에는 대통령령으로 정하는 바에 따라 보험금의 지급절차 및 지급내역 등을 설명하여야 하며, 보험금을 감액하여 지급하거나 지급하지 아니하는 경우에는 그 사유를 설명하여야 한다.
③ 보험회사는 다음 각 단계에서 중요 사항을 항목별로 일반보험계약자에게 설명하여야 한다. 다만, 보험계약 체결단계(보험계약 승낙 거절시 거절사유로 한정한다), 보험금 청구단계 또는 보험금 심사·지급단계의 경우 일반보험계약자가 계약 체결 전에 또는 보험금청구권자가 보험금 청구단계에서 동의한 경우에 한정하여 서면, 문자메시지, 전자우편 또는 팩스 등으로 중요 사항을 통보하는 것으로 이를 대신할 수 있다(영 제42조의2 제3항).

보험계약 체결단계	가. 보험의 모집에 종사하는 자의 성명, 연락처 및 소속 나. 보험의 모집에 종사하는 자가 보험회사를 위하여 보험계약의 체결을 대리할 수 있는지 여부 다. 보험의 모집에 종사하는 자가 보험료나 고지의무사항을 보험회사를 대신하여 수령할 수 있는지 여부 라. 보험계약의 승낙절차 마. 보험계약 승낙 거절시 거절사유 바. 「상법」 제638조의3 제2항에 따라 3개월 이내에 해당 보험계약을 취소할 수 있다는 사실 및 그 취소절차·방법 사. 그 밖에 일반보험계약자가 보험계약 체결단계에서 설명받아야 하는 사항으로서 금융위원회가 정하여 고시하는 사항
보험금 청구단계	가. 담당 부서, 연락처 및 보험금 청구에 필요한 서류 나. 보험금 심사 절차, 예상 심사기간 및 예상 지급일 다. 일반보험계약자가 보험사고 조사 및 손해사정에 관하여 설명받아야 하는 사항으로서 금융위원회가 정하여 고시하는 사항 라. 그 밖에 일반보험계약자가 보험금 청구단계에서 설명받아야 하는 사항으로서 금융위원회가 정하여 고시하는 사항
보험금 심사·지급단계	가. 보험금 지급일 등 지급절차 나. 보험금 지급내역 다. 보험금 심사 지연시 지연 사유 및 예상 지급일 라. 보험금을 감액하여 지급하거나 지급하지 아니하는 경우에는 그 사유 마. 그 밖에 일반보험계약자가 보험금 심사·지급단계에서 설명받아야 하는 사항으로서 금융위원회가 정하여 고시하는 사항

(3) 중복계약 체결 확인 의무(법 제95조의5) 기출 14

① 보험회사 또는 보험의 모집에 종사하는 자는 대통령령으로 정하는 보험계약을 모집하기 전에 보험계약자가 되려는 자의 동의를 얻어 모집하고자 하는 보험계약과 동일한 위험을 보장하는 보험계약을 체결하고 있는지를 확인하여야 하며, 확인한 내용을 보험계약자가 되려는 자에게 즉시 알려야 한다.

> **대통령령으로 정하는 보험계약(영 제42조의5 제1항)** 기출 19·23
> "대통령령으로 정하는 보험계약"이란 실제 부담한 의료비만 지급하는 제3보험상품계약(이하 "실손의료보험계약"이라 한다)과 실제 부담한 손해액만을 지급하는 것으로서 금융감독원장이 정하는 보험상품계약(이하 "기타손해보험계약"이라 한다)을 말한다. 다만, 다음 각 호의 보험계약은 제외한다.
> 1. 여행 중 발생한 위험을 보장하는 보험계약으로서 다음 각 목의 어느 하나에 해당하는 보험계약
>   가. 「관광진흥법」 제4조에 따라 등록한 여행업자가 여행자를 위하여 일괄 체결하는 보험계약
>   나. 특정 단체가 그 단체의 구성원을 위하여 일괄 체결하는 보험계약
> 2. 국외여행, 연수 또는 유학 등 국외체류 중 발생한 위험을 보장하는 보험계약

② 중복계약 체결의 확인 절차 등에 관하여 필요한 사항은 대통령령으로 정한다.

> **중복계약 체결 확인 절차(영 제42조의5 제2항~제4항)** 기출 19
> ② 보험회사 또는 보험의 모집에 종사하는 자가 실손의료보험계약 또는 기타손해보험계약을 모집하는 경우에는 피보험자가 되려는 자가 이미 다른 실손의료보험계약 또는 보장내용이 동일한 기타손해보험계약의 피보험자로 되어 있는지를 확인하여야 한다.
> ③ 확인 결과, 피보험자가 되려는 자가 다른 실손의료보험계약 또는 보장내용이 동일한 기타손해보험계약의 피보험자로 되어 있는 경우에는 보험금 비례분담 등 보장금 지급에 관한 세부 사항을 안내하여야 한다.
> ④ 확인 및 안내에 관한 세부 사항은 금융위원회가 정하여 고시한다.

(4) 통신수단을 이용한 모집·철회 및 해지 등 관련 준수사항(법 제96조) 기출 15·21

① 전화·우편·컴퓨터통신 등 통신수단을 이용하여 모집을 하는 자는 법 제83조에 따라 모집을 할 수 있는 자이어야 하며, 다른 사람의 평온한 생활을 침해하는 방법으로 모집을 하여서는 아니 된다.

② 보험회사는 다음의 어느 하나에 해당하는 경우 통신수단을 이용할 수 있도록 하여야 한다.
  ㉠ 보험계약을 청약한 자가 청약의 내용을 확인·정정 요청하거나 청약을 철회하고자 하는 경우
  ㉡ 보험계약자가 체결한 계약의 내용을 확인하고자 하는 경우
  ㉢ 보험계약자가 체결한 계약을 해지하고자 하는 경우(보험계약자가 계약을 해지하기 전에 안전성 및 신뢰성이 확보되는 방법을 이용하여 보험계약자 본인임을 확인받은 경우에 한정한다)

③ 통신수단을 이용하여 모집을 하는 방법과 통신수단을 이용한 청약 철회 등을 하는 방법에 관하여 필요한 사항은 대통령령으로 정한다.

④ 통신수단을 이용하여 모집을 하는 방법(영 제43조 제1항~제5항) 기출 23
  ⊙ 통신수단을 이용한 모집은 통신수단을 이용한 모집에 대하여 동의를 한 자를 대상으로 하여야 한다.
  ⊙ 통신수단 중 전화를 이용하여 모집하는 자는 보험계약의 청약이 있는 경우 보험계약자의 동의를 받아 청약 내용, 보험료의 납입, 보험기간, 고지의무, 약관의 주요 내용 등 보험계약 체결을 위하여 필요한 사항을 질문 또는 설명하고 그에 대한 보험계약자의 답변 및 확인 내용을 음성녹음하는 등 증거자료를 확보·유지하여야 하며, 우편이나 팩스 등을 통하여 지체 없이 보험계약자로부터 청약서에 자필서명을 받아야 한다. 이 경우 「전자문서 및 전자거래기본법」 제2조 제1호에 따른 "전자문서"를 이용하여 보험계약 체결에 필요한 사항을 질문 또는 설명하고 그에 대한 보험계약자의 답변 및 확인 내용에 관한 증거자료를 확보·유지할 수 있다.
  〈2023.6.27. 개정〉
  ⊙ 청약자의 신원을 확인할 수 있는 증명자료가 있는 등 금융위원회가 정하여 고시하는 경우에는 자필서명을 받지 아니할 수 있다.
  ⊙ 통신수단 중 동영상과 음성을 동시에 송수신하는 인터넷 화상장치를 이용하여 모집하는 자는 다음의 사항을 준수해야 한다. 〈2023.6.27. 신설〉
    ⓐ 보험회사가 구축한 인터넷 화상장치를 이용할 것
    ⓑ 보험계약의 청약이 있는 경우 보험계약자의 동의를 받아 청약 내용, 보험료의 납입, 보험기간, 고지의무, 약관의 주요 내용 등 보험계약 체결을 위하여 필요한 사항을 질문 또는 설명하고 그에 대한 보험계약자의 답변 및 확인 내용 등을 음성녹음하거나 전자문서로 저장하는 등 증거자료를 확보·유지할 것
    ⓒ 보험계약자의 청약 내용에 대해서는 다음의 어느 하나에 해당하는 경우 외에는 우편이나 팩스 등을 통하여 지체 없이 보험계약자로부터 청약서에 자필서명을 받을 것
      • 「전자서명법」 제2조 제2호에 따른 전자서명(서명자의 실지명의를 확인할 수 있는 것으로 한정한다)을 받은 경우
      • 그 밖에 금융위원회가 정하는 기준을 준수하는 안전성과 신뢰성이 확보될 수 있는 수단을 활용하여 청약 내용에 대하여 보험계약자의 확인을 받은 경우
    ⓓ 그 밖에 보험계약자 보호를 위해 금융위원회가 정하여 고시하는 사항을 준수할 것
  ⊙ 사이버몰을 이용하여 모집하는 자는 다음의 사항을 준수하여야 한다.
    ⓐ 사이버몰에는 보험약관의 주요 내용을 표시하여야 하며 보험계약자의 청약 내용에 대해서는 다음의 어느 하나에 해당하는 경우 외에는 보험계약자로부터 자필서명을 받을 것
      • 「전자서명법」 제2조 제2호에 따른 전자서명(서명자의 실지명의를 확인할 수 있는 것으로 한정한다)을 받은 경우
      • 그 밖에 금융위원회가 정하는 기준을 준수하는 안전성과 신뢰성이 확보될 수 있는 수단을 활용하여 청약 내용에 대하여 보험계약자의 확인을 받은 경우
    ⓑ 보험약관 또는 보험증권을 전자문서로 발급하는 경우에는 보험계약자가 해당 문서를 수령하였는지를 확인하여야 하며 보험계약자가 서면으로 발급해 줄 것을 요청하는 경우에는 서면으로 발급할 것

⑤ 통신수단을 이용하여 청약 철회 및 해지를 하는 방법(영 제43조 제6항~제11항) 기출 22
　㉠ 보험회사는 보험계약을 청약한 자가 전화를 이용하여 청약의 내용을 확인·정정 요청하거나 청약을 철회하려는 경우에는 상대방의 동의를 받아 청약 내용, 청약자 본인인지를 확인하고 그 내용을 음성녹음하는 등 증거자료를 확보·유지하여야 한다.
　㉡ 보험회사는 보험계약을 청약한 자가 컴퓨터통신을 이용하여 청약의 내용을 확인·정정 요청하거나 청약을 철회하려는 경우에는 다음의 어느 하나에 해당하는 방법을 이용하여 청약자 본인인지를 확인하여야 한다.
　　ⓐ 「전자서명법」 제2조 제2호에 따른 전자서명(서명자의 실지명의를 확인할 수 있는 것으로 한정한다)
　　ⓑ 그 밖에 금융위원회가 정하는 기준을 준수하는 안전성과 신뢰성이 확보될 수 있는 수단을 활용하여 청약자 본인인지를 확인하는 방법
　㉢ 보험회사는 보험계약자가 전화를 이용하여 체결한 계약의 내용을 확인하려는 경우에는 상대방의 동의를 받아 보험계약자 본인인지를 확인하고 그 내용을 음성녹음하는 등 증거자료를 확보·유지하여야 한다.
　㉣ 보험회사는 보험계약자가 전화를 이용하여 체결한 계약을 해지하려는 경우에는 상대방의 동의를 받아 보험계약자 본인인지를 확인하고, 그 내용을 음성녹음하는 등 증거자료를 확보·유지해야 한다. 〈2023.6.27. 개정〉
　㉤ 보험회사는 보험계약자가 컴퓨터통신을 이용하여 체결한 계약을 해지하려는 경우에는 다음의 방법으로 보험계약자 본인인지를 확인해야 한다. 〈2023.6.27. 개정〉
　　ⓐ 「전자서명법」에 따른 전자서명(서명자의 실지명의를 확인할 수 있는 것으로 한정한다)
　　ⓑ 그 밖에 금융위원회가 정하여 고시하는 기준을 충족하는 수단으로서 안전성 및 신뢰성이 확보된 수단을 이용하여 보험계약자 본인인지를 확인할 수 있는 방법

> 금융위원회는 사이버몰의 표시사항, 통신수단을 이용한 모집, 청약 내용의 확인, 청약의 철회, 계약 내용의 확인 및 계약의 해지에 필요한 세부 사항을 정하여 고시할 수 있다. 다만, 「전자상거래 등에서의 소비자보호에 관한 법률」 등 소비자 관련 법령에서 규율하고 있는 사항에 대해서는 그러하지 아니하다(영 제43조 제11항).

2 금지행위

(1) 보험계약의 체결 또는 모집에 관한 금지행위(법 제97조) 기출 17·19·20·21·24·25

① 보험계약의 체결 또는 모집에 종사하는 자는 그 체결 또는 모집에 관하여 다음의 어느 하나에 해당하는 행위를 하여서는 아니 된다.

㉠ 보험계약자 또는 피보험자로 하여금 이미 성립된 보험계약(이하 "기존보험계약"이라 한다)을 부당하게 소멸시킴으로써 새로운 보험계약(대통령령으로 정하는 바에 따라 기존보험계약과 보장 내용 등이 비슷한 경우만 해당한다)을 청약하게 하거나 새로운 보험계약을 청약하게 함으로써 기존보험계약을 부당하게 소멸시키거나 그 밖에 부당하게 보험계약을 청약하게 하거나 이러한 것을 권유하는 행위

> **기존보험계약과 보장 내용 등이 비슷한 새로운 보험계약(영 제43조의2 제1항)**
> 기존보험계약과 보장 내용 등이 비슷한 새로운 보험계약은 다음 각 호의 사항에 모두 해당하여야 한다. 다만, 기존보험계약 또는 새로운 보험계약의 보험기간이 1년 이하인 경우 또는 컴퓨터통신을 이용하여 새로운 보험계약을 체결하는 경우에는 그러하지 아니하다.
> 1. 기존보험계약과 새로운 보험계약의 피보험자가 같을 것
> 2. 기존보험계약과 새로운 보험계약의 위험보장의 범위가 생명보험상품, 손해보험상품, 제3보험상품의 구분에 따라 비슷할 것

㉡ 실제 명의인이 아닌 자의 보험계약을 모집하거나 실제 명의인의 동의가 없는 보험계약을 모집하는 행위

㉢ 보험계약자 또는 피보험자의 자필서명이 필요한 경우에 보험계약자 또는 피보험자로부터 자필서명을 받지 아니하고 서명을 대신하거나 다른 사람으로 하여금 서명하게 하는 행위

㉣ 다른 모집 종사자의 명의를 이용하여 보험계약을 모집하는 행위

㉤ 보험계약자 또는 피보험자와의 금전대차의 관계를 이용하여 보험계약자 또는 피보험자로 하여금 보험계약을 청약하게 하거나 이러한 것을 요구하는 행위

㉥ 정당한 이유 없이 「장애인차별금지 및 권리구제 등에 관한 법률」에 따른 장애인의 보험가입을 거부하는 행위

㉦ 보험계약의 청약철회 또는 계약 해지를 방해하는 행위

② 보험계약의 체결 또는 모집에 종사하는 자가 다음의 어느 하나에 해당하는 행위를 한 경우에는 기존보험계약을 부당하게 소멸시키거나 소멸하게 하는 행위를 한 것으로 본다.

㉠ 기존보험계약이 소멸된 날부터 1개월 이내에 새로운 보험계약을 청약하게 하거나 새로운 보험계약을 청약하게 한 날부터 1개월 이내에 기존보험계약을 소멸하게 하는 행위. 다만, 보험계약자가 기존 보험계약 소멸 후 새로운 보험계약 체결시 손해가 발생할 가능성이 있다는 사실을 알고 있음을 자필로 서명하는 등 대통령령으로 정하는 바에 따라 본인의 의사에 따른 행위임이 명백히 증명되는 경우에는 그러하지 아니하다.

> **대통령령으로 정하는 바(영 제43조의2 제2항 및 제3항)**
> ② 본인 의사의 증명은 다음 각 호의 어느 하나에 해당하는 방법으로 한다.
>   1. 서명(「전자서명법」 제2조 제2호에 따른 전자서명을 포함한다)
>   2. 기명날인
>   3. 녹취
>   4. 그 밖에 금융위원회가 정하는 기준을 준수하는 안전성과 신뢰성이 확보될 수 있는 수단을 활용하여 보험계약자 본인의 의사에 따른 행위임을 명백히 증명하는 방법
> ③ 보험회사는 제2항 각 호의 어느 하나에 해당하는 방법에 의한 본인 의사 증명 사실을 확인할 수 있는 서류 등을 금융위원회가 정하여 고시하는 방법에 따라 보관·관리하여야 한다.

ⓛ 기존보험계약이 소멸된 날부터 6개월 이내에 새로운 보험계약을 청약하게 하거나 새로운 보험계약을 청약하게 한 날부터 6개월 이내에 기존보험계약을 소멸하게 하는 경우로서 해당 보험계약자 또는 피보험자에게 기존보험계약과 새로운 보험계약의 <u>보험기간 및 예정 이자율 등 대통령령으로 정하는 중요한 사항</u>을 비교하여 알리지 아니하는 행위

> **보험계약 변경시 비교·고지사항(영 제44조)**
> ① "보험기간 및 예정 이자율 등 대통령령으로 정하는 중요한 사항"이란 다음 각 호의 사항을 말한다.
>   1. 보험료, 보험기간, 보험료 납입주기 및 납입기간
>   2. 보험가입금액 및 주요 보장 내용
>   3. 보험금액 및 환급금액
>   4. 예정 이자율 중 공시이율
>   5. 보험목적
>   6. 보험회사의 면책사유 및 면책사항
> ② 보험회사는 제1항 각 호의 사항을 비교하여 알린 사실을 확인할 수 있는 서류 등을 금융위원회가 정하여 고시하는 방법에 따라 보관·관리하여야 한다.

③ 보험계약자는 보험계약의 체결 또는 모집에 종사하는 자(보험중개사는 제외한다)가 기존보험계약을 소멸시키거나 소멸하게 하였을 때에는 그 보험계약의 체결 또는 모집에 종사하는 자가 속하거나 모집을 위탁한 보험회사에 대하여 그 보험계약이 소멸한 날부터 6개월 이내에 소멸된 보험계약의 부활을 청구하고 새로운 보험계약은 취소할 수 있다.

④ 보험계약의 부활의 청구를 받은 보험회사는 특별한 사유가 없으면 소멸된 보험계약의 부활을 승낙하여야 한다.

⑤ 보험계약의 부활을 청구하는 절차 및 방법과 그 밖에 보험계약의 부활에 관하여 필요한 사항은 대통령령으로 정한다.

> **보험계약의 부활 청구 절차(영 제45조)**
> ① 소멸된 보험계약의 부활을 청구하고 새로운 보험계약을 취소하려는 보험계약자는 보험계약 부활청구서에 다음 각 호의 서류를 첨부하여 보험회사에 제출하여야 한다.
>   1. 기존보험계약의 소멸을 증명하는 서류
>   2. 새로운 보험계약의 보험증권
> ② 보험회사는 서류를 접수하였을 때에는 접수증을 발급하고 부활사유 및 제출된 서류의 기재사항 등을 확인하여야 한다.
> ③ 보험회사는 보험계약의 부활 청구를 받은 날(건강진단을 받는 계약의 경우에는 진단일)부터 30일 이내에 승낙 또는 거절의 통지를 하여야 하며 그 기간에 통지가 없을 때에는 승낙한 것으로 본다.
> ④ 소멸된 보험계약의 부활 및 새로운 보험계약의 취소의 효력은 다음 각 호의 요건을 충족하였을 때에 발생한다.
>   1. 기존보험계약의 소멸로 인하여 보험계약자가 수령한 해약환급금의 반환
>   2. 새로운 보험계약으로부터 보험계약자가 제급부금을 수령한 경우 그 반환
> ⑤ 보험계약의 부활 및 취소는 해당 보험계약이 같은 보험회사를 대상으로 한 계약에만 적용한다.
> ⑥ 금융위원회는 보험계약의 부활에 필요한 세부 사항을 정하여 고시할 수 있다.

(2) 특별이익의 제공 금지(법 제98조) 기출 14 · 15 · 17 · 21 · 24

보험계약의 체결 또는 모집에 종사하는 자는 그 체결 또는 모집과 관련하여 보험계약자나 피보험자에게 다음의 어느 하나에 해당하는 특별이익을 제공하거나 제공하기로 약속하여서는 아니 된다.

① 금품(대통령령으로 정하는 금액을 초과하지 아니하는 금품은 제외한다)

> **대통령령으로 정하는 금액(영 제46조)** 기출 25
> 보험계약 체결시부터 최초 1년간 납입되는 보험료의 100분의 10과 3만원(보험계약에 따라 보장되는 위험을 감소시키는 물품의 경우에는 20만원) 중 적은 금액을 말한다. 〈2023.6.27. 개정〉

② 기초서류에서 정한 사유에 근거하지 아니한 보험료의 할인 또는 수수료의 지급
③ 기초서류에서 정한 보험금액보다 많은 보험금액의 지급 약속
④ 보험계약자나 피보험자를 위한 보험료의 대납
⑤ 보험계약자나 피보험자가 해당 보험회사로부터 받은 대출금에 대한 이자의 대납
⑥ 보험료로 받은 수표 또는 어음에 대한 이자 상당액의 대납
⑦ 「상법」 제682조에 따른 제3자에 대한 청구권 대위행사의 포기

(3) 수수료 지급 등의 금지(법 제99조) 기출 17·19·25

① 보험회사는 보험을 모집할 수 있는 자(법 제83조) 이외의 자에게 모집을 위탁하거나 모집에 관하여 수수료, 보수, 그 밖의 대가를 지급하지 못한다. 다만, 다음의 어느 하나에 해당하는 경우에는 그러하지 아니하다.
  ㉠ 기초서류에서 정하는 방법에 따른 경우
  ㉡ 보험회사가 대한민국 밖에서 외국보험사와 공동으로 원보험계약을 인수하거나 대한민국 밖에서 외국의 모집조직(외국의 법령에 따라 모집을 할 수 있도록 허용된 경우만 해당한다)을 이용하여 원보험계약 또는 재보험계약을 인수하는 경우
  ㉢ 그 밖에 대통령령으로 정하는 경우
② 보험중개사는 대통령령으로 정하는 경우 이외에는 보험계약 체결의 중개와 관련한 수수료나 그 밖의 대가를 보험계약자에게 청구할 수 없다.

> **수수료 지급 등의 금지 예외(영 제47조)**
> ① "대통령령으로 정하는 경우"란 보험계약 체결의 중개와는 별도로 보험계약자에게 특별히 제공한 서비스에 대하여 일정 금액으로 표시되는 보수나 그 밖의 대가를 지급할 것을 미리 보험계약자와 합의한 서면약정서에 의하여 청구하는 경우를 말한다.
> ② 보험중개사는 제1항에 따른 보수나 그 밖의 대가를 청구하려는 경우에는 해당 서비스를 제공하기 전에 제공할 서비스별 내용이 표시된 보수명세표를 보험계약자에게 알려야 한다.

(4) 금융기관보험대리점 등의 금지행위 등(법 제100조) 기출 17·19·20·21

① 모집할 때의 금지행위
  ㉠ 대출 등 해당 금융기관이 제공하는 용역(이하 "대출 등"이라 한다)을 받는 자의 동의를 미리 받지 아니하고 보험료를 대출 등의 거래에 포함시키는 행위
  ㉡ 해당 금융기관의 임직원(법 제83조에 따라 모집할 수 있는 자는 제외)에게 모집을 하도록 하거나 이를 용인하는 행위
  ㉢ 해당 금융기관의 점포 외의 장소에서 모집을 하는 행위
  ㉣ 모집과 관련이 없는 금융거래를 통하여 취득한 개인정보를 미리 그 개인의 동의를 받지 아니하고 모집에 이용하는 행위
  ㉤ 그 밖에 ㉠부터 ㉣까지의 행위와 비슷한 행위로서 대통령령으로 정하는 행위

> **대통령령으로 정하는 행위(영 제48조 제1항)** 기출 24
> "대통령령으로 정하는 행위"란 모집에 종사하는 자 외에 소속 임직원으로 하여금 보험상품의 구입에 대한 상담 또는 소개를 하게 하거나 상담 또는 소개의 대가를 지불하는 행위를 말한다.

② 모집할 때의 준수사항
　㉠ 해당 금융기관이 대출 등을 받는 자에게 보험계약의 청약을 권유하는 경우 대출 등을 받는 자가 그 금융기관이 대리하거나 중개하는 보험계약을 체결하지 아니하더라도 대출 등을 받는 데 영향이 없음을 알릴 것
　㉡ 해당 금융기관이 보험회사가 아니라 보험대리점 또는 보험중개사라는 사실과 보험계약의 이행에 따른 지급책임은 보험회사에 있음을 보험계약을 청약하는 자에게 알릴 것
　㉢ 보험을 모집하는 장소와 대출 등을 취급하는 장소를 보험계약을 청약하는 자가 쉽게 알 수 있을 정도로 분리할 것
　㉣ ㉠부터 ㉢까지의 사항과 비슷한 사항으로서 대통령령으로 정하는 사항

> **대통령령으로 정하는 사항(영 제48조 제2항)**
> "대통령령으로 정하는 사항"이란 보험계약자 등의 보험민원을 접수하여 처리할 전담창구를 해당 금융기관의 본점에 설치·운영하는 것을 말한다.

③ 금융기관보험대리점 등의 보험회사에 대한 금지행위
　금융기관보험대리점 등이나 금융기관보험대리점 등이 되려는 자는 보험계약 체결을 대리하거나 중개하는 조건으로 보험회사에 대하여 다음의 어느 하나의 행위를 하여서는 아니 된다.
　㉠ 해당 금융기관을 계약자로 하는 보험계약의 할인을 요구하거나 그 금융기관에 대한 신용공여, 자금지원 및 보험료 등의 예탁을 요구하는 행위
　㉡ 보험계약 체결을 대리하거나 중개하면서 발생하는 비용 또는 손실을 보험회사에 부당하게 떠넘기는 행위
　㉢ 그 밖에 금융기관의 우월적 지위를 이용하여 부당한 요구 등을 하는 행위로서 대통령령으로 정하는 행위

> **대통령령으로 정하는 행위(영 제48조 제3항)**
> "대통령령으로 정하는 행위"란 모집수수료 외에 금융기관보험대리점 등이 모집한 보험계약에서 발생한 이익의 배분을 요구하는 행위(금융위원회가 정하여 고시하는 기준에 따라 이익의 배분을 요구하는 경우는 제외한다)를 말한다.

④ 금융기관보험대리점 등 또는 금융기관보험대리점 등이 되려는 자의 보험회사에 대한 금지행위의 구체적 기준은 대통령령으로 정하는 바에 따라 금융위원회가 정한다.

> **금융기관보험대리점 등 또는 금융기관보험대리점 등이 되려는 자의 금지행위 기준(영 제48조 제4항)**
> 1. 금융기관보험대리점 등이 요구하는 행위가 일반적인 거래조건에 비추어 명백히 보험회사의 이익에 반하는 것으로 인정될 수 있을 것
> 2. 해당 행위가 보험회사의 경영건전성이나 보험계약자의 이익, 그 밖에 건전한 모집질서를 명백히 해치는 것으로 인정될 수 있을 것

(5) 자기계약의 금지(법 제101조) 기출 21·23

① 보험대리점 또는 보험중개사는 자기 또는 자기를 고용하고 있는 자를 보험계약자 또는 피보험자로 하는 보험을 모집하는 것을 주된 목적으로 하지 못한다.

② 보험대리점 또는 보험중개사가 모집한 자기 또는 자기를 고용하고 있는 자를 보험계약자나 피보험자로 하는 보험의 보험료 누계액이 그 보험대리점 또는 보험중개사가 모집한 보험의 보험료의 100분의 50을 초과하게 된 경우에는 그 보험대리점 또는 보험중개사는 위 ①항을 적용할 때 자기 또는 자기를 고용하고 있는 자를 보험계약자 또는 피보험자로 하는 보험을 모집하는 것을 그 주된 목적으로 한 것으로 본다.

(6) 「금융소비자 보호에 관한 법률」의 준용(법 제101조의2)

① 보험회사 임직원의 설명의무 및 부당권유행위 금지에 관하여는 「금융소비자 보호에 관한 법률」 제19조 제1항·제2항 및 제21조를 준용한다. 이 경우 "금융상품판매업자 등"은 "보험회사 임직원"으로 본다.

② 보험회사 임직원의 광고 관련 준수사항에 관하여는 「금융소비자 보호에 관한 법률」 제22조 제2항부터 제7항의 규정을 준용한다. 이 경우 "금융상품판매업자 등"은 "보험회사 임직원"으로 본다.

③ 보험회사 임직원의 제3자에 대한 모집위탁에 관하여는 「금융소비자 보호에 관한 법률」 제25조 제1항 각 호 외의 부분 및 같은 항 제2호를 준용한다. 이 경우 "금융상품판매대리·중개업자는"은 "보험회사 임직원은"으로, "금융상품판매대리·중개업자가 대리·중개하는 업무"는 "보험회사 임직원의 모집 업무"로 한다.

03 보험계약자의 권리 등

1 보험계약자의 권리

(1) 모집을 위탁한 보험회사의 배상책임(법 제102조) 〈2020.3.24. 삭제〉

(2) 영업보증금에 대한 우선변제권(법 제103조)
보험계약자나 보험금을 취득할 자가 보험중개사의 보험계약 체결 중개행위와 관련하여 손해를 입은 경우에는 그 손해액을 영업보증금(법 제89조 제3항)에서 다른 채권자보다 우선하여 변제받을 권리를 가진다.

2 보험계약자 등의 의무

(1) 보험사기의 정의
① 보험금을 수령할 목적으로 이미 발생한 보험사고의 원인이나 시기, 내용 등을 허위로 조작하거나 피해의 정도를 과장하여 보험금을 청구하는 행위
② 고의로 보험사고를 발생시키거나 발생하지 않은 보험사고를 발생한 것으로 조작하여 보험금을 청구하는 행위
③ 기타 다른 법률의 규정에 위반하여 보험사고에 따른 보험금을 수령하고자 하는 행위

(2) 보험사기행위의 금지(법 제102조의2) 기출 16
보험계약자, 피보험자, 보험금을 취득할 자, 그 밖에 보험계약에 관하여 이해관계가 있는 자는 보험사기행위를 하여서는 아니 된다.

3 보험관계 업무종사자 등의 의무

(1) 보험관계 업무종사자(법 제102조의3)
보험회사의 임직원, 보험설계사, 보험대리점, 보험중개사, 손해사정사, 그 밖에 보험관계 업무에 종사하는 자를 말한다.

(2) 보험관계 업무종사자의 금지행위
① 보험계약자, 피보험자, 보험금을 취득할 자, 그 밖에 보험계약에 관하여 이해가 있는 자로 하여금 고의로 보험사고를 발생시키거나 발생하지 아니한 보험사고를 발생한 것처럼 조작하여 보험금을 수령하도록 하는 행위

② 보험계약자, 피보험자, 보험금을 취득할 자, 그 밖에 보험계약에 관하여 이해가 있는 자로 하여금 이미 발생한 보험사고의 원인, 시기 또는 내용 등을 조작하거나 피해의 정도를 과장하여 보험금을 수령하도록 하는 행위

4 실손의료보험계약의 서류 전송 [본조신설 2023.10.24.]

(1) 실손의료보험계약의 보험금 청구를 위한 서류 전송(법 제102조의6) 기출 25

① 실손의료보험(실제로 부담한 의료비만을 지급하는 제3보험상품을 말한다)계약의 보험계약자, 피보험자, 보험금을 취득할 자 또는 그 대리인은 보험금을 청구하기 위하여 「국민건강보험법」 제42조에 따른 요양기관(이하 "요양기관"이라 한다)으로 하여금 진료비 계산서·영수증, 진료비 세부산정내역 등 보험금 청구에 필요한 서류로서 금융위원회가 정하여 고시하는 서류를 보험계약자가 실손의료보험계약을 체결한 보험회사에 전자적 형태로 전송하여 줄 것을 요청할 수 있다.
② 요청을 받은 요양기관은 「의료법」 제21조 및 「약사법」 제30조에도 불구하고 대통령령으로 정하는 정당한 사유가 없으면 그 요청에 따라야 한다.
③ 요청 방법과 절차, 전송방식 등에 관하여 필요한 세부사항은 대통령령으로 정한다.

> **실손의료보험계약의 보험금 청구를 위한 서류 전송(영 제48조의2)** 〈2024.10.22. 신설〉
> ① 실손의료보험계약의 보험계약자, 피보험자, 보험금을 취득할 자 또는 그 대리인(이하 "보험계약자 등"이라 한다)은 법 제102조의6 제1항에 따라 「국민건강보험법」 제42조에 따른 요양기관(이하 "요양기관"이라 한다)에 실손의료보험계약의 보험금 청구에 필요한 서류의 전송을 요청하는 경우에는 다음 각 호의 사항을 확인해야 한다.
>   1. 피보험자의 진료내역
>   2. 보험금을 청구할 보험회사
> ② 법 제102조의6 제1항의 요청을 받은 요양기관은 보험계약자 등의 요청에 따라 실손의료보험계약의 보험금 청구에 필요한 서류를 보험회사에 전송하는 경우에는 다음 각 호의 요건을 모두 갖추어 전송해야 한다.
>   1. 정보처리장치로 처리가 가능한 형태일 것
>   2. 암호화 등 안전성 확보 및 개인정보 보호 등을 위한 조치로서 금융위원회가 정하여 고시하는 조치를 할 것
> ③ 법 제102조의6 제2항에서 "대통령령으로 정하는 정당한 사유"란 다음 각 호의 사유를 말한다.
>   1. 법 제102조의7 제1항에 따른 전산시스템(이하 "실손전산시스템"이라 한다)에 전산장애가 발생하거나 실손전산시스템의 보수·점검 등으로 전송을 할 수 없는 경우
>   2. 「전자금융거래법」 제2조 제22호에 따른 전자적 침해행위가 발생한 경우로서 개인정보 보호 등을 위하여 실손전산시스템을 차단할 필요가 있는 경우
>   3. 실손전산시스템에 의한 서류 전송을 위하여 시스템 연계 등 사전절차를 진행하고 있는 경우로서 금융위원회가 정하여 고시하는 경우
>   4. 그 밖에 제1호부터 제3호까지에 준하는 경우로서 금융위원회가 정하여 고시하는 경우

(2) **실손의료보험계약의 서류 전송을 위한 전산시스템의 구축·운영 등(법 제102조의7)** 기출 25
① 보험회사는 법 제102조의6 제1항에 따른 업무를 수행하기 위하여 필요한 전산시스템을 구축·운영하여야 한다.
② 보험회사는 전산시스템의 구축·운영에 관한 업무를 공공성·보안성·전문성 등을 고려하여 대통령령으로 정하는 전송대행기관(이하 "전송대행기관"이라 한다)에 위탁하거나 직접 수행할 수 있다.

> **전송대행기관(영 제48조의3)** ⟨2024.10.22. 신설⟩
> 법 제102조의7 제2항에서 "대통령령으로 정하는 전송대행기관"이란 보험요율산출기관을 말한다.

③ 전산시스템의 구축·운영에 관한 비용은 보험회사가 부담한다.
④ 보험회사(업무를 위탁한 경우 전송대행기관을 포함한다)는 요양기관 등과 전산시스템의 구축·운영에 관한 사항을 협의하기 위하여 대통령령으로 정하는 바에 따라 위원회를 구성·운영할 수 있다.

> **실손전산시스템운영위원회의 구성·운영(영 제48조의4)** ⟨2024.10.22. 신설⟩
> ① 법 제102조의7 제4항에 따른 위원회(이하 "실손전산시스템운영위원회"라 한다)는 다음 각 호의 사항을 협의한다.
>   1. 실손전산시스템의 구축·운영 및 그 개선에 관한 사항
>   2. 실손전산시스템의 구축·운영 등에 관한 관계기관간 의견 조정에 관한 사항
>   3. 법 제102조의7 제2항에 따른 전송대행기관(이하 "전송대행기관"이라 한다)의 실손전산시스템 구축·운영 등 업무수행에 대한 평가 및 그 개선에 관한 사항
> ② 실손전산시스템운영위원회는 위원장 1명을 포함한 18명의 위원으로 구성한다.
> ③ 실손전산시스템운영위원회의 위원은 다음 각 호의 사람이 되고, 위원장은 위원 중에서 호선한다.
>   1. 보건복지부·금융위원회의 고위공무원단에 속하는 일반직공무원 또는 3급 공무원으로서 해당 기관의 장이 지명하는 사람 각 1명
>   2. 금융감독원 소속 임직원 중에서 금융감독원의 장이 지명하는 사람 1명
>   3. 전송대행기관 소속 임직원 중에서 전송대행기관의 장이 지명하는 사람 1명
>   4. 보험협회 중 생명보험회사로 구성된 협회(이하 "생명보험협회"라 한다)의 장이 지명하는 사람 2명
>   5. 보험협회 중 손해보험회사로 구성된 협회(이하 "손해보험협회"라 한다)의 장이 지명하는 사람 3명
>   6. 「의료법」 제28조 제1항에 따른 의사회, 치과의사회 및 한의사회의 장이 지명하는 사람 각 1명
>   7. 「의료법」 제52조에 따른 의료기관단체 중 같은 법 제3조 제2항 제3호 가목 및 라목부터 바목까지의 규정에 따른 의료기관의 장으로 구성된 의료기관단체의 장이 지명하는 사람 1명
>   8. 「약사법」 제11조에 따른 대한약사회의 장이 지명하는 사람 1명
>   9. 보험 소비자 보호, 의료 소비자 보호, 보험 또는 보건의료 분야에 관한 학식과 경험이 풍부한 사람으로서 전송대행기관의 장이 위촉하는 사람 4명
> ④ 위원의 임기는 2년으로 한다. 다만, 제3항 제1호부터 제3호까지에 해당하는 위원의 임기는 해당 직(職)에 재직하는 기간으로 한다.
> ⑤ 실손전산시스템운영위원회의 회의는 재적위원 과반수의 출석으로 개의하고 출석위원 과반수의 찬성으로 의결한다.

⑥ 실손전산시스템운영위원회는 필요한 경우 분야별 분과위원회를 둘 수 있다.
⑦ 실손전산시스템운영위원회는 필요하다고 인정하면 관계 행정기관·공공단체나 그 밖의 기관·단체의 장 또는 민간전문가를 회의에 참석하게 하여 의견을 들을 수 있다.
⑧ 제1항부터 제7항까지에서 규정한 사항 외에 실손전산시스템운영위원회 및 분과위원회의 구성 및 운영 등에 필요한 사항은 위원회 의결을 거쳐 위원장이 정한다.

⑤ 전산시스템의 구축·운영에 관한 업무에 종사하거나 종사한 사람은 그 업무를 수행하는 과정에서 알게 된 정보 또는 자료를 누설하거나 법 제102조의6 제1항에 따른 서류 전송 업무 외의 용도로 사용 또는 보관하여서는 아니 된다.
⑥ 전산시스템의 구축·운영, 업무위탁의 범위·방법 및 절차 등에 관하여 필요한 사항은 금융위원회가 정하여 고시한다.

CHAPTER 03 기출유형문제

01 보험업법상 보험계약의 모집을 할 수 있는 자는? 기출 24

① 보험회사의 사외이사
② 보험회사의 직원
③ 보험회사의 대표이사
④ 보험회사의 감사위원

| 해설 |
보험회사의 임원 또는 직원은 보험계약을 모집할 수 있으며, 대표이사·사외이사·감사 및 감사위원은 제외한다(법 제83조 제1항 제4호).

02 보험의 모집에 관한 설명으로 옳지 않은 것은? 기출 19

① 보험설계사는 원칙적으로 자기가 소속된 보험회사 등 이외의 자를 위하여 모집을 하지 못한다.
② 보험업법은 모집에 종사하는 자를 일정한 자로 제한하고 있다.
③ 보험업법상 모집이란 보험계약의 체결을 중개하거나 대리하는 것을 말한다.
④ 보험회사의 사외이사는 회사를 위해 보험계약을 모집 할 수 있다.

| 해설 |
보험회사의 임원 중 대표이사·사외이사·감사 및 감사위원은 보험계약을 모집 할 수 없다(법 제83조 제1항 제4호).

정답 01 ② 02 ④

03 보험모집에 관한 설명 중 옳은 것(○)과 옳지 않은 것(×)을 올바르게 조합한 것은? (다툼이 있는 경우 통설·판례에 의함) 기출 17

> 가. 보험모집에 관한 규제는 처음에는 「보험업법」에 의하여 규율하지 아니하였고, 「보험모집단속법」(제정 1962.1.20. 법률 제990호)이라는 별도의 법률에 의하여 규율되었다.
> 나. 보험회사·보험대리점 및 보험중개사는 대통령령으로 정하는 바에 따라 소속 보험설계사에게 보험계약의 모집에 관한 교육을 하여야 한다.
> 다. 2003년 개정 「보험업법」에 의하여 보험대리점의 특수한 형태로서 금융기관보험대리점제도가 도입되었다.
> 라. 사외이사는 직무수행의 독립성과 중립성을 담보하기 위하여 모집할 수 있는 자에서 제외되었다.

① 가(○), 나(○), 다(○), 라(○)
② 가(○), 나(○), 다(×), 라(○)
③ 가(○), 나(×), 다(○), 라(○)
④ 가(×), 나(○), 다(○), 라(○)

해설
가. (○) 1962년 「보험모집단속법」의 제정으로 보험모집에 관한 제도적 장치가 마련되었으며, 1977년 기존의 「보험업법」으로 통합되었다.
나. (○) 법 제85조의2(보험설계사 등의 교육) 제1항
다. (○) 2003년 개정 「보험업법」은 은행(중소기업은행 한국산업은행 포함), 증권회사, 상호저축은행, 신용카드회사 등 판매망을 갖춘 금융기관이 보험대리점이나 보험중개사로 등록할 수 있게 함으로써 보험모집을 할 수 있도록 하였다(방카슈랑스 도입).
라. (○) 법 제83조 제1항 제4호

04 모집할 수 있는 자에 관한 설명 중 옳은 것(○)과 옳지 않은 것(×)을 올바르게 조합한 것은? (다툼이 있는 경우 통설·판례에 의함) 기출 17

> 가. 모집할 수 있는 자는 보험설계사, 보험대리점, 보험회사의 대표이사 등이 있다.
> 나. 보험대리점 또는 보험중개사로 등록한 금융기관은 모집과 관련이 없는 금융거래를 통하여 취득한 개인정보를 미리 그 개인의 동의를 받지 아니하고 모집에 이용하는 행위를 하지 못한다.
> 다. 보험설계사와 보험중개사는 보험계약의 체결을 중개하는 자이다.
> 라. 보험업법상의 보험대리점은 체약대리상으로서 고지의무 수령권한이 있으나, 보험설계사 및 보험중개사는 고지의무 수령권한이 없다.

① 가(○), 나(○), 다(○), 라(○)
② 가(○), 나(×), 다(○), 라(○)
③ 가(×), 나(○), 다(○), 라(×)
④ 가(×), 나(○), 다(○), 라(○)

| 해설 |
가. (✗) 모집을 할 수 있는 자는 보험설계사, 보험대리점, 보험중개사, 보험회사의 임원 등이며, 임원 중 대표이사·사외이사·감사 및 감사위원은 제외한다(법 제83조 제1항).
나. (○) 법 제100조 제1항 제5호
다. (○) 법 제2조 제9호, 제11호
라. (○) 보험대리점은 보험계약체결권 이외에도 고지의무수령권, 보험료수령권을 가지지만, 보험설계사 및 보험중개사는 보험계약체결권, 고지의무수령권이 없다.

[판례] 대법원 2006.6.30., 선고, 2006다19672, 판결
보험모집인은 특정 보험자를 위하여 보험계약의 체결을 중개하는 자일 뿐 보험자를 대리하여 보험계약을 체결할 권한이 없고, 보험계약자 또는 피보험자가 보험자에 대하여 하는 고지나 통지를 수령할 권한도 없다.

05 보험업법상 보험모집을 할 수 있는 자에 관한 설명으로 옳지 않은 것은? 기출 23

① 보험중개사(금융기관보험중개사는 제외)는 생명보험중개사와 손해보험중개사, 제3보험중개사로 구분된다.
② 간단손해보험대리점(금융기관보험대리점은 제외)의 영업 범위는 개인 또는 가계의 일상생활 중 발생하는 위험을 보장하는 보험종목으로서, 간단손해보험대리점을 통하여 판매·제공·중개되는 재화 또는 용역과의 관련성 등을 고려하여 금융위원회가 정하여 고시하는 보험종목으로 한다.
③ 보험회사의 대표이사·사외이사는 업무집행기관이라는 점에서 보험모집을 할 수 없으나, 감사·감사위원은 감독기관이기 때문에 보험모집이 가능하다.
④ 금융기관보험대리점은 그 금융기관 소속 임직원이 아닌 자로 하여금 모집을 하게 하거나 보험계약 체결과 관련한 상담 또는 소개를 하게하고 상담 또는 소개의 대가를 지급하여서는 아니 된다.

| 해설 |
보험회사의 임원 중 대표이사·사외이사·감사 및 감사위원은 보험모집을 할 수 없다(법 제83조 제1항 제4호).
① 영 제34조 제1항
② 영 제31조 제1항 제2호
④ 법 제83조 제2항

06 보험업법상 보험설계사의 등록에 관한 다음의 설명 중 옳지 않은 것은? 기출 15

① 보험업법에 따라 벌금 이상의 형을 선고받고 그 집행이 끝나거나(집행이 끝난 것으로 보는 경우를 포함한다) 집행이 면제된 날부터 3년이 지난 자는 보험설계사가 되지 못한다.
② 파산선고를 받은 자로서 복권되지 아니한 자는 보험설계사가 되지 못한다.
③ 보험업법에 따라 금고 이상의 형의 집행유예를 선고받고 그 유예기간 중에 있는 자는 보험설계사가 되지 못한다.
④ 보험업법에 따라 보험설계사·보험대리점 또는 보험중개사의 등록이 취소된 후 2년이 지나지 아니한 자는 보험설계사가 되지 못한다.

| 해설 |
벌금 이상의 형을 선고받고 그 집행이 끝나거나(집행이 끝난 것으로 보는 경우를 포함한다) 집행이 면제된 날부터 2년이 지나지 아니한 자는 보험설계사가 되지 못한다고 규정되어 있으므로 3년이 지난 자는 보험설계사가 될 수 있다(법 제84조 제2항 제3호).

07 보험업법상 보험설계사에 관한 내용으로 옳지 않은 것은? 기출 22

① 보험회사·보험대리점 및 보험중개사는 소속 보험설계사가 되려는 자를 금융위원회에 등록하여야 한다.
② 보험업법에 따라 금고 이상의 형의 집행유예를 받고 그 유예기간 중에 있는 자는 보험설계사가 되지 못한다.
③ 보험업법에 따라 벌금 이상의 형을 선고받고 그 집행이 끝나거나 집행이 면제된 날부터 3년이 지나지 않은 자는 보험설계사가 되지 못한다.
④ 이전에 모집과 관련하여 받은 보험료, 대출금 또는 보험금을 다른 용도로 유용한 후 3년이 지나지 않은 자는 보험설계사가 되지 못한다.

| 해설 |
보험업법 또는 「금융소비자 보호에 관한 법률」에 따라 벌금 이상의 형을 선고받고 그 집행이 끝나거나(집행이 끝난 것으로 보는 경우를 포함한다) 집행이 면제된 날부터 2년이 지나지 아니한 자는 보험설계사가 되지 못한다(법 제84조 제2항 제3호).
① 법 제84조 제1항
② 법 제84조 제2항 제4호
④ 법 제84조 제2항 제10호

08 보험업법상 보험설계사의 등록에 대한 내용으로 옳지 않은 것은? 기출 18

① 보험회사·보험대리점 및 보험중개사는 소속 보험설계사가 되려는 자를 금융위원회에 등록하여야 한다.
② 보험업법에 따라 벌금 이상의 형을 선고받고 그 집행이 끝나거나 집행이 면제된 날로부터 2년이 지나지 아니한 자는 보험설계사로 등록할 수 없다.
③ 영업에 관하여 성년자와 같은 능력을 가지지 아니한 미성년자는 그 법정대리인이 파산선고를 받고 복권되지 아니한 경우에도 보험설계사로 등록할 수 있다.
④ 보험업법에 따라 금고 이상의 형의 집행유예를 선고받고 유예기간 중인 자는 보험설계사로 등록할 수 없다.

> **해설**
> 영업에 관하여 성년자와 같은 능력을 가지지 아니한 미성년자는 그 법정대리인이 파산선고를 받고 복권되지 아니한 경우에는 보험설계사로 <u>등록할 수 없다</u>(법 제84조 제2항 제8호).
> ① 법 제84조 제1항
> ② 법 제84조 제2항 제3호
> ④ 법 제84조 제2항 제4호

09 보험업법상 보험의 모집인 또는 모집에 관한 설명으로 옳지 않은 것은? 기출 16

① 보험대리점 또는 보험중개사가 되려는 자는 개인과 법인을 구분하여 금융위원회에 등록하여야 한다.
② 금융기관보험대리점 등 중 「여신전문금융업법」에 따라 허가를 받은 신용카드업자(겸영여신업자는 제외)는 소속 임직원이 아닌 자로 하여금 모집을 하게 하거나, 보험계약 체결과 관련한 상담 또는 소개를 하게 하고 상담 또는 소개의 대가를 지급할 수 있다.
③ 보험업법상 허용된 경우가 아닌 한 보험회사 등은 다른 보험회사 등에 소속된 보험설계사에게 모집을 위탁하지 못한다.
④ 손해보험회사에 소속된 보험설계사가 1개의 제3보험업을 전업으로 하는 보험회사를 위하여 모집을 하는 것은 금지된다.

> **해설**
> 보험설계사는 자기가 소속된 보험회사 등 이외의 자를 위하여 모집을 하지 못하지만, 손해보험회사에 소속된 보험설계사가 1개의 제3보험업을 전업으로 하는 보험회사를 위하여 모집을 하는 경우에는 <u>모집할 수 있다</u>(법 제85조 제2항, 제3항 제3호).
> ① 법 제87조 제1항, 법 제89조 제1항
> ② 영 제26조 제1항
> ③ 법 제85조 제1항

정답 06 ① 07 ③ 08 ③ 09 ④

10 보험업법상 보험회사 등이 보험설계사에게 모집을 위탁함에 있어 금지되는 행위에 해당하지 않는 것은? 기출 22

① 위탁계약서에서 정한 해지요건에 따라 위탁계약을 해지하는 행위
② 정당한 사유 없이 보험설계사가 요청한 위탁계약 해지를 거부하는 행위
③ 위탁계약서에서 정한 위탁업무 외의 업무를 강요하는 행위
④ 보험설계사에게 대납을 강요하는 행위

| 해설 |

보험설계사에 대한 불공정 행위 금지(법 제85조의3 제1항)
보험회사 등은 보험설계사에게 보험계약의 모집을 위탁할 때 다음 각 호의 행위를 하여서는 아니 된다.
1. 보험모집 위탁계약서를 교부하지 아니하는 행위
2. 위탁계약서상 계약사항을 이행하지 아니하는 행위
3. 위탁계약서에서 정한 해지요건 외의 사유로 위탁계약을 해지하는 행위
4. 정당한 사유 없이 보험설계사가 요청한 위탁계약 해지를 거부하는 행위
5. 위탁계약서에서 정한 위탁업무 외의 업무를 강요하는 행위
6. 정당한 사유 없이 보험설계사에게 지급되어야 할 수수료의 전부 또는 일부를 지급하지 아니하거나 지연하여 지급하는 행위
7. 정당한 사유 없이 보험설계사에게 지급한 수수료를 환수하는 행위
8. 보험설계사에게 보험료 대납(代納)을 강요하는 행위
9. 그 밖에 대통령령으로 정하는 불공정한 행위

11 보험설계사에 관한 설명으로 옳은 것은? 기출 20

① 보험회사는 소속 보험설계사가 되려는 자를 금융감독원에 등록하여야 한다.
② 보험업법에 따라 보험설계사의 등록취소 처분을 2회 이상 받은 경우 최종 등록취소를 받은 날로부터 2년이 지나지 아니한 자는 보험설계사가 될 수 없다.
③ 보험설계사가 모집에 관한 보험업법의 규정을 위반한 경우에는 반드시 그 등록을 취소하여야 한다.
④ 보험설계사가 교차모집을 하려는 경우에는 교차모집을 하려는 보험회사 명칭 등 금융위원회가 정하여 고시하는 사항을 적은 서류를 보험협회에 제출해야 한다.

| 해설 |

④ 영 제29조 제1항
① 보험회사는 소속 보험설계사가 되려는 자를 금융위원회에 등록하여야 한다(법 제84조 제1항).
② 보험업법에 따라 보험설계사의 등록취소 처분을 2회 이상 받은 경우 최종 등록취소를 받은 날로부터 3년이 지나지 아니한 자는 보험설계사가 될 수 없다(법 제84조 제2항 제6호).
③ 보험설계사가 모집에 관한 보험업법의 규정을 위반한 경우에는 6개월 이내의 기간을 정하여 그 업무의 정지를 명하거나 그 등록을 취소할 수 있다(법 제86조 제2항 제1호).

12 보험설계사에 대한 불공정 행위 금지 유형에 해당하는 것으로 옳은 것은? 기출 17

> 가. 보험모집 위탁계약서를 교부하는 행위
> 나. 위탁계약서상 계약사항을 이행하지 아니하는 행위
> 다. 위탁계약서에서 정한 해지요건의 사유로 위탁계약을 해지하는 행위
> 라. 정당한 이유로 보험설계사에게 지급한 수수료를 환수하는 행위
> 마. 보험설계사에게 보험료 대납(代納)을 강요하는 행위

① 가, 나, 다   ② 나, 마
③ 가, 나, 다, 라   ④ 나, 라, 마

해설

보험설계사에 대한 불공정 행위 금지(법 제85조의3 제1항)
1. 보험모집 위탁계약서를 교부하지 아니하는 행위
2. 위탁계약서상 계약사항을 이행하지 아니하는 행위
3. 위탁계약서에서 정한 해지요건 외의 사유로 위탁계약을 해지하는 행위
4. 정당한 사유 없이 보험설계사가 요청한 위탁계약 해지를 거부하는 행위
5. 위탁계약서에서 정한 위탁업무 외의 업무를 강요하는 행위
6. 정당한 사유 없이 보험설계사에게 지급되어야 할 수수료의 전부 또는 일부를 지급하지 아니하거나 지연하여 지급하는 행위
7. 정당한 사유 없이 보험설계사에게 지급한 수수료를 환수하는 행위
8. 보험설계사에게 보험료 대납(代納)을 강요하는 행위
9. 그 밖에 대통령령으로 정하는 불공정한 행위

13 보험업법상 법인이 아닌 보험대리점이나 보험중개사의 정기교육에 관한 내용이다. 괄호 안의 내용이 순서대로 연결된 것은? 기출수정 22

> 법인이 아닌 보험대리점 및 보험중개사는 보험업법에 따라 등록한 날을 기준으로 (   )마다[매 (   )이 된 날부터 (   ) 이내를 말한다] 보험업법에서 정한 기준에 따라 교육을 받아야 한다.

① 1년 – 1년 – 3개월
② 1년 – 1년 – 6개월
③ 2년 – 2년 – 3개월
④ 2년 – 2년 – 6개월

해설

법인이 아닌 보험대리점 및 보험중개사는 등록한 날을 기준으로 (**2년**)마다[매 (**2년**)이 된 날부터 (**6개월**) 이내를 말한다] 보험업법에서 정한 기준에 따라 교육을 받아야 한다(영 제29조의2 제2항). 〈2024.7.2. 개정〉

14 보험설계사에 대해 6개월 이내의 기간을 정하여 그 업무의 정지를 명하거나 그 등록을 취소할 수 있는 경우를 모두 고른 것은? 기출 17

> 가. 보험설계사가 금고 이상의 형의 집행유예를 선고받은 경우
> 나. 보험업법에 따라 업무정지 처분을 2회 이상 받은 경우
> 다. 모집에 관한 보험업법의 규정을 위반한 경우
> 라. 보험계약자, 피보험자 또는 보험금을 취득할 자로서 보험업법 제102조의2(보험계약자의 의무)를 위반한 경우
> 마. 보험업법에 따라 과태료 처분을 2회 이상 받은 경우

① 가, 나, 다, 라, 마
② 가, 나, 다, 라
③ 나, 다, 라
④ 다, 라, 마

| 해설 |

가, 나. 보험설계사가 금고 이상의 형의 집행유예를 선고받은 경우나 보험업법에 따라 업무정지 처분을 2회 이상 받은 경우는 <u>등록을 취소해야 하는 사유</u>이다(법 제86조 제1항).
다, 라, 마. 6개월 이내의 기간을 정하여 그 업무의 정지를 명하거나 그 <u>등록을 취소할 수 있는 사유</u>이다(법 제86조 제2항).

15 보험모집 업무종사자에 대한 다음의 설명으로 옳지 않은 것은? 기출 15

① 보험계약자, 피보험자, 보험금을 취득할 자, 그 밖에 보험계약에 관하여 이해가 있는 자로 하여금 고의로 보험사고를 발생시키거나 발생하지 아니한 보험사고를 발생한 것처럼 조작하여 보험금을 수령하도록 하는 행위를 하여서는 아니 된다.
② 보험계약자, 피보험자, 보험금을 취득할 자, 그 밖에 보험계약에 관하여 이해가 있는 자로 하여금 이미 발생한 보험사고의 원인, 시기 또는 내용 등을 조작하거나 피해의 정도를 과장하여 보험금을 수령하도록 하는 행위를 하여서는 아니 된다.
③ 금융위원회는 보험설계사가 보험업법에 따른 명령이나 처분을 위반한 경우에는 3개월 이내의 기간을 정하여 그 업무의 정지를 명하거나 그 등록을 취소할 수 있다.
④ 보험대리점 소속 보험설계사가 모집에 관한 보험업법의 규정을 위반한 경우, 금융위원회는 그 보험대리점에 대하여 6개월 이내의 기간을 정하여 그 업무의 정지를 명하거나 그 등록을 취소할 수 있다.

| 해설 |

금융위원회는 보험설계사가 보험업법에 따른 명령이나 처분을 위반한 경우에는 <u>6개월 이내의 기간을 정하여</u> 그 업무의 정지를 명하거나 그 등록을 취소할 수 있다(법 제86조 제2항 제4호).
① 법 제102조의3 제1호
② 법 제102조의3 제2호
④ 법 제86조 제2항 제1호

16 보험업법상 보험회사가 고객을 직접 응대하는 직원을 고객의 폭언이나 성희롱, 폭행 등으로부터 보호하기 위하여 취해야 할 조치에 관한 내용으로 옳지 않은 것은? 기출 22·24

① 직원의 요청이 없더라도 직원의 보호를 위하여, 해당 고객으로부터의 분리 및 업무담당자의 교체를 하여야 한다.
② 고객의 폭언이나 성희롱, 폭행 등이 관계 법률의 형사처벌 규정에 위반된다고 판단되고 그 행위로 피해를 입은 직원이 요청하는 경우에는 관할 수사기관 등에 고발조치하여야 한다.
③ 직원이 직접 폭언 등의 행위를 한 고객에 대한 관할 수사기관 등에 고소, 고발, 손해배상 청구 등의 조치를 하는데 필요한 행정적, 절차적 지원을 하여야 한다.
④ 고객의 폭언 등을 예방하거나 이에 대응하기 위한 직원의 행동요령 등에 대한 교육을 실시하여야 한다.

> **해설**
> 직원이 요청하는 경우 해당 고객으로부터의 분리 및 업무담당자의 교체를 하여야 한다(법 제85조의4 제1항 제1호).
> ② 영 제29조의3 제1호
> ③ 영 제29조의3 제3호
> ④ 영 제29조의3 제4호

17 보험업법상 보험회사의 고객응대직원을 고객의 폭언 등으로부터 보호하기 위하여 취하여야 할 보호조치 의무로 옳지 않은 것은? 기출 18

① 보험회사는 해당 직원이 요청하는 경우 해당 고객으로부터 분리하고 업무담당자를 교체하여야 한다.
② 보험회사는 해당 직원에 대한 치료 및 상담지원을 하여야 하며, 고객을 직접 응대하는 직원을 위한 상시 고충처리 기구를 마련하여야 한다.
③ 보험회사는 해당 직원의 요청이 없어도 해당 고객의 행위가 관계 법률의 형사처벌규정에 위반된다고 판단되면 관할 수사기관에 고발조치하여야 한다.
④ 보험회사는 직원이 직접 폭언 등의 행위를 한 고객에 대한 관할 수사기관 등에 고소, 고발, 손해배상 청구 등의 조치를 하는데 필요한 행정적, 절차적 지원을 하여야 한다.

> **해설**
> 고객의 폭언이나 성희롱, 폭행 등이 관계 법률의 형사처벌규정에 위반된다고 판단되고 그 행위로 피해를 입은 직원이 요청하는 경우 관할 수사기관 등에 고발조치한다(영 제29조의3 제1호).
> ① 법 제85조의4 제1항 제1호
> ② 법 제85조의4 제1항 제2호, 제3호
> ④ 영 제29조의3 제3호

정답 14 ④ 15 ③ 16 ① 17 ③

18 보험업법상 고객을 직접 응대하는 직원을 고객의 폭언이나 성희롱 폭행 등(이하 "폭언 등"이라 함)으로부터 보호하기 위하여 보험회사가 취해야 할 보호조치 의무에 해당하지 않는 것은?

기출 24

① 직원의 폭언 등이 관계 법률의 형사처벌 규정에 위반된다고 판단되는 경우 당해 직원의 요청과 상관없이 관할 수사기관 등에 고발
② 고객의 폭언 등을 예방하거나 이에 대응하기 위한 직원의 행동요령 등에 대한 교육 실시
③ 고객의 폭언 등이 관계 법률의 형사처벌 규정에 위반되지 아니하나, 그 행위로 피해를 입은 직원의 피해정도 및 그 직원과 다른 직원에 대한 장래 피해발생 가능성 등을 고려하여 필요하다고 판단되는 경우 관할 수사기관 등에 필요한 조치 요구
④ 직원이 직접 폭언 등의 행위를 한 고객을 관할 수사기관 등에 고소, 고발, 손해배상 청구 등의 조치를 하는데 필요한 행정적, 절차적 지원

> **|해설|**
> 고객의 폭언이나 성희롱, 폭행 등(이하 "폭언 등"이라 한다)이 관계 법률의 형사처벌 규정에 위반된다고 판단되고 그 행위로 피해를 입은 직원이 요청하는 경우 관할 수사기관 등에 고발한다(영 제29조의3 제1호).
> ② 영 제29조의3 제4호
> ③ 영 제29조의3 제2호
> ④ 영 제29조의3 제3호

19 보험업법상 교차모집보험설계사에게 허용되지 않는 행위를 모두 고른 것은? 기출 18

> 가. 업무상 알게 된 특정 보험회사의 정보를 다른 보험회사에 제공하는 행위
> 나. 모집을 위탁한 보험회사에 대하여 회사가 정한 수수료·수당을 요구하는 행위
> 다. 보험계약을 체결하는 자의 요구에 따라 모집을 위탁한 보험회사 중 어느 한 보험회사를 위하여 보험을 모집하는 행위
> 라. 교차모집을 위탁한 보험회사에 대하여 다른 교차모집보험설계사 유치를 조건으로 대가를 요구하는 행위
> 마. 교차모집을 위탁한 보험회사에 대하여 다른 보험설계사보다 우대하여 줄 것을 합리적 근거를 가지고 요구하는 행위

① 가, 라
② 가, 라, 마
③ 가, 나
④ 나, 다, 마

| 해설 |
가. 영 제29조 제4항 제1호
나. 모집을 위탁한 보험회사에 대하여 회사가 정한 수수료·수당 외에 추가로 대가를 지급하도록 요구하는 행위가 금지행위이다(영 제29조 제4항 제3호).
다. 보험계약을 체결하려는 자의 의사에 반하여 다른 보험회사와의 보험계약 체결을 권유하는 등 모집을 위탁한 보험회사 중 어느 한 쪽의 보험회사만을 위하여 모집하는 행위가 금지행위이다(영 제29조 제4항 제2호).
라. 규칙 제16조 제2항 제2호
마. 교차모집을 위탁한 보험회사에 대하여 합리적 근거 없이 다른 보험설계사보다 우대하여 줄 것을 요구하는 행위가 금지행위이다(규칙 제16조 제2항 제1호).

20 보험업법상 소속 임직원이 아닌 자로 하여금 모집이 가능하도록 한 금융기관보험대리점에 해당하는 것은? 기출 22

① 「상호저축은행법」에 따라 설립된 상호저축은행
② 「중소기업은행법」에 따라 설립된 중소기업은행
③ 「자본시장과 금융투자업에 관한 법률」에 따른 투자중개업자
④ 「여신전문금융업법」에 따라 허가를 받은 신용카드업자로서 겸영여신업자가 아닌 자

| 해설 |
금융기관보험대리점 등 중 다음 각 호의 어느 하나에 해당하는 자는 소속 임직원이 아닌 자로 하여금 모집을 하게 하거나, 보험계약 체결과 관련한 상담 또는 소개를 하게 하고 상담 또는 소개의 대가를 지급할 수 있다(영 제26조 제1항).
1. 「여신전문금융업법」에 따라 허가를 받은 신용카드업자(겸영여신업자는 제외한다)
2. 「농업협동조합법」에 따라 설립된 조합(「농업협동조합법」 제161조의12에 따라 설립된 농협생명보험 또는 농협손해보험이 판매하는 보험상품을 모집하는 경우로 한정한다)

21 보험대리점에 관한 설명으로 옳지 않은 것은? 기출 19

① 보험대리점은 개인보험대리점과 법인보험대리점으로 구분할 수 있고, 업무범위와 관련하여 생명보험대리점·손해보험대리점·제3보험대리점으로 구분한다.
② 보험대리점이 되려는 자는 대통령령에 따라 금융위원회에 등록하여야 한다.
③ 다른 보험회사의 임·직원은 보험대리점으로 등록할 수 없다.
④ 보험대리점이 자기계약의 금지 규정을 위반한 경우에는 등록을 취소할 수 있다.

| 해설 |
보험대리점이 자기계약의 금지 규정을 위반한 경우에는 등록을 취소하여야 한다(법 제88조 제1항 제5호).
① 영 제30조 제1항
② 법 제87조 제1항
③ 법 제87조 제2항 제3호

22 보험대리점으로 등록이 제한되는 자가 아닌 것은? 기출 21

① 파산선고를 받은 자로서 복권되지 아니한 자
② 보험회사를 퇴직한 직원
③ 다른 보험회사 등의 임직원
④ 국가기관의 퇴직자로 구성된 법인 또는 단체

> **해설**
>
> 보험대리점으로 등록이 제한되는 자(법 제87조 제2항, 영 제32조 제1항)
> 다음 각 호의 어느 하나에 해당하는 자는 보험대리점이 되지 못한다.
> 1. 보험설계사의 결격사유(법 제84조 제2항 각 호)의 어느 하나에 해당하는 자
>   ⇒ 파산선고를 받은 자로서 복권되지 아니한 자
> 2. 보험설계사 또는 보험중개사로 등록된 자
> 3. 다른 보험회사 등의 임직원
> 4. 외국의 법령에 따라 제1호에 해당하는 것으로 취급되는 자
> 5. 그 밖에 경쟁을 실질적으로 제한하는 등 불공정한 모집행위를 할 우려가 있는 자로서 대통령령으로 정하는 자
>   ⇒ 국가기관과 특별법에 따라 설립된 기관 및 그 기관의 퇴직자로 구성된 법인 또는 단체

23 보험대리점에 관한 설명으로 옳지 않은 것은? 기출 20

① 보험설계사 또는 보험중개사로 등록된 자는 보험대리점이 되지 못한다.
② 금융위원회는 보험대리점이 거짓이나 그 밖에 부정한 방법으로 보험업법 제87조에 따른 등록을 한 경우에는 그 등록을 취소하여야 한다.
③ 보험업법에 따라 과료 이상의 형을 선고받고 그 집행이 끝나거나 면제된 날부터 1년이 경과하지 아니한 자는 법인보험대리점의 이사가 되지 못한다.
④ 금융기관보험대리점의 영업보증금 예탁의무는 면제하고 있다.

> **해설**
>
> 보험업법에 따라 벌금 이상의 형을 선고받고 그 집행이 끝나거나 면제된 날부터 3년이 경과하지 아니한 자는 법인보험대리점의 이사가 되지 못한다(법 제87조의2 제1항 제4호).
> ① 법 제87조 제2항 제2호
> ② 법 제88조 제1항 제3호
> ④ 영 제33조 제1항 단서

24 보험대리점에 관한 설명 중 옳은 것을 모두 고른 것은? 기출 18

> 가. 보험설계사가 될 수 없는 자는 보험대리점이 될 수 없다.
> 나. 보험대리점은 자기 또는 자기를 고용하고 있는 자를 보험계약자 또는 피보험자로 하는 보험을 모집하는 것을 주된 목적으로 할 수 있다.
> 다. 다른 보험회사, 보험대리점 및 보험중개사의 임직원은 보험대리점이 될 수 없다.
> 라. 보험설계사 또는 보험중개사로 등록된 자는 보험대리점이 될 수 없다.
> 마. 「상호저축은행법」에 따른 저축은행과 「새마을금고법」에 따라 설립된 새마을금고는 보험대리점이 될 수 없다.

① 가, 다, 마
② 나, 다, 라
③ 나, 다, 마
④ 가, 다, 라

| 해설 |

가. (○) 법 제87조 제2항 제1호
나. (×) 보험대리점은 자기 또는 자기를 고용하고 있는 자를 보험계약자 또는 피보험자로 하는 보험을 모집하는 것을 <u>주된 목적으로 하지 못한다</u>(법 제101조 제1항).
다. (○) 법 제87조 제2항 제3호
라. (○) 법 제87조 제2항 제2호
마. (×) 「상호저축은행법」에 따른 상호저축은행은 보험대리점으로 <u>등록할 수 있다</u>(법 제91조 제1항 제3호).

---

25 보험업법상 법인보험대리점(금융기관보험대리점 제외)에 관한 설명으로 옳지 않은 것은? 기출 16

① 보험업법에 따라 보험대리점의 등록취소 처분을 2회 이상 받은 경우 최종 등록취소 처분을 받은 날부터 3년이 지나지 아니한 자는 법인보험대리점의 임원이 되지 못한다.
② 법인보험대리점은 「대부업 등의 등록 및 금융이용자 보호에 관한 법률」에 따른 대부업 또는 대부중개업을 영위할 수 있다.
③ 법인보험대리점이 「방문판매 등에 관한 법률」에 따른 다단계판매업을 영위할 경우 금융위원회는 해당 보험대리점의 등록을 취소하여야 한다.
④ 법인보험대리점은 경영하고 있는 업무의 종류, 모집조직에 관한 사항, 모집실적에 관한 사항 등 업무상 주요 사항을 보험협회의 인터넷 홈페이지 등을 통하여 반기별로 공시하고 금융위원회에 알려야 한다.

| 해설 |

법인보험대리점은 「방문판매 등에 관한 법률」에 따른 다단계판매업, 「대부업 등의 등록 및 금융이용자 보호에 관한 법률」에 따른 <u>대부업 또는 대부중개업에 해당하는 업무를 하지 못한다</u>(영 제33조의4 제1항).
① 법 제87조의2 제1항 제2호, 법 제84조 제2항 제6호
③ 법 제88조 제1항 제4호, 법 제87조의3 제1항
④ 영 제33조의4 제2항, 제3항, 제4항

26 법인보험대리점은 경영현황 등 업무상 주요 사항을 공시하고 금융위원회에 알려야 한다. 공시할 업무상 주요 사항에 포함되지 않는 것은?

① 경영하고 있는 업무의 종류
② 모집조직에 관한 사항
③ 모집실적에 관한 사항
④ 그 밖에 보험계약자 보호를 위하여 소비자보호위원회가 정하여 고시하는 사항

| 해설 |
공시할 업무상 주요 사항(영 제33조의4 제2항)
1. 경영하고 있는 업무의 종류
2. 모집조직에 관한 사항
3. 모집실적에 관한 사항
4. 그 밖에 보험계약자 보호를 위하여 금융위원회가 정하여 고시하는 사항

27 보험업법 및 동법 시행령상 보험대리점과 보험중개사의 등록시 영업보증금에 관한 설명으로 옳지 않은 것은? 기출 15

① 개인인 보험대리점의 경우 1억원 범위내
② 법인인 보험대리점의 경우 3억원 범위내
③ 개인인 보험중개사의 경우 1억원 이상
④ 법인인 보험중개사의 경우 5억원 이상

| 해설 |
보험중개사의 영업보증금은 개인은 1억원 이상, 법인은 3억원 이상으로 하며, 그 구체적인 금액은 해당 보험중개사의 영업 규모를 고려하여 총리령으로 정한다(영 제37조 제1항).

28 보험업법상 보험대리점 또는 보험중개사로 등록할 수 있는 금융기관에 해당하지 않는 것은? 기출 20·23

① 「은행법」에 따라 설립된 은행
② 「자본시장과 금융투자업에 관한 법률」에 따른 투자매매업자 또는 신탁업자
③ 「상호저축은행법」에 따른 상호저축은행
④ 「중소기업은행법」에 따라 설립된 중소기업은행

| 해설 |··

보험대리점 또는 보험중개사로 등록할 수 있는 금융기관(법 제91조 제1항)
1. 「은행법」에 따라 설립된 은행
2. 「자본시장과 금융투자업에 관한 법률」에 따른 투자매매업자 또는 투자중개업자
3. 「상호저축은행법」에 따른 상호저축은행
4. 그 밖에 다른 법률에 따라 금융업무를 하는 기관으로서 대통령령으로 정하는 기관(영 제40조 제1항)
   • 「한국산업은행법」에 따라 설립된 한국산업은행
   • 「중소기업은행법」에 따라 설립된 중소기업은행
   • 「여신전문금융업법」에 따라 허가를 받은 신용카드업자(겸영여신업자는 제외한다)
   • 「농업협동조합법」에 따라 설립된 조합 및 농협은행

29 「농업협동조합법」에 따라 설립된 농협은행이 모집할 수 있는 "손해보험상품"으로 구성된 것은?

기출 18

가. 개인연금	나. 신용손해보험
다. 주택화재보험	라. 단체상해보험
마. 보증보험	바. 장기저축성 보험
사. 교육보험	

① 가, 나, 다, 바
② 나, 다, 마, 사
③ 가, 나, 라, 바
④ 나, 라, 마, 사

| 해설 |··

농협은행이 모집할 수 있는 손해보험상품(영 별표 5)
• 개인연금
• 장기저축성 보험
• 화재보험(주택)
• 상해보험(단체상해보험은 제외한다)
• 종합보험
• 신용손해보험
• 개인장기보장성 보험 중 제3보험(주계약으로 한정하고, 저축성보험 특별약관 및 질병사망 특별약관을 부가한 상품은 제외한다)

정답 26 ④ 27 ④ 28 ② 29 ①

30 보험업법상 금융기관보험대리점에 관한 설명으로 옳은 것은? 기출 16

① 금융기관보험대리점이 보험상품을 모집하는 방법은 해당 금융기관보험대리점 등의 점포 내의 지정된 장소에서 보험계약자와 직접 대면하여 모집하는 방법만 허용된다.
② 「은행법」에 따라 설립된 은행과 달리 「중소기업은행법」에 따라 설립된 중소기업은행은 보험대리점으로 등록할 수 없다.
③ 금융기관보험대리점(「여신전문금융업법」에 따라 허가를 받은 신용카드업자 및 「농업협동조합법」에 따라 설립된 조합 제외)이 모집할 수 있는 생명보험 상품의 경우 개인저축성 보험, 신용생명보험이 해당하나, 개인보장성 보험 중 제3보험은 포함되지 아니한다.
④ 금융기관보험대리점 등은 해당 금융기관에 적용되는 모집수수료율을 모집을 하는 점포의 창구 및 인터넷 홈페이지에 공시하여야 하며, 보험회사는 모집을 위탁한 금융기관보험대리점 등의 모집수수료율을, 보험협회는 전체 금융기관보험대리점 등의 모집수수료율을 각각 비교·공시하여야 한다.

> |해설|
> ④ 영 제40조 제8항
> ① 금융기관보험대리점이 보험상품을 모집하는 방법은 해당 금융기관보험대리점 등의 점포 내의 지정된 장소에서 보험계약자와 직접 대면하여 모집하는 방법과 인터넷 홈페이지를 이용하여 불특정 다수를 대상으로 보험상품을 안내하거나 설명하여 모집하는 방법 그리고 전화, 우편, 컴퓨터통신 등의 통신수단을 이용하여 모집하는 방법이 있다(영 제40조 제3항).
> ② 「중소기업은행법」에 따라 설립된 중소기업은행은 보험대리점으로 등록할 수 있다(법 제91조 제1항 제4호, 영 제40조 제1항 제2호).
> ③ 개인보장성 보험 중 제3보험도 포함되나 주계약으로 한정하고, 저축성 보험 특별약관 및 질병사망 특별약관을 부가한 상품은 제외한다(영 별표 5).

31 금융기관보험대리점 등의 영업기준에 대한 내용으로 옳지 않은 것은? 기출 18

① 신용카드업자(겸영여신업자는 제외)는 법 제96조 제1항에 따른 전화, 우편, 컴퓨터통신 등의 통신수단을 이용하여 모집하는 방법을 사용할 수 있다.
② 금융기관보험대리점 등에서 모집에 종사하는 사람은 대출 등 불공정 모집의 우려가 있는 업무를 취급할 수 없다.
③ 최근 사업연도 말 현재 자산총액이 2조원 이상인 금융기관보험대리점 등이 모집할 수 있는 1개 생명보험회사 상품의 모집액은 매 사업연도별로 해당 금융기관보험대리점 등이 신규로 모집하는 생명보험회사 상품 모집총액의 100분의 35를 초과할 수 없다.
④ 금융기관보험대리점은 해당 금융기관에 적용되는 모집수수료율을 모집을 하는 점포의 창구 및 인터넷 홈페이지에 공시하여야 한다.

> [해설]
> 금융기관보험대리점 등(최근 사업연도 말 현재 자산총액이 2조원 이상인 기관만 해당한다)이 모집할 수 있는 1개 생명보험회사 또는 1개 손해보험회사 상품의 모집은 매 사업연도별로 해당 금융기관보험대리점 등이 신규로 모집하는 생명보험회사 상품의 모집총액 또는 손해보험회사 상품의 모집총액 각각의 <u>100분의 25</u>(보험회사 상품의 모집액을 합산하여 계산하는 경우에는 100분의 33)를 초과할 수 없다(영 제40조 제6항).
> ① 영 제40조 제3항 제3호
> ② 영 제40조 제5항
> ④ 영 제40조 제8항

32 금융기관보험대리점에 관한 설명으로 옳은 것은? 기출 16

① 자동차보험도 모집할 수 있다.
② 「여신전문금융업법」에 따라 허가를 받은 신용카드업자(겸영여신업자는 제외)는 보험대리점으로 등록할 수 없다.
③ 모집에 종사하는 사람도 대출 업무를 취급할 수 있다.
④ 인터넷 홈페이지를 이용하여 불특정 다수를 대상으로 모집할 수 있다.

> [해설]
> ④ 영 제40조 제3항 제2호
> ① 자동차보험은 <u>모집할 수 없다</u>(영 별표 5).
> ② 「여신전문금융업법」에 따라 허가를 받은 신용카드업자(겸영여신업자는 제외)는 보험대리점으로 <u>등록할 수 있다</u>(영 제40조 제1항 제3호).
> ③ 모집에 종사하는 사람은 대출 등 불공정 모집의 우려가 있는 업무를 <u>취급할 수 없다</u>(영 제40조 제5항).

33 금융기관보험대리점 등(최근 사업연도 말 현재 자산총액이 2조원 이상인 기관만 해당)이 모집할 수 있는 1개 생명보험회사 또는 1개 손해보험회사 상품의 모집액은 매 사업연도별로 해당 금융기관보험대리점 등이 신규로 모집하는 생명보험회사 상품의 모집총액 또는 손해보험회사 상품의 모집총액 각각의 A(보험업법 시행령 제40조 제7항에 따라 보험회사 상품의 모집액을 합산하여 계산하는 경우에는 B)를 초과할 수 없다. A, B에 들어갈 비율로 옳은 것은? 기출 14

① A – 100분의 20, B – 100분의 25
② A – 100분의 20, B – 100분의 30
③ A – 100분의 25, B – 100분의 30
④ A – 100분의 25, B – 100분의 33

| 해설 |

금융기관보험대리점 등(최근 사업연도 말 현재 자산총액이 2조원 이상인 기관만 해당한다)이 모집할 수 있는 1개 생명보험회사 또는 1개 손해보험회사 상품의 모집액은 매 사업연도별로 해당 금융기관보험대리점 등이 신규로 모집하는 생명보험회사 상품의 모집총액 또는 손해보험회사 상품의 모집총액 각각의 100분의 25(보험회사 상품의 모집액을 합산하여 계산하는 경우에는 100분의 33)를 초과할 수 없다(영 제40조 제6항).

34 보험업법 제2조의 보험중개사에 관한 설명 중 옳지 않은 것은? 기출 18

① 보험대리점도 보험중개사로 등록하여 독립적으로 보험계약의 체결을 중개할 수 있다.
② 보험중개사가 되려는 자는 개인과 법인을 구분하여 대통령령으로 정하는 바에 따라 금융위원회에 등록하여야 한다.
③ 법인보험중개사는 보험계약자 보호 등을 해칠 우려가 없는 업무로서 대통령령으로 정하는 업무 또는 보험계약의 모집 업무 이외의 업무를 하지 못한다.
④ 보험중개사는 보험계약을 중개할 때 그 수수료에 관한 사항을 비치하여 보험계약자가 열람할 수 있도록 하여야 한다.

| 해설 |

보험대리점으로 등록된 자는 보험중개사가 될 수 없다(법 제89조 제2항 제2호).
② 법 제89조 제1항
③ 법 제89조의3 제1항
④ 법 제92조 제1항

35 보험중개사에 관한 설명으로 옳은 것은?

① 보험중개사란 보험회사 등에 소속되어 보험계약의 체결을 중개하는 자이다.
② 보험중개사는 보험계약의 체결을 중개할 때 그 수수료에 관한 사항을 비치하고 보험계약자에게 서면으로 교부하여야 한다.
③ 생명보험중개사는 연금보험, 퇴직보험 등을 취급할 수 없다.
④ 보험중개사는 모집 등과 관련하여 저지를 수 있는 위법행위에 대한 손해배상책임을 담보하기 위하여 영업보증금 예탁의무를 부담할 수 있다.

> **해설**
> 금융위원회는 등록을 한 보험중개사가 보험계약 체결 중개와 관련하여 보험계약자에게 입힌 손해의 배상을 보장하기 위하여 보험중개사로 하여금 금융위원회가 지정하는 기관에 영업보증금을 예탁하게 하거나 보험 가입, 그 밖에 필요한 조치를 하게 할 수 있다(법 제89조 제3항).
> ① 보험중개사란 독립적으로 보험계약의 체결을 중개하는 자(법인이 아닌 사단과 재단을 포함)이다(법 제2조 제11호).
> ② 보험중개사는 보험계약의 체결을 중개할 때 그 중개와 관련된 내용을 대통령령으로 정하는 바에 따라 장부에 적고 보험계약자에게 알려야 하며, 그 수수료에 관한 사항을 비치하여 보험계약자가 열람할 수 있도록 하여야 한다(법 제92조 제1항).
> ③ 생명보험중개사는 연금보험, 퇴직보험 등을 취급할 수 있다(영 제35조 제1호).

36 보험업법상 보험중개사에 관한 설명으로 옳지 않은 것은? 기출 14

① 보험중개사는 보험회사의 직원이 될 수 없다.
② 보험중개사는 보험계약의 체결을 중개하면서 보험계리사의 업무를 겸할 수 있다.
③ 보험중개사는 보험계약의 체결을 중개할 때 그 수수료에 관한 사항을 비치하여 보험계약자가 열람할 수 있도록 하여야 한다.
④ 보험중개사는 보험계약자가 요청하는 경우에는 보험계약 체결의 중개와 관련하여 보험회사로부터 받은 수수료·보수와 그 밖의 대가를 알려 주어야 한다.

> **해설**
> 보험중개사는 보험회사의 임원이 될 수 없으며, 보험계약의 체결을 중개하면서 보험회사·보험설계사·보험대리점·보험계리사 및 손해사정사의 업무를 겸할 수 없다(법 제92조 제2항).

37 보험업법 제93조에 따라 보험설계사, 보험대리점 또는 보험중개사가 금융위원회에 신고하여야 할 사항이 아닌 것은? 기출 21

① 보험대리점 또는 보험중개사가 생명보험계약의 모집과 제3보험계약의 모집을 겸하게 된 경우
② 법인이 아닌 사단 또는 재단의 경우에는 그 단체가 소멸한 경우
③ 보험대리점 또는 보험중개사가 소속 보험설계사와 보험모집에 관한 위탁을 해지한 경우
④ 보험설계사·보험대리점 또는 보험중개사가 모집업무를 폐지한 경우

| 해설 |

보험대리점 또는 보험중개사가 생명보험계약의 모집과 손해보험계약의 모집을 겸하게 된 경우 신고사항에 해당한다(법 제93조 제1항 제8호).

> **TIP** 신고사항(법 제93조 제1항)
> 보험설계사・보험대리점 또는 보험중개사는 다음 각 호의 어느 하나에 해당하는 경우에는 지체 없이 그 사실을 금융위원회에 신고하여야 한다.
> 1. 보험설계사・보험대리점 또는 보험중개사의 등록을 신청할 때 제출한 서류에 적힌 사항이 변경된 경우
> 2. 보험설계사의 결격사유에 해당하게 된 경우
> 3. 모집업무를 폐지한 경우
> 4. 개인의 경우에는 본인이 사망한 경우
> 5. 법인의 경우에는 그 법인이 해산한 경우
> 6. 법인이 아닌 사단 또는 재단의 경우에는 그 단체가 소멸한 경우
> 7. 보험대리점 또는 보험중개사가 소속 보험설계사와 보험모집에 관한 위탁을 해지한 경우
> 8. 보험설계사가 다른 보험회사를 위하여 모집을 한 경우나, 보험대리점 또는 보험중개사가 생명보험계약의 모집과 손해보험계약의 모집을 겸하게 된 경우

38 보험업법상 보험중개사가 지체 없이 금융위원회에 신고하여야 하는 사항이 아닌 것은?

기출 22

① 개인의 경우에는 본인이 사망한 경우
② 법인이 아닌 사단 또는 재단의 경우에는 그 단체가 소멸한 경우
③ 보험중개사가 소속 보험설계사와 보험모집에 관한 위탁을 해지한 경우
④ 모집업무를 일시적으로 중단한 경우

| 해설 |

보험중개사는 다음 각 호의 어느 하나에 해당하는 경우에는 지체 없이 그 사실을 금융위원회에 신고하여야 한다(법 제93조 제1항).
1. 보험중개사 등록을 신청할 때 제출한 서류에 적힌 사항이 변경된 경우
2. 보험업법 제84조 제2항 각 호(등록의 결격사유)의 어느 하나에 해당하게 된 경우
3. 모집업무를 폐지한 경우
4. 개인의 경우에는 본인이 사망한 경우
5. 법인의 경우에는 그 법인이 해산한 경우
6. 법인이 아닌 사단 또는 재단의 경우에는 그 단체가 소멸한 경우
7. 보험대리점 또는 보험중개사가 소속 보험설계사와 보험모집에 관한 위탁을 해지한 경우
8. 보험설계사가 다른 보험회사를 위하여 모집을 한 경우나, 보험대리점 또는 보험중개사가 생명보험계약의 모집과 손해보험계약의 모집을 겸하게 된 경우

39 다음 중 보험모집을 위하여 사용하는 보험안내자료에 반드시 기재하여야 하는 사항이 아닌 것은?

기출 15

① 보험금 지급제한 조건에 관한 사항
② 보험회사의 장래의 이익 배당 또는 잉여금 분배에 대한 예상에 관한 사항
③ 해약환급금에 관한 사항
④ 「예금자보호법」에 따른 예금자보호와 관련된 사항

> **해설** ··
> 보험안내자료에는 보험회사의 장래의 이익 배당 또는 잉여금 분배에 대한 예상에 관한 사항을 적지 못한다(법 제95조 제3항).
>
> **TIP** 보험안내자료의 기재사항(법 제95조 제1항)
> 1. 보험회사의 상호나 명칭 또는 보험설계사·보험대리점 또는 보험중개사의 이름·상호나 명칭
> 2. 보험 가입에 따른 권리·의무에 관한 주요 사항
> 3. 보험약관으로 정하는 보장에 관한 사항
> 4. 보험금 지급제한 조건에 관한 사항
> 5. 해약환급금에 관한 사항
> 6. 「예금자보호법」에 따른 예금자보호와 관련된 사항
> 7. 그 밖에 보험계약자를 보호하기 위하여 대통령령으로 정하는 사항

40 보험업법상 보험안내자료에 관한 설명으로 옳지 않은 것은? 기출 25

① 보험안내자료에 보험회사의 자산과 부채에 관한 사항을 적는 경우에는 보험업법 제118조에 따라 금융위원회에 제출한 서류에 적힌 사항과 다른 내용의 것을 적지 못한다.
② 보험계약자의 이익을 위해 필요하다고 보험회사가 판단하는 경우에는 보험안내자료에 보험회사의 장래의 이익 배낭 또는 잉여금 분배에 대한 예상에 관한 사항을 적을 수 있다.
③ 보험안내자료에는 보험회사의 상호나 명칭 또는 보험설계사·보험대리점 또는 보험중개사의 이름·상호나 명칭에 관한 사항을 명백하고 알기 쉽게 적어야 한다.
④ 보험안내자료에는 보험금 지급제한 조건에 관한 사항을 명백하고 알기 쉽게 적어야 한다.

> **해설** ··
> 보험안내자료에는 보험회사의 장래의 이익 배당 또는 잉여금 분배에 대한 예상에 관한 사항을 적지 못한다. 다만, 보험계약자의 이해를 돕기 위하여 금융위원회가 필요하다고 인정하여 정하는 경우에는 그러하지 아니하다(법 제95조 제3항).
> ① 법 제95조 제2항
> ③ 법 제95조 제1항 제1호
> ④ 법 제95조 제1항 제3호의2

41 보험업법상 변액보험계약의 경우 모집을 위하여 사용하는 보험안내자료에 기재해야 하는 사항이 아닌 것은? 기출 23

① 해약환급금에 관한 사항
② 보험가입에 따른 권리·의무에 관한 주요 사항
③ 변액보험자산의 운용성과에 따라 납입한 보험료의 원금에 손실이 발생할 수 있으며 그 손실은 보험계약자에 귀속된다는 사실
④ 변액보험의 최고로 보장되는 보험금이 설정되어 있는 경우에는 그 내용

| 해설 |

보험안내자료의 기재사항(영 제42조 제1항)
법 제95조 제1항 제2호에 따른 보험 가입에 따른 권리·의무에 관한 사항에는 법 제108조 제1항 제3호에 따른 변액보험계약의 경우 다음 각 호의 사항이 포함된다.
1. 변액보험자산의 운용성과에 따라 납입한 보험료의 원금에 손실이 발생할 수 있으며 그 손실은 보험계약자에게 귀속된다는 사실
2. 최저로 보장되는 보험금이 설정되어 있는 경우에는 그 내용

42 '보험안내자료'에 적을 수 없는 것은? 기출 14

① 해약환급금에 관한 사항
② 다른 보험회사 상품과 비교한 사항
③ 보험약관으로 정하는 보장에 관한 사항
④ 보험금이 금리에 연동되는 보험상품의 경우 적용금리 및 보험금 변동에 관한 사항

| 해설 |

보험안내자료에 적어서는 안 되는 사항(영 제42조 제2항)
1. 「독점규제 및 공정거래에 관한 법률」 제45조에 따른 사항(불공정거래행위)
2. 보험계약의 내용과 다른 사항
3. 보험계약자에게 유리한 내용만을 골라 안내하거나 다른 보험회사 상품과 비교한 사항
4. 확정되지 아니한 사항이나 사실에 근거하지 아니한 사항을 기초로 다른 보험회사 상품에 비하여 유리하게 비교한 사항

43 보험업법상 보험계약의 모집을 위하여 사용하는 보험안내자료에 기재할 수 있는 사항이 아닌 것은? 기출 24

① 보험금 지급제한 조건의 예시
② 다른 보험회사 상품과 비교한 사항
③ 보험안내자료의 제작자·제작일, 보험안내자료에 대한 보험회사의 심사 또는 관리번호
④ 보험금이 금리에 연동되는 보험상품의 경우 적용금리 및 보험금 변동에 관한 사항

| 해설 |
보험안내자료에는 보험계약자에게 유리한 내용만을 골라 안내하거나 <u>다른 보험회사 상품과 비교한 사항</u>을 적어서는 아니 된다(영 제42조 제2항 제3호).
① 법 제95조 제1항 제3의2호
③ 법 시행령 제42조 제3항 제3호
④ 법 시행령 제42조 제3항 제1호

44 보험안내자료에 필수적으로 기재하여야 할 사항을 모두 고른 것은? 기출 19

가. 보험약관으로 정하는 보장에 관한 사항
나. 해약환급금에 관한 사항
다. 보험금 지급확대 조건에 관한 사항
라. 보험 가입에 따른 권리·의무에 관한 주요 사항
마. 보험계약자에게 유리한 사항
바. 「예금자보호법」에 따른 예금자 보호와 관련한 사항

① 가, 나, 라, 바
② 가, 나, 다
③ 나, 마
④ 라, 마, 바

| 해설 |
다. 보험금 지급확대 조건에 관한 사항(×) → 보험금 지급제한 조건에 관한 사항(○)
마. 보험계약자에게 유리한 내용만을 골라 안내하거나 다른 보험회사 상품과 비교한 사항을 적어서는 아니 된다(영 제42조 제2항 제3호).

45 보험업법상 설명의무에 관한 설명으로 옳은 것은?

① 보험회사는 보험계약의 체결시부터 보험금 지급시까지의 주요 과정을 대통령령으로 정하는 바에 따라 일반보험계약자에게 설명하여야 한다.
② 보험회사는 일반보험계약자가 설명을 거부하는 경우에도 주요 과정을 설명하여야 한다.
③ 보험회사는 보험금 지급을 요청한 모든 보험계약자에 대하여 보험금의 지급절차 및 지급내역 등을 설명하여야 하며, 보험금을 감액하여 지급하거나 지급하지 아니하는 경우에는 그 사유를 설명하여야 한다.
④ 보험회사는 보험계약 체결단계, 보험금 청구단계, 보험금 심사·지급단계에서 중요 사항을 항목별로 설명할 필요는 없다.

| 해설 |
① 법 제95조의2 제3항
② 일반보험계약자가 설명을 거부하는 경우에는 설명하지 않아도 된다(법 제95조의2 제3항).
③ 모든 보험계약자(×) → 일반보험계약자(○)
④ 보험회사는 보험계약 체결단계, 보험금 청구단계, 보험금 심사·지급단계에서 중요 사항을 항목별로 일반보험계약자에게 설명하여야 한다(영 제42조의2 제3항).

46 보험업법상 보험회사가 보험계약 체결단계에서 일반보험계약자에게 설명해야 하는 것이 아닌 것은?

① 보험의 모집에 종사하는 자의 성명, 연락처 및 소속
② 보험의 모집에 종사하는 자가 보험회사를 위하여 보험계약의 체결을 대리할 수 있는지 여부
③ 예상 심사기간
④ 보험계약 승낙거절시 거절사유

| 해설 |
예상 심사기간은 보험금 청구단계에서 설명해야 하는 중요사항이다(영 제42조의2 제3항 제2호 나목).
TIP 보험계약 체결단계에서 설명해야 하는 중요사항(영 제42조의2 제3항 제1호)
- 보험의 모집에 종사하는 자의 성명, 연락처 및 소속
- 보험의 모집에 종사하는 자가 보험회사를 위하여 보험계약의 체결을 대리할 수 있는지 여부
- 보험의 모집에 종사하는 자가 보험료나 고지의무사항을 보험회사를 대신하여 수령할 수 있는지 여부
- 보험계약의 승낙절차
- 보험계약 승낙거절시 거절사유
- 「상법」에 따라 3개월 이내에 해당 보험계약을 취소할 수 있다는 사실 및 그 취소 절차·방법
- 그 밖에 일반보험계약자가 보험계약 체결단계에서 설명받아야 하는 사항으로서 금융위원회가 정하여 고시하는 사항

47 보험업법상 중복보험계약의 확인의무가 적용되는 것은? 기출 14

① 생명보험계약
② 정액상해보험계약
③ 실손의료보험계약
④ 실손자동차보험계약

| 해설 |
제3보험상품계약(실손의료보험계약)과 실제 부담한 손해액만을 지급하는 것으로서 금융감독원장이 정하는 보험상품계약(기타 손해보험계약)의 경우에는 중복보험계약의 확인의무가 적용된다(법 제95조의5 제1항 및 영 제42조의5 제1항).

48 중복보험계약 체결 확인의무에 관한 설명으로 옳지 않은 것은? 기출 19

① 중복보험의 확인주체는 보험회사 또는 보험의 모집에 종사하는 자이다.
② 중복 확인의무는 실세 부담한 의료비만 지급하는 제3보험 상품계약과 실세 부담한 손해액만을 지급하는 것으로서 금융감독원장이 정하는 보험상품계약을 모집하고자 하는 경우에 발생한다.
③ 중복확인 대상계약에는 여행 중 발생한 위험을 보장하는 보험계약으로서 특정 단체가 그 단체의 구성원을 위하여 일괄 체결하는 보험계약이 포함된다.
④ 중복확인은 보험계약자가 되려는 자의 동의를 얻어 모집하고자 하는 보험계약과 동일한 위험을 보장하는 보험계약을 체결하고 있는지를 확인하여야 한다.

| 해설 |
중복확인 대상계약으로 여행 중 발생한 위험을 보장하는 보험계약으로서 특정 단체가 그 단체의 구성원을 위하여 일괄 체결하는 보험계약은 제외한다(영 제42조의5 제1항 제2호 나목).

정답 45 ① 46 ③ 47 ③ 48 ③

49 보험업법상 통신수단을 이용한 모집·철회 및 해지 등에 관한 설명으로 옳지 않은 것은? 기출 23

① 보험회사는 보험계약을 청약한 자가 청약의 내용을 확인·정정 요청하거나 청약을 철회하고자 하는 경우 통신수단을 이용할 수 있도록 하여야 한다.
② 통신수단을 이용한 모집은 통신수단을 이용한 모집에 대하여 동의를 한 자를 대상으로 하여야 한다.
③ 사이버몰을 이용하여 모집하는 자는 보험약관 또는 보험증권을 전자문서로 발급한 경우, 해당 문서를 수령하였는지 확인한 후에는 보험계약자가 서면으로 발급해 줄 것을 요청하더라도 이를 거절할 수 있다.
④ 보험회사는 보험계약을 청약한 자가 전화를 이용하여 청약을 철회하려는 경우에는 상대방의 동의를 받아 청약 내용, 청약자 본인인지를 확인하고 그 내용을 음성 녹음하는 등 증거자료를 확보·유지하여야 한다.

| 해설 |
보험약관 또는 보험증권을 전자문서로 발급하는 경우에는 보험계약자가 해당 문서를 수령하였는지를 확인하여야 하며, 보험계약자가 서면으로 발급해 줄 것을 요청하는 경우에는 서면으로 발급하여야 한다(영 제43조 제5항 제3호).
① 법 제96조 제2항 제1호
② 영 제43조 제1항
④ 영 제43조 제6항 〈2023.6.27. 개정〉

50 통신수단을 이용한 모집 등에 대한 설명으로 틀린 것은? 기출수정 15
① 다른 사람의 평온한 생활을 침해하는 방법으로 모집을 하여서는 아니 된다.
② 보험계약을 청약한 자가 청약의 내용을 확인·정정 요청하거나 청약을 철회하고자 하는 경우 통신수단을 이용할 수 있도록 하여야 한다.
③ 보험계약자가 체결한 계약의 내용을 확인하고자 하는 경우 통신수단을 이용할 수 있도록 하여야 한다.
④ 보험계약자가 계약을 해지하기 전에 안전성 및 신뢰성이 확보되는 방법을 이용하여 보험계약자 본인임을 확인받지 않은 경우에도 보험계약자가 체결한 계약을 해지하고자 하는 경우 보험회사는 통신수단을 이용할 수 있도록 하여야 한다.

| 해설 |
보험계약자가 체결한 계약을 해지하고자 하는 경우 보험계약자가 계약을 해지하기 전에 안전성 및 신뢰성이 확보되는 방법을 이용하여 보험계약자 본인임을 확인받은 경우로 한정한다(법 제96조 제2항 제3호).

51 보험업법상 보험계약의 체결 또는 모집과 관련하여 금지되는 행위에 해당하는 것을 모두 고른 것은? 기출수정 19

> 가. 보험설계사는 보험계약자나 피보험자에게 새로운 보험계약을 청약하게 함으로써 기존보험계약을 부당하게 소멸시켰다.
> 나. 보험대리점은 보험계약자나 피보험자의 자필서명이 필요한 경우에 보험계약자 또는 피보험자로부터 자필서명을 받지 아니하였다.
> 다. 보험중개사는 실제 명의인이 아닌 보험계약을 모집하였다.
> 라. 보험설계사가 다른 모집 종사자의 명의를 이용하지 않고 보험계약을 모집하였다.
> 마. 보험회사는 정당한 이유를 들어 장애인의 보험가입을 거부하였다.

① 가, 나, 다
② 나, 다, 라
③ 가, 다, 라
④ 나, 라, 마

| 해설 |

보험계약의 체결 또는 모집에 관한 금지행위(법 제97조 제1항)
가. (○) 새로운 보험계약을 청약하게 함으로써 기존보험계약을 부당하게 소멸시키거나 그 밖에 부당하게 보험계약을 청약하게 하거나 이러한 것을 권유하는 행위
나. (○) 보험계약자 또는 피보험자의 자필서명이 필요한 경우에 보험계약자 또는 피보험자로부터 자필서명을 받지 아니하고 서명을 대신하거나 다른 사람으로 하여금 서명하게 하는 행위
다. (○) 실제 명의인이 아닌 자의 보험계약을 모집하거나, 실제 명의인의 동의가 없는 보험계약을 모집하는 행위
라. (×) 보험계약자가 <u>다른 모집 종사자의 명의를 이용하여</u> 보험계약을 모집하는 행위
마. (×) <u>정당한 이유 없이</u> 「장애인차별금지 및 권리구제 등에 관한 법률」 제2조에 따른 장애인의 보험가입을 거부하는 행위

52 보험업법상 모집 관련 준수사항에 관한 설명으로 옳지 않은 것은? 기출수정 20

① 전화·우편·컴퓨터통신 등 통신수단을 이용하여 모집을 하는 자는 보험업법 제83조에 따라 모집을 할 수 있는 자이어야 하며, 다른 사람의 평온한 생활을 침해하는 방법으로 모집을 하여서는 아니 된다.
② 보험중개사를 포함하는 보험계약의 체결 또는 모집에 종사하는 자가 부당한 계약전환을 한 경우 보험계약자는 그 보험회사에 대하여 기존 계약의 체결일로부터 6월 이내에 계약의 부활을 청구할 수 있다.
③ 보험회사는 보험계약자가 계약을 해지하기 전에 안전성 및 신뢰성이 확보되는 방법을 이용하여 보험계약자 본인임을 확인받은 경우에 한정하여 통신수단을 이용한 계약해지를 허용할 수 있다.
④ 보험안내자료에는 금융위원회가 따로 정하는 경우를 제외하고는 보험회사의 장래의 이익 배당 또는 잉여금 분배에 대한 예상에 관한 사항을 적지 못한다.

| 해설 |

보험계약자는 보험계약의 체결 또는 모집에 종사하는 자(보험중개사는 제외한다)가 기존보험계약을 소멸시키거나 소멸하게 하였을 때에는 그 보험계약의 체결 또는 모집에 종사하는 자가 속하거나 모집을 위탁한 보험회사에 대하여 그 보험계약이 소멸한 날부터 6개월 이내에 소멸된 보험계약의 부활을 청구하고 새로운 보험계약은 취소할 수 있다(법 제97조 제4항).

53 보험계약의 체결 또는 모집에 관한 설명 중 옳은 것을 모두 고른 것은? 기출수정 17

가. 새로운 보험계약을 청약하게 함으로써 기존보험계약을 부당하게 소멸시키거나 그 밖에 부당하게 보험계약을 청약하게 하거나 이러한 것을 권유하는 행위를 할 수 없다.
나. 보험계약자 또는 피보험자의 자필서명이 필요한 경우에 보험계약자 또는 피보험자로부터 자필서명을 받지 아니하고 서명을 대신할 수 있다.
다. 보험계약자 또는 피보험자와의 금전대차의 관계를 이용하여 보험계약자 또는 피보험자로 하여금 보험계약을 청약하게 할 수 없다.
라. 보험중개사는 다른 모집종사자의 명의를 이용하여 보험계약을 모집할 수 있다.
마. 보험대리점은 보험계약의 청약철회 또는 계약 해지를 방해하는 행위를 할 수 없다.

① 가, 나, 다
② 나, 다
③ 가, 다, 마
④ 가, 다, 라

| 해설 |

가. (○) 법 제97조 제1항 제5호
나. (×) 보험계약자 또는 피보험자의 자필서명이 필요한 경우에 보험계약자 또는 피보험자로부터 자필서명을 받지 아니하고 <u>서명을 대신하거나 다른 사람으로 하여금 서명하게 하는</u> 행위를 하여서는 아니 된다(법 제97조 제1항 제7호).
다. (○) 법 제97조 제1항 제9호
라. (×) 보험중개사는 <u>다른 모집종사자의 명의를 이용하여 보험계약을 모집하는</u> 행위를 하여서는 아니 된다(법 제97조 제1항 제8호).
마. (○) 법 제97조 제1항 제11호

54 보험업법은 아래의 행위를 기존보험계약을 부당하게 소멸시키거나 소멸하게 하는 행위로 본다. ( ) 안에 들어갈 것을 순서대로 나열한 것은?

> 기존보험계약이 소멸된 날부터 ( ) 이내에 새로운 보험계약을 청약하게 하거나 새로운 보험계약을 청약하게 한 날부터 ( ) 이내에 기존보험계약을 소멸하게 하는 경우로서 해당 보험계약자 또는 피보험자에게 기존보험계약과 새로운 보험계약의 보험기간 및 ( ) 등 대통령령으로 정하는 중요한 사항을 비교하여 알리지 아니하는 행위

① 1개월, 1개월, 보험금액
② 2개월, 2개월, 보험목적
③ 3개월, 3개월, 보험회사의 면책사유
④ 6개월, 6개월, 예정이자율

|해설|
보험계약의 체결 또는 모집에 종사하는 자가 다음 각 호의 어느 하나에 해당하는 행위를 한 경우에는 기존보험계약을 부당하게 소멸시키거나 소멸하게 하는 행위를 한 것으로 본다(법 제97조 제3항).
1. 기존보험계약이 소멸된 날부터 1개월 이내에 새로운 보험계약을 청약하게 하거나 새로운 보험계약을 청약하게 한 날부터 1개월 이내에 기존보험계약을 소멸하게 하는 행위. 다만, 보험계약자가 기존 보험계약 소멸 후 새로운 보험계약 체결시 손해가 발생할 가능성이 있다는 사실을 알고 있음을 자필로 서명하는 등 대통령령으로 정하는 바에 따라 본인의 의사에 따른 행위임이 명백히 증명되는 경우에는 그러하지 아니하다.
2. 기존보험계약이 소멸된 날부터 (**6개월**) 이내에 새로운 보험계약을 청약하게 하거나 새로운 보험계약을 청약하게 한 날부터 (**6개월**) 이내에 기존보험계약을 소멸하게 하는 경우로서 해당 보험계약자 또는 피보험자에게 기존보험계약과 새로운 보험계약의 보험기간 및 (**예정이자율**) 등 대통령령으로 정하는 중요한 사항을 비교하여 알리지 아니하는 행위

55 보험업법상 다음 보기의 ( )에 들어갈 내용을 순서대로 나열한 것은? 기출 24

> 보험계약의 체결 또는 모집에 종사하는 자가 기존보험계약이 소멸된 날로부터 ( ) 이내에 새로운 보험계약을 청약하거나 새로운 보험계약을 청약하게 한 날로부터 ( ) 이내에 기존보험계약을 소멸하게 하는 행위를 하는 경우, 기존보험계약을 부당하게 소멸시키거나 소멸하게 하는 행위를 한 것으로 본다. 다만, 보험계약자가 기존 보험계약 소멸 후 새로운 보험계약 체결시 손해가 발생할 가능성이 있다는 사실을 알고 있음을 자필로 서명하는 등 대통령령으로 정하는 바에 따라 본인의 의사에 따른 행위임이 명백히 증명되는 경우에는 그러하지 아니하다.

① 1개월 ~ 1개월
② 1개월 ~ 3개월
③ 3개월 ~ 3개월
④ 6개월 ~ 6개월

정답 53 ③ 54 ④ 55 ①

| 해설 |

보험계약의 체결 또는 모집에 관한 금지행위(법 제97조 제3항 제1호)
보험계약의 체결 또는 모집에 종사하는 자가 기존보험계약이 소멸된 날부터 (1개월) 이내에 새로운 보험계약을 청약하게 하거나 새로운 보험계약을 청약하게 한 날부터 (1개월) 이내에 기존보험계약을 소멸하게 하는 행위를 한 경우에는 기존보험계약을 부당하게 소멸시키거나 소멸하게 하는 행위를 한 것으로 본다. 다만, 보험계약자가 기존 보험계약 소멸 후 새로운 보험계약 체결시 손해가 발생할 가능성이 있다는 사실을 알고 있음을 자필로 서명하는 등 대통령령으로 정하는 바에 따라 본인의 의사에 따른 행위임이 명백히 증명되는 경우에는 그러하지 아니하다.

56 다음은 보험업법상 특별이익 제공 금지 예외에 관한 설명이다. ( ) 안에 들어갈 숫자로 옳은 것은? 기출 25

> 보험계약의 체결 또는 모집에 종사하는 자는 그 체결 또는 모집과 관련하여 보험계약자나 피보험자에게 보험계약 체결시부터 최초 1년간 납입되는 보험료의 100분의 ( )과 3만원[보험계약에 따라 보장되는 위험을 감소시키는 물품의 경우에는 ( )만원] 중 적은 금액을 제공하는 행위

① 10, 10   ② 10, 20
③ 20, 10   ④ 20, 20

| 해설 |

특별이익의 제공 금지 예외(영 제46조)
보험계약의 체결 또는 모집에 종사하는 자는 그 체결 또는 모집과 관련하여 보험계약자나 피보험자에게 보험계약 체결시부터 최초 1년간 납입되는 보험료의 100분의 (10)과 3만원[보험계약에 따라 보장되는 위험을 감소시키는 물품의 경우에는 (20)만원] 중 적은 금액을 제공하는 행위

57 보험업법상 보험모집종사자가 보험계약의 체결 또는 모집과 관련하여 보험계약자 등에게 제공할 수 있는 특별이익에 해당하는 것은? 기출 24

① 기초서류에 정한 사유에 근거하지 아니한 보험료의 할인 또는 수수료의 지급
② 보험계약자나 피보험자를 위한 보험료의 대납
③ 보험계약자나 피보험자가 해당 보험회사로부터 받은 대출금에 대한 이자의 대납
④ 보험계약 체결시부터 최초 1년간 납입되는 보험료의 100분의 10과 3만원(보험계약에 따라 보장되는 위험을 감소시키는 물품의 경우에는 20만원) 중 적은 금액의 지급

| 해설 |

대통령령으로 정하는 금액[보험계약 체결시부터 최초 1년간 납입되는 보험료의 100분의 10과 3만원(보험계약에 따라 보장되는 위험을 감소시키는 물품의 경우에는 20만원) 중 적은 금액]을 초과하지 아니하는 금품은 제외한다(법 제98조 제1호, 영 제46조). 〈2023.6.27. 개정〉

58 보험업법 제98조의 특별이익 제공 금지규정에 위반한 것을 모두 고른 것은? [기출 17]

> 가. 보험대리점 A는 보험계약자 B에게 보험계약 체결에 대한 대가로 5만원을 제공하였다.
> 나. 보험설계사 C는 피보험자 D에게 보험계약 체결에 대한 대가와 고마움의 표시로 10만원의 상당액을 주기로 약속하였다.
> 다. 보험중개사 E는 보험계약자 F를 위하여 제1회 보험료 5만원을 대납하였다.
> 라. 보험회사 직원 G는 피보험자 H가 보험회사로부터 받은 대출금에 대한 이자를 대납하였다.

① 가, 나
② 가, 나, 다, 라
③ 가, 나, 라
④ 가, 라

| 해설 |

보험계약의 체결 또는 모집에 종사하는 자는 그 체결 또는 모집과 관련하여 보험계약자나 피보험자에게 다음 각 호의 어느 하나에 해당하는 특별이익을 제공하거나 제공하기로 약속하여서는 아니 된다(법 제98조).
1. 금품(보험계약 체결시부터 최초 1년간 납입되는 보험료의 100분의 10과 3만원 중 적은 금액을 초과하지 아니하는 금품은 제외한다) → 가, 나
2. 기초서류에서 정한 사유에 근거하지 아니한 보험료의 할인 또는 수수료의 지급
3. 기초서류에서 정한 보험금액보다 많은 보험금액의 지급 약속
4. 보험계약자나 피보험자를 위한 보험료의 대납 → 다
5. 보험계약자나 피보험자가 해당 보험회사로부터 받은 대출금에 대한 이자의 대납 → 라
6. 보험료로 받은 수표 또는 어음에 대한 이자 상당액의 대납
7. 「상법」 제682조에 따른 제3자에 대한 청구권 대위행사의 포기

---

59 수수료 지급 등의 금지에 관한 설명으로 옳지 않은 것은? [기출수정 19]

① 보험회사는 모집할 수 있는 자 이외의 자에게 모집을 위탁하거나 모집에 관하여 수수료, 보수, 그 밖의 대가를 지급하지 못한다.
② 보험중개사는 보수나 그 밖의 대가를 청구하려는 경우에는 해당 서비스를 제공하기 전에 제공할 서비스별 내용이 표시된 보수명세표를 보험계약자에게 알려야 한다.
③ 보험중개사는 대통령령으로 정하는 경우 이외에는 보험계약 체결의 중개와 관련한 수수료나 그 밖의 대가를 보험계약자에게 청구할 수 없다.
④ 보험회사는 기초서류에서 정하는 방법에 따른 경우에도 모집할 수 있는 자 이외의 자에게 모집을 위탁할 수 없다.

| 해설 |

보험회사는 기초서류에서 정하는 방법에 따른 경우 모집할 수 있는 자 이외의 자에게 모집을 위탁할 수 있다(법 제99조 제1항 제1호).
① 법 제99조 제1항
② 영 제47조 제2항
③ 법 제99조 제3항

60 보험회사 등의 모집위탁 및 수수료 지급 등에 관한 설명 중 옳지 않은 것은? 기출 17

① 보험회사는 원칙적으로 모집할 수 있는 자 이외의 자에게 모집을 위탁하거나 모집에 관하여 수수료, 보수, 그 밖의 대가를 지급하지 못한다.
② 보험회사는 기초서류에서 정하는 방법에 따른 경우에는 모집할 수 있는 자 이외의 자에게 모집을 위탁할 수 있다.
③ 보험회사는 대한민국 밖에서 외국의 모집조직(외국법령에서 허용하는 경우)을 이용하여 원보험계약 또는 재보험계약을 인수할 수 있다.
④ 보험중개사는 어떠한 경우에도 보험계약 체결의 중개와 관련된 수수료나 그 밖의 대가를 보험계약자에게 청구할 수 없다.

> **해설**
> 보험계약 체결의 중개와는 별도로 보험계약자에게 특별히 제공한 서비스에 대하여 일정 금액으로 표시되는 보수나 그 밖의 대가를 지급할 것을 미리 보험계약자와 합의한 서면약정서에 의하여 청구하는 경우 이외에는 보험계약 체결의 중개와 관련한 수수료나 그 밖의 대가를 보험계약자에게 청구할 수 없다(법 제99조 제3항, 영 제47조 제1항).
> ① 법 제99조 제1항
> ② 법 제99조 제1항 제1호
> ③ 법 제99조 제1항 제2호

61 보험업법상 금융기관보험대리점 등이 모집을 할 때 금지되는 행위가 아닌 것은? 기출 24

① 보험업법 시행령 제40조 제4항에 따라 모집에 종사하는 자로 하여금 보험상품 구입에 대한 상담 또는 소개를 하게 하거나 상담 또는 소개의 대가를 지급하는 행위
② 대출 등 해당 금융기관이 제공하는 용역(이하 "대출 등"이라 함)을 받은 자의 동의를 미리 받지 아니하고 보험료를 대출 등의 거래에 포함시키는 행위
③ 해당 금융기관의 점포 외의 장소에서 모집을 하는 행위
④ 모집과 관련이 없는 금융거래를 통하여 취득한 개인정보를 미리 그 개인의 동의를 받지 아니하고 모집에 이용하는 행위

> **해설**
> 보험업법 시행령 제40조 제4항에 따라 모집에 종사하는 자 외에 소속 임직원으로 하여금 보험상품의 구입에 대한 상담 또는 소개를 하게 하거나 상담 또는 소개의 대가를 지급하는 행위가 금지행위에 해당된다(영 제48조 제1항).
> ② 법 제100조 제1항 제2호
> ③ 법 제100조 제1항 제4호
> ④ 법 제100조 제1항 제5호

62 보험대리점 또는 보험중개사로 등록한 금융기관의 금지행위 유형에 해당하는 것을 모두 고른 것은? 기출수정 17

> 가. 모집과 관련이 없는 금융거래를 통하여 취득한 개인정보를 미리 그 개인의 동의를 받지 아니하고 모집에 이용하는 행위
> 나. 대출 등을 받는 자의 동의를 미리 받고 보험료를 대출 등의 거래에 포함시키는 행위
> 다. 해당 금융기관의 임직원 중 모집할 수 있는 자에게 모집을 하도록 하거나 이를 용인하는 행위
> 라. 해당 금융기관의 점포 내의 장소에서 모집을 하는 행위

① 가
② 가, 나
③ 가, 나, 다
④ 가, 나, 다, 라

| 해설 |

금융기관보험대리점 등의 금지행위 등(법 제100조 제1항)
금융기관보험대리점 등은 모집을 할 때 다음 각 호의 어느 하나에 해당하는 행위를 하여서는 아니 된다.
1. 대출 등 해당 금융기관이 제공하는 용역(이하 "대출 등"이라 한다)을 받는 자의 동의를 미리 받지 아니하고 보험료를 대출 등의 거래에 포함시키는 행위
2. 해당 금융기관의 임직원(제83조에 따라 모집할 수 있는 자는 제외한다)에게 모집을 하도록 하거나 이를 용인하는 행위
3. 해당 금융기관의 점포 외의 장소에서 모집을 하는 행위
4. 모집과 관련이 없는 금융거래를 통하여 취득한 개인정보를 미리 그 개인의 동의를 받지 아니하고 모집에 이용하는 행위
5. 그 밖에 제1호부터 제4호까지의 행위와 비슷한 행위로서 대통령령으로 정하는 행위

63 보험업법상 금융기관보험대리점 또는 금융기관보험중개사가 모집을 할 때 지켜야 할 사항이 아닌 것은?

① 보험계약의 이행에 따른 지급책임은 금융기관에 있음을 보험계약을 청약하는 자에게 알릴 것
② 해당 금융기관이 보험회사가 아니라 보험대리점 또는 보험중개사라는 사실을 보험계약을 청약하는 자에게 알릴 것
③ 보험을 모집하는 장소와 대출 등 해당 금융기관이 제공하는 용역을 취급하는 장소를 보험계약을 청약하는 자가 쉽게 알 수 있을 정도로 분리할 것
④ 해당 금융기관이 대출 등을 받는 자에게 보험계약의 청약을 권유하는 경우 대출 등을 받는 자가 그 금융기관이 대리하거나 중개하는 보험계약을 체결하지 아니하더라도 대출 등을 받는 데 영향이 없음을 알릴 것

> **[해설]**
> **금융기관보험대리점 등이 모집을 할 때의 준수사항(법 제100조 제2항)**
> 1. 해당 금융기관이 대출 등을 받는 자에게 보험계약의 청약을 권유하는 경우 대출 등을 받는 자가 그 금융기관이 대리하거나 중개하는 보험계약을 체결하지 아니하더라도 대출 등을 받는데 영향이 없음을 알릴 것
> 2. 해당 금융기관이 보험회사가 아니라 보험대리점 또는 보험중개사라는 사실과 <u>보험계약의 이행에 따른 지급책임은 보험회사에 있음</u>을 보험계약을 청약하는 자에게 알릴 것
> 3. 보험을 모집하는 장소와 대출 등을 취급하는 장소를 보험계약을 청약하는 자가 쉽게 알 수 있을 정도로 분리할 것
> 4. 제1호부터 제3호까지의 사항과 비슷한 사항으로서 대통령령으로 정하는 사항

64 보험업법상 자기계약의 금지에 관한 설명으로 괄호 안에 들어갈 내용이 순서대로 연결된 것은?

기출 21

> 보험대리점 또는 보험중개사가 모집한 자기 또는 자기를 고용하고 있는 자를 보험계약자나 피보험자로 하는 보험의 보험료 누계액이 그 보험대리점 또는 보험중개사가 모집한 보험의 보험료의 ( )을 초과하게 된 경우에는 그 보험대리점 또는 보험중개사는 자기 또는 자기를 고용하고 있는 자를 보험계약자 또는 피보험자로 하는 보험을 모집하는 것을 그 주된 목적으로 한 것으로 ( )한다.

① 100분의 50 - 간주
② 100분의 50 - 추정
③ 100분의 70 - 간주
④ 100분의 70 - 추정

> **[해설]**
> 보험대리점 또는 보험중개사가 모집한 자기 또는 자기를 고용하고 있는 자를 보험계약자나 피보험자로 하는 보험의 보험료 누계액(累計額)이 그 보험대리점 또는 보험중개사가 모집한 보험의 보험료의 **100분의 50**을 초과하게 된 경우에는 그 보험대리점 또는 보험중개사는 자기 또는 자기를 고용하고 있는 자를 보험계약자 또는 피보험자로 하는 보험을 모집하는 것을 그 주된 목적으로 한 것으로 (**본다**)(법 제101조 제2항).
> 보험업법문상 '~본다'는 '~간주한다'와 같은 의미이다.
>
> **TIP** '~추정한다'는 명확하지 않은 사실을 일단 존재하는 것으로 정하여 법률효과를 발생시키는 것을 말한다. 그러나 당사자는 반증을 들어서 그 추정을 번복시킬 수 있다. 이점에 있어서 법규상의 '~본다(간주한다)'와 다른 의미이다. 즉 '~본다(간주한다)'는 반증을 들어도 일단 발생한 법률효과는 번복되지 아니하나, 추정의 경우에는 반증에 의하여 법률효과도 번복된다.

65 보험업법상 보험계약자에 관한 설명으로 옳지 않은 것은? 기출수정 16

① 보험회사의 임직원 등 보험 관계 업무에 종사하는 자는 보험계약자 등 보험계약에 관하여 이해가 있는 자로 하여금 고의로 보험사고를 발생시키거나 발생하지 아니한 보험사고를 발생한 것처럼 조작하여 보험금을 수령하도록 하는 행위를 하여서는 아니 된다.
② 보험회사의 임직원 등 보험 관계 업무에 종사하는 자는 보험계약자 등 보험계약에 관하여 이해가 있는 자로 하여금 이미 발생한 보험사고의 원인, 시기 또는 내용 등을 조작하거나 피해의 정도를 과장하여 보험금을 수령하도록 하는 행위를 하여서는 아니 된다.
③ 보험계약자 등 보험계약에 관하여 이해관계가 있는 자가 보험사기행위를 한 경우 해당 보험사기행위로 인하여 체결된 보험계약은 보험업법상 무효가 되므로 보험회사는 해당 계약에 따른 보험금을 지급할 의무가 없다.
④ 보험계약자나 보험금을 취득할 자가 보험중개사의 보험계약 체결 중개행위와 관련하여 손해를 입은 경우에는 그 손해액을 영업보증금에서 다른 채권자보다 우선하여 변제받을 권리를 가진다.

| 해설 |
보험업법 제102조의2(보험계약자 등의 의무)에서는 "보험계약자, 피보험자, 보험금을 취득할 자, 그 밖에 보험계약에 관하여 이해관계가 있는 자는 보험사기행위를 하여서는 아니 된다"라고 규정되어 있을 뿐 보험사기 효과를 무효로 한다는 규정은 없다. 다만, 손해보험에서 보험계약자의 사기로 체결된 초과보험계약과 중복보험계약의 경우 그 계약은 무효로 된다. 일반적으로, 보험사기행위로 인하여 체결된 보험계약은 취소하거나 해지할 수 있으며, 보험계약자의 고의가 밝혀지면 보험회사는 해당 계약에 따른 보험금을 지급할 의무가 없다.
① 보험업법 제102조의3 제1호
② 보험업법 제102조의3 제2호
④ 보험업법 제103조

66 보험업법상 실손의료보험계약의 서류 전송을 위한 전산시스템의 구축·운영 등에 관한 설명으로 옳지 않은 것은? 기출 25

① 보험회사는 실손의료보험계약의 보험금 청구를 위한 서류 전송에 따른 업무를 수행하기 위하여 필요한 전산시스템을 구축·운영하여야 한다.
② 보험회사는 전산시스템의 구축·운영에 관한 업무를 공공성·보안성·전문성 등을 고려하여 대통령령으로 정하는 전송대행기관에 위탁하거나 직접 수행할 수 있다.
③ 전산시스템의 구축·운영에 관한 비용은 보험회사와 요양기관이 공동으로 부담한다.
④ 보험회사 또는 전송대행기관은 요양기관 등과 전산시스템의 구축·운영에 관한 사항을 협의하기 위하여 대통령령으로 정하는 바에 따라 위원회를 구성·운영할 수 있다.

| 해설 |
전산시스템의 구축·운영에 관한 비용은 보험회사가 부담한다(법 제102조의7 제3항).
① 법 제102조의7 제1항
② 법 제102조의7 제2항
④ 법 제102조의7 제4항

정답 64 ① 65 ③ 66 ③

CHAPTER 04 자산운용

학습목표
❶ 자산운용의 일반적인 원칙과 금지 및 제한 사항을 학습한다.
❷ 특별계정, 자회사에 관한 사항을 학습한다.

01 자산운용의 원칙

1 일반원칙 기출 14

(1) **자산운용의 원칙(법 제104조)**
① 자산운용의 4원칙 기출 15·17·18
보험회사는 그 자산을 운용할 때 안정성·유동성·수익성 및 공익성이 확보되도록 하여야 한다.
② 선량한 관리자의 주의의무
보험회사는 선량한 관리자의 주의로써 그 자산을 운용하여야 한다.

(2) **자산운용의 방법 및 비율(법 제106조)** 기출 15·18·23·24
① 보험회사는 일반계정(제108조 제1항 제1호 및 제4호의 특별계정을 포함한다)에 속하는 자산과 제108조 제1항 제2호에 따른 특별계정에 속하는 자산을 운용할 때 다음의 비율을 초과할 수 없다. 다만, 특별계정의 자산으로서 자산운용의 손실이 일반계정에 영향을 미치는 자산 중 대통령령으로 정하는 자산의 경우에는 일반계정에 포함하여 자산운용비율을 적용한다. 〈2022.12.31. 개정〉
㉠ 동일한 개인 또는 법인에 대한 신용공여

일반계정	총자산의 100분의 3
특별계정	각 특별계정 자산의 100분의 5

㉡ 동일한 법인이 발행한 채권 및 주식 소유의 합계액

일반계정	총자산의 100분의 7
특별계정	각 특별계정 자산의 100분의 10

ⓒ 동일차주에 대한 신용공여 또는 그 동일차주가 발행한 채권 및 주식 소유의 합계액

일반계정	총자산의 100분의 12
특별계정	각 특별계정 자산의 100분의 15

ⓔ 동일한 개인·법인, 동일차주 또는 대주주(그의 특수관계인을 포함)에 대한 총자산의 100분의 1을 초과하는 거액 신용공여의 합계액

일반계정	총자산의 100분의 20
특별계정	각 특별계정 자산의 100분의 20

ⓜ 대주주 및 대통령령으로 정하는 자회사에 대한 신용공여

일반계정	자기자본의 100분의 40(자기자본의 100분의 40에 해당하는 금액이 총자산의 100분의 2에 해당하는 금액보다 큰 경우에는 총자산의 100분의 2)
특별계정	각 특별계정 자산의 100분의 2

ⓗ 대주주 및 대통령령으로 정하는 자회사가 발행한 채권 및 주식 소유의 합계액

일반계정	자기자본의 100분의 60(자기자본의 100분의 60에 해당하는 금액이 총자산의 100분의 3에 해당하는 금액보다 큰 경우에는 총자산의 100분의 3)
특별계정	각 특별계정 자산의 100분의 3

대통령령으로 정하는 자산(영 제50조 제1항)
"대통령령으로 정하는 자산"이란 「근로자퇴직급여보장법」 제29조 제2항에 따른 보험계약(납입보험료 운용손익이 전부 보험계약자에게 귀속되는 보험계약은 제외한다) 및 법률 제10967호 「근로자퇴직급여보장법」 전부개정법률 부칙 제2조 제1항 본문에 따른 퇴직보험계약에 대하여 설정된 특별계정의 자산을 말한다.
〈2023.6.27. 신설〉

대통령령으로 정하는 자회사(영 제50조 제2항) 〈2023.12.19. 개정〉
"대통령령으로 정하는 자회사"란 다음 각 호의 어느 하나에 해당하지 아니하는 자회사를 말한다.
1. 보험회사의 자회사 업무(영 제59조 제3항 제1호부터 제14호까지에 해당하는 업무)를 수행하는 회사로서 보험회사가 해당 회사의 의결권 있는 발행주식(출자지분을 포함한다)의 전부를 소유하는 회사
2. 「벤처투자 촉진에 관한 법률」 제2조 제10호 및 제11호에 따른 벤처투자회사 및 벤처투자조합
3. 「자본시장과 금융투자업에 관한 법률」에 따른 집합투자기구
4. 「부동산투자회사법」에 따른 부동산투자회사
5. 「선박투자회사법」에 따른 선박투자회사
6. 「여신전문금융업법」에 따른 신기술사업투자조합
7. 외국에서 하는 보험업, 보험수리업무, 손해사정업무, 보험대리업무, 투자자문업, 투자일임업, 집합투자업 또는 부동산업에 따른 업무를 수행하는 회사
8. 「사회기반시설에 대한 민간투자법」에 따른 사회기반시설사업 및 사회기반시설사업에 대한 투융자사업에 따른 업무를 수행하는 회사
9. 외국에서 하는 사업(외국에서 하는 보험업, 보험수리업무, 손해사정업무, 보험대리업무, 투자자문업, 투자일임업, 집합투자업 또는 부동산업은 제외)에 따른 업무를 수행하는 회사

ⓢ 동일한 자회사에 대한 신용공여

일반계정	자기자본의 100분의 10
특별계정	각 특별계정 자산의 100분의 4

ⓞ 부동산의 소유

일반계정	총자산의 100분의 25
특별계정	각 특별계정 자산의 100분의 15

ⓩ 「외국환거래법」에 따른 외국환이나 외국부동산의 소유(외화표시 보험에 대하여 지급보험금과 같은 외화로 보유하는 자산의 경우에는 금융위원회가 정하는 바에 따라 책임준비금을 한도로 자산운용비율의 산정 대상에 포함하지 아니한다)

일반계정	총자산의 100분의 50
특별계정	각 특별계정 자산의 100분의 50

② 자산운용비율은 자산운용의 건전성 향상 또는 보험계약자 보호에 필요한 경우에는 대통령령으로 정하는 바에 따라 그 비율의 100분의 50의 범위에서 인하하거나, 발행주체 및 투자수단 등을 구분하여 별도로 정할 수 있다.

> **자산운용비율의 인하**(영 제50조 제3항)
> 부동산소유의 일반계정에 따른 부동산 소유에 대한 자산운용비율을 총자산의 100분의 15로 인하한다.

③ 대통령령으로 정하는 금액(매분기말 기준으로 300억원) 이하의 특별계정에 대하여는 일반계정에 포함하여 자산운용비율을 적용한다.

(3) 자산운용 제한에 대한 예외(법 제107조) 기출 17·25

① **자산운용의 방법 및 비율 적용제외** (2022.12.31. 개정)
다음의 어느 하나에 해당하는 경우에는 법 제106조를 적용하지 아니한다.
㉠ 보험회사의 자산가격의 변동 등 보험회사의 의사와 관계없는 사유로 자산상태가 변동된 경우
㉡ 보험회사에 적용되는 회계처리기준(「주식회사 등의 외부감사에 관한 법률」 제5조 제1항 제1호에 따른 회계처리기준을 말한다)의 변경으로 보험회사의 자산 또는 자기자본 상태가 변동된 경우
㉢ 다음의 어느 하나에 해당하는 경우로서 금융위원회의 승인을 받은 경우
ⓐ 보험회사가 재무건전성 기준을 지키기 위하여 필요한 경우
ⓑ 「기업구조조정촉진법」에 따른 출자전환 또는 채무재조정 등 기업의 구조조정을 지원하기 위하여 필요한 경우
ⓒ 그 밖에 보험계약자의 이익을 보호하기 위하여 필수적인 경우

② 자산운용 제한의 예외

다음의 사유로 자산운용비율을 초과하게 된 경우에는 해당 보험회사는 그 비율을 초과하게 된 날부터 다음의 구분에 따른 기간 이내에 법 제106조에 적합하도록 하여야 한다. 다만, 대통령령으로 정하는 사유에 해당하는 경우에는 금융위원회가 정하는 바에 따라 그 기간을 연장할 수 있다. 〈2022.12.31. 신설〉
  ㉠ ①항 ㉠의 사유로 자산운용비율을 초과하게 된 경우 : 1년
  ㉡ ①항 ㉡의 사유로 자산운용비율을 초과하게 된 경우 : 3년

> **대통령령으로 정하는 사유(영 제51조)**
> 보험회사가 자산운용비율의 한도를 초과하게 된 날부터 법 제107조 제2항에 따른 기간 이내에 한도를 초과하는 자산을 처분하는 것이 일반적인 경우에 비추어 해당 보험회사에 현저한 재산상의 손실이나 재무건전성의 악화를 초래할 것이 명백하다고 금융위원회가 인정하는 경우를 말한다. 〈2023.6.27. 개정〉

(4) 특별계정의 설정·운용(법 제108조) 기출 18

① 특별계정의 설정

보험회사는 다음의 어느 하나에 해당하는 계약에 대하여는 대통령령으로 정하는 바에 따라 그 준비금에 상당하는 자산의 전부 또는 일부를 그 밖의 자산과 구별하여 이용하기 위한 계정(이하 "특별계정"이라 한다)을 각각 설정하여 운용할 수 있다.
  ㉠ 「소득세법」 제20조의3 제1항 제2호 각 목 외의 부분에 따른 연금저축계좌를 설정하는 계약
  ㉡ 「근로자퇴직급여보장법」 제29조 제2항에 따른 보험계약 및 법률 제10967호 「근로자퇴직급여보장법」 전부개정법률 부칙 제2조 제1항 본문에 따른 퇴직보험계약
  ㉢ 변액보험계약(보험금이 자산운용의 성과에 따라 변동하는 보험계약을 말한다)
  ㉣ 그 밖에 금융위원회가 필요하다고 인정하는 보험계약

> **특별계정의 설정·운용(영 제52조) 기출 25**
> ① 특별계정을 설정·운용하는 보험회사는 각 구분에 따른 보험계약별로 별도의 특별계정을 설정·운용하여야 한다.
> ② 보험회사는 특별계정의 효율적인 운용을 위하여 금융위원회가 필요하다고 인정하는 경우에는 각 구분에 따른 보험계약별로 둘 이상의 특별계정을 설정·운용할 수 있다.

② 회계처리

보험회사는 특별계정에 속하는 자산을 다른 특별계정에 속하는 자산 및 그 밖의 자산과 구분하여 회계처리하여야 한다.

③ 이익의 분배

보험회사는 특별계정에 속하는 이익을 그 계정상의 보험계약자에게 분배할 수 있다.

> 특별계정에 속하는 자산의 운용방법 및 평가, 이익의 분배, 자산운용실적의 비교·공시, 운용전문인력의 확보, 의결권 행사의 제한 등 보험계약자 보호에 필요한 사항은 대통령령으로 정한다.

④ **특별계정자산의 운용비율(영 제53조)** 기출 16·21
　㉠ 보험회사는 특별계정(변액보험계약에 따라 설정된 특별계정은 제외한다)의 자산으로 취득한 주식에 대하여 의결권을 행사할 수 없다. 다만, 주식을 발행한 회사의 합병, 영업의 양도·양수, 임원의 선임, 그 밖에 이에 준하는 사항으로서 특별계정의 자산에 손실을 초래할 것이 명백하게 예상되는 사항에 관하여는 그러하지 아니하다.
　㉡ 보험회사는 「근로자퇴직급여보장법」 제29조 제2항에 따른 보험계약 및 법률 제10967호 「근로자퇴직급여보장법」 전부개정법률 부칙 제2조 제1항 본문에 따른 퇴직보험계약의 계약에 대하여 설정된 특별계정의 부담으로 차입(借入)할 수 없다. 다만, 각 특별계정별로 자산의 100분의 10의 범위에서 다음의 어느 하나에 해당하는 방법으로 차입하는 경우에는 그러하지 아니하다.
　　ⓐ 「은행법」에 따른 은행으로부터의 당좌차월
　　ⓑ 금융기관으로부터의 만기 1개월 이내의 단기자금 차입
　　ⓒ 일반계정(특별계정에 속하는 보험계약을 제외한 보험계약이 속하는 계정을 말한다)으로부터의 만기 1개월 이내의 단기자금 차입. 이 경우 금리는 금융위원회가 정하여 고시하는 기준에 따른다.
　　ⓓ ⓐ부터 ⓒ까지에 준하는 방법으로서 금융위원회가 정하여 고시하는 방법
　㉢ 보험회사는 특별계정의 자산을 운용할 때 다음의 어느 하나에 해당하는 행위를 하여서는 아니 된다. 〈2022.12.27. 개정〉
　　ⓐ 보험계약자의 지시에 따라 자산을 운용하는 행위
　　ⓑ 변액보험계약에 대하여 사전수익률을 보장하는 행위
　　ⓒ 특별계정에 속하는 자산을 일반계정 또는 다른 특별계정에 편입하거나 일반계정의 자산을 특별계정에 편입하는 행위. 다만, 다음의 어느 하나에 해당하는 행위는 제외한다.
　　　• 특별계정의 원활한 운영을 위하여 금융위원회가 정하여 고시하는 바에 따라 초기투자자금을 일반계정에서 편입받는 행위
　　　• 특별계정이 일반계정으로부터 만기 1개월 이내의 단기자금을 금융위원회가 정하여 고시하는 금리 기준에 따라 차입받는 행위
　　　• 법률 제10967호 「근로자퇴직급여보장법」 전부개정법률 부칙 제2조 제1항 본문에 따른 퇴직보험 등을 「근로자퇴직급여보장법」 제29조 제2항에 따른 보험계약으로 전환함에 따라 자산을 이전하는 행위
　　　• 변액보험계약(법 제108조 제1항 제3호)의 계약에 따라 설정된 특별계정을 「자본시장과 금융투자업에 관한 법률」 제233조에 따른 모자형집합투자기구로 전환하면서 모집합투자기구로 자집합투자기구의 자산을 이전하는 행위
　　　• 그 밖에 위 내용에 준하는 행위로서 금융위원회가 정하여 고시하는 행위
　　ⓓ 보험료를 어음으로 수납하는 행위
　　ⓔ 특정한 특별계정 자산으로 제3자의 이익을 꾀하는 행위

② 보험회사의 자산가격의 변동, 담보권의 실행, 그 밖에 보험회사의 의사에 의하지 아니하는 사유로 자산상태에 변동이 있는 경우에는 자산운용의 방법 및 비율(법 제106조 제1항)을 적용하지 아니한다. 이 경우 그 보험회사는 그 한도를 초과하게 된 날부터 1년 이내에 자산운용의 방법 및 비율(법 제106조 제1항)에 적합하게 하여야 하고, 자산운용제한의 예외 조항(영 제51조)에서 정하는 사유에 해당하는 경우에는 금융위원회가 그 기간을 연장할 수 있다.

⑤ 특별계정 자산의 평가 및 손익배분(영 제54조)
㉠ 특별계정(변액보험계약에 따라 설정된 특별계정은 제외한다)에 속하는 자산은 금융위원회가 정하는 방법으로 평가한다.
㉡ 보험회사는 변액보험 특별계정의 운용수익에서 해당 특별계정의 운용에 대한 보수 및 그 밖의 수수료를 뺀 수익을 해당 특별계정 보험계약자의 몫으로 처리하여야 한다.

⑥ 특별계정 운용실적의 공시 등(영 제55조)
㉠ 보험회사는 특별계정(변액보험계약에 따라 설정된 특별계정은 제외한다)의 자산운용에 관한 다음의 사항을 공시하여야 한다.
ⓐ 매월 말 현재의 특별계정별 자산·부채 및 자산구성 내용
ⓑ 자산운용에 대한 보수 및 수수료
ⓒ 그 밖에 보험계약자의 보호를 위하여 공시가 필요하다고 인정되는 사항으로서 금융위원회가 정하여 고시하는 사항
㉡ 보험협회는 보험회사별로 보험회사가 설정하고 있는 특별계정별 자산의 기준가격 및 수익률 등 자산운용실적을 비교·공시할 수 있다.
㉢ 보험회사는 특별계정(변액보험계약에 따라 설정된 특별계정은 제외한다)으로 설정·운용되는 보험계약의 관리 내용을 매년 1회 이상 보험계약자에게 제공하여야 한다.
㉣ 위 규정에 따른 공시의 방법·절차, 그 밖에 필요한 사항은 금융위원회가 정하여 고시한다.

⑦ 특별계정의 운용전문인력 확보의무 등(영 제56조) 〈2022.4.19. 개정〉
㉠ 특별계정(변액보험계약에 따라 설정된 특별계정은 제외한다)을 설정·운용하는 보험회사는 특별계정의 공정한 관리를 위하여 특별계정의 관리 및 운용을 전담하는 조직과 인력을 갖춰야 한다. 다만, 특별계정을 통해 다음의 업무를 하는 경우에는 내부통제기준의 준수 여부에 대한 준법감시인의 확인을 거쳐 일반계정의 운용인력 및 조직을 이용할 수 있다.
ⓐ 대출업무
ⓑ 만기 1개월 이내의 단기상품 매매업무
ⓒ 그 밖에 전담하는 조직과 인력이 없더라도 특별계정의 공정한 관리가 가능하다고 인정되는 업무로서 금융위원회가 정하여 고시하는 업무
㉡ 보험을 모집할 수 있는 자(법 제83조 제1항 각 호)가 변액보험계약을 모집하려는 경우에는 금융위원회가 정하여 고시하는 바에 따라 변액보험계약의 모집에 관한 연수과정을 이수하여야 한다.

(5) 자산평가의 방법 등(법 제114조)

보험회사가 취득·처분하는 자산의 평가방법, 채권 발행 또는 자금차입의 제한 등에 관하여 필요한 사항은 대통령령으로 정한다.

> **자산평가의 방법(영 제58조)**
> 보험회사가 자산의 취득·처분 또는 대출 등을 위한 감정을 필요로 하는 경우에는 「감정평가 및 감정평가사에 관한 법률」에 따라야 한다. 〈2023.6.27. 개정〉

(6) 사채의 발행 등(법 제114조의2) 〈2022.12.31. 신설〉

① 보험회사는 법 제123조에 따른 재무건전성 기준을 충족시키기 위한 경우 또는 적정한 유동성을 유지하기 위한 경우에는 다음의 어느 하나에 해당하는 방법으로 사채를 발행하거나 자금을 차입할 수 있다. 다만, 제3호는 「자본시장과 금융투자업에 관한 법률」 제9조 제15항 제4호에 따른 주권비상장법인인 보험회사(이하 "주권비상장보험회사"라 한다)만이 할 수 있다.

> 1. 「자본시장과 금융투자업에 관한 법률」 제165조의11 제1항에 따른 사채 중 해당 사채의 발행 당시 객관적이고 합리적인 기준에 따라 미리 정하는 사유(이하 "예정사유"라 한다)가 발생하는 경우 그 사채의 상환과 이자지급 의무가 감면된다는 조건이 붙은 사채(이하 "상각형 조건부자본증권"이라 한다)의 발행
> 2. 「자본시장과 금융투자업에 관한 법률」 제165조의11 제1항에 따른 사채 중 해당 사채의 발행 당시 예정사유가 발생하는 경우 보험회사의 주식으로 전환된다는 조건이 붙은 사채(이하 "보험회사주식 전환형 조건부자본증권"이라 한다)의 발행
> 3. 「상법」 제469조 제2항, 제513조 및 제516조의2에 따른 사채와 다른 종류의 사채로서 해당 사채의 발행 당시 예정사유가 발생하는 경우 주권비상장보험회사의 주식으로 전환됨과 동시에 그 전환된 주식이 상장금융지주회사(해당 사채의 발행 당시 주권비상장보험회사의 발행주식 총수를 보유한 「자본시장과 금융투자업에 관한 법률」 제9조 제15항 제3호에 따른 주권상장법인인 금융지주회사를 말한다)의 주식과 교환된다는 조건이 붙은 사채(이하 "금융지주회사주식 전환형 조건부자본증권"이라 한다)의 발행
> 4. 「상법」에 따른 사채의 발행
> 5. 그 밖에 제1호부터 제4호까지의 방법에 준하는 것으로서 <u>대통령령으로 정하는 사채의 발행 및 자금의 차입</u>

② 사채발행 및 자금차입에 관한 조건, 절차 및 제한사항 등에 관하여 필요한 사항은 대통령령으로 정한다.

> **사채의 발행 등(영 제58조의2)**
> ① 법 제114조의2 제1항 제5호에서 "대통령령으로 정하는 사채의 발행 및 자금의 차입"이란 다음 각 호의 어느 하나에 해당하는 방법으로 사채를 발행하거나 자금을 차입하는 것을 말한다.
>   1. 「은행법」에 따른 은행으로부터의 당좌차월
>   2. 어음의 발행
>   3. 환매조건부채권의 매도
>   4. 후순위차입
>   5. 신종자본증권(만기의 영구성, 배당지급의 임의성, 채무변제의 후순위성 등의 특성을 갖는 자본증권을 말한다)의 발행
>   6. 그 밖에 보험회사의 경영건전성을 해칠 우려가 없는 사채의 발행 또는 자금 차입 방법으로서 금융위원회가 정하여 고시하는 방법
> ② 다음 각 호의 방법에 따른 사채의 발행 및 자금의 차입의 총 한도는 직전 분기 말 현재 자기자본의 범위 내로 한다.
>   1. 법 제114조의2 제1항 제1호부터 제4호까지의 사채의 발행
>   2. 제1항 제5호에 따른 신종자본증권의 발행
>   3. 제1항 제6호의 사채의 발행
> ③ 법 제114조의2 제1항 제1호부터 제3호까지에 따른 객관적이고 합리적인 기준에 따라 미리 정하는 사유(이하 "예정사유"라 한다)는 다음 각 호의 기준을 모두 충족해야 한다.
>   1. 법 제114조의2 제1항 제1호부터 제3호까지의 사채(이하 "상각형조건부자본증권 등"이라 한다)를 발행하였거나 발행하려고 하는 보험회사(이하 "발행보험회사"라 한다)나 그 발행보험회사의 주주 및 투자자 등 상각형조건부자본증권 등의 발행과 관련하여 이해관계를 가지는 자의 통상적인 노력으로 변동되거나 발생할 가능성이 현저히 낮은 사유로서 금융위원회가 정하여 고시하는 요건에 맞을 것
>   2. 예정사유가 증권시장 등을 통하여 충분히 공시·공표될 수 있을 것. 다만, 보험회사가 「자본시장과 금융투자업에 관한 법률」 제159조 제1항에 따른 사업보고서 제출대상법인인 경우에는 같은 법 시행령 제176조의12 제2항 제2호에 따라 예정사유를 공시·공표해야 한다.
> ④ 상각형조건부자본증권 등 또는 제1항 제5호의 신종자본증권을 발행하는 경우 그 만기를 발행보험회사가 청산·파산하는 때로 할 수 있다.
> ⑤ 제1항부터 제4항까지에서 규정한 사항 외에 사채발행과 자금차입의 조건 및 절차 등에 관하여 필요한 세부사항은 금융위원회가 정하여 고시한다.

(7) 상각형 조건부자본증권 및 보험회사주식 전환형 조건부자본증권의 발행절차 등(법 제114조의3)

〈2022.12.31. 신설〉

① 상각형 조건부자본증권의 발행 등에 관하여는 「자본시장과 금융투자업에 관한 법률」 제165조의11 제2항 및 제314조 제8항을 준용한다.

② 보험회사주식 전환형 조건부자본증권의 발행 등에 관하여는 「자본시장과 금융투자업에 관한 법률」 제165조의6 제1항·제2항·제4항, 제165조의9, 제165조의11 제2항 및 제314조 제8항을 준용한다.

(8) 금융지주회사주식 전환형 조건부자본증권의 발행절차 등(법 제114조의4) ⟨2022.12.31. 신설⟩

① 주권비상장보험회사가 금융지주회사주식 전환형 조건부자본증권을 발행하려면 주권비상장보험회사 및 상장금융지주회사는 각각의 정관으로 정하는 바에 따라 <u>금융지주회사주식 전환형 조건부자본증권의 총액 등 대통령령으로 정하는 사항</u>을 포함한 주식교환계약서를 작성하여 다음의 구분에 따른 절차를 거쳐야 한다.
　㉠ 주권비상장보험회사의 경우 : 이사회의 의결
　㉡ 상장금융지주회사의 경우 : 이사회의 의결과 「상법」 제434조에 따른 주주총회의 결의

> **"금융지주회사주식 전환형 조건부자본증권의 총액 등 대통령령으로 정하는 사항"**(영 제58조의3 제1항)
> ⟨2023.6.27. 신설⟩
>
> 다음 각 호의 사항을 말한다.
> 1. 금융지주회사주식 전환형 조건부자본증권의 총액
> 2. 법 제114조의4 제11항에 따라 주권비상장보험회사 및 상장금융지주회사의 정관에 규정해야 하는 사항
> 3. 주권비상장보험회사 및 상장금융지주회사의 자본금 또는 준비금이 증가하는 경우에는 증가하는 자본금 또는 준비금에 관한 사항
> 4. 법 제114조의4 제1항 제1호에 따른 주권비상장보험회사의 이사회 의결 예정일 및 같은 항 제2호에 따른 상장금융지주회사의 이사회 의결 예정일과 주주총회 결의 예정일
> 5. 법 제114조의4 제8항 단서에 따라 예정사유 및 전환의 조건이 동일한 보험회사주식 전환형 조건부자본증권으로 변경되는 것으로 보지 않고 달리 정하려는 경우 그 사항

② 주권비상장보험회사는 금융지주회사주식 전환형 조건부자본증권을 발행하는 경우 「주식·사채 등의 전자등록에 관한 법률」 제2조 제2호에 따른 전자등록의 방법으로 발행하여야 한다.

③ 주권비상장보험회사 및 상장금융지주회사는 주권비상장보험회사가 금융지주회사주식 전환형 조건부자본증권을 발행한 경우 「상법」 제476조에 따른 납입이 완료된 날부터 2주일 이내에 각각의 본점 소재지에서 <u>금융지주회사주식 전환형 조건부자본증권의 총액 등 대통령령으로 정하는 사항</u>을 등기하여야 한다.

> **"금융지주회사주식 전환형 조건부자본증권의 총액 등 대통령령으로 정하는 사항"**(영 제58조의3 제2항)
> ⟨2023.6.27. 신설⟩
>
> 다음 각 호의 사항을 말한다.
> 1. 금융지주회사주식 전환형 조건부자본증권의 총액
> 2. 각 금융지주회사주식 전환형 조건부자본증권의 금액
> 3. 각 금융지주회사주식 전환형 조건부자본증권의 납입금액
> 4. 영 제58조의3 제5항 각 호의 사항

④ ①항 ㉡에 따른 이사회의 의결이 있는 경우 그 의결에 반대하는 상장금융지주회사의 주주가 주주총회 전에 상장금융지주회사에 대하여 서면으로 그 의결에 반대하는 의사를 통지한 경우에는 그 주주총회의 결의일부터 20일 이내에 주식의 종류와 수를 적은 서면으로 상장금융지주회사에 대하여 자기가 소유하고 있는 주식의 매수를 청구할 수 있다. 이 경우 주식의 매수기간 및 매수가액의 결정 등에 관하여는 「상법」 제374조의2 제2항부터 제5항까지의 규정을 준용한다.

⑤ 주권비상장보험회사 및 상장금융지주회사는 주권비상장보험회사가 금융지주회사주식 전환형 조건부자본증권을 발행하는 날부터 ⑥항에 따른 효력발생일과 만기일 중 먼저 도래하는 날까지 전환 및 교환으로 인하여 새로 발행할 주식의 수를 유보하여야 한다.
⑥ 금융지주회사주식 전환형 조건부자본증권의 주권비상장보험회사 주식으로의 전환 및 그 전환된 주식의 상장금융지주회사 주식과의 교환은 예정사유가 발생한 날부터 15영업일 이내에 <u>대통령령으로 정하는 날</u>에 그 효력이 발생한다.

> "대통령령으로 정하는 날"(영 제58조의3 제3항) 〈2023.6.27. 신설〉
> 예정사유가 발생한 날부터 10영업일이 되는 날을 말한다.

⑦ 「상법」 제355조 제1항에도 불구하고 주권비상장보험회사는 ⑥항에 따른 효력이 발생하는 경우에도 주권을 발행하지 아니할 수 있다.
⑧ 주권비상장보험회사가 금융지주회사주식 전환형 조건부자본증권을 발행한 이후 상장금융지주회사가 주권비상장보험회사를 지배(「금융지주회사법」 제2조 제1항 제1호에 따른 지배를 말한다)하지 아니하게 된 때에는 그때까지 발행된 금융지주회사주식 전환형 조건부자본증권 중 예정사유가 발생하지 아니한 금융지주회사주식 전환형 조건부자본증권은 예정사유 및 전환의 조건이 동일한 보험회사주식 전환형 조건부자본증권으로 변경되는 것으로 본다. 다만, ①항에 따른 주식교환계약서에서 달리 정한 경우에는 그러하지 아니하다.
⑨ 주권비상장보험회사 및 상장금융지주회사는 금융지주회사주식 전환형 조건부자본증권의 변경등기를 다음의 구분에 따라 각각의 본점 소재지에서 하여야 한다.
  ㉠ ⑥항에 따른 전환·교환으로 인한 변경등기 : 같은 항에 따른 효력발생일부터 2주일 이내
  ㉡ ⑧항에 따른 변경으로 인한 변경등기 : 같은 항에 따라 변경되는 날부터 2주일 이내
⑩ 금융지주회사주식 전환형 조건부자본증권의 발행에 관하여는 「상법」 제424조, 제424조의2 및 제429조부터 제432조까지의 규정과 「자본시장과 금융투자업에 관한 법률」 제165조의6 제1항·제2항·제4항, 제165조의9 및 제314조 제8항을 준용하며, 금융지주회사주식 전환형 조건부자본증권의 주권비상장보험회사 주식으로의 전환 및 그 전환된 주식의 상장금융지주회사 주식과의 교환에 관하여는 「상법」 제339조, 제348조, 제350조 제2항, 제360조의4, 제360조의7, 제360조의11, 제360조의12 및 제360조의14를 준용한다.

⑪ 위에서 규정한 사항 외에 정관에 규정하여야 하는 사항, 예정사유의 구체적인 기준, 그 밖에 금융지주회사주식 전환형 조건부자본증권의 발행 등에 필요한 세부 사항은 대통령령으로 정한다.

> **정관에 규정해야 하는 사항(영 제58조의3 제4항)** 〈2023.6.27. 신설〉
> 주권비상장보험회사 및 상장금융지주회사의 정관에 규정해야 하는 사항은 다음과 같다.
> 1. 금융지주회사주식 전환형 조건부자본증권을 발행할 수 있다는 뜻
> 2. 금융지주회사주식 전환형 조건부자본증권의 총액
> 3. 예정사유
> 4. 전환 및 교환으로 인하여 발행할 주식의 종류와 내용
> 5. 주주에게 금융지주회사주식 전환형 조건부자본증권의 인수권을 준다는 뜻과 인수권의 목적인 금융지주회사주식 전환형 조건부자본증권의 금액
> 6. 주주 외의 자에게 금융지주회사주식 전환형 조건부자본증권을 발행한다는 뜻과 그 발행할 금융지주회사주식 전환형 조건부자본증권의 금액
>
> **사채청약서 및 사채원부에 적어야 하는 사항(영 제58조의3 제5항)** 〈2023.6.27. 신설〉
> 금융지주회사주식 전환형 조건부자본증권의 사채청약서 및 사채원부에는 다음의 사항을 적어야 한다.
> 1. 금융지주회사주식 전환형 조건부자본증권을 주권비상장보험회사의 주식으로 전환함과 동시에 그 전환된 주식을 상장금융지주회사의 주식과 교환할 수 있다는 뜻
> 2. 예정사유, 주식으로의 전환가격 등 전환 및 교환의 조건
> 3. 전환 및 교환으로 인해 발행할 주식의 종류와 내용
>
> **기타 세부사항(영 제58조의3 제6항~제7항)** 〈2023.6.27. 신설〉
> 1. 금융지주회사주식 전환형 조건부자본증권의 주식으로의 전환가격에 관하여 필요한 세부사항은 금융위원회가 정하여 고시한다.
> 2. 위에서 규정한 사항 외에 금융지주회사주식 전환형 조건부자본증권의 발행 등에 필요한 세부사항은 금융위원회가 정하여 고시한다.

(9) 의결권 제한 등(법 제114조의5) 〈2022.12.31. 신설〉

① 법 제114조의2 제1항 제2호 및 제3호에 따라 보험회사 또는 상장금융지주회사 주식으로 전환되어 「금융회사의 지배구조에 관한 법률」 제2조 제6호에 따른 대주주가 되는 자는 같은 법 제31조 제2항에 따른 금융위원회의 승인을 받을 때까지는 같은 조 제4항에 따라 그 의결권을 행사하지 못한다.

② ①항에서 대주주가 되는 자는 주식 전환일로부터 1개월 이내에 「금융회사의 지배구조에 관한 법률」 제31조 제2항에 따라 금융위원회에 승인을 신청하여야 한다.

③ 금융위원회는 ①항에 따른 승인을 받지 못하거나, ②항에 따라 승인을 신청하지 아니한 주식에 대하여 「금융회사의 지배구조에 관한 법률」 제31조에 따라 6개월 이내의 기간을 정하여 처분을 명할 수 있다.

2 금지 또는 제한되는 자산운용 등

(1) 금지 또는 제한되는 자산운용(법 제105조) 기출 16·20·21·23·24·25

보험회사는 그 자산을 다음의 어느 하나에 해당하는 방법으로 운용하여서는 아니 된다.

① 대통령령으로 정하는 업무용 부동산이 아닌 부동산(저당권 등 담보권의 실행으로 취득하는 부동산은 제외한다)의 소유

> **대통령령으로 정하는 업무용 부동산(영 제49조 제1항)**
> 1. **업무시설용 부동산** : 영업장(연면적의 100분의 10 이상을 보험회사가 직접 사용하고 있는 것만 해당한다), 연수시설, 임원 또는 직원의 복리후생시설 및 이에 준하는 용도로 사용하고 있거나 사용할 토지·건물과 그 부대시설. 다만, 영업장은 원칙적으로 단일 소유권의 객체가 되는 부동산이어야 하며, 단일 건물에 구분 소유되어 있는 경우에는 다음 각 목의 요건을 모두 충족하여야 한다.
>   가. 구분소유권의 객체인 여러 개의 층이 연접해 있거나 물리적으로 하나의 부동산으로 인정할 수 있을 것
>   나. 부동산의 소유 목적, 경제적 효용 및 거래관행에 비추어 복수 부동산 취득의 불가피성이 인정될 것
> 2. **투자사업용 부동산** : 주택사업, 부동산임대사업, 장묘사업 등 사회복지사업, 도시재개발사업, 사회기반 시설사업 등 공공성 사업과 해외부동산업을 위한 토지·건물 및 그 부대시설

② 「근로자퇴직급여보장법」 제29조 제2항에 따른 보험계약 및 법률 제10967호 「근로자퇴직급여보장법」 전부개정법률 부칙 제2조 제1항 본문에 따른 퇴직보험계약에 따라 설정된 특별계정을 통한 부동산의 소유
③ 상품이나 유가증권에 대한 투기를 목적으로 하는 자금의 대출
④ 직접·간접을 불문하고 해당 보험회사의 주식을 사도록 하기 위한 대출
⑤ 직접·간접을 불문하고 정치자금의 대출
⑥ 해당 보험회사의 임직원에 대한 대출(보험약관에 따른 대출 및 금융위원회가 정하는 소액대출은 제외한다)
⑦ 자산운용의 안정성을 크게 해칠 우려가 있는 행위로서 대통령령으로 정하는 행위

> **대통령령으로 정하는 행위(영 제49조 제2항)**
> 1. 금융위원회가 정하는 기준을 충족하지 아니하는 외국환(「외국환거래법」에 따른 외국환 중 대외지급수단, 외화증권, 외화채권만 해당한다) 및 파생금융거래(「외국환거래법」에 따른 파생상품에 관한 거래로서 채무불이행, 신용등급 하락 등 계약 당사자간의 약정된 조건에 의한 신용사건 발생시 신용위험을 거래 당사자 한쪽에게 전가(轉嫁)하는 거래 또는 이와 유사한 거래를 포함한다)
> 2. 그 밖에 자산운용의 안정성을 크게 해칠 우려가 있는 행위로서 금융위원회가 정하여 고시하는 행위

(2) 다른 회사에 대한 출자 제한(법 제109조) 기출 18·20

보험회사는 다른 회사의 의결권 있는 발행주식(출자지분을 포함한다) 총수의 100분의 15를 초과하는 주식을 소유할 수 없다. 다만, 금융위원회의 승인(승인이 의제되거나 신고 또는 보고하는 경우를 포함한다)을 받은 자회사의 주식은 그러하지 아니하다.

(3) 자금지원 관련 금지행위(법 제110조)

① 보험회사는 다른 금융기관(「금융산업의 구조개선에 관한 법률」 제2조 제1호에 따른 금융기관을 말한다) 또는 회사와 다음의 행위를 하여서는 아니 된다.
　㉠ 자산운용한도의 제한(법 제106조와 제108조)을 피하기 위하여 다른 금융기관 또는 회사의 의결권 있는 주식을 서로 교차하여 보유하거나 신용공여를 하는 행위
　㉡ 「상법」 제341조와 「자본시장과 금융투자업에 관한 법률」 제165조의3에 따른 자기주식 취득의 제한을 피하기 위한 목적으로 서로 교차하여 주식을 취득하는 행위
　㉢ 그 밖에 보험계약자의 이익을 크게 해칠 우려가 있는 행위로서 대통령령으로 정하는 행위
② 보험회사는 ①항을 위반하여 취득한 주식에 대하여는 의결권을 행사할 수 없다.
③ 금융위원회는 ①항을 위반하여 주식을 취득하거나 신용공여를 한 보험회사에 대하여 그 주식의 처분 또는 공여한 신용의 회수를 명하는 등 필요한 조치를 할 수 있다.

(4) 금리인하 요구(법 제110조의3) 기출 22

① 보험회사와 신용공여 계약을 체결한 자는 재산 증가나 신용등급 또는 개인신용평점 상승 등 신용상태 개선이 나타났다고 인정되는 경우 보험회사에 금리인하를 요구할 수 있다.
② 보험회사는 신용공여 계약을 체결하려는 자에게 금리인하를 요구할 수 있음을 알려야 한다.
③ 그 밖에 금리인하 요구의 요건 및 절차에 관한 구체적 사항은 대통령령으로 정한다.

> **금리인하 요구(영 제56조의3)**
> ① 보험회사와 신용공여 계약을 체결한 자는 다음 각 호의 어느 하나에 해당하는 경우 보험회사에 금리인하를 요구할 수 있다.
> 　1. 개인이 신용공여 계약을 체결한 경우 : 취업, 승진, 재산 증가 또는 개인신용평점 상승 등 신용상태의 개선이 나타났다고 인정되는 경우
> 　2. 개인이 아닌 자(개인사업자를 포함한다)가 신용공여 계약을 체결한 경우 : 재무상태 개선 또는 개인신용평점 상승 등 신용상태의 개선이 나타났다고 인정되는 경우
> ② 금리인하 요구를 받은 보험회사는 해당 요구의 수용 여부를 판단할 때 신용상태의 개선이 금리 산정에 영향을 미치는지 여부 등 금융위원회가 정하여 고시하는 사항을 고려할 수 있다.
> ③ 보험회사는 금리인하 요구를 받은 날부터 10영업일 이내(금리인하 요구자에게 자료의 보완을 요구하는 날부터 자료가 제출되는 날까지의 기간은 포함하지 않는다)에 해당 요구의 수용 여부 및 그 사유를 금리인하 요구자에게 전화, 서면, 문자메시지, 전자우편, 팩스 또는 그 밖에 이와 유사한 방법으로 알려야 한다.
> ④ 제1항부터 제3항까지에서 규정한 사항 외에 금리인하 요구의 요건 및 절차 등에 관하여 필요한 사항은 금융위원회가 정하여 고시한다.

(5) 대주주와의 거래제한 등(법 제111조) 기출 17·20·25

① 보험회사는 직접 또는 간접으로 그 보험회사의 대주주(그의 특수관계인인 보험회사의 자회사는 제외한다)와 다음의 행위를 하여서는 아니 된다.
   ㉠ 대주주가 다른 회사에 출자하는 것을 지원하기 위한 신용공여
   ㉡ 자산을 대통령령으로 정하는 바에 따라 무상으로 양도하거나 일반적인 거래 조건에 비추어 해당 보험회사에 뚜렷하게 불리한 조건으로 자산에 대하여 매매·교환·신용공여 또는 재보험계약을 하는 행위

> **대주주와의 거래제한(영 제57조 제1항)** 기출 21
> 보험회사는 직접 또는 간접으로 그 보험회사의 대주주와 다음 각 호의 행위를 하여서는 아니 된다.
> 1. 증권, 부동산, 무체재산권 등 경제적 가치가 있는 유형·무형의 자산을 무상으로 제공하는 행위
> 2. 제1호의 자산을 정상가격(일반적인 거래에서 적용되거나 적용될 것으로 판단되는 가격을 말한다)에 비하여 뚜렷하게 낮거나 높은 가격으로 매매하는 행위
> 3. 제1호의 자산을 정상가격에 비하여 뚜렷하게 낮은 가격의 자산과 교환하는 행위
> 4. 정상가격에 비하여 뚜렷하게 낮은 가격의 자산을 대가로 신용공여를 하는 행위
> 5. 정상가격에 비하여 뚜렷하게 낮거나 높은 보험료를 지급받거나 지급하고 재보험계약을 체결하는 행위

> 대주주에는 그와 「금융회사의 지배구조에 관한 법률 시행령」 제3조 제1항 각 호의 어느 하나에 해당하는 특수한 관계가 있는 자(이하 "특수관계인"이라 한다) 중 「상속세 및 증여세법」 제16조 제1항에 따른 공익법인 등에 해당하는 비영리법인 또는 단체(이하 "공익법인 등"이라 한다)는 포함되지 아니한다(영 제57조 제2항).

② 보험회사는 그 보험회사의 대주주에 대하여 대통령령으로 정하는 금액 이상의 신용공여를 하거나 그 보험회사의 대주주가 발행한 채권 또는 주식을 대통령령으로 정하는 금액 이상으로 취득하려는 경우에는 미리 이사회의 의결을 거쳐야 한다. 이 경우 이사회는 재적이사 전원의 찬성으로 의결하여야 한다.

③ 보험회사는 그 보험회사의 대주주와 다음의 어느 하나에 해당하는 행위를 하였을 때에는 7일 이내에 그 사실을 금융위원회에 보고하고 인터넷 홈페이지 등을 이용하여 공시하여야 한다.
   ㉠ 대통령령으로 정하는 금액 이상의 신용공여
   ㉡ 해당 보험회사의 대주주가 발행한 채권 또는 주식을 대통령령으로 정하는 금액 이상으로 취득하는 행위
   ㉢ 해당 보험회사의 대주주가 발행한 주식에 대한 의결권을 행사하는 행위

> **대통령령으로 정하는 금액(영 제57조 제3항)**
> 단일거래금액(대주주가 발행한 주식을 취득하는 경우에는 「자본시장과 금융투자업에 관한 법률」에 따른 증권시장·다자간매매체결회사 또는 이와 유사한 시장으로서 외국에 있는 시장에서 취득하는 금액은 제외한다)이 자기자본의 1천분의 1에 해당하는 금액 또는 10억원 중 적은 금액을 말한다. 이 경우 단일거래금액의 구체적인 산정기준은 금융위원회가 정하여 고시한다.

④ 보험회사는 해당 보험회사의 대주주에 대한 신용공여나 그 보험회사의 대주주가 발행한 채권 또는 주식의 취득에 관한 사항을 대통령령으로 정하는 바에 따라 분기별로 금융위원회에 보고하고, 인터넷 홈페이지 등을 이용하여 공시하여야 한다.

> 보험회사는 매 분기 말 현재 대주주에 대한 신용공여 규모, 분기 중 신용공여의 증감액, 신용공여의 거래조건, 해당 보험회사의 대주주가 발행한 채권 또는 주식의 취득 규모, 그 밖에 금융위원회가 정하여 고시하는 사항을 매 분기 말이 지난 후 1개월 이내에 금융위원회에 보고하고, 인터넷 홈페이지 등을 이용하여 공시하여야 한다(영 제57조 제4항).

⑤ 보험회사의 대주주는 해당 보험회사의 이익에 반하여 대주주 개인의 이익을 위하여 다음의 어느 하나에 해당하는 행위를 하여서는 아니 된다.
  ㉠ 부당한 영향력을 행사하기 위하여 해당 보험회사에 대하여 외부에 공개되지 아니한 자료 또는 정보의 제공을 요구하는 행위. 다만, 「금융회사의 지배구조에 관한 법률」 제33조 제7항[주주가 「상법」 제403조(같은 법 제324조, 제415조, 제424조의2, 제467조의2 및 제542조에서 준용하는 경우를 포함한다)에 따른 소송을 제기하여 승소한 경우에 금융회사에 소송비용과 그 밖의 소송으로 인한 모든 비용의 지급을 청구할 수 있다.](상호회사의 소수사원권의 행사에 따라 준용되는 경우를 포함한다)에 해당하는 경우는 제외한다.
  ㉡ 경제적 이익 등 반대급부를 제공하는 조건으로 다른 주주 또는 출자자와 담합(談合)하여 해당 보험회사의 인사 또는 경영에 부당한 영향력을 행사하는 행위
  ㉢ 제106조 제1항 제4호 및 제5호에서 정한 비율을 초과하여 보험회사로부터 신용공여를 받는 행위
  ㉣ 제106조 제1항 제6호에서 정한 비율을 초과하여 보험회사에게 대주주의 채권 및 주식을 소유하게 하는 행위
  ㉤ 그 밖에 보험회사의 이익에 반하여 대주주 개인의 이익을 위한 행위로서 대통령령으로 정하는 행위

> **대통령령으로 정하는 행위(영 제57조 제5항)**
> 1. 대주주의 경쟁사업자에 대하여 신용공여를 할 때 정당한 이유 없이 금리, 담보 등 계약조건을 불리하게 하도록 요구하는 행위
> 2. 보험회사로 하여금 공익법인 등에게 자산을 무상으로 양도하게 하거나 일반적인 거래조건에 비추어 해당 보험회사에게 뚜렷하게 불리한 조건으로 매매·교환·신용공여 또는 재보험계약을 하게 하는 행위

⑥ 금융위원회는 보험회사의 대주주(회사만 해당한다)의 부채가 자산을 초과하는 등 재무구조가 부실하여 보험회사의 경영건전성을 뚜렷하게 해칠 우려가 있는 경우로서 대통령령으로 정하는 경우에는 그 보험회사에 대하여 다음의 조치를 할 수 있다.
  ㉠ 대주주에 대한 신규 신용공여 금지
  ㉡ 대주주가 발행한 유가증권의 신규 취득 금지
  ㉢ 그 밖에 대주주에 대한 자금지원 성격의 거래제한 등 대통령령으로 정하는 조치

> **대통령령으로 정하는 경우(영 제57조 제6항)**
> 대주주가 다음 각 호의 어느 하나에 해당하는 경우를 말한다.
> 1. 대주주(회사만 해당하며, 회사인 특수관계인을 포함한다)의 부채가 자산을 초과하는 경우
> 2. 대주주가 「자본시장과 금융투자업에 관한 법률」에 따른 신용평가회사 중 둘 이상의 신용평가회사에 의하여 투자부적격 등급으로 평가받은 경우

(6) 대주주 등에 대한 자료 제출 요구(법 제112조)

금융위원회는 보험회사 또는 그 대주주가 제106조(자산운용의 방법 및 비율) 및 제111조(대주주와의 거래제한 등)를 위반한 혐의가 있다고 인정되는 경우에는 보험회사 또는 그 대주주에 대하여 필요한 자료의 제출을 요구할 수 있다.

(7) 타인을 위한 채무보증의 금지(법 제113조)

보험회사는 타인을 위하여 그 소유자산을 담보로 제공하거나 채무보증을 할 수 없다. 다만, 「보험업법」 및 대통령령으로 정하는 바에 따라 채무보증을 할 수 있는 경우에는 그러하지 아니하다.

> **타인을 위한 채무보증 금지의 예외(영 제57조의2)** 기출 16·18
> ① 보험회사는 신용위험을 이전하려는 자가 신용위험을 인수한 자에게 금전 등의 대가를 지급하고, 신용사건이 발생하면 신용위험을 인수한 자가 신용위험을 이전한 자에게 손실을 보전해 주기로 하는 계약에 기초한 증권(「자본시장과 금융투자업에 관한 법률」 제3조 제2항 제1호에 따른 증권을 말한다) 또는 예금을 매수하거나 가입할 수 있다.
> ② 보험회사는 자회사(외국에서 보험업을 경영하는 자회사를 말한다)를 위한 채무보증을 할 수 있다. 이 경우 다음 각 호의 요건을 모두 갖추어야 한다.
>   1. 채무보증 한도액이 보험회사 총자산의 100분의 3 이내일 것
>   2. 보험회사의 직전 분기 말 지급여력비율이 100분의 200 이상일 것
>   3. 보험금 지급 채무에 대한 채무보증일 것
>   4. 보험회사가 채무보증을 하려는 자회사의 의결권 있는 발행주식(출자지분을 포함한다) 총수의 100분의 50을 초과하여 소유할 것(외국 정부에서 최대 소유 한도를 정하는 경우 그 한도까지 소유하는 것을 말한다)
> ③ 금융위원회는 제2항 각 호의 요건을 갖추었는지를 확인하기 위하여 보험회사에 필요한 자료의 제출을 요청할 수 있다.
> ④ 채무보증 한도액, 지급여력비율의 산정 및 자료제출 요청 방법 등에 관한 구체적인 사항은 금융위원회가 정하여 고시한다.

02 자회사

1 자회사 일반

(1) 자회사의 정의

보험회사가 다른 회사(「민법」 또는 특별법에 따른 조합을 포함)의 의결권 있는 발행주식(출자지분을 포함) 총수의 100분의 15를 초과하여 소유하는 경우의 그 다른 회사를 말한다.

(2) 자회사의 소유(법 제115조) 기출 14·17·19·20·23

① 보험회사는 다음의 어느 하나에 해당하는 업무를 주로 하는 회사를 금융위원회의 승인을 받아 자회사로 소유할 수 있다. 다만, 그 주식의 소유에 대하여 금융위원회로부터 승인 등을 받은 경우 또는 금융기관의 설립근거가 되는 법률에 따라 금융위원회로부터 그 주식의 소유에 관한 사항을 요건으로 설립 허가·인가 등을 받은 경우에는 승인을 받은 것으로 본다.
  ㉠ 「금융산업의 구조개선에 관한 법률」 제2조 제1호에 따른 금융기관이 경영하는 금융업
  ㉡ 「신용정보의 이용 및 보호에 관한 법률」에 따른 신용정보업 및 채권추심업
  ㉢ 보험계약의 유지·해지·변경 또는 부활 등을 관리하는 업무
  ㉣ 그 밖에 보험업의 건전성을 저해하지 아니하는 업무로서 대통령령으로 정하는 업무

> **대통령령으로 정하는 업무(영 제59조 제2항)** 〈2023.12.29. 개정〉
> 1. 외국에서 하는 업무(영 제59조 제3항 제15호 각 목의 업무는 제외한다)
> 2. 기업의 후생복지에 관한 상담 및 사무처리 대행업무
> 3. 「신용정보의 이용 및 보호에 관한 법률」에 따른 본인신용정보관리업
> 4. 그 밖에 ②항 및 ③항에 따른 대통령령으로 정하는 업무가 아닌 업무로서 보험회사의 효율적인 업무수행을 위해 필요하고 보험업과 관련되는 것으로 금융위원회가 인정하는 업무

② 보험회사는 보험업의 경영과 밀접한 관련이 있는 업무 등으로서 대통령령으로 정하는 업무를 주로 하는 회사를 미리 금융위원회에 신고하고 자회사로 소유할 수 있다.

> **대통령령으로 정하는 업무(영 제59조 제3항)** 〈2023.12.29. 개정〉
> 1. 보험회사의 사옥관리업무
> 2. 보험수리업무
> 3. 손해사정업무
> 4. 보험대리업무
> 5. 보험사고 및 보험계약 조사업무
> 6. 보험에 관한 교육·연수·도서출판·금융리서치·경영컨설팅 업무
> 7. 보험업과 관련된 전산시스템·소프트웨어 등의 대여·판매 및 컨설팅 업무
> 8. 보험계약 및 대출 등과 관련된 상담업무

9. 보험에 관한 인터넷 정보서비스의 제공업무
10. 자동차와 관련된 긴급출동·차량관리·운행정보 등 부가서비스 업무
11. 보험계약자 등에 대한 위험관리 업무
12. 건강·장묘·장기간병·신체장애 등의 사회복지사업 및 이와 관련된 조사·분석·조언 업무
13. 「노인복지법」제31조에 따른 노인복지시설의 설치·운영에 관한 업무 및 이와 관련된 조사·분석·조언 업무
14. 건강 유지·증진 또는 질병의 사전 예방 등을 위해 수행하는 업무
15. 외국에서 하는 다음 각 목의 업무
    가. 제1호부터 제14호까지의 규정에 따른 업무
    나. 보험업, 보험중개업무, 투자자문업, 투자일임업, 집합투자업 및 부동산업
    다. 「외국환거래법」에 따른 증권, 파생상품 및 채권에 투자하는 업무로서 금융위원회가 정하여 고시하는 업무

③ 보험회사는 자산운용과 밀접한 관련이 있는 업무로서 <u>대통령령으로 정하는 업무</u>를 주로 하는 회사를 금융위원회의 승인을 받지 아니하고 자회사로 소유할 수 있다. 이 경우 보험회사는 <u>대통령령으로 정하는 기간 이내</u>(해당 자회사를 소유한 날부터 2개월까지의 기간)에 금융위원회에 보고하여야 한다.

> **대통령령으로 정하는 업무(영 제59조 제4항)** 〈2023.12.19. 개정〉
> 1. 「벤처투자 촉진에 관한 법률」에 따른 벤처투자회사 및 벤처투자조합의 업무
> 2. 「부동산투자회사법」에 따른 부동산투자회사의 업무
> 3. 「사회기반시설에 대한 민간투자법」에 따른 사회기반시설사업 및 사회기반시설사업에 대한 투융자사업
> 4. 「선박투자회사법」에 따른 선박투자회사의 업무
> 5. 「여신전문금융업법」에 따른 신기술사업투자조합의 업무
> 6. 「자본시장과 금융투자업에 관한 법률」에 따른 투자회사 또는 기관전용 사모집합투자기구가 하는 업무
> 7. 「자산유동화에 관한 법률」에 따른 자산유동화업무 및 유동화자산의 관리업무
> 8. 그 밖에 제1호부터 제7호까지의 업무와 유사한 것으로서 금융위원회가 정하여 고시하는 업무

④ 보험회사의 대주주가 「은행법」제16조의2 제1항에 따른 비금융주력자인 경우에는 그 보험회사는 「은행법」에 따른 은행을 자회사로 소유할 수 없다.
⑤ 보험회사가 소유하고 있는 자회사가 업무를 추가하거나 변경하는 경우에는 ①항부터 ③항까지의 규정을 준용한다.
⑥ 금융위원회는 ②항에 따른 신고를 받은 경우(⑤항에 따라 준용되는 경우를 포함한다) 그 내용을 검토하여 「보험업법」에 적합하면 신고를 수리하여야 한다.
⑦ ①항부터 ③항까지의 규정에 따른 승인, 신고 또는 보고의 요건, 절차 등 필요한 사항은 대통령령으로 정한다.

> **심화TIP** 자회사의 소유에 대하여 승인(영 제59조 제6항 ~ 제7항)
>
> ⑥ 자회사 소유의 승인을 받거나 신고 또는 보고를 하려는 보험회사는 다음 각 호의 요건을 모두 갖추어야 한다.
>   1. 보험회사의 재무상태와 경영관리상태가 건전할 것
>   2. 자회사의 재무상태가 적정할 것
>   3. 법 제106조 제1항 제6호에 따른 자산운용의 비율 한도를 초과하지 아니할 것
> ⑦ 금융위원회는 법 제115조 제1항 또는 제2항에 따라 자회사 소유의 승인 신청 또는 신고를 받은 경우에는 2개월 이내에 승인 또는 신고의 수리 여부를 신청인 또는 신고인에게 알려야 한다.

2 자회사의 금지행위 등

(1) 자회사와의 금지행위(법 제116조) 기출 20·21

보험회사는 자회사와 다음의 행위를 하여서는 아니 된다.

① 자산을 대통령령으로 정하는 바에 따라 무상으로 양도하거나 일반적인 거래 조건에 비추어 해당 보험회사에 뚜렷하게 불리한 조건으로 매매·교환·신용공여 또는 재보험계약을 하는 행위

> 보험회사는 자회사와 법 제57조 제1항(대주주와의 거래제한 행위) 각 호의 어느 하나에 해당하는 행위를 하여서는 아니 된다. 다만, 보험회사가 외국에서 보험업을 경영하는 자회사(자회사로 편입된 지 5년이 경과하지 아니한 경우만 해당한다)에 대하여 무형의 자산을 무상으로 제공하는 행위는 제외한다(영 제59조의2).

② 자회사가 소유하는 주식을 담보로 하는 신용공여 및 자회사가 다른 회사에 출자하는 것을 지원하기 위한 신용공여

③ 자회사 임직원에 대한 대출(보험약관에 따른 대출과 금융위원회가 정하는 소액대출은 제외한다)

(2) 자회사에 관한 보고의무 등(법 제117조) 기출 15·18·22

① 보험회사는 자회사를 소유하게 된 날부터 15일 이내에 그 자회사의 정관과 대통령령으로 정하는 서류를 금융위원회에 제출하여야 한다.

> **대통령령으로 정하는 서류(영 제60조 제1항)** 〈2022.12.27. 개정〉
> 1. 정관
> 2. 업무의 종류 및 방법을 적은 서류
> 3. 주주현황
> 4. 재무상태표 및 포괄손익계산서 등의 재무제표와 영업보고서
> 5. 자회사가 발행주식 총수의 100분의 10을 초과하여 소유하고 있는 회사의 현황

② 보험회사는 자회사의 사업연도가 끝난 날부터 3개월 이내에 자회사의 재무상태표와 <u>대통령령으로 정하는 서류</u>를 금융위원회에 제출하여야 한다.

> **대통령령으로 정하는 서류(영 제60조 제2항)** 〈2022.12.27. 개정〉
> 1. 재무상태표 및 포괄손익계산서 등의 재무제표와 영업보고서
> 2. 자회사와의 주요거래 상황을 적은 서류

③ 보험회사의 자회사가 <u>대통령령으로 정하는 자회사</u>인 경우에는 제출서류 일부를 대통령령으로 정하는 바에 따라 제출하지 아니할 수 있다.

자회사	제출하지 않아도 되는 서류
「자본시장과 금융투자업에 관한 법률」에 따른 투자회사 및 외국에서 이와 같은 유형의 사업을 수행하는 자회사를 소유한 경우	1. 정관 2. 업무의 종류 및 방법을 적은 서류 3. 자회사와의 주요거래 상황을 적은 서류
설립일부터 1년이 지나지 아니한 자회사를 소유한 경우	재무상태표 및 포괄손익계산서 등의 재무제표와 영업보고서

CHAPTER 04 기출유형문제

01 보험업법에서 규정하고 있는 자산운용의 4원칙에 해당하는 것끼리 묶은 것은?

가. 안정성	나. 유동성
다. 효용성	라. 수익성
마. 공평성	바. 공익성

① 가, 나, 다, 마
② 가, 나, 라, 바
③ 가, 다, 라, 바
④ 나, 다, 라, 마

| 해설 |

자산운용의 4원칙(법 제104조 제1항)
보험회사는 그 자산을 운용할 때 안정성·유동성·수익성 및 공익성이 확보되도록 하여야 한다.

---

02 보험회사의 자산운용 방법 중 보험업법상 금지 또는 제한되는 것은? 기출 21·25

① 저당권 등 담보권의 실행으로 취득하는 부동산
② 해당 보험회사의 주식을 사도록 하기 위한 대출
③ 보험약관에 따른 대출 및 금융위원회가 정하는 소액대출
④ 대통령령으로 정하는 업무용 부동산의 소유

| 해설 |

금지 또는 제한되는 자산운용(법 제105조)
보험회사는 그 자산을 다음 각 호의 어느 하나에 해당하는 방법으로 운용하여서는 아니 된다.
1. 대통령령으로 정하는 업무용 부동산이 아닌 부동산(저당권 등 담보권의 실행으로 취득하는 부동산은 제외한다)의 소유
2. 제108조 제1항 제2호에 따라 설정된 특별계정을 통한 부동산의 소유
3. 상품이나 유가증권에 대한 투기를 목적으로 하는 자금의 대출
4. 직접·간접을 불문하고 해당 보험회사의 주식을 사도록 하기 위한 대출
5. 직접·간접을 불문하고 정치자금의 대출
6. 해당 보험회사의 임직원에 대한 대출(보험약관에 따른 대출 및 금융위원회가 정하는 소액대출은 제외한다)
7. 자산운용의 안정성을 크게 해칠 우려가 있는 행위로서 대통령령으로 정하는 행위

03 보험업법상 보험회사의 자산운용으로서 금지 또는 제한되는 사항이 아닌 것은? 기출 23

① 상품이나 유가증권에 대한 투기를 목적으로 하는 자금의 대출
② 「근로자퇴직급여보장법」에 따른 보험계약의 특별계정을 통한 부동산의 소유
③ 해당 보험회사의 임직원에 대한 보험약관에 따른 대출
④ 직접・간접을 불문하고 정치자금의 대출

| 해설 |

금지 또는 제한되는 자산운용(법 제105조)
보험회사는 그 자산을 다음 각 호의 어느 하나에 해당하는 방법으로 운용하여서는 아니 된다.
1. 대통령령으로 정하는 업무용 부동산이 아닌 부동산(저당권 등 담보권의 실행으로 취득하는 부동산은 제외한다)의 소유
2. 제108조 제1항 제2호에 따라 설정된 특별계정을 통한 부동산의 소유
   ※ 제108조 제1항 제2호 : 「근로자퇴직급여보장법」 제29조 제2항에 따른 보험계약 및 법률 제10967호 「근로자퇴직급여보장법」 전부개정법률 부칙 제2조 제1항 본문에 따른 퇴직보험계약
3. 상품이나 유가증권에 대한 투기를 목적으로 하는 자금의 대출
4. 직접・간접을 불문하고 해당 보험회사의 주식을 사도록 하기 위한 대출
5. 직접・간접을 불문하고 정치자금의 대출
6. 해당 보험회사의 임직원에 대한 대출(보험약관에 따른 대출 및 금융위원회가 정하는 소액대출은 제외한다)
7. 자산운용의 안정성을 크게 해칠 우려가 있는 행위로서 대통령령으로 정하는 행위

04 보험회사의 자산운용에 관한 설명으로 옳은 것은? 기출 14

① 보험회사는 선량한 관리자의 주의로써 그 자산을 운용하여야 하며, 안정성・유동성 및 수익성이 확보되도록 하여야 하나 공익성을 갖출 필요는 없다.
② 특별계정에 속하는 이익은 그 계정상의 보험계약자에게 분배할 수 없으며, 잘못 분배된 이익은 즉시 상환청구 하여야 한다.
③ 해당 보험회사의 주식을 사도록 하기 위한 대출은 형식적으로 보험회사와 최종 자금수요자가 아닌 제3자간에 이루어진 대출의 경우에 한하여 자산운용 방법이 될 수 있다.
④ 동일한 개인 또는 법인에 대한 신용공여는 일반계정의 경우 총자산의 100분의 3, 특별계정의 경우 각 특별계정 자산의 100분의 5를 초과할 수 없다.

| 해설 |

④ 법 제106조 제1항
① 보험회사는 그 자산을 운용할 때 안정성・유동성・수익성 및 공익성이 확보되도록 하여야 한다(법 제104조 제1항).
② 보험회사는 특별계정에 속하는 이익을 그 계정상의 보험계약자에게 분배할 수 있다(법 제108조 제3항).
③ 직접・간접을 불문하고 해당 보험회사의 주식을 사도록 하기 위한 대출은 금지되는 행위이다(법 제105조 제4호).

05 보험업법상 보험회사가 일반계정에 속하는 자산을 운용할 때 초과할 수 없는 비율로 옳지 않은 것은? 기출 24

① 동일한 개인 또는 법인에 대한 신용공여 : 총자산의 100분의 3
② 동일한 법인이 발행한 채권 및 주식 소유의 합계액 : 총자산의 100분의 7
③ 동일한 자회사에 대한 신용공여 : 자기자본의 100분의 10
④ 부동산의 소유 : 총자산의 100분의 30

| 해설 |
부동산의 소유 : 총자산의 100분의 25(법 제106조 제1항 제8호 가목)
① 법 제106조 제1항 제1호 가목
② 법 제106조 제1항 제2호 가목
③ 법 제106조 제1항 제7호 가목

06 보험업법상 보험회사의 일반계정에 속하는 자산의 운용 방법 및 비율에 관한 다음의 설명 중 옳지 않은 것은? 기출 15

① 동일한 개인 또는 법인에 대한 신용공여 : 총자산의 100분의 5
② 동일한 법인이 발행한 채권 및 주식 소유의 합계액 : 총자산의 100분의 7
③ 동일차주에 대한 신용공여 또는 그 동일차주가 발행한 채권 및 주식 소유의 합계액 : 총자산의 100분의 12
④ 동일한 개인·법인, 동일차주 또는 대주주(그의 특수관계인을 포함)에 대한 총자산의 100분의 1을 초과하는 거액 신용공여의 합계액 : 총자산의 100분의 20

| 해설 |
동일한 개인 또는 법인에 대한 신용공여(법 제106조 제1항 제1호)
• **일반계정** : 총자산의 100분의 3
• **특별계정** : 각 특별계정 자산의 100분의 5

07 보험업법상 보험회사는 그 특별계정에 속하는 자산을 운용할 때 일정한 비율을 초과할 수 없는데, 그 비율로 옳지 않은 것은? 기출 23

① 동일한 자회사에 대한 신용공여 : 각 특별계정 자산의 100분의 5
② 동일한 법인이 발행한 채권 및 주식 소유의 합계액 : 각 특별계정 자산의 100분의 10
③ 부동산 소유 : 각 특별계정 자산의 100분의 15
④ 동일한 개인·법인, 동일차주 또는 대주주(그의 특수관계인 포함)에 대한 총자산의 100분의 1을 초과하는 거액 신용공여의 합계액 : 각 특별계정 자산의 100분의 20

| 해설 |
① 동일한 자회사에 대한 신용공여 : 각 특별계정 자산의 **100분의 4**(법 제106조 제1항 제7호 나목)
② 동일한 법인이 발행한 채권 및 주식 소유의 합계액 : 각 특별계정 자산의 100분의 10(법 제106조 제1항 제2호 나목)
③ 부동산 소유 : 각 특별계정 자산의 100분의 15(법 제106조 제1항 제8호 나목)
④ 동일한 개인·법인, 동일차주 또는 대주주(그의 특수관계인 포함)에 대한 총자산의 100분의 1을 초과하는 거액 신용공여의 합계액 : 각 특별계정 자산의 100분의 20(법 제106조 제1항 제4호 나목)

08 보험회사의 자산운용에 대한 설명 중 옳지 않은 것은? 기출 17

① 보험회사는 그 자산을 운용할 때 안정성·유동성·수익성 및 공익성이 확보되도록 하여야 한다.
② 자산운용비율을 초과하게 된 경우에는 해당 보험회사는 그 비율을 초과하게 된 날부터 2년 이내(대통령령으로 정하는 사유에 해당하는 경우에는 금융위원회가 정하는 바에 따라 그 기간을 연장할 수 있다)에 보험업법 제106조에 적합하도록 하여야 한다.
③ 보험회사가 취득·처분하는 자산의 평가방법, 채권 발행 또는 자금차입의 제한 등에 관하여 필요한 사항은 대통령령으로 정한다.
④ 보험회사는 타인을 위하여 그 소유자산을 담보로 제공하거나 채무보증을 할 수 없는 것이 원칙이다.

| 해설 |
보험회사의 자산가격의 변동 등 보험회사의 의사와 관계없는 사유로 자산상태가 변동된 경우로 자산운용비율을 초과하게 된 경우에는 해당 보험회사는 그 비율을 초과하게 된 날부터 <u>1년 이내</u>에 제106조(자산운용의 방법 및 비율)에 적합하도록 하여야 한다. 다만, 대통령령으로 정하는 사유에 해당하는 경우에는 금융위원회가 정하는 바에 따라 그 기간을 연장할 수 있다(법 제107조 제2항 제1호).
① 법 제104조 제1항
③ 법 제114조
④ 법 제113조

09 보험업법상 특별계정에 관한 설명으로 옳지 않은 것은? 기출수정 21

①「근로자퇴직급여보장법」전부개정법률 부칙 제2조 제1항 본문에 따른 퇴직보험계약의 경우 특별계정을 설정하여 운용할 수 있다.
② 보험회사는 특별계정에 속하는 자산을 다른 특별계정에 속하는 자산 및 그 밖의 자산과 구분하여 회계처리하여야 한다.
③ 보험회사는 변액보험계약 특별계정의 자산으로 취득한 주식에 대하여 의결권을 행사할 수 없다.
④ 보험회사는 특별계정에 속하는 이익을 그 계정상의 보험계약자에게 분배할 수 있다.

| 해설 |
> 보험회사는 특별계정의 자산으로 취득한 주식에 대하여 의결권을 행사할 수 없다. 다만, 변액보험계약(보험금이 자산운용의 성과에 따라 변동하는 보험계약을 말한다)의 계약에 따라 설정된 특별계정은 제외한다(법 제108조 제1항 제3호, 영 제53조 제1항).

10 자산운용에 관한 설명으로 옳지 않은 것은?

① 보험회사가 담보권 실행으로 인하여 골동품을 취득하는 경우에는 예외적으로 소유할 수 있다.
② 보험회사는 그 자산을 운용함에 있어 일반계정에서 동일한 개인 또는 법인에 대한 신용공여가 총자산의 100분의 3을 초과할 수 없다.
③ 보험회사는 특별계정에 속하는 이익을 그 계정상의 보험계약자에게 분배할 수 없다.
④ 변액보험계약에 대하여는 특별계정을 설정하여 운용할 수 있다.

| 해설 |
> 보험회사는 특별계정에 속하는 이익을 보험계약자에게 분배할 수 있다(법 제108조 제3항).

11 보험회사는 금융위원회의 승인을 받은 자회사 주식을 제외하고는 의결권 있는 다른 회사의 발행주식(출자지분을 포함한다) 총수의 (   )를 초과하는 주식을 소유할 수 없다. 괄호 안에 알맞은 것은? 기출 20

① 100분의 5
② 100분의 10
③ 100분의 15
④ 100분의 20

| 해설 |
> 보험회사는 다른 회사의 의결권 있는 발행주식(출자지분을 포함한다) 총수의 100분의 15를 초과하는 주식을 소유할 수 없다(법 제109조).

12 보험업법상 보험회사가 자산운용한도의 제한을 피하기 위하여 다른 금융기관 또는 회사의 의결권 있는 주식을 서로 교차하여 보유하는 것은 금지된다. 이를 위반하여 보험회사가 취득한 주식에 대한 법적 효과로 옳은 것은?

① 보험회사는 취득주식에 대하여 의결권을 행사할 수 없다.
② 의결권 없는 주식으로 전환을 청구하여야 한다.
③ 취득은 무효이며, 6개월 내에 매각하여야 한다.
④ 금융위원회에 신고한 후 주식소각절차를 밟아야 한다.

| 해설 |
보험회사는 설문의 규정을 위반하여 취득한 주식에 대하여는 의결권을 행사할 수 없다(법 제110조 제2항).

13 보험회사가 그 보험회사의 대주주와 다음의 행위를 할 때 7일 이내에 그 사실을 금융위원회에 보고하고 인터넷 홈페이지 등을 이용하여 공시하여야 하는 사항이 아닌 것은?

① 대통령령으로 정하는 금액 이상의 신용공여
② 해당 보험회사의 대주주가 발행한 채권을 대통령령으로 정하는 금액 이상으로 취득하는 행위
③ 해당 보험회사의 대주주가 발행한 주식에 대한 의결권을 행사하는 행위
④ 해당 보험회사의 대주주가 발행한 채권을 대통령령으로 정하는 금액 이상으로 처분하는 행위

| 해설 |
보험회사는 그 보험회사의 대주주와 다음 각 호의 어느 하나에 해당하는 행위를 하였을 때에는 7일 이내에 그 사실을 금융위원회에 보고하고 인터넷 홈페이지 등을 이용하여 공시하여야 한다(법 제111조 제3항).
1. 대통령령으로 정하는 금액(단일거래금액이 자기자본의 1천분의 1에 해당하는 금액 또는 10억원 중 적은 금액) 이상의 신용공여
2. 해당 보험회사의 대주주가 발행한 채권 또는 주식을 대통령령으로 정하는 금액 이상으로 취득하는 행위
3. 해당 보험회사의 대주주가 발행한 주식에 대한 의결권을 행사하는 행위

14 보험업법상 보험회사의 자산운용에 관한 설명으로 옳은 것은? (보험회사가 비상장 주식회사이며 금융기관은 「금융산업의 구조개선에 관한 법률」상의 금융기관임을 전제한다) 기출 16

① 보험회사는 금융위원회의 승인(신고로써 갈음하는 경우를 포함)을 받은 자회사의 주식이 아닌 한 다른 회사의 발행주식(출자지분을 포함) 총수의 100분의 10을 초과하는 주식을 소유할 수 없다.
② 보험회사는 보험업법상 특별한 제한 없이 다른 금융기관 또는 회사의 의결권 있는 주식을 서로 교차하여 보유하거나 신용공여를 할 수 있다.
③ 보험회사가 다른 금융기관 또는 회사와 상법상 자기주식 취득의 제한을 피하기 위한 목적으로 서로 교차하여 주식을 취득할 경우 이를 상당한 기간 내에 처분할 의무를 지며, 처분 전에는 해당 취득한 주식에 대하여 의결권을 행사할 수 있다.
④ 보험회사는 신용위험을 이전하려는 자가 신용위험을 인수한 자에게 금전 등의 대가를 지급하고, 신용사건이 발생하면 신용위험을 인수한 자가 신용위험을 이전한 자에게 손실을 보전해 주기로 하는 계약에 기초한 증권 또는 예금을 매수하거나 가입할 수 있다.

| 해설 |
④ 영 제57조의2(타인을 위한 채무보증 금지의 예외) 제1항
① 보험회사는 다른 회사의 의결권 있는 발행주식(출자지분을 포함한다) 총수의 <u>100분의 15를 초과하는 주식</u>을 소유할 수 없다. 다만, 금융위원회의 승인(신고로써 갈음하는 경우를 포함한다)을 받은 자회사의 주식은 그러하지 아니하다(법 제109조).
② 보험회사는 자산운용한도의 제한을 피하기 위하여 다른 금융기관 또는 회사의 의결권 있는 주식을 서로 교차하여 보유하거나 신용공여를 하는 <u>행위를 하여서는 아니 된다</u>(법 제110조 제1항 제1호).
③ 보험회사는 자기주식 취득의 제한을 피하기 위한 목적으로 서로 교차하여 주식을 취득하는 행위를 하여서는 아니 되며, 규정을 위반하여 취득한 주식에 대하여는 의결권을 <u>행사할 수 없다</u>(법 제110조 제1항 제2호, 제2항).

15 보험회사가 외국에서 보험업을 경영하는 자회사의 채무보증을 위해 갖추어야 할 요건으로 옳지 않은 것은? 기출 18

① 채무보증 한도액이 보험회사 총자산의 100분의 5 이내일 것
② 보험회사의 직전 분기 말 지급여력 비율이 100분의 200 이상일 것
③ 보험금 지급 채무에 대한 채무보증일 것
④ 보험회사가 채무보증을 하려는 자회사의 의결권 있는 발행주식(출자지분을 포함한다) 총수의 100분의 50을 초과하여 소유할 것(외국 정부에서 최대 소유 한도를 정하는 경우 그 한도까지 소유하는 것을 말한다)

> **해설**
> 보험회사가 외국에서 보험업을 경영하는 자회사를 위한 채무보증 요건(영 제57조의2 제2항)
> 1. 채무보증 한도액이 보험회사 총자산의 100분의 3 이내일 것
> 2. 보험회사의 직전 분기 말 지급여력비율이 100분의 200 이상일 것
> 3. 보험금 지급 채무에 대한 채무보증일 것
> 4. 보험회사가 채무보증을 하려는 자회사의 의결권 있는 발행주식(출자지분을 포함한다) 총수의 100분의 50을 초과하여 소유할 것(외국 정부에서 최대 소유 한도를 정하는 경우 그 한도까지 소유하는 것을 말한다)

16 보험업법상 보험회사는 일정한 경우 자금차입을 위해 사채를 발행할 수 있다. 그 발행한도로 옳은 것은? 기출 14

① 직전 분기 말 현재 자기자본의 2분의 1 범위
② 직전 분기 말 현재 자기자본의 범위
③ 직전 분기 말 현재 자기자본의 2배 범위
④ 직전 분기 말 현재 자기자본의 3배 범위

> **해설**
> 사채의 발행한도는 직전 분기 말 현재 자기자본의 범위 내로 한다(영 제58조의2 제2항).

17 보험회사가 보험업 경영과 밀접한 관련이 있는 업무 등으로 금융위원회에 신고만으로 자회사로 소유할 수 있는 회사가 아닌 것은?

① 자동차와 관련된 긴급출동·차량관리 및 운행정보 등 부가서비스 업무를 주로 하는 회사
② 보험계약의 유지·해지·변경 또는 부활 등을 관리하는 업무를 주로 하는 회사
③ 보험에 관한 교육·연수·도서출판·금융리서치·경영컨설팅 업무를 주로 하는 회사
④ 건강·장묘·장기간병 등의 사회복지사업 및 이와 관련된 조사업무를 주로 하는 회사

> **해설**
> 보험계약의 유지·해지·변경 또는 부활 등을 관리하는 업무를 주로 하는 회사는 금융위원회의 승인을 받아 자회사로 소유할 수 있다(법 제115조 제1항 제3호).

18 금융위원회의 승인을 받아 보험회사가 자회사를 소유할 수 있는 경우를 모두 고른 것은?

기출 17·19

가. 「금융산업의 구조개선에 관한 법률」 제2조 제1호에 따른 금융기관이 경영하는 금융업
나. 「신용정보의 이용 및 보호에 관한 법률」에 따른 신용정보업
다. 보험계약의 유지·해지·변경 또는 부활 등을 관리하는 업무
라. 손해사정업무
마. 보험대리업무

① 가, 나, 다
② 다, 라
③ 다, 라, 마
④ 가, 나, 다, 라, 마

| 해설 |

보험업 경영과 밀접한 관련이 있는 업무 등으로서 대통령령으로 정하는 업무(라. 손해사정업무와 마. 보험대리업무 등)를 주로 하는 회사를 미리 금융위원회에 신고하고 자회사로 소유할 수 있다(법 제115조 제2항, 영 제59조 제3항 제3호, 제4호).

TIP 금융위원회의 승인을 받아 자회사를 소유할 수 있는 경우(법 제115조 제1항)
보험회사는 다음 각 호의 어느 하나에 해당하는 업무를 주로 하는 회사를 금융위원회의 승인을 받아 자회사로 소유할 수 있다.
1. 「금융산업의 구조개선에 관한 법률」 제2조 제1호에 따른 금융기관이 경영하는 금융업
2. 「신용정보의 이용 및 보호에 관한 법률」에 따른 신용정보업 및 채권추심업
3. 보험계약의 유지·해지·변경 또는 부활 등을 관리하는 업무
4. 그 밖에 보험업의 건전성을 저해하지 아니하는 업무로서 대통령령으로 정하는 업무

19 보험회사의 자회사에 대한 금지행위로서 옳지 않은 것은? 기출 20

① 자산을 일반적인 거래 조건에 비추어 해당 보험회사에 뚜렷하게 불리한 조건으로 매매하는 행위
② 자회사가 소유하는 주식을 담보로 하는 신용공여 행위
③ 자회사가 다른 회사에 출자하는 것을 지원하기 위한 신용공여 행위
④ 보험회사의 보유증권을 정상가격으로 자회사의 자산과 교환하는 행위

| 해설 |

자회사와의 금지행위(법 제116조)
1. 자산을 대통령령으로 정하는 바에 따라 무상으로 양도하거나 일반적인 거래 조건에 비추어 해당 보험회사에 뚜렷하게 불리한 조건으로 매매·교환·신용공여 또는 재보험계약을 하는 행위
2. 자회사가 소유하는 주식을 담보로 하는 신용공여 및 자회사가 다른 회사에 출자하는 것을 지원하기 위한 신용공여
3. 자회사 임직원에 대한 대출(보험약관에 따른 대출과 금융위원회가 정하는 소액대출은 제외한다)

20 ( ) 안에 들어갈 말을 바르게 묶은 것은?

> - 보험회사는 자회사를 소유하게 된 날부터 ( ) 이내에 그 자회사의 정관과 대통령령으로 정하는 서류를 금융위원회에 제출하여야 한다.
> - 보험회사는 자회사의 사업연도가 끝난 날부터 ( ) 이내에 자회사의 재무상태표와 대통령령으로 정하는 서류를 금융위원회에 제출하여야 한다.

① 7일, 1개월
② 7일, 3개월
③ 15일, 1개월
④ 15일, 3개월

해설

자회사에 관한 보고의무 등(법 제117조)
- 보험회사는 자회사를 소유하게 된 날부터 (**15일**) 이내에 그 자회사의 정관과 대통령령으로 정하는 서류를 금융위원회에 제출하여야 한다.
- 보험회사는 자회사의 사업연도가 끝난 날부터 (**3개월**) 이내에 자회사의 재무상태표와 대통령령으로 정하는 서류를 금융위원회에 제출하여야 한다.

21 보험업법상 보험회사가 자회사를 소유하게 된 날부터 15일 이내에 금융위원회에 제출하여야 하는 서류에 해당하지 않는 것은? 기출수정 18·22

① 업무의 종류 및 방법을 적은 서류
② 자회사가 발행주식 총수의 100분의 10을 초과하여 소유하고 있는 회사의 현황
③ 재무상태표 및 포괄손익계산서 등의 재무제표와 영업보고서
④ 자회사와의 주요거래 상황을 적은 서류

해설

'자회사와의 주요거래 상황을 적은 서류'는 보험회사가 자회사의 사업연도가 끝난 날부터 3개월 이내에 금융위원회에 제출하여야 하는 서류이다(법 제117조 제2항, 영 제60조 제2항 제2호).

TIP 보험회사가 자회사를 소유하게 된 날부터 15일 이내에 금융위원회에 제출하여야 하는 서류(법 제117조 제1항, 영 제60조 제1항) 〈2022.12.27. 개정〉
1. 정관
2. 업무의 종류 및 방법을 적은 서류
3. 주주현황
4. 재무상태표 및 포괄손익계산서 등의 재무제표와 영업보고서
5. 자회사가 발행주식 총수의 100분의 10을 초과하여 소유하고 있는 회사의 현황

22 보험회사와 자회사에 대한 설명으로 틀린 것은? 기출수정 15

① 보험회사는 자회사와 자회사가 소유하는 주식을 담보로 하는 신용공여 및 자회사가 다른 회사에 출자하는 것을 지원하기 위한 신용공여를 하여서는 아니 된다.
② 보험회사는 자회사와 자산을 소정의 법령으로 정하는 바에 따라 무상으로 양도하거나 일반적인 거래 조건에 비추어 해당 보험회사에 뚜렷하게 불리한 조건으로 매매·교환·신용공여 또는 재보험계약을 하는 행위를 하여서는 안 된다.
③ 보험회사는 자회사를 소유하게 된 날부터 15일 이내에 그 자회사의 정관과 대통령령으로 정하는 서류를 금융위원회에 제출하여야 한다.
④ 보험회사는 자회사의 사업연도가 끝난 날부터 6개월 이내에 자회사의 재무상태표와 대통령령으로 정하는 서류를 금융위원회에 제출하여야 한다.

> **해설**
> 보험회사는 자회사의 사업연도가 끝난 날부터 3개월 이내에 자회사의 재무상태표와 대통령령으로 정하는 서류를 금융위원회에 제출하여야 한다(법 제117조 제2항).
> ① 법 제116조 제2호
> ② 법 제116조 제1호
> ③ 법 제117조 제1항

22 ④ 정답

CHAPTER 05 계 산

학습목표
❶ 재무제표, 책임준비금, 비상위험준비금 등의 개념을 파악한다.
❷ 배당보험계약 등의 회계처리를 이해한다.

01 개 요

1 공통적용

「보험업법」 제6장에 규정된 「계산」편은 보험업의 특수성에 따라 주식회사, 상호회사, 외국보험회사에게 공통적으로 적용된다.

2 개별적용

(1) 주식회사

「보험업법」 제6장의 규정 외에 계산에 관하여 「상법」 제3편 제4장 제7절의 주식회사의 회계에 관한 제반규정이 적용된다.

(2) 상호회사

상호회사는 「보험업법」 제3장 제3절 제4관에서 규정하고 있는 계산에 관한 조항을 아울러 적용하고, 「보험업법」 제64조에 따라 「상법」의 관계규정을 준용하기도 한다.

02 계산 일반

1 재무제표와 준비금

(1) 재무제표(법 제118조) 기출 15·16·17·18·21·24
  ① 장부의 폐쇄
    보험회사는 매년 12월 31일에 그 장부를 폐쇄하여야 한다(영 제61조).
  ② 재무제표 등의 제출
    ㉠ 장부를 폐쇄한 날부터 3개월 이내에 금융위원회가 정하는 바에 따라 재무제표(부속명세서를 포함한다) 및 사업보고서를 금융위원회에 제출하여야 한다.
    ㉡ 보험회사는 매월의 업무 내용을 적은 보고서를 다음 달 말일까지 금융위원회가 정하는 바에 따라 금융위원회에 제출하여야 한다.
    ㉢ 보험회사는 위 제출서류를 대통령령으로 정하는 바에 따라 전자문서로 제출할 수 있다.

> **전자문서의 제출방법(영 제62조)**
> ① 보험회사는 제출서류를 정보통신망(「정보통신망 이용촉진 및 정보보호 등에 관한 법률」에 따른 정보통신망을 말한다)을 이용한 전자문서로 제출할 수 있다. 〈2023.6.27. 개정〉
> ② 금융위원회는 서류 제출방법에 관하여 필요한 세부 기준을 정하여 고시할 수 있다.

(2) 서류의 비치 등(법 제119조) 기출 18·20
  보험회사는 재무제표 및 사업보고서를 일반인이 열람할 수 있도록 금융위원회에 제출하는 날부터 본점과 지점, 그 밖의 영업소에 비치하거나 전자문서로 제공하여야 한다.

(3) 책임준비금 등의 적립(법 제120조) 기출 17
  ① 책임준비금과 비상위험준비금의 계상(법 제120조 제1항, 제2항)
    보험회사는 결산기마다 보험계약의 종류에 따라 책임준비금과 비상위험준비금을 계상(計上)하고 따로 작성한 장부에 각각 기재하여야 한다. 책임준비금과 비상위험준비금의 계상에 관하여 필요한 사항은 총리령으로 정한다.
  ② 책임준비금의 계상(영 제63조 제1항)
    보험회사는 장래에 지급할 보험금·환급금 및 계약자배당금(이하 "보험금 등"이라 한다)의 지급에 충당하기 위해 다음의 구분에 따라 산출한 금액을 책임준비금으로 계상해야 한다. 〈2022.12.27. 개정〉

- ㉠ 보험계약부채 : 다음의 구분에 따른 금액을 합한 금액
  - ⓐ 발생사고요소 : 매 결산기 말 현재 보험계약 상 지급사유가 발생한 보험금 등을 지급하기 위해 미래현금흐름에 대한 현행추정치를 적용하여 적립한 금액
  - ⓑ 잔여보장요소 : 매 결산기 말 현재 보험계약 상 보험금 등의 지급사유가 발생하지 않았으나 장래에 그 보험금 등을 지급하기 위해 미래현금흐름에 대한 현행추정치를 적용하여 적립한 금액
- ㉡ 투자계약부채 : 보험계약 중 「주식회사 등의 외부감사에 관한 법률」 제5조 제1항 제1호에 따른 회계처리기준 제1117호의 적용을 받지 않아 투자계약으로 분류된 보험계약에 대해 보험회사가 장래에 보험금 등을 지급하기 위해 적립한 금액
- ㉢ 그 밖에 금융위원회가 정하는 방법에 따라 미래현금흐름에 대한 현행추정치를 적용하여 적립한 금액

③ 재보험자산과 책임준비금(영 제63조 제2항)

보험회사가 다음의 요건을 모두 충족하는 재보험에 가입하는 경우로서 그 재보험을 받은 보험회사는 재보험을 받은 부분에 대해 보험계약부채의 방법으로 산출한 금액을 책임준비금으로 계상해야 한다. 이 경우 재보험에 가입한 보험회사는 원보험계약 당시 계상한 책임준비금과 일관된 가정으로 산출한 금액을 별도의 자산(이하 "재보험자산"이라 한다)으로 계상해야 한다. 〈2022.12.27. 개정〉
- ㉠ 보험위험의 전가가 있을 것
- ㉡ 해당 재보험계약으로 인하여 재보험을 받은 회사에 손실발생 가능성이 있을 것

④ 재보험자산의 감액(영 제63조 제3항)

재보험에 가입한 보험회사는 재보험을 받은 보험회사가 보험금 지급을 불이행하는 등 재보험자산에 손실이 예상되는 경우에는 금융위원회가 정하여 고시하는 방법에 따라 그 손실액을 추정하여 재보험자산에서 그 추정액을 감액해야 한다. 〈2022.12.27. 개정〉

⑤ 비상위험준비금의 계상(영 제63조 제4항)

손해보험업을 경영하는 보험회사는 해당 사업연도의 보험료 합계액의 100분의 50(보증보험의 경우 100분의 150)의 범위에서 금융위원회가 정하여 고시하는 기준에 따라 비상위험준비금을 계상하여야 한다.

⑥ 회계처리기준(법 제120조 제3항)

금융위원회는 책임준비금과 비상위험준비금의 적정한 계상과 관련하여 필요한 경우에는 보험회사의 자산 및 비용, 그 밖에 대통령령으로 정하는 사항에 관한 회계처리기준을 정할 수 있다.

> **대통령령으로 정하는 사항(영 제63조 제5항)**
> 1. 장래의 손실 보전을 목적으로 하는 준비금의 적립에 관한 사항
> 2. 책임준비금 및 비상위험준비금의 계상과 관련된 손익의 처리에 관한 사항

(4) **책임준비금의 적정성 검증(법 제120조의2)** 기출 25
① 보험회사가 경영하는 보험종목의 특성 또는 보험회사의 총자산 규모 등을 고려하여 <u>대통령령으로 정하는 보험회사</u>는 독립계리업자 또는 보험요율산출기관으로부터 계상된 책임준비금의 적정성에 대하여 검증을 받아야 한다.

> **대통령령으로 정하는 보험회사(영 제63조의2 제1항)** 기출 22
> 1. 직전 사업연도 말의 재무상태표에 따른 자산총액이 1조원 이상인 보험회사
> 2. 다음 각 목의 어느 하나에 해당하는 보험종목을 취급하는 보험회사
>   가. 생명보험
>   나. 연금보험
>   다. 자동차보험
>   라. 상해보험
>   마. 질병보험
>   바. 간병보험

② 검증의 구체적인 내용(영 제63조의2 제2항)
보험회사가 받아야 하는 책임준비금 적정성 검증의 내용은 다음과 같다.
㉠ 책임준비금의 규모에 관한 사항
㉡ 책임준비금의 산출 기준 및 방법에 관한 사항
㉢ ㉠ 및 ㉡과 유사한 것으로서 금융위원회가 정하여 고시하는 사항

③ 검증절차 및 방법(영 제63조의2 제3항)
보험회사는 책임준비금을 계상한 날이 속하는 사업연도의 종료 후 6개월 이내에 책임준비금의 적정성 검증을 받아야 한다. 이 경우 보험회사가 같은 독립계리업자 또는 보험요율산출기관으로부터 연속해서 책임준비금의 적정성 검증을 받을 수 있는 기간은 3개 사업연도로 한정한다.

④ 그 밖에 검증에 필요한 사항(영 제63조의2 제4항~제5항)
㉠ 책임준비금의 적정성 검증을 수행하는 독립계리업자 또는 보험요율산출기관은 해당 보험회사에 대해 적정성 검증에 필요한 추가 또는 보완 자료를 요청할 수 있다.
㉡ 규정한 사항 외에 책임준비금 적정성 검증의 절차 및 방법 등에 관하여 필요한 세부 사항은 금융위원회가 정하여 고시한다.

2 배당보험계약 등

(1) **배당보험계약의 회계처리 등(법 제121조)** 기출 17·18
① 회계처리
㉠ 배당보험계약이란 해당 보험계약으로부터 발생하는 이익의 일부를 보험회사가 보험계약자에게 배당하기로 약정한 보험계약을 말한다.

ⓒ 보험회사는 배당보험계약에 대하여는 <u>대통령령으로 정하는 바에 따라</u> 다른 보험계약과 구분하여 회계처리하여야 한다. 즉 보험회사는 매 결산기 말에 배당보험계약의 손익과 무배당보험계약의 손익을 구분하여 회계처리하고, 배당보험계약 이익의 계약자지분 중 일부는 금융위원회가 정하여 고시하는 범위에서 배당보험계약의 손실 보전을 위한 준비금으로 적립할 수 있다(영 제64조 제1항).

② 배 당 [기출 14]
　　㉠ 보험회사는 <u>대통령령으로 정하는 바에 따라</u> 배당보험계약의 보험계약자에게 배당을 할 수 있다. 즉 보험회사는 배당을 할 때 이익 발생에 대한 기여도, 보험회사의 재무건전성 등을 고려하여 <u>총리령으로 정하는 기준</u>에 따라 계약자지분과 주주지분을 정하여야 한다(영 제64조 제2항).
　　㉡ 보험계약자에 대한 배당기준은 배당보험계약자의 이익과 보험회사의 재무건전성 등을 고려하여 정하여야 한다.

③ 배당재원(영 제64조 제3항)
　보험회사는 다음의 재원으로 배당보험계약에 대하여 배당을 할 수 있다. 다만, ㉠의 재원은 손실 보전을 위한 준비금 적립의 재원으로 사용할 수 있다.
　　㉠ 해당 회계연도에 배당보험계약에서 발생한 계약자지분
　　㉡ 해당 회계연도 이전에 발생한 계약자지분 중 배당에 지급되지 아니하고 총액으로 적립된 금액
　　㉢ ㉠ 및 ㉡의 재원으로 배당재원이 부족한 경우에는 주주지분

④ 손실발생처리(영 제64조 제4항) [기출 16]
　배당보험계약에서 손실이 발생한 경우에는 손실 보전을 위한 준비금을 우선 사용하여 보전하고, 손실이 남는 경우에는 <u>총리령으로 정하는 방법</u>에 따라 이를 보전한다.

> **배당보험계약의 이익배분기준 등(규칙 제30조의2)**
> ① 보험회사는 배당보험계약에서 발생하는 이익의 100분의 10 이하를 주주지분으로 하고, 나머지 부분을 계약자지분으로 회계처리하여야 한다.
> ② 보험회사는 배당보험계약에서 발생한 손실을 "배당보험계약 손실보전준비금"으로 보전(補塡)하고도 손실이 남는 경우에는 그 남은 손실을 우선 주주지분으로 보전한 후, 주주지분으로 보전한 손실을 주주지분의 결손이나 배당보험계약의 이월결손으로 회계처리할 수 있다.
> ③ 배당보험계약의 이월결손은 이월결손이 발생한 해당 사업연도 종료일부터 5년 이내에 신규로 적립되는 배당보험계약 손실보전준비금으로 보전하거나 주주지분의 결손으로 회계처리하여야 한다.

⑤ 계약자지분의 용도(영 제64조 제5항) [기출 18]
　배당보험계약의 계약자지분은 계약자배당을 위한 재원과 배당보험계약의 손실을 보전하기 위한 목적 외에 다른 용도로 사용할 수 없다.

⑥ 위에서 규정한 사항 외에 배당보험계약의 계약자배당에 필요한 사항은 금융위원회가 정하여 고시한다.

(2) 배당보험계약 이외의 보험계약에 대한 회계처리(법 제121조의2)

보험회사는 배당보험계약 이외의 보험계약에 대하여 자산의 효율적 관리와 계약자 보호를 위하여 필요한 경우에는 보험계약별로 대통령령으로 정하는 바에 따라 금융위원회의 승인을 받아 자산 또는 손익을 구분하여 회계처리할 수 있다.

> **배당보험계약 외의 보험계약에 대한 회계처리(영 제64조의2)**
> ① 배당보험계약 외의 보험계약별 자산 또는 손익의 회계처리는 다음 각 호의 어느 하나에 해당하는 방식으로 한다.
>   1. 자산을 보험계약별로 구분하지 아니하고 통합하여 운용하되, 이 경우 발생한 손익을 전체 보험계약의 평균 책임준비금에 대한 보험계약별 평균 책임준비금의 비율을 기준으로 구분하여 보험계약별로 배분하는 방식
>   2. 자산을 보험계약별로 구분하지 아니하고 통합하여 운용하되, 이 경우 발생한 손익을 자산을 취득할 때 필요한 자금에 대한 보험계약별로 조성된 자금의 비율을 기준으로 구분하여 보험계약별로 배분하는 방식
>   3. 자산을 보험계약별로 구분하여 운용하되, 이 경우 발생한 손익을 보험계약별로 직접 배분하는 방식
>   4. 그 밖에 금융위원회가 합리적이라고 인정하는 배분 방식
> ② 제1항 제3호 또는 제4호의 방식에 따르는 경우에는 미리 금융위원회의 승인을 받아야 한다.
> ③ 세부 적용기준, 그 밖에 필요한 사항은 금융위원회가 정하여 고시한다.

(3) 재평가적립금의 사용에 관한 특례(법 제122조)

① 재평가적립금의 처분

보험회사가 「자산재평가법」에 따른 재평가를 한 경우 그 재평가에 따른 재평가적립금은 「자산재평가법」 제28조 제2항 각 호에 따른 처분 이외에 금융위원회의 허가를 받아 보험계약자에 대한 배당을 위하여도 처분할 수 있다.

> **심화TIP 재평가적립금(자산재평가법 제28조 제2항)**
>
> 재평가적립금은 다음에 해당하는 경우를 제외하고는 이를 처분하지 못한다. 다만, 제2호의 경우에 단수가 생긴 때에는 그 금액은 이를 재평가일 이후 종료하는 사업연도의 익금에 산입할 수 있다.
> 1. 재평가세의 납부
> 2. 자본에의 전입
> 3. 재평가일 이후 발생한 대차대조표상의 이월결손금의 보전
> 4. 환율조정계정상의 금액과의 상계

② 재평가적립금의 처분에 관한 허가신청(규칙 제31조)

보험회사는 재평가적립금의 처분에 관한 허가를 받으려면 신청서에 「상법」 제447조에 따른 서류를 첨부하여 정기총회 개최일 2주 전에 금융위원회에 제출하여야 한다.

> **심화TIP 「상법」 제447조에 따른 서류(재무제표)**
>
> 1. 대차대조표
> 2. 손익계산서
> 3. 그 밖에 회사의 재무상태와 경영성과를 표시하는 것으로서 대통령령으로 정하는 서류

CHAPTER 05 기출유형문제

01 다음 설명 중 옳지 않은 것은?

① 보험회사는 매년 3월 31일에 그 장부를 폐쇄하여야 한다.
② 장부를 폐쇄한 날부터 3개월 이내에 금융위원회가 정하는 바에 따라 재무제표(부속명세서를 포함한다) 및 사업보고서를 금융위원회에 제출하여야 한다.
③ 보험회사는 매월의 업무 내용을 적은 보고서를 다음 달 말일까지 금융위원회가 정하는 바에 따라 금융위원회에 제출하여야 한다.
④ 보험회사는 재무제표 및 사업보고서를 일반인이 열람할 수 있도록 금융위원회에 제출하는 날부터 본점과 지점, 그 밖의 영업소에 비치하거나 전자문서로 제공하여야 한다.

> **해설**
> 보험회사는 매년 12월 31일에 그 장부를 폐쇄하여야 한다(영 제61조).

02 다음은 보험회사가 금융위원회에 제출하여야 하는 서류이다. 이 중 보험업법이 전자문서로 제출할 수 있도록 규정하고 있는 것이 아닌 것은? 기출 17

① 보험업 허가신청서
② 재무제표(부속명세서를 포함한다)
③ 사업보고서
④ 월간업무내용보고서

> **해설**
> 보험회사는 ② 재무제표(부속명세서를 포함한다) 및 ③ 사업보고서, 그리고 ④ 매월의 업무 내용을 적은 보고서를 대통령령으로 정하는 바에 따라 전자문서로 제출할 수 있다(법 제118조 제1항, 제2항, 제3항).

정답 01 ① 02 ①

03 보험업법상 재무제표 등에 관한 설명으로 괄호 안에 들어갈 내용이 순서대로 연결된 것은?

기출 16·21

> 보험업법상 보험회사는 매년 (   )에 그 장부를 폐쇄하여야 하고, 장부를 폐쇄한 날부터 (   ) 이내에 금융위원회가 정하는 바에 따라 재무제표(부속명세서를 포함한다) 및 사업보고서를 (   )에 제출하여야 한다.

① 3월 31일 – 1개월 – 금융감독원
② 3월 31일 – 3개월 – 금융위원회
③ 12월 31일 – 1개월 – 금융감독원
④ 12월 31일 – 3개월 – 금융위원회

| 해설 |
> 보험회사는 매년 **대통령령으로 정하는 날(12월 31일)**에 그 장부를 폐쇄하여야 하고, 장부를 폐쇄한 날부터 (**3개월**) 이내에 금융위원회가 정하는 바에 따라 재무제표(부속명세서를 포함한다) 및 사업보고서를 (**금융위원회**)에 제출하여야 한다(법 제118조 제1항, 영 제61조).

04 보험업법상 재무제표의 제출과 서류 비치 등에 대한 설명으로 옳지 않은 것은? 기출 15

① 보험회사는 매년 대통령령으로 정하는 날에 그 장부를 폐쇄하여야 하고, 장부를 폐쇄한 날부터 3개월 이내에 금융위원회가 정하는 바에 따라 재무제표(부속명세서 포함) 및 사업보고서를 금융위원회에 제출하여야 한다.
② 보험회사는 매월의 업무 내용을 적은 보고서를 매 분기별로 금융위원회가 정하는 바에 따라 금융위원회에 제출하여야 한다.
③ 보험회사는 대통령령에 따른 재무제표 및 사업보고서를 일반인이 열람할 수 있도록 금융위원회에 제출하는 날부터 본점과 지점, 그 밖의 영업소에 비치하거나 전자문서로 제공하여야 한다.
④ 보험회사는 결산기마다 보험계약의 종류에 따라 대통령령으로 정하는 책임준비금과 비상위험준비금을 계상하고 따로 작성한 장부에 각각 기재하여야 한다.

| 해설 |
> 보험회사는 매월의 업무 내용을 적은 보고서를 <u>다음 달 말일까지</u> 금융위원회가 정하는 바에 따라 금융위원회에 제출하여야 한다(법 제118조 제2항).
> ① 법 제118조 제1항
> ③ 법 제119조
> ④ 법 제120조 제1항

05 보험회사의 계산에 관한 내용으로 옳지 않은 것은? 기출 20

① 보험회사는 원칙적으로 매년 12월 31일까지 재무제표 등 장부를 폐쇄하고 장부를 폐쇄한 날로부터 3개월 이내에 금융위원회가 정하는 바에 따라 부속명세서를 포함한 재무제표 및 사업보고서를 금융위원회에 제출하여야 한다.
② 보험회사는 매월의 업무 내용을 적은 보고서를 다음 달 말일까지 금융위원회가 정하는 바에 따라 금융위원회에 제출하여야 한다.
③ 보험회사는 금융위원회에 제출한 동일 내용의 재무제표 및 사업보고서를 일반인이 열람할 수 있도록 금융위원회에 제출하는 날부터 본점과 지점, 그 밖의 영업소에 비치하거나 7일 이상 신문에 공고하여야 한다.
④ 보험회사는 결산기마다 보험계약의 종류에 따라 대통령으로 정하는 책임준비금과 비상위험준비금을 계상하고 따로 작성한 장부에 각각 기재하여야 한다.

| 해설 |
보험회사는 재무제표 및 사업보고서를 일반인이 열람할 수 있도록 금융위원회에 제출하는 날부터 본점과 지점, 그 밖의 영업소에 비치하거나 전자문서로 제공하여야 한다(법 제119조).
① 법 제118조 제1항, 영 제61조
② 법 제118조 제2항
④ 법 제120조 제1항

06 다음 중 생명보험회사는 계상하지 않아도 되는 것은?

① 비상위험준비금
② 보험금을 일정 수준 이상으로 지급하기 위하여 적립한 금액
③ 장래에 보험금 및 환급금을 지급하기 위하여 적립한 금액
④ 결산기 말 이전에 납입된 보험료 중 결산기 말 후의 기간에 해당하는 보험료를 적립한 금액

| 해설 |
보험회사는 결산기마다 보험계약의 종류에 따라 대통령령으로 정하는 책임준비금과 비상위험준비금을 계상하고 따로 작성한 장부에 각각 기재하여야 한다(법 제120조 제1항).
손해보험업을 경영하는 보험회사는 해당 사업연도의 보험료 합계액의 100분의 50(보증보험의 경우 100분의 150)의 범위에서 금융위원회가 정하여 고시하는 기준에 따라 비상위험준비금을 계상하여야 한다(영 제63조 제4항). 생명보험회사는 비상위험준비금의 적립의무가 없다.

정답 03 ④ 04 ② 05 ③ 06 ①

07 보험회사의 책임준비금 등의 적립에 관한 설명으로 옳지 않은 것은? 기출 17

① 보험회사는 결산기마다 대통령령으로 정하는 책임준비금과 비상위험준비금을 계상하고 따로 작성한 장부에 각각 기재하여야 한다.
② 책임준비금과 비상위험준비금은 보험계약의 종류에 따라 각각 계상하여야 한다.
③ 책임준비금과 비상위험준비금의 계상에 관하여 필요한 사항은 대통령령으로 정한다.
④ 책임준비금과 비상위험준비금의 적정한 계상과 관련하여 필요한 경우 금융위원회는 보험회사의 자산 및 비용, 그 밖에 대통령령으로 정하는 사항에 관한 회계처리기준을 정할 수 있다.

| 해설 |
책임준비금과 비상위험준비금의 계상에 관하여 필요한 사항은 총리령으로 정한다(법 제120조 제2항).
① · ② 법 제120조 제1항
④ 법 제120조 제3항

08 다음 중 책임준비금으로 계상해야 하는 금액으로 옳지 않은 것은?

① 매 결산기 말 현재 보험계약상 지급사유가 발생한 보험금 등을 지급하기 위해 현행현금흐름에 대한 미래추정치를 적용하여 적립한 금액
② 매 결산기 말 현재 보험계약상 보험금 등의 지급사유가 발생하지 않았으나, 장래에 그 보험금 등을 지급하기 위해 미래현금흐름에 대한 현행추정치를 적용하여 적립한 금액
③ 보험계약 중 「주식회사 등의 외부감사에 관한 법률」에 따른 회계처리기준의 적용을 받지 않아 투자계약으로 분류된 보험계약에 대해 보험회사가 장래에 보험금 등을 지급하기 위해 적립한 금액
④ 그 밖에 금융위원회가 정하는 방법에 따라 미래현금흐름에 대한 현행추정치를 적용하여 적립한 금액

| 해설 |
매 결산기 말 현재 보험계약상 지급사유가 발생한 보험금 등을 지급하기 위해 미래현금흐름에 대한 현행추정치를 적용하여 적립한 금액을 책임준비금으로 계상하여야 한다(영 제63조 제1항 제1호 가목).

09 보험업법상 보험종목의 특성 등을 고려하여 보험업법에 따라 계상된 책임준비금에 대한 적정성 검증을 받아야 하는 보험회사가 아닌 것은? 기출 22

① 생명보험을 취급하는 보험회사
② 보증보험을 취급하는 보험회사
③ 자동차보험을 취급하는 보험회사
④ 질병보험을 취급하는 보험회사

| 해설 |

책임준비금에 대한 적정성 검증을 받아야 하는 보험회사(영 제63조의2 제1항)
1. 직전 사업연도 말의 재무상태표에 따른 자산총액이 1조원 이상인 보험회사
2. 다음 각 목의 어느 하나에 해당하는 보험종목을 취급하는 보험회사
   가. 생명보험
   나. 연금보험
   다. 자동차보험
   라. 상해보험
   마. 질병보험
   바. 간병보험

10 배당보험계약의 회계처리에 관한 설명으로 옳지 않은 것은?

① 보험회사는 매 결산기 말에 배당보험계약의 손익과 무배당보험계약의 손익을 구분하여 회계처리한다.
② 배당보험계약 이익의 주주지분 중 일부는 금융위원회가 정하여 고시하는 범위에서 배당보험계약의 손실 보전을 위한 준비금으로 적립할 수 있다.
③ 해당 회계연도 이전에 발생한 계약자지분 중 배당에 지급되지 아니하고 총액으로 적립된 금액은 배당보험계약의 손실 보전을 위한 준비금으로 적립할 수 없다.
④ 배당보험계약의 계약자지분은 계약자배당을 위한 재원과 배당보험계약의 손실을 보전하기 위한 목적 외에 다른 용도로 사용할 수 없다.

| 해설 |

배당보험계약 이익의 계약자지분 중 일부는 금융위원회가 정하여 고시하는 범위에서 배당보험계약의 손실 보전을 위한 준비금으로 적립할 수 있지만, 주주지분은 적립금의 재원으로 사용할 수 없다(영 제64조 제1항, 제3항).

11 보험업법상 배당보험계약의 회계처리에 관한 설명으로 옳지 않은 것은?

① 보험회사는 매 결산기 말에 배당보험계약의 손익과 무배당보험계약의 손익을 구분하여 회계처리하여야 한다.
② 보험회사는 배당보험계약의 보험계약자에게 배당을 할 수 있으며, 이 경우 배당보험계약에서 발생하는 이익의 100분의 10 이하를 주주지분으로 하고 나머지 부분을 계약자지분으로 회계처리하여야 한다.
③ 배당보험계약 이익의 계약자지분 중 일부는 배당보험계약의 손실 보전을 위한 준비금으로 적립할 수 있고, 배당보험계약에서 손실이 발생한 경우 우선 주주지분으로 보전한 후 그 남은 손실을 위 준비금으로 보전할 수 있다.
④ 배당보험계약의 계약자지분은 계약자배당을 위한 재원과 배당보험계약의 손실을 보전하기 위한 목적 외에 다른 용도로 사용할 수 없다.

> **해설**
> 배당보험계약에서 손실이 발생한 경우에는 <u>준비금을 우선 사용하여 보전</u>하고, 손실이 남는 경우에는 총리령으로 정하는 방법에 따라 이를 보전한다(영 제64조 제4항). 즉 보험회사는 배당보험계약에서 발생한 손실을 배당보험계약 손실보전준비금으로 보전하고도 손실이 남는 경우에는 그 남은 손실을 우선 주주지분으로 보전한 후, 주주지분으로 보전한 손실을 주주지분의 결손이나 배당보험계약의 이월결손으로 회계처리할 수 있다(규칙 제30조의2 제2항).

12 보험업법상 보험회사가 배당보험계약에서 발생하는 이익을 배당할 때 주주지분의 한도로 타당한 것은? 기출 14

① 이익의 100분의 5 이하
② 이익의 100분의 10 이하
③ 이익의 100분의 15 이하
④ 이익의 100분의 20 이하

> **해설**
> 보험회사는 배당보험계약에서 발생하는 이익의 <u>100분의 10</u> 이하를 주주지분으로 하고, 나머지 부분을 계약자지분으로 회계처리하여야 한다(규칙 제30조의2 제1항).

13 보험회사는 배당보험계약 이외의 보험계약에 대하여 자산의 효율적 관리와 계약자 보호를 위하여 필요한 경우에는 보험계약별로 금융위원회의 승인을 받아 자산 또는 손익을 구분하여 회계처리할 수 있다. 다음 중 회계처리 방법으로 옳지 않은 것은?

① 자산을 보험계약별로 구분하지 아니하고 통합하여 운용하되, 이 경우 발생한 손익을 전체보험계약의 평균 책임준비금에 대한 보험계약별 평균 책임준비금의 비율을 기준으로 구분하여 보험계약별로 배분하는 방식
② 자산을 보험계약별로 구분하지 아니하고 통합하여 운용하되, 이 경우 발생한 손익을 자산을 취득할 때 필요한 자금에 대한 보험계약별로 조성된 자금의 비율을 기준으로 구분하여 보험계약별로 배분하는 방식
③ 자산을 보험계약별로 구분하지 아니하고 통합하여 운용하되, 이 경우 발생한 손익을 보험계약별로 직접 배분하는 방식
④ 그 밖에 금융위원회가 합리적이라고 인정하는 배분 방식

| 해설 |

자산을 보험계약별로 <u>구분하여 운용</u>하되, 이 경우 발생한 손익을 보험계약별로 직접 배분하는 방식이어야 한다(영 제64조의2 제1항 제3호).

정답 11 ③ 12 ② 13 ③

CHAPTER 06 감독

> **학습목표**
> ❶ 금융위원회의 보험회사에 대한 감독규정 사항을 이해한다.
> ❷ 상호협정에 관한 내용, 기초서류의 일반적인 사항, 금융위원회의 권한 등을 학습한다.

01 보험감독의 일반

1 보험업에 대한 감독의 필요성

(1) 보험계약자 등의 권익보호
① 급부·반대급부균등의 확보
보험업은 대수의 법칙을 응용한 확률계산을 기초로 급부·반대급부균등의 관계가 유지되도록 하여 보험거래 당사자들의 공정한 거래를 촉진할 필요성이 있다.
② 부합계약의 합리성 추구
보험계약은 약관에 의해 체결되는 부합계약으로 일반인들은 그 내용을 잘 알지 못하므로 이에 대한 감독이 필요하다.
③ 지불능력의 확보
보험업은 급부·반대급부의 원리가 적용되므로 보험의 공신력과 직결되는 지불능력은 매우 중요한 문제로서 계약자 등에 대한 신뢰에 응하기 위해서 국가가 감독규제를 가하는 것이 필요하다.

(2) 보험사업의 건전성 유지
보험의 생활화와 대중화가 이루어지고 국민대다수의 생활안정에 지대한 영향을 미치고 있는 보험은 그 사업이 건전성을 확보하여야 하므로 감독과 규제가 필요하다.

(3) 국민경제적 기능의 확보
① 국민생활의 안정 도모
보험은 공공성이 강조되므로 국가는 보험회사의 경영을 항상 감시하여 만일의 경우에 경영부실로 인한 국민생활의 불안정이 없도록 감독이 필요하다.
② 국민경제의 발전
보험은 위험보장기능과 금융적 기능이 있으므로 보험사업의 건전한 육성을 위한 국가의 감독규제가 국민경제의 발전과 향상에 기여하게 된다.

2. 보험업의 감독방식

(1) 공시주의
보험업에 대하여 직접적인 감독을 하지 않고 보험회사의 영업상태 및 재산상태를 보험회사가 일정한 시기에 공시하게 하여 일반의 이해관계자에게 이를 알게 하는 주의로 국가는 그 이상의 감독을 하지 않는다.

(2) 준칙주의
보험업의 경영에 있어서 준수해야 할 일정한 기준을 사전에 설정하고, 그 요건에 적합한 자에 대하여는 보험업을 영위할 수 있게 하는 주의로서 국가는 그 이상의 특별한 감독을 하지 않는다.

(3) 실질적 감독주의
보험업에 대한 규제를 취하는 것으로 보험업의 영위는 허가를 받아야 하고, 허가 후의 경영도 계속 감독하는 주의로 공공의 이익을 보호하는 것이 국가의 임무라는 것이다. 우리나라를 포함한 대부분의 국가가 채택하고 있다.

02 보험업법상의 보험감독규정

1 재무건전성

(1) 용어의 정의(영 제65조 제1항) 기출 18·20·23

① 지급여력금액

자본금, 이익잉여금, 후순위차입금, 그 밖에 이에 준하는 것으로서 금융위원회가 정하여 고시하는 금액을 합산한 금액에서 영업권, 그 밖에 이에 준하는 것으로서 금융위원회가 정하여 고시하는 금액을 뺀 금액을 말한다. 〈2022.12.27. 개정〉

② 지급여력기준금액

보험업을 경영함에 따라 발생할 수 있는 손실위험을 금융위원회가 정하여 고시하는 방법에 따라 금액으로 환산한 것을 말한다. 〈2022.12.27. 개정〉

③ 지급여력비율

지급여력금액을 지급여력기준금액으로 나눈 비율을 말한다.

(2) 재무건전성의 유지(법 제123조)

① 보험회사는 보험금 지급능력과 경영건전성을 확보하기 위하여 다음의 사항에 관하여 대통령령으로 정하는 재무건전성 기준을 지켜야 한다.
  ⊙ 자본의 적정성에 관한 사항
  ⓒ 자산의 건전성에 관한 사항
  ⓒ 그 밖에 경영건전성 확보에 필요한 사항

> **보험회사가 지켜야 하는 재무건전성 기준(영 제65조 제2항)** 기출 16·18·19
> 1. 지급여력비율은 100분의 100 이상을 유지할 것
> 2. 대출채권 등 보유자산의 건전성을 정기적으로 분류하고 대손충당금을 적립할 것
> 3. 보험회사의 위험, 유동성 및 재보험의 관리에 관하여 금융위원회가 정하여 고시하는 기준을 충족할 것

② 금융위원회는 보험회사가 재무건전성 기준을 지키지 아니하여 경영건전성을 해칠 우려가 있다고 인정되는 경우에는 대통령령으로 정하는 바에 따라 자본금 또는 기금의 증액명령, 주식 등 위험자산의 소유 제한 등 필요한 조치를 할 수 있다.

> 금융위원회가 보험회사에 대하여 자본금 또는 기금의 증액명령, 주식 등 위험자산 소유의 제한 등의 조치를 하려는 경우에는 다음 각 호의 사항을 고려하여야 한다(영 제65조 제3항). 기출 18
> 1. 해당 조치가 보험계약자의 보호를 위하여 적절한지 여부
> 2. 해당 조치가 보험회사의 부실화를 예방하고 건전한 경영을 유도하기 위하여 필요한지 여부

(3) 재무건전성 평가의 실시(영 제66조)
금융위원회는 보험회사의 재무건전성 확보를 위한 경영실태 및 위험에 대한 평가를 실시하여야 한다.

2 공시 등

(1) 보험회사의 공시(법 제124조 제1항)
① 의 의

보험회사는 보험계약자를 보호하기 위하여 필요한 사항으로서 대통령령으로 정하는 사항을 금융위원회가 정하는 바에 따라 즉시 공시하여야 한다.

② 대통령령으로 정하는 공시사항(영 제67조 제1항) 기출 25
   ㉠ 재무 및 손익에 관한 사항
   ㉡ 자금의 조달 및 운용에 관한 사항
   ㉢ 「보험업법」 제123조 제2항(금융위원회의 재무건정성유지명령), 제131조 제1항(금융위원회의 명령권), 제134조(보험회사에 대한 제재) 및 「금융산업의 구조개선에 관한 법률」 제10조(적기시정조치), 제14조(행정처분)에 따른 조치를 받은 경우 그 내용
   ㉣ 보험약관 및 사업방법서, 보험료 및 해약환급금, 공시이율 등 보험료 비교에 필요한 자료
   ㉤ 그 밖에 보험계약자의 보호를 위하여 공시가 필요하다고 인정되는 사항으로서 금융위원회가 정하여 고시하는 사항

(2) 보험협회의 공시(법 제124조 제2항) 기출 15
① 의 의

보험협회는 보험료·보험금 등 보험계약에 관한 사항으로서 대통령령으로 정하는 사항을 금융위원회가 정하는 바에 따라 보험소비자가 쉽게 알 수 있도록 비교·공시하여야 한다. 〈2022.12.31. 개정〉

② 대통령령으로 정하는 비교·공시사항(영 제67조 제2항)
   ㉠ 보험료, 보험금, 보험기간, 보험계약에 따라 보장되는 위험, 보험회사의 면책사유, 공시이율 등 보험료 비교에 필요한 자료
   ㉡ 그 밖에 보험계약자 보호 및 보험계약 체결에 필요하다고 인정되는 사항으로 금융위원회가 정하여 고시하는 사항

> 금융위원회는 공시사항에 관한 세부 기준, 공시 방법 및 절차 등에 관하여 필요한 사항을 정하여 고시할 수 있다(영 제67조 제3항).

(3) 보험협회의 비교·공시(법 제124조 제3항~제6항) 기출 19·25
① 보험협회가 비교·공시를 하는 경우에는 대통령령으로 정하는 바에 따라 보험상품공시위원회를 구성하여야 한다.

> **보험상품공시위원회(영 제68조)** 기출 21·24
> ① 보험상품공시위원회는 보험협회가 실시하는 보험상품의 비교·공시에 관한 중요 사항을 심의·의결한다.
> ② 위원회는 위원장 1명을 포함하여 9명의 위원으로 구성한다.
> ③ 위원회의 위원장은 위원 중에서 호선하며, 위원회의 위원은 금융감독원 상품담당 부서장, 보험협회의 상품담당 임원, 보험요율산출기관의 상품담당 임원 및 보험협회의 장이 위촉하는 다음 각 호의 사람으로 구성한다.
>   1. 보험회사 상품담당 임원 또는 선임계리사 2명
>   2. 판사, 검사 또는 변호사의 자격이 있는 사람 1명
>   3. 소비자단체에서 추천하는 사람 2명
>   4. 보험에 관한 학식과 경험이 풍부한 사람 1명
> ④ 위원의 임기는 2년으로 한다. 다만, 금융감독원 상품담당 부서장과 보험협회의 상품담당 임원 및 보험요율산출기관의 상품담당 임원인 위원의 임기는 해당 직(職)에 재직하는 기간으로 한다.
> ⑤ 위원회의 회의는 재적위원 과반수의 출석으로 개의(開議)하고 출석위원 과반수의 찬성으로 의결한다.
> ⑥ 제1항부터 제5항까지에서 규정한 사항 외에 위원회의 구성 및 운영에 필요한 사항은 위원회의 의결을 거쳐 위원장이 정한다.

② 보험회사는 비교·공시에 필요한 정보를 보험협회에 제공하여야 한다.
③ 보험협회 이외의 자가 보험계약에 관한 사항을 비교·공시하는 경우에는 금융위원회가 정하는 바에 따라 객관적이고 공정하게 비교·공시하여야 한다.
④ 금융위원회는 비교·공시가 거짓이거나 사실과 달라 보험계약자 등을 보호할 필요가 있다고 인정되는 경우에는 공시의 중단이나 시정조치 등을 요구할 수 있다.

3 상호협정

(1) 의 의
상호협정이란 2개 이상의 보험사업자가 그 사업에 관한 공동행위를 위하여 상호간에 체결한 협정을 말한다. 이러한 상호협정은 그 협정대상이나 협정내용을 법으로 규정하고 있는 것은 아니다.

(2) 상호협정의 인가(법 제125조) 기출 15·18·22·23
① 의 의
보험회사가 그 업무에 관한 공동행위를 하기 위하여 다른 보험회사와 상호협정을 체결(변경하거나 폐지하려는 경우를 포함한다)하려는 경우에는 <u>대통령령으로 정하는 바</u>에 따라 금융위원회의 인가를 받아야 한다.
② 인가신청서의 기재사항(영 제69조 제1항) 기출 22
보험회사는 상호협정의 체결·변경 또는 폐지의 인가를 받으려는 경우에는 다음의 사항을 적은 신청서에 <u>총리령으로 정하는 서류</u>를 첨부하여 금융위원회에 제출하여야 한다.

상호협정을 체결하는 경우	• 상호협정 당사자의 상호 또는 명칭과 본점 또는 주된 사무소의 소재지 • 상호협정의 명칭과 그 내용 • 상호협정의 효력의 발생시기와 기간 • 상호협정을 하려는 사유 • 상호협정에 관한 사무를 총괄하는 점포 또는 사무소가 있는 경우에는 그 명칭과 소재지 • 외국보험회사와의 상호협정인 경우에는 그 보험회사의 영업 종류와 현재 수행 중인 사업의 개요 및 현황
상호협정을 변경하는 경우	• 상호협정 당사자의 상호 또는 명칭과 본점 또는 주된 사무소의 소재지 • 상호협정의 명칭과 그 내용 • 변경될 상호협정의 효력의 발생시기와 기간 • 상호협정을 변경하려는 사유 및 변경 내용
상호협정을 폐지하는 경우	• 폐지할 상호협정의 명칭 • 상호협정 폐지의 효력 발생시기 • 상호협정을 폐지하려는 사유

> **심화TIP** 상호협정의 인가신청시 첨부서류(규칙 제32조) 기출 22
>
> "총리령으로 정하는 서류"란 다음 각 호의 서류를 말한다.
> 1. 상호협정서
> 2. 상호협정서 변경 대비표(상호협정을 변경하는 경우만 해당한다)
> 3. 그 밖에 상호협정의 내용을 설명하는 데에 필요한 서류

③ 인가신청서의 심사(영 제69조 제2항) 기출 19

금융위원회는 신청서를 받았을 때에는 다음의 사항을 심사하여 그 인가 여부를 결정하여야 한다.
  ㉠ 상호협정의 내용이 보험회사간의 공정한 경쟁을 저해하는지 여부
  ㉡ 상호협정의 내용이 보험계약자의 이익을 침해하는지 여부

④ 신고로써 갈음할 수 있는 경우(법 제125조 제1항 단서, 영 제69조 제3항) 기출 20

대통령령으로 정하는 다음의 경미한 사항을 변경하려는 경우에는 신고로써 갈음할 수 있다.

〈2022.4.19. 개정〉

  ㉠ 보험회사의 상호 변경, 보험회사간의 합병, 보험회사의 신설 등으로 상호협정의 구성원이 변경되는 사항
  ㉡ 조문체제의 변경, 자구수정 등 상호협정의 실질적인 내용이 변경되지 아니하는 사항
  ㉢ 법령의 제정·개정·폐지에 따라 수정·반영해야 하는 사항

⑤ 금융위원회의 조치(법 제125조 제2항, 제3항) 기출 25
  ㉠ 금융위원회는 공익 또는 보험업의 건전한 발전을 위하여 특히 필요하다고 인정되는 경우에는 보험회사에 대하여 협정의 체결·변경 또는 폐지를 명하거나 그 협정의 전부 또는 일부에 따를 것을 명할 수 있다.
  ㉡ 금융위원회는 상호협정의 체결·변경 또는 폐지의 인가를 하거나 협정에 따를 것을 명하려면 미리 공정거래위원회와 협의하여야 한다. 다만, ④항의 대통령령으로 정하는 경미한 사항을 변경하려는 경우에는 그러하지 아니하다.

4 정관변경의 보고

(1) 의 의
정관의 변경이란 회사내부의 근본규칙을 변경하는 것으로 여기에는 기존 정관내용의 삭제·변경은 물론 새로운 내용을 보충하는 것을 포함한다.

(2) 정관변경의 보고(법 제126조) 기출 16·19·23·25
보험회사는 정관을 변경한 경우에는 변경한 날부터 7일 이내에 금융위원회에 알려야 한다.

(3) 정관변경 내용의 보완요구(영 제70조)
① 금융위원회는 보고받은 내용이 「보험업법」 또는 관계법령에 위반되거나 보험계약자 및 피보험자 등의 권익을 침해하는 내용이 있는 경우에는 해당 보험회사에 대하여 이를 보완하도록 요구할 수 있다.
② 정관변경의 보고의 방법 및 절차 등에 관하여 필요한 사항은 금융위원회가 정하여 고시한다.

5 기초서류

(1) 기초서류의 작성 및 제출(법 제127조) 기출 18·21
① 보험회사는 취급하려는 보험상품에 관한 기초서류를 작성하여야 한다.
② 보험회사는 기초서류를 작성하거나 변경하려는 경우 그 내용이 다음의 어느 하나에 해당하는 경우에는 미리 금융위원회에 신고하여야 한다.
  ㉠ 법령의 제정·개정에 따라 새로운 보험상품이 도입되거나 보험상품 가입이 의무가 되는 경우
  ㉡ 보험계약자 보호 등을 위하여 <u>대통령령으로 정하는 경우</u>

> **기초서류의 작성 및 변경(영 제71조 제1항, 제2항)**
> ① 보험회사가 기초서류를 작성하거나 변경하려는 경우 미리 금융위원회에 신고하여야 하는 사항은 별표 6과 같다. 다만, 조문체제의 변경, 자구수정 등 보험회사가 이미 신고한 기초서류의 내용의 본래 취지를 벗어나지 아니하는 범위에서 기초서류를 변경하는 경우는 제외한다.
> ② 보험회사는 기초서류를 신고하는 경우에는 판매개시일 30일(권고받은 사항을 반영하여 신고하는 경우에는 15일을 말한다) 전까지 금융위원회가 정하여 고시하는 보험상품신고서에 다음 각 호의 서류를 첨부하여 제출해야 한다. 다만, 다른 법령의 개정에 따라 기초서류의 내용을 변경하는 경우 등 금융위원회가 정하여 고시하는 경우에는 금융위원회가 정하여 고시하는 기한까지 보험상품신고서를 제출할 수 있다. 〈2023.12.29. 개정〉
> 1. 선임계리사가 검증·확인한 기초서류
> 2. 보험료, 해약환급금 및 위험률 산출의 변경이 있는 경우에는 그 변경이 적절한지에 대한 보험요율 산출기관 또는 독립계리업자의 검증확인서

> **심화TIP** 기초서류의 신고대상(영 별표 6) 〈2024.4.23. 개정〉
>
> 1. 보험회사가 이미 신고 또는 판매되지 않는 위험을 보장하거나 새로운 위험구분단위 등을 적용하여 설계하는 경우. 다만, 다른 보험회사가 이미 신고 또는 판매하고 있는 보험상품의 경우는 제외한다.
> 2. 법령에 따라 정부나 지방자치단체가 보험료의 일부를 지원하는 보험으로서 다음 각 목의 어느 하나에 해당하는 보험의 경우
>   가. 「농어업재해보험법」에 따른 농작물재해보험, 임산물재해보험, 가축재해보험, 양식수산물재해보험
>   나. 「풍수해·지진재해보험법」에 따른 풍수해·지진재해보험
>   다. 「농어업인의 안전보험 및 안전재해예방에 관한 법률」에 따른 농업인안전보험 및 어업인안전보험
> 3. 제1호 및 제2호에서 규정한 사항 외에 보험계약자 보호 등을 위하여 필요한 사항으로서 금융위원회가 정하여 고시하는 사항에 해당하는 경우

③ 금융위원회는 보험계약자 보호 등을 위하여 필요하다고 인정되면 보험회사에 대하여 취급하고 있는 보험상품의 기초서류에 관한 자료 제출을 요구할 수 있다.

> **기초서류에 관한 자료 제출 요구(영 제71조 제4항~제6항)**
> ④ 금융위원회는 보험계약자 보호 등에 필요하다고 인정되면 보험회사로 하여금 매 분기 종료일의 다음 달 말일까지 금융위원회가 정하여 고시하는 바에 따라 분기별 보험상품 판매 목록을 제출하게 할 수 있다.
> ⑤ 금융위원회는 보험계약자 보호 등을 위하여 확인이 필요하다고 인정되는 보험상품에 대해서는 그 사유를 적어 서면으로 선임계리사가 검증·확인한 기초서류를 제출하도록 요구할 수 있다.
> ⑥ 금융위원회는 확인한 보험상품에 대하여 보험료 및 책임준비금의 적절성 검증이 필요하다고 판단한 경우에는 그 사유를 적어 서면으로 제출서류 외에 보험요율산출기관 또는 독립계리업자의 검증확인서 및 보험상품신고서를 제출하도록 요구할 수 있다. 이 경우 보험회사는 제출요구일부터 30일 이내에 검증확인서를 제출해야 한다.

④ 금융위원회는 신고를 받은 경우 그 내용을 검토하여 「보험업법」에 적합하면 신고를 수리하여야 한다.
⑤ 신고 또는 제출의 절차 및 방법과 그 밖에 필요한 사항은 대통령령으로 정한다.

(2) 기초서류의 변경 권고(법 제127조의2, 영 제71조의2) 기출 10·23

① 금융위원회는 보험회사가 신고한 기초서류의 내용 및 제출한 기초서류에 관한 자료의 내용이 제128조의3(기초서류의 작성·변경 원칙) 및 제129조(보험요율산출의 원칙)를 위반하는 경우에는 대통령령으로 정하는 바에 따라 기초서류의 변경을 권고할 수 있다. 즉 신고접수일 또는 제출접수일(검증확인서를 제출한 경우에는 검증확인서의 제출일을 말한다)부터 20일(권고받은 사항에 대하여 다시 변경을 권고하는 경우에는 10일을 말한다) 이내에 그 기초서류의 변경을 권고할 수 있다.
② 변경권고는 그 내용 및 사유가 구체적으로 적힌 문서로 하여야 한다.

(3) 기초서류 기재사항 준수의무(법 제127조의3) 기출 18
보험회사는 기초서류에 기재된 사항을 준수하여야 한다.

(4) 기초서류에 대한 확인(법 제128조) 기출 17·18·20·23·24
① 금융위원회는 보험회사가 기초서류를 신고할 때 필요하면 「금융위원회의 설치 등에 관한 법률」에 따라 설립된 금융감독원의 확인을 받도록 할 수 있다.
② 금융위원회는 보험회사가 기초서류를 신고하는 경우 보험료 및 해약환급금 산출방법서에 대하여 보험요율산출기관 또는 대통령령으로 정하는 보험계리업자(이하 "독립계리업자"라 한다)의 검증확인서를 첨부하도록 할 수 있다. 〈2022.12.31. 개정〉

> **독립계리업자의 자격요건(영 제71조의3)**
> "대통령령으로 정하는 보험계리업자"란 법 제183조 제1항에 따라 등록된 법인(5명 이상의 상근 보험계리사를 두고 있는 법인만 해당한다)인 보험계리업자를 말한다. 다만, 다음 각 호의 어느 하나에 해당하는 보험계리업자는 제외한다.
> 1. 해당 보험회사로부터 보험계리에 관한 업무를 위탁받아 수행 중인 보험계리업자
> 2. 대표자가 최근 2년 이내에 해당 보험회사에 고용된 사실이 있는 보험계리업자
> 3. 대표자나 그 배우자가 해당 보험회사의 대주주인 보험계리업자
> 4. 보험회사의 자회사인 보험계리업자
> 5. 보험계리업자 또는 보험계리업자의 대표자가 최근 5년 이내에 다음 각 목의 어느 하나에 해당하는 제재조치를 받은 사실이 있는 경우 해당 보험계리업자
>   가. 법 제134조 제1항 제1호에 따른 경고 또는 문책
>   나. 법 제134조 제1항 제3호에 따른 해임 또는 직무정지
>   다. 법 제190조에 따른 보험계리업자 등록의 취소
>   라. 법 제192조 제1항에 따른 업무의 정지 또는 해임

(5) 기초서류 관리기준(법 제128조의2) 기출 16
① 보험회사는 기초서류를 작성하거나 변경할 때 지켜야 할 절차와 기준(이하 "기초서류관리기준"이라 한다)을 정하고 이를 지켜야 한다.
② 기초서류관리기준에는 다음의 사항이 포함되어야 한다.
  ㉠ 기초서류 작성·변경의 절차 및 기준
  ㉡ 기초서류의 적정성에 대한 내부·외부 검증 절차 및 방법
  ㉢ 기초서류 작성 오류에 대한 통제 및 수정 방법
  ㉣ 기초서류 작성 및 관리과정을 감시·통제·평가하는 방법 및 관련 임직원 또는 선임계리사의 역할과 책임
  ㉤ 그 밖에 기초서류관리기준의 제정·개정 절차 등 대통령령으로 정하는 사항

> **대통령령으로 정하는 사항(영 제71조의4 제1항)**
> 1. 기초서류관리기준의 제정 및 개정 절차
> 2. 기초서류 작성·변경과 관련한 업무의 분장 및 기초서류 관리책임자에 관한 사항
> 3. 임직원의 기초서류관리기준 준수 여부를 확인하는 절차·방법과 그 기준을 위반한 임직원의 처리에 관한 사항
> 4. 그 밖에 법령을 준수하고 보험계약자를 보호하기 위하여 기초서류를 작성·변경할 때 따라야 할 사항으로서 금융위원회가 정하여 고시하는 사항

③ 보험회사는 기초서류관리기준을 제정·개정하는 경우에는 금융위원회에 보고하여야 하며, 금융위원회는 해당 기준이나 그 운용이 부당하다고 판단되면 보고일부터 15일 이내에 기준의 변경 또는 업무의 개선을 명할 수 있다(영 제71조의4 제2항).

④ 위에 규정한 사항 외에 기초서류관리기준의 작성 및 운용 등에 필요한 사항은 대통령령으로 정한다.

(6) 기초서류 작성·변경 원칙(법 제128조의3)

① 보험회사는 기초서류를 작성·변경할 때 다음의 사항을 지켜야 한다.
  ㉠ 「보험업법」 또는 다른 법령에 위반되는 내용을 포함하지 아니할 것
  ㉡ 정당한 사유 없는 보험계약자의 권리 축소 또는 의무 확대 등 보험계약자에게 불리한 내용을 포함하지 아니할 것
  ㉢ 그 밖에 보험계약자 보호, 재무건전성 확보 등을 위하여 대통령령으로 정하는 바에 따라 금융위원회가 정하는 기준에 적합할 것

② 보험회사가 기초서류를 작성·변경할 때 지켜야 할 사항은 별표 7과 같다(영 제71조의5).

> **심화TIP 기초서류 작성·변경 원칙(영 별표 7)**
> 1. 법 또는 이 영에 따른 생명보험업과 손해보험업 겸영 제한에 위배되지 않을 것
> 2. 보험료, 책임준비금 및 해약환급금을 금융위원회가 정하여 고시하는 기준에 따라 산출·적립할 것
> 3. 제1호 및 제2호에 규정된 사항 외에 보험계약자 보호, 재무건전성 확보 등을 위하여 필요한 사항으로서 금융위원회가 정하여 고시하는 사항을 지킬 것

③ 보험회사가 기초서류를 작성·변경할 때 그 내용이 금융위원회의 신고사항(법 제127조 제2항 각 호)의 어느 하나에 해당하지 아니하면 ①항의 사항을 지켜 작성·변경한 것으로 추정(推定)한다.

6 보험약관 등의 이해도 평가

(1) 원칙(법 제128조의4 제1항) 기출 22·23

금융위원회는 보험소비자와 보험의 모집에 종사하는 자 등 대통령령으로 정하는 자(이하 "보험소비자 등"이라 한다)를 대상으로 보험약관과 보험안내자료 중 금융위원회가 정하여 고시하는 자료에 대한 이해도를 평가하고, 그 결과를 대통령령으로 정하는 바에 따라 공시할 수 있다.

① 보험소비자와 보험의 모집에 종사하는 자 등 대통령령으로 정하는 자(영 제71조의6 제1항)
  ㉠ 금융감독원장이 추천하는 보험소비자 3명
  ㉡ 「소비자기본법」에 따라 설립된 한국소비자원의 장이 추천하는 보험소비자 3명
  ㉢ 보험요율산출기관의 장이 추천하는 보험 관련 전문가 1명
  ㉣ 생명보험협회의 장이 추천하는 보험의 모집에 종사하는 자 1명 〈2024.10.22. 개정〉
  ㉤ 손해보험협회의 장이 추천하는 보험의 모집에 종사하는 자 1명 〈2024.10.22. 개정〉
  ㉥ 「민법」 제32조에 따라 금융위원회의 허가를 받아 설립된 사단법인 보험연구원의 장이 추천하는 보험 관련 법률전문가 1인

② 보험약관 이해도 평가결과에 대한 공시기준(영 제71조의6 제3항) 기출 14·21
  ㉠ 공시대상 : 보험약관의 이해도 평가 기준 및 해당 기준에 따른 평가결과
  ㉡ 공시방법 : 평가대행기관의 홈페이지에 공시
  ㉢ 공시주기 : 연 2회 이상

(2) 평가대행기관(법 제128조의4 제2항~제3항) 기출 20·25

① 금융위원회는 보험약관과 보험안내자료(이하 "보험약관 등"이라 한다)에 대한 보험소비자 등의 이해도를 평가하기 위해 평가대행기관을 지정할 수 있다.

> 지정된 평가대행기관은 평가대상자에 의한 보험약관 이해도 평가 외에 별도의 보험소비자만을 대상으로 하는 보험약관의 이해도 평가를 실시할 수 있다(영 제71조의6 제2항).

② 지정된 평가대행기관은 조사대상 보험약관 등에 대하여 보험소비자 등의 이해도를 평가하고 그 결과를 금융위원회에 보고하여야 한다.

(3) 금융위원회의 업무(법 제128조의4 제4항, 영 제71조의6 제4항)

① 보험약관 등의 이해도 평가에 수반되는 비용의 부담, 평가시기, 평가방법 등 평가에 관한 사항은 금융위원회가 정한다.
② 보험약관 이해도 평가대상자의 추천 기준 및 추천 절차 등에 관하여 필요한 세부사항은 금융위원회가 정하여 고시한다.

7 기타 규정

(1) 보험요율산출의 원칙(법 제129조)

보험회사는 보험요율을 산출할 때 객관적이고 합리적인 통계자료를 기초로 대수(大數)의 법칙 및 통계신뢰도를 바탕으로 하여야 하며, 다음의 사항을 지켜야 한다.
① 보험요율이 보험금과 그 밖의 급부(給付)에 비하여 지나치게 높지 아니할 것
② 보험요율이 보험회사의 재무건전성을 크게 해칠 정도로 낮지 아니할 것
③ 보험요율이 보험계약자간에 부당하게 차별적이지 아니할 것
④ 자동차보험의 보험요율인 경우 보험금과 그 밖의 급부와 비교할 때 공정하고 합리적인 수준일 것

(2) 보고사항(법 제130조) 기출 17·21·22·24

① 원 칙
보험회사는 일정한 사유가 발생한 경우에는 그 사유가 발생한 날부터 5일 이내에 금융위원회에 보고하여야 한다.

② 보고사항
㉠ 상호나 명칭을 변경한 경우
㉡ 본점의 영업을 중지하거나 재개(再開)한 경우
㉢ 최대주주가 변경된 경우
㉣ 대주주가 소유하고 있는 주식 총수가 의결권 있는 발행주식 총수의 100분의 1 이상만큼 변동된 경우
㉤ 그 밖에 해당 보험회사의 업무 수행에 중대한 영향을 미치는 경우로서 대통령령으로 정하는 경우

> **대통령령으로 정하는 경우(영 제72조) 기출 24**
> 1. 자본금 또는 기금을 증액한 경우
> 2. 주식회사의 조직변경의 결의(법 제21조)를 한 경우
> 3. 벌칙(법 제13장)에 따른 처벌을 받은 경우
> 4. 조세 체납처분을 받은 경우 또는 조세에 관한 법령을 위반하여 형벌을 받은 경우
> 5. 「외국환거래법」에 따른 해외투자를 하거나 외국에 영업소, 그 밖의 사무소를 설치한 경우
> 6. 보험회사의 주주 또는 주주였던 자가 제기한 소송의 당사자가 된 경우

(3) 금융위원회의 명령권(법 제131조) 기출 15·16·19·21·25

① 업무집행방법의 변경명령 등
금융위원회는 보험회사의 업무운영이 적정하지 아니하거나 자산상황이 불량하여 보험계약자 및 피보험자 등의 권익을 해칠 우려가 있다고 인정되는 경우에는 다음의 어느 하나에 해당하는 조치를 명할 수 있다.

㉠ 업무집행방법의 변경
㉡ 금융위원회가 지정하는 기관에의 자산 예탁
㉢ 자산의 장부가격 변경
㉣ 불건전한 자산에 대한 적립금의 보유
㉤ 가치가 없다고 인정되는 자산의 손실처리
㉥ 그 밖에 대통령령으로 정하는 필요한 조치 → 보험계약자 보호에 필요한 사항의 공시를 명하는 것(영 제73조 제1항)

> 국내사무소·보험대리점 및 보험중개사에 관하여는 제131조 제1항을 준용한다. 이 경우 "보험회사"는 "국내사무소"·"보험대리점" 또는 "보험중개사"로 본다(법 제132조).

② 기초서류의 변경 또는 그 사용의 정지 명령 등 기출 19·24
㉠ 금융위원회는 보험회사의 업무 및 자산상황, 그 밖의 사정의 변경으로 공익 또는 보험계약자의 보호와 보험회사의 건전한 경영을 크게 해칠 우려가 있거나 보험회사의 기초서류에 법령을 위반하거나 보험계약자에게 불리한 내용이 있다고 인정되는 경우에는 청문을 거쳐 기초서류의 변경 또는 그 사용의 정지를 명할 수 있다. 다만, 대통령령으로 정하는 경미한 사항(법령의 개정에 따라 기초서류의 변경이 필요한 사항)에 관하여 기초서류의 변경을 명하는 경우에는 청문을 하지 아니할 수 있다(영 제73조 제2항).
㉡ 금융위원회는 기초서류의 변경을 명하는 경우 보험계약자·피보험자 또는 보험금을 취득할 자의 이익을 보호하기 위하여 특히 필요하다고 인정하면 이미 체결된 보험계약에 대하여도 장래에 향하여 그 변경의 효력이 미치게 할 수 있다.
㉢ 금융위원회는 변경명령을 받은 기초서류 때문에 보험계약자·피보험자 또는 보험금을 취득할 자가 부당한 불이익을 받을 것이 명백하다고 인정되는 경우에는 이미 체결된 보험계약에 따라 납입된 보험료의 일부를 되돌려주거나 보험금을 증액하도록 할 수 있다.
㉣ 보험회사는 명령을 받은 경우에는 대통령령으로 정하는 바에 따라 그 요지를 공고하여야 한다. 공고는 전국적으로 배포되는 둘 이상의 일간신문에 각각 1회 이상 하여야 하며, 금융위원회가 필요하다고 인정하는 경우에는 보험계약자 등에게 서면으로 안내하여야 한다(영 제73조 제3항).

(4) 보험금 지급불능 등에 대한 조치(법 제131조의2) 기출 23

금융위원회는 보험회사의 파산 또는 보험금 지급불능 우려 등 보험계약자의 이익을 크게 해칠 우려가 있다고 인정되는 경우에는 보험계약 체결 제한, 보험금 전부 또는 일부의 지급정지 또는 그 밖에 필요한 조치를 명할 수 있다.

(5) 자료 제출 및 검사 등(법 제133조) 기출 23·24

① 금융위원회는 공익 또는 보험계약자 등을 보호하기 위하여 보험회사에 「보험업법」에서 정하는 감독업무의 수행과 관련한 주주 현황, 그 밖에 사업에 관한 보고 또는 자료 제출을 명할 수 있다.
② 보험회사는 그 업무 및 자산상황에 관하여 금융감독원의 검사를 받아야 한다.
③ 금융감독원장은 검사를 할 때 필요하다고 인정하면 보험회사에 대하여 업무 또는 자산에 관한 보고, 자료의 제출, 관계인의 출석 및 의견의 진술을 요구할 수 있다.

④ 검사를 하는 자는 그 권한을 표시하는 증표를 지니고 이를 관계인에게 내보여야 한다.
⑤ 금융감독원장은 검사를 한 경우에는 그 결과에 따라 필요한 조치를 하고, 그 내용을 금융위원회에 보고하여야 한다.
⑥ 금융감독원장은 「주식회사의 외부감사에 관한 법률」에 따라 보험회사가 선임한 외부감사인에게 그 보험회사를 감사한 결과 알게 된 정보나 그 밖에 경영건전성과 관련되는 자료의 제출을 요구할 수 있다.

(6) 보험회사에 대한 제재(법 제134조) 기출 17·21·22·23·24

① 금융위원회는 보험회사(그 소속 임직원을 포함한다)가 「보험업법」 또는 「보험업법」에 따른 규정·명령 또는 지시를 위반하여 보험회사의 건전한 경영을 해치거나 보험계약자, 피보험자, 그 밖의 이해관계인의 권익을 침해할 우려가 있다고 인정되는 경우 또는 「금융회사의 지배구조에 관한 법률」 별표 각 호의 어느 하나에 해당하는 경우(제4호에 해당하는 조치로 한정한다), 「금융소비자 보호에 관한 법률」 제51조 제1항 제4호, 제5호 또는 같은 조 제2항 각 호 외의 부분 본문 중 대통령령으로 정하는 경우에 해당하는 경우(제4호에 해당하는 조치로 한정한다)에는 금융감독원장의 건의에 따라 다음의 어느 하나에 해당하는 조치를 하거나 금융감독원장으로 하여금 보험회사에 대한 주의·경고 또는 그 임직원에 대한 주의·경고·문책의 요구의 조치를 하게 할 수 있다.
  ㉠ 보험회사에 대한 주의·경고 또는 그 임직원에 대한 주의·경고·문책의 요구
  ㉡ 해당 위반행위에 대한 시정명령
  ㉢ 임원(「금융회사의 지배구조에 관한 법률」 제2조 제5호에 따른 업무집행책임자는 제외한다)의 해임권고·직무정지
  ㉣ 6개월 이내의 영업의 일부정지
② 금융위원회는 보험회사가 다음의 어느 하나에 해당하는 경우에는 6개월 이내의 기간을 정하여 영업 전부의 정지를 명하거나 청문을 거쳐 보험업의 허가를 취소할 수 있다.
  ㉠ 거짓이나 그 밖의 부정한 방법으로 보험업의 허가를 받은 경우
  ㉡ 허가의 내용 또는 조건을 위반한 경우
  ㉢ 영업의 정지기간 중에 영업을 한 경우
  ㉣ 위반행위에 대한 시정명령을 이행하지 아니한 경우
  ㉤ 「금융회사의 지배구조에 관한 법률」 별표 각 호의 어느 하나에 해당하는 경우(영업의 전부정지를 명하는 경우로 한정한다)
  ㉥ 「금융소비자 보호에 관한 법률」 제51조 제1항 제4호 또는 제5호에 해당하는 경우
  ㉦ 「금융소비자 보호에 관한 법률」 제51조 제2항 각 호 외의 부분 본문 중 대통령령으로 정하는 경우(영업 전부의 정지를 명하는 경우로 한정한다)

③ 금융위원회는 금융감독원장의 건의에 따라 보험회사가 제재조치, 영업정지 또는 허가취소 처분을 받은 사실을 다음의 구분에 따라 공표하도록 할 수 있다(영 제73조의2 제1항).

보험회사에 대한 경고, 임원의 해임권고 · 직무정지의 요구	해당 보험회사의 인터넷 홈페이지에 7영업일 이상 게재
시정명령, 영업의 일부 또는 전부의 정지, 허가취소	전국적으로 배포되는 일간신문에 1회 이상 게재 및 해당 보험회사의 본점과 영업소에 7영업일 이상 게시

④ ③항에서 규정한 사항 외에 제재 사실의 공표에 필요한 세부 사항은 금융위원회가 정하여 고시한다(영 제73조의2 제2항).

> **준용(법 제136조)**
> ① 국내사무소 · 보험대리점 및 보험중개사에 관하여는 제133조 및 제134조를 준용한다. 이 경우 "보험회사"는 각각 "국내사무소" · "보험대리점" 또는 "보험중개사"로 본다.
> ② 보험업과 밀접하게 관련된 업무로서 대통령령으로 정하는 업무를 하는 자회사에 관하여는 제133조를 준용한다. 이 경우 "보험회사"는 "자회사"로 본다.
> ※ "대통령령으로 정하는 업무"란 제59조 제3항 제2호 · 제3호 및 제5호의 업무를 말한다(영 제74조 제1항).
> ③ 보험업과 밀접하게 관련된 업무로서 대통령령으로 정하는 업무를 보험회사로부터 위탁받은 자에 관하여는 제133조를 준용한다. 이 경우 "보험회사"는 "위탁받은 자"로 본다.
> ※ "대통령령으로 정하는 업무"란 제59조 제3항 및 제4항에 따른 업무를 말한다(영 제74조 제2항).

(7) 퇴임한 임원 등에 대한 조치 내용의 통보(법 제135조)

① 금융위원회(법 제134조 제1항에 따라 조치를 할 수 있는 금융감독원장을 포함한다)는 보험회사의 퇴임한 임원 또는 퇴직한 직원(「금융회사의 지배구조에 관한 법률」 제2조 제5호에 따른 업무집행책임자를 포함한다)이 재임 또는 재직 중이었다면 보험회사에 대한 주의 · 경고 또는 그 임직원에 대한 주의 · 경고 · 문책의 요구, 임원(업무집행책임자는 제외한다)의 해임권고 · 직무정지에 해당하는 조치를 받았을 것으로 인정되는 경우에는 그 조치의 내용을 해당 보험회사의 장에게 통보할 수 있다.

② 통보를 받은 보험회사의 장은 이를 퇴임 · 퇴직한 해당 임직원에게 알리고, 그 내용을 인사기록부에 기록 · 유지하여야 한다.

CHAPTER 06 기출유형문제

01 자본금, 이익잉여금, 후순위차입금, 그 밖에 이에 준하는 것으로서 금융위원회가 정하여 고시하는 금액을 합산한 금액에서 영업권, 그 밖에 이에 준하는 것으로서 금융위원회가 정하여 고시하는 금액을 뺀 금액을 무엇이라고 하는가?

① 지급위험금액
② 지급여력금액
③ 지급여력기준금액
④ 지급여력비율

> **해설**
> "지급여력금액"에 대한 설명이다(영 제65조 제1항 제1호).
> • "지급여력기준금액"이란 보험업을 경영함에 따라 발생할 수 있는 손실위험을 금융위원회가 정하여 고시하는 방법에 따라 금액으로 환산한 것을 말한다(영 제65조 제1항 제2호).
> • "지급여력비율"이란 지급여력금액을 지급여력기준금액으로 나눈 비율을 말한다(영 제65조 제1항 제3호).

02 보험업법상 보험회사가 지켜야 하는 재무건전성 기준에 따라 (   )을 (   )으로 나눈 비율인 지급여력비율은 100분의 (   ) 이상을 유지하여야 한다. (   ) 안에 들어갈 사항을 순서대로 나열한 것으로 옳은 것은? 기출 23

① 지급여력기준금액 − 지급여력금액 − 100
② 지급여력금액 − 지급여력기준금액 − 100
③ 지급여력기준금액 − 지급여력금액 − 90
④ 지급여력금액 − 지급여력기준금액 − 90

> **해설**
> 보험업법상 보험회사가 지켜야 하는 재무건전성 기준에 따라 (**지급여력금액**)을 (**지급여력기준금액**)으로 나눈 비율인 지급여력비율은 100분의 (**100**) 이상을 유지하여야 한다(영 제65조 제1항 제3호, 영 제65조 제2항 제1호).

정답 01 ② 02 ②

03 보험회사가 보험금 지급능력과 경영건전성을 확보하기 위하여 지켜야 할 재무건전성 기준이 아닌 것은? 기출 19

① 지급여력비율 100분의 100 이상 유지
② 대출채권 등 보유자산의 건전성을 정기적으로 분류하고 대손충당금을 적립
③ 보험회사의 위험, 유동성 및 재보험의 관리에 관하여 금융위원회가 정하여 고시하는 기준을 충족
④ 재무건전성 확보를 위한 경영실태 및 위험에 대한 평가실시

| 해설 |
보험회사가 지켜야 하는 재무건전성 기준(영 제65조 제2항)
1. 지급여력비율은 100분의 100 이상을 유지할 것
2. 대출채권 등 보유자산의 건전성을 정기적으로 분류하고 대손충당금을 적립할 것
3. 보험회사의 위험, 유동성 및 재보험의 관리에 관하여 금융위원회가 정하여 고시하는 기준을 충족할 것

04 보험료・보험금 등 보험계약에 관한 사항의 비교・공시에 대한 설명으로 옳지 않은 것은? 기출수정 15

① 보험협회는 보험료・보험금 등 보험계약에 관한 사항으로서 대통령령으로 정하는 사항을 금융위원회가 정하는 바에 따라 보험소비자가 쉽게 알 수 있도록 비교・공시하여야 한다.
② 보험협회가 비교・공시를 하는 경우에는 대통령령으로 정하는 바에 따라 보험상품공시위원회를 구성하여야 한다.
③ 보험회사는 비교・공시에 필요한 정보를 보험협회에 제공하여야 한다.
④ 보험협회 이외의 자가 보험계약에 관한 사항을 비교・공시하는 것은 허용되지 않는다.

| 해설 |
보험협회 이외의 자가 보험계약에 관한 사항을 비교・공시하는 경우에는 금융위원회가 정하는 바에 따라 객관적이고 공정하게 비교・공시하여야 한다(법 제124조 제5항).

05 보험계약자를 보호하기 위한 공시에 관한 설명으로 옳지 않은 것은? 기출수정 19

① 보험업법상 보험협회는 보험료·보험금 등 보험계약에 관한 사항으로서 대통령령으로 정하는 사항을 금융위원회가 정하는 바에 따라 보험소비자가 쉽게 알 수 있도록 비교·공시하여야 한다.
② 보험협회가 보험상품의 비교·공시를 하는 경우에는 대통령령으로 정하는 바에 따라 보험상품공시위원회를 구성하여야 한다.
③ 보험협회 이외의 자가 보험계약에 관한 사항을 비교·공시하고자 하는 경우에 보험회사는 보험협회 이외의 자에게 그 요구에 응하여 비교·공시에 필요한 정보를 제공하여야 한다.
④ 보험회사는 보험계약자를 보호하기 위하여 필요한 사항으로서 대통령령으로 정하는 사항을 금융위원회가 정하는 바에 따라 즉시 공시하여야 한다.

| 해설 |
보험협회 이외의 자가 보험계약에 관한 사항을 비교·공시하는 경우에는 금융위원회가 정하는 바에 따라 객관적이고 공정하게 비교·공시하여야 한다(법 제124조 제5항). 보험회사가 보험협회 이외의 자에게 그 요구에 응하여 비교·공시에 필요한 정보를 제공하여야 한다는 규정은 없다.
① 법 제124조 제2항 〈2022.12.31. 개정〉
② 법 제124조 제3항
④ 법 제124조 제1항

06 보험업법상 보험회사가 상호협정의 체결을 위한 신청서에 기재하여야 하는 사항이 아닌 것은? 기출 22

① 상호협정서 변경 대비표
② 상호협정의 효력의 발생시기와 기간
③ 상호협정에 관한 사무를 총괄하는 점포 또는 사무소가 있는 경우에는 그 명칭과 소재지
④ 외국보험회사와의 상호협정인 경우에는 그 보험회사의 영업 종류와 현재 수행 중인 사업의 개요 및 현황

| 해설 |
상호협정서 변경 대비표(상호협정을 변경하는 경우만 해당한다)는 상호협정의 인가신청시 첨부서류이다(규칙 제32조)

TIP 상호협정의 체결을 위한 신청서에 기재하여야 하는 사항(영 제69조 제1항 제1호)
1. 상호협정 당사자의 상호 또는 명칭과 본점 또는 주된 사무소의 소재지
2. 상호협정의 명칭과 그 내용
3. 상호협정의 효력의 발생시기와 기간
4. 상호협정을 하려는 사유
5. 상호협정에 관한 사무를 총괄하는 점포 또는 사무소가 있는 경우에는 그 명칭과 소재지
6. 외국보험회사와의 상호협정인 경우에는 그 보험회사의 영업 종류와 현재 수행 중인 사업의 개요 및 현황

07 보험회사 상호협정에 관한 설명으로 옳지 않은 것은? 기출수정 20

① 상호협정을 체결하거나 변경, 폐지할 때에는 원칙적으로 금융위원회의 인가를 필요로 한다.
② 금융위원회는 공익 또는 보험업의 건전한 발전을 위하여 특히 필요하다고 인정되는 경우에는 보험회사에 대하여 상호협정의 체결·변경 또는 폐지를 명하거나 그 협정의 전부 또는 일부에 따를 것을 명할 수 있다.
③ 금융위원회는 상호협정을 인가하거나 협정에 따를 것을 명함에 있어서 원칙적으로 사전에 공정거래위원회와 협의하여야 한다.
④ 보험회사간의 합병, 보험회사 신설 등으로 상호협정의 구성원이 변경되는 사항인 경우 금융위원회의 허가를 요한다.

> **해설**
> 보험회사의 상호 변경, 보험회사간의 합병, 보험회사의 신설 등으로 상호협정의 구성원이 변경되는 사항은 대통령령으로 정하는 경미한 사항에 해당되어 <u>신고로써 금융위원회의 인가를 갈음할 수 있다</u>(법 제125조 제1항, 영 제69조 제3항 제1호).
> ① 법 제125조 제1항
> ② 법 제125조 제2항
> ③ 법 제125조 제3항

08 보험업법상 상호협정에 관한 설명으로 옳지 않은 것은? 기출 25

① 보험회사는 금융위원회의 인가를 받아 그 업무에 관한 공동행위를 하기 위하여 다른 보험회사와 상호협정을 체결할 수 있다.
② 기존 상호협정의 구성원인 보험회사의 상호가 변경되는 경우에는 금융위원회의 인가를 받지 아니하고, 신고로써 갈음할 수 있다.
③ 금융위원회는 상호협정의 체결·변경 또는 폐지의 인가를 하거나 협정에 따를 것을 명할 경우 미리 공정거래위원회와 협의할 수 있다.
④ 금융위원회는 공익 또는 보험업의 건전한 발전을 위하여 특히 필요하다고 인정되는 경우에는 보험회사에 대하여 상호협정의 체결·변경 또는 폐지를 명하거나 그 협정의 전부 또는 일부에 따를 것을 명할 수 있다.

> **해설**
> 금융위원회는 상호협정의 체결·변경 또는 폐지의 인가를 하거나 협정에 따를 것을 명하려면 미리 공정거래위원회와 <u>협의하여야 한다</u>(법 제125조 제3항).
> ① 법 제125조 제1항
> ② 법 제125조 제1항 단서, 영 제69조 제3항 제1호
> ④ 법 제125조 제2항

09 보험상품공시위원회에 관한 설명으로 옳지 않은 것은? `기출` 21

① 보험협회가 실시하는 보험상품의 비교·공시에 관한 중요사항을 심의·의결한다.
② 위원장 1명을 포함하여 9명의 위원으로 구성한다.
③ 위원의 임기는 3년으로 하나, 보험협회의 상품담당 임원인 위원의 임기는 해당 직에 재직하는 기간으로 한다.
④ 보험협회의 장은 보험회사 상품담당 임원 또는 선임계리사 2명을 위원으로 위촉할 수 있다.

> **해설**
> 위원의 임기는 <u>2년으로 한다</u>. 다만, 금융감독원 상품담당 부서장과 보험협회의 상품담당 임원 및 보험요율산출기관의 상품담당 임원인 위원의 임기는 해당 직(職)에 재직하는 기간으로 한다(영 제68조 제4항).

10 보험업법상 다음의 보기 중 보험상품공시위원회의 위원 가운데 보험협회의 장의 위촉이 필요하지 않은 당연직 위원은 모두 몇 명인가? `기출` 24

> 가. 금융감독원 상품담당 부서장
> 나. 보험협회의 상품담당 임원
> 다. 보험요율산출기관의 상품담당 임원
> 라. 보험회사의 상품담당 임원
> 마. 보험회사의 선임계리사
> 바. 소비자단체에서 추천하는 사람

① 2명　　② 3명
③ 4명　　④ 5명

> **해설**
> 위원회의 위원은 <u>금융감독원 상품담당 부서장</u>(가), <u>보험협회의 상품담당 임원</u>(나), <u>보험요율산출기관의 상품담당 임원</u>(다) 및 보험협회의 장이 위촉하는 다음 각 호의 사람으로 구성한다(영 제68조 제3항).
> 1. 보험회사 상품담당 임원 또는 선임계리사 2명
> 2. 판사, 검사 또는 변호사의 자격이 있는 사람 1명
> 3. 소비자단체에서 추천하는 사람 2명
> 4. 보험에 관한 학식과 경험이 풍부한 사람 1명
>
> 따라서 당연직 위원은 가, 나, 다 **3명**이다.

정답　07 ④　08 ③　09 ③　10 ②

11 보험업법에 규정된 상호협정의 인가에 관한 다음의 내용 중 옳지 않은 것은? 기출 15

① 보험회사가 그 업무에 관한 공동행위를 하기 위하여 다른 보험회사와 상호협정을 체결(변경하거나 폐지하려는 경우를 포함한다)하려는 경우에는 대통령령으로 정하는 바에 따라 금융위원회의 인가를 받아야 한다.
② 금융위원회는 공익 또는 보험업의 건전한 발전을 위하여 특히 필요하다고 인정되는 경우에는 보험회사에 대하여 상호협정의 체결·변경 또는 폐지를 명하거나 그 협정의 전부 또는 일부에 따를 것을 명할 수 있다.
③ 금융위원회는 상호협정의 체결·변경 또는 폐지의 인가를 하거나 협정에 따를 것을 명하려면 미리 금융감독원과 협의하여야 한다. 다만, 대통령령으로 정하는 경미한 사항을 변경하려는 경우에는 그러하지 아니하다.
④ 금융위원회로부터 인가를 받은 상호협정의 자구 수정을 하는 경우에는 금융위원회에 신고하면 된다.

> |해설|
> 금융위원회는 상호협정의 체결·변경 또는 폐지의 인가를 하거나 협정에 따를 것을 명하려면 미리 <u>공정거래위원회</u>와 협의하여야 한다(법 제125조 제3항).
> ① 법 제125조 제1항
> ② 법 제125조 제2항
> ④ 영 제69조 제3항 제2호

12 보험업법상 상호협정의 인가에 관한 설명 중 옳지 않은 것은? 기출 18

① 금융위원회는 공익 또는 보험업의 건전한 발전을 위하여 특히 필요하다고 인정되는 경우에는 보험회사에 대하여 상호협정의 체결·변경 또는 폐지를 명할 수 있다.
② 금융위원회는 보험회사간의 합병 등으로 상호협정의 구성원이 변경되는 사항에 관하여 공정거래위원회와 협의하여야 한다.
③ 금융위원회는 상호협정의 체결·변경 또는 폐지의 인가를 하거나 협정에 따를 것을 명하려면 미리 공정거래위원회와 협의하여야 한다.
④ 금융위원회로부터 인가를 받은 상호협정의 실질적인 내용이 변경되지 아니하는 자구 수정을 하는 경우, 보험회사는 금융위원회에 신고하면 된다.

> |해설|
> 보험회사간의 합병 등으로 상호협정의 구성원이 변경되는 사항은 '경미한 사항'에 해당되므로 공정거래위원회와 협의하지 않아도 된다(법 제125조 제3항, 영 제69조 제3항 제1호).
> ① 법 제125조 제2항
> ③ 법 제125조 제3항
> ④ 법 제125조 제1항, 영 제69조 제3항 제2호

13 보험회사가 상호협정 체결의 인가에 필요한 서류를 제출하는 경우 금융위원회가 그 인가 여부를 결정하기 위하여 심사하여야 할 사항은? 기출 19

> 가. 상호협정의 내용이 보험회사간의 공정한 경쟁을 저해하는지 여부
> 나. 상호협정의 효력 발생 기간이 적정한지 여부
> 다. 상호협정의 내용이 보험계약자의 이익을 침해하는지 여부
> 라. 상호협정에 외국보험회사가 포함되는지 여부

① 가, 나
② 가, 다
③ 나, 다
④ 다, 라

| 해설 |
금융위원회는 신청서를 받았을 때에는 다음 각 호의 사항을 심사하여 그 인가 여부를 결정하여야 한다(영 제69조 제2항).
1. 상호협정의 내용이 보험회사간의 공정한 경쟁을 저해하는지 여부
2. 상호협정의 내용이 보험계약자의 이익을 침해하는지 여부

14 보험회사는 정관을 변경한 경우에는 변경한 날부터 (   ) 이내에 금융위원회에 알려야 한다. (   ) 안에 들어갈 기간으로 옳은 것은? 기출 19 · 25

① 7일
② 10일
③ 15일
④ 20일

| 해설 |
보험회사는 정관을 변경한 경우에는 변경한 날부터 (**7일**) 이내에 금융위원회에 알려야 한다(보험업법 제126조).

15 보험회사가 기초서류를 작성하거나 변경하려는 경우 미리 금융위원회에 신고하여야 하는 내용을 모두 고른 것은?

> 가. 법령의 제정·개정에 따라 새로운 보험상품이 도입되는 경우
> 나. 법령의 제정·개정에 따라 보험상품 가입이 의무가 되는 경우
> 다. 보험계약자 보호 등을 위하여 대통령령으로 정하는 경우
> 라. 보험회사가 상호협정을 체결하는 경우

① 가
② 가, 나
③ 가, 나, 다
④ 가, 나, 다, 라

| 해설 |
가, 나, 다. 법 제127조 제2항(금융위원회에 신고하는 사항)
라. 보험회사가 상호협정을 체결하는 경우는 금융위원회의 인가를 받아야 하는 사항이다(법 제125조 제1항).

16 보험회사의 정관 및 기초서류 변경에 관한 설명으로 옳지 않은 것은? 기출 21

① 보험회사가 정관을 변경한 경우에는 변경한 날로부터 7일 이내에 금융위원회에 알려야 한다.
② 보험회사가 기초서류를 변경하고자 하는 경우에는 미리 금융위원회의 인가를 받아야 한다.
③ 금융위원회는 기초서류의 변경에 대한 금융감독원의 확인을 거치도록 할 수 있다.
④ 보험회사는 기초서류를 변경할 때 보험업법 및 다른 법령에 위반되는 내용을 포함하지 않아야 한다.

| 해설 |
보험회사는 기초서류를 작성하거나 변경하려는 경우 그 내용이 다음 각 호의 어느 하나에 해당하는 경우에 한정하여 미리 금융위원회에 신고하여야 한다(법 제127조 제2항).
1. 법령의 제정·개정에 따라 새로운 보험상품이 도입되거나 보험상품 가입이 의무가 되는 경우
2. 보험계약자 보호 등을 위하여 대통령령으로 정하는 경우

① 법 제126조
③ 법 제128조 제1항
④ 법 제128조의3 제1항 제1호

17 보험업법상 보험회사가 취급하려는 보험상품에 관한 기초서류의 신고에 관한 설명으로 옳지 않은 것은? 기출 23

① 법령의 제정·개정에 따라 새로운 보험상품이 도입되거나 보험상품 가입이 의무가 되는 경우, 보험회사는 그 보험상품에 관한 기초서류를 작성하여 이를 미리 금융위원회에 신고하여야 한다.
② 금융위원회는 보험회사가 기초서류를 신고할 때 금융감독원의 확인을 받도록 하여야 한다.
③ 금융위원회는 보험회사가 신고한 기초서류의 내용이 이 법의 기초서류 작성·변경 원칙을 위반하는 경우에는 대통령령으로 정하는 바에 따라 기초서류의 변경을 권고할 수 있다.
④ 금융위원회는 보험회사가 기초서류를 신고하는 경우 보험료 및 해약환급금 산출방법서에 대하여 이 법에 따른 보험요율산출기관 또는 대통령령으로 정하는 보험계리업자의 검증확인서를 첨부하도록 할 수 있다.

> **|해설|**
> 금융위원회는 보험회사가 제127조 제2항에 따라 기초서류를 신고할 때 필요하면 「금융위원회의 설치 등에 관한 법률」에 따라 설립된 금융감독원의 확인을 받도록 할 수 있다(법 제128조 제1항).
> ① 법 제127조 제2항 제1호
> ③ 법 제127조의2 제1항
> ④ 법 제128조 제2항

18 기초서류에 관한 설명으로 옳지 않은 것은? 기출 16

① 보험회사가 기초서류관리기준을 개정하는 경우에는 금융위원회에 미리 신고하여야 한다.
② 보험회사가 금융기관보험대리점을 통하여 모집하는 보험상품에 관한 기초서류의 경미한 사항을 변경하려는 경우에는 금융위원회에 대한 사전신고 의무가 없다.
③ 금융위원회는 보험회사가 기초서류를 신고하는 경우 보험료 및 책임준비금 산출방법서에 대하여 보험요율산출기관 또는 독립계리업자의 검증확인서를 첨부하도록 할 수 있다.
④ 금융위원회의 기초서류 변경권고는 그 내용 및 사유가 구체적으로 적힌 문서로 하여야 한다.

> **|해설|**
> 보험회사는 기초서류관리기준을 제정·개정하는 경우에는 금융위원회에 보고하여야 하며, 금융위원회는 해당 기준이나 그 운용이 부당하다고 판단되면 기준의 변경 또는 업무의 개선을 명할 수 있다(법 제128조의2 제3항).
> ② 법 제127조 제2항
> ③ 법 제128조 제2항
> ④ 법 제127조의2 제2항

19 보험업법상 보험회사의 기초서류에 관한 설명 중 옳지 않은 것은? 기출수정 18

① 보험회사는 기초서류에 기재된 사항을 준수하여야 한다.
② 보험회사가 금융기관보험대리점을 통하여 모집하는 것에 관하여 기초서류의 조문체제를 변경하기 위해서는 미리 금융위원회에 신고하여야 한다.
③ 금융위원회는 보험계약자 보호 등을 위하여 필요하다고 인정되면 보험회사에 대하여 취급하고 있는 보험상품의 기초서류에 관한 자료 제출을 요구할 수 있다.
④ 금융위원회는 보험회사가 보험업법 제127조 제2항에 따라 기초서류를 신고한 경우, 필요하다면 금융감독원의 확인을 받도록 할 수 있다.

| 해설 |

조문체제의 변경, 자구수정 등 보험회사가 이미 신고한 기초서류의 내용의 본래 취지를 벗어나지 아니하는 범위에서 기초서류를 변경하는 경우는 금융위원회의 신고사항에서 제외된다(영 제71조 제1항 단서).
① 보험업법 제127조의3
③ 보험업법 제127조 제3항
④ 보험업법 제128조 제1항

20 보험회사는 기초서류를 신고하는 경우 보험료 및 책임준비금 산출방법서에 대하여 독립계리업자의 검증확인서를 첨부할 수 있다. 다음 중 독립계리업자가 될 수 있는 자에 해당하는 것은? 기출 17

① 해당 보험회사로부터 보험계리에 관한 업무를 위탁받아 수행 중인 보험계리업자
② 대표자가 최근 2년 이내에 해당 보험회사에 고용된 사실이 있는 보험계리업자
③ 대표자나 그 배우자가 해당 보험회사의 소수주주인 보험계리업자
④ 보험회사의 자회사인 보험계리업자

| 해설 |

독립계리업자의 자격 요건(영 제71조의3)
독립계리업자란 등록된 법인(5명 이상의 상근 보험계리사를 두고 있는 법인만 해당한다)인 보험계리업자를 말한다. 다만, 다음의 어느 하나에 해당하는 보험계리업자는 제외한다.
1. 해당 보험회사로부터 보험계리에 관한 업무를 위탁받아 수행 중인 보험계리업자
2. 대표자가 최근 2년 이내에 해당 보험회사에 고용된 사실이 있는 보험계리업자
3. 대표자나 그 배우자가 해당 보험회사의 대주주인 보험계리업자
4. 보험회사의 자회사인 보험계리업자
5. 보험계리업자 또는 보험계리업자의 대표자가 최근 5년 이내에 다음의 어느 하나에 해당하는 제재조치를 받은 사실이 있는 경우 해당 보험계리업자
   가. 경고 또는 문책
   나. 해임 또는 직무정지
   다. 보험계리업자 등록의 취소
   라. 업무의 정지 또는 해임

21 보험업법상 보험약관 이해도 평가에 관한 설명으로 옳지 않은 것은? 기출 21

① 이해도 평가의 공시주체는 금융위원회이다.
② 이해도 평가의 공시대상은 보험약관의 이해도 평가기준 및 해당 기준에 따른 평가결과이다.
③ 이해도 평가의 공시방법은 평가대행기관의 홈페이지에 공시하도록 한다.
④ 이해도 평가의 공시주기는 연 1회 이상이다.

| 해설 |
이해도 평가의 공시주기는 <u>연 2회 이상</u>이다(영 제71조의6 제3항 제3호).
① 법 제128조의4 제1항
② 영 제71조의6 제3항 제1호
③ 영 제71조의6 제3항 제2호

22 보험업법상 보험약관 등의 이해도 평가에 관한 설명으로 옳지 않은 것은? 기출 23

① 금융위원회는 보험소비자 등을 대상으로 보험약관 등에 대한 이해도를 평가하고 그 결과를 대통령령으로 정하는 바에 따라 공시하여야 한다.
② 금융위원회는 보험약관 등에 대한 보험소비자 등의 이해도를 평가하기 위해 평가대행기관을 지정할 수 있다.
③ 평가대행기관은 조사대상 보험약관 등에 대하여 보험소비자 등의 이해도를 평가하고 그 결과를 금융위원회에 보고하여야 한다.
④ 보험약관 등의 이해도 평가에 수반되는 비용의 부담, 평가시기, 평가방법 등 평가에 관한 사항은 금융위원회가 정한다.

| 해설 |
금융위원회는 보험소비자와 보험의 모집에 종사하는 자 등 대통령령으로 정하는 자(이하 "보험소비자 등"이라 한다)를 대상으로 보험약관 등에 대한 이해도를 평가하고 그 결과를 대통령령으로 정하는 바에 따라 <u>공시할 수 있다</u>(법 제128조의4 제1항 제1호).
② 법 제128조의4 제2항
③ 법 제128조의4 제3항
④ 법 제128조의4 제4항

23 보험업법상 보험약관 이해도 평가에 관한 설명으로 옳지 않은 것은? 기출수정 20

① 금융위원회는 보험소비자와 보험 모집에 종사하는 자 등 대통령령으로 정하는 자를 대상으로 보험약관 등에 대하여 이해도를 평가하고 그 결과를 공시할 수 있다.
② 금융위원회는 보험소비자 등의 보험약관 등에 대한 이해도를 평가하기 위하여 평가대행기관을 지정할 수 있다.
③ 보험약관 등의 이해도 평가에 수반되는 비용의 부담, 평가시기, 평가방법 등 평가에 관한 사항은 금융위원회가 정한다.
④ 금융위원회에 의해 지정된 평가대행기관은 조사대상 보험약관 등에 대하여 보험소비자 등의 이해도를 평가하고, 그 결과를 보험협회에 보고하여야 한다.

| 해설 |

금융위원회에 의해 지정된 평가대행기관은 조사대상 보험약관 등에 대하여 보험소비자 등의 이해도를 평가하고, 그 결과를 금융위원회에 보고하여야 한다(법 제128조의4 제3항).
① 법 제128조의4 제1항
② 법 제128조의4 제2항
③ 법 제128조의4 제4항

24 보험업법상 보험약관 이해도 평가에 대한 내용으로 옳지 않은 것은? 기출 22

① 금융위원회는 보험약관과 보험안내자료에 대한 보험소비자 등의 이해도를 평가하기 위해 평가대행기관을 지정할 수 있다.
② 보험약관 등의 이해도 평가에 수반되는 비용의 부담, 평가시기, 평가방법 등 평가에 관한 사항은 금융위원회가 정한다.
③ 보험약관 이해도 평가의 대상자에는 금융감독원장이 추천하는 보험소비자 1명 및 보험요율산출기관의 장이 추천하는 보험 관련 전문가 1명이 포함된다.
④ 보험약관의 이해도 평가기준 및 해당 기준에 따른 평가 결과는 평가대행기관의 홈페이지에 연 2회 이상 공시할 수 있다.

| 해설 |

보험약관 이해도 평가의 대상자에는 금융감독원장이 추천하는 보험소비자 3명 및 보험요율산출기관의 장이 추천하는 보험 관련 전문가 1명이 포함된다(영 제71조의6 제1항 제1호, 제4호).
① 법 제128조의4 제2항
② 법 제128조의4 제4항
④ 영 제71조의6 제3항

25 보험업법상 보험요율산정의 원칙에 관한 규정과 다른 것은? 기출 14

① 보험요율이 보험금과 그 밖의 급부에 비하여 지나치게 높지 아니할 것
② 보험요율이 보험회사의 재무건전성을 크게 해칠 정도로 낮지 아니할 것
③ 보험요율이 보험계약자간에 완전히 동일할 것
④ 객관적이고 합리적인 통계자료를 기초로 대수의 법칙 및 통계신뢰도를 바탕으로 할 것

| 해설 |

보험요율산출의 원칙(법 제129조)
1. 보험요율이 보험금과 그 밖의 급부(給付)에 비하여 지나치게 높지 아니할 것
2. 보험요율이 보험회사의 재무건전성을 크게 해칠 정도로 낮지 아니할 것
3. 보험요율이 보험계약자간에 부당하게 차별적이지 아니할 것
4. 자동차보험의 보험요율인 경우 보험금과 그 밖의 급부와 비교할 때 공정하고 합리적인 수준일 것

26 보험업법상 보험요율산출원칙에 관한 설명 중 옳은 것은? 기출 19

① 보험요율이 보험금과 그 밖의 급부에 비하여 지나치게 낮지 아니하여야 한다.
② 보험요율이 보험회사의 주주에 대한 최근 3년간의 평균 배당률을 크게 낮출 정도로 낮지 아니하여야 한다.
③ 자동차보험의 보험요율산출원칙을 따로 규정하지는 않는다.
④ 보험요율이 보험업법의 산출원칙에 위반한 경우에도 위반사실만으로 곧바로 과태료 또는 과징금을 부과할 수 없다.

| 해설 |

보험요율이 보험업법의 산출원칙에 위반한 경우에 보험업법상 과태료 또는 과징금을 부과하는 규정이 없다. 다만, 금융위원회는 보험회사가 보험요율의 산출원칙을 위반하는 경우에는 대통령령으로 정하는 바에 따라 기초서류의 변경을 권고할 수 있다(법 제127조의2 제1항).
① 보험요율이 보험금과 그 밖의 급부에 비하여 지나치게 높지 아니하여야 한다.
② 보험요율이 보험회사의 재무건전성을 크게 해칠 정도로 낮지 아니하여야 한다.
③ 자동차보험의 보험요율산출원칙을 따로 규정하고 있다. 즉 자동차보험의 보험요율인 경우 보험금과 그 밖의 급부와 비교할 때 공정하고 합리적인 수준이어야 한다.

27 보험회사가 금융위원회에 그 사유가 발생한 날로부터 5일 이내에 보고하여야 하는 사항을 모두 고른 것은? 기출 21

> 가. 본점의 영업을 중지하거나 재개한 경우
> 나. 대주주가 소유하고 있는 주식 총수가 의결권 있는 발행주식 총수의 100분의 1 이상만큼 변동된 경우
> 다. 보험회사의 주주 또는 주주였던 자가 제기한 소송의 당사자가 된 경우
> 라. 조세 체납처분을 받은 경우 또는 조세에 관한 법령을 위반하여 형벌을 받은 경우

① 가, 나, 다, 라
② 가, 나, 다
③ 나, 다, 라
④ 가, 나, 라

해설

보고사항(법 제130조, 영 제72조)
보험회사는 다음 각 호의 어느 하나에 해당하는 사유가 발생한 경우에는 그 사유가 발생한 날부터 5일 이내에 금융위원회에 보고하여야 한다.
1. 상호나 명칭을 변경한 경우
2. <u>본점의 영업을 중지하거나 재개(再開)한 경우</u> **(가)**
3. 최대주주가 변경된 경우
4. <u>대주주가 소유하고 있는 주식 총수가 의결권 있는 발행주식 총수의 100분의 1 이상만큼 변동된 경우</u> **(나)**
5. 그 밖에 해당 보험회사의 업무 수행에 중대한 영향을 미치는 경우로서 <u>대통령령으로 정하는 경우</u>
   • 자본금 또는 기금을 증액한 경우
   • 조직변경의 결의를 한 경우
   • 법 제13장에 따른 처벌을 받은 경우
   • <u>조세 체납처분을 받은 경우 또는 조세에 관한 법령을 위반하여 형벌을 받은 경우</u> **(라)**
   • 「외국환거래법」에 따른 해외투자를 하거나 외국에 영업소, 그 밖의 사무소를 설치한 경우
   • <u>보험회사의 주주 또는 주주였던 자가 제기한 소송의 당사자가 된 경우</u> **(다)**

28 보험회사가 그 사유가 발생한 날로부터 5일 이내에 금융위원회에 보고하여야 할 사항에 해당하지 않는 것은? 기출 22

① 상호 및 명칭을 변경하거나 본점을 이전한 경우
② 대주주가 소유하고 있는 주식 총수가 의결권 있는 발행 주식 총수의 100분의 1 이상만큼 변동된 경우
③ 업무 수행에 중대한 영향을 미치는 자본금 또는 기금을 증액한 경우
④ 조세 체납처분을 받은 경우 또는 조세에 관한 법령을 위반하여 형벌을 받은 경우

| 해설 |

보고사항(법 제130조)
보험회사는 다음 각 호의 어느 하나에 해당하는 사유가 발생한 경우에는 그 사유가 발생한 날부터 5일 이내에 금융위원회에 보고하여야 한다.
1. 상호나 명칭을 변경한 경우
2. 본점의 영업을 중지하거나 재개(再開)한 경우
3. 최대주주가 변경된 경우
4. 대주주가 소유하고 있는 주식 총수가 의결권 있는 발행주식 총수의 100분의 1 이상만큼 변동된 경우
5. 그 밖에 해당 보험회사의 업무 수행에 중대한 영향을 미치는 경우로서 대통령령으로 정하는 경우(영 제72조)
    - 자본금 또는 기금을 증액한 경우
    - 조직 변경의 결의를 한 경우
    - 보험업법 제13장(벌칙)에 따른 처벌을 받은 경우
    - 조세 체납처분을 받은 경우 또는 조세에 관한 법령을 위반하여 형벌을 받은 경우
    - 「외국환거래법」에 따른 해외투자를 하거나 외국에 영업소, 그 밖의 사무소를 설치한 경우
    - 보험회사의 주주 또는 주주였던 자가 제기한 소송의 당사자가 된 경우

29 보험업법상 보험회사의 업무운영이 적정하지 아니하거나 자산상황이 불량하여 보험계약자 및 피보험자 등의 권익을 해칠 우려가 있다고 인정되는 경우에 금융위원회가 명할 수 있는 조치에 해당하지 않는 것은? 기출 15 · 21

① 체결된 보험계약의 해지
② 금융위원회가 지정하는 기관에의 자산 예탁
③ 불건전한 자산에 대한 적립금의 보유
④ 자산의 장부가격 변경

| 해설 |

금융위원회의 명령권(보험업법 제131조 제1항)
금융위원회는 보험회사의 업무운영이 적정하지 아니하거나 자산상황이 불량하여 보험계약자 및 피보험자 등의 권익을 해칠 우려가 있다고 인정되는 경우에는 다음 각 호의 어느 하나에 해당하는 조치를 명할 수 있다.
1. 업무집행방법의 변경
2. 금융위원회가 지정하는 기관에의 자산 예탁
3. 자산의 장부가격 변경
4. 불건전한 자산에 대한 적립금의 보유
5. 가치가 없다고 인정되는 자산의 손실처리
6. 그 밖에 대통령령으로 정하는 필요한 조치(보험계약자 보호에 필요한 사항의 공시를 명하는 것)

정답 27 ① 28 ① 29 ①

30 보험업법상 보험회사의 기초서류와 관련하여 금융위원회가 일정한 요건하에 행사할 수 있는 권한을 모두 묶은 것은?

> 가. 기초서류의 변경권고권
> 나. 기초서류의 변경인가권
> 다. 기초서류의 변경명령권
> 라. 기초서류의 사용정지명령권

① 가, 나, 다
② 가, 나, 라
③ 가, 다, 라
④ 나, 다, 라

| 해설 |

금융위원회는 보험회사가 신고한 기초서류의 내용 및 제출한 기초서류에 관한 자료의 내용이 기초서류 작성·변경 원칙 및 보험요율산출의 원칙을 위반하는 경우에는 대통령령으로 정하는 바에 따라 <u>기초서류의 변경을 권고할 수 있다</u>(법 제127조의2 제1항). 금융위원회는 보험회사의 업무 및 자산상황, 그 밖의 사정의 변경으로 공익 또는 보험계약자의 보호와 보험회사의 건전한 경영을 크게 해칠 우려가 있거나 보험회사의 기초서류에 법령을 위반하거나 보험계약자에게 불리한 내용이 있다고 인정되는 경우에는 청문을 거쳐 <u>기초서류의 변경 또는 그 사용의 정지를 명할 수 있다</u>(법 제131조 제2항).

31 기초서류에 관한 설명으로 옳지 않은 것은? 기출 19

① 보험업의 허가를 받기 위하여 제출하여야 하는 기초서류로는 보험종목별 사업방법서가 있다.
② 금융위원회는 보험회사가 기초서류 기재사항 준수의무를 위반한 경우, 해당 보험계약의 연간 수입 보험료의 100분의 50 이하의 과징금을 부과할 수 있다.
③ 금융위원회는 보험회사가 보고한 기초서류관리기준이 부당하다고 판단되면 보고일부터 15일 이내에 해당 기준의 변경을 명할 수 있다.
④ 금융위원회는 보험회사가 신고한 기초서류의 내용이 기초서류작성원칙에 위반하는 경우에는 기초서류의 즉시변경을 청문 없이 명할 수 있다.

| 해설 |

금융위원회는 보험회사의 업무 및 자산상황, 그 밖의 사정의 변경으로 공익 또는 보험계약자의 보호와 보험회사의 건전한 경영을 크게 해칠 우려가 있거나 보험회사의 기초서류에 법령을 위반하거나 보험계약자에게 불리한 내용이 있다고 인정되는 경우에는 <u>청문을 거쳐 기초서류의 변경 또는 그 사용의 정지를 명할 수 있다</u>(법 제131조 제2항).
① 법 제5조 제3호
② 법 제196조 제1항 제9호
③ 영 제71조의4 제2항

32 보험업법상 금융위원회의 명령권으로서 다음 보기의 (   )에 공통으로 들어가는 조치는? 기출 24

> 금융위원회는 보험회사의 업무 및 자산상황, 그 밖의 사정변경으로 공익 또는 보험계약자의 보호와 보험회사의 건전한 경영을 크게 해칠 우려가 있는 경우, 청문을 거쳐 (   ) 또는 그 사용의 정지를 명할 수 있다. 다만, 대통령령으로 정하는 경미한 사항에 관하여 (   )을(를) 명하는 경우에는 청문을 하지 아니할 수 있다.

① 업무집행방법의 변경
② 불건전한 자산에 대한 적립금의 보유
③ 기초서류의 변경
④ 가치가 없다고 인정되는 자산의 손실처리

| 해설 |
금융위원회의 명령권(법 제131조 제2항)
금융위원회는 보험회사의 업무 및 자산상황, 그 밖의 사정의 변경으로 공익 또는 보험계약자의 보호와 보험회사의 건전한 경영을 크게 해칠 우려가 있거나 보험회사의 기초서류에 법령을 위반하거나 보험계약자에게 불리한 내용이 있다고 인정되는 경우에는 청문을 거쳐 <u>기초서류의 변경</u> 또는 그 사용의 정지를 명할 수 있다. 다만, 대통령령으로 정하는 경미한 사항에 관하여 <u>기초서류의 변경</u>을 명하는 경우에는 청문을 하지 아니할 수 있다.

33 금융위원회가 기초서류의 변경을 명하는 경우에 관한 설명으로 옳지 않은 것은? 기출 19

① 보험회사 기초서류에 법령을 위반하거나 보험계약자에게 불리한 내용이 있다고 인정되는 경우이어야 한다.
② 법령의 개정에 따라 기초서류의 변경이 필요한 때를 제외하고는 반드시 행정절차법이 정한 바에 따라 청문을 서쳐야 한다.
③ 금융위원회는 보험계약자 등의 이익을 보호하기 위하여 특히 필요하다고 인정하면 이미 체결된 보험계약에 대하여 그 변경된 내용을 소급하여 효력이 미치게 할 수 있다.
④ 금융위원회는 변경명령을 받은 기초서류 때문에 보험계약자 등이 부당한 불이익을 받을 것이 명백하다고 인정되는 경우에는 이미 체결된 보험계약에 따라 납입된 보험료의 일부를 되돌려 주도록 할 수 있다.

| 해설 |
금융위원회는 기초서류의 변경을 명하는 경우 보험계약자·피보험자 또는 보험금을 취득할 자의 이익을 보호하기 위하여 특히 필요하다고 인정하면 이미 체결된 보험계약에 대하여도 <u>장래에 향하여</u> 그 변경의 효력이 미치게 할 수 있다(법 제131조 제3항).
①·② 법 제131조 제2항
④ 법 제131조 제4항

34 보험업법상 보험회사의 감독에 관한 설명으로 옳지 않은 것은? 기출 16

① 금융위원회는 보험회사의 업무 및 자산상황, 그 밖의 사정의 변경으로 공익 또는 보험계약자의 보호와 보험회사의 건전한 경영을 크게 해칠 우려가 있는 경우 기초서류의 변경 또는 그 사용의 정지에 관한 명령권을 갖는다.
② 금융위원회는 기초서류의 변경을 명하는 경우 보험계약자·피보험자 또는 보험금을 취득할 자의 이익을 보호하기 위하여 특히 필요하다고 인정하면 이미 체결된 보험계약에 대하여도 장래에 향하여 그 변경의 효력이 미치게 할 수 있다.
③ 금융위원회는 변경명령을 받은 기초서류 때문에 보험계약자·피보험자 또는 보험금을 취득할 자가 불이익을 받을 경우라도 이미 체결된 보험계약에 따라 납입된 보험료의 일부를 되돌려주거나 보험금을 증액하도록 할 수 없다.
④ 금융위원회는 보험회사의 파산 또는 보험금 지급불능 우려 등 보험계약자의 이익을 크게 해칠 우려가 있다고 인정되는 경우에는 보험계약 체결 제한, 보험금 전부 또는 일부의 지급정지 또는 그 밖에 필요한 조치를 명할 수 있다.

> **해설**
> 금융위원회는 변경명령을 받은 기초서류 때문에 보험계약자·피보험자 또는 보험금을 취득할 자가 부당한 불이익을 받을 것이 명백하다고 인정되는 경우에는 이미 체결된 보험계약에 따라 납입된 보험료의 일부를 되돌려주거나 보험금을 증액하도록 할 수 있다(법 제131조 제4항).

35 보험업법상 보험회사의 파산 등 보험계약자의 이익을 크게 해칠 우려가 있다고 인정되는 경우 금융위원회가 명할 수 있는 조치가 아닌 것은? 기출 23

① 보험계약 전부의 이전
② 보험금 전부의 지급정지
③ 보험금 일부의 지급정지
④ 보험계약 체결의 제한

> **해설**
> 금융위원회는 보험회사의 파산 또는 보험금 지급불능 우려 등 보험계약자의 이익을 크게 해칠 우려가 있다고 인정되는 경우에는 보험계약 체결 제한, 보험금 전부 또는 일부의 지급정지 또는 그 밖에 필요한 조치를 명할 수 있다(법 제131조의2).

36 보험회사에 대한 자료 제출 및 검사를 실시하는 절차에 대한 설명으로 옳지 않은 것은?

① 금융감독원장은 공익 또는 보험계약자 등을 보호하기 위하여 보험회사에 보험업법에서 정하는 감독업무의 수행과 관련한 주주 현황, 그 밖에 사업에 관한 보고 또는 자료 제출을 명할 수 있다.
② 보험회사는 그 업무 및 자산상황에 관하여 금융감독원의 검사를 받아야 한다.
③ 금융감독원장은 검사를 할 때 필요하다고 인정하면 보험회사에 대하여 업무 또는 자산에 관한 보고, 자료의 제출, 관계인의 출석 및 의견의 진술을 요구할 수 있다.
④ 금융감독원장은 「주식회사 등의 외부감사에 관한 법률」에 따라 보험회사가 선임한 외부감사인에게 그 보험회사를 감사한 결과 알게 된 정보나 그 밖에 경영건전성과 관련되는 자료의 제출을 요구할 수 있다.

| 해설 |
①은 금융위원회의 업무에 해당한다(법 제133조 제1항).

37 보험업법상 보험회사의 자료 제출 및 검사에 관한 설명으로 옳지 않은 것은? 기출 24

① 보험회사는 그 업무 및 자산상황에 관하여 금융감독원의 검사를 받아야 한다.
② 금융감독원장은 공익 또는 보험계약자 등을 보호하기 위하여 보험회사에 이 법에서 정하는 감독업무의 수행과 관련한 주주 현황, 그 밖에 사업에 관한 보고 또는 자료 제출을 명할 수 있다.
③ 금융감독원장은 보험회사의 업무 및 자산상황에 관하여 검사를 한 경우에는 그 결과에 따라 필요한 조치를 하고, 그 내용을 금융위원회에 보고하여야 한다.
④ 금융감독원장은 「주식회사 등의 외부감사에 관한 법률」에 따라 보험회사가 선임한 외부감사인에게 그 보험회사를 감사하여 알게 된 정보나 그 밖에 경영건전성과 관련되는 자료의 제출을 요구할 수 있다.

| 해설 |
금융위원회는 공익 또는 보험계약자 등을 보호하기 위하여 보험회사에 이 법에서 정하는 감독업무의 수행과 관련한 주주 현황, 그 밖에 사업에 관한 보고 또는 자료 제출을 명할 수 있다(법 제133조 제1항).
① 법 제133조 제2항
③ 법 제133조 제5항
④ 법 제133조 제6항

38 보험업법상 보험회사에 대한 금융위원회의 제재로서 다음 보기의 ( )에 들어가는 조치로 옳은 것은? 기출 24

> 금융위원회는 보험회사(그 소속 임직원을 포함한다)가 이 법 또는 이 법에 따른 규정·명령 또는 지시를 위반하여 보험회사의 건전한 경영을 해치거나 보험계약자, 피보험자, 그 밖의 이해관계인의 권익을 침해할 우려가 있다고 인정되는 경우에는 금융감독원장으로 하여금 ( )의 조치를 하게 할 수 있다.

① 해당 위반행위에 대한 시정명령
② 6개월 이내의 영업의 일부정지
③ 보험회사에 대한 주의·경고 또는 그 임직원에 대한 주의·경고·문책의 요구
④ 임원의 해임권고·직무정지

|해설|
보험회사에 대한 제재(법 제134조 제1항)
금융위원회는 보험회사(그 소속 임직원을 포함한다)가 이 법 또는 이 법에 따른 규정·명령 또는 지시를 위반하여 보험회사의 건전한 경영을 해치거나 보험계약자, 피보험자, 그 밖의 이해관계인의 권익을 침해할 우려가 있다고 인정되는 경우에는 금융감독원장의 건의에 따라 다음 각 호의 어느 하나에 해당하는 조치를 하거나 금융감독원장으로 하여금 제1호의 조치를 하게 할 수 있다.
1. 보험회사에 대한 주의·경고 또는 그 임직원에 대한 주의·경고·문책의 요구
2. 해당 위반행위에 대한 시정명령
3. 임원(금융회사의 지배구조에 관한 법률 제2조 제5호에 따른 업무집행책임자는 제외한다)의 해임권고·직무정지
4. 6개월 이내의 영업의 일부정지

39 보험업법상 금융위원회가 보험회사에 대해 영업의 전부정지 또는 보험업의 허가취소를 명령할 수 있는 사유로 규정되지 않은 것은?

① 허가의 내용 또는 조건을 위반한 경우
② 영업의 정지기간 중에 영업을 한 경우
③ 내부통제기준을 위반하여 영업을 한 경우
④ 거짓이나 그 밖의 부정한 방법으로 보험업의 허가를 받은 경우

> **해설**
> 금융위원회는 보험회사가 다음 각 호의 어느 하나에 해당하는 경우에는 6개월 이내의 기간을 정하여 영업 전부의 정지를 명하거나 청문을 거쳐 보험업의 허가를 취소할 수 있다(법 제134조 제2항).
> 1. 거짓이나 그 밖의 부정한 방법으로 보험업의 허가를 받은 경우
> 2. 허가의 내용 또는 조건을 위반한 경우
> 3. 영업의 정지기간 중에 영업을 한 경우
> 4. 위반행위에 대한 시정명령을 이행하지 아니한 경우
> 5. 「금융회사의 지배구조에 관한 법률」 별표 각 호의 어느 하나에 해당하는 경우(영업의 전부정지를 명하는 경우로 한정한다)
> 6. 「금융소비자 보호에 관한 법률」 제51조 제1항 제4호 또는 제5호에 해당하는 경우
> 7. 「금융소비자 보호에 관한 법률」 제51조 제2항 각 호 외의 부분 본문 중 대통령령으로 정하는 경우(영업 전부의 정지를 명하는 경우로 한정한다)

40 보험업법상 보험회사에 대한 제재 중 금융감독원장이 할 수 있는 조치로 옳은 것은?

기출 17·21·23

① 해당 위반행위에 대한 시정명령
② 보험회사에 대한 주의·경고
③ 임원(「금융회사의 지배구조에 관한 법률」에 따른 업무집행 책임자는 제외)의 해임권고·직무정지
④ 6개월 이내의 영업의 일부정지

> **해설**
> ①·③·④ 금융감독원장의 건의에 따라 금융위원회가 할 수 있는 조치사항에 해당한다.
> **TIP** 보험회사에 대한 제재(법 제134조 제1항)
> 금융위원회는 보험회사(그 소속 임직원을 포함한다)가 이 법 또는 이 법에 따른 규정·명령 또는 지시를 위반하여 보험회사의 건전한 경영을 해치거나 보험계약자, 피보험자, 그 밖의 이해관계인의 권익을 침해할 우려가 있다고 인정되는 경우 또는 「금융회사의 지배구조에 관한 법률」 별표 각 호의 어느 하나에 해당하는 경우(제4호에 해당하는 조치로 한정한다), 「금융소비자 보호에 관한 법률」 제51조 제1항 제4호, 제5호 또는 같은 조 제2항 각 호 외의 부분 본문 중 대통령령으로 정하는 경우에 해당하는 경우(제4호에 해당하는 조치로 한정한다)에는 금융감독원장의 건의에 따라 다음 각 호의 어느 하나에 해당하는 조치를 하거나 금융감독원장으로 하여금 제1호의 조치를 하게 할 수 있다.
> 1. 보험회사에 대한 주의·경고 또는 그 임직원에 대한 주의·경고·문책의 요구
> 2. 해당 위반행위에 대한 시정명령
> 3. 임원(「금융회사의 지배구조에 관한 법률」 제2조 제5호에 따른 업무집행책임자는 제외한다)의 해임권고·직무정지
> 4. 6개월 이내의 영업의 일부정지

CHAPTER 07 해산 및 청산

학습목표
❶ 보험회사의 해산절차 및 합병에 대하여 학습한다.
❷ 보험회사의 청산사유·절차 등을 확인한다.

01 해 산

1 해산의 의의 및 사유

(1) 의 의

해산이란 회사의 법인격을 소멸케 하는 원인인 법률사실을 말하며, 소멸 그 자체를 가져오는 법률사실은 아니다. 회사는 합병의 경우를 제외하고는 해산에 의해 법인격을 즉시 소멸시키는 것이 아니라, 단지 그 원인으로 하여 청산절차에 의한 기존의 법률관계를 정리하여 청산 종료시 법인격이 소멸하는 것으로 하고 있다.

(2) 해산사유 등(법 제137조) 기출 15·17·18·19·21·25

① 보험회사는 다음의 사유로 해산한다.
  ㉠ 존립기간의 만료, 그 밖에 정관으로 정하는 사유의 발생
  ㉡ 주주총회 또는 사원총회(이하 "주주총회 등"이라 한다)의 결의
  ㉢ 회사의 합병
  ㉣ 보험계약 전부의 이전
  ㉤ 회사의 파산
  ㉥ 보험업의 허가취소
  ㉦ 해산을 명하는 재판
② 보험회사가 '보험업의 허가취소'의 사유로 해산하면 금융위원회는 7일 이내에 그 보험회사의 본점 또는 주된 사무소의 소재지의 등기소에 그 등기를 촉탁(囑託)하여야 한다. 〈2024.9.20. 개정〉
③ 등기소는 촉탁을 받으면 7일 이내에 그 등기를 하여야 한다.

2 해산·합병 절차

(1) 해산·합병 등의 결의(법 제138조) 기출 18·19·23

해산·합병과 보험계약의 이전에 관한 결의는 「보험업법」 제39조 제2항 또는 「상법」 제434조에 따라 하여야 한다.

보험업법 제39조 제2항	사원 과반수의 출석과 그 의결권의 4분의 3 이상의 찬성으로 결의한다.
상법 제434조	출석한 주주의 의결권의 3분의 2 이상의 수와 발행 주식총수의 3분의 1 이상의 수로써 하여야 한다.

(2) 해산·합병 등의 인가(법 제139조) 기출 18

해산의 결의·합병과 보험계약의 이전은 금융위원회의 인가를 받아야 한다.

> **합병 인가시 제출서류(영 제75조 제1항)**
>
> 보험회사가 합병의 인가를 받으려는 경우에는 이의제출 기간이 지난 후 1개월 이내에 신청서에 다음 각 호의 서류를 첨부하여 양쪽 회사가 공동으로 금융위원회에 제출해야 한다.
> 1. 합병계약서
> 2. 합병 후 존속하는 회사 또는 합병으로 인하여 설립되는 회사의 정관
> 3. 각 회사의 재산목록과 재무상태표
> 4. 각 회사의 보험계약건수·금액·계약자수 및 그 지역별 통계표
> 5. 그 밖에 합병인가에 필요한 서류로서 금융위원회가 정하여 고시하는 서류

> **심화TIP 해산결의의 인가신청(규칙 제35조) 기출 22**
>
> 보험회사는 해산결의의 인가를 받으려면 인가신청서에 다음 각 호의 서류를 첨부하여 금융위원회에 제출하여야 한다.
> 1. 주주총회 의사록(상호회사인 경우에는 사원총회 의사록)
> 2. 청산 사무의 추진계획서
> 3. 보험계약자 및 이해관계인의 보호절차 이행을 증명하는 서류
> 4. 「상법」 등 관계법령에 따른 절차의 이행에 흠이 없음을 증명하는 서류
> 5. 그 밖에 금융위원회가 필요하다고 인정하는 서류

(3) 보험계약 등의 이전(법 제140조) 기출 14·18·19·20

① 보험회사는 계약의 방법으로 책임준비금 산출의 기초가 같은 보험계약의 전부를 포괄하여 다른 보험회사에 이전할 수 있다.
② 보험회사는 ①항에 따른 계약에서 회사자산을 이전할 것을 정할 수 있다. 다만, 금융위원회가 그 보험회사의 채권자의 이익을 보호하기 위하여 필요하다고 인정하는 자산은 유보하여야 한다.

(4) 보험계약 이전 결의의 공고 및 통지와 이의 제기(법 제141조) 기출 16·18·19

① 보험계약을 이전하려는 보험회사는 결의를 한 날부터 2주 이내에 계약 이전의 요지와 각 보험회사의 재무상태표를 공고하고, 대통령령으로 정하는 방법에 따라 보험계약자에게 통지하여야 한다.

> **대통령령으로 정하는 방법(영 제75조의2)**
> 1. 서면 교부
> 2. 우편 또는 전자우편
> 3. 전화 또는 팩스
> 4. 휴대전화 문자메시지 또는 이에 준하는 전자적 의사표시

② 공고 및 통지에는 이전될 보험계약의 보험계약자로서 이의가 있는 자는 일정한 기간 동안 이의를 제출할 수 있다는 뜻을 덧붙여야 한다. 다만, 그 기간은 1개월 이상으로 하여야 한다.
③ 이의제출기간에 이의를 제기한 보험계약자가 이전될 보험계약자 총수의 10분의 1을 초과하거나 그 보험금액이 이전될 보험금 총액의 10분의 1을 초과하는 경우에는 보험계약을 이전하지 못한다. 계약조항의 변경을 정하는 경우에 이의를 제기한 보험계약자로서 그 변경을 받을 자가 변경을 받을 보험계약자 총수의 10분의 1을 초과하거나 그 보험금액이 변경을 받을 보험계약자의 보험금 총액의 10분의 1을 초과하는 경우에도 또한 같다.
④ 상호회사가 사원총회 대행기관(법 제54조 제1항의 기관)에 의하지 아니하고 보험계약 이전의 결의를 한 경우에는 ②항 및 ③항을 적용하지 아니한다.

(5) 신계약의 금지(법 제142조) 기출 18

보험계약을 이전하려는 보험회사는 주주총회 등의 결의가 있었던 때부터 보험계약을 이전하거나 이전하지 아니하게 될 때까지 그 이전하려는 보험계약과 같은 종류의 보험계약을 하지 못한다. 다만, 보험회사의 부실에 따라 보험계약을 이전하려는 경우가 아닌 경우로서 대통령령으로 정하는 경우에는 그러하지 아니하다.

> **대통령령으로 정하는 경우(영 제75조의3)** 기출 22
> 1. 외국보험회사의 국내지점을 국내법인으로 전환함에 따라 국내지점의 보험계약을 국내법인으로 이전하려는 경우
> 2. 모회사에서 자회사인 보험회사를 합병함에 따라 자회사의 보험계약을 모회사로 이전하려는 경우
> 3. 그 밖에 제1호 및 제2호에 준하는 경우로서 금융위원회가 정하여 고시하는 경우

(6) 계약조건의 변경(법 제143조) 기출 18

보험회사는 보험계약의 전부를 이전하는 경우에 이전할 보험계약에 관하여 이전계약의 내용으로 다음의 사항을 정할 수 있다.
① 계산의 기초의 변경
② 보험금액의 삭감과 장래 보험료의 감액
③ 계약조항의 변경

(7) 자산 처분의 금지 등(법 제144조)
① 보험금액을 삭감하기로 정하는 경우에는 보험계약을 이전하려는 보험회사는 주주총회 등의 결의가 있었던 때부터 보험계약을 이전하거나 이전하지 아니하게 될 때까지 그 자산을 처분하거나 채무를 부담하려는 행위를 하지 못한다. 다만, 보험업을 유지하기 위하여 필요한 비용을 지출하는 경우 또는 자산의 보전이나 그 밖의 특별한 필요에 따라 금융위원회의 허가를 받아 자산을 처분하는 경우에는 그러하지 아니하다.
② 보험계약이 이전된 경우에는 보험계약에 따라 발생한 채권으로서 지급이 정지된 것에 관하여 이전계약에서 정한 보험금액 삭감의 비율에 따라 그 금액을 삭감하여 지급하여야 한다.
③ 계약조항의 변경을 정하는 경우에 그 변경을 하려는 보험회사에 대하여도 ①항을 적용한다. 다만, 보험계약으로 발생한 채무를 변제하거나 금융위원회의 허가를 받아 그 변경과 관계없는 행위를 하는 경우에는 그러하지 아니하다.

(8) 보험계약 이전의 공고(법 제145조) 기출 15 · 18
보험회사는 보험계약을 이전한 경우에는 7일 이내에 그 취지를 공고하여야 한다. 보험계약을 이전하지 아니하게 된 경우에도 또한 같다.

(9) 권리 · 의무의 승계(법 제146조)
① 보험계약을 이전한 보험회사가 그 보험계약에 관하여 가진 권리와 의무는 보험계약을 이전받은 보험회사가 승계한다. 이전계약으로써 이전할 것을 정한 자산에 관하여도 또한 같다.
② 보험계약 이전의 결의를 한 후 이전할 보험계약에 관하여 발생한 수지(收支)나 그 밖에 이전할 보험계약 또는 자산에 관하여 발생한 변경은 이전을 받은 보험회사에 귀속된다.

(10) 계약 이전으로 인한 입사(법 제147조)
보험계약이 이전된 경우 이전을 받은 보험회사가 상호회사인 경우에는 그 보험계약자는 그 상호회사에 입사한다.

(11) 해산 후의 계약 이전 결의(법 제148조) 기출 22 · 23
① 보험회사는 해산한 후에도 3개월 이내에는 보험계약 이전을 결의할 수 있다.
② 위 ①항의 경우에는 해산 후의 보험금 지급규정(법 제158조)을 적용하지 아니한다. 다만, 보험계약을 이전하지 아니하게 된 경우에는 그러하지 아니하다.

(12) 해산등기의 신청(법 제149조)
보험계약의 이전에 따른 해산등기의 신청서에는 다음의 모든 서류를 첨부하여야 한다.
① 이전계약서
② 각 보험회사 주주총회 등의 의사록
③ 보험계약 이전 결의의 공고 및 이의에 관한 서류
④ 보험계약 이전의 인가를 증명하는 서류

(13) 영업양도·양수의 인가(법 제150조) 기출 18·22
보험회사는 그 영업을 양도·양수하려면 금융위원회의 인가를 받아야 한다.

(14) 합병 결의의 공고(법 제151조) 기출 18·24
① 보험회사가 합병을 결의한 경우에는 그 결의를 한 날부터 2주 이내에 합병계약의 요지와 각 보험회사의 재무상태표를 공고하여야 한다.
② 합병의 경우에는 보험계약 이전 결의의 이의 제기(법 제141조 제2항부터 제4항까지), 보험계약 이전의 공고(법 제145조) 및 해산등기의 신청 조항(법 제149조)을 준용한다.
③ 합병은 이의를 제기한 보험계약자나 그 밖에 보험계약으로 발생한 권리를 가진 자에 대하여도 그 효력이 미친다.

(15) 계약조건의 변경(법 제152조) 기출 18
① 보험회사가 합병을 하는 경우에는 합병계약으로써 그 보험계약에 관한 계산의 기초 또는 계약조항의 변경을 정할 수 있다.
② 계약조항의 변경을 정하는 경우 그 변경을 하려는 보험회사에 관하여는 신계약의 금지(법 제142조) 및 자산처분의 금지 등(법 제144조 제3항)을 준용한다.

(16) 상호회사의 합병(법 제153조) 기출 15·16·17
① 상호회사는 다른 보험회사와 합병할 수 있다.
② 합병 후 존속하는 보험회사 또는 합병으로 설립되는 보험회사는 상호회사이어야 한다. 다만, 합병하는 보험회사의 한 쪽이 주식회사인 경우에는 합병 후 존속하는 보험회사 또는 합병으로 설립되는 보험회사는 주식회사로 할 수 있다.
③ 상호회사와 주식회사가 합병하는 경우에는 「보험업법」 또는 「상법」의 합병에 관한 규정에 따른다.
④ 합병계약서에 적을 사항이나 그 밖에 합병에 관하여 필요한 사항은 대통령령으로 정한다.

> **합병계약서의 기재사항(영 제75조 제2항~제5항)**
> ② 합병 후 존속하는 회사가 상호회사인 경우에는 합병계약서에 다음 각 호의 사항을 적어야 한다.
>   1. 존속하는 회사가 그 사원총회에서의 사원의 의결권을 증가시킬 것을 정한 경우에는 그 수
>   2. 합병으로 인하여 소멸되는 회사의 보험계약자 또는 사원이 존속하는 회사의 사원총회에서 가질 수 있는 권리에 관한 사항
>   3. 합병으로 인하여 소멸되는 회사의 주주 또는 기금의 갹출자나 사원에게 지급할 금액을 정한 경우에는 그 규정
>   4. 각 회사에서 합병의 결의를 할 주주총회 또는 사원총회의 기일
>   5. 합병의 시기를 정한 경우에는 그 시기
>   6. 제1호부터 제5호까지에 준하는 사항으로서 금융위원회가 정하여 고시하는 사항

③ 합병으로 인하여 설립되는 회사가 상호회사인 경우에는 합병계약서에 다음 각 호의 사항을 적어야 한다.
  1. 법 제34조 제2호 및 제4호부터 제7호까지의 기재사항과 주된 사무소의 소재지
  2. 합병으로 인하여 설립되는 회사의 사원총회에서의 의결권 수와 각 회사의 보험계약자 또는 사원에 대한 의결권의 배정에 관한 사항
  3. 각 회사의 주주 또는 기금의 갹출자나 사원에게 지급할 금액을 정한 경우에는 그 규정
  4. 이전하여야 할 보험계약에 관한 책임준비금, 그 밖의 준비금의 금액과 그 산출방법
  5. 이전하여야 할 재산의 총액과 그 종류별 수량 및 가격
  6. 제1호부터 제5호까지에 준하는 경우로서 금융위원회가 정하여 고시하는 사항
④ 주식회사와 상호회사가 합병하는 경우에 합병 후 존속하는 회사가 주식회사인 경우에는 합병계약서에 다음 각 호의 사항을 적어야 한다.
  1. 존속하는 회사가 자본을 증가시킬 것을 정한 경우에는 그 증가액
  2. 제1호의 경우에는 존속하는 회사가 발행할 신주(新株)의 종류·수 및 납입금액과 신주의 배정에 관한 사항
  3. 제2항 제3호부터 제5호까지의 기재사항
  4. 제1호부터 제3호까지에 준하는 사항으로서 금융위원회가 정하여 고시하는 사항
⑤ 주식회사와 상호회사가 합병하는 경우에 합병으로 인하여 설립되는 회사가 주식회사인 경우에는 합병계약서에 다음 각 호의 사항을 적어야 한다.
  1. 「상법」 제524조 제1호의 기재사항
  2. 합병으로 인하여 설립되는 회사가 발행할 주식의 종류·수 및 납입금액과 주식의 배정에 관한 사항
  3. 제3항 제3호부터 제5호까지의 기재사항
  4. 제1호부터 제3호까지에 준하는 사항으로서 금융위원회가 정하여 고시하는 사항

(17) 합병의 경우의 사원관계(법 제154조) 기출 21

① 합병이 있는 경우 합병 후 존속하는 보험회사 또는 합병으로 설립되는 보험회사가 상호회사인 경우에는 합병으로 해산하는 보험회사의 보험계약자는 그 회사에 입사하고, 주식회사인 경우에는 상호회사의 사원은 그 지위를 잃는다. 다만, 보험관계에 속하는 권리와 의무는 합병계약에서 정하는 바에 따라 합병 후 존속하는 주식회사 또는 합병으로 설립된 주식회사가 승계한다.
② 합병 후 존속하는 상호회사에 입사한 자는 「상법」 제526조 제1항에 따른 사원총회에서 사원과 같은 권리를 가진다. 다만, 합병계약에 따라 정한 것이 있으면 그러하지 아니하다.
③ 합병으로 설립되는 상호회사의 창립총회에 관하여는 「보험업법」 제39조 제2항·제55조와 「상법」 제311조, 제312조, 제316조 제2항, 제363조 제1항·제2항, 제364조, 제368조제3항·제4항, 제371조제2항, 제372조, 제373조 및 제376조부터 제381조까지의 규정을 준용한다.

(18) 정리계획서의 제출(법 제155조) 기출 14·18

보험회사가 그 보험업의 전부 또는 일부를 폐업하려는 경우에는 그 60일 전에 사업 폐업에 따른 정리계획서를 금융위원회에 제출하여야 한다.

02 청 산

1 청산의 의의

청산이란 회사가 해산한 경우에 그 회사의 모든 법률관계를 종료하고 잔여재산을 분배하는 절차를 말한다.

보험회사의 해산사유 중 회사 합병의 경우에는 청산이 발생하지 않고, 파산의 경우에도 파산의 규정에 따라 파산재산은 파산관재인의 권한에 속하기 때문에 청산과 관계가 없다. 또한 합병, 파산 외의 기타 사유에 의하여 해산하는 경우 주식회사의 청산에 대해서는 「상법」의 규정에 따르고, 상호회사의 경우에는 「보험업법」의 규정(제3장 제3절 제7관, 제8관)에 따르도록 하고 있는데, 제8장에서는 보험업의 특수성을 감안하여 주식회사, 상호회사 양자에 공통되는 청산에 대한 특별규정을 두고 있다.

2 청산 절차

(1) 청산인(법 제156조) 기출 16·18·20·24

① 보험회사가 보험업의 허가취소로 해산한 경우에는 금융위원회가 청산인을 선임한다.
② 다음의 경우에 따른 청산인은 금융위원회가 선임한다. 이 경우 이해관계인의 청구 없이 선임할 수 있다.
   ㉠ 설립무효의 판결 또는 설립취소의 판결이 확정되어 해산의 경우에 준하여 청산한 경우(상법 제193조)
   ㉡ 회사가 사원이 1인이 된 때 또는 법원의 명령 또는 판결의 사유로 인하여 해산된 경우(상법 제252조)
   ㉢ 합병·분할·분할합병 또는 파산의 경우 외에 해산한 때 청산인이 없는 경우(상법 제531조 제2항)
③ ①항과 ②항의 경우에는 「상법」 제255조 제2항을 준용한다. 즉 금융위원회가 수인의 청산인을 선임하는 경우에는 회사를 대표할 자를 정하거나 수인이 공동하여 회사를 대표할 것을 정할 수 있다.
④ 금융위원회는 다음의 어느 하나에 해당하는 자의 청구에 따라 청산인을 해임할 수 있다.
   ㉠ 감사
   ㉡ 3개월 전부터 계속하여 자본금의 100분의 5 이상의 주식을 가진 주주
   ㉢ 100분의 5 이상의 사원
⑤ 상호회사는 청구를 하는 사원에 관하여 정관으로 다른 기준을 정할 수 있다.
⑥ 금융위원회는 중요한 사유가 있으면 청구 없이 청산인을 해임할 수 있다.

(2) 청산인의 보수(법 제157조) 기출 20
청산인을 선임하는 경우에는 청산 중인 회사로 하여금 금융위원회가 정하는 보수를 지급하게 할 수 있다.

(3) 해산 후의 보험금 지급(법 제158조) 기출 18·23
① 보험회사는 <u>주주총회 등의 결의·보험업의 허가취소 또는 해산을 명하는 재판의 사유로</u> 해산한 경우에는 보험금 지급사유가 해산한 날부터 3개월 이내에 발생한 경우에만 보험금을 지급하여야 한다.
② 보험회사는 보험금 지급기간이 지난 후에는 피보험자를 위하여 적립한 금액이나 아직 지나지 아니한 기간에 대한 보험료를 되돌려주어야 한다.

(4) 채권신고기간 내의 변제(법 제159조) 기출 19
청산인은 소액의 채권, 담보있는 채권 기타 변제로 인하여 다른 채권자를 해할 염려가 없는 채권에 대하여는 <u>금융위원회의 허가</u>를 얻어 이를 변제할 수 있다(상법 제536조 제2항).

(5) 청산인의 감독(법 제160조) 기출 18
금융위원회는 청산인을 감독하기 위하여 보험회사의 청산업무와 자산상황을 검사하고, 자산의 공탁을 명하며, 그 밖에 청산의 감독상 필요한 명령을 할 수 있다.

(6) 해산 후의 강제관리(법 제161조)
① 금융위원회는 해산한 보험회사의 업무 및 자산상황으로 보아 필요하다고 인정하는 경우에는 업무와 자산의 관리를 명할 수 있다.
② 명령이 있는 경우에는 <u>해산 후의 보험금 지급규정</u>(법 제148조 제2항)을 준용한다.

CHAPTER 07 기출유형문제

01 주식회사인 보험회사의 해산사유가 아닌 것은? 기출 19

① 주주가 1인만 남은 1인 회사
② 보험계약 전부의 이전
③ 정관으로 정한 해산사유의 발생
④ 해산을 명하는 재판

> **해설**
> 보험회사의 해산사유(법 제137조 제1항)
> 1. 존립기간의 만료, 그 밖에 정관으로 정하는 사유의 발생
> 2. 주주총회 또는 사원총회(이하 "주주총회 등"이라 한다)의 결의
> 3. 회사의 합병
> 4. 보험계약 전부의 이전
> 5. 회사의 파산
> 6. 보험업의 허가취소
> 7. 해산을 명하는 재판

02 보험회사의 해산에 관한 설명으로 옳지 않은 것은? 기출 21

① 보험회사가 보험계약 일부를 이전하는 것은 해산사유이다.
② 해산의 결의·합병과 보험계약의 이전은 금융위원회의 인가를 받아야 한다.
③ 보험회사는 해산한 후에도 3개월 이내에는 보험계약 이전을 결의할 수 있다.
④ 보험회사가 보험업의 허가취소로 해산하는 경우 금융위원회는 7일 이내에 등기소에 등기를 촉탁하여야 한다.

> **해설**
> 보험회사는 보험계약 전부의 이전 사유로 해산한다(법 제137조 제1항 제4호).
> ② 법 제139조
> ③ 법 제148조 제1항
> ④ 법 제137조 제2항

03 ( ) 안에 들어갈 내용을 순서대로 나열한 것은?

> 보험회사가 ( )의 사유로 해산하면 ( )는 7일 이내에 그 보험회사의 본점 또는 주된 사무소의 소재지의 등기소에 그 등기를 촉탁하여야 한다. 등기소는 촉탁을 받으면 ( ) 이내에 그 등기를 하여야 한다.

① 회사의 파산, 금융위원회, 4일
② 보험업의 허가취소, 금융위원회, 7일
③ 해산을 명하는 재판, 보험협회, 7일
④ 주주총회의 결의 또는 사원총회의 결의, 보험협회, 14일

해설
보험회사가 (**보험업의 허가취소**)의 사유로 해산하면 (**금융위원회**)는 7일 이내에 그 보험회사의 본점 또는 주된 사무소의 소재지의 등기소에 그 등기를 촉탁하여야 한다. 등기소는 촉탁을 받으면 (**7일**) 이내에 그 등기를 하여야 한다(법 제137조 제2항 및 제3항). 〈2024.9.20. 개정〉

04 다음 중 ( ) 안에 들어갈 기간이 다른 것은? 기출 25

① 보험회사가 보험업의 허가취소로 해산하면 금융위원회는 ( ) 이내에 그 보험회사의 본점 또는 주된 사무소의 소재지의 등기소에 그 등기를 촉탁하여야 한다.
② 보험회사가 보험업의 허가취소로 해산하여 금융위원회가 그 보험회사의 본점 또는 주된 사무소의 소재지의 등기소에 그 등기를 촉탁하면 등기소는 그 촉탁을 받은 후 ( ) 이내에 그 등기를 하여야 한다.
③ 보험회사가 합병을 결의한 경우에는 그 결의를 한 날부터 ( ) 이내에 합병계약의 요지와 각 보험회사의 재무상태표를 공고하여야 한다.
④ 보험회사는 보험계약을 이전한 경우에는 ( ) 이내에 그 취지를 공고하여야 한다.

해설
① 보험회사가 보험업의 허가취소로 해산하면 금융위원회는 (**7일**) 이내에 그 보험회사의 본점 또는 주된 사무소의 소재지의 등기소에 그 등기를 촉탁(囑託)하여야 한다(법 제137조 제2항).
② 보험회사가 보험업의 허가취소로 해산하여 금융위원회가 그 보험회사의 본점 또는 주된 사무소의 소재지의 등기소에 그 등기를 촉탁하면 등기소는 그 촉탁을 받은 후 (**7일**) 이내에 그 등기를 하여야 한다(법 제137조 제3항).
③ 보험회사가 합병을 결의한 경우에는 그 결의를 한 날부터 (**2주**) 이내에 합병계약의 요지와 각 보험회사의 재무상태표를 공고하여야 한다(법 제151조 제1항).
④ 보험회사는 보험계약을 이전한 경우에는 (**7일**) 이내에 그 취지를 공고하여야 한다(법 제145조).

정답 01 ① 02 ① 03 ② 04 ③

05 보험업법상 보험회사의 합병에 관한 설명으로 옳지 않은 것은? 기출 23

① 보험회사의 합병은 이 법에 의한 보험회사의 해산사유 중 하나이다.
② 상호회사인 보험회사의 합병에 관한 사원총회의 결의는 사원 과반수의 출석과 그 의결권의 4분의 3 이상의 찬성으로 하여야 한다.
③ 주식회사인 보험회사의 합병에 관한 주주총회의 결의는 출석한 주주의 의결권의 과반수 이상의 찬성과 발행주식 총수의 4분의 1 이상의 찬성으로 하여야 한다.
④ 보험회사의 합병은 금융위원회의 인가를 받아야 한다.

> **해설**
> 주식회사인 보험회사의 합병에 관한 주주총회의 결의는 <u>출석한 주주의 의결권의 3분의 2 이상의 수와 발행주식 총수의 3분의 1 이상의 수</u>로써 하여야 한다(법 제138조, 상법 제434조).
> ① 보험회사의 합병은 이 법에 의한 보험회사의 해산사유 중 하나이다(법 제137조 제1항 제3호).
> ② 상호회사인 보험회사의 합병에 관한 사원총회의 결의는 사원 과반수의 출석과 그 의결권의 4분의 3 이상의 찬성으로 하여야 한다(법 제138조, 제39조 제2항).
> ④ 보험회사의 합병은 금융위원회의 인가를 받아야 한다(법 제139조).

06 보험업법상 보험계약의 이전에 관한 설명으로 옳지 않은 것은? 기출수정 20

① 보험회사는 책임준비금 산출의 기초가 동일한 보험계약의 일부를 이전할 수 있다.
② 보험계약을 이전하려는 보험회사는 그 결의를 한 날부터 2주일 이내에 계약이전의 요지와 각 보험회사의 재무상태표를 공고하고, 보험계약자에게 통지하여야 한다.
③ 보험계약 이전의 공고 및 통지에는 보험계약자가 이의를 제출할 수 있도록 1개월 이상의 이의제출기간을 부여하여야 한다.
④ 보험계약의 이전을 결의한 때로부터 이전이 종료될 때까지 이전하는 보험계약과 동종의 보험계약을 체결하지 못한다.

> **해설**
> 보험회사는 계약의 방법으로 책임준비금 산출의 기초가 같은 <u>보험계약의 전부</u>를 포괄하여 다른 보험회사에 이전할 수 있다(법 제140조 제1항).
> ② 법 제141조 제1항
> ③ 법 제141조 제2항
> ④ 법 제142조

07 보험업법상 주식회사인 보험회사에서 보험계약의 이전에 관한 설명으로 옳지 않은 것은?

기출수정 16

① 보험회사는 계약의 방법으로 책임준비금 산출의 기초가 같은 보험계약의 전부를 포괄하여 다른 보험회사에 이전할 수 있으며, 보험계약의 이전은 금융위원회의 인가를 받아야 한다.
② 보험계약을 이전하려는 보험회사는 보험계약의 이전에 관한 주주총회 결의일로부터 2주 이내에 계약 이전의 요지와 각 보험회사의 재무상태표를 공고하여야 한다.
③ 적법하게 행해진 보험계약 이전 결의의 공고에 의한 이의제기 기간에 이의를 제기한 보험계약자가 이전될 보험계약자 총수의 100분의 5를 초과하거나 그 보험금액이 이전될 보험금 총액의 100분의 5를 초과하는 경우에는 보험계약을 이전하지 못한다.
④ 보험계약을 이전한 보험회사가 그 보험계약에 관하여 가진 권리와 의무는 보험계약을 이전받은 보험회사가 승계한다.

| 해설 |

이의를 제기한 보험계약자가 이전될 보험계약자 총수의 10분의 1을 초과하거나 그 보험금액이 이전될 보험금 총액의 10분의 1을 초과하는 경우에는 보험계약을 이전하지 못한다. 계약조항의 변경을 정하는 경우에 이의를 제기한 보험계약자로서 그 변경을 받을 자가 변경을 받을 보험계약자 총수의 10분의 1을 초과하거나 그 보험금액이 변경을 받을 보험계약자의 보험금 총액의 10분의 1을 초과하는 경우에도 또한 같다(법 제141조 제3항).

08 다음 설명 중 옳지 않은 것은?

① 보험계약을 이전하고자 하는 보험회사는 보험계약의 이전에 관한 결의를 한 날부터 2주 이내에 계약이전의 요지와 각 보험회사의 재무상태표를 공고하여야 한다.
② 보험계약의 이전에 관한 공고 및 통지에는 이전될 보험계약의 보험계약자로서 이의가 있는 자는 일정한 기간 동안 이의를 제출할 수 있다는 뜻을 덧붙여야 한다. 다만, 그 기간은 1개월 이상으로 하여야 한다.
③ 이의를 제출한 보험계약자가 이전될 보험계약자 총수의 10분의 1을 초과하거나 그 보험금액이 이전될 보험금 총액의 10분의 1을 초과하는 경우에는 보험계약의 이전을 하지 못한다.
④ 보험계약을 이전하고자 하는 보험회사는 보험계약의 이전에 관한 재무상태표의 공고가 있은 때부터 보험계약의 이전을 하거나 이전 하지 아니하게 될 때까지 그 이전하고자 하는 보험계약과 같은 종류의 보험계약을 하지 못한다.

| 해설 |

보험계약을 이전하려는 보험회사는 주주총회 등의 결의가 있었던 때부터 보험계약을 이전하거나 이전하지 아니하게 될 때까지 그 이전하려는 보험계약과 같은 종류의 보험계약을 하지 못한다. 다만, 보험회사의 부실에 따라 보험계약을 이전하려는 경우가 아닌 경우로서 대통령령으로 정하는 경우에는 그러하지 아니하다(법 제142조).

정답 05 ③ 06 ① 07 ③ 08 ④

09 보험업법상 보험회사가 보험계약의 전부를 이전하는 경우에 이전할 보험계약에 관하여 이전계약의 내용으로 정할 수 있는 사항으로 묶인 것은?

| 가. 계산의 기초의 변경 | 나. 보험금액의 삭감 |
| 다. 장래 보험료의 증액 | 라. 계약조항의 변경 |

① 가, 나, 다
② 가, 나, 라
③ 가, 다, 라
④ 가, 나, 다, 라

해설

계약조건의 변경(법 제143조)
보험회사는 보험계약의 전부를 이전하는 경우에 이전할 보험계약에 관하여 이전계약의 내용으로 다음 각 호의 사항을 정할 수 있다.
1. 계산의 기초의 변경
2. 보험금액의 삭감과 장래 보험료의 감액
3. 계약조항의 변경

10 보험업법에 규정된 보험계약 등의 이전에 관한 설명으로 옳지 않은 것은? 기출 15

① 보험회사는 보험계약을 이전한 경우에는 5일 이내에 그 취지를 공고하여야 한다. 보험계약을 이전하지 아니하게 된 경우에도 또한 같다.
② 보험회사는 계약의 방법으로 책임준비금 산출의 기초가 같은 보험계약의 전부를 포괄하여 다른 보험회사에 이전할 수 있다.
③ 보험계약을 이전하려는 보험회사는 주주총회 등의 결의가 있었던 때부터 보험계약을 이전하거나 이전하지 아니하게 될 때까지 그 이전하려는 보험계약과 같은 종류의 보험계약을 하지 못한다.
④ 보험계약을 이전한 보험회사가 그 보험계약에 관하여 가진 권리와 의무는 보험계약을 이전받은 보험회사가 승계한다. 이전계약으로써 이전할 것을 정한 자산에 관하여도 또한 같다.

해설

보험회사는 보험계약을 이전한 경우에는 7일 이내에 그 취지를 공고하여야 한다(법 제145조).
② 법 제140조 제1항
③ 법 제142조
④ 법 제146조 제1항

11 ( ) 안에 들어갈 내용을 순서대로 나열한 것은?

> - 보험회사는 보험계약을 이전한 경우에는 ( ) 이내에 그 취지를 공고하여야 한다. 보험계약을 이전하지 아니하게 된 경우에도 또한 같다.
> - 보험회사는 해산한 후에도 ( ) 이내에는 보험계약 이전을 결의할 수 있다.

① 7일, 1개월
② 7일, 3개월
③ 14일, 1개월
④ 14일, 3개월

|해설|
- 보험회사는 보험계약을 이전한 경우에는 (**7일**) 이내에 그 취지를 공고하여야 한다. 보험계약을 이전하지 아니하게 된 경우에도 또한 같다(법 제145조).
- 보험회사는 해산한 후에도 (**3개월**) 이내에는 보험계약 이전을 결의할 수 있다(법 제148조 제1항).

12 보험업법상 공고에 관한 설명으로 옳지 않은 것은? 기출수정 18

① 상호회사가 해산을 결의한 경우에는 그 결의에 관하여 금융위원회의 인가를 받은 날부터 2주 이내에 결의의 요지와 재무상태표를 공고하여야 한다.
② 보험회사가 합병을 결의한 경우에는 그 결의를 한 날부터 2주 이내에 합병계약의 요지와 각 보험회사의 재무상태표를 공고하여야 한다.
③ 합병결의의 공고에 따른 합병은 이의를 제기한 보험계약자나 그 밖에 보험계약으로 발생한 권리를 가진 자에 대하여도 그 효력이 미친다.
④ 보험회사는 보험계약을 이전한 경우 7일 이내에 그 취지를 공고하여야 하나, 보험계약을 이전하지 아니하게 된 경우에는 공고의무가 없다.

|해설|
보험회사는 보험계약을 이전한 경우에는 7일 이내에 그 취지를 공고하여야 하며, <u>보험계약을 이전하지 아니하게 된 경우에도 공고하여야 한다</u>(법 제145조).
① 법 제69조 제1항
② 법 제151조 제1항
③ 법 제151조 제3항

13 보험업법이 규정하는 주식회사인 보험회사의 보험계약의 임의이전에 관한 설명으로 옳지 않은 것은? 기출수정 19

① 보험계약의 이전에 관한 결의는 의결권 있는 발행주식 총수의 3분의 2 이상의 주주의 출석과 출석주주 의결권의 과반수 이상의 수로써 하여야 한다.
② 보험회사는 계약의 방법으로 책임준비금 산출의 기초가 같은 보험계약의 전부를 포괄하여 다른 보험회사에 이전할 수 있으나, 1개인 동종 보험계약의 일부만 이전할 수는 없다.
③ 보험계약 이전의 공고 및 통지에는 보험계약자가 이의 할 수 있다는 뜻과 1개월 이상의 이의기간이 포함되어야 한다.
④ 보험계약을 이전하려는 보험회사는 주주총회의 결의가 있었던 때부터 보험계약을 이전하거나 이전하지 아니하게 될 때까지 그 이전하려는 보험계약과 같은 종류의 보험계약을 하지 못한다.

> **해설**
> 보험계약의 이전에 관한 결의는 <u>출석한 주주의 의결권의 3분의 2 이상의 수와 발행주식 총수의 3분의 1 이상의 수로써 하여야 한다</u>(법 제138조, 상법 제434조).
> ② 법 제140조 제1항
> ③ 법 제141조 제2항
> ④ 법 제142조

14 보험업법상 보험회사의 해산 후에도 일정한 기간 내에는 보험계약의 이전을 결의할 수 있는 기간으로 옳은 것은? 기출 22

① 3개월
② 6개월
③ 1년
④ 2년

> **해설**
> 보험회사는 해산한 후에도 <u>3개월 이내</u>에는 보험계약 이전을 결의할 수 있다(법 제148조 제1항).

15 보험업법상 보험계약의 이전에 관한 내용으로 옳지 않은 것은? 기출 22

① 보험회사는 계약의 방법으로 책임준비금 산출의 기초가 같은 보험계약의 전부를 포괄하여 다른 보험회사에 이전할 수 있다.
② 보험계약을 이전하려는 보험회사는 원칙적으로 주주총회 등의 결의가 있었던 때부터 보험계약을 이전하거나 이전하지 아니하게 될 때까지 그 이전하려는 보험계약과 같은 종류의 보험계약을 하지 못한다.
③ 보험회사의 부실에 의한 보험계약 이전이라 하더라도, 외국보험회사의 국내지점을 국내법인으로 전환함에 따라 국내지점의 보험계약을 국내법인으로 이전하는 경우에는 그 이전하려는 보험계약과 같은 종류의 보험계약을 체결할 수 있다.
④ 보험회사의 부실에 의한 보험계약 이전이 아닌 한, 모회사에서 자회사인 보험회사를 합병함에 따라 자회사의 보험계약을 모회사로 이전하려는 경우에는 그 이전하려는 보험계약과 같은 종류의 보험계약을 체결할 수 있다.

> **해설**
> 보험회사의 부실에 따라 보험계약을 이전하려는 경우가 아닌 경우로서 외국보험회사의 국내지점을 국내법인으로 전환함에 따라 국내지점의 보험계약을 국내법인으로 이전하는 경우에는 그 이전하려는 보험계약과 같은 종류의 보험계약을 체결할 수 있다(영 제75조의3 제1호).
> ① 법 제140조 제1항
> ② 법 제142조
> ④ 영 제75조의3 제2호

16 보험계약의 이전에 따른 해산등기의 신청서에 첨부하여야 할 서류로 모두 묶인 것은?

> 가. 각 보험회사의 정관
> 나. 각 보험회사 주주총회 등의 의사록
> 다. 보험계약 이전의 인가를 증명하는 서류
> 라. 이전계약서

① 가, 나, 다
② 가, 나, 라
③ 가, 다, 라
④ 나, 다, 라

> **해설**
> 보험계약의 이전에 따른 해산등기의 신청서에는 다음 각 호의 모든 서류를 첨부하여야 한다(법 제149조).
> 1. 이전계약서
> 2. 각 보험회사 주주총회 등의 의사록
> 3. 보험계약 이전 결의의 공고 및 이의에 관한 서류
> 4. 보험계약 이전의 인가를 증명하는 서류

정답 13 ① 14 ① 15 ③ 16 ④

17 보험업법상 금융위원회의 허가 사항이 아닌 것은? 기출 22

① 보험영업의 양도·양수
② 보험업의 개시
③ 보험계약 이전시 예외적 자산의 처분
④ 재평가적립금의 보험계약자에 대한 배당 처분

> **해설**
> 보험회사는 그 영업을 양도·양수하려면 <u>금융위원회의 인가</u>를 받아야 한다(법 제150조).
> ② 법 제4조
> ③ 법 제144조 제1항 단서
> ④ 법 제122조

18 보험회사의 합병 및 보험계약의 이전 등에 관한 설명으로 옳지 않은 것은?

① 합병은 이의를 제기한 보험계약자나 그 밖에 보험계약으로 발생한 권리를 가진 자에 대하여는 그 효력이 미치지 아니한다.
② 보험회사는 그 영업을 양도·양수하려면 금융위원회의 인가를 받아야 한다.
③ 보험회사가 합병을 결의한 경우에는 그 결의를 한 날부터 2주 이내에 합병계약의 요지와 각 보험회사의 재무상태표를 공고하여야 한다.
④ 보험계약이 이전된 경우 이전을 받은 보험회사가 상호회사인 경우에는 그 보험계약자는 그 상호회사에 입사한다.

> **해설**
> 합병은 이의를 제기한 보험계약자나 그 밖에 보험계약으로 발생한 권리를 가진 자에 대하여도 그 효력이 미친다(법 제151조 제3항).

19 보험업법상 주식회사인 보험회사에 관한 설명 중 옳지 않은 것은? 기출 18

① 해산에 관한 결의는 「상법」 제434조에 의한 결의에 따르며 금융위원회의 인가를 받아야 한다.
② 보험회사는 그 영업을 양도·양수하려면 금융위원회의 인가를 받아야 한다.
③ 보험회사가 합병을 할 경우 합병계약으로써 그 보험계약에 관한 계산의 기초 또는 계약조항의 변경을 정할 수 없다.
④ 보험회사가 그 보험업의 전부 또는 일부를 폐업하려는 경우에는 그 60일 전에 사업 폐업에 따른 정리계획서를 금융위원회에 제출하여야 한다.

| 해설 |
보험회사가 합병을 하는 경우에는 합병계약으로써 그 보험계약에 관한 계산의 기초 또는 계약조항의 변경을 정할 수 있다(법 제152조 제1항).
① 법 제138조, 제139조
② 법 제150조
④ 법 제155조

20 보험회사의 합병·영업양도에 관한 설명으로 옳지 않은 것은?

① 보험회사가 합병을 결의한 경우에는 그 결의를 한 날부터 2주 이내에 합병계약의 요지와 각 보험회사의 재무상태표를 공고하여야 한다.
② 보험회사가 합병을 하는 경우에는 합병계약으로써 그 보험계약에 관한 계산의 기초 또는 계약조항의 변경을 정할 수 있다.
③ 주식회사 형태의 보험회사만이 합병을 할 수 있다.
④ 보험회사는 그 영업을 양도·양수하려면 금융위원회의 인가를 받아야 한다.

| 해설 |
상호회사도 다른 보험회사와 합병할 수 있다. 이 경우 합병 후 존속하는 보험회사 또는 합병으로 설립되는 보험회사는 상호회사이어야 한다. 다만, 합병하는 보험회사의 한 쪽이 주식회사인 경우에는 합병 후 존속하는 보험회사 또는 합병으로 설립되는 보험회사는 주식회사로 할 수 있다(법 제153조 제1항, 제2항).

21 다음 중 보험업법상 가능한 합병으로 옳지 않은 것은? 기출 17

① A상호회사와 B상호회사가 합병 후 A상호회사가 존속하는 경우
② A상호회사와 B주식회사가 합병 후 B주식회사가 존속하는 경우
③ A상호회사와 B상호회사가 합병 후 C주식회사를 설립하는 경우
④ A상호회사와 B주식회사가 합병 후 D주식회사를 설립하는 경우

| 해설 |
상호회사와 상호회사가 합병 후 존속하는 보험회사 또는 합병으로 설립되는 보험회사는 주식회사가 아니라 상호회사이어야 한다. 다만, 합병하는 보험회사의 한 쪽이 주식회사인 경우에는 합병 후 존속하는 보험회사 또는 합병으로 설립되는 보험회사는 주식회사로 할 수 있다(법 제153조 제2항).

22 보험회사의 합병에 관한 설명으로 옳지 않은 것은? 기출 21

① 보험회사는 다른 보험회사와 합병할 수 있다.
② 합병하는 보험회사의 한 쪽이 주식회사인 경우 합병 후 존속하는 보험회사 또는 합병으로 설립되는 보험회사는 주식회사로 할 수 있다.
③ 합병 후 존속하는 보험회사가 상호회사인 경우 합병으로 해산으로 보험회사의 계약자는 그 회사에 입사한다.
④ 합병 후 존속하는 보험회사가 주식회사인 경우 상호회사 사원의 지위는 존속하는 보험회사가 승계한다.

| 해설 |
합병 후 존속하는 보험회사 또는 합병으로 설립되는 보험회사가 상호회사인 경우에는 합병으로 해산하는 보험회사의 보험계약자는 그 회사에 입사하고, 주식회사인 경우에는 상호회사의 사원은 그 지위를 잃는다(법 제154조 제1항).

23 보험회사가 정리계획서를 금융위원회에 제출하여야 하는 경우는?

① 보험업의 허가취소로 해산한 보험회사의 청산인으로 선임된 자가 감사 등의 청구에 따라 해임된 경우
② 청산절차에서 채무의 변제를 위하여 채권신고를 받은 결과 채권신고기간 내에 변제할 채권이 신고된 경우
③ 보험계약자가 보험중개사의 중개행위와 관련하여 손해를 입은 경우에 그 손해액이 보험중개사가 예탁한 영업보증금보다 많은 경우
④ 보험회사가 그 보험업의 전부 또는 일부를 폐업하려는 경우

| 해설 |
보험회사가 그 보험업의 전부 또는 일부를 폐업하려는 경우에는 그 60일 전에 사업 폐업에 따른 정리계획서를 금융위원회에 제출하여야 한다(법 제155조).

24 보험회사의 청산에 관한 설명으로 옳지 않은 것은?

① 보험회사가 보험업의 허가취소로 해산한 경우에는 금융위원회가 청산인을 선임한다.
② 설립무효의 판결 또는 설립취소의 판결이 확정된 해산의 경우에는 이해관계인의 청구가 있어야 청산인을 선임할 수 있다.
③ 회사가 사원이 1인이 된 때 또는 법원의 명령 또는 판결의 사유로 인하여 해산된 때 이해관계인의 청구 없이 청산인을 선임할 수 있다.
④ 금융위원회가 수인의 청산인을 선임하는 경우에는 회사를 대표할 자를 정하거나 수인이 공동하여 회사를 대표할 것을 정할 수 있다.

| 해설 |
이해관계인의 청구 없이 금융위원회가 청산인을 선임할 수 있는 경우(법 제156조 제2항)
• 설립무효의 판결 또는 설립취소의 판결이 확정된 해산의 경우
• 회사가 사원이 1인이 된 때 또는 법원의 명령 또는 판결의 사유로 인하여 해산된 때
• 합병·분할·분할합병 또는 파산의 경우 외에 해산한 경우 청산인이 없는 때

정답 21 ③ 22 ④ 23 ④ 24 ②

25 보험업법상 금융위원회에 대하여 청산인의 해임 청구를 할 수 없는 자는? (다만, 정관에 다른 규정이 없음을 전제한다) 기출 16

① 감사
② 이사
③ 100분의 5 이상의 사원
④ 3개월 전부터 계속하여 자본금의 100분의 5 이상의 주식을 가진 주주

| 해설 |

금융위원회는 다음 각 호의 어느 하나에 해당하는 자의 청구에 따라 청산인을 해임할 수 있다(법 제156조 제4항).
1. 감사
2. 3개월 전부터 계속하여 자본금의 100분의 5 이상의 주식을 가진 주주
3. 100분의 5 이상의 사원

26 보험업법상 주식회사인 보험회사의 청산 등에 관한 설명 중 옳지 않은 것은? 기출 18

① 보험회사가 보험업의 허가취소로 해산한 경우에는 금융위원회가 청산인을 선임한다.
② 금융위원회는 6개월 전부터 계속하여 자본금의 100분의 3 이상의 주식을 가진 주주의 청구에 따라 청산인을 해임할 수 있다.
③ 금융위원회는 청산인을 감독하기 위하여 보험회사의 청산업무와 자산상황을 검사하고, 자산의 공탁을 명하며, 그 밖에 청산의 감독상 필요한 명령을 할 수 있다.
④ 보험회사는 해산한 후에도 3개월 이내에는 보험계약 이전을 결의할 수 있으며, 보험계약을 이전하게 될 경우 보험금 지급사유가 해산한 날부터 3개월을 넘겨서 발생한 경우에도 보험금을 지급할 수 있다.

| 해설 |

금융위원회는 3개월 전부터 계속하여 자본금의 100분의 5 이상의 주식을 가진 주주의 청구에 따라 청산인을 해임할 수 있다(법 제156조 제4항 제2호).
① 법 제156조 제1항
③ 법 제160조
④ 법 제148조 제1항 및 제2항(법 제158조 적용 제외)

27 보험회사의 청산에 관한 설명으로 옳지 않은 것은 몇 개인가? 기출 20

> 가. 금융위원회는 보험회사로 하여금 청산인의 보수를 지급하게 할 수 있다.
> 나. 금융위원회는 청산인을 감독하기 위하여 보험회사의 청산업무와 자산상황을 검사하고 자산의 공탁을 명할 수 있다.
> 다. 청산인은 채권신고기간 내에는 채권자에게 변제를 하지 못한다.
> 라. 보험회사가 보험업의 허가취소로 해산한 때에는 법원이 청산인을 선임한다.
> 마. 금융위원회는 대표이사 또는 소액주주대표의 청구에 의하여 청산인을 해임할 수 있다.

① 1개
② 2개
③ 3개
④ 4개

|해설|

가. (○) 금융위원회가 청산인을 선임하는 경우에는 청산 중인 회사로 하여금 금융위원회가 정하는 보수를 지급하게 할 수 있다(법 제157조).
나. (○) 금융위원회는 청산인을 감독하기 위하여 보험회사의 청산업무와 자산상황을 검사하고 자산의 공탁을 명할 수 있다(법 제160조).
다. (○) 청산인은 채권신고기간 내에는 채권자에게 변제를 하지 못한다(법 제159조, 상법 제536조 제1항).
라. (×) 보험회사가 보험업의 허가취소로 해산한 경우에는 <u>금융위원회가 청산인을 선임한다</u>(법 제156조 제1항).
마. (×) 금융위원회는 <u>감사, 3개월 전부터 계속하여 자본금의 100분의 5 이상의 주식을 가진 주주, 100분의 5 이상의 사원</u>의 청구에 의하여 청산인을 해임할 수 있다(법 제156조 제4항).

28 보험업법상 보험회사가 일정한 사유로 해산한 때에는 보험금 지급사유가 해산한 날부터 3개월 이내에 발생한 경우에만 보험금을 지급하여야 한다. 이러한 사유에 해당하는 것을 모두 고른 것은?

기출 18 · 23

> 가. 존립기간의 만료
> 나. 주주총회의 결의
> 다. 회사의 합병
> 라. 보험계약 전부의 이전
> 마. 회사의 파산
> 바. 보험업의 허가취소
> 사. 해산을 명하는 재판

① 가, 다, 라
② 나, 다, 라
③ 나, 바, 사
④ 마, 바, 사

| 해설 |

보험회사는 법 제137조 제1항 제2호·제6호 또는 제7호의 사유로 해산한 경우에는 보험금 지급사유가 해산한 날부터 3개월 이내에 발생한 경우에만 보험금을 지급하여야 한다(법 제158조 제1항).
1. 주주총회 또는 사원총회(이하 "주주총회 등"이라 한다)의 결의(법 제137조 제1항 제2호)
2. 보험업의 허가취소(법 제137조 제1항 제6호)
3. 해산을 명하는 재판(법 제137조 제1항 제7호)

29 주식회사인 보험회사가 해산하는 때에 청산인이 금융위원회의 허가를 얻어 채권신고기간 내에 변제할 수 있는 경우가 아닌 것은? 기출 19

① 소액채권
② 변제지연으로 거액의 이자가 발생하는 채권
③ 담보 있는 채권
④ 변제로 인하여 다른 채권자를 해할 염려가 없는 채권

| 해설 |

청산인은 소액의 채권, 담보 있는 채권, 기타 변제로 인하여 다른 채권자를 해할 염려가 없는 채권에 대하여는 금융위원회의 허가를 얻어 이를 변제할 수 있다(법 제159조, 상법 제536조 제2항).

CHAPTER 08 관계자에 대한 조사 및 손해보험계약의 제3자 보호

🔍 **학습목표**
❶ 관계자에 대한 조사방법과 보험조사협의회에 대하여 학습한다.
❷ 손해보험계약의 제3자 보호에 대하여 학습한다.

01 관계자에 대한 조사

1 조사대상 및 방법(법 제162조)

(1) 조사대상 기출 25

금융위원회는 다음의 어느 하나에 해당하는 경우에는 보험회사, 보험계약자, 피보험자, 보험금을 취득할 자, 그 밖에 보험계약에 관하여 이해관계가 있는 자(이하 "관계자"라 한다)에 대한 조사를 할 수 있다.
① 「보험업법」 및 「보험업법」에 따른 명령 또는 조치를 위반한 사실이 있는 경우
② 공익 또는 건전한 보험거래질서의 확립을 위하여 필요한 경우

(2) 조사방법 기출 21

① 금융위원회는 조사를 위하여 필요하다고 인정되는 경우에는 관계자에게 다음의 사항을 요구할 수 있다.
  ㉠ 조사사항에 대한 사실과 상황에 대한 진술서의 제출
  ㉡ 조사에 필요한 장부, 서류, 그 밖의 물건의 제출
② 조사에 관하여는 법 제133조 제4항을 준용한다. 즉 조사를 하는 자는 그 권한을 표시하는 증표를 지니고 이를 관계인에게 내보여야 한다.
③ 금융위원회는 관계자가 조사를 방해하거나 제출하는 자료를 거짓으로 작성하거나 그 제출을 게을리한 경우에는 관계자가 소속된 단체의 장에게 관계자에 대한 문책 등을 요구할 수 있다.

2 보험조사협의회(법 제163조)

(1) 설 치
관계자에 대한 조사업무를 효율적으로 수행하기 위하여 금융위원회에 보건복지부, 금융감독원, 보험 관련 기관 및 단체 등으로 구성되는 보험조사협의회를 둘 수 있다.

(2) 구 성(영 제76조) 기출 16·17·18·21
① 보험조사협의회는 다음의 사람 중에서 금융위원회가 임명하거나 위촉하는 15명 이내의 위원으로 구성할 수 있다.
  ㉠ 금융위원회가 지정하는 소속 공무원 1명
  ㉡ 보건복지부장관이 지정하는 소속 공무원 1명
  ㉢ 경찰청장이 지정하는 소속 공무원 1명
  ㉣ 해양경찰청장이 지정하는 소속 공무원 1명
  ㉤ 금융감독원장이 추천하는 사람 1명
  ㉥ 생명보험협회의 장, 손해보험협회의 장, 보험요율산출기관의 장이 추천하는 사람 각 1명
  ㉦ 보험사고의 조사를 위하여 필요하다고 금융위원회가 지정하는 보험 관련 기관 및 단체의 장이 추천하는 사람
  ㉧ 그 밖에 보험계약자·피보험자·이해관계인의 권익보호 또는 보험사고의 조사 등 보험에 관한 학식과 경험이 있는 사람
② 협의회의 의장(이하 "협의회장"이라 한다)은 위원 중에서 호선(互選)한다.
③ 협의회 위원의 임기는 3년으로 한다.
④ 협의회의 구성에 필요한 사항은 금융위원회가 정하여 고시한다.

(3) 기능 및 운영
① 협의회 위원의 해임 및 해촉(영 제76조의2)
  금융위원회는 협의회 위원이 다음의 어느 하나에 해당하는 경우에는 해당 위원을 해임 또는 해촉할 수 있다.
  ㉠ 심신장애로 인하여 직무를 수행할 수 없게 된 경우
  ㉡ 직무와 관련된 비위사실이 있는 경우
  ㉢ 직무 태만, 품위 손상, 그 밖의 사유로 인하여 위원으로 적합하지 아니하다고 인정되는 경우
  ㉣ 위원 스스로 직무를 수행하는 것이 곤란하다고 의사를 밝히는 경우
② 협의회의 기능(영 제77조) 기출 18·20
  협의회는 보험조사와 관련된 다음의 사항을 심의한다.
  ㉠ 조사업무의 효율적 수행을 위한 공동 대책의 수립 및 시행에 관한 사항
  ㉡ 조사한 정보의 교환에 관한 사항
  ㉢ 공동조사의 실시 등 관련 기관간 협조에 관한 사항
  ㉣ 조사 지원에 관한 사항
  ㉤ 그 밖에 협의회장이 협의회의 회의에 부친 사항

③ 협의회의 운영(영 제78조)
　㉠ 협의회장은 협의회를 대표하고 회의를 총괄한다.
　㉡ 협의회 회의는 협의회장이 필요하다고 인정하거나 재적위원 3분의 1 이상이 요구할 때에 협의회장이 소집한다.
　㉢ 협의회의 회의는 재적위원 과반수 이상의 출석으로 개의하고 출석위원 과반수 이상의 찬성으로 의결한다.
　㉣ 협의회장은 회의를 소집하려는 경우에는 회의 개최 2일 전까지 회의의 일시·장소 및 회의에 부치는 사항을 위원에게 서면으로 알려야 한다. 다만, 긴급한 사정이 있거나 부득이한 경우에는 그러하지 아니하다.
　㉤ 협의회는 보험조사에 필요한 경우 보험사고의 조사를 위하여 필요하다고 금융위원회가 지정하는 보험 관련 기관 및 단체에 자료 제공을 요청할 수 있다.
　㉥ 협의회의 운영에 필요한 사항은 협의회의 의결을 거쳐 협의회장이 정한다.

3 조사 관련 정보의 공표(법 제164조)

금융위원회는 관계자에 대한 조사실적, 처리결과, 그 밖에 관계자의 위법행위 예방에 필요한 정보 및 자료를 대통령령으로 정하는 바에 따라 공표할 수 있다. 기출 21

> **조사 관련 정보의 공표(영 제79조)**
> 금융위원회는 조사대상 행위의 유형 및 조사의 처리결과에 관한 통계자료와 위법행위의 예방에 필요한 홍보자료를 신문, 방송 또는 인터넷 홈페이지 등을 통하여 공표할 수 있다.

02 손해보험계약의 제3자 보호

1 보험금 지급보장 및 적용범위

(1) 제3자의 보험금 지급보장(법 제165조)
손해보험회사는 손해보험계약의 제3자가 보험사고로 입은 손해에 대한 보험금의 지급을 「보험업법」 제10장에서 정하는 바에 따라 보장하여야 한다.

(2) 보장대상 손해보험계약의 범위(법 제166조, 영 제80조 제1항) 기출 16·17·18·21
법령에 따라 가입이 강제되는 손해보험계약(자동차보험계약의 경우에는 법령에 따라 가입이 강제되지 아니하는 보험계약을 포함한다)으로서 대통령령으로 정하는 다음의 손해보험계약에만 적용한다.
① 「자동차손해배상 보장법」에 따른 책임보험계약
② 「화재로 인한 재해보상과 보험가입에 관한 법률」에 따른 신체손해배상특약부화재보험계약
③ 「도시가스사업법」, 「고압가스 안전관리법」 및 「액화석유가스의 안전관리 및 사업법」에 따라 가입이 강제되는 손해보험계약
④ 「선원법」에 따라 가입이 강제되는 손해보험계약
⑤ 「체육시설의 설치·이용에 관한 법률」에 따라 가입이 강제되는 손해보험계약
⑥ 「유선 및 도선사업법」에 따라 가입이 강제되는 손해보험계약
⑦ 「승강기 안전관리법」에 따라 가입이 강제되는 손해보험계약
⑧ 「수상레저안전법」에 따라 가입이 강제되는 손해보험계약
⑨ 「청소년활동 진흥법」에 따라 가입이 강제되는 손해보험계약
⑩ 「유류오염손해배상 보장법」에 따라 가입이 강제되는 유류오염 손해배상 보장계약
⑪ 「항공사업법」에 따라 가입이 강제되는 항공보험계약
⑫ 「낚시 관리 및 육성법」에 따라 가입이 강제되는 손해보험계약
⑬ 「도로교통법 시행령」에 따라 가입이 강제되는 손해보험계약
⑭ 「국가를 당사자로 하는 계약에 관한 법률 시행령」에 따라 가입이 강제되는 손해보험계약
⑮ 「야생생물 보호 및 관리에 관한 법률」에 따라 가입이 강제되는 손해보험계약
⑯ 「자동차손해배상 보장법」에 따라 가입이 강제되지 아니한 자동차보험계약
⑰ ①부터 ⑮까지 외에 법령에 따라 가입이 강제되는 손해보험으로 총리령으로 정하는 보험계약

(3) 적용되지 않는 손해보험계약(법 제166조 단서, 영 제80조 제2항)
다만, 대통령령으로 정하는 법인을 계약자로 하는 손해보험계약에는 적용하지 아니한다. 즉 「예금자보호법 시행령」 제3조 제4항 제1호에서 수입보험료가 예금 등의 범위에 포함되지 아니하는 보험계약의 보험계약자 및 보험납부자인 법인을 계약자로 하는 손해보험계약에는 적용하지 아니한다.

2 출연 등

(1) 지급불능의 보고(법 제167조) 기출 17·21·25

① 손해보험회사는 「예금자보호법」 제2조 제8호(보험사고)의 사유로 손해보험계약의 제3자에게 보험금을 지급하지 못하게 된 경우에는 즉시 그 사실을 손해보험협회의 장에게 보고하여야 한다.
② 손해보험회사는 「예금자보호법」 제2조 제8호 나목(부보금융기관의 영업인가·허가의 취소, 해산결의 또는 파산선고)에 따른 보험업 허가취소 등이 있었던 날부터 3개월 이내에 제3자에게 보험금을 지급하여야 할 사유가 발생하면 즉시 그 사실을 손해보험협회의 장에게 보고하여야 한다.

(2) 출연(법 제168조) 기출 18·20·21

① 출연금액

손해보험회사는 손해보험계약의 제3자에 대한 보험금의 지급을 보장하기 위하여 수입보험료 및 책임준비금을 고려하여 <u>대통령령으로 정하는 비율</u>을 곱한 금액을 손해보험협회에 출연하여야 한다.

> **출연비율 등(영 제81조 제1항~제3항)**
> ① 개별 손해보험회사(재보험과 보증보험을 전업으로 하는 손해보험회사는 제외한다)는 손해보험계약의 제3자에게 손해보험협회가 지급하여야 하는 금액에 제2항에 따라 산정한 비율을 곱한 금액을 손해보험협회에 출연하여야 한다.
> ② "대통령령으로 정하는 비율"이란 개별 손해보험회사의 수입보험료(지급불능의 보고가 있은 사업연도의 직전 사업연도 수입보험료를 말한다)와 책임준비금의 산술평균액을 전체 손해보험회사의 수입보험료와 책임준비금의 산술평균액으로 나눈 비율을 말한다. 다만, 그 비율을 산정할 때 금융위원회가 정하여 고시하는 장기보험계약은 포함하지 아니한다.
> ③ 제1항 및 제2항에도 불구하고 자동차보험만을 취급하는 손해보험회사는 영 제80조 제1항 제1호 및 제16호의 보험계약에 제1항 및 제2항을 적용하여 산정한 금액만을 출연하며, 자동차보험을 취급하지 아니하는 손해보험회사는 영 제80조 제1항 제2호부터 제15호까지 및 제17호의 보험계약에 제1항 및 제2항을 적용하여 산정한 금액을 출연한다.

> **심화TIP 출연금액**
>
> 손해보험계약의 제3자에게 손해보험협회가 지급하여야 하는 금액 × 대통령령으로 정하는 비율

② 출연시기

손해보험회사는 지급불능 보고를 한 후 출연을 할 수 있다.

③ 출연금의 납부방법 및 절차(영 제81조 제4항~제7항)
　㉠ 손해보험회사가 출연하여야 하는 출연금은 연도별로 분할하여 출연하되, 연간 출연금은 「예금자보호법 시행령」 제16조 제1항에 따른 보험료 금액의 범위에서 금융위원회가 정하여 고시한다.
　㉡ 손해보험회사는 손해보험협회로부터 출연금 납부 통보를 받은 날부터 1개월 이내에 출연금을 손해보험협회에 내야 한다. 다만, 경영상의 문제 등으로 인하여 출연금을 한꺼번에 내기 어렵다고 손해보험협회의 장이 인정하는 경우에는 6개월 이내의 범위에서 출연금의 납부를 유예할 수 있다.
　㉢ 납부기한까지 출연금을 내지 아니한 경우에는 내야 할 출연금에 대하여 손해보험회사의 일반자금대출시의 연체이자율을 기준으로 손해보험협회의 장이 정하는 이자율을 곱한 금액을 지체기간에 따라 가산하여 출연하여야 한다.
　㉣ 손해보험협회의 장은 출연금의 납부 및 관리에 필요한 세부 기준을 정할 수 있다.

(3) 보험금의 지급(법 제169조) 기출 17·18·21

① 지급보험금

손해보험협회의 장은 지급불능의 보고(법 제167조)를 받으면 금융위원회의 확인을 거쳐 손해보험계약의 제3자에게 대통령령으로 정하는 보험금을 지급하여야 한다.

> **대통령령으로 정하는 보험금(영 제82조 제1항 및 제2항)**
> ① 지급불능의 보고를 한 손해보험회사가 각 손해보험계약(영 제80조 제1항 각 호)에 따라 피해를 입은 제3자의 신체손해에 대하여 지급하여야 하는 보험금(이하 "지급불능금액"이라 한다)을 다음 각 호의 기준에 따라 산정한 금액에서 「예금자보호법 시행령」 제18조 제6항에 따른 보장금액을 뺀 금액을 말한다.
>   1. 각 손해보험계약 중 손해보험회사가 지급하여야 할 보험금액의 한도를 해당 법령에서 따로 정하고 있는 보험계약의 경우 : 해당 법령에서 정한 보험금액의 한도액
>   2. 각 손해보험계약 중 손해보험회사가 지급하여야 할 보험금액의 한도를 해당 법령에서 따로 정하고 있지 아니하는 보험계약의 경우에는 「자동차손해배상보장법 시행령」 제3조 제1항에 따른 금액
> ② 「자동차손해배상보장법」에 따라 가입이 강제되지 아니한 자동차보험계약에 대해서는 피해자 1명당 1억원을 초과하지 아니하는 범위에서 지급불능금액의 100분의 80에 해당하는 금액을 지급한다.

② 보험금의 지급방법 및 절차(영 제82조 제3항~제5항)
　㉠ 손해보험협회의 장은 보험금을 지급하기 전에 보험금 지급대상, 보험금 지급 신청기간, 보험금 지급시기 및 방법 등을 전국적으로 배포되는 둘 이상의 일간신문에 1회 이상 공고하여야 한다.
　㉡ 손해보험협회의 장은 보험금의 지급방법 및 절차 등에 관하여 필요한 세부 기준을 정할 수 있으며, 세부 기준을 정한 경우에는 그 내용을 지체 없이 금융위원회에 보고하여야 한다.
　㉢ 금융위원회는 출연금의 납부로 인하여 여러 손해보험회사의 경영이 부실화되고 보험시장의 혼란이 초래될 수 있다고 판단되는 경우에는 지급보험금을 인하·조정할 수 있다.

(4) 자료 제출 요구(법 제170조)

손해보험협회의 장은 출연금을 산정하고 보험금을 지급하기 위하여 필요한 범위에서 손해보험회사의 업무 및 자산상황에 관한 자료 제출을 요구할 수 있다.

(5) 자금의 차입(법 제171조) 기출 23

① 손해보험협회는 보험금의 지급을 위하여 필요한 경우에는 정부, 「예금자보호법」 제3조에 따른 예금보험공사, 그 밖에 대통령령으로 정하는 금융기관으로부터 금융위원회의 승인을 받아 자금을 차입할 수 있다.

> **대통령령으로 정하는 금융기관(영 제83조)**
> 1. 「은행법」에 따라 인가를 받아 설립된 은행
> 2. 「한국산업은행법」에 따른 한국산업은행
> 3. 「중소기업은행법」에 따른 중소기업은행
> 4. 「농업협동조합법」에 따른 농협은행
> 5. 「수산업협동조합법」에 따른 수산업협동조합중앙회
> 6. 보험회사
> 7. 「상호저축은행법」에 따른 상호저축은행
> 8. 「신용협동조합법」에 따른 신용협동조합

② 손해보험회사는 그 손해보험회사가 출연하여야 하는 금액의 범위에서 손해보험협회의 차입에 대하여 보증할 수 있다.

(6) 출연금 등의 회계처리(법 제172조)

출연금(법 제168조) 및 차입금(법 제171조)은 손해보험협회의 일반예산과 구분하여 회계처리하여야 한다.

(7) 구상권(법 제173조)

손해보험협회는 보험금을 지급한 경우에는 해당 손해보험회사에 대하여 구상권을 가진다.

(8) 정산(법 제174조)

손해보험협회는 손해보험회사로부터 출연 받은 금액으로 보험금을 지급하고 남거나 부족한 금액이 있는 경우 또는 구상권의 행사로 수입(收入)한 금액이 있는 경우에는 정산하여야 한다.

CHAPTER 08 기출유형문제

01 다음 설명 중 옳지 않은 것은?

① 금융위원회는 보험업법에 의한 명령 또는 조치에 위반된 사실이 있거나 공익 또는 건전한 보험거래질서의 확립을 위하여 필요하다고 인정하는 경우에는 보험회사에 대한 조사를 할 수 있다.
② 금융위원회는 조사를 위하여 필요하다고 인정하는 경우 조사사항에 대한 사실과 상황에 대한 진술서의 제출 등을 보험회사에 대하여는 요구할 수 있으나, 보험계약자나 피보험자에 대하여는 요구할 수 없다.
③ 금융위원회의 조사업무를 효율적으로 수행하기 위하여 금융위원회에 금융감독원 그 밖의 보험관련기관으로 구성되는 보험조사협의회를 둘 수 있다
④ 금융위원회는 관계자에 대한 조사실적·처리결과 그 밖에 관계자의 위법행위를 예방하는데 필요한 정보 및 자료를 대통령령이 정하는 바에 따라 공표할 수 있다.

> **해설**
> 금융위원회는 조사를 위하여 필요하다고 인정되는 경우 관계자(보험회사, 보험계약자, 피보험자, 보험금을 취득하는 자, 그 밖에 보험계약에 관하여 이해관계가 있는 자)에게 조사사항에 대한 사실과 상황에 대한 진술서의 제출을 요청할 수 있다(법 제162조 제2항 제1호).

02 보험업법상 보험조사협의회가 보험조사와 관련하여 심의할 수 있는 사항으로 옳지 않은 것은?

기출 20

① 보험조사업무의 효율적 수행을 위한 공동 대책의 수립 및 시행에 관한 사항
② 금융위원회가 보험조사협의회의 회의에 부친 사항
③ 보험조사와 관련하여 조사한 정보의 교환에 관한 사항
④ 보험조사와 관련하여 조사 지원에 관한 사항

> **해설**
> **보험조사협의회의 기능(영 제77조)**
> 보험조사협의회는 보험조사와 관련된 다음 각 호의 사항을 심의한다.
> 1. 보험조사업무의 효율적 수행을 위한 공동 대책의 수립 및 시행에 관한 사항
> 2. 조사한 정보의 교환에 관한 사항
> 3. 공동조사의 실시 등 관련 기관 간 협조에 관한 사항
> 4. 조사 지원에 관한 사항
> 5. 그 밖에 협의회장이 협의회의 회의에 부친 사항

03 보험업법상 금융위원회에 둘 수 있는 보험조사협의회의 구성원이 될 수 있는 자에 해당하지 않는 것은? 기출 16

① 검찰총장이 지정하는 소속 공무원 1명
② 금융감독원장이 추천하는 사람 1명
③ 금융위원회가 지정하는 소속 공무원 1명
④ 보험요율산출기관의 장이 추천하는 사람 1명

> **해설**
>
> **보험조사협의회의 구성(영 제76조 제1항)**
> 보험조사협의회는 다음 각 호의 사람 중에서 금융위원회가 임명하거나 위촉하는 15명 이내의 위원으로 구성할 수 있다.
> 1. 금융위원회가 지정하는 소속 공무원 1명
> 2. 보건복지부장관이 지정하는 소속 공무원 1명
> 3. 경찰청장이 지정하는 소속 공무원 1명
> 4. 해양경찰청장이 지정하는 소속 공무원 1명
> 5. 금융감독원장이 추천하는 사람 1명
> 6. 생명보험협회의 장, 손해보험협회의 장, 보험요율산출기관의 장이 추천하는 사람 각 1명
> 7. 보험사고의 조사를 위하여 필요하다고 금융위원회가 지정하는 보험 관련 기관 및 단체의 장이 추천하는 사람
> 8. 그 밖에 보험계약자ㆍ피보험자ㆍ이해관계인의 권익보호 또는 보험사고의 조사 등 보험에 관한 학식과 경험이 있는 사람

04 보험업법상 보험조사협의회에 관한 설명으로 옳은 것은 모두 몇 개인가? 기출 21

> 가. 금융위원회는 보험관계자에 대한 조사실적, 처리결과 등을 공표할 수 있다.
> 나. 금융위원회는 해양경찰청장이 지정하는 소속 공무원 1명을 조사위원으로 위촉할 수 있다.
> 다. 보험조사협의회 위원의 임기는 2년으로 한다.
> 라. 금융위원회는 조사를 방해한 관계자에 대한 문책 요구권을 갖지 않는다.

① 1개　　② 2개
③ 3개　　④ 4개

> **해설**
>
> 가. (○) 금융위원회는 보험관계자에 대한 조사실적, 처리결과 등을 공표할 수 있다(법 제164조).
> 나. (○) 금융위원회는 해양경찰청장이 지정하는 소속 공무원 1명을 조사위원으로 위촉할 수 있다(영 제76조 제1항 제4호).
> 다. (×) 보험조사협의회 위원의 임기는 3년으로 한다(영 제76조 제3항).
> 라. (×) 금융위원회는 관계자가 조사를 방해하거나 제출하는 자료를 거짓으로 작성하거나 그 제출을 게을리한 경우에는 관계자가 소속된 단체의 장에게 관계자에 대한 문책 등을 요구할 수 있다(법 제162조 제4항).

정답 01 ②　02 ②　03 ①　04 ②

05 보험조사협의회의 운영에 관한 설명으로 옳지 않은 것은?

① 협의회장은 협의회를 대표하고 회의를 총괄한다.
② 협의회 회의는 협의회장이 필요하다고 인정하거나 재적위원 3분의 1 이상이 요구할 때에 협의회장이 소집한다.
③ 협의회의 회의는 재적위원 과반수 이상의 출석으로 개의하고 출석위원 과반수 이상의 찬성으로 의결한다.
④ 협의회장은 회의를 소집하려는 경우에는 회의 개최 7일 전까지 회의의 일시·장소 및 회의에 부치는 사항을 위원에게 서면으로 알려야 한다.

| 해설 |
협의회장은 회의를 소집하려는 경우에는 회의 개최 2일 전까지 회의의 일시·장소 및 회의에 부치는 사항을 위원에게 서면으로 알려야 한다(영 제78조 제4항).

06 손해보험계약의 제3자 보호에 관한 설명으로 옳지 않은 것은? 기출 21

① 손해보험계약의 제3자 보호에 관한 규정은 법령에 의해 가입이 강제되는 손해보험계약만을 대상으로 한다.
② 손해보험회사는 「예금자보호법」 제2조 제8호의 사유로 손해보험계약의 제3자에게 보험금을 지급하지 못하게 된 경우에는 즉시 그 사실을 보험협회 중 손해보험회사로 구성된 협회의장에게 보고하여야 한다.
③ 손해보험협회의 장은 「보험업법」 제167조(지급불능의 보고)에 따른 보고를 받으면 금융위원회의 확인을 거쳐 손해보험계약의 제3자에게 대통령령으로 정하는 보험금을 지급하여야 한다.
④ 손해보험회사는 손해보험계약의 제3자에 대한 보험금의 지급을 보장하기 위하여 수입보험료 및 책임준비금을 고려하여 대통령령으로 정하는 비율을 곱한 금액을 손해보험협회에 출연하여야 한다.

| 해설 |
손해보험계약의 제3자 보호에 관한 규정은 법령에 따라 가입이 강제되는 손해보험계약(자동차보험계약의 경우에는 법령에 따라 가입이 강제되지 아니하는 보험계약을 포함한다)으로서 대통령령으로 정하는 손해보험계약에만 적용한다(법 제166조).
② 법 제167조 제1항
③ 법 제169조 제1항
④ 법 제168조 제1항

07 보험업법상 손해보험계약의 제3자 보호에 관한 설명 중 옳은 것은? 기출 18

① 손해보험회사는 「화재로 인한 재해보상과 보험가입에 관한 법률」 제5조에 따른 신체손해배상특약부화재보험계약의 제3자가 보험사고로 입은 손해에 대한 보험금의 지급을 보장할 의무를 지지 아니한다.
② 손해보험회사가 파산선고 등 「예금자보호법」 제2조 제8호의 사유로 손해보험계약의 제3자에게 보험금을 지급하지 못하게 된 경우에는 즉시 그 사실을 금융위원회에 보고하여야 한다.
③ 손해보험회사는 손해보험계약의 제3자에 대한 보험금의 지급을 보장하기 위하여 수입보험료 및 책임준비금을 고려하여 대통령령으로 정하는 비율을 곱한 금액을 손해보험협회에 출연(出捐)할 의무가 있다.
④ 손해보험협회의 장은 금융감독원의 확인을 거쳐 손해보험계약의 제3자에게 대통령령으로 정하는 보험금을 지급하여야 한다.

> **해설**
> ③ 법 제168조 제1항
> ① 손해보험회사는 「화재로 인한 재해보상과 보험가입에 관한 법률」 제5조에 따른 신체손해배상특약부화재보험계약의 제3자가 보험사고로 입은 손해에 대한 보험금의 지급을 <u>보장할 의무를 진다</u>(법 제166조, 영 제80조 제1항 제2호).
> ② 손해보험회사는 「예금자보호법」 제2조 제8호의 사유로 손해보험계약의 제3자에게 보험금을 지급하지 못하게 된 경우에는 즉시 그 사실을 <u>보험협회 중 손해보험회사로 구성된 협회(이하 "손해보험협회"라 한다)의 장에게 보고하여야 한다</u>(법 제167조 제1항).
> ④ 손해보험협회의 장은 지급불능의 보고를 받으면 <u>금융위원회의 확인</u>을 거쳐 손해보험계약의 제3자에게 대통령령으로 정하는 보험금을 지급하여야 한다(법 제169조 제1항).

08 손해보험계약의 제3자 보호에 관한 설명 중 옳지 않은 것은? 기출 14

① 「보험업법」에 따라 손해보험계약의 제3자가 보험사고로 입은 손해에 대한 보험금의 지급을 보장하는 것은 법령에 의하여 가입이 강제되는 손해보험계약만을 대상으로 한다.
② 손해보험회사는 「예금자보호법」 제2조 제8호의 사유로 손해보험계약의 제3자에게 보험금을 지급하지 못하게 된 경우에는 즉시 그 사실을 손해보험협회의 장에게 보고하여야 한다.
③ 손해보험회사는 손해보험계약의 제3자에 대한 보험금의 지급을 보장하기 위하여 수입보험료 및 책임준비금을 고려하여 대통령령으로 정하는 비율을 곱한 금액을 손해보험협회에 출연하여야 한다.
④ 손해보험협회는 규정에 의하여 보험금을 지급한 때에는 해당 손해보험회사에 대하여 구상권을 가진다.

> **해설**
> 자동차보험계약의 경우에는 법령에 따라 가입이 강제되지 아니하는 보험계약도 그 대상으로 한다(법 제166조).

정답 05 ④ 06 ① 07 ③ 08 ①

09 손해보험회사의 제3자 보호에 관한 설명으로 옳지 않은 것은?

① 손해보험회사는 「예금자보호법」상의 보험사고로 손해보험계약의 제3자에게 보험금을 지급하지 못하게 된 경우에는 즉시 그 사실을 손해보험협회의 장에게 보고하여야 한다.
② 손해보험회사는 「예금자보호법」에 따른 보험업 허가취소 등이 있었던 날부터 2개월 이내에 제3자에게 보험금을 지급하여야 할 사유가 발생하면 즉시 그 사실을 손해보험협회의 장에게 보고하여야 한다.
③ 손해보험회사는 손해보험계약의 제3자에 대한 보험금의 지급을 보장하기 위하여 수입보험료 및 책임준비금을 고려하여 대통령령으로 정하는 비율을 곱한 금액을 손해보험협회에 출연하여야 한다.
④ 손해보험회사는 지급불능 보고를 한 후 출연을 할 수 있다.

> **해설**
> 손해보험회사는 「예금자보호법」에 따른 보험업 허가취소 등이 있었던 날부터 <u>3개월</u> 이내에 제3자에게 보험금을 지급하여야 할 사유가 발생하면 즉시 그 사실을 손해보험협회의 장에게 보고하여야 한다(법 제167조 제2항).

10 손해보험계약의 제3자 보호에 관한 설명으로 옳지 않은 것은? 기출 19

① 제3자 보호제도는 대통령령으로 정하는 법인을 계약자로 하는 손해보험계약에는 적용하지 아니한다.
② 책임보험 중에서 '제3자에 대한 신체사고를 보상'하는 책임보험에만 제3자 보호제도가 적용된다.
③ 자동차보험의 대인배상Ⅱ는 임의보험이므로 제3자 보호가 이루어지지 않는다.
④ 재보험과 보증보험을 전업으로 하는 손해보험회사는 보험금 지급보장을 위한 금액을 출연할 의무가 없다.

> **해설**
> 자동차보험의 대인배상(Ⅰ, Ⅱ), 대물배상에서 제3자에 대한 배상책임을 규정하고 있다.

11 다음 중 보험업법에 따라 보험금의 지급이 보장되는 보험을 모두 고른 것은? 기출 17

> 가. 「자동차손해배상보장법」 제5조에 따른 책임보험계약
> 나. 「자동차손해배상보장법」에 따라 가입이 강제되지 아니한 자동차보험계약
> 다. 「청소년활동진흥법」 제25조에 따라 가입이 강제되는 손해보험계약
> 라. 「유류오염손해배상보장법」 제14조에 따라 가입이 강제되는 유류오염 손해배상 보장계약

① 가, 다
② 가, 나, 다
③ 가, 다, 라
④ 가, 나, 다, 라

| 해설 |
보장대상 손해보험계약의 범위에 모두 해당한다(영 제80조 제1항).

12 보험업법상 손해보험계약의 제3자 보호(제10장)에서 보험금의 지급보장 대상이 되는 손해보험계약의 범위에 속하지 않는 것은? 기출 16

① 「자동차손해배상보장법」 제5조에 따른 책임보험계약
② 「선원법」 제98조에 따라 가입이 강제되는 손해보험계약
③ 「자동차손해배상보장법」에 따라 가입이 강제되지 아니한 자동차보험계약
④ 보험업법 시행령으로 정하는 법인을 계약자로 하는 손해보험계약

| 해설 |
보험업법 시행령으로 정하는 법인을 계약자로 하는 손해보험계약은 보장대상 손해보험계약의 범위에 속하지 않는다(영 제80조 제1항).
① 영 제80조 제1항 제1호
② 영 제80조 제1항 제4호
③ 영 제80조 제1항 제16호

정답 09 ② 10 ③ 11 ④ 12 ④

13 손해보험회사는 손해보험계약의 제3자가 보험사고로 입은 손해에 대한 보험금의 지급을 보험업법에서 정하는 바에 따라 보장하여야 한다. 다음 중 적용되지 않는 손해보험계약은?

① 「예금자보호법 시행령」에서 수입보험료가 예금 등의 범위에 포함되지 아니하는 보험계약의 보험계약자 및 보험납부자인 법인을 계약자로 하는 손해보험계약
② 「화재로 인한 재해보상과 보험가입에 관한 법률」에 따른 신체손해배상특약부화재보험계약
③ 「도시가스사업법」, 「고압가스안전관리법」 및 「액화석유가스의 안전관리 및 사업법」에 따라 가입이 강제되는 손해보험계약
④ 「유류오염손해배상보장법」에 따라 가입이 강제되는 유류오염 손해배상 보장계약

| 해설 |
「예금자보호법 시행령」에서 수입보험료가 예금 등의 범위에 포함되지 아니하는 보험계약의 보험계약자 및 보험납부자인 법인을 계약자로 하는 손해보험계약에는 적용하지 아니한다(영 제80조 제2항).

14 손해보험회사가 「예금자보호법」 제2조 제8호의 사유로 손해보험계약의 제3자에게 보험금을 지급하지 못하게 된 경우 보험업법에 따라 그 제3자에게 대통령령으로 정하는 보험금을 지급하는 기관으로 옳은 것은? 기출 17

① 금융위원회
② 금융감독원
③ 예금보험공사
④ 손해보험협회

| 해설 |
손해보험회사는 「예금자보호법」 제2조 제8호의 사유로 손해보험계약의 제3자에게 보험금을 지급하지 못하게 된 경우에는 즉시 그 사실을 보험협회 중 손해보험회사로 구성된 협회(이하 "손해보험협회"라 한다)의 장에게 보고하여야 한다(법 제167조 제1항). 손해보험협회의 장은 보고를 받으면 금융위원회의 확인을 거쳐 손해보험계약의 제3자에게 대통령령으로 정하는 보험금을 지급하여야 한다(법 제169조 제1항).

15 손해보험회사의 출연에 관한 설명으로 옳지 않은 것은?

① 출연금액은 「손해보험계약의 제3자에게 손해보험협회가 지급하여야 하는 금액 × 대통령령으로 정하는 비율」로 한다.
② 손해보험회사가 출연하여야 하는 출연금은 연도별로 분할하여 출연하되, 연간 출연금은 「예금자보호법 시행령」에 따른 보험료 금액의 범위에서 금융위원회가 정하여 고시한다.
③ 손해보험회사는 손해보험협회로부터 출연금 납부 통보를 받은 날부터 1개월 이내에 출연금을 손해보험협회에 내야 한다. 다만, 경영상의 문제 등으로 인하여 출연금을 한꺼번에 내기 어렵다고 손해보험협회의 장이 인정하는 경우에는 6개월 이내의 범위에서 출연금의 납부를 유예할 수 있다.
④ 납부기한까지 출연금을 내지 아니한 경우에는 내야 할 출연금에 대하여 손해보험회사의 일반자금 대출시의 연체이자율을 기준으로 금융위원회가 정하는 이자율을 곱한 금액을 지체기간에 따라 가산하여 출연하여야 한다.

| 해설 |
납부기한까지 출연금을 내지 아니한 경우에는 내야 할 출연금에 대하여 손해보험회사의 일반자금 대출시의 연체이자율을 기준으로 <u>손해보험협회의 장</u>이 정하는 이자율을 곱한 금액을 지체기간에 따라 가산하여 출연하여야 한다(영 제81조 제6항).

16 손해보험협회의 자금 차입에 관한 설명으로 옳지 않은 것은?

① 손해보험협회는 손해보험회사의 지급불능에 따른 보험금의 지급을 위하여 필요한 경우에 정부, 「예금자보호법」에 따른 예금보험공사, 그 밖에 대통령령으로 정하는 금융기관으로부터 자금을 차입하는 경우에는 금융위원회에 보고하여야 한다.
② 손해보험회사는 그 손해보험회사가 출연하여야 하는 금액의 범위에서 손해보험협회의 차입에 대하여 보증할 수 있다.
③ 손해보험회사의 출연금 및 손해보험협회의 차입금은 손해보험협회의 일반예산과 구분하여 회계처리하여야 한다.
④ 손해보험협회는 제3자에 대하여 보험금을 지급한 경우에는 해당 손해보험회사에 대하여 구상권을 가진다.

| 해설 |
손해보험협회는 손해보험회사의 지급불능에 따른 보험금의 지급을 위하여 필요한 경우에는 정부, 「예금자보호법」에 따른 예금보험공사, 그 밖에 대통령령으로 정하는 금융기관으로부터 <u>금융위원회의 승인</u>을 받아 자금을 차입할 수 있다(법 제171조 제1항).

정답 13 ① 14 ④ 15 ④ 16 ①

17 보험업법상 손해보험계약의 제3자 보호에 관한 설명으로 옳지 않은 것은? 기출 23

① 손해보험협회의 장은 손해보험회사로부터 지급불능 보고를 받으면 금융위원회의 확인을 거쳐 손해보험 계약의 제3자에게 대통령령으로 정하는 보험금을 지급하여야 한다.
② 손해보험회사는 손해보험계약의 제3자에 대한 보험금의 지급을 보장하기 위하여 수입보험료 및 책임준비금을 고려하여 대통령령으로 정하는 비율을 곱한 금액을 손해보험협회에 출연하여야 한다.
③ 손해보험협회는 손해보험회사의 출연금이 제3자에게 지급할 보험금의 지급을 위하여 부족한 경우에만 정부, 예금보험공사, 그 밖에 대통령령으로 정하는 금융기관으로부터 금융위원회의 승인을 받아 자금을 차입할 수 있다.
④ 손해보험협회는 보험금을 지급한 경우에는 해당 손해보험회사에 대하여 구상권을 가진다.

| 해설 |

손해보험협회는 제169조에 따른 보험금의 지급을 위하여 필요한 경우에는 정부, 「예금자보호법」 제3조에 따른 예금보험공사, 그 밖에 대통령령으로 정하는 금융기관으로부터 금융위원회의 승인을 받아 자금을 차입할 수 있다(법 제171조 제1항).
① 법 제169조 제1항
② 법 제168조 제1항
④ 법 제173조

CHAPTER 09 보험관계단체 등

> **학습목표**
> ❶ 보험협회의 업무에 관해 학습한다.
> ❷ 보험계리와 손해사정 등의 기본적인 개념 및 업무에 관한 내용을 학습한다.

01 보험협회 등

1 보험협회(법 제175조)

(1) 설 립
① 보험회사는 상호간의 업무질서를 유지하고 보험업의 발전에 기여하기 위하여 보험협회를 설립할 수 있다.
② 보험협회는 법인으로 한다.

(2) 업 무 기출 14 · 18 · 21 · 23 · 25
보험협회는 정관으로 정하는 바에 따라 다음의 업무를 한다. 〈2024.2.6. 개정〉
① 보험회사간의 건전한 업무질서의 유지
② 보험회사 등이 지켜야 할 규약의 제정·개정
③ 대통령령으로 정하는 보험회사간 분쟁의 자율조정 업무

> **대통령령으로 정하는 보험회사간 분쟁(영 제84조 제1항)** 〈2024.7.2. 신설〉
> 교통사고로 발생한 과실비율 관련 분쟁의 자율조정 업무를 말한다.

④ 보험상품의 비교·공시 업무
⑤ 정부로부터 위탁받은 업무
⑥ ①·②·④ 항의 업무에 부수하는 업무
⑦ 그 밖에 대통령령으로 정하는 업무

> **대통령령으로 정하는 업무(영 제84조 제2항)** 〈2024.7.2. 개정〉
> 1. 보험설계사·보험대리점의 등록 업무 및 금융감독원장에게 위탁받은 업무
> 2. 다른 법령에서 보험협회가 할 수 있도록 정하고 있는 업무
> 3. 보험회사의 경영과 관련된 정보의 수집 및 통계의 작성 업무
> 4. 차량수리비 실태 점검 업무

5. 모집 관련 전문자격제도의 운영·관리 업무
6. 보험설계사 및 개인보험대리점의 모집에 관한 경력(금융위원회가 정하여 고시하는 사항으로 한정)의 수집·관리·제공에 관한 업무
7. 보험가입 조회 업무
8. 설립 목적의 범위에서 보험회사, 그 밖의 보험관계단체로부터 위탁받은 업무
9. 보험회사가 공동으로 출연하여 수행하는 사회공헌에 관한 업무
10. 「보험사기방지특별법」에 따른 보험사기행위를 방지하기 위한 교육·홍보 업무
11. 「보험사기방지특별법」에 따른 보험사기행위를 방지하는데 기여한 자에 대한 포상금 지급 업무

2 보험요율산출기관(법 제176조) 기출 16·18·23

(1) 설 립
① 보험회사는 보험금의 지급에 충당되는 보험료(이하 "순보험료"라 한다)를 결정하기 위한 요율(이하 "순보험요율"이라 한다)을 공정하고 합리적으로 산출하고 보험과 관련된 정보를 효율적으로 관리·이용하기 위하여 금융위원회의 인가를 받아 보험요율산출기관을 설립할 수 있다.
② 보험요율산출기관은 법인으로 한다.

(2) 설립인가(영 제85조 제1항~제3항)
① 보험요율산출기관의 설립인가를 받으려는 자는 다음의 사항을 적은 신청서를 금융위원회에 제출하여야 한다.
  ㉠ 명칭
  ㉡ 설립 목적
  ㉢ 사무소의 소재지
  ㉣ 발기인과 임원에 관한 사항
② 신청서에는 다음의 서류를 첨부하여야 한다.
  ㉠ 정관
  ㉡ 업무 개시 후 2년간의 사업계획서 및 예상 수지계산서
  ㉢ 발기인의 이력서
  ㉣ 업무의 종류와 방법을 적은 서류
  ㉤ 그 밖에 금융위원회가 설립인가의 심사에 필요하다고 인정하는 서류
③ 인가신청을 하는 자는 다음의 요건을 모두 충족하여야 한다.
  ㉠ 보험요율산출기관의 업무 수행에 필요한 전문 인력을 확보할 것
  ㉡ 임원 등 경영진을 보험사업에 관한 충분한 지식과 경험이 있는 사람들로 구성할 것
  ㉢ 사업계획이 지속적인 영업을 수행하기에 적합하고 추정재무제표 및 수익 전망이 사업계획에 비추어 타당성이 있을 것(영 제10조 제3항 제1호)
  ㉣ 사업계획을 추진하는데 드는 자본 등 자금의 조달방법이 적절할 것(영 제10조 제3항 제2호)

(3) 업 무 기출 21·22·24·25

① 보험요율산출기관은 정관으로 정하는 바에 따라 다음의 업무를 한다.
　㉠ 순보험요율의 산출·검증 및 제공
　㉡ 보험 관련 정보의 수집·제공 및 통계의 작성
　㉢ 보험에 대한 조사·연구
　㉣ 설립 목적의 범위에서 정부기관, 보험회사, 그 밖의 보험관계단체로부터 위탁받은 업무
　㉤ ㉠부터 ㉢까지의 업무에 딸린 업무
　㉥ 그 밖에 대통령령으로 정하는 업무

> **대통령령으로 정하는 업무(영 제86조)** 기출 20
> 1. 보유정보의 활용을 통한 자동차사고 이력 및 자동차 기준가액의 정보 제공 업무
> 2. 자동차 제작사, 보험회사 등으로부터 수집한 사고기록정보(「자동차관리법」 제2조 제10호에 따른 사고기록장치에 저장된 정보를 말한다), 운행정보, 자동차의 차대번호·부품 및 사양 정보의 관리
> 3. 보험회사 등으로부터 제공받은 보험정보 관리를 위한 전산망 운영 업무
> 4. 보험수리에 관한 업무
> 5. 법 제120조의2 제1항에 따른 책임준비금의 적정성 검증
> 6. 상호협정에 따라 보험회사가 공동으로 인수하는 보험계약(국내 경험통계 등의 부족으로 담보위험에 대한 보험요율을 산출할 수 없는 보험계약은 제외한다)에 대한 보험요율의 산출
> 7. 자동차보험 관련 차량수리비에 관한 연구
> 8. 금융감독원장으로부터 위탁받은 업무(법 제194조 제4항)
> 9. 「근로자퇴직급여보장법」 제28조 제2항에 따라 퇴직연금사업자로부터 위탁받은 업무
> 10. 다른 법령에서 보험요율산출기관이 할 수 있도록 정하고 있는 업무

② 보험요율산출기관은 보험회사가 적용할 수 있는 순보험요율을 산출하여 금융위원회에 신고할 수 있다. 이 경우 신고를 받은 금융위원회는 그 내용을 검토하여 「보험업법」에 적합하면 신고를 수리하여야 한다.

> **참조순보험요율의 산출 및 검증(영 제87조)**
> ① 보험요율산출기관의 장은 보험회사의 경험통계 등을 기초로 보험종목별·위험별 특성에 따른 위험률을 산출하거나 조정하여 금융위원회에 신고한 순보험요율(이하 "참조순보험요율"이라 한다)을 보험회사가 요청하는 경우에 제시할 수 있다.
> ② 제1항에 따른 신고는 참조순보험요율 시행 예정일 90일(법률에 따라 가입의무가 부과되는 보험의 참조순보험요율의 경우에는 30일) 전까지 해야 한다. 〈2022.4.19. 개정〉
> ③ 보험요율산출기관의 장은 참조순보험요율의 적정성 여부를 파악하고 참조순보험요율이 합리적인 수준을 유지할 수 있도록 매년(생명보험, 그 밖에 이와 유사한 보험상품으로서 금융위원회가 정하여 고시하는 보험상품은 5년마다) 이에 대한 검증을 실시하고, 그 검증보고서를 사업연도가 끝난 후 6개월 이내에 금융위원회에 제출하여야 한다.
> ④ 그 밖에 참조순보험요율의 산출 및 검증에 관하여 필요한 사항은 금융위원회가 정하여 고시한다.

③ 보험요율산출기관은 순보험요율산출 등 「보험업법」에서 정하는 업무 수행을 위하여 보험 관련 통계를 체계적으로 통합·집적(集積)하여야 하며, 필요한 경우 보험회사에 자료의 제출을 요청할 수 있다. 이 경우 보험회사는 이에 따라야 한다.

> **통계의 집적 및 관리(영 제88조 제1항)**
> 보험요율산출기관의 장은 경험생명표 등 참조순보험요율의 산출·검증을 위하여 연 1회(자동차보험계약 정보의 경우 월 1회)에 한정하여 보험회사에 보험계약 정보의 제공을 요청할 수 있다. 이 경우 제공받은 보험계약 정보는 참조순보험요율을 산출하거나 검증하는 용도로만 활용하여야 한다.

④ 보험회사가 보험요율산출기관이 신고한 순보험요율을 적용하는 경우에는 순보험료에 대하여 「보험업법」 제127조 제2항 및 제3항에 따른 신고 또는 제출을 한 것으로 본다.

⑤ 보험회사는 「보험업법」에 따라 금융위원회에 제출하는 기초서류를 보험요율산출기관으로 하여금 확인하게 할 수 있다.

⑥ 보험요율산출기관은 그 업무와 관련하여 정관으로 정하는 바에 따라 보험회사로부터 수수료를 받을 수 있다.

⑦ 보험요율산출기관은 보험계약자의 권익을 보호하기 위하여 필요하다고 인정되는 경우에는 다음의 어느 하나에 해당하는 자료를 공표할 수 있다.
  ㉠ 순보험요율산출에 관한 자료
  ㉡ 보험 관련 각종 조사·연구 및 통계자료

⑧ 보험요율산출기관은 순보험요율을 산출하기 위하여 필요한 경우 또는 보험회사의 보험금 지급업무에 필요한 경우에는 음주운전 등 교통법규 위반 또는 운전면허(「건설기계관리법」 제26조 제1항 본문에 따른 건설기계조종사면허를 포함한다)의 효력에 관한 개인정보를 보유하고 있는 기관의 장으로부터 그 정보를 제공받아 보험회사가 보험계약자에게 적용할 순보험료의 산출 또는 보험금 지급업무에 이용하게 할 수 있다.

> **교통법규 위반 및 운전면허의 효력에 관한 개인정보의 이용 절차 및 범위(영 제89조)**
> ① 보험요율산출기관의 장은 교통법규 위반 또는 운전면허의 효력에 관한 개인정보를 보유하고 있는 기관의 장에게 교통법규 위반 또는 운전면허의 효력과 관련이 있는 다음 각 호의 개인정보의 제공을 요청할 수 있다.
>   1. 교통법규 위반자의 성명·주민등록번호 및 운전면허번호
>   2. 교통법규의 위반일시 및 위반 항목
>   3. 운전면허 취득자의 성명, 주민등록번호 및 운전면허번호
>   4. 운전면허의 범위, 정지·취소 여부 및 정지기간·취소일
> ② 보험요율산출기관의 장은 제1항 제1호 및 제2호에 따라 제공받은 교통법규 위반에 관한 개인정보를 기초로 하여 교통법규 위반자별로 보험요율을 산출하고 이를 보험회사에 제공하거나 보험회사가 열람하도록 할 수 있다.
> ③ 보험요율산출기관의 장이 제1항에 따라 제공받은 교통법규 위반 또는 운전면허의 효력에 관한 개인정보는 다음 각 호의 어느 하나에 해당하는 경우에만 이용할 수 있다.
>   1. 금융위원회 및 금융감독원장이 보험요율의 산출·적용에 관한 감독·검사를 위하여 이용하는 경우
>   2. 보험요율산출기관이 보험요율을 산출하기 위하여 이용하는 경우
>   3. 보험회사가 자동차보험계약의 체결·유지 및 관리를 위한 보험요율 적용 또는 보험금 지급업무에 이용하는 경우

⑨ 보험요율산출기관은 순보험요율을 산출하기 위하여 필요하면 질병에 관한 통계를 보유하고 있는 기관의 장으로부터 그 질병에 관한 통계를 제공받아 보험회사로 하여금 보험계약자에게 적용할 순보험료의 산출에 이용하게 할 수 있다.

⑩ 보험요율산출기관은 「보험업법」 또는 다른 법률에 따라 제공받아 보유하는 개인정보를 다음의 어느 하나에 해당하는 경우 외에는 타인에게 제공할 수 없다.
  ㉠ 보험회사의 순보험료 산출에 필요한 경우
  ㉡ 정보를 제공받은 목적대로 보험회사가 이용하게 하기 위하여 필요한 경우
  ㉢ 「신용정보의 이용 및 보호에 관한 법률」 제33조(개인신용정보의 이용) 제1항 제2호부터 제5호까지의 어느 하나에서 정하는 사유에 따른 경우
  ㉣ 정부로부터 위탁받은 업무를 하기 위하여 필요한 경우
  ㉤ 「보험업법」에서 정하고 있는 보험요율산출기관의 업무를 하기 위하여 필요한 경우로서 <u>대통령령으로 정하는 경우</u>

> **대통령령으로 정하는 경우(영 제88조 제2항)**
> 다음 각 호의 어느 하나에 해당하는 경우를 말한다.
> 1. 보험회사의 보험계약 체결·유지 및 보험금 지급업무에 필요한 경우
> 2. 「보험업법」 또는 다른 법률에 따른 보험계약의 이전에 필요한 경우

⑪ 보험요율산출기관이 제공받는 개인정보와 제공받는 질병에 관한 통계 이용의 범위·절차 및 방법 등에 관하여 필요한 사항은 대통령령으로 정한다.

> **질병에 관한 통계의 이용 절차 및 범위(영 제90조)**
> ① 보험요율산출기관의 장은 질병에 관한 통계를 보유하고 있는 기관의 장에게 질병에 대한 다음 각 호의 자료(이하 "질병에 관한 통계자료"라 한다)의 제공을 요청할 수 있다.
>   1. 질병의 종류 및 질병 발생자의 성(性)·연령·직업, 그 밖에 보험요율산출에 필요한 질병의 발생·진행·결과 및 치료비용 등에 관한 통계
>   2. 보험요율산출에 필요한 질병의 관리실태에 관한 통계
> ② 보험요율산출기관의 장은 제공받은 질병에 관한 통계자료를 기초로 하여 질병에 대한 보험요율을 산출하고 이를 보험회사에 제공하거나 보험회사가 열람하도록 할 수 있다.
> ③ 보험요율산출기관의 장이 제공받은 질병에 관한 통계자료는 다음 각 호의 어느 하나에 해당하는 경우에만 이용할 수 있다.
>   1. 금융위원회 및 금융감독원장이 보험요율의 산출·적용에 관한 감독·검사를 위하여 이용하는 경우
>   2. 보험요율산출기관이 보험요율을 산출하기 위하여 이용하는 경우
>   3. 보험회사가 해당 질병을 보장하는 보험계약의 체결·유지 및 관리를 위한 보험요율 적용에 이용하는 경우

⑫ 보험요율산출기관이 개인정보를 제공하는 절차·방법 등에 관하여 필요한 사항은 대통령령으로 정한다.

> **보험요율산출기관의 보유정보 제공 방법 및 절차(영 제91조)**
> ① 보험요율산출기관은 보유하고 있는 개인정보를 타인에게 제공한 경우에는 제공대상자, 제공정보, 제공 목적, 그 밖에 금융위원회가 정하여 고시하는 사항을 기록·관리하여야 한다.
> ② 보험요율산출기관은 제공받거나 그 밖에 보유하고 있는 개인정보의 보안유지 및 관리를 위하여 필요한 규정을 정하여 운영하여야 한다.
> ③ 보험요율산출기관이 보유하고 있는 개인정보의 취급자, 이용 절차 및 방법 등에 관한 세부 사항은 금융위원회가 정하여 고시한다.

(4) 그 밖의 보험관계단체(법 제178조)

① 보험설계사, 보험대리점, 보험중개사, 보험계리사, 손해사정사, 그 밖에 보험관계 업무에 종사하는 자는 공익이나 보험계약자 및 피보험자 등을 보호하고 모집질서를 유지하기 위하여 각각 단체를 설립할 수 있다.
② 보험관계단체는 법인으로 한다.
③ 보험관계단체는 정관으로 정하는 바에 따라 다음의 업무를 한다.
　㉠ 회원간의 건전한 업무질서 유지
　㉡ 회원에 대한 연수·교육 업무
　㉢ 정부·금융감독원 또는 보험협회로부터 위탁받은 업무
　㉣ ㉠ 및 ㉡에 딸린 업무
　㉤ 그 밖에 대통령령으로 정하는 업무

(5) 감 독(법 제179조)

보험협회, 보험요율산출기관 및 보험관계단체에 관하여는 제131조 제1항(금융위원회의 명령권)·제133조(자료제출 및 검사 등)·제134조(보험회사에 대한 제재) 및 제135조(퇴임한 임원 등에 대한 조치 내용의 통보)를 준용한다.

(6) 「민법」의 준용(법 제180조)

보험협회, 보험요율산출기관 및 보험관계단체에 관하여는 「보험업법」 또는 「보험업법」에 따른 명령에 특별한 규정이 없으면 「민법」 중 사단법인에 관한 규정을 준용한다.

3 개인정보의 보호 등

(1) 개인정보이용자의 의무(법 제177조)

제공받은 교통법규 위반 또는 운전면허의 효력에 관한 개인정보와 그 밖에 보험계약과 관련하여 보험계약자 등으로부터 제공받은 질병에 관한 개인정보를 이용하여 순보험료의 산출·적용 업무 또는 보험금 지급업무에 종사하거나 종사하였던 자는 그 업무상 알게 된 개인정보를 누설하거나 타인에게 이용하도록 제공하는 등 부당한 목적을 위하여 사용하여서는 아니 된다.

(2) 민감정보 및 고유식별정보의 처리 등(영 제102조) 기출 14·24

① 금융위원회(금융위원회의 업무를 위탁받은 자를 포함한다) 또는 금융감독원장(금융감독원장의 업무를 위탁받은 자를 포함한다)은 다음의 사무를 수행하기 위해 불가피한 경우 「개인정보보호법 시행령」 제19조에 따른 주민등록번호, 여권번호, 운전면허의 면허번호 또는 외국인등록번호가 포함된 자료를 처리할 수 있다. 〈2023.12.29. 개정〉

1. 국내사무소 설치신고에 관한 사무
2. 영업보증금 예탁·관리에 관한 사무
3. 보험설계사 등의 신고사항 처리에 관한 사무
4. 자산운용비율 한도 초과 예외 승인에 관한 사무
5. 대주주와의 거래 관련 보고 등에 관한 사무
6. 대주주 등에 대한 자료 제출 요구에 관한 사무
7. 자산평가의 방법 등에 관한 사무
8. 자회사 소유 승인, 신고 또는 보고에 관한 사무
9. 재무제표 등의 제출에 관한 사무
10. 책임준비금 적립 등의 심의에 관한 사무
11. 금융위원회의 명령권(법 제132조에서 준용하는 경우를 포함한다) 및 보험금 지급불능 등에 대한 조치, 명령 등에 관한 사무
12. 해산·합병·계약이전 등의 인가에 관한 사무
13. 영업양도·양수의 인가에 관한 사무
14. 청산인의 선임·해임에 관한 사무
15. 청산인에 대한 감독 등에 관한 사무
16. 보험조사협의회 구성에 관한 사무
17. 순보험요율 신고에 관한 사무

② 금융위원회(금융위원회의 업무를 위탁받은 자를 포함한다) 또는 금융감독원장(금융감독원장의 업무를 위탁받은 자를 포함한다)은 다음의 사무를 수행하기 위해 불가피한 경우 「개인정보보호법」 제23조에 따른 건강에 관한 정보, 같은 법 시행령 제18조 제2호에 따른 범죄경력자료에 해당하는 정보, 같은 영 제19조에 따른 주민등록번호, 여권번호, 운전면허의 면허번호 또는 외국인등록번호가 포함된 자료를 처리할 수 있다.

1. 보험계약 체결 승인에 관한 사무
2. 허가, 승인, 예비허가 등에 관한 사무
3. 손실보전 준비금적립액 산정에 관한 사무
4. 외국보험회사국내지점의 허가취소 등에 관한 사무
5. 보험설계사, 보험대리점, 보험중개사, 보험계리사, 보험계리업, 손해사정사 및 손해사정업의 등록 및 자격시험 운영·관리에 관한 사무
6. 보험설계사, 보험대리점, 보험중개사, 보험계리사, 선임계리사, 보험계리업자, 손해사정사, 손해사정업자의 등록취소 및 업무정지 등 제재에 관한 사무
7. 보험회사의 금융위원회에 대한 보고에 관한 사무
8. 금융위원회의 감독업무의 수행과 관련한 주주 현황, 그 밖에 사업에 관한 보고 또는 자료 제출, 검사, 제재, 통보 및 이에 따른 사후조치 등에 관한 사무
9. 보험회사, 보험계약자, 피보험자, 보험금을 취득할 자, 그 밖에 보험계약에 관하여 이해관계가 있는 자에 대한 조사 및 이에 따른 사후조치 등에 관한 사무
10. 과징금 부과에 관한 사무

③ 보험요율산출기관은 다음의 사무를 수행하기 위하여 불가피한 경우 ②항 각 호 외의 부분에 따른 개인정보가 포함된 자료를 처리할 수 있다. 〈2024.10.22. 개정〉

1. 전송대행기관의 위탁(법 제102조의7 제2항)에 따라 위탁받은 실손전산시스템의 운영에 관한 사무
2. 순보험요율의 산출·검증 및 제공(법 제176조 제3항 제1호) 및 보험 관련 정보의 수집·제공 및 통계의 작성(법 제176조 제3항 제2호)에 따른 사무
3. 보험회사 등으로부터 제공받은 보험정보 관리를 위한 전산망 운영 업무(영 제86조 제2호)에 따른 사무

④ 보험협회의 장은 다음의 사무를 수행하기 위하여 불가피한 경우 「개인정보보호법」 제23조에 따른 건강에 관한 정보, 같은 법 시행령 제19조에 따른 주민등록번호, 여권번호, 운전면허의 면허번호 또는 외국인등록번호가 포함된 자료를 처리할 수 있다. 다만, 제8호 포상급 지급에 관한 사무의 경우에는 「개인정보보호법」 제23조에 따른 건강에 관한 정보 및 같은 법 시행령 제19조에 따른 운전면허의 면허번호가 포함된 자료는 제외한다. 〈2023.6.27. 개정〉

1. 중복계약의 체결을 확인하거나 보험계약을 확인하는 경우 그에 따른 사무
2. 금융위원회로부터 인가받은 상호협정을 수행하는 경우 그에 따른 사무
3. 보험금 지급 및 자료 제출 요구에 관한 사무
4. 변액보험계약의 모집에 관한 연수과정의 운영·관리에 관한 사무
5. 차량수리비 실태 점검에 관한 사무
6. 보험설계사 및 개인보험대리점의 모집 경력 수집·관리·제공에 관한 사무
7. 보험가입 조회에 관한 사무
8. 포상금 지급에 관한 사무

⑤ 보험회사는 다음의 사무를 수행하기 위하여 필요한 범위로 한정하여 해당 각 호의 구분에 따라 「개인정보보호법」 제23조에 따른 민감정보 중 건강에 관한 정보(이하 "건강정보"라 한다)나 같은 법 시행령 제19조에 따른 주민등록번호, 여권번호, 운전면허의 면허번호 또는 외국인등록번호(이하 "고유식별정보"라 한다)가 포함된 자료를 처리할 수 있다.

> 1. 「상법」 제639조에 따른 타인을 위한 보험계약의 체결, 유지·관리, 보험금의 지급 등에 관한 사무 : 피보험자에 관한 건강정보 또는 고유식별정보
> 2. 「상법」 제719조(「상법」 제726조에서 준용하는 재보험계약을 포함한다) 및 제726조의2에 따라 제3자에게 배상할 책임을 이행하기 위한 사무 : 제3자에 관한 건강정보 또는 고유식별정보
> 3. 「상법」 제733조에 따른 보험수익자 지정 또는 변경에 관한 사무 : 보험수익자에 관한 고유식별정보
> 4. 「상법」 제735조의3에 따른 단체보험계약의 체결, 유지·관리, 보험금 지급 등에 관한 사무 : 피보험자에 관한 건강정보 또는 고유식별정보
> 5. 보증보험계약으로서 「주택임대차보호법」 제2조에 따른 주택의 임차인이 임차주택에 대한 보증금을 반환받지 못하여 입은 손해를 보장하는 보험계약의 체결, 유지·관리 및 보험금의 지급 등에 관한 사무 : 임대인에 관한 고유식별정보
> 6. 보증보험계약으로서 「상가건물 임대차보호법」 제2조에 따른 상가건물의 임차인이 임차상가건물에 대한 보증금을 반환받지 못해 입은 손해를 보장하는 보험계약의 체결, 유지·관리 및 보험금의 지급 등에 관한 사무 : 임대인에 관한 고유식별정보
> 7. 보증보험계약으로서 임대인의 「상가건물 임대차보호법」 제10조의4 제1항 위반으로 임차인이 입은 손해를 보장하는 보험계약의 체결, 유지·관리 및 보험금의 지급 등에 관한 사무 : 임대인에 관한 고유식별정보

⑥ 보험회사 등은 보험설계사·보험대리점의 등록 및 신고에 관한 사무를 수행하기 위하여 불가피한 경우 「개인정보보호법 시행령」 제19조 제1호에 따른 주민등록번호가 포함된 자료를 처리할 수 있다.

⑦ 손해사정사 또는 손해사정업자는 손해사정사 등의 업무(법 제188조)를 수행하기 위하여 불가피한 경우 해당 보험계약자 등의 동의를 받아 「개인정보보호법 시행령」 제19조 제1호에 따른 주민등록번호가 포함된 자료를 처리할 수 있다.

⑧ 다음의 어느 하나에 해당하는 자는 자동차보험계약의 보험료 비교·공시에 관한 사무를 수행하기 위하여 불가피한 경우 「개인정보보호법 시행령」 제19조 제1호에 따른 주민등록번호가 포함된 자료를 처리할 수 있다.
  ㉠ 보험협회
  ㉡ 보험협회 외의 자로서 보험계약에 관한 사항을 비교·공시하는 자
  ㉢ 자동차보험을 판매하는 손해보험회사

02 보험계리 및 손해사정

1 보험계리 등

(1) 보험계리(법 제181조) 기출 14・18 〈2022.12.31. 개정〉
 ① 보험회사는 보험계리에 관한 업무(기초서류의 내용 및 배당금 계산 등의 정당성 여부를 확인하는 것을 말한다)를 보험계리사를 고용하여 담당하게 하거나, 보험계리업자에게 위탁하여야 한다.
 ② 보험회사는 보험계리에 관한 업무 전반을 관리하고 이를 검증 및 확인하는 등 보험계리 관련 업무를 총괄하는 보험계리사(이하 "선임계리사"라 한다)를 선임하여야 한다.
 ③ 보험계리사, 선임계리사 또는 보험계리업자의 구체적인 업무범위는 총리령으로 정한다.

(2) 선임계리사의 임면 등(법 제181조의2) 기출 25 〈2022.12.31. 신설〉
 ① 보험회사가 선임계리사를 선임하려는 경우에는 이사회의 의결을 거쳐 선임계리사의 선임 후에 금융위원회에 보고하여야 하고, 선임계리사를 해임하려는 경우에는 선임계리사의 해임 전에 이사회의 의결을 거쳐 금융위원회에 신고하여야 한다. 다만, 외국보험회사의 국내지점의 경우에는 이사회의 의결을 거치지 아니할 수 있다.
 ② 보험회사는 다른 보험회사의 선임계리사를 해당 보험회사의 선임계리사로 선임할 수 없다.
 ③ 보험회사는 선임계리사의 해임 신고를 할 때 그 해임사유를 제출하여야 하며, 금융위원회는 해임사유에 대하여 해당 선임계리사의 의견을 들을 수 있다.
 ④ 보험회사는 선임계리사가 법 제192조 제1항에 따라 업무정지명령을 받은 경우에는 업무정지 기간 중 그 업무를 대행할 사람을 선임하여 금융위원회에 보고하여야 한다.
 ⑤ 그 밖에 보험회사의 선임계리사의 임면 등에 관하여 필요한 사항은 총리령으로 정한다.

> **선임계리사의 임면(규칙 제45조)** 〈2023.6.30. 개정〉
> 보험회사는 선임계리사가 사임하려는 경우 선임계리사의 사임 의사와 그 사유를 이사회에 제출해야 한다. 이 경우 이사회는 선임계리사의 의견을 들을 수 있다.

(3) 보험계리사(법 제182조)

① 보험계리사의 등록

보험계리사가 되려는 자는 금융감독원장이 실시하는 시험에 합격하고 일정 기간의 실무수습을 마친 후 금융위원회에 등록하여야 한다.

② 보험계리사 등의 업무(규칙 제44조) 기출 21·22·24

보험계리사, 선임계리사 또는 보험계리업자의 업무는 다음과 같다. 다만, ⑩ 상품 공시자료 중 기초서류와 관련된 사항의 업무는 보험계리사 및 보험계리업자만 수행한다. 〈2023.6.30. 개정〉

㉠ 기초서류 내용의 적정성에 관한 사항
㉡ 책임준비금, 비상위험준비금 등 준비금의 적립에 관한 사항
㉢ 잉여금의 배분·처리 및 보험계약자 배당금의 배분에 관한 사항
㉣ 지급여력비율 계산 중 보험료 및 책임준비금과 관련된 사항
㉤ 상품 공시자료 중 기초서류와 관련된 사항
㉥ 계리적 최적가정의 검증·확인에 관한 사항

③ 보험계리사의 자격

시험 과목 및 시험 면제와 실무수습 기간 등에 관하여 필요한 사항은 총리령으로 정한다.

(4) 보험계리업(법 제183조) 기출 21

① 보험계리업의 등록(영 제92조)

㉠ 보험계리를 업으로 하려는 자는 금융위원회에 등록하여야 한다.
㉡ 등록을 하려는 자는 총리령으로 정하는 수수료(1만원)를 내야 한다.
㉢ 보험계리업의 등록을 하려는 자는 다음의 사항을 적은 신청서를 금융위원회에 제출하여야 한다.
　ⓐ 성명(법인인 경우에는 상호 및 대표자의 성명)
　ⓑ 사무소의 소재지
　ⓒ 수행하려는 업무의 종류와 범위
　ⓓ 보험계리사의 고용에 관한 사항
㉣ 신청서에는 다음의 서류를 첨부하여야 한다.
　ⓐ 정관(법인인 경우만 해낭한다)
　ⓑ 대표자(법인인 경우에는 임원을 포함한다) 및 소속 보험계리사의 이력서
　ⓒ 영업용 재산상황을 적은 서류
㉤ 금융위원회는 등록 신청이 다음의 어느 하나에 해당하는 경우를 제외하고는 등록을 해주어야 한다.
　ⓐ 등록 취소에 해당하는 결격사유에 해당하는 경우
　ⓑ 등록신청서류를 거짓으로 기재한 경우
　ⓒ 그 밖에 보험업법, 시행령 또는 다른 법령에 따른 제한에 위반되는 경우
㉥ 등록을 한 보험계리업자는 등록한 사항이 변경되었을 때에는 1주일 이내에 그 변경사항을 금융위원회에 신고하여야 한다.

② 보험계리업의 영업기준(영 제93조) 기출 18
　㉠ 보험계리를 업으로 하려는 법인은 2명 이상의 상근 보험계리사를 두어야 한다.
　㉡ 인원에 결원이 생겼을 때에는 2개월 이내에 충원해야 한다. 〈2022.4.19. 개정〉
　㉢ 인원에 결원이 생긴 기간이 충원해야 하는 기간을 초과하는 경우에는 그 기간 동안 보험계리업자는 보험계리업무를 수행할 수 없다.
　㉣ 개인으로서 보험계리를 업으로 하려는 사람은 보험계리사의 자격이 있어야 한다.
　㉤ 보험계리업자는 등록일부터 1개월 내에 업무를 시작하여야 한다. 다만, 불가피한 사유가 있다고 금융위원회가 인정하는 경우는 그 기간을 연장할 수 있다.
　㉥ 보험계리업자가 지켜야 할 영업기준은 다음과 같다.
　　ⓐ 상호 중에 "보험계리"라는 글자를 사용할 것
　　ⓑ 장부폐쇄일은 보험회사의 장부폐쇄일을 따를 것

(5) 선임계리사 기출 19·20·22·23
① 선임계리사의 의무(법 제184조) 기출 24
　㉠ 선임계리사는 기초서류의 내용 및 보험계약에 따른 배당금의 계산 등이 정당한지 여부를 검증하고 확인하여야 한다.
　㉡ 선임계리사는 보험회사가 기초서류관리기준을 지키는지를 점검하고 이를 위반하는 경우에는 조사하여 그 결과를 이사회에 보고하여야 하며, 기초서류에 법령을 위반한 내용이 있다고 판단하는 경우에는 금융위원회에 보고하여야 한다.
　㉢ 선임계리사·보험계리사 또는 보험계리업자는 그 업무를 할 때 다음의 행위를 하여서는 아니 된다.
　　ⓐ 고의로 진실을 숨기거나 거짓으로 보험계리를 하는 행위
　　ⓑ 업무상 알게 된 비밀을 누설하는 행위
　　ⓒ 타인으로 하여금 자기의 명의로 보험계리업무를 하게 하는 행위
　　ⓓ 그 밖에 공정한 보험계리업무의 수행을 해치는 행위로서 대통령령으로 정하는 행위

> **대통령령으로 정하는 행위(영 제94조)**
> 1. 정당한 이유 없이 보험계리업무를 게을리 하는 행위
> 2. 충분한 조사나 검증을 하지 아니하고 보험계리업무를 수행하는 행위
> 3. 업무상 제공받은 자료를 무단으로 보험계리업무와 관련이 없는 자에게 제공하는 행위

　㉣ 보험회사가 선임계리사를 선임한 경우에는 그 선임일이 속한 사업연도의 다음 사업연도부터 연속하는 3개 사업연도가 끝나는 날까지 그 선임계리사를 해임할 수 없다. 다만, 다음의 어느 하나에 해당하는 경우에는 그러하지 아니하다.
　　ⓐ 선임계리사가 회사의 기밀을 누설한 경우
　　ⓑ 선임계리사가 그 업무를 게을리하여 회사에 손해를 발생하게 한 경우
　　ⓒ 선임계리사가 계리업무와 관련하여 부당한 요구를 하거나 압력을 행사한 경우
　　ⓓ 금융위원회의 해임 요구가 있는 경우

ⓓ 금융위원회는 선임계리사에게 그 업무범위에 속하는 사항에 관하여 의견을 제출하게 할 수 있다.
ⓔ 선임계리사는 다음의 직무를 담당하여서는 아니 된다.〈2022.12.31. 신설〉
　ⓐ 보험상품 개발 업무(기초서류 등을 검증 및 확인하는 업무는 제외한다)를 직접 수행하는 직무
　ⓑ 보험회사의 대표이사, 보험회사의 최고경영자 또는 최고재무관리 책임자의 직무
　ⓒ 그 밖에 이해가 상충할 우려가 있거나 선임계리사 업무에 전념하기 어려운 경우로서 대통령령으로 정하는 직무

② 선임계리사의 자격요건(법 제184조의2) 기출 15·18
　㉠ 선임계리사가 되려는 사람은 다음의 요건을 모두 갖추어야 한다.
　　ⓐ 등록된 보험계리사일 것
　　ⓑ 보험계리업무에 10년 이상 종사한 경력이 있을 것. <u>이 경우 손해보험회사의 선임계리사가 되려는 사람은 대통령령으로 정하는 보험계리업무에 3년 이상 종사한 경력을 포함하여 보험계리업무에 10년 이상 종사한 경력이 있어야 한다.</u>

> **대통령령으로 정하는 보험계리업무(영 제95조)** 〈2023.6.27. 개정〉
> "대통령령으로 정하는 보험계리업무"란 일반손해보험계약(금융위원회가 정하여 고시하는 장기보험계약을 제외한 손해보험계약을 말한다)에 관한 보험계리업무를 말한다.

　　ⓒ 최근 5년 이내에 법 제134조 제1항 제1호(경고·문책만 해당한다) 및 제3호(해임권고·직무정지의 요구), 제190조(등록의 취소) 또는 제192조 제1항(업무 정지명령 또는 해임)에 따른 조치를 받은 사실이 없을 것
　㉡ 보험회사는 선임계리사로 선임된 사람이 선임 당시 위에 따른 자격요건을 갖추지 못하였던 것으로 판명되었을 때에는 해임하여야 한다.

③ 선임계리사의 권한 및 업무 수행의 독립성 보장 등(법 제184조의3) 기출 18
　㉠ 선임계리사는 보험회사에 대하여 그 업무 수행에 필요한 정보나 자료의 제공을 요청할 수 있으며, 요청을 받은 보험회사는 정당한 사유 없이 정보나 자료의 제공 및 접근을 거부해서는 아니 된다.
　㉡ 선임계리사는 그 업무 수행과 관련하여 이사회(「상법」 제393조의2에 따른 이사회 내 위원회를 포함한다)에 참석할 수 있다.
　㉢ 선임계리사는 업무(법 제184조 제1항)와 관련된 사항을 검증·확인하였을 때에는 그 의견서(이하 "선임계리사검증의견서"라 한다)를 이사회와 감사 또는 감사위원회(이하 "이사회 등"이라 한다)에 제출하여야 한다. 다만, <u>기초서류 등 대통령령으로 정하는 사항에 대한 선임계리사검증의견서는 대표이사에게 제출함으로써 이사회 등에의 제출을 갈음할 수 있다.</u>

> **기초서류 등 대통령령으로 정하는 사항(영 제96조)** 〈2023.6.27. 개정〉
> "기초서류 등 대통령령으로 정하는 사항"이란 기초서류를 말한다.

㉣ 보고를 받은 이사회 등은 선임계리사검증의견서에 따라 필요한 조치를 하여야 한다. 다만, 선임계리사의 의견이 부적절하다고 판단되는 경우에는 이사회 등은 이를 거부할 수 있다.

㉤ 보험회사는 선임계리사가 그 업무를 원활하게 수행할 수 있도록 필요한 인력 및 시설을 지원하여야 하며, 인력 및 시설의 구체적인 기준은 대통령령으로 정한다.

> **선임계리사 보조인력 및 전산시설의 기준(영 제96조의2)** 〈2023.6.27. 신설〉
> ① 법 제184조의3 제5항에 따라 보험회사는 선임계리사를 보조하는 인력(이하 "보조인력"이라 한다)을 2명 이상 두어야 한다.
> ② 보험회사는 직전 사업연도 말 수입보험료와 책임준비금을 합산한 금액이 다음 각 호에 해당하는 경우에는 해당 호에서 정한 보조인력을 제1항에 따른 보조인력 외에 추가로 두어야 한다.
>   1. 1조원 이상이고 5조원 미만인 경우 : 1명 이상
>   2. 5조원 이상이고 10조원 미만인 경우 : 2명 이상
>   3. 10조원 이상이고 20조원 미만인 경우 : 3명 이상
>   4. 20조원 이상이고 50조원 미만인 경우 : 4명 이상
>   5. 50조원 이상이고 100조원 미만인 경우 : 5명 이상
>   6. 100조원 이상인 경우 : 6명 이상
> ③ 보험회사(직전 사업연도 말 수입보험료와 책임준비금을 합산한 금액이 5조원 미만인 보험회사는 제외한다)는 제1항 및 제2항에 따른 보조인력 중 2명 이상을 다음 각 호의 어느 하나에 해당하는 사람으로 두어야 한다. 이 경우 제2호에 해당하는 사람으로 보조인력을 두거나 제3호에 해당하는 사람으로 보조인력을 둘 때에는 다른 호에 해당하는 사람을 1명 이상 포함해야 한다.
>   1. 보험계리사
>   2. 보험계리에 관한 업무에 5년 이상 종사한 경력이 있는 사람
>   3. 보험상품 개발 업무(기초서류 등 검증 및 확인 업무를 포함한다)에 5년 이상 종사한 경력이 있는 사람
> ④ 제3항에도 불구하고 재보험을 전업으로 하는 보험회사는 제1항 및 제2항에 따른 보조인력 중 1명 이상을 제3항 제1호 또는 제2호에 해당하는 사람으로 두어야 한다.
> ⑤ 법 제184조의3 제5항에 따라 보험회사는 다음 각 호의 장비를 갖춘 전산시설을 갖춰야 한다.
>   1. 중앙처리장치, 입출력장치 및 통신회선 등 전산설비
>   2. 보험료 및 책임준비금 등의 적정성 검증·확인에 필요한 소프트웨어
> ⑥ 제1항부터 제5항까지에서 규정한 사항 외에 보조인력 및 전산시설의 기준에 관하여 필요한 세부사항은 금융위원회가 정하여 고시한다.

㉥ 보험회사는 선임계리사에 대하여 직무 수행과 관련한 사유로 부당한 인사상의 불이익을 주어서는 아니 된다.

2 손해사정 등

(1) 손해사정(법 제185조) 기출 14

① 대통령령으로 정하는 보험회사는 보험사고에 따른 손해액 및 보험금의 사정(이하 "손해사정"이라 한다)에 관한 업무를 직접 수행하거나 손해사정사 또는 손해사정을 업으로 하는 자(이하 "손해사정업자"라 한다)를 선임하여 그 업무를 위탁하여야 한다. 다만, 다음의 어느 하나에 해당하는 경우에는 그러하지 아니하다. 〈2024.2.6. 개정〉
  ㉠ 보험사고가 외국에서 발생한 경우
  ㉡ 보험계약자 등이 금융위원회가 정하는 기준에 따라 손해사정사를 따로 선임한 경우로서 보험회사가 이에 동의한 경우

> **대통령령으로 정하는 보험회사(영 제96조의3 제1항)** 〈2024.7.2. 개정〉
> 다음 각 호의 어느 하나에 해당하는 보험회사를 말한다.
> 1. 손해보험상품(보증보험계약은 제외한다)을 판매하는 보험회사
> 2. 제3보험상품을 판매하는 보험회사

② 보험계약자 등이 손해사정사를 선임하려고 보험회사에 알리는 경우 보험회사는 그 손해사정사가 금융위원회가 정하는 손해사정사 선임에 관한 동의기준을 충족하는 경우에는 이에 동의하여야 한다. 〈2024.2.6. 신설〉

③ 보험회사는 ①항에 따라 손해사정업무를 직접 수행하는 경우에는 다음의 사항을 준수하여야 한다. 〈2024.2.6. 신설〉
  ㉠ 손해사정사를 고용하여 손해사정업무를 담당하게 할 것
  ㉡ 고용한 손해사정사에 대한 평가기준에 보험금 삭감을 유도하는 지표를 사용하지 아니할 것
  ㉢ 손해사정서를 작성한 경우에 지체 없이 대통령령으로 정하는 방법에 따라 보험계약자, 피보험자 및 보험금청구권자에게 손해사정서를 내어 주고, 그 중요한 내용을 알려 줄 것

> **대통령령으로 정하는 방법(영 제96조의3 제2항)** 〈2024.7.2. 신설〉
> 서면, 문자메시지, 전자우편, 팩스 또는 그 밖에 이와 유사한 방법을 말한다.

  ㉣ 그 밖에 공정한 손해사정을 위하여 필요한 사항으로서 금융위원회가 정하여 고시하는 사항을 준수할 것

④ 보험회사는 ①항에 따라 손해사정업무를 위탁하는 경우에는 다음의 사항을 준수하여야 한다. 〈2024.2.6. 신설〉
  ㉠ 손해사정사 또는 손해사정업자 선정기준 등 대통령령으로 정하는 사항을 포함한 업무위탁기준을 마련하고 이를 준수할 것

> **대통령령으로 정하는 사항(영 제96조의3 제3항)** 〈2024.7.2. 신설〉
> 1. 손해사정사 또는 손해사정업자의 선정기준
> 2. 손해사정업무의 위탁 범위
> 3. 그 밖에 손해사정업무의 위탁과 관련하여 금융위원회가 정하여 고시하는 사항

  ⓒ 전체 손해사정업무 중 <u>대통령령으로 정하는 비율</u>을 초과하는 손해사정업무를 자회사인 손해사정업자에게 위탁하는 경우에는 ㉠에 따른 선정기준과 그 기준에 따른 선정 결과를 이사회에 보고하고 인터넷 홈페이지에 공시할 것

> **대통령령으로 정하는 비율(영 제96조의3 제4항)** 〈2024.7.2. 신설〉
> 각 보험회사의 직전 사업연도 전체 손해사정업무 중 위탁된 손해사정업무가 차지하는 비율의 100분의 50을 말한다.

  ⓒ 그 밖에 공정한 손해사정을 위하여 필요한 사항으로서 금융위원회가 정하여 고시하는 사항을 준수할 것

⑤ 보험회사는 ①항에 따라 손해사정업무를 위탁하는 경우 다음의 어느 하나에 해당하는 행위를 하여서는 아니 된다. 〈2024.2.6. 신설〉
 ㉠ 손해사정 위탁계약서를 교부하지 아니하는 행위
 ㉡ 위탁계약서상 계약사항을 이행하지 아니하거나 위탁계약서에서 정한 업무 외의 업무를 강요하는 행위
 ㉢ 위탁계약서에서 정한 해지요건 외의 사유로 위탁계약을 해지하는 행위
 ㉣ 정당한 사유 없이 손해사정사 또는 손해사정업자가 요청한 위탁계약 해지를 거부하는 행위
 ㉤ 손해사정업무를 위탁받은 손해사정사 또는 손해사정업자에게 지급하여야 하는 수수료의 전부 또는 일부를 정당한 사유 없이 지급하지 아니하거나 지연하여 지급하는 행위
 ㉥ 정당한 사유 없이 손해사정사 또는 손해사정업자에게 지급한 수수료를 환수하는 행위
 ㉦ 손해사정을 보험회사에 유리하게 하도록 손해사정사 또는 손해사정업자에게 강요하는 행위 등 정당한 사유 없이 위탁한 손해사정업무에 개입하는 행위
 ㉧ 그 밖에 <u>대통령령으로 정하는 불공정한 행위</u>

> **대통령령으로 정하는 불공정한 행위(영 제96조의3 제5항)** 〈2024.7.2. 신설〉
> 다음 각 호의 행위를 말한다.
> 1. 손해사정업무를 위탁받은 손해사정사 또는 손해사정업자의 위탁업무 수행실적을 평가할 때 정당한 사유 없이 자회사인 손해사정업자를 우대하는 행위
> 2. 그 밖에 법 제185조 제5항 제1호부터 제7호까지의 행위에 준하는 행위로서 금융위원회가 정하여 고시하는 행위

(2) 손해사정사(법 제186조)

① **손해사정사의 등록** [기출 25]

손해사정사가 되려는 자는 금융감독원장이 실시하는 시험에 합격하고 일정 기간의 실무수습을 마친 후 금융위원회에 등록하여야 한다.

② **손해사정사의 구분(규칙 제52조)**

손해사정사의 종류 및 업무범위는 다음의 구분에 따른다.

구 분	업무범위
재물손해사정사	다음 보험계약의 손해액 사정 • 화재보험계약 • 해상보험계약(항공·운송보험계약을 포함) • 책임보험계약 • 기술보험계약 • 권리보험계약 • 도난보험계약 • 유리보험계약 • 동물보험계약 • 원자력보험계약 • 비용보험계약 • 날씨보험계약
차량손해사정사	자동차 사고로 인한 차량 및 그 밖의 재산상의 손해액 사정
신체손해사정사	다음 보험계약의 손해액(사람의 신체와 관련된 손해액만 해당한다), 자동차 사고 및 그 밖의 보험사고로 인한 사람의 신체와 관련된 손해액 사정 • 책임보험계약 • 상해보험계약 • 질병보험계약 • 간병보험계약
종합손해사정사	위에서 규정한 손해액 사정

③ **시험과목 및 실무수습 등에 관한 사항**

시험과목 및 실무수습 기간 등에 관하여 필요한 사항은 총리령으로 정한다.

㉠ 시험과목(규칙 제53조 제1항)

종 류	제1차 시험	제2차 시험
재물	• 보험업법 • 보험계약법(상법 보험편) • 손해사정이론 • 영어	• 책임·화재·기술보험 등의 이론과 실무 • 해상보험의 이론과 실무(상법 해상편 포함) • 회계원리
차량	• 보험업법 • 보험계약법(상법 보험편) • 손해사정이론	• 자동차보험의 이론과 실무(대물배상 및 차량손해) • 자동차 구조 및 정비이론과 실무
신체	• 보험업법 • 보험계약법(상법 보험편) • 손해사정이론	• 책임보험·근로자재해보상보험의 이론과 실무 • 의학이론 • 제3보험의 이론과 실무 • 자동차보험의 이론과 실무(대인배상 및 자기신체손해)

ⓒ 실무수습(규칙 제54조)
    ⓐ 실무수습은 금융감독원, 손해보험회사, 손해보험협회(신체손해사정사의 경우에는 생명보험회사, 생명보험협회를 포함한다), 그 밖에 금융위원회가 지정하는 기관에서 해당 분야의 손해사정 업무에 관하여 수행하여야 한다.
    ⓑ 실무수습의 기간은 6개월로 한다.
    ⓒ 금융위원회가 인정하는 외국의 손해사정사 자격을 가진 사람 및 ㉠에 따른 기관에서 해당 분야의 손해사정 관련 업무에 2년 이상 종사한 경력이 있는 사람에 대해서는 실무수습을 면제한다.

④ 보조인 [기출 20]
손해사정사는 금융위원회가 정하는 바에 따라 업무와 관련된 보조인을 둘 수 있다.

⑤ 손해사정사 교육(법 제186조의2) 〈2024.2.6. 신설〉
㉠ 보험회사 및 법인인 손해사정업자는 대통령령으로 정하는 바에 따라 소속 손해사정사(법 제186조 제3항에 따른 보조인을 포함한다)에게 손해사정에 관한 교육을 하여야 한다.
㉡ 개인인 손해사정업자(법 제186조 제3항에 따른 보조인을 포함한다)는 대통령령으로 정하는 바에 따라 ①항에 따른 교육을 받아야 한다.

> **손해사정사 교육(영 제96조의4)** 〈2024.7.2. 신설〉
> ① 보험회사 및 법인인 손해사정업자는 법 제186조의2 제1항에 따라 소속 손해사정사 및 법 제186조 제3항에 따른 보조인(이하 "손해사정보조인"이라 한다)에게 다음 각 호의 구분에 따른 날을 기준으로 2년마다(매 2년이 되는 날부터 12개월 이내를 말한다) 별표 7의2의 교육기준에 따른 교육을 해야 한다.
>   1. 손해사정사 : 법 제186조 제1항에 따라 최초로 등록(등록이 유효한 경우로 한정한다)한 날
>   2. 손해사정보조인 : 손해사정보조인이 된 날
> ② 개인인 손해사정업자 및 그 손해사정보조인은 법 제186조의2 제2항에 따라 이 조 제1항 각 호의 구분에 따른 날을 기준으로 2년마다(매 2년이 되는 날부터 12개월 이내를 말한다) 별표 7의2의 교육기준에 따른 교육을 받아야 한다.
> ③ 보험협회, 보험회사 및 손해사정업자는 법 제186조의2 제1항 및 제2항에 따른 교육을 효율적으로 실시하기 위해 필요한 단체를 구성·운영할 수 있다.
> ④ 제1항 및 제2항에 따른 손해사정사 및 손해사정보조인에 대한 교육의 세부기준, 방법 및 절차, 제3항에 따른 단체의 구성 및 운영에 필요한 사항은 금융위원회가 정하여 고시한다.

심화TIP 손해사정사 및 손해사정사보조인의 교육기준(영 별표 7의2) 〈2024.7.2. 신설〉

구 분	교육기준
교육과목	1. 손해사정 관련 윤리교육 2. 보험 관련 법령 및 분쟁사례 3. 손해사정서 작성방법 및 손해사정 실무 4. 그 밖에 손해사정업무에 필요한 과목
교육기관	보험회사, 법인인 손해사정업자, 보험요율산출기관, 회원에 대한 연수·교육을 위하여 설립된 단체 및 금융위원회가 정하여 고시하는 교육기관
교육방법	집합교육 또는 사이버교육

교육시간	다음의 구분에 따른 시간 이상으로 금융위원회가 정하여 고시하는 시간. 이 경우 금융위원회가 정하여 고시하는 바에 따라 외부 교육 시간을 5시간 이상 포함해야 한다. 가. 손해사정사 : 20시간(2개 이상의 손해사정 자격을 보유하고 있는 경우에는 30시간) 나. 손해사정보조인 : 15시간

(3) 손해사정업(법 제187조)

① 손해사정업의 등록

㉠ 손해사정을 업으로 하려는 자는 금융위원회에 등록하여야 한다.

㉡ 손해사정을 업으로 하려는 법인은 대통령령으로 정하는 수 이상의 손해사정사를 두어야 한다.

㉢ 등록을 하려는 자는 총리령으로 정하는 수수료(1만원)를 내야 한다(규칙 제56조).

㉣ 등록을 한 손해사정업자는 경영현황 등 대통령령으로 정하는 사항을 금융위원회가 정하는 바에 따라 공시하여야 한다. 〈2024.2.6. 신설〉

> **경영현황 등 대통령령으로 정하는 사항(영 제98조 제4항)** 〈2024.7.2. 신설〉
> 다음 각 호의 사항을 말한다
> 1. 재무, 손익 등 경영현황에 관한 사항
> 2. 조직 및 인력에 관한 사항
> 3. 그 밖에 보험계약자 등의 보호를 위해 공시할 필요가 있는 사항으로서 금융위원회가 정하여 고시하는 사항

㉤ 그 밖에 손해사정업의 등록, 영업기준 및 공시 등에 관하여 필요한 사항은 대통령령으로 정한다
〈2024.2.6. 개정〉

② 손해사정업의 등록절차(영 제97조)

신청서의 제출	손해사정업의 등록을 하려는 자는 다음의 사항을 적은 신청서를 금융위원회에 제출하여야 한다. 1. 성명(법인인 경우에는 상호 및 대표자의 성명) 2. 사무소의 소재지 3. 수행하려는 업무의 종류와 범위 4. 손해사정사의 고용에 관한 사항
서류의 첨부	신청서에는 다음의 서류를 첨부하여야 한다. 1. 정관(법인인 경우만 해당한다) 2. 대표자(법인인 경우에는 임원을 포함한다) 및 소속 손해사정사의 이력서 3. 영업용 재산상황을 적은 서류
등 록	금융위원회는 등록 신청이 다음의 어느 하나에 해당하는 경우를 제외하고는 등록을 해주어야 한다. 1. 등록취소(법 제190조)에 준용하는 법 제86조 제1항 제1호(보험설계사의 결격사유)에 해당하는 경우 2. 등록신청서류를 거짓으로 기재한 경우 3. 그 밖에 법, 이 영 또는 다른 법령에 따른 제한에 위반되는 경우
신 고	등록을 한 손해사정업자는 등록한 사항이 변경되었을 때에는 1주일 이내에 그 변경사항을 금융위원회에 신고하여야 한다.

③ 손해사정업의 영업기준(영 제98조) 기출 15·16·21·24
  ㉠ 손해사정을 업으로 하려는 법인은 2명 이상의 상근 손해사정사를 두어야 한다. 이 경우 손해사정사의 구분에 따라 수행할 업무의 종류별로 1명 이상의 상근 손해사정사를 두어야 한다.
  ㉡ 법인이 지점 또는 사무소를 설치하려는 경우에는 각 지점 또는 사무소별로 손해사정사의 구분에 따라 수행할 업무의 종류별로 1명 이상의 손해사정사를 두어야 한다.
  ㉢ 인원에 결원이 생겼을 때에는 2개월 이내에 충원해야 한다. 〈2022.4.19. 개정〉
  ㉣ 인원에 결원이 생긴 기간이 충원해야 하는 기간을 초과하는 경우에는 그 기간 동안 손해사정업자는 손해사정업무를 할 수 없다.
  ㉤ 개인으로서 손해사정을 업으로 하려는 사람은 총리령으로 정하는 구분에 따른 손해사정사의 자격이 있어야 한다.
  ㉥ 손해사정업자는 등록일부터 1개월 내에 업무를 시작하여야 한다. 다만, 불가피한 사유가 있다고 금융위원회가 인정하는 경우에는 그 기간을 연장할 수 있다.
  ㉦ 손해사정업자가 지켜야 할 영업기준은 다음과 같다. 〈2022.4.19. 개정〉
    ⓐ 상호 중에 "손해사정"이라는 글자를 사용할 것
    ⓑ 장부폐쇄일은 보험회사의 장부폐쇄일을 따를 것
    ⓒ 그 밖에 공정한 손해사정업무를 수행하기 위하여 필요하다고 인정되는 사항으로서 금융위원회가 정하여 고시하는 사항을 준수할 것

> **유사명칭의 사용금지(법 제187조의2)** 〈2024.2.6. 신설〉
> 「보험업법」에 따른 손해사정사나 손해사정업자가 아닌 자는 손해사정사, 손해사정업자 또는 이와 유사한 명칭을 사용하지 못한다.

(4) 손해사정사 등의 업무(법 제188조) 기출 17·18·20
손해사정사 또는 손해사정업자의 업무는 다음과 같다.
① 손해발생 사실의 확인
② 보험약관 및 관계법규 적용의 적정성 판단
③ 손해액 및 보험금의 사정
④ ①부터 ③까지의 업무와 관련된 서류의 작성·제출의 대행
⑤ ①부터 ③까지의 업무 수행과 관련된 보험회사에 대한 의견의 진술

(5) 손해사정사의 의무 등(법 제189조) 기출 18·24
① 보험회사로부터 손해사정업무를 위탁받은 손해사정사 또는 손해사정업자는 손해사정업무를 수행한 후 손해사정서를 작성한 경우에 지체 없이 대통령령으로 정하는 방법에 따라 보험회사, 보험계약자, 피보험자 및 보험금청구권자에게 손해사정서를 내어 주고, 그 중요한 내용을 알려주어야 한다.

> **대통령령으로 정하는 방법(영 제99조 제1항)**
> 서면, 문자메시지, 전자우편, 팩스 또는 그 밖에 이와 유사한 방법을 말한다.

② 보험회사로부터 손해사정업무를 위탁받은 손해사정사 또는 손해사정업자는 손해사정서에 피보험자의 건강정보 등 「개인정보보호법」 제23조 제1항에 따른 민감정보가 포함된 경우 피보험자의 동의를 받아야 하며, 동의를 받지 아니한 경우에는 해당 민감정보를 삭제하거나 식별할 수 없도록 하여야 한다(영 제99조 제2항). 기출 19

③ 보험계약자 등이 선임한 손해사정사 또는 손해사정업자는 손해사정업무를 수행한 후 지체 없이 보험회사 및 보험계약자 등에 대하여 손해사정서를 내어 주고, 그 중요한 내용을 알려주어야 한다.

④ 손해사정사(법 제186조 제3항에 따른 보조인을 포함한다) 또는 손해사정업자는 손해사정업무를 수행할 때 보험계약자, 그 밖의 이해관계자들의 이익을 부당하게 침해하여서는 아니 되며, 다음의 행위를 하여서는 아니 된다. 〈2024.2.6. 개정〉

㉠ 고의로 진실을 숨기거나 거짓으로 손해사정을 하는 행위
㉡ 보험회사 또는 보험계약자 등 어느 일방에 유리하도록 손해사정업무를 수행하는 행위
㉢ 업무상 알게 된 보험계약자 등에 관한 개인정보를 누설하는 행위
㉣ 타인으로 하여금 자기의 명의로 손해사정업무를 하게 하는 행위
㉤ 정당한 사유 없이 손해사정업무를 지연하거나 충분한 조사를 하지 아니하고 손해액 또는 보험금을 산정하는 행위
㉥ 보험회사 및 보험계약자 등에 대하여 이미 제출받은 서류와 중복되는 서류나 손해사정과 관련이 없는 서류 또는 정보를 요청함으로써 손해사정을 지연하는 행위
㉦ 보험금 지급을 요건으로 합의서를 작성하거나 합의를 요구하는 행위
㉧ 그 밖에 공정한 손해사정업무의 수행을 해치는 행위로서 <u>대통령령으로 정하는 행위</u>

대통령령으로 정하는 행위(영 제99조 제3항)

1. 등록된 업무범위 외의 손해사정을 하는 행위
2. 자기 또는 자기와 <u>총리령으로 정하는</u> 이해관계를 가진 자의 보험사고에 대하여 손해사정을 하는 행위
3. 자기와 <u>총리령으로 정하는</u> 이해관계를 가진 자가 모집한 보험계약에 관한 보험사고에 대하여 손해사정을 하는 행위(보험회사 또는 보험회사가 출자한 손해사정법인에 소속된 손해사정사가 그 소속 보험회사 또는 출자한 보험회사가 체결한 보험계약에 관한 보험사고에 대하여 손해사정을 하는 행위는 제외한다)

심화TIP 총리령으로 정하는 이해관계를 가진 자(규칙 제57조) 기출 23

1. 개인인 손해사정사의 경우
   가. 본인의 배우자 및 본인과 생계를 같이하는 친족
   나. 본인을 고용하고 있는 개인 또는 본인이 상근 임원으로 있는 법인 또는 단체
   다. 본인이 고용하고 있는 개인 또는 본인이 대표자로 있는 법인 또는 단체
   라. 본인과 생계를 같이하는 2촌 이내의 친족, 본인의 배우자 또는 배우자의 2촌 이내의 친족이 상근임원으로 있는 법인 또는 단체

2. 법인인 손해사정업자의 경우
   가. 해당 법인의 임직원을 고용하고 있는 개인 또는 법인
   나. 해당 법인에 대한 출자금액이 전체 출자금액의 100분의 30을 초과하는 자

> ※ 출자비율은 출자자가 개인인 경우에는 해당 개인 및 해당 개인과 생계를 같이하는 친족의 출자금액을 합산한 금액의 비율을 말하며, 출자자가 법인인 경우에는 해당 법인 및 해당 법인의 관계 법인(해당 법인과 그 임원 또는 직원의 출자비율의 합이 100분의 30을 초과하는 법인을 말한다)과 그들의 임원 또는 직원의 출자금액을 합산한 금액의 비율을 말한다.

(6) 손해사정의 표시·광고(법 제189조의2) 〈2024.2.6. 신설〉

① 손해사정사 또는 손해사정업자가 아닌 자는 손해사정업무를 수행하는 것으로 오인될 우려가 있는 표시·광고를 하여서는 아니 된다.

② 손해사정사 또는 손해사정업자는 과대, 허위 등의 내용으로 보험계약자 등에게 피해를 줄 우려가 있는 표시·광고를 하여서는 아니 된다.

(7) 등록의 취소 등(법 제190조) 기출 18

보험계리사·선임계리사·보험계리업자·손해사정사 및 손해사정업자에 관하여는 법 제86조(보험설계사의 등록취소 규정)를 준용한다. 이 경우 제86조 제1항 제3호에서 "제84조"는 각각 "제182조 제1항"·"제183조 제1항"·"제186조 제1항" 또는 "제187조 제1항"으로 보고, 제86조 제2항 제1호에서 "모집"은 보험계리사·선임계리사·보험계리업자의 경우에는 "보험계리"로, 손해사정사·손해사정업자의 경우에는 "손해사정"으로 본다. 〈2024.2.6. 개정〉

(8) 손해배상의 보장(법 제191조)

금융위원회는 보험계리업자 또는 손해사정업자가 그 업무를 할 때 고의 또는 과실로 타인에게 손해를 발생하게 한 경우 그 손해의 배상을 보장하기 위하여 보험계리업자 또는 손해사정업자에게 금융위원회가 지정하는 기관에의 자산 예탁, 보험 가입, 그 밖에 필요한 조치를 하게 할 수 있다.

(9) 감독(법 제192조 제1항) 기출 16·18

금융위원회는 보험계리사·선임계리사·보험계리업자·손해사정사 또는 손해사정업자가 그 직무를 게을리 하거나 직무를 수행하면서 부적절한 행위를 하였다고 인정되는 경우에는 6개월 이내의 기간을 정하여 업무의 정지를 명하거나 해임하게 할 수 있다.

CHAPTER 09 기출유형문제

01 보험협회에 관한 설명으로 옳지 않은 것은?

① 보험회사는 상호간의 업무질서를 유지하고 보험업의 발전에 기여하기 위하여 보험협회를 설립할 수 있다.
② 보험협회는 법인으로 한다.
③ 보험협회의 설립에는 금융위원회의 인가를 받아야 한다.
④ 보험상품의 비교·공시업무를 담당한다.

> **해설**
> 보험협회의 설립에 금융위원회의 인가는 필요하지 않다.

02 보험업법상 보험요율산출기관의 업무에 해당하지 않는 것은? 기출 25

① 보험회사 등이 지켜야 할 규약의 제정·개정
② 순보험요율의 산출·검증 및 제공
③ 보험 관련 정보의 수집·제공 및 통계의 작성
④ 보험에 대한 조사·연구

> **해설**
> 보험회사 등이 지켜야 할 규약의 제정·개정은 <u>보험협회의 업무이다</u>(법 제175조 제3항 제1호의2)
> **TIP** 보험요율산출기관의 업무(법 제176조 제3항)
> 보험요율산출기관은 정관으로 정하는 바에 따라 다음 각 호의 업무를 한다.
> 1. 순보험요율의 산출·검증 및 제공
> 2. 보험 관련 정보의 수집·제공 및 통계의 작성
> 3. 보험에 대한 조사·연구
> 4. 설립 목적의 범위에서 정부기관, 보험회사, 그 밖의 보험 관계 단체로부터 위탁받은 업무
> 5. 제1호부터 제3호까지의 업무에 딸린 업무
> 6. 그 밖에 대통령령으로 정하는 업무

정답 01 ③ 02 ①

03 보험업법상 보험요율산출기관에 관한 설명 중 옳지 않은 것은? 기출 18

① 보험회사는 금융위원회의 인가를 받아 보험요율산출기관을 설립할 수 있다.
② 보험요율산출기관은 보험회사가 적용할 수 있는 순보험요율을 산출하며 보험상품의 비교·공시 업무를 담당한다.
③ 보험요율산출기관은 보험업법에서 정하는 업무 수행을 위하여 보험 관련 통계를 체계적으로 통합·집적(集積)하여야 하며, 필요한 경우 보험회사에 자료의 제출을 요청할 수 있다.
④ 보험요율산출기관은 순보험요율을 산출하기 위하여 필요하면 질병에 관한 통계를 보유하고 있는 기관의 장으로부터 그 질병에 관한 통계를 제공받아 보험회사로 하여금 보험계약자에게 적용할 순보험료의 산출에 이용하게 할 수 있다.

| 해설 |
보험요율산출기관은 보험회사가 적용할 수 있는 순보험요율을 산출하지만, 보험상품의 비교·공시 업무는 보험협회에서 담당한다(법 제175조 제3항 제2호).
① 법 제176조 제1항
③ 법 제176조 제5항
④ 법 제176조 제11항

04 보험업법상 보험요율산출기관의 업무에 해당하지 않는 것은? 기출 21

① 보유정보의 활용을 통한 자동차사고 이력, 자동차 주행거리의 정보 제공 업무
② 자동차 제작사, 보험회사 등으로부터 수집한 운행정보, 자동차의 차대번호 정보의 관리 업무
③ 순보험요율산출에 의한 보험상품의 비교·공시 업무
④ 「근로자퇴직급여보장법」 제28조 제2항에 따라 퇴직연금사업자로부터 위탁받은 업무

| 해설 |
보험상품의 비교·공시 업무는 보험협회의 업무사항이다(법 제175조 제3항 제2호).

05 보험업법상 보험요율산출기관에 관한 내용으로 옳지 않은 것은? 기출 22

① 정관으로 정하는 바에 따라 순보험요율의 산출·검증 및 제공, 보험 관련 정보의 수집·제공 및 통계의 작성 등의 업무를 한다.
② 보험회사가 적용할 수 있는 순보험요율을 산출하여 금융위원회에 신고하는 경우, 신고를 받은 금융위원회는 이 법에 적합하면 신고를 수리하여야 한다.
③ 정관으로 정함이 있더라도, 보험에 대한 조사업무는 할 수 있으나 보험에 대한 연구업무는 할 수 없다.
④ 정관으로 정하는 바에 따라 「근로자퇴직급여보장법」상 퇴직연금사업자로부터 위탁받은 업무를 할 수 있다.

> **해설**
> 정관으로 정하는 바에 따라 보험에 대한 조사·연구업무를 할 수 있다(법 제176조 제3항 제3호).
> ① 법 제176조 제3항 제1호, 제2호
> ② 법 제176조 제4항
> ④ 영 제86조 제6호

06 보험업법상 보험요율산출기관에 관한 설명으로 옳지 않은 것은? 기출 20

① 보험회사는 금융위원회의 인가를 받아 보험요율산출기관을 설립할 수 있다.
② 보험요율산출기관은 정관으로 정하는 바에 따라 업무와 관련하여 보험회사로부터 수수료를 받을 수 있다.
③ 보험요율산출기관은 보유정보를 활용하여 주행거리 정보를 제외한 자동차사고 이력 및 자동차 기준가액 정보를 제공할 수 있다.
④ 보험회사 등으로부터 제공받은 보험정보 관리를 위한 전산망 운영업무를 할 수 있다.

> **해설**
> 보험요율산출기관은 보유정보의 활용을 통한 자동차사고 이력, 자동차 기준가액 및 자동차 주행거리의 정보 제공 업무를 할 수 있다(영 제86조 제1호).
> ① 법 제176조 제1항
> ② 법 제176조 제8항
> ④ 영 제86조 제2호

07 보험업법상 보험요율산출기관에 관한 설명으로 옳지 않은 것은? 기출 23

① 보험요율산출기관이 보험회사가 적용할 수 있는 순보험요율을 산출하여 금융위원회에 신고한 경우, 금융위원회는 그 내용을 검토하여 이 법에 적합하면 신고를 수리하여야 한다.
② 보험요율산출기관은 정관으로 정함이 있더라도 그 업무와 관련하여 보험회사로부터 수수료를 받을 수 없다.
③ 보험요율산출기관은 순보험요율산출을 위하여 보험 관련 통계를 체계적으로 통합·집적하여야 하며, 보험회사에 자료의 제출을 요청하는 경우 보험회사는 이에 따라야 한다.
④ 보험요율산출기관은 음주운전 등 교통법규 위반의 효력에 관한 개인정보를 보유하고 있는 기관의 장으로부터 그 정보를 제공받아 보험회사가 보험금 지급업무에 이용하게 할 수 있다.

| 해설 |

보험요율산출기관은 그 업무와 관련하여 정관으로 정하는 바에 따라 보험회사로부터 수수료를 받을 수 있다(법 제176조 제8항).
① 법 제176조 제4항
③ 법 제176조 제5항
④ 법 제176조 제10항

08 보험요율산출기관에 업무에 관한 설명으로 옳지 않은 것은?

① 보험회사는 보험업법에 따라 금융위원회에 제출하는 기초서류를 보험요율산출기관으로 하여금 확인하게 할 수 있다.
② 보험요율산출기관은 그 업무와 관련하여 정관으로 정하는 바에 따라 보험회사로부터 수수료를 받을 수 있다.
③ 보험요율산출기관은 보험회사의 권익을 보호하기 위하여 순보험료 산출에 관한 자료를 공표할 수 있다.
④ 보험요율산출기관은 순보험요율을 산출하기 위하여 필요한 경우에는 교통법규 위반에 관한 개인정보를 보유하고 있는 기관의 장으로부터 그 정보를 제공받아 보험회사가 보험계약자에게 적용할 순보험료의 산출에 이용하게 할 수 있다.

| 해설 |

보험요율산출기관은 보험계약자의 권익을 보호하기 위하여 필요하다고 인정되는 경우에는 다음 각 호의 어느 하나에 해당하는 자료를 공표할 수 있다(법 제176조 제9항).
1. 순보험요율산출에 관한 자료
2. 보험 관련 각종 조사·연구 및 통계자료

09 보험요율산출기관에 관한 설명으로 옳지 않은 것은? 기출 16

① 법인으로 한다.
② 보험회사가 금융위원회의 인가를 받아 설립할 수 있다.
③ 정관으로 정하는 바에 따라 업무와 관련하여 보험회사로부터 수수료를 받을 수 있다.
④ 국토교통부가 관리하는 건설기계조종사면허의 효력에 관한 개인정보는 제공받을 수 없다.

| 해설 |

보험요율산출기관은 순보험요율을 산출하기 위하여 필요한 경우 또는 보험회사의 보험금 지급업무에 필요한 경우에는 음주운전 등 교통법규 위반 또는 운전면허(건설기계조종사면허를 포함한다)의 효력에 관한 개인정보를 보유하고 있는 기관의 장으로부터 그 정보를 제공받을 수 있다(법 제176조 제10항).
① 법 제176조 제2항
② 법 제176조 제1항
③ 법 제176조 제8항

10 다음 중 보험요율산출기관이 보험업법 또는 다른 법률에 따라 제공받아 보유하는 개인정보를 타인에게 제공할 수 있는 경우를 모두 묶은 것은?

가. 보험회사의 순보험료 산출에 필요한 경우
나. 정부로부터 위탁받은 업무를 하기 위하여 필요한 경우
다. 보험회사의 보험계약 체결·유지 및 보험금 지급업무에 필요한 경우
라. 보험업법 또는 다른 법률에 따른 보험계약의 해지에 필요한 경우

① 가, 나
② 나, 다
③ 다, 라
④ 가, 나, 다

| 해설 |

개인정보를 타인에게 제공할 수 있는 경우(법 제176조 제12항 및 영 제88조 제2항)
1. 보험회사의 순보험료 산출에 필요한 경우
2. 정보를 제공받은 목적대로 보험회사가 이용하게 하기 위하여 필요한 경우
3. 「신용정보의 이용 및 보호에 관한 법률」 제33조 각 호에서 정하는 사유에 따른 경우
4. 정부로부터 위탁받은 업무를 하기 위하여 필요한 경우
5. 「보험업법」에서 정하고 있는 보험요율산출기관의 업무를 하기 위하여 필요한 경우로서 대통령령으로 정하는 경우
   • 보험회사의 보험계약 체결·유지 및 보험금 지급업무에 필요한 경우
   • 보험업법 또는 다른 법률에 따른 보험계약의 이전에 필요한 경우

11 보험업법상 보험협회의 장이 수행하는 민감정보 및 고유식별정보의 처리와 관련하여 다음 보기의 (　)에 들어갈 사무는? 기출 24

> 보험협회의 장은 일정한 사무를 수행하기 위하여 불가피한 경우 「개인정보보호법」 제23조에 따른 건강에 관한 정보, 같은 법 시행령 제19조에 따른 주민등록번호, 여권번호, 운전면허의 면허번호 또는 외국인등록번호가 포함된 자료를 처리할 수 있다. 다만, (　)의 경우에는 「개인정보보호법」 제23조에 따른 건강에 관한 정보 및 같은 법 시행령 제19조에 따른 운전면허의 면허번호가 포함된 자료는 제외한다.

① 포상금 지급에 관한 사무
② 차량수리비 실태 점검에 관한 사무
③ 보험금 지급 및 자료 제출 요구에 관한 사무
④ 보험설계사 및 개인보험대리점의 모집 경력 수집·관리·제공에 관한 사무

해설

민감정보 및 고유식별정보의 처리(영 제102조 제4항)
보험협회의 장은 다음 각 호의 사무를 수행하기 위하여 불가피한 경우 「개인정보보호법」 제23조에 따른 건강에 관한 정보, 같은 법 시행령 제19조에 따른 주민등록번호, 여권번호, 운전면허의 면허번호 또는 외국인등록번호가 포함된 자료를 처리할 수 있다. 다만, 제6호의 사무의 경우에는 「개인정보보호법」 제23조에 따른 건강에 관한 정보 및 같은 법 시행령 제19조에 따른 운전면허의 면허번호가 포함된 자료는 제외한다. 〈2023.6.27. 개정〉
1. 중복계약의 체결을 확인하거나 보험계약을 확인하는 경우 그에 따른 사무
2. 금융위원회로부터 인가받은 상호협정을 수행하는 경우 그에 따른 사무
3. 보험금 지급 및 자료 제출 요구에 관한 사무
3의2. 변액보험계약의 모집에 관한 연수과정의 운영·관리에 관한 사무
4. 차량수리비 실태 점검에 관한 사무
4의2. 보험설계사 및 개인보험대리점의 모집 경력 수집·관리·제공에 관한 사무
5. 보험가입 조회에 관한 사무
6. 포상금 지급에 관한 사무

12 보험업법상 보험계리에 관한 설명 중 옳지 않은 것은? 기출 18

① 보험계리업자는 상호 중에 "보험계리"라는 글자를 사용하여야 하며, 장부폐쇄일은 보험회사의 장부폐쇄일을 따라야 한다.
② 보험계리를 업으로 하려는 법인은 2명 이상의 상근 보험계리사를 두어야 한다.
③ 보험회사는 보험계리사를 고용하여 보험계리에 관한 업무를 담당하게 하여야 하며, 보험계리를 업으로 하는 자에게 위탁할 수 없다.
④ 개인으로서 보험계리를 업으로 하려는 사람은 보험계리사의 자격이 있어야 한다.

| 해설 |
보험회사는 보험계리에 관한 업무(기초서류의 내용 및 배당금 계산 등의 정당성 여부를 확인하는 것을 말한다)를 보험계리사를 고용하여 담당하게 하거나, 보험계리를 업으로 하는 자(이하 "보험계리업자"라 한다)에게 위탁하여야 한다(법 제181조 제1항).

13 보험계리사에 관한 설명으로 옳지 않은 것은? 기출 14

① 보험회사는 선임계리사를 선임하여야 한다.
② 보험계리업을 하려는 법인은 2명 이상의 상근 보험계리사를 두어야 한다.
③ 선임계리사는 보험회사의 기초서류에 법령을 위반하는 내용이 있다고 판단하는 경우에는 그 조사결과를 감사 또는 감사위원회에 보고하여야 한다.
④ 선임계리사는 그 업무 수행과 관련하여 보험회사 이사회에 참석할 권한이 있다.

| 해설 |
선임계리사는 보험회사가 기초서류관리기준을 지키는지를 점검하고 이를 위반하는 경우에는 조사하여 그 결과를 이사회에 보고하여야 하며, 기초서류에 법령을 위반한 내용이 있다고 판단하는 경우에는 금융위원회에 보고하여야 한다(법 제184조 제2항).

14 선임계리사에 관한 설명으로 옳지 않은 것은? 기출 25

① 보험회사는 선임계리사를 선임하여야 한다.
② 보험회사는 다른 보험회사의 선임계리사를 해당 보험회사의 선임계리사로 선임할 수 있다.
③ 선임계리사는 보험회사가 기초서류관리기준을 지키는지를 점검하고 이를 위반하는 경우에는 조사하여 그 결과를 이사회에 보고하여야 하며, 기초서류에 법령을 위반한 내용이 있다고 판단하는 경우에는 금융위원회에 보고하여야 한다.
④ 선임계리사는 보험상품 개발 업무(기초서류 등을 검증 및 확인하는 업무는 제외)를 직접 수행하는 직무를 담당하여서는 아니 된다.

| 해설 |
보험회사는 다른 보험회사의 선임계리사를 해당 보험회사의 선임계리사로 선임할 수 없다(법 제181조의2 제2항).
① 법 제181조 제2항
③ 법 제184조 제2항
④ 법 제184조 제7항 제1호

15 다음 중 보험계리사 및 보험계리업에 관한 설명으로 옳지 않은 것은?

① 보험회사는 보험계리에 관한 업무를 보험계리사를 고용하여 담당하게 하거나, 보험계리업자에게 위탁하여야 한다.
② 보험회사는 보험계리에 관한 업무를 검증하고 확인하는 선임계리사를 선임하여야 한다.
③ 보험계리사가 되려는 자는 금융감독원장이 실시하는 시험에 합격하고 일정 기간의 실무수습을 마친 후 금융위원회에 등록하여야 한다.
④ 보험계리를 업으로 하려는 법인은 3명 이상의 상근 보험계리사를 두어야 한다.

| 해설 |
보험계리를 업으로 하려는 법인은 2명 이상의 상근 보험계리사를 두어야 한다(영 제93조 제1항).

16 보험계리업의 영업기준에 관한 설명으로 옳지 않은 것은?

① 보험계리를 업으로 하려는 자는 금융위원회에 등록하여야 한다.
② 인원에 결원이 생겼을 때에는 1개월 이내에 충원해야 한다.
③ 인원에 결원이 생긴 기간이 일정기간을 초과하는 경우에는 그 기간 동안 보험계리업자는 보험계리업무를 수행할 수 없다.
④ 보험계리업자는 등록일부터 1개월 내에 업무를 시작하여야 한다.

| 해설 |
인원에 결원이 생겼을 때에는 <u>2개월</u> 이내에 충원해야 한다(영 제93조 제2항).

17 보험업법상 보험계리사의 업무 대상에 해당하지 않는 것은? 기출 22

① 책임준비금, 비상위험준비금 등 준비금의 적립과 준비금에 해당하는 자산의 적정성에 관한 사항
② 잉여금의 배분·처리 및 보험계약자 배당금의 배분에 관한 사항
③ 지급여력비율 계산 중 보험료 및 책임준비금과 관련된 사항
④ 상품 공시자료 중 기초서류와 관련이 없는 사항

| 해설 |
보험계리사 등의 업무(규칙 제44조)
보험계리사, 선임계리사 또는 보험계리업자의 업무는 다음 각 호와 같다. 다만, 제5호의 업무는 보험계리사 및 보험계리업자만 수행한다. 〈2023.6.30. 개정〉
1. 기초서류 내용의 적정성에 관한 사항
2. 책임준비금, 비상위험준비금 등 준비금의 적립에 관한 사항
3. 잉여금의 배분·처리 및 보험계약자 배당금의 배분에 관한 사항
4. 지급여력비율 계산 중 보험료 및 책임준비금과 관련된 사항
5. <u>상품 공시자료 중 기초서류와 관련된 사항</u>
6. 계리적 최적가정의 검증·확인에 관한 사항

18 보험업법상 보험계리업자의 등록 및 업무에 관한 설명으로 옳지 않은 것은? 기출 21

① 보험계리업자는 책임준비금, 비상위험준비금 등 준비금의 적립과 준비금에 해당하는 자산의 적정성에 관한 업무를 수행할 수 있다.
② 보험계리업자는 잉여금의 배분·처리 및 보험계약자 배당금의 배분에 관한 업무를 수행할 수 있다.
③ 보험계리업자는 지급여력비율 계산 중 보험료 및 책임준비금과 관련한 업무를 처리할 수 있다.
④ 보험계리업자가 되려는 자는 총리령으로 정하는 수수료를 내고 금융감독원에 등록하여야 한다.

> **해설**
> 보험계리업자가 되려는 자는 총리령으로 정하는 수수료를 내고 <u>금융위원회에 등록</u>하여야 한다(법 제183조 제1항, 제3항).
> ① 규칙 제44조 제2호
> ② 규칙 제44조 제3호
> ③ 규칙 제44조 제4호

19 보험업법상 선임계리사의 금지행위에 해당하지 않는 것은? 기출 23

① 중대한 과실로 진실을 숨기거나 거짓으로 보험계리를 하는 행위
② 타인으로 하여금 자기의 명의로 보험계리업무를 하게 하는 행위
③ 충분한 조사나 검증을 하지 아니하고 보험계리업무를 수행하는 행위
④ 업무상 제공받은 자료를 무단으로 보험계리업무와 관련이 없는 자에게 제공하는 행위

> **해설**
> **선임계리사의 금지행위(법 제184조 제3항)**
> 1. <u>고의로 진실을 숨기거나 거짓으로 보험계리를 하는 행위</u>
> 2. 업무상 알게 된 비밀을 누설하는 행위
> 3. 타인으로 하여금 자기의 명의로 보험계리업무를 하게 하는 행위
> 4. 그 밖에 공정한 보험계리업무의 수행을 해치는 행위로서 <u>대통령령으로 정하는 행위</u>(영 제94조)
>   • 정당한 이유 없이 보험계리업무를 게을리하는 행위
>   • <u>충분한 조사나 검증을 하지 아니하고 보험계리업무를 수행하는 행위</u>
>   • <u>업무상 제공받은 자료를 무단으로 보험계리업무와 관련이 없는 자에게 제공하는 행위</u>

20 보험업법상 보험회사가 선임계리사를 선임한 경우에는 그 선임일이 속한 사업연도의 다음 사업연도부터 연속하는 3개 사업연도가 끝나는 날까지 그 선임계리사를 해임할 수 없지만, 일정한 경우에는 그러하지 아니하다. 이러한 예외 사유에 해당하지 않는 것은? 기출 23

① 회사의 기밀을 누설한 경우
② 직무를 부적절하게 수행하여 금융위원회로부터 업무의 정지 조치를 받은 경우
③ 계리업무와 관련하여 부당한 요구를 하거나 압력을 행사한 경우
④ 업무를 게을리하여 회사에 손해를 발생하게 한 경우

| 해설 |
보험회사가 선임계리사를 선임한 경우에는 그 선임일이 속한 사업연도의 다음 사업연도부터 연속하는 3개 사업연도가 끝나는 날까지 그 선임계리사를 해임할 수 없다. 다만, 다음 각 호의 어느 하나에 해당하는 경우에는 그러하지 아니하다(법 제184조 제4항).
1. 선임계리사가 회사의 기밀을 누설한 경우
2. 선임계리사가 그 업무를 게을리하여 회사에 손해를 발생하게 한 경우
3. 선임계리사가 계리업무와 관련하여 부당한 요구를 하거나 압력을 행사한 경우
4. 제192조에 따른 금융위원회의 해임 요구가 있는 경우

21 선임계리사에 관한 다음의 설명 중 옳지 않은 것은? 기출 15

① 선임계리사는 기초서류의 내용 및 보험계약에 따른 배당금의 계산 등이 정당한지 여부를 검증하고 확인하여야 한다.
② 선임계리사는 보험회사가 기초서류관리기준을 지키는지를 점검하고 이를 위반하는 경우에는 조사하여 그 결과를 이사회에 보고하여야 하며, 기초서류에 법령을 위반한 내용이 있다고 판단하는 경우에는 금융위원회에 보고하여야 한다.
③ 선임계리사는 업무상 알게 된 비밀을 누설하는 행위를 하여서는 아니 된다.
④ 선임계리사가 되려는 사람은 보험계리업무에 5년 이상 종사한 경력이 있어야 한다.

| 해설 |
선임계리사가 되려는 사람은 보험계리업무에 10년 이상 종사한 경력이 있어야 한다(법 제184조의2 제1항 제2호).

22 보험업법상 선임계리사에 관한 설명 중 옳은 것은 모두 몇 개인가? 기출 18

가. 보험회사는 선임계리사가 그 업무를 원활하게 수행할 수 있도록 필요한 인력 및 시설을 지원하여야 한다.
나. 선임계리사가 되려는 사람은 보험계리사로서 10년 이상 등록되어야 하며, 보험계리업무에 7년 이상 종사한 경력이 있어야 한다.
다. 최근 5년 이내에 금융위원회로부터 해임권고·직무정지 조치를 받은 사실이 있는 경우 선임계리사가 될 수 없다.
라. 선임계리사는 그 업무 수행과 관련하여 보험회사의 이사회에 참석할 수 있다.
마. 선임계리사는 기초서류의 내용 및 보험계약에 따른 배당금의 계산 등이 정당한지 여부를 검증·확인하였을 때에는 그 의견서를 이사회와 감사 또는 감사위원회에 제출하여야 한다.

① 2개
② 3개
③ 4개
④ 5개

| 해설 |

가. (○) 법 제184조의3 제5항
나. (×) 보험계리사가 되려는 자는 금융감독원장이 실시하는 시험에 합격하고 일정 기간의 실무수습을 마친 후 금융위원회에 등록하여야 하며, 보험계리업무에 10년 이상 종사한 경력이 있어야 한다(법 제182조 제1항, 제184조의2 제1항 제2호).
다. (○) 법 제184조의2 제1항 제3호
라. (○) 법 제184조의3 제2항
마. (○) 법 제184조의3 제3항

23 보험업법상 원칙적으로 손해사정사 고용의무가 없는 보험회사는? 기출 16

① 재보험상품을 판매하는 보험회사
② 화재보험상품을 판매하는 보험회사
③ 보증보험 상품을 판매하는 보험회사
④ 질병보험 상품을 판매하는 보험회사

| 해설 |

손해사정사 고용의무 보험회사(영 제96조의3 제1항)
1. 손해보험상품(보증보험계약은 제외한다)을 판매하는 보험회사
2. 제3보험상품을 판매하는 보험회사

24 다음 중 손해사정사를 고용하여 보험사고에 따른 손해액 및 보험금의 사정에 관한 업무를 담당하게 하거나 손해사정사 또는 손해사정업자를 선임하여 그 업무를 위탁하여야 하는 보험회사를 모두 묶은 것은?

> 가. 생명보험상품을 판매하는 보험회사
> 나. 보증보험상품을 판매하는 보험회사
> 다. 제3보험상품을 판매하는 보험회사
> 라. 손해보험상품을 판매하는 보험회사

① 가, 나
② 나, 다
③ 다, 라
④ 가, 나, 다

| 해설 |

대통령령으로 정하는 보험회사[손해보험상품(보증보험계약은 제외한다)을 판매하는 보험회사와 제3보험상품을 판매하는 보험회사]는 보험사고에 따른 손해액 및 보험금의 사정(이하 "손해사정"이라 한다)에 관한 업무를 직접 수행하거나 손해사정사 또는 손해사정을 업으로 하는 자(이하 "손해사정업자"라 한다)를 선임하여 그 업무를 위탁하여야 한다. 다만, 다음 각 호의 어느 하나에 해당하는 경우에는 그러하지 아니하다(법 제185조 제1항, 영 제96조의3 제1항). 〈2024.2.6. 개정〉
1. 보험사고가 외국에서 발생한 경우
2. 보험계약자 등이 금융위원회가 정하는 기준에 따라 손해사정사를 따로 선임한 경우로서 보험회사가 이에 동의한 경우

25 손해사정사에 관한 설명으로 옳은 것은? 기출 14

① 1년의 실무수습기간을 거쳐야 한다.
② 제3보험상품을 판매하는 보험회사도 고용(선임)의무를 진다.
③ 보험사고가 외국에서 발생한 경우에도 고용(선임)의무를 진다.
④ 본인과 생계를 같이 하는 친족의 보험사고에 대한 손해사정 행위도 할 수 있다.

| 해설 |

② 법 제185조, 영 제96조의3 제1항
① 실무수습기관은 6개월로 한다(규칙 제54조 제2항).
③ 보험사고가 외국에서 발생한 경우에는 고용의무가 없다(법 제185조 제1항 제1호).
④ 본인과 생계를 같이 하는 친족의 보험사고에 대한 손해사정 행위는 할 수 없다(법 제189조 제3항 제7호 및 동법 규칙 제57조 제1항 제1호 가목).

정답 22 ③ 23 ③ 24 ③ 25 ②

26 손해사정사가 되려는 자는 (　)이 실시하는 시험에 합격하고 (　)의 실무수습을 마친 후 (　)에 등록하여야 한다. (　)에 들어갈 내용으로 옳은 것은? 기출 25

① 보험개발원장 – 6개월 – 금융감독원
② 금융감독원장 – 6개월 – 금융위원회
③ 보험개발원장 – 3개월 – 금융감독원
④ 금융감독원장 – 3개월 – 금융위원회

| 해설 |
손해사정사가 되려는 자는 (**금융감독원장**)이 실시하는 시험에 합격하고 (**6개월**)의 실무수습을 마친 후 (**금융위원회**)에 등록하여야 한다(법 제186조 제1항, 규칙 제54조 제2항).

27 손해사정업에 관한 다음의 설명 중 옳지 않은 것은? 기출 15

① 금융위원회는 손해사정사가 그 직무를 수행하면서 부적절한 행위를 하였다고 인정되는 경우 6개월 이내의 업무의 정지를 명할 수 있다.
② 손해사정을 업으로 하려는 법인은 3명 이상의 상근 손해사정사를 두어야 한다.
③ 손해사정을 업으로 하려는 법인이 지점 또는 사무소를 설치하려는 경우에는 각 지점 또는 사무소별로 총리령으로 정하는 손해사정사의 구분에 따라 수행할 업무의 종류별로 1명 이상의 손해사정사를 두어야 한다.
④ 손해사정사가 되려는 자는 금융감독원장이 실시하는 시험에 합격하고 일정 기간의 실무수습을 마친 후 금융위원회에 등록하여야 한다.

| 해설 |
손해사정을 업으로 하려는 법인은 <u>2명</u> 이상의 상근 손해사정사를 두어야 한다. 이 경우 총리령으로 정하는 손해사정사의 구분에 따라 수행할 업무의 종류별로 1명 이상의 상근 손해사정사를 두어야 한다(영 제98조 제1항).

28 보험업법상 손해사정을 업으로 하려는 법인의 영업기준에 관한 설명으로 옳지 않은 것은? 기출 24

① 2명 이상의 상근 손해사정사를 두어야 하며, 총리령으로 정하는 손해사정사의 구분에 따라 수행할 업무의 종류별로 1명 이상의 상근 손해사정사를 두어야 한다.
② 지점 또는 사무소를 설치하려는 경우에는 각 지점 또는 사무소별로 총리령으로 정하는 손해사정사의 구분에 따라 수행할 업무의 종류별로 1명 이상의 손해사정사를 두어야 한다.
③ 상근 손해사정사의 인원에 결원이 생긴 기간이 2개월의 기간을 초과하는 경우에도 금융위원회의 승낙이 있으면 그 기간 동안 손해사정업무를 할 수 있다.
④ 손해사정업의 등록일부터 1개월 내에 업무를 시작해야 하지만, 불가피한 사유가 있다고 금융위원회가 인정하는 경우에는 그 기간을 연장할 수 있다.

> **해설**
> 상근 손해사정사의 인원에 결원이 생긴 기간이 2개월의 기간을 초과하는 경우에는 그 기간 동안 손해사정업자는 손해사정업무를 할 수 없다(영 제98조 제4항).
> ① 영 제98조 제1항
> ② 영 제98조 제2항
> ④ 영 제98조 제7항

29 보험업법상 손해사정사의 손해사정업무 수행시 금지되는 행위로서 옳지 않은 것은? 기출 20

① 업무상 알게 된 보험계약자 등에 관한 개인정보를 누설하는 행위
② 보험금 지급을 요건으로 합의서를 작성하거나 합의를 요구하는 행위
③ 자기 또는 자기와 총리령으로 정하는 이해관계를 가진 자의 보험사고에 대하여 손해사정을 하는 행위
④ 금융위원회가 정하는 바에 따라 업무와 관련된 보조인을 두는 행위

> **해설**
> 손해사정사는 금융위원회가 정하는 바에 따라 업무와 관련된 보조인을 둘 수 있다(법 제186조 제3항).
> ① 법 제189조 제3항 제2호
> ② 법 제189조 제3항 제6호
> ③ 영 제99조 제3항 제2호

정답 26 ② 27 ② 28 ③ 29 ④

30 보험업법상 손해사정사 또는 손해사정업자에 관한 설명 중 옳지 않은 것은? 기출 18

① 손해사정사 또는 손해사정업자의 업무에 손해액 및 보험금의 사정이 포함되나 보험약관 및 관계 법규 적용의 적정성 판단 업무는 포함되지 아니한다.
② 손해사정사 또는 손해사정업자는 자기와 이해관계를 가진 자의 보험사고에 대하여 손해사정을 할 수 없다.
③ 보험계약자 등이 선임한 손해사정사 또는 손해사정업자는 손해사정업무를 수행한 후 지체 없이 보험회사 및 보험계약자 등에 대하여 손해사정서를 내어 주고, 그 중요한 내용을 알려주어야 한다.
④ 손해사정사 또는 손해사정업자는 보험회사 및 보험계약자 등에 대하여 이미 제출받은 서류와 중복되는 서류나 손해사정과 관련이 없는 서류를 요청함으로써 손해사정을 지연하는 행위를 할 수 없다.

> |해설|
> 손해사정사 또는 손해사정업자의 업무에 손해액 및 보험금의 사정과 보험약관 및 관계 법규 적용의 적정성 판단 업무가 포함된다(법 제188조 제2호).
> ② 영 제99조 제3항 제2호
> ③ 법 제189조 제2항
> ④ 법 제189조 제3항 제5호

31 보험업법상 손해사정사에 관한 설명으로 옳지 않은 것은? 기출 20

① 금융위원회는 손해사정사가 그 직무를 게을리 하거나 직무를 수행하면서 부적절한 행위를 한 경우 업무의 정지를 명할 수 있다.
② 손해사정을 업으로 하려는 법인은 2명 이상의 상근 손해사정사를 두어야 한다.
③ 손해사정사는 손해액 및 보험금의 사정업무를 할 수 있으나, 관계법규 적용의 적정성 판단은 할 수 없다.
④ 손해사정사는 정당한 사유 없이 손해사정업무를 지연하거나 충분한 조사를 하지 아니하고 손해액 또는 보험금을 산정하는 행위를 할 수 없다.

> |해설|
> 손해사정사는 손해액 및 보험금의 사정업무뿐만 아니라, 관계법규 적용의 적정성 판단업무를 할 수 있다(법 제188조 제2호, 제3호).
> ① 법 제192조 제1항
> ② 법 제187조 제2항, 영 제98조 제1항
> ④ 법 제189조 제3항 제4호

32 다음 중 보험업법상 손해사정사의 업무로 옳지 않은 것은? 기출 17

① 손해발생 사실의 확인
② 보험약관 및 관계 법규 적용의 적정성 판단
③ 손해액 및 보험금의 사정
④ 당해 손해에 관한 당사자간 합의의 중재

| 해설 |

손해사정사 등의 업무(법 제188조)
1. 손해발생 사실의 확인
2. 보험약관 및 관계 법규 적용의 적정성 판단
3. 손해액 및 보험금의 사정
4. 제1호부터 제3호까지의 업무와 관련된 서류의 작성·제출의 대행
5. 제1호부터 제3호까지의 업무 수행과 관련된 보험회사에 대한 의견의 진술

33 보험업법상 손해사정업자의 업무 등에 관한 설명으로 옳은 것은? 기출 23

① 보험회사가 출자한 손해사정법인에 소속된 손해사정사는 그 출자한 보험회사가 체결한 보험계약에 관한 보험사고에 대하여 손해사정을 할 수 없다.
② 보험회사로부터 손해사정업무를 위탁받은 손해사정업자는 손해사정서에 피보험자의 건강정보 등 「개인정보보호법」에 따른 민감정보가 포함된 경우 보험회사의 동의를 받아야 한다.
③ 금융위원회는 손해사정업자가 그 업무를 할 때 고의 또는 과실로 타인에게 손해를 발생하게 한 경우 그 손해의 배상을 보장하기 위하여 손해사정업자에게 보험협회가 지정하는 기관에의 자산 예탁, 보험 가입, 그 밖에 필요한 조치를 하게 할 수 있다.
④ 보험회사로부터 손해사정업무를 위탁받은 손해사정업자는 손해사정업무를 수행한 후 손해사정서를 작성한 경우에 지체 없이 서면, 문자메시지, 전자우편, 팩스 또는 이와 유사한 방법에 따라 보험회사, 보험계약자, 피보험자 및 보험금청구권자에게 손해사정서를 내어 주고 그 중요한 내용을 알려주어야 한다.

| 해설 |

④ 법 제189조 제1항, 영 제99조 제1항
① 보험회사가 출자한 손해사정법인에 소속된 손해사정사는 그 출자한 보험회사가 체결한 보험계약에 관한 보험사고에 대하여 <u>손해사정을 할 수 있다</u>(법 제189조 제3항 제7호, 영 제99조 제3항 제3호).
② 보험회사로부터 손해사정업무를 위탁받은 손해사정업자는 손해사정서에 피보험자의 건강정보 등 「개인정보보호법」에 따른 민감정보가 포함된 경우 <u>피보험자의 동의</u>를 받아야 한다(영 제99조 제2항).
③ 금융위원회는 손해사정업자가 그 업무를 할 때 고의 또는 과실로 타인에게 손해를 발생하게 한 경우 그 손해의 배상을 보장하기 위하여 손해사정업자에게 <u>금융위원회가 지정하는</u> 기관에의 자산 예탁, 보험가입, 그 밖에 필요한 조치를 하게 할 수 있다(법 제191조).

정답 30 ① 31 ③ 32 ④ 33 ④

34 다음 설명 중 옳지 않은 것은? 기출수정 15

① 제3보험상품을 판매하는 보험회사는 손해사정사를 고용하거나 손해사정사 또는 손해사정업자에게 업무를 위탁하여야 한다.
② 보험사고가 외국에서 발생하거나 보험계약자 등이 금융위원회가 정하는 기준에 따라 손해사정사를 따로 선임한 경우로서 보험회사가 이에 동의한 경우 보험회사는 손해사정사의 고용 또는 업무위탁 의무가 없다.
③ 보험회사로부터 손해사정업무를 위탁받은 손해사정사는 손해사정서를 보험계약자, 피보험자 및 보험금청구권자에게도 내어 주어야 한다.
④ 보험업법상 보험계약자로부터 손해사정업무를 위탁받은 손해사정사는 손해사정서에 피보험자의 민감정보가 포함된 경우 피보험자의 별도의 동의를 받지 아니한 때에는 건강정보 등 민감정보를 삭제하거나 식별할 수 없도록 하여야 함을 정하고 있다.

> **해설**
> 보험회사로부터 손해사정업무를 위탁받은 손해사정사 또는 손해사정업자는 손해사정서에 피보험자의 건강정보 등 「개인정보보호법」 제23조 제1항에 따른 민감정보가 포함된 경우 피보험자의 동의를 받아야 하며, 동의를 받지 아니한 경우에는 해당 민감정보를 삭제하거나 식별할 수 없도록 하여야 한다(영 제99조 제2항).
> ① 법 제185조 제1항 및 영 제96조의3 제1항 제2호
> ② 법 제185조 제1항 단서
> ③ 법 제189조 제1항

35 보험업법상 보험계리사 · 선임계리사 · 보험계리업자 · 손해사정사 및 손해사정업자(이 문항에 한하여 '보험계리사 등'이라고 한다)에 관한 설명 중 옳은 것을 모두 고른 것은? 기출 18

> 가. 보험업법에 따라 보험계리사 등이 업무정지 처분을 2회 이상 받은 경우 금융위원회는 그 등록을 취소하여야 한다.
> 나. 보험업법에 따라 보험계리사 등의 등록이 취소된 후 1년이 지나지 아니한 자는 보험계리사 등이 될 수 없다.
> 다. 보험업법에 따라 보험계리사 등의 등록취소 처분을 2회 이상 받은 경우 최종 등록취소 처분을 받은 날부터 2년이 지나지 아니한 자는 보험계리사 등이 될 수 없다.
> 라. 금융위원회는 보험계리사 등이 그 직무를 게을리하거나 직무를 수행하면서 부적절한 행위를 하였다고 인정되는 경우에는 1년 이내의 기간을 정하여 업무의 정지를 명하거나 해임하게 할 수 있다.

① 가
② 가, 나
③ 가, 나, 다
④ 가, 나, 다, 라

| 해설 |
가. (○) 법 제190조(법 제86조 제1항 제4호 준용)
나. (×) 보험업법에 따라 보험계리사 등의 등록이 취소된 후 2년이 지나지 아니한 자는 보험계리사 등이 될 수 없다(법 제190조, 제84조 제2항 제5호 준용).
다. (×) 보험업법에 따라 보험계리사 등의 등록취소 처분을 2회 이상 받은 경우 최종 등록취소 처분을 받은 날부터 3년이 지나지 아니한 자는 보험계리사 등이 될 수 없다(법 제190조, 제84조 제2항 제6호 준용).
라. (×) 금융위원회는 보험계리사 등이 그 직무를 게을리하거나 직무를 수행하면서 부적절한 행위를 하였다고 인정되는 경우에는 6개월 이내의 기간을 정하여 업무의 정지를 명하거나 해임하게 할 수 있다(법 제192조 제1항).

36 손해사정에 관한 설명으로 괄호 안에 들어간 내용이 순서대로 연결된 것은? 기출 21

가. 손해사정을 업으로 하려는 법인은 (   )명 이상의 상근 손해사정사를 두어야 한다.
나. 금융위원회는 손해사정사 또는 손해사정업자가 그 직무를 게을리하거나 직무를 수행하면서 부적절한 행위를 하였다고 인정되는 경우에는 (   )개월 이내의 기간을 정하여 업무의 정지를 명하거나 해임하게 할 수 있다.
다. 손해사정업자는 등록일부터 (   )개월 내에 업무를 시작하여야 한다. 다만, 불가피한 사유가 있다고 금융위원회가 인정하는 경우에는 그 기간을 연장할 수 있다.

① 2 - 6 - 1   ② 2 - 3 - 2
③ 5 - 6 - 2   ④ 5 - 3 - 1

| 해설 |
가. 손해사정을 업으로 하려는 법인은 (2)명 이상의 상근 손해사정사를 두어야 한다(영 제98조 제1항).
나. 금융위원회는 손해사정사 또는 손해사정업자가 그 직무를 게을리하거나 직무를 수행하면서 부적절한 행위를 하였다고 인정되는 경우에는 (6)개월 이내의 기간을 정하여 업무의 정지를 명하거나 해임하게 할 수 있다(법 제192조 제1항).
다. 손해사정업자는 등록일부터 (1)개월 내에 업무를 시작하여야 한다. 다만, 불가피한 사유가 있다고 금융위원회가 인정하는 경우에는 그 기간을 연장할 수 있다(영 제98조 제7항).

37 보험업법상 개인인 손해사정사는 자신과 일정한 이해관계를 가진 자의 보험사고에 대하여는 손해사정을 할 수 없는데, 이에 해당하는 자가 아닌 경우는? 기출 23

① 본인의 혈족의 배우자의 혈족으로서 생계를 같이하는 자
② 본인의 배우자의 2촌 이내의 친족이 상근 임원으로 있는 단체
③ 본인을 고용하고 있는 개인 또는 본인이 상근 임원으로 있는 법인
④ 본인이 고용하고 있는 개인 또는 본인이 대표자로 있는 단체

정답 34 ④ 35 ① 36 ① 37 ①

| 해설 |
이해관계자의 범위(규칙 제57조 제1항)
1. 개인인 손해사정사의 경우
    가. 본인의 배우자 및 본인과 생계를 같이하는 친족
    나. 본인을 고용하고 있는 개인 또는 본인이 상근 임원으로 있는 법인 또는 단체
    다. 본인이 고용하고 있는 개인 또는 본인이 대표자로 있는 법인 또는 단체
    라. 본인과 생계를 같이하는 2촌 이내의 친족, 본인의 배우자 또는 배우자의 2촌 이내의 친족이 상근 임원으로 있는 법인 또는 단체

2. 법인인 손해사정업자의 경우
    가. 해당 법인의 임직원을 고용하고 있는 개인 또는 법인
    나. 해당 법인에 대한 출자금액이 전체 출자금액의 100분의 30을 초과하는 자

38 보험업법상 금융위원회의 손해사정업자에 대한 감독 등에 관한 설명으로 옳지 않은 것은?

기출 23

① 손해사정업자가 그 직무를 게을리 하였다고 인정되는 경우, 6개월 이내의 기간을 정하여 업무의 정지를 명하거나 해임하게 할 수 있다.
② 손해사정업자의 자산상황이 불량하여 보험계약자 등의 권익을 해칠 우려가 있다고 인정되는 경우, 불건전한 자산에 대한 적립금의 보유를 명할 수 있다.
③ 손해사정업자가 이 법을 위반하여 손해사정업의 건전한 경영을 해친 경우, 금융감독원장의 건의에 따라 업무집행 방법의 변경을 하게 할 수 있다.
④ 손해사정업자가 그 업무를 할 때 고의 또는 과실로 타인에게 손해를 발생하게 한 경우, 금융위원회는 그 손해배상을 보장하기 위하여 손해사정업자에게 금융위원회가 지정하는 기관에의 자산 예탁을 하게 할 수 있다.

| 해설 |
손해사정업자가 이 법을 위반하여 손해사정업의 건전한 경영을 해친 경우, 금융감독원장의 건의에 따라 다음 각 호의 어느 하나에 해당하는 조치를 하거나 금융감독원장으로 하여금 제1호의 조치를 하게 할 수 있다(법 제192조 제2항, 제134조 제1항 준용).
1. 보험회사에 대한 주의·경고 또는 그 임직원에 대한 주의·경고·문책의 요구
2. 해당 위반행위에 대한 시정명령
3. 임원(「금융회사의 지배구조에 관한 법률」 제2조 제5호에 따른 업무집행책임자는 제외한다)의 해임권고·직무정지
4. 6개월 이내의 영업의 일부정지

① 법 제192조 제1항
② 법 제131조 제1항 제4호
④ 법 제191조

CHAPTER 10 보칙 및 벌칙

학습목표
❶ 벌칙에 관한 사항과 기타 업무의 위탁사항 등을 이해한다.
❷ 과징금 등의 기본적인 사항을 학습한다.

01 보칙

1 공제 등

(1) 공제에 대한 협의(법 제193조) 기출 25
① 금융위원회는 법률에 따라 운영되는 공제업과 「보험업법」에 따른 보험업간의 균형 있는 발전을 위하여 필요하다고 인정하는 경우에는 그 공제업을 운영하는 자에게 기초서류에 해당하는 사항에 관한 협의를 요구하거나 그 공제업 관련 중앙행정기관의 장에게 재무건전성에 관한 사항에 관한 협의를 요구할 수 있다.
② 요구를 받은 자는 정당한 사유가 없으면 그 요구에 따라야 한다.
③ 중앙행정기관의 장은 공제업의 재무건전성 유지를 위하여 필요하다고 인정하는 경우에는 공제업을 운영하는 자에 대한 공동검사에 관한 협의를 금융위원회에 요구할 수 있다.

(2) 업무의 위탁 등(법 제194조 및 영 제101조) 기출 18·22
① 보험협회에 위탁하는 업무
　㉠ 보험설계사의 등록업무
　㉡ 보험대리점의 등록업무
② 금융감독원장에게 위탁하는 업무
　㉠ 보험중개사의 등록업무
　㉡ 보험계리사의 등록업무
　㉢ 보험계리를 업으로 하려는 자의 등록업무
　㉣ 손해사정사의 등록업무
　㉤ 손해사정을 업으로 하려는 자의 등록업무
③ 금융위원회 업무의 위탁(법 제194조 제3항, 영 제100조)
　금융위원회는 「보험업법」에 따른 업무의 일부를 대통령령으로 정하는 바에 따라 금융감독원장에게 위탁할 수 있다.
　㉠ 금융위원회는 영 별표 8에 따른 업무를 금융감독원장에게 위탁한다.

ⓒ 금융감독원장은 위탁받은 업무의 처리 내용을 반기별로 금융위원회에 보고하여야 한다. 다만, 금융위원회는 금융위원회가 정하여 고시하는 업무에 대해서는 보고의 시기를 달리 정할 수 있다.

> **심화TIP** 금융위원회가 금융감독원장에게 위탁하는 업무의 범위(영 별표 8)
>
> - 법 제4조 제8항에 따른 조건의 취소 또는 변경 신청에 대한 심사
> - 법 제6조 제1항 및 제2항에 따른 보험업의 허가 요건을 갖추었는지의 심사
> - 법 제6조 제3항에 따른 보험종목 추가 허가의 요건을 갖추었는지의 심사
> - 법 제6조 제4항 단서에 따른 물적 시설 유지의 예외 승인 요건을 갖추었는지의 심사
> - 법 제7조 제2항에 따른 예비허가의 심사
> - 법 제11조 각 호 외의 부분 후단에 따른 겸영업무 신고의 접수
> - 법 제11조의2에 따른 부수업무 신고의 접수 및 수리
> - 법 제12조 제2항에 따른 외국보험회사 등의 국내사무소 설치신고의 접수
> - 법 제20조 제3항에 따른 준비금 적립금액의 결정
> - 법 제74조 제3항에 따른 외국보험회사국내지점의 허가취소사유 보고의 접수
> - 법 제77조 제1항에 따른 외국보험회사의 본점의 잔무를 처리할 자에 대한 선임 또는 해임
> - 법 제86조 제4항에 따른 보험설계사의 등록취소의 통지 및 업무정지의 통지
> - 법 제87조의3 제2항에 따른 법인보험대리점이 금융위원회에 알리는 사항의 접수
> - 법 제88조 제3항에 따른 보험대리점의 등록취소의 통지 및 업무정지의 통지
> - 법 제89조 제3항에 따른 보험중개사에 대한 영업보증금 예탁 등의 조치
> - 법 제89조의3 제2항에 따른 법인보험중개사가 금융위원회에 알리는 사항의 접수
> - 법 제93조에 따른 신고의 수리
> - 법 제107조 제2호에 따른 자산운용 제한에 대한 예외 승인 여부의 심사
> - 법 제111조 제3항에 따른 대주주와의 거래 등에 관한 보고의 접수
> - 법 제111조 제4항에 따른 대주주에 대한 신용공여나 대주주가 발행한 채권 또는 주식의 취득에 관한 사항에 대한 보고의 접수
> - 법 제112조에 따른 대주주 등에 대한 자료 제출 요구
> - 법 제115조 제1항 각 호 외의 부분 본문에 따른 자회사의 소유에 관한 승인 여부의 심사
> - 법 제115조 제2항에 따른 자회사 소유 신고의 접수 및 수리
> - 법 제115조 제3항에 따른 자회사 소유 보고의 접수
> - 법 제117조 제1항 및 제2항에 따른 자회사에 관한 서류의 접수
> - 법 제118조 제1항 및 제2항에 따른 재무제표 등의 접수
> - 법 제121조의2에 따른 배당보험계약 외의 보험계약에 대한 구분 회계처리에 관한 승인 여부의 심사
> - 법 제124조 제6항에 따른 거짓이거나 사실과 다른 공시의 중단이나 시정조치 등의 요구
> - 법 제125조 제1항 단서에 따른 상호협정 변경신고의 접수
> - 법 제126조에 따른 정관변경의 보고의 접수
> - 법 제127조 제2항에 따른 기초서류 작성 또는 변경 신고의 수리
> - 법 제127조 제3항에 따른 기초서류에 관한 자료 제출의 요구
> - 법 제127조의2 제1항에 따른 기초서류의 변경 권고
> - 법 제130조에 따른 보고의 접수
> - 법 제133조 제1항(법 제179조에서 준용하는 경우를 포함한다)에 따른 금융위원회의 감독업무의 수행과 관련한 보고 또는 자료 제출 명령
> - 법 제144조 제1항 단서에 따른 자산 처분 허가 여부의 심사
> - 법 제155조에 따른 정리계획서의 접수

- 법 제156조에 따른 청산인의 선임 및 해임
- 법 제160조(법 제77조 제3항에서 준용하는 경우를 포함한다)에 따른 검사, 자산의 공탁 및 청산의 감독 상 필요한 명령
- 법 제161조 제1항에 따른 업무와 자산의 관리 명령
- 법 제162조 제1항 및 제2항에 따른 조사 및 자료 제출 요구
- 법 제162조 제4항에 따른 조사 방해 등의 행위를 한 관계자에 대한 문책 등의 요구
- 법 제164조에 따른 조사 관련 정보의 공표
- 법 제169조 제1항에 따른 지급불능의 확인
- 법 제171조 제1항에 따른 손해보험협회의 자금 차입 승인 여부의 심사
- 법 제176조 제4항에 따른 순보험요율의 신고 수리
- 법 제184조 제2항에 따른 기초서류의 법령 위반 내용에 대한 선임계리사 보고의 접수
- 법 제184조 제6항에 따른 선임계리사에 대한 의견 제출 지시
- 법 제191조에 따른 보험계리업자 또는 손해사정업자에 대한 자산 예탁 등의 조치의 요구
- 법 제193조 제1항에 따른 다음 각 목의 업무
  가. 공제업을 운영하는 자에 대한 기초자료 관련 협의 요구
  나. 공제업 관련 중앙행정기관의 장에 대한 재무건전성 관련 협의 요구
- 법 제193조 제3항에 따른 중앙행정기관의 장의 공동검사 협의 요구의 처리
- 법 제195조 제1항에 따른 보험업의 허가 및 허가취소의 공고 중 인터넷 홈페이지를 이용한 공고
- 법 제195조 제2항에 따른 인터넷 홈페이지 등을 이용한 공고
- 영 제7조 제1항 제5호에 따른 보험계약을 체결하기 곤란한 경우에 해당하는지에 대한 검토
- 영 제16조의2 제1항에 따른 부수업무 신고내용의 인터넷 홈페이지 등에 공고
- 영 제66조에 따른 경영실태 및 위험에 대한 평가
- 영 제71조 제3항에 따른 분기별 보험상품 판매 목록의 접수
- 영 제71조의2에 따른 기초서류의 변경 권고
- 영 제87조 제3항에 따른 참조순보험요율의 적정성 검증보고서 제출의 접수
- 영 제92조 제3항에 따른 보험계리업자의 등록사항 변경신고의 접수
- 영 제97조 제3항에 따른 손해사정업자의 등록사항 변경신고의 접수
- 법 제139조에 따른 해산의 결의·합병과 보험계약의 이전의 인가에 대한 심사
- 법 제150조에 따른 영업 양도·양수의 인가에 대한 심사
- 그 밖에 위의 규정에 준하는 업무로서 금융위원회의 결정에 따른 업무의 집행에 필요한 업무

④ 금융감독원장 업무의 위탁(법 제194조 제4항, 영 제101조)
금융감독원장은 「보험업법」에 따른 업무의 일부를 대통령령으로 정하는 바에 따라 보험협회의 장, 보험요율산출기관의 장 또는 보험관계단체의 장, 자격검정 등을 목적으로 설립된 기관에 위탁할 수 있다.

금융감독원장이 보험협회의 장에게 위탁하는 업무	• 보험설계사의 등록취소 또는 업무정지 통지에 관한 업무 • 보험대리점의 등록취소 또는 업무정지 통지에 관한 업무 • 보험설계사에 관한 신고의 수리 • 보험대리점에 관한 신고의 수리
금융감독원장이 보험요율산출기관의 장에게 위탁하는 업무	시험에 관한 업무 중 다음의 업무 • 시험 응시원서의 교부 및 접수 • 시험의 시행 및 그에 부수하는 업무
금융감독원장이 보험협회의 장 또는 보험관계단체의 장에게 위탁하는 업무	보험대리점에 대한 검사업무 중 보험대리점 및 소속 모집인의 영업행위에 대한 검사 업무의 일부 ※ 이 경우 검사업무 수탁기관은 위탁받은 검사업무를 공정하고 독립적으로 수행할 수 있는 조직구조를 갖추어 금융감독원장에게 미리 확인을 받아야 한다(영 제101조 제3항 단서).

> 금융감독원장은 위탁 검사업무의 대상, 범위, 방법 및 절차 등에 관하여 기준을 정할 수 있다(영 제101조 제4항).

(3) 허가 등의 공고(법 제195조) 기출 18

① 금융위원회는 보험업의 허가를 하거나 외국보험회사국내지점의 허가취소 또는 보험회사에 대한 제재에 따라 허가를 취소한 경우에는 지체 없이 그 내용을 관보에 공고하고 인터넷 홈페이지 등을 이용하여 일반인에게 알려야 한다.
② 금융위원회는 다음의 사항을 인터넷 홈페이지 등을 이용하여 일반인에게 알려야 한다.
  ㉠ 허가받은 보험회사
  ㉡ 외국보험회사 등이 설치한 국내사무소
  ㉢ 보험회사간에 인가된 상호협정
③ 금융감독원장은 다음의 사항을 인터넷 홈페이지 등을 이용하여 일반인에게 알려야 한다.
  ㉠ 등록된 보험중개사
  ㉡ 등록된 보험계리사 및 등록된 보험계리업자
  ㉢ 등록된 손해사정사 및 등록된 손해사정업자
④ 보험협회는 등록된 보험대리점을 인터넷 홈페이지 등을 이용하여 일반인에게 알려야 한다.

2. 과징금(법 제196조)

(1) 보험회사에 대한 부과기준

금융위원회는 보험회사가 제98조, 제99조, 제105조, 제106조, 제110조, 제111조, 제127조, 제127조의3, 제128조의3, 제131조를 위반한 경우에는 다음의 구분에 따라 과징금을 부과할 수 있다.

위반사항	과징금의 부과
특별이익의 제공 금지 규정을 위반하여 특별이익을 제공하거나 제공하기로 약속하는 경우	특별이익의 제공 대상이 된 해당 보험계약의 연간 수입보험료 이하
모집을 할 수 있는 자 이외의 자에게 모집을 위탁한 경우	해당 보험계약의 수입보험료의 100분의 50 이하
업무용 부동산이 아닌 부동산(저당권 등 담보권의 실행으로 취득하는 부동산은 제외한다)을 소유하는 경우	업무용이 아닌 부동산 취득가액의 100분의 30 이하
동일한 개인, 법인, 차주 등에 대한 신용공여 등의 한도를 초과한 경우	초과한 신용공여액 등의 100분의 30 이하
대주주 및 자회사에 대한 신용공여의 한도를 초과한 경우	초과한 신용공여액 이하
대주주 및 자회사에 대한 채권 또는 주식의 소유한도를 초과한 경우	초과 소유한 채권 또는 주식의 장부가액 합계액 이하
자금지원 관련 금지행위를 하는 경우	해당 신용공여액 또는 주식의 장부가액 합계액의 100분의 30 이하
대주주와의 거래제한을 위반하여 신용공여를 하거나 자산의 매매 또는 교환 등을 한 경우	해당 신용공여액 또는 해당 자산의 장부가액 이하
기초서류의 신고를 위반한 경우	해당 보험계약의 연간 수입보험료의 100분의 50 이하
기초서류 기재사항 준수의무를 위반한 경우	해당 보험계약의 연간 수입보험료의 100분의 50 이하
기초서류의 작성·변경원칙을 위반하여 기초서류를 작성·변경한 경우	해당 보험계약의 연간 수입보험료의 100분의 50 이하
금융위원회의 명령권에 따라 금융위원회로부터 기초서류의 변경·사용중지 명령 또는 보험료환급·보험금증액 명령을 받은 경우	해당 보험계약의 연간 수입보험료의 100분의 50 이하

(2) 보험회사의 소속 임직원 또는 소속 보험설계사에 대한 부과기준

위반사항	과징금의 부과
법 제95조의2 : 보험계약자에게 중요사항 설명의무	금융위원회는 그 보험회사에 대하여 해당 보험계약의 수입보험료의 100분의 50 이하의 범위에서 과징금을 부과할 수 있다. 다만, 보험회사가 그 위반행위를 막기 위하여 해당 업무에 관하여 상당한 주의와 감독을 게을리하지 아니한 경우에는 그러하지 아니하다.
법 제96조 제1항 : 평온한 생활을 침해하는 통신판매모집	
법 제97조 제1항 : 보험계약의 체결 또는 모집에 관한 금지행위위반	

(3) 과징금 병과

위반사항	과징금의 부과
법 제98조 : 특별이익의 제공금지위반	제200조(5년 이하의 징역 또는 3천만원 이하의 벌금) 또는 제202조(3년 이하의 징역 또는 2천만원 이하의 벌금)에 따른 벌칙과 위의 과징금을 병과할 수 있다.
법 제106조 제1항 제1호부터 3호까지·제5호·제6호 : 자산운용의 방법 및 비율위반	
법 제111조 제1항 : 대주주와의 거래제한위반	

(4) 과징금의 부과 및 징수 절차 [기출 19]

과징금의 부과 및 징수 절차 등에 관하여는 「은행법」 제65조의4부터 제65조의8까지의 규정을 준용한다.

> **심화TIP** 과징금의 부과(은행법 제65조의4 제1항)
>
> 금융위원회는 과징금을 부과하는 경우에는 다음 각 호의 사항을 고려하여야 한다.
> 1. 위반행위의 내용 및 정도
> 2. 위반행위의 기간 및 횟수
> 3. 위반행위로 인하여 취득한 이익의 규모

02 벌 칙

1 징역 또는 벌금

(1) 10년 이하의 징역 또는 1억원 이하의 벌금(법 제197조)
① 보험계리사, 손해사정사 또는 상호회사의 발기인, 상호회사의 설립위원·이사·감사, 상호회사의 직무대행자나 지배인, 그 밖에 사업에 관하여 어떠한 종류의 사항이나 특정한 사항을 위임받은 사용인이 그 임무를 위반하여 재산상의 이익을 취득하거나 제3자로 하여금 취득하게 하여 보험회사에 재산상의 손해를 입힌 경우에는 10년 이하의 징역 또는 1억원 이하의 벌금에 처한다.
② 상호회사의 청산인 또는 상호회사의 직무대행자가 ①항에 열거된 행위를 한 경우에도 같다.
③ 미수범은 처벌한다(법 제205조). 기출 20

(2) 7년 이하의 징역 또는 7천만원 이하의 벌금(법 제198조 및 제199조)
① 보험계약자총회 대행기관 또는 사원총회 대행기관을 구성하는 자가 그 임무를 위반하여 재산상의 이익을 취득하거나 제3자로 하여금 취득하게 하여 보험계약자나 사원에게 손해를 입힌 경우

> ①항의 경우 미수범은 처벌한다(법 제205조).

② 보험계리사, 손해사정사 또는 상호회사의 발기인, 상호회사의 설립위원·이사·감사, 상호회사의 직무대행자나 지배인, 그 밖에 사업에 관하여 어떠한 종류의 사항이나 특정한 사항을 위임받은 사용인 또는 상호회사의 검사인이 다음의 어느 하나에 해당하는 행위를 한 경우
　㉠ 상호회사를 설립하면서 사원의 수, 기금총액의 인수, 기금의 납입 또는 제34조 제4호부터 제6호까지 및 제9호와 제38조 제2항 제3호 및 제5호에 열거된 사항에 관하여 법원 또는 총회에 보고를 부실하게 하거나 사실을 숨긴 경우
　㉡ 명의에 관계없이 보험회사의 계산으로 부정하게 그 주식을 취득하거나 질권의 목적으로 받은 경우
　㉢ 법령 또는 정관을 위반하여 기금의 상각, 기금이자의 지급 또는 이익이나 잉여금의 배당을 한 경우
　㉣ 보험업을 하기 위한 목적 이외의 투기거래를 위하여 보험회사의 자산을 처분한 경우

(3) 5년 이하의 징역 또는 5천만원 이하의 벌금(법 제200조 및 제201조) 기출 20
① 보험업의 허가규정을 위반한 자
② 자산운용의 방법 및 비율을 위반하여 신용공여를 한 자
③ 자산운용의 방법 및 비율을 위반하여 채권 및 주식을 소유한 자
④ 대주주와의 거래관계규정을 위반하여 거래행위를 한 보험회사
⑤ 보험회사의 이익에 반하여 해당하는 행위를 한 대주주 또는 그의 특수관계인

⑥ 보험계리사, 손해사정사 또는 상호회사의 발기인, 상호회사의 설립위원·이사·감사, 상호회사의 직무대행자나 지배인, 그 밖에 사업에 관하여 어떠한 종류의 사항이나 특정한 사항을 위임받은 사용인 또는 상호회사의 검사인이 그 직무에 관하여 부정한 청탁을 받고 재산상의 이익을 수수·요구 또는 약속한 경우
⑦ ⑥항의 이익을 약속 또는 공여(供與)하거나 공여 의사를 표시한 자

(4) 3년 이하의 징역 또는 3천만원 이하의 벌금(법 제202조) 〈2024.2.6. 개정〉
① 미리 금융위원회의 승인을 받지 아니하고 자본감소의 결의를 한 주식회사
② 외국보험국내지점의 국내자산 보유의무를 위반한 자
③ 특별이익의 제공금지조항에서 규정한 금품 등을 제공(법 제98조 제3호의 경우에는 보험금액 지급의 약속을 말한다)한 자 또는 이를 요구하여 수수(收受)한 보험계약자 또는 피보험자
④ 자산운용의 방법 및 비율의 규정을 위반한 자
⑤ 개인정보이용자의 의무규정을 위반한 자
⑥ 등록을 하지 아니하고 보험계리업 또는 손해사정업을 한 자
⑦ 거짓이나 그 밖의 부정한 방법으로 보험계리업 또는 손해사정업 등록을 한 자
⑧ 업무상 알게 된 보험계약자 등에 관한 개인정보를 누설한 자

(5) 1년 이하의 징역 또는 1천만원 이하의 벌금(법 제203조 및 제204조)
① 다음의 사항에 관하여 부정한 청탁을 받고 재산상의 이익을 수수·요구 또는 약속한 자
  ㉠ 보험계약자총회, 상호회사의 창립총회 또는 사원총회에서의 발언이나 의결권 행사
  ㉡ 제3장 제2절·제3절 및 제8장 제2절에서 규정하는 소(訴)의 제기 또는 자본금의 100분의 5 이상에 상당하는 주주 또는 100분의 5 이상의 사원의 권리의 행사
② ①항의 이익을 약속 또는 공여하거나 공여 의사를 표시한 자
③ 보험회사가 아니면서 보험회사임을 표시하는 글자를 포함한 자
④ 모집자격 없이 모집을 한 자
⑤ 거짓이나 그 밖의 부정한 방법으로 보험설계사·보험대리점 또는 보험중개사의 등록을 한 자
⑥ 법 제86조 제2항(법 제190조에 따라 준용하는 경우를 포함한다)에 따른 업무정지의 명령을 위반하여 모집, 보험계리업무 또는 손해사정업무를 한 자 〈2024.2.6. 개정〉
⑦ 법 제88조 제2항, 법 제90조 제2항에 따른 업무정지의 명령을 위반하여 모집을 한 자
⑧ 영업양도·양수의 인가규정을 위반한 자
⑨ 정당한 사유 없이 확인을 하지 아니하거나 부정한 확인을 한 보험계리사 및 선임계리사
⑩ 선임계리사 및 보험계리사의 의무규정을 위반한 선임계리사 및 보험계리사
⑪ 손해사정사의 의무규정을 위반한 손해사정사

> 보험계리사나 손해사정사에게 위 ⑨항부터 ⑪항까지의 규정에 따른 행위를 하게 하거나 이를 방조한 자는 정범에 준하여 처벌한다.

(6) 병 과(법 제206조) 기출 22

「보험업법」제197조부터 제205조까지에 규정된 죄를 범한 자에게는 정상에 따라 징역과 벌금을 병과할 수 있다.

(7) 몰 수(법 제207조)

「보험업법」제201조 및 제203조의 경우 범인이 수수하였거나 공여하려 한 이익은 몰수한다. 그 전부 또는 일부를 몰수할 수 없는 경우에는 그 가액(價額)을 추징한다.

(8) 양벌규정(법 제208조) 기출 22·23

① 법인(법인이 아닌 사단 또는 재단으로서 대표자 또는 관리인이 있는 것을 포함한다)의 대표자나 법인 또는 개인의 대리인, 사용인, 그 밖의 종업원이 그 법인 또는 개인의 업무에 관하여 제200조, 제202조 또는 제204조의 어느 하나에 해당하는 위반행위를 하면 그 행위자를 벌하는 외에 그 법인 또는 개인에게도 해당 조문의 벌금형을 과(科)한다. 다만, 법인 또는 개인이 그 위반행위를 방지하기 위하여 해당 업무에 관하여 상당한 주의와 감독을 게을리 하지 아니한 경우에는 그러하지 아니하다.

② 법인이 아닌 사단 또는 재단에 대하여 벌금형을 과하는 경우에는 그 대표자 또는 관리인이 그 소송행위에 관하여 그 사단 또는 재단을 대표하는 법인을 피고인으로 하는 경우의 형사소송에 관한 법률을 준용한다.

2 과태료

(1) 과태료 부과(법 제209조 제1항~제4항) 기출 22

| 1억원 이하의 과태료 | 보험회사가 다음의 어느 하나에 해당하는 경우에는 1억원 이하의 과태료를 부과한다.
• 보험업 경영의 제한(법 제10조) 또는 보험회사의 겸영업무(법 제11조)를 위반하여 다른 업무 등을 겸영한 경우
• 보험회사의 부수업무(법 제11조의2 제1항)를 신고하지 아니한 경우
• 보험안내자료(법 제95조) 규정을 위반한 경우
• 통신수단을 이용한 모집·철회 및 해지 등 관련 준수사항(법 제96조)을 위반한 경우
• 보험회사 소속 임직원이 제101조의2 제3항을 위반한 경우 해당 보험회사(다만, 보험회사가 그 위반행위를 방지하기 위하여 해당 업무에 관하여 상당한 주의와 감독을 게을리 하지 아니한 경우는 제외한다)
• 자산운용의 방법 및 비율(법 제106조 제1항 제7호부터 제9호까지)의 규정을 위반한 경우
• 다른 회사에 대한 출자 제한(법 제109조) 규정을 위반하여 다른 회사의 주식을 소유한 경우
• 대주주와의 거래제한(법 제111조 제2항) 규정을 위반하여 이사회의 의결을 거치지 아니한 경우
• 대주주와의 거래제한(법 제111조 제3항 또는 제4항) 규정을 위반하여 금융위원회에 보고 또는 공시를 하지 아니하거나 거짓으로 보고 또는 공시한 경우
• 타인을 위한 채무보증의 금지(법 제113조) 규정을 위반한 경우
• 자회사와의 금지행위(법 제116조)를 위반한 경우
• 재무제표 등을 기한까지 제출하지 아니하거나 사실과 다르게 작성된 재무제표 등을 제출한 경우
• 책임준비금이나 비상위험준비금을 계상하지 아니하거나 과소·과다하게 계상하는 경우 또는 장부에 기재하지 아니한 경우
• 공시(법 제124조 제1항) 규정을 위반하여 공시하지 아니한 경우
• 비교·공시에 필요한 정보를 제공하지 아니하거나 부실한 정보를 제공한 경우 |

1억원 이하의 과태료	• 기초서류 관리기준(법 제128조의2)을 위반한 경우 • 금융위원회의 명령권(법 제131조 제1항·제2항 및 제4항)에 따른 명령을 위반한 경우 • 자료 제출 및 검사(법 제133조) 규정에 따른 검사를 거부·방해 또는 기피한 경우 • 규정(법 제181조 제2항)을 위반하여 선임계리사를 선임하지 아니한 경우 〈2022.12.31. 개정〉 • 선임계리사 선임 및 해임에 관한 절차를 위반한 경우 〈2022.12.31. 개정〉 • 선임계리사의 요건을 충족하지 못한 자를 선임계리사로 선임한 경우 〈2022.12.31. 개정〉
	금융기관보험대리점 등 또는 금융기관보험대리점 등이 되려는 자가 모집행위(법 제83조 제2항) 위반 또는 금융기관보험대리점 등의 금지행위(법 제100조)를 위반한 경우
5천만원 이하의 과태료	보험회사가 중복계약 체결 확인 의무(법 제95조의5)를 위반한 경우
3천만원 이하의 과태료	보험회사가 다음의 어느 하나에 해당하는 행위를 한 경우에는 3천만원 이하의 과태료를 부과한다. 〈2022.12.31. 개정〉 • 고객응대직원에 대한 보호조치(법 제85조의4)를 하지 아니하거나 직원에게 불이익을 준 경우 • 제184조 제7항을 위반하여 같은 항 각 호의 어느 하나에 해당하는 직무를 담당하게 한 경우 • 제184조의3 제1항, 제5항 또는 제6항을 위반하여 선임계리사의 권한과 업무 수행의 독립성에 관하여 필요한 사항을 이행하지 아니한 경우
2천만원 이하의 과태료	신용공여 계약을 체결하려는 자에게 금리인하 요구를 할 수 있음을 알리지 아니한 보험회사에는 2천만원 이하의 과태료를 부과한다.
	보험회사의 발기인·설립위원·이사·감사·검사인·청산인, 「상법」 제386조 제2항 및 제407조 제1항에 따른 직무대행자(제59조 및 제73조에서 준용하는 경우를 포함한다) 또는 지배인이 다음 각 호의 어느 하나에 해당하는 행위를 한 경우에는 2천만원 이하의 과태료를 부과한다. • 보험회사가 보험업 경영의 제한(법 제10조) 또는 보험회사의 겸영업무(법 제11조)를 위반하여 다른 업무 등을 겸영한 경우 • 자본감소(법 제18조) 규정을 위반하여 자본감소의 절차를 밟은 경우 • 관청·총회 또는 보험계약자 총회 대행기관(법 제25조 제1항) 및 사원총회 대행기관(법 제54조 제1항)에 보고를 부실하게 하거나 진실을 숨긴 경우 • 입사청약서(법 제38조 제2항)를 작성하지 아니하거나 입사청약서에 적을 사항을 적지 아니하거나 부실하게 적은 경우 • 정관·사원명부·의사록·자산목록·재무상태표·사업계획서·사무보고서·결산보고서, 법 제44조에서 준용하는 상업장부(상법 제29조 제1항)에 적을 사항을 적지 아니하거나 부실하게 적은 경우 • 서류의 비치[법 제57조 제1항(법 제73조에서 준용하는 경우를 포함한다)] 규정이나 법 제64조 및 법 제73조에서 준용하는 재무제표 등의 비치·공시(상법 제448조 제1항) 규정을 위반하여 서류를 비치하지 아니한 경우 • 사원총회 또는 사원총회 대행기관(법 제54조 제1항)을 법 제59조에서 준용하는 소집지(상법 제364조) 규정을 위반하여 소집하거나 정관으로 정한 지역 이외의 지역에서 소집하거나 법 제59조에서 준용하는 총회의 소집(상법 제365조 제1항) 규정을 위반하여 소집하지 아니한 경우 • 손실보전준비금(법 제60조) 또는 기금상각적립금(법 제62조) 규정을 위반하여 준비금을 적립하지 아니하거나 준비금을 사용한 경우 • 해산의 공고(법 제69조) 규정을 위반하여 해산절차를 밟은 경우 • 자산 처분의 순위(법 제72조) 또는 정관을 위반하여 보험회사의 자산을 처분하거나 그 남은 자산을 배분한 경우 • 법 제73조에서 준용하는 청산인의 직무권한(상법 제254조) 규정을 위반하여 파산선고의 신청을 게을리한 경우 • 청산의 종결을 지연시킬 목적으로 법 제73조에서 준용하는 회사채권자에의 최고(상법 제535조 제1항) 기간을 부당하게 정한 경우 • 법 제73조에서 준용하는 채권신고기간내의 변제(상법 제536조) 규정을 위반하여 채무를 변제한 경우 • 법 제79조 제2항에서 준용하는 영업소폐쇄명령(상법 제619조) 또는 한국에 있는 재산의 청산(상법 제620조) 규정을 위반한 경우

2천만원 이하의 과태료	• 보험설계사에 의한 모집의 제한(법 제85조 제1항) 규정을 위반한 경우 • 보험회사가 보험안내자료(법 제95조) 규정을 위반한 경우 • 보험회사의 임직원이 설명의무(법 제95조의2)·보험계약의 체결 또는 모집에 관한 금지행위(법 제97조) 또는 제101조의2 제1항, 제2항을 위반한 경우 • 보험회사가 통신수단을 이용한 모집·철회 및 해지 등 관련 준수사항(법 제96조)을 위반한 경우 • 자산운용의 방법 및 비율(법 제106조 제1항 제4호 또는 제7호부터 제10호까지)의 규정을 위반하여 자산운용을 한 경우 • 다른 회사에 대한 출자 제한(법 제109조) 규정 위반하여 다른 회사의 주식을 소유한 경우 • 자금지원 관련 금지행위(법 제110조)를 위반한 경우 • 타인을 위한 채무보증의 금지(법 제113조) 규정을 위반한 경우 • 자회사와의 금지행위(법 제116조)를 위반한 경우 • 재무제표 등의 제출기한을 지키지 아니하거나 사실과 다르게 작성된 재무제표 등을 제출한 경우 • 서류의 비치(법 제119조) 규정을 위반하여 서류의 비치나 열람의 제공을 하지 아니한 경우 • 책임준비금 등의 적립(법 제120조 제1항) 규정을 위반하여 책임준비금 또는 비상위험준비금을 계상하지 아니하거나 장부에 기재하지 아니한 경우 • 공시(법 제124조 제1항) 규정을 위반하여 공시하지 아니한 경우 • 비교·공시(법 제124조 제4항) 규정을 위반하여 정보를 제공하지 아니하거나 부실한 정보를 제공한 경우 • 상호협정의 인가(법 제125조) 규정을 위반한 경우 • 정관변경의 보고(법 제126조) 규정을 위반하여 정관변경을 보고하지 아니한 경우 • 기초서류의 신고(법 제127조) 규정을 위반한 경우 • 보험회사가 기초서류 기재사항 준수의무(법 제127조의3) 규정을 위반한 경우 • 보험회사가 기초서류 관리기준(법 제128조의2)을 위반한 경우 • 보험회사가 기초서류 작성·변경 원칙(법 제128조의3)을 위반하여 기초서류를 작성·변경한 경우 • 보고사항(법 제130조) 규정을 위반하여 보고하지 아니한 경우 • 금융위원회의 명령권(법 제131조)에 따른 명령을 위반한 경우 • 자료 제출 및 검사(법 제133조) 규정에 따른 검사를 거부·방해 또는 기피한 경우 • 금융위원회가 선임한 청산인 또는 법원이 선임한 관리인이나 청산인에게 사무를 인계하지 아니한 경우 • 보험계약 이전 결의의 공고와 이의 제기(법 제141조) 규정을 위반하여 보험계약의 이전절차를 밟은 경우 • 신계약의 금지(법 제142조) 규정을 위반하여 보험계약을 하거나 자산 처분의 금지[법 제144조(법 제152조 제2항에서 준용하는 경우를 포함한다)]를 위반하여 자산을 처분하거나 채무를 부담할 행위를 한 경우 • 합병 결의의 공고(법 제151조 제1항·제2항), 법 제153조 제3항 또는 법 제70조 제1항에서 준용하는 채권자의 이의(상법 제232조) 규정을 위반하여 합병절차를 밟은 경우 • 이 법에 따른 등기를 게을리한 경우 • 이 법 또는 정관에서 정한 보험계리사에 결원이 생긴 경우에 그 선임절차를 게을리한 경우
1천만원 이하의 과태료	다음의 어느 하나에 해당하는 자에게는 1천만원 이하의 과태료를 부과한다. 〈2024.2.6. 개정〉 • 보험계약의 체결(법 제3조) 규정을 위반한 자 • 보험설계사에 의한 모집의 제한(법 제85조 제2항) 규정을 위반한 자 • 보험설계사에 대한 불공정 행위 금지(법 제85조의3 제1항) 규정을 위반한 자 • 법인보험대리점의 업무범위(법 제87조의3 제2항) 규정을 위반한 자 • 보험중개사의 의무(법 제92조) 규정을 위반한 자 • 신고사항(법 제93조) 규정에 따른 신고를 게을리한 자 • 보험안내자료(법 제95조) 규정을 위반한 자 • 설명의무(법 제95조의2) 규정을 위반한 자 • 보험대리점·보험중개사 소속 보험설계사가 설명의무(법 제95조의2)·통신수단을 이용한 모집·철회 및 해지 등 관련 준수사항(법 제96조 제1항)·보험계약의 체결 또는 모집에 관한 금지행위(법 제97조 제1항)·수수료 지급 등의 금지(법 제99조 제3항) 규정을 위반한 경우 해당 보험대리점·보험중개사(다만, 보험대리점·보험중개사가 그 위반행위를 방지하기 위하여 해당 업무에 관하여 상당한 주의와 감독을 게을리하지 아니한 경우는 제외한다) • 중복계약 체결 확인 의무(법 제95조의5) 규정을 위반한 자 • 통신수단을 이용한 모집·철회 및 해지 등 관련 준수사항(법 제96조 제1항)을 위반한 자

1천만원 이하의 과태료	• 보험계약의 체결 또는 모집에 관한 금지행위(법 제97조 제1항) 규정을 위반한 자 • 수수료 지급 등의 금지(법 제99조 제3항) 규정을 위반한 자 • 법 제101조의2 규정을 위반한 자 • 대주주 등에 대한 자료 제출 요구(법 제112조)에 따른 자료 제출을 거부한 자 • 비교·공시(법 제124조 제5항) 규정을 위반하여 비교·공시한 자 • 금융위원회의 명령권(법 제131조 제1항)을 준용하는 명령을 위반한 자 • 자료 제출 및 검사(법 제133조 제3항) 규정을 준용하는 검사를 거부·방해 또는 기피한 자 • 자료 제출 및 검사(법 제133조 제3항) 규정을 준용하는 요구에 응하지 아니한 자 • 조사대상 및 방법(법 제162조 제2항) 규정에 따른 요구를 정당한 사유 없이 거부·방해 또는 기피한 자 • 손해사정업무를 위탁(법 제185조 제5항) 규정을 위반하여 같은 항 각 호의 어느 하나에 해당하는 행위를 한 자 • 손해사정사의 의무(법 제189조 제1항 및 제2항) 규정을 위반한 자 • 손해사정사의 의무(법 제189조 제3항) 규정을 위반하여 같은 항 각 호(제1호 및 제2호를 제외한다)의 어느 하나에 해당하는 행위를 한 자 • 손해사정의 표시·광고규정(법 제189조의2)을 위반하여 손해사정의 표시·광고를 한 자
5백만원 이하의 과태료	법 제187조의2를 위반하여 손해사정사, 손해사정업자 또는 이와 유사한 명칭을 사용한 자에게는 5백만원 이하의 과태료를 부과한다. 〈2024.2.6. 신설〉

(2) 부과절차(법 제209조 제9항) 〈2024.2.6. 개정〉

과태료는 대통령령으로 정하는 바에 따라 금융위원회가 부과·징수한다.

> **심화TIP** 과태료의 부과기준(영 별표 9)
>
> 1. 일반기준
>   금융위원회는 위반행위의 정도, 위반행위의 동기와 그 결과 등을 고려하여 제2호에 따른 과태료 금액을 감경하거나 2분의 1의 범위에서 가중할 수 있다. 다만, 가중하는 경우에도 법 제209조 제1항부터 제7항까지의 규정에 따른 과태료 금액의 상한을 초과할 수 없다.
>
> 2. 개별기준
>
> | 위반행위 | 근거 법조문 | 금액
(단위 : 만원) |
> |---|---|---|
> | 법 제3조를 위반한 경우 | 법 제209조
제7항 제1호 | 700 |
> | 보험회사가 법 제10조를 위반하여 다른 업무 등을 겸영한 경우 | 법 제209조
제1항 제1호 | 10,000 |
> | 보험회사가 법 제10조를 위반하여 다른 업무 등을 겸영한 경우 그 보험회사의 발기인·설립위원·이사·감사·검사인·청산인, 「상법」 제386조 제2항 및 제407조 제1항에 따른 직무대행자(법 제59조 및 제73조에서 준용하는 경우를 포함한다) 또는 지배인(이하 "보험회사의 발기인 등"이라 한다) | 법 제209조
제6항 제1호 | 2,000 |
> | 보험회사가 법 제11조를 위반하여 다른 업무 등을 겸영한 경우 | 법 제209조
제1항 제1호 | 6,000 |
> | 보험회사가 법 제11조를 위반하여 다른 업무 등을 겸영한 경우 그 보험회사의 발기인 등 | 법 제209조
제6항 제1호 | 1,200 |

위반행위	근거 법조문	과태료
보험회사가 법 제11조의2 제1항을 위반하여 부수업무를 신고하지 않은 경우	법 제209조 제1항 제1호의2	6,000
보험회사의 발기인 등이 법 제18조를 위반하여 자본감소의 절차를 밟은 경우	법 제209조 제6항 제3호	2,000
보험회사의 발기인 등이 관청·총회 또는 법 제25조 제1항 및 제54조 제1항의 기관에 보고를 부실하게 하거나 진실을 숨긴 경우	법 제209조 제6항 제4호	1,400
보험회사의 발기인 등이 법 제38조 제2항을 위반하여 입사청약서를 작성하지 않거나 입사청약서에 적을 사항을 적지 않거나 부실하게 적은 경우	법 제209조 제6항 제5호	1,400
보험회사의 발기인 등이 정관·사원명부·의사록·자산목록·재무상태표·사업계획서·사무보고서·결산보고서, 법 제44조에서 준용하는 「상법」 제29조 제1항의 장부에 적을 사항을 적지 않거나 부실하게 적은 경우	법 제209조 제6항 제6호	1,400
보험회사의 발기인 등이 법 제57조 제1항(법 제73조에서 준용하는 경우를 포함한다)이나 법 제64조 및 제73조에서 준용하는 「상법」 제448조 제1항을 위반하여 서류를 비치하지 않은 경우	법 제209조 제6항 제7호	1,000
보험회사의 발기인 등이 사원총회 또는 법 제54조 제1항의 기관을 법 제59조에서 준용하는 「상법」 제364조를 위반하여 소집하거나 정관으로 정한 지역 이외의 지역에서 소집하거나 법 제59조에서 준용하는 「상법」 제365조 제1항을 위반하여 소집하지 않은 경우	법 제209조 제6항 제8호	2,000
보험회사의 발기인 등이 법 제60조 또는 제62조를 위반하여 준비금을 적립하지 않거나 준비금을 사용한 경우	법 제209조 제6항 제9호	2,000
보험회사의 발기인 등이 법 제69조를 위반하여 해산절차를 밟은 경우	법 제209조 제6항 제10호	2,000
보험회사의 발기인 등이 법 제72조 또는 정관을 위반하여 보험회사의 자산을 처분하거나 그 남은 자산을 배분한 경우	법 제209조 제6항 제11호	2,000
보험회사의 발기인 등이 법 제73조에서 준용하는 「상법」 제254조를 위반하여 파산선고의 신청을 게을리한 경우	법 제209조 제6항 제12호	2,000
보험회사의 발기인 등이 청산의 종결을 지연시킬 목적으로 법 제73조에서 준용하는 「상법」 제535조 제1항의 기간을 부당하게 정한 경우	법 제209조 제6항 제13호	2,000
보험회사의 발기인 등이 법 제73조에서 준용하는 「상법」 제536조를 위반하여 채무를 변제한 경우	법 제209조 제6항 제14호	2,000
보험회사의 발기인 등이 법 제79조 제2항에서 준용하는 「상법」 제619조 또는 제620조를 위반한 경우	법 제209조 제6항 제15호	2,000
보험회사의 발기인 등이 법 제85조 제1항을 위반한 경우	법 제209조 제6항 제16호	1,400
법 제85조 제2항을 위반한 경우	법 제209조 제7항 제2호	500
법 제85조의3 제1항을 위반한 경우	법 제209조 제7항 제2호의2	700
보험회사가 법 제85조의4를 위반하여 직원의 보호를 위한 조치를 하지 않거나 직원에게 불이익을 준 경우	법 제209조 제4항	1,800

위반행위	근거 법조문	과태료 금액(만원)
법인보험대리점이 법 제87조의3 제2항을 위반한 경우	법 제209조 제7항 제2호의4	1,000 다만, 소속 보험설계사가 100명 미만인 법인보험대리점의 경우에는 500만원으로 한다.
법 제91조 제1항에 따른 금융기관보험대리점 등 또는 금융기관보험대리점 등이 되려는 자가 법 제83조 제2항 또는 제100조를 위반한 경우	법 제209조 제2항	6,000
법 제92조를 위반한 경우	법 제209조 제7항 제3호	700 다만, 법인이 아닌 자의 경우에는 500만원으로 한다.
법 제93조에 따른 신고를 게을리한 경우	법 제209조 제7항 제4호	700 다만, 법인이 아닌 자의 경우에는 500만원으로 한다.
보험회사가 법 제95조를 위반한 경우	법 제209조 제1항 제2호	10,000
보험회사가 법 제95조를 위반한 경우 그 보험회사의 발기인 등	법 제209조 제6항 제17호	2,000
법 제95조를 위반한 경우	법 제209조 제7항 제5호	1,000 다만, 법인이 아닌 자의 경우에는 500만원으로 한다.
보험회사의 임직원이 법 제95조의2·제95조의5·제97조 또는 제101조의2 제1항·제2항을 위반한 경우 그 보험회사의 발기인 등	법 제209조 제6항 제18호	1,400
법 제95조의2를 위반한 경우	법 제209조 제7항 제6호	700 다만, 법인이 아닌 자의 경우에는 500만원으로 한다.
보험대리점·보험중개사 소속 보험설계사가 법 제95조의2·제96조 제1항·제97조 제1항 및 제99조 제3항을 위반한 경우 해당 보험대리점·보험중개사. 다만, 보험대리점·보험중개사가 그 위반행위를 방지하기 위하여 해당 업무에 관하여 상당한 주의와 감독을 게을리 하지 않은 경우는 제외한다.	법 제209조 제7항 제7호	700 다만, 법인이 아닌 자의 경우에는 500만원으로 한다.
보험회사가 법 제95조의5를 위반한 경우	법 제209조 제3항	5,000
법 제95조의5를 위반한 경우	법 제209조 제7항 제7호의2	700
보험회사가 법 제96조를 위반한 경우	법 제209조 제1항 제3호	6,000
보험회사가 법 제96조를 위반한 경우 그 보험회사의 발기인 등	법 제209조 제6항 제19호	1,400
법 제96조 제1항을 위반한 경우	법 제209조 제7항 제9호	700 다만, 법인이 아닌 자의 경우에는 500만원으로 한다.

법 제97조 제1항을 위반한 경우	법 제209조 제7항 제10호	700 다만, 법인이 아닌 자의 경우에는 500만원으로 한다.
보험회사 소속 임직원 또는 보험설계사가 제101조의2 제3항을 위반한 경우 해당 보험회사. 다만, 보험회사가 그 위반행위를 방지하기 위하여 해당 업무에 관하여 상당한 주의와 감독을 게을리하지 않은 경우는 제외한다.	법 제209조 제1항 제4호	6,000
법 제99조 제3항을 위반한 경우	법 제209조 제7항 제11호	700 다만, 법인이 아닌 자의 경우에는 500만원으로 한다.
법 제101조의2를 위반한 경우	법 제209조 제7항 제11호의2	1,000
보험회사의 발기인 등이 법 제106조 제1항 제4호 또는 제7호부터 제9호까지의 규정을 위반하여 자산운용을 한 경우	법 제209조 제6항 제20호	2,000
보험회사가 법 제106조 제1항 제7호부터 제9호까지의 규정을 위반한 경우	법 제209조 제1항 제5호	10,000
보험회사가 법 제109조를 위반하여 다른 회사의 주식을 소유한 경우	법 제209조 제1항 제6호	10,000
보험회사의 발기인 등이 법 제109조를 위반하여 다른 회사의 주식을 소유한 경우	법 제209조 제6항 제21호	2,000
보험회사의 발기인 등이 법 제110조를 위반한 경우	법 제209조 제6항 제22호	2,000
보험회사가 법 제110조의3 제2항을 위반한 경우	법 제209조 제5항	1,000
보험회사가 법 제111조 제2항을 위반하여 이사회의 의결을 거치지 않은 경우	법 제209조 제1항 제7호의3	10,000
보험회사가 법 제111조 제3항 또는 제4항에 따른 보고 또는 공시를 하지 않거나 거짓으로 보고 또는 공시한 경우	법 제209조 제1항 제7호의4	6,000
법 제112조에 따른 자료 제출을 거부한 경우	법 제209조 제7항 제12호	700
보험회사가 법 제113조를 위반한 경우	법 제209조 제1항 제8호	10,000
보험회사의 발기인 등이 법 제113조를 위반한 경우	법 제209조 제6항 제23호	2,000
보험회사가 법 제116조를 위반한 경우	법 제209조 제1항 제9호	10,000
보험회사의 발기인 등이 법 제116조를 위반한 경우	법 제209조 제6항 제24호	2,000

위반행위	근거 법조문	과태료
보험회사가 법 제118조를 위반하여 재무제표 등을 기한까지 제출하지 않거나 사실과 다르게 작성된 재무제표 등을 제출한 경우	법 제209조 제1항 제10호	6,000
보험회사의 발기인 등이 법 제118조를 위반하여 재무제표 등의 제출기한을 지키지 않거나 사실과 다르게 작성된 재무제표 등을 제출한 경우	법 제209조 제6항 제25호	1,400
보험회사의 발기인 등이 법 제119조를 위반하여 서류의 비치나 열람의 제공을 하지 않은 경우	법 제209조 제6항 제26호	1,000
보험회사가 법 제120조 제1항을 위반하여 책임준비금이나 비상위험준비금을 계상하지 않거나 과소·과다하게 계상하는 경우 또는 장부에 기재하지 않은 경우	법 제209조 제1항 제10호의2	10,000
보험회사의 발기인 등이 법 제120조 제1항을 위반하여 책임준비금 또는 비상위험준비금을 계상하지 않거나 장부에 기재하지 않은 경우	법 제209조 제6항 제27호	2,000
보험회사가 법 제124조 제1항을 위반하여 공시하지 않은 경우	법 제209조 제1항 제11호	6,000
보험회사의 발기인 등이 법 제124조 제1항을 위반하여 공시하지 않은 경우	법 제209조 제6항 제28호	1,400
보험회사가 법 제124조 제4항을 위반하여 정보를 제공하지 않거나 부실한 정보를 제공한 경우	법 제209조 제1항 제12호	5,000
보험회사의 발기인 등이 법 제124조 제4항을 위반하여 정보를 제공하지 않거나 부실한 정보를 제공한 경우	법 제209조 제6항 제29호	1,000
법 제124조 제5항을 위반하여 비교·공시한 경우	법 제209조 제7항 제13호	700
보험회사의 발기인 등이 법 제125조를 위반한 경우	법 제209조 제6항 제30호	1,000
보험회사의 발기인 등이 법 제126조를 위반하여 정관변경을 보고하지 않은 경우	법 제209조 제6항 제31호	1,400
보험회사의 발기인 등이 법 제127조를 위반한 경우	법 제209조 제6항 제32호	1,400
보험회사가 법 제127조의3을 위반한 경우 그 보험회사의 발기인 등	법 제209조 제6항 제33호	2,000
보험회사가 법 제128조의2를 위반한 경우	법 제209조 제1항 제13호	10,000
보험회사가 법 제128조의2를 위반한 경우 그 보험회사의 발기인 등	법 제209조 제6항 제34호	2,000
보험회사가 법 제128조의3을 위반하여 기초서류를 작성·변경한 경우 그 보험회사의 발기인 등	법 제209조 제6항 제35호	1,400
보험회사의 발기인 등이 법 제130조를 위반하여 보고하지 않은 경우	법 제209조 제6항 제36호	1,400
보험회사가 법 제131조 제1항·제2항 및 제4항에 따른 명령을 위반한 경우	법 제209조 제1항 제14호	10,000
보험회사의 발기인 등이 법 제131조에 따른 명령을 위반한 경우	법 제209조 제6항 제37호	2,000

위반행위	근거 법조문	과태료 금액
법 제131조 제1항을 준용하는 법 제132조·제179조·제192조 제2항, 법 제133조 제1항을 준용하는 법 제136조·제179조·제192조 제2항 및 법 제192조 제1항에 따른 명령을 위반한 경우	법 제209조 제7항 제14호	1,000 다만, 법인이 아닌 자의 경우에는 500만원으로 한다.
보험회사가 법 제133조에 따른 검사를 거부·방해 또는 기피한 경우	법 제209조 제1항 제15호	10,000
보험회사의 발기인 등이 법 제133조에 따른 검사를 거부·방해 또는 기피한 경우	법 제209조 제6항 제38호	2,000
법 제133조 제3항을 준용하는 법 제136조·제179조·제192조 제2항에 따른 검사를 거부·방해 또는 기피한 경우	법 제209조 제7항 제15호	1,000 다만, 법인이 아닌 자의 경우에는 500만원으로 한다.
법 제133조 제3항을 준용하는 법 제136조·제179조·제192조 제2항에 따른 요구에 응하지 않은 경우	법 제209조 제7항 제16호	700 다만, 법인이 아닌 자의 경우에는 500만원으로 한다.
보험회사의 발기인 등이 금융위원회가 선임한 청산인 또는 법원이 선임한 관리인이나 청산인에게 사무를 인계하지 않은 경우	법 제209조 제6항 제39호	1,400
보험회사의 발기인 등이 법 제141조를 위반하여 보험계약의 이전절차를 밟은 경우	법 제209조 제6항 제40호	1,400
보험회사의 발기인 등이 법 제142조를 위반하여 보험계약을 하거나 법 제144조(법 제152조 제2항에서 준용하는 경우를 포함한다)를 위반하여 자산을 처분하거나 채무를 부담할 행위를 한 경우	법 제209조 제6항 제41호	2,000
보험회사의 발기인 등이 법 제151조 제1항·제2항, 제153조 제3항 또는 제70조 제1항에서 준용하는 「상법」 제232조를 위반하여 합병절차를 밟은 경우	법 제209조 제6항 제42호	2,000
법 제162조 제2항에 따른 요구를 정당한 사유 없이 거부·방해 또는 기피한 경우	법 제209조 제7항 제17호	700 다만, 법인이 아닌 자의 경우에는 500만원으로 한다.
보험회사의 발기인 등이 법에 따른 등기를 게을리한 경우	법 제209조 제6항 제43호	1,400
보험회사의 발기인 등이 법 또는 정관에서 정한 보험계리사에 결원이 생긴 경우에 그 선임절차를 게을리한 경우	법 제209조 제6항 제44호	1,400
보험회사가 법 제181조 제2항을 위반하여 선임계리사를 선임하지 않은 경우	법 제209조 제1항 제16호	5,000
보험회사가 법 제181조의2에 따른 선임계리사 선임 및 해임에 관한 절차를 위반한 경우	법 제209조 제1항 제17호	5,000
보험회사가 법 제184조 제7항을 위반하여 같은 항 각 호의 어느 하나에 해당하는 직무를 담당하게 한 경우	법 제209조 제4항 제2호	3,000
보험회사가 법 제184조의2에 따른 선임계리사의 요건을 충족하지 못한 자를 선임계리사로 선임한 경우	법 제209조 제1항 제18호	5,000
보험회사가 법 제184조의3 제1항, 제5항 또는 제6항을 위반하여 선임계리사의 권한과 업무 수행의 독립성에 관하여 필요한 사항을 이행하지 않은 경우	법 제209조 제4항 제3호	3,000

위반행위	근거 법조문	과태료
보험회사가 법 제185조 제5항을 위반하여 같은 항 각 호의 어느 하나에 해당하는 행위를 한 경우	법 제209조 제7항 제18호	
1) 법 제185조 제5항 제1호를 위반하여 손해사정 위탁계약서를 교부하지 않은 경우		700
2) 법 제185조 제5항 제2호를 위반하여 위탁계약서상 계약사항을 이행하지 않거나 위탁계약서에서 정한 업무 외의 업무를 강요한 경우		700
3) 법 제185조 제5항 제3호를 위반하여 위탁계약서에서 정한 해지요건 외의 사유로 위탁계약을 해지한 경우		700
4) 법 제185조 제5항 제4호를 위반하여 정당한 사유 없이 손해사정사 또는 손해사정업자가 요청한 위탁계약 해지를 거부한 경우		700
5) 법 제185조제 5항 제5호를 위반하여 손해사정업무를 위탁받은 손해사정사 또는 손해사정업자에게 지급해야 하는 수수료의 전부 또는 일부를 정당한 사유 없이 지급하지 않거나 지연하여 지급한 경우		700
6) 법 제185조 제5항 제6호를 위반하여 정당한 사유 없이 손해사정사 또는 손해사정업자에게 지급한 수수료를 환수한 경우		700
7) 법 제185조 제5항 제7호를 위반하여 손해사정을 보험회사에 유리하게 하도록 손해사정사 또는 손해사정업자에게 강요하는 행위 등 정당한 사유 없이 위탁한 손해사정업무에 개입한 경우		700
8) 제96조의3 제5항 제1호를 위반하여 손해사정업무를 위탁받은 손해사정사 또는 손해사정업자를 평가할 때 정당한 사유 없이 자회사인 손해사정업자를 우대한 경우		700
9) 제96조의4 제3항 제2호를 위반하여 법 제185조 제5항 제1호부터 제7호까지의 행위에 준하는 행위로서 금융위원회가 정하여 고시하는 행위를 한 경우		700
법 제187조의2를 위반하여 손해사정사, 손해사정업자 또는 이와 유사한 명칭을 사용한 경우	법 제209조 제8항	300 다만, 법인이 아닌 자의 경우에는 200만원으로 한다.
손해사정사 또는 손해사정업자가 법 제189조 제1항 및 제2항을 위반한 경우	법 제209조 제7항 제19호	
1) 법 제189조 제1항을 위반하여 보험회사로부터 손해사정업무를 위탁받은 손해사정사 또는 손해사정업자가 보험회사, 보험계약자, 피보험자 및 보험금청구권자에게 손해사정서를 내어주지 않거나, 그 중요한 내용을 알려주지 않은 경우		700 다만, 법인이 아닌 자의 경우에는 500만원으로 한다.
2) 법 제189조 제2항을 위반하여 보험계약자 등이 선임한 손해사정사 또는 손해사정업자가 손해사정업무를 수행한 후 지체 없이 보험회사 및 보험계약자 등에 대해서 손해사정서를 내어 주지 않거나, 그 중요한 내용을 알려주지 않은 경우		700 다만, 법인이 아닌 자의 경우에는 500만원으로 한다.

위반행위	근거 법조문	과태료
손해사정사(법 제186조 제3항에 따른 보조인을 포함한다) 또는 손해사정업자가 법 제189조 제3항을 위반하여 같은 항 각 호(제1호 및 제2호를 제외한다)의 어느 하나에 해당하는 행위를 한 경우	법 제209조 제7항 제20호	
1) 법 제189조 제3항 제1호의2를 위반하여 보험회사 또는 보험계약자 등 어느 일방에 유리하도록 손해사정업무를 수행한 경우		700 다만, 법인이 아닌 자의 경우에는 500만원으로 한다.
2) 법 제189조 제3항 제3호를 위반하여 타인으로 하여금 자기의 명의로 손해사정업무를 하게 한 경우		700 다만, 법인이 아닌 자의 경우에는 500만원으로 한다.
3) 법 제189조 제3항 제4호를 위반하여 정당한 사유 없이 손해사정업무를 지연하거나 충분한 조사를 하지 않고 손해액 또는 보험금을 산정한 경우		700 다만, 법인이 아닌 자의 경우에는 500만원으로 한다.
4) 법 제189조 제3항 제5호를 위반하여 보험회사 및 보험계약자 등에 대해 이미 제출받은 서류와 중복되는 서류나 손해사정과 관련이 없는 서류 또는 정보를 요청함으로써 손해사정을 지연한 경우		700 다만, 법인이 아닌 자의 경우에는 500만원으로 한다.
5) 법 제189조 제3항 제6호를 위반하여 보험금지급을 요건으로 합의서를 작성하거나 합의를 요구한 경우		700 다만, 법인이 아닌 자의 경우에는 500만원으로 한다.
6) 제99조 제3항 제1호를 위반하여 등록된 업무범위 외의 손해사정을 한 경우		700 다만, 법인이 아닌 자의 경우에는 500만원으로 한다.
7) 제99조 제3항 제2호를 위반하여 자기 또는 자기와 총리령으로 정하는 이해관계를 가진 자의 보험사고에 대해 손해사정을 한 경우		700 다만, 법인이 아닌 자의 경우에는 500만원으로 한다.
8) 제99조 제3항 제3호를 위반하여 자기와 총리령으로 정하는 이해관계를 가진 자가 모집한 보험계약에 관한 보험사고에 대해 손해사정을 한 경우(보험회사 또는 보험회사가 출자한 손해사정법인에 소속된 손해사정사가 그 소속 보험회사 또는 출자한 보험회사가 체결한 보험계약에 관한 보험사고에 대해 손해사정을 한 경우는 제외한다)		700 다만, 법인이 아닌 자의 경우에는 500만원으로 한다.
법 제189조의2를 위반하여 손해사정의 표시·광고를 한 경우	법 제209조 제7항 제21호	700 다만, 법인이 아닌 자의 경우에는 500만원으로 한다.

CHAPTER 10 기출유형문제

01 보험업법상 보험협회(장)에 위탁할 수 있는 업무가 아닌 것은? 기출 22

① 보험설계사의 등록
② 보험대리점의 등록
③ 보험대리점의 등록취소 또는 업무정지의 통지
④ 보험계리를 업으로 하려는 자의 등록

> **해설**
> 보험계리를 업으로 하려는 자의 등록업무는 <u>금융감독원장에게 위탁한다</u>(법 제194조 제2항).
> ① **보험설계사의 등록** : 보험협회에 위탁한다(법 제194조 제1항 제1호).
> ② **보험대리점의 등록** : 보험협회에 위탁한다(법 제194조 제1항 제2호).
> ③ **보험대리점의 등록취소 또는 업무정지의 통지** : 금융감독원장이 보험협회의 장에게 위탁한다(영 제101조 제1항 제2호).

02 보험업법상 등록업무의 위탁에 관한 설명 중 옳지 않은 것은? 기출 18

① 보험설계사 및 보험중개사에 관한 등록업무는 보험협회에게 위탁한다.
② 손해사정사 및 보험계리사에 관한 등록업무는 금융감독원장에게 위탁한다.
③ 보험계리를 업으로 하려는 자 및 손해사정을 업으로 하려는 자의 등록업무는 금융감독원장에게 위탁한다.
④ 보험설계사의 등록취소 또는 업무정지 통지에 관한 업무는 보험협회의 장에게 위탁한다.

> **해설**
> 보험설계사 및 보험대리점의 등록업무는 보험협회에 위탁하고, 보험중개사의 등록업무는 <u>금융감독원장에게 위탁한다</u>(법 제194조 제1항, 제2항).
> ② 법 제194조 제2항 제2호, 제4호
> ③ 법 제194조 제2항 제3호, 제5호
> ④ 법 제194조 제4항, 영 제101조 제1항 제1호

03 보험업법상 인터넷 홈페이지 등을 이용하여 일반인에게 알려야 할 사항 및 알려야 할 주체에 관하여 올바르게 조합한 것은? 기출 18

① 등록된 보험중개사 – 보험협회
② 등록된 손해사정사 – 금융감독원장
③ 등록된 보험계리업자 – 보험협회
④ 등록된 보험대리점 – 금융감독원장

| 해설 |

① 등록된 보험중개사 – 금융감독원장
③ 등록된 보험계리업자 – 금융감독원장
④ 등록된 보험대리점 – 보험협회

TIP 인터넷 홈페이지 등을 이용하여 일반인에게 알려야 할 사항 및 알려야 할 주체(법 제195조)

일반인에게 알려야 할 사항	알려야 할 주체
허가받은 보험회사, 설치된 국내사무소, 인가된 상호협정	금융위원회
등록된 보험중개사, 등록된 보험계리사 및 등록된 보험계리업자, 등록된 손해사정사 및 등록된 손해사정업자	금융감독원장
등록된 보험대리점	보험협회

04 다음 중 가장 무거운 벌칙에 해당하는 위반행위는?

① 보험계리사, 손해사정사 또는 상호회사의 발기인, 그 밖에 사업에 관하여 어떠한 종류의 사항이나 특정한 사항을 위임받은 사용인이 그 임무를 위반하여 재산상의 이익을 취득하거나 제3자로 하여금 취득하게 하여 보험회사에 재산상의 손해를 입히는 행위
② 보험계약자총회 대행기관을 구성하는 자가 그 임무를 위반하여 재산상의 이익을 취득하거나 제3자로 하여금 취득하게 하여 보험계약자나 사원에게 손해를 입히는 행위
③ 상호회사의 검사인이 그 직무에 관하여 부정한 청탁을 받고 재산상의 이익을 수수·요구 또는 약속하는 행위
④ 보험계약자총회, 상호회사의 창립총회 또는 사원총회에서의 발언이나 의결권 행사에 관하여 부정한 청탁을 받고 재산상의 이익을 수수·요구 또는 약속하는 행위

| 해설 |

① 10년 이하의 징역 또는 1억원 이하의 벌금(법 제197조)
② 7년 이하의 징역 또는 7천만원 이하의 벌금(법 제198조)
③ 5년 이하의 징역 또는 5천만원 이하의 벌금(법 제201조)
④ 1년 이하의 징역 또는 1천만원 이하의 벌금(법 제203조)

정답 01 ④ 02 ① 03 ② 04 ①

05 다음 중 과징금 부과대상이 아닌 것은?

① 보험회사의 겸영금지의무에 위반한 경우
② 특별이익을 제공하거나 제공하기로 약속하는 경우
③ 기초서류 기재사항의 준수의무를 이행하지 아니한 경우
④ 금융위원회가 보험업법 제131조에 의거하여 명령한 것을 이행하지 않는 경우

| 해설 |
보험회사의 겸영금지의무 위반은 과태료 부과처분 대상이다(법 제209조 제1항 제1호).
② 법 제196조 제1항 제2호
③ 법 제196조 제1항 제10호
④ 법 제196조 제1항 제11호

06 다음 중 보험업법상 과태료의 부과권자는 누구인가?

① 금융위원회
② 금융감독원장
③ 법원
④ 보험협회

| 해설 |
과태료는 대통령령으로 정하는 바에 따라 금융위원회가 부과·징수한다(법 제209조 제9항).

07 과징금에 관한 설명으로 옳지 않은 것은? 기출 19

① 과징금은 행정상 제재금으로 형벌인 벌금이 아니므로 과징금과 벌금을 병과하여도 이중처벌금지원칙에 반하지 않는다.
② 과징금을 부과하는 경우 그 금액은 위반행위의 내용 및 정도, 위반행위의 기간 및 횟수, 위반행위로 인하여 취득한 이익의 규모를 고려하여야 한다.
③ 소속보험설계사가 보험업법상의 설명의무를 위반한 경우에도 그 위반행위를 막기 위하여 상당한 주의와 감독을 게을리 하지 않은 보험회사에게는 과징금을 부과할 수 없다.
④ 과징금의 부과 및 징수절차 등에 관하여는 국세징수법의 규정을 준용하며, 과징금 부과 전에 미리 당사자 또는 이해관계인 등에게 의견을 제출할 기회를 주어야 한다.

> **해설**
> 과징금의 부과 및 징수 절차 등에 관하여는 「은행법」 제65조의4부터 제65조의8까지의 규정을 준용한다(법 제196조 제4항).
> ① 법 제196조 제3항
> ② 은행법 제65조의4 제1항
> ③ 법 제196조 제2항 단서
>
> **TIP** 과징금의 부과(은행법 제65조의4 제1항)
> 금융위원회는 과징금을 부과하는 경우에는 다음 각 호의 사항을 고려하여야 한다.
> 1. 위반행위의 내용 및 정도
> 2. 위반행위의 기간 및 횟수
> 3. 위반행위로 인하여 취득한 이익의 규모

08 보험업법상 벌칙에 관한 내용으로 옳지 않은 것은? 기출 17·22

① 징역과 벌금의 병과가 가능하다.
② 행위자와 보험회사의 양벌규정이 존재한다.
③ 징벌적 손해배상이 인정된다.
④ 과태료 규정이 존재한다.

> **해설**
> 보험모집 관련 불법행위에 대해 보험회사에 '징벌적 손해배상'을 부과하는 법안이 발의(2019.3.25.) 되었으나, 징벌적 손해배상 도입에 대한 사회적 공론화가 이뤄지지 않아 현재는 인정되지 않고 있다.
> ① 법 제206조(병과)
> ② 법 제208조(양벌규정)
> ④ 법 제209조(과태료)
>
> **TIP** 징벌적 손해배상제도
> 징벌적 손해배상은 민사상 가해자가 피해자에게 "악의를 가지고" 또는 "무분별하게" 재산 또는 신체상의 피해를 입힐 목적으로 불법행위를 행한 경우에 이에 대한 손해배상 청구시 가해자에게 손해 원금과 이자만이 아니라 형벌적인 요소로서의 금액을 추가적으로 포함시켜서 배상받을 수 있게 한 제도이다. 한국의 경우 일부 법안에서 도입되고 있으나, 보험업법의 경우 현재 규정된 조항이 없다.

09 보험업법상 미수범 처벌규정에 따라 처벌받는 경우로서 옳지 않은 것은? 기출 20

① 보험회사 대주주가 보험회사의 이익에 반하여 개인의 이익을 위하여 부당하게 압력을 행사하여 보험회사에게 외부에 공개되지 않은 자료 제공을 요구하는 행위
② 보험계리사가 그 임무를 위반하여 재산상의 이익을 취득하거나 제3자로 하여금 재산상 이익을 취득하게 하여 보험회사에 재산상의 손해를 입히는 행위
③ 상호회사의 청산인이 재산상의 이익을 취득하거나 제3자로 하여금 재산상 이익을 취득하게 하여 보험회사에 재산상의 손해를 입히는 행위
④ 보험계약자 총회 대행기관을 구성하는 자가 그 임무를 위반하여 재산상의 이익을 취득하거나 제3자로 하여금 재산상 이익을 취득하게 하여 보험계약자나 사원에게 손해를 입히는 행위

> **해설**
> 보험회사 대주주가 보험회사의 이익에 반하여 개인의 이익을 위하여 부당하게 압력을 행사하여 보험회사에게 외부에 공개되지 않은 자료 제공을 요구하는 행위는 <u>5년 이하의 징역 또는 5천만원 이하의 벌금에 처하며, 미수금 처벌 규정 대상이 아니다</u>(법 제111조 제5항 제1호, 제200조 제5호).
> ② 보험업법 제197조 제1항에 따른 미수범은 처벌한다(법 제205조).
> ③ 보험업법 제197조 제2항에 따른 미수범은 처벌한다(법 제205조).
> ④ 보험업법 제198조에 따른 미수범은 처벌한다(법 제205조).

보험업법

기출분석문제 100選

10개년 기출 키워드 분석

최근 10년간(2016~2025) 시험에 출제된 기출 키워드를 각 CHAPTER별로 정리한 자료입니다.

CHAPTER 01 총 칙

- 보험업법의 목적 및 주요 용어의 정의
- 보험상품 및 보험계약의 체결
- 손해보험업의 허가종목
- 전문보험계약자, 통신판매전문보험회사
- 소액단기전문보험회사
- 보험업의 겸영업무 및 부수업무
- 보험회사가 수행할 수 있는 금융업무
- 외국보험회사국내사무소의 금지행위
- 외국보험회사 등의 국내사무소 설치
- 보험업의 허가를 받기 위한 사업계획서 및 기초서류
- 보험업의 허가 및 예비허가
- 생명보험상품
- 총자산 및 자기자본
- 보험업의 겸영제한
- 제3보험업의 허가종목
- 제3보험의 보험종목에 부가되는 보험
- 보험회사가 아닌 자와 보험계약의 체결
- 금융위원회에 신고하여야 하는 업무

CHAPTER 02 보험회사

- 주식회사와 상호회사
- 보험회사의 조직변경
- 보험회사의 자회사
- 보험계약자 등의 우선취득권
- 보험회사의 자본금 및 상호회사의 기금납입방법
- 주식회사의 자본감소 결의
- 외국보험회사국내지점의 등기시 첨부서류
- 보험회사의 준법감시인 및 감사위원회
- 상호회사의 정관기재사항 및 입사청약서
- 상호회사의 계산
- 보험계약자 총회
- 상호회사의 창립총회 및 설립등기
- 보험회사의 업무규제
- 보험회사의 해산사유
- 사외이사의 선임기관
- 보험회사의 임원 자격
- 외국보험회사국내지점의 대표자
- 외국보험회사국내지점의 허가 취소 사유 및 영업 정지 사유
- 보험회사의 최대주주 및 주주대표소송
- 상호회사 사원의 권리와 의무 및 퇴사
- 상호회사의 해산 및 청산
- 상호회사의 기관

CHAPTER 03 모 집

- 보험의 체결과 모집
- 보험약관 이해도 평가의 공시
- 보험설계사에 대한 불공정 행위 금지
- 보험설계사의 모집 제한의 예외사항
- 보험상품 모집광고 관련 준수사항
- 보험회사의 고객응대직원에 대한 보호조치 의무
- 모집종사자 등의 금지행위
- 자기계약의 금지
- 보험중개사의 등록 및 결격사유
- 보험중개사의 신고사항
- 금융기관보험대리점 등의 보험상품 및 영업기준
- 금융기관보험대리점 등의 금지행위
- 보험안내자료 기재사항
- 수수료 지급 등
- 보험계약자의 권리와 의무
- 보험대리점 또는 보험중개사로 등록할 수 있는 금융기관
- 청약철회 대상 보험계약
- 실손의료보험계약의 서류 전송을 위한 전산시스템의 구축·운영
- 통신수단을 이용하여 모집·철회 및 해지 등을 하는 자가 준수해야 할 사항
- 보험모집 관련 준수사항
- 교차모집보험설계사의 금지행위
- 보험설계사 등록 및 등록취소
- 보험계약의 중요사항 설명의무
- 모집을 위탁한 보험회사의 배상책임
- 중복계약 체결 확인의무
- 금지되는 특별이익 및 금지 예외 사항
- 보험설계사, 보험대리점 및 보험중개사
- 보험대리점이나 보험중개사의 정기교육
- 보험대리점의 등록을 반드시 취소해야 하는 사유
- 법인보험대리점의 요건 및 공시의무
- 보험대리점으로 등록할 수 없는 금융기관
- 간단손해보험대리점의 준수사항
- 민감정보 및 고유식별정보의 처리
- 금융기관보험대리점이 될 수 있는 자
- 보험대리점에게 모집을 위탁한 보험회사의 손해배상책임
- 승환계약 금지행위

CHAPTER 04 자산운용

- 보험회사의 자산운용 원칙 및 방법
- 자회사에 대한 금지행위
- 책임준비금
- 특별계정의 설정·운영
- 외국에서 보험업을 경영하는 자회사를 위한 채무보증
- 대주주와의 거래제한 등
- 보험회사가 자회사로 소유할 수 있는 경우
- 사채의 발행 및 이익의 배당
- 자회사에 대한 보고의무
- 자산운용으로서 금지 또는 제한되는 사항

CHAPTER 05 계 산

- 보험회사의 재무제표
- 책임준비금에 대한 적정성 검증을 받아야 하는 보험회사

CHAPTER 06 감 독

- 재무건전성 기준
- 금융위원회에 보고하여야 할 사항
- 정관 및 기초서류의 변경
- 보험계약자를 보호하기 위한 공시사항
- 상호협정 체결을 위한 신청서에 기재하여야 하는 사항
- 보험상품에 관한 기초서류의 신고
- 보험요율산출의 원칙
- 보험상품의 비교·공시
- 보험회사의 영업의 전부정지 또는 허가취소의 명령
- 보험회사에 대한 제재
- 보험상품공시위원회
- 상호협정 체결의 인가
- 금융위원회에 보고해야 하는 기간
- 보험약관 등의 이해도 평가
- 금융위원회가 명할 수 있는 조치사항
- 보험회사의 자료제출 및 검사

CHAPTER 07 해산 및 청산

- 보험회사의 해산 및 공고의무
- 정리계획서의 제출
- 보험회사 해산 후 강제관리 및 보험금 지급사유
- 해산결의 인가신청서에 첨부하는 서류
- 보험계약의 이전 및 계약조건의 변경
- 보험회사의 합병 및 청산
- 보험영업의 양도·양수
- 보험계약의 이전을 결의할 수 있는 기간

CHAPTER 08 관계자에 대한 조사 및 손해보험계약의 제3자 보호

- 조사대상 및 방법 등
- 손해보험계약의 제3자 보호 및 제3자에 대한 보험금의 지급

CHAPTER 09 보험관계단체 등

- 보험요율산출기관의 업무
- 보험회사의 개인정보 보호
- 선임계리사의 임면
- 선임계리사의 금지행위
- 손해사정사의 의무 및 이해관계자의 범위
- 보험계리사, 선임계리사, 손해사정사, 손해사정업자, 보험협회 등
- 손해사정업무, 보험계리사의 업무 대상
- 보험계리업자의 등록 및 업무
- 보험협회의 업무
- 손해사정업자에 대한 감독
- 손해사정을 업으로 하려는 법인의 영업기준

CHAPTER 10 보칙 및 벌칙

- 공제에 대한 협의
- 일반인에게 알려야 할 사항 및 알려야 할 주체
- 징벌적 손해배상제도
- 등록업무의 위탁
- 과징금의 부과 및 미수범 처벌규정
- 보험업법상 벌칙 규정

보험업법 기출분석문제 100選

01 보험업법상 용어의 정의에 관한 설명으로 옳지 않은 것은? 기출 24

① 산업재해보상보험은 보험상품에 포함되지 아니한다.
② 보험업은 생명보험업, 손해보험업, 제3보험업 등 3가지로 나뉜다.
③ 상호회사란 보험업을 경영할 목적으로 보험업법에 따라 설립된 회사로서 보험계약자를 사원으로 하는 회사를 말한다.
④ 보험대리점이란 보험회사를 위하여 보험계약의 체결을 대리 또는 중개하는 자로서 보험업법에 따라 금융위원회에 등록된 자를 말한다.

02 보험업법상 용어의 정의로 올바른 것을 모두 고른 것은? 기출 19

> 가. "동일차주"란 동일한 개인 또는 법인 및 이와 신용위험을 공유하는 자로서 대통령령이 정하는 자를 말한다.
> 나. "자회사"란 보험회사가 다른 회사(「민법」 또는 특별법에 따른 조합을 포함한다)의 의결권 있는 발행주식(출자지분을 포함한다) 총수의 100분의 30을 초과하여 소유하는 경우의 그 다른 회사를 말한다.
> 다. "보험업"이란 보험상품의 취급과 관련하여 발생하는 보험의 인수, 보험료 수수 및 보험금 지급 등을 영업으로 하는 것으로서 생명보험업·손해보험업 및 제3보험업을 말한다.
> 라. "보험회사"란 보험업법 제4조에 따른 허가를 받아 보험업을 경영하는 자를 말한다.
> 마. "외국보험회사"란 대한민국 이외의 국가의 법령에 따라 설립되어 대한민국 내에서 보험업을 경영하는 자를 말한다.

① 가, 나, 다
② 가, 다, 라
③ 나, 다, 라
④ 다, 라, 마

03 보험업법상 총자산 및 자기자본에 관한 설명으로 옳지 않은 것은? 기출 24

① 소득세법 제20조의3 제1항 제2호 각 목 외의 부분에 따른 연금저축계좌를 설정하는 계약에 대한 특별계정 자산은 총자산을 산출할 때 제외되는 자산이다.
② 변액보험계약에 대한 특별계정 자산은 총자산을 산출할 때 제외되는 자산이다.
③ 자본잉여금·이익잉여금은 자기자본을 산출할 때 합산해야 할 항목이다.
④ 영업권은 자기자본을 산출할 때 빼야 할 항목이다.

● 해설 및 정답

01 "보험대리점"이란 보험회사를 위하여 보험계약의 체결을 대리하는 자(법인이 아닌 사단과 재단을 포함한다)로서 보험업법 제87조에 따라 금융위원회에 등록된 자를 말한다(보험업법 제2조 제10호). <u>보험계약의 체결을 중개하는 자는 "보험설계사" 또는 "보험중개사"이다.</u>
① 보험업법 제2조 제1호, 동법 시행령 제1조의2 제1항 제5호
② 보험업법 제2조 제2호
③ 보험업법 제2조 제7호

정답

02 가. (○) 보험업법 제2조 제16호
나. (×) "자회사"란 보험회사가 다른 회사(「민법」 또는 특별법에 따른 조합을 포함한다)의 의결권 있는 발행주식(출자지분을 포함한다) 총수의 <u>100분의 15</u>를 초과하여 소유하는 경우의 그 다른 회사를 말한다(보험업법 제2조 제18호).
다. (○) 보험업법 제2조 제2호
라. (○) 보험업법 제2조 제6호
마. (×) "외국보험회사"란 대한민국 이외의 국가의 법령에 따라 설립되어 <u>대한민국 이외의 국가에서</u> 보험업을 경영하는 자를 말한다(보험업법 제2조 제8호).

정답

03 소득세법 제20조의3 제1항 제2호 각 목 외의 부분에 따른 <u>연금저축계좌를 설정하는 계약에 대한 특별계정 자산은 총자산을 산출할 때 제외되는 자산이 아니다.</u>
"총자산"이란 재무상태표에 표시된 자산에서 <u>영업권 등 대통령령으로 정하는 자산을 제외한 것을 말한다</u>(보험업법 제2조 제14호). 즉 총자산을 산출할 때 제외되는 자산은 영업권과 법 제108조 제1항 제2호 및 제3호에 따른 특별계정 자산(제50조 제1항의 특별계정 자산은 제외한다)이다(동법 시행령 제3조 제1항). 〈2023.6.27. 개정〉
• 법 제108조 제1항 제2호 : 「근로자퇴직급여보장법」 제29조 제2항에 따른 보험계약 및 법률 제10967호 「근로자퇴직급여보장법」 전부개정법률 부칙 제2조 제1항 본문에 따른 퇴직보험계약
• 법 제108조 제1항 제3호 : 변액보험계약(보험금이 자산운용의 성과에 따라 변동하는 보험계약을 말한다)

② 보험업법 시행령 제3조 제1항
③ 보험업법 시행령 제4조 제1호
④ 보험업법 시행령 제4조 제2호

정답

04 보험업법 제2조의 "보험계약자"에 관한 설명 중 옳지 않은 것을 모두 고른 것은? 기출 18

> 가. "전문보험계약자"가 되기 위하여는 보험계약에 관한 전문성, 자산규모 등에 비추어 보험계약의 내용을 이해하고 이행할 능력이 있어야 한다.
> 나. "일반보험계약자"란 전문보험계약자가 아닌 보험계약자를 말한다.
> 다. "전문보험계약자"가 "일반보험계약자"와 같은 대우를 받는 것에 대하여 보험회사가 동의한 경우라 하더라도 해당 보험계약자에 대하여는 적합성 원칙을 적용하지 않는다.
> 라. "전문보험계약자" 가운데 대통령령으로 정하는 자가 "일반보험계약자"와 같은 대우를 받겠다는 의사를 보험회사에 서면으로 통지한 경우 보험회사는 언제나 동의하여야 한다.
> 마. 국가, 지방자치단체, 한국은행, 주권상장법인, 한국자산관리공사, 신용보증기금은 "전문보험계약자"에 해당한다.

① 가, 나
② 나, 다
③ 다, 라
④ 다, 라, 마

05 보험업법상 보험업에 관한 설명 중 옳은 것(○)과 옳지 않은 것(×)을 올바르게 조합한 것은? 기출 18

> 가. 보험업의 허가를 받을 수 있는 자는 주식회사 및 상호회사에 한한다.
> 나. 화재보험업만을 영위하기 위해 허가를 받은 자가 간병보험업을 영위하기 위해서는 간병보험에 관한 별도의 허가가 있어야 한다.
> 다. 생명보험업과 보증보험업을 겸영하고자 하는 경우에는 500억원의 자본금 또는 기금을 납입하여야 한다.
> 라. 통신판매전문보험회사가 통신수단에 의한 총보험계약건수 및 수입보험료의 모집비율이 총보험계약건수 및 수입보험료의 100분의 90에 미달하는 경우에는 통신수단 이외의 방법으로 모집할 수 있다.

① 가(○), 나(×), 다(○), 라(×)
② 가(×), 나(○), 다(×), 라(×)
③ 가(○), 나(○), 다(×), 라(×)
④ 가(×), 나(×), 다(○), 라(○)

04 가. (○) 보험업법 제2조 제19호
나. (○) 보험업법 제2조 제20호
다. (×) 전문보험계약자 중 대통령령으로 정하는 자가 일반보험계약자와 같은 대우를 받겠다는 의사를 보험회사에 서면으로 통지하는 경우 보험회사는 정당한 사유가 없으면 이에 동의하여야 하며, 보험회사가 동의한 경우에는 해당 보험계약자는 일반보험계약자로 본다(보험업법 제2조 제19호 단서). 즉 해당 보험계약자에 대하여는 <u>적합성 원칙을 적용한다</u>.
라. (×) 보험회사는 정당한 사유가 없으면 이에 동의하여야 하며, <u>언제나 동의하여야 하는 것은 아니다</u>(보험업법 제2조 제19호 단서).
마. (○) 보험업법 제2조 제19호, 동법 시행령 제6조의2 제2항, 제3항

정답

05 가. (×) 보험업의 허가를 받을 수 있는 자는 <u>주식회사, 상호회사 및 외국보험회사로 제한</u>하며, 허가를 받은 외국보험회사의 국내지점은 보험업법에 따른 보험회사로 본다(보험업법 제4조 제6항).
나. (○) 보험업을 경영하려는 자는 보험종목별로 금융위원회의 허가를 받아야 한다(보험업법 제4조 제1항).
다. (×) 보험회사가 보험종목 중 둘 이상의 보험종목을 취급하려는 경우에는 보험종목별 자본금 또는 기금의 합계액을 납입해야 한다. 다만, 그 합계액이 300억원 이상인 경우에는 <u>300억원</u>으로 한다(보험업법 시행령 제12조 제3항). 즉 생명보험업(200억원)과 보증보험업(300억원)을 겸영하고자 하는 경우에는 그 합계액이 500억원이지만 납입할 자본금 또는 기금은 300억원으로 한다.
라. (×) 통신판매전문보험회사가 통신수단에 의한 총보험계약건수 및 수입보험료의 모집비율이 총보험계약건수 및 수입보험료의 100분의 90에 미달하는 경우에는 통신수단 이외의 방법으로 모집할 수 <u>없다</u>(보험업법 시행령 제13조 제2항).

정답

06 보험업법상 자기자본의 합산항목을 모두 고른 것은? 기출 20

가. 납입자본금	나. 이익잉여금
다. 자본잉여금	라. 자본조정
마. 영업권	

① 가, 나 ② 가, 나, 다
③ 나, 다, 라 ④ 다, 라, 마

07 전문보험계약자 중 "대통령령으로 정하는 자"가 일반보험계약자와 같은 대우를 받겠다는 의사를 보험회사에 서면으로 통지하는 경우 보험회사는 정당한 사유가 없으면 이에 동의하여야 하며, 보험회사가 동의하면 일반보험계약자로 보게 된다. 다음 중 "대통령령으로 정하는 자"를 모두 고른 것은? 기출 19

가. 지방자치단체	나. 주권상장법인
다. 한국산업은행	라. 한국수출입은행
마. 외국금융기관	바. 외국정부
사. 해외 증권시장에 상장된 주권을 발행한 국내법인	

① 가, 나, 마, 사 ② 가, 다, 라, 바
③ 나, 다, 라, 사 ④ 다, 라, 마, 바

08 보험업법상 보험회사가 아닌 자와 보험계약을 체결할 수 있는 경우를 모두 고른 것은? 기출 25

가. 외국보험회사와 생명보험계약, 수출적하보험계약을 체결하는 경우
나. 외국보험회사와 수입적하보험계약, 항공보험계약을 체결하는 경우
다. 대한민국에서 취급되지 아니하는 보험종목에 관하여 외국보험회사와 보험계약을 체결하는 경우
라. 외국에서 보험계약을 체결하고, 보험기간이 지나기 전에 대한민국에서 그 계약을 지속시키는 경우

① 가, 나
② 나, 다
③ 나, 다, 라
④ 가, 나, 다, 라

06 자기자본을 산출할 때 합산하여야 할 항목 및 빼야 할 항목은 다음 각 호의 기준에 따라 금융위원회가 정하여 고시한다(보험업법 시행령 제4조).
   1. **합산하여야 할 항목** : 납입자본금, 자본잉여금 및 이익잉여금 등 보험회사의 자본 충실에 기여하거나 영업활동에서 발생하는 손실을 보전(補塡)할 수 있는 것
   2. **빼야 할 항목** : 영업권 등 실질적으로 자본 충실에 기여하지 아니하는 것

   정답 ❷

07 전문보험계약자 중 "대통령령으로 정하는 자"가 일반보험계약자와 같은 대우를 받겠다는 의사를 보험회사에 서면으로 통지하는 경우 보험회사는 정당한 사유가 없으면 이에 동의하여야 하며, 보험회사가 동의한 경우에는 해당 보험계약자는 일반보험계약자로 본다. "대통령령으로 정하는 자"란 다음 각 호의 자를 말한다(보험업법 제2조 제19호 단서, 동법 시행령 제6조의2 제1항).
   1. 지방자치단체
   2. 주권상장법인
   3. "대통령령으로 정하는 금융기관(보험업법 시행령 제6조의2 제2항)"에 준하는 외국금융기관
   4. 법률에 따라 설립된 기금(「기술보증기금법」에 따른 기술보증기금과 「신용보증기금법」에 따른 신용보증기금은 제외한다) 및 그 기금을 관리·운용하는 법인
   5. 해외 증권시장에 상장된 주권을 발행한 국내법인
   6. 그 밖에 보험계약에 관한 전문성, 자산규모 등에 비추어 보험계약의 내용을 이해하고 이행할 능력이 있는 자로서 금융위원회가 정하여 고시하는 자

   정답 ❶

08 보험회사가 아닌 자와 보험계약을 체결할 수 있는 경우(보험업법 시행령 제7조 제1항)
   다음 각 호의 어느 하나에 해당하는 경우로 한다.
   1. 외국보험회사와 생명보험계약, 수출적하보험계약, 수입적하보험계약, 항공보험계약, 여행보험계약, 선박보험계약, 장기상해보험계약 또는 재보험계약을 체결하는 경우 **(가, 나)**
   2. 제1호 외의 경우로서 대한민국에서 취급되는 보험종목에 관하여 셋 이상의 보험회사로부터 가입이 거절되어 외국보험회사와 보험계약을 체결하는 경우
   3. 대한민국에서 취급되지 아니하는 보험종목에 관하여 외국보험회사와 보험계약을 체결하는 경우 **(다)**
   4. 외국에서 보험계약을 체결하고, 보험기간이 지나기 전에 대한민국에서 그 계약을 지속시키는 경우 **(라)**
   5. 제1호부터 제4호까지 외에 보험회사와 보험계약을 체결하기 곤란한 경우로서 금융위원회의 승인을 받은 경우

   정답 ❹

09 보험업법상 손해보험업의 보험종목에 해당하는 것은 모두 몇 개인가? 기출 22

가. 연금보험	나. 퇴직보험
다. 보증보험	라. 재보험
마. 상해보험	바. 간병보험

① 1개 ② 2개
③ 3개 ④ 4개

10 보험업법상 보험업 허가를 받으려는 외국보험회사의 허가요건에 관한 설명으로 옳지 않은 것은? 기출 20

① 30억원 이상의 영업기금을 보유하여야 한다.
② 국내에서 경영하려는 보험업과 같은 보험업을 외국법령에 따라 경영하고 있을 것을 요한다.
③ 자산상황·재무건전성 및 영업건전성이 외국에서 보험업을 경영하기에 충분하고, 국내적으로 인정받고 있을 것을 요한다.
④ 사업계획이 타당하고 건전할 것을 요한다.

11 다음 중 보험업법상 보험업의 허가에 관한 설명으로 옳은 것은? 기출 16

① 보험업을 경영하려는 자는 보험회사별로 금융위원회의 허가를 받아야 하며, 금융위원회는 허가에 조건을 붙일 수 없다.
② 생명보험에 관한 허가를 받은 자는 해당 보험종목의 재보험에 대한 허가를 받은 것으로 추정한다.
③ 보험업의 허가를 받을 수 있는 자는 주식회사, 상호회사, 유한회사 및 외국보험회사로 제한하며, 외국보험회사국내지점은 보험업법에 따른 보험회사로 본다.
④ 국내보험회사의 경우 300억원 이상의 자본금 또는 기금을 납입함으로써 보험업을 시작할 수 있으나, 보험회사가 보험종목의 일부만을 취급하려는 경우 또는 통신판매전문보험회사의 경우 자본금 또는 기금의 액수를 달리 정할 수 있다.

09 보험종목(보험업법 제4조 제1항)

생명보험업	가. 생명보험 나. 연금보험(퇴직보험을 포함한다) 다. 그 밖에 대통령령으로 정하는 보험종목
손해보험업	가. 화재보험 나. 해상보험(항공·운송보험을 포함한다) 다. 자동차보험 라. <u>보증보험</u> 마. <u>재보험(再保險)</u> 바. 그 밖에 대통령령으로 정하는 보험종목
제3보험업	가. 상해보험 나. 질병보험 다. 간병보험 라. 그 밖에 대통령령으로 정하는 보험종목

정답 ❷

10 외국보험회사의 허가요건(보험업법 제6조 제2항)

보험업의 허가를 받으려는 외국보험회사는 다음 각 호의 요건을 갖추어야 한다.
1. 30억원 이상의 영업기금을 보유할 것
2. 국내에서 경영하려는 보험업과 같은 보험업을 외국 법령에 따라 경영하고 있을 것
3. 자산상황·재무건전성 및 영업건전성이 <u>국내에서 보험업을 경영하기에 충분하고, 국제적으로 인정받고 있을 것</u>
4. 보험계약자를 <u>보호</u>할 수 있고 그 경영하려는 보험업을 수행하기 위하여 <u>필요한 전문 인력과 전산설비 등 물적(物的) 시설을 충분히 갖추고 있을 것</u>. 이 경우 대통령령으로 정하는 바에 따라 업무의 일부를 외부에 위탁하는 경우에는 그 위탁한 업무와 관련된 전문 인력과 물적 시설을 갖춘 것으로 본다.
5. 사업계획이 타당하고 건전할 것

정답 ❸

11
보험회사는 300억원 이상의 자본금 또는 기금을 납입함으로써 보험업을 시작할 수 있다. 다만, 보험회사가 보험종목의 일부만을 취급하려는 경우에는 50억원 이상의 범위에서 대통령령으로 자본금 또는 기금의 액수를 다르게 정할 수 있다(보험업법 제9조 제1항).
① 금융위원회는 허가에 조건을 붙일 수 있다(보험업법 제4조 제7항).
② '추정하는 것'이 아니라 해당 보험종목의 재보험에 대한 <u>허가를 받은 것으로 본다</u>(보험업법 제4조 제2항).
③ 보험업의 허가를 받을 수 있는 자는 <u>주식회사, 상호회사 및 외국보험회사로 제한하며</u>, 허가를 받은 외국보험회사국내지점은 보험업법에 따른 보험회사로 본다(보험업법 제4조 제6항).

정답 ❹

12 다음 설명 중 옳지 않은 것은? 기출 17

① 보험계약자의 보호가 가능하고 그 경영하려는 보험업을 수행하기 위하여 필요한 전문 인력과 전산설비 등 물적 시설을 갖추고 있어야 한다는 보험허가의 요건은 보험회사가 보험업의 허가를 받은 이후에도 계속 유지하여야 한다.
② 대한민국에서 보험업의 허가를 받으려는 외국보험회사는 보험업법 제9조 제3항의 영업기금 납입 외에 자산상황·재무건전성 및 영업건전성이 국내에서 보험업을 경영하기에 충분하고 국제적으로 인정받고 있을 것이 요구된다.
③ 보험업법 제6조 제1항 제3호의 사업계획은 지속적인 영업을 수행하기에 적합하고 추정재무제표 및 수익 전망이 사업계획에 비추어 타당성이 있어야 한다.
④ 보험회사가 보험업 허가를 받은 이후 전산설비의 성능 향상이나 보안체계의 강화 등을 위하여 그 일부를 변경하면 보험업법 제6조 제4항의 물적 시설을 유지하지 못하는 것으로 본다.

13 보험업법상 보험업의 예비허가 및 허가에 관한 내용으로 옳지 않은 것은? 기출 22

① 금융위원회는 보험업의 허가에 대하여도 조건을 붙일 수 있다.
② 예비허가의 신청을 받은 금융위원회는 2개월 이내에 심사하여 예비허가 여부를 통지하여야 하며, 총리령으로 정하는 바에 따라 그 기간을 연장할 수 있다.
③ 예비허가를 받은 자가 예비허가의 조건을 이행한 후 본허가를 신청하면, 금융위원회는 본허가의 요건을 심사하고 허가하여야 한다.
④ 제3보험업에 관하여 허가를 받은 자는 대통령령으로 정하는 기준에 따라 제3보험의 보험종목에 부가되는 보험을 취급할 수 있다.

14 보험업법상 다음의 보기 중 소액단기전문보험회사가 모집할 수 있는 보험상품의 종류를 모두 고른 것은? 기출 24

가. 생명보험계약	나. 연금보험계약
다. 화재보험계약	라. 자동차보험계약
마. 책임보험계약	바. 동물보험계약
사. 질병보험계약	아. 간병보험계약

① 가, 다, 라, 아
② 가, 마, 바, 사
③ 나, 다, 마, 바
④ 나, 라, 사, 아

• 해설 및 정답

12 보험회사가 보험업 허가를 받은 이후 전산설비의 성능 향상이나 보안체계의 강화 등을 위하여 그 일부를 변경하는 경우에는 법 제6조 제4항 본문에서 정하는 바에 따라 물적 시설을 유지한 것으로 본다(보험업법 시행령 제10조 제7항).
① 보험업법 제6조 제4항
② 보험업법 제6조 제2항 제3호
③ 보험업법 시행령 제10조 제3항 제1호

정답 ④

13 금융위원회는 예비허가를 받은 자가 예비허가의 조건을 이행한 후 본허가를 신청하면 허가하여야 한다(보험업법 제7조 제4항). 지문 중 "본허가의 요건을 심사한다"는 내용이 잘못된 내용이다.
① 보험업법 제7조 제3항
② 보험업법 제7조 제2항
④ 보험업법 제4조 제5항

정답 ③

14 소액단기전문보험회사가 모집할 수 있는 보험상품의 종류(보험업법 시행령 제13조의2 제1항 제1호)
1. 생명보험상품 중 제1조의2 제2항 제1호에 따른 보험상품 : 생명보험계약 (가)
2. 손해보험상품 중 제1조의2 제3항 제6호, 제9호부터 제11호까지, 제13호 또는 제14호에 따른 보험상품
   • 책임보험계약 (마)
   • 도난보험계약
   • 유리보험계약
   • 동물보험계약 (바)
   • 비용보험계약
   • 날씨보험계약
3. 제3보험상품 중 제1조의2 제4항 제1호 또는 제2호에 따른 보험상품
   • 상해보험계약
   • 질병보험계약 (사)

정답 ②

15 보험업법상 보험회사의 부수업무에 관한 설명으로 옳지 않은 것은? 기출 23

① 보험회사가 부수업무를 하려는 날의 7일 전까지 금융위원회에 신고를 한 경우, 금융위원회는 그 내용을 검토하여 이 법에 적합하면 신고를 수리하여야 한다.
② 금융위원회는 보험회사가 하는 부수업무가 보험회사의 경영건전성을 해치는 경우에는 그 부수업무를 하는 것을 제한하거나 시정할 것을 명할 수 있다.
③ 이 법에 따라 공고된 다른 보험회사의 부수업무와 동일한 부수업무를 하려는 보험회사는, 그 부수업무가 금융위원회로부터 제한이나 시정의 명령을 받은 경우가 아닌 한, 금융위원회에 신고를 하지 않고 부수업무를 할 수 있다.
④ 직전 사업연도 매출액이 해당 보험회사 수입보험료의 1천분의 1 또는 10억원 중 많은 금액에 해당하는 금액을 초과하는 부수업무인 경우, 해당 업무에 속하는 자산·부채 및 수익·비용은 보험업과 통합하여 회계처리하여야 한다.

16 보험업법상 보험업의 겸영제한에 관한 설명으로 옳지 않은 것은? 기출 25

① 손해보험업을 경영하는 보험회사는 제3보험의 재보험을 겸영할 수 있다.
② 생명보험업을 경영하는 보험회사는 생명보험의 재보험을 겸영할 수 있다.
③ 손해보험업을 경영하는 보험회사는 생명보험의 재보험을 겸영할 수 있다.
④ 생명보험업을 경영하는 보험회사는 자동차보험을 겸영할 수 있다.

17 보험업법상 보험회사는 경영건전성을 해치거나 보험계약자 보호 및 건전한 거래질서를 해칠 우려가 없는 금융업무로서 일정한 업무를 할 수 있는 바, 그 업무를 시작하려는 날의 7일 전까지 금융위원회에 신고하여야 하는 업무로서 옳은 것을 모두 고른 것은? 기출 25

> 가. 대통령령으로 정하는 금융 관련 법령에서 정하고 있는 금융업무로서 해당 법령에서 보험회사가 할 수 있도록 한 업무
> 나. 대통령령으로 정하는 금융업으로서 해당 법령에 따라 인가·허가·등록 등이 필요한 금융업무
> 다. 그 밖에 보험회사의 경영건전성을 해치거나 보험계약자 보호 및 건전한 거래질서를 해칠 우려가 없다고 인정되는 금융업무로서 대통령령으로 정하는 금융업무

① 가
② 나, 다
③ 가, 나, 다
④ 가, 다

15 보험회사가 제16조 제1항 제1호부터 제3호까지, 제2항 제2호부터 제4호까지의 업무 및 부수업무(직전 사업연도 매출액이 해당 보험회사 수입보험료의 1천분의 1 또는 10억원 중 많은 금액에 해당하는 금액을 초과하는 업무만 해당한다)를 하는 경우에는 해당 업무에 속하는 자산·부채 및 수익·비용을 <u>보험업과 구분하여 회계처리하여야 한다</u>(보험업법 시행령 제17조 제1항).
① 보험업법 제11조의2 제2항
② 보험업법 제11조의2 제3항 제1호
③ 보험업법 제11조의2 제1항 단서

정답

16 보험업 겸영의 제한(보험업법 제10조)
보험회사는 생명보험업과 손해보험업을 겸영(兼營)하지 못한다. 다만, 다음 각 호의 어느 하나에 해당하는 보험종목은 그러하지 아니하다.
1. 생명보험의 재보험 및 제3보험의 재보험
2. 다른 법령에 따라 겸영할 수 있는 보험종목으로서 대통령령으로 정하는 보험종목
3. 대통령령으로 정하는 기준에 따라 제3보험의 보험종목에 부가되는 보험
따라서 ①, ②, ③의 경우 겸영할 수 있지만, ④의 경우 겸영할 수 없다.

정답 ④

17 보험회사는 경영건전성을 해치거나 보험계약자 보호 및 건전한 거래질서를 해칠 우려가 없는 금융업무로서 다음 각 호에 규정된 업무를 할 수 있다. 이 경우 보험회사는 <u>제1호 또는 제3호의 업무를 하려면 그 업무를 시작하려는 날의 7일 전까지 금융위원회에 신고하여야 한다</u>(보험업법 제11조).
1. <u>대통령령으로 정하는 금융 관련 법령에서 정하고 있는 금융업무로서 해당 법령에서 보험회사가 할 수 있도록 한 업무</u> (가)
2. 대통령령으로 정하는 금융업으로서 해당 법령에 따라 인가·허가·등록 등이 필요한 금융업무
3. <u>그 밖에 보험회사의 경영건전성을 해치거나 보험계약자 보호 및 건전한 거래질서를 해칠 우려가 없다고 인정되는 금융업무로서 대통령령으로 정하는 금융업무</u> (다)

정답 ④

18 보험업법상 보험회사인 주식회사의 자본감소에 관한 설명으로 옳지 않은 것은? 기출 22·24

① 자본감소를 결의한 경우에는 그 결의를 한 날로부터 2주 이내에 결의의 요지와 재무상태표를 공고하여야 한다.
② 자본감소의 결의를 할 때 주식 금액 또는 주식 수의 감소에 따른 자본금의 실질적 감소를 하려면 미리 금융위원회에 신고하여야 한다.
③ 자본감소의 결의에 따른 공고에는 보험계약자로서 자본감소에 이의가 있는 자는 1개월 이상의 이의신청 기간과 이 기간 동안에 이의를 제출할 수 있다는 내용을 포함해야 한다.
④ 자본감소는 이의를 제기한 보험계약자나 그 밖에 보험계약으로 발생한 권리를 가진 자에 대하여도 효력이 미친다.

19 보험업법상 보험회사인 주식회사에 관한 설명으로 옳지 않은 것은? 기출 25

① 자본감소를 결의한 경우에는 그 결의를 한 날부터 2주 이내에 결의의 요지와 재무상태표를 공고하여야 한다.
② 자본감소를 결의할 때 대통령령으로 정하는 자본감소를 하려면 미리 금융위원회의 승인을 받아야 한다.
③ 주식회사는 그 조직을 변경하여 상호회사로 할 수 없다.
④ 주식회사의 조직변경은 주주총회의 결의를 거쳐야 한다.

20 보험업법상 주식회사가 그 조직을 변경하여 상호회사로 되는 경우, 이에 관한 내용으로 옳은 것은? 기출 22

① 상호회사는 기금의 총액을 300억원 미만으로 할 수는 있지만 이를 설정하지 않을 수는 없다.
② 주식회사의 조직변경은 출석한 주주의 의결권의 과반수와 발행주식 총수의 4분의 1 이상의 수로써 하여야 한다.
③ 주식회사의 보험계약자는 조직변경을 하더라도 해당 상호회사의 사원이 되는 것은 아니다.
④ 주식회사는 상호회사로 된 경우에는 7일 이내에 그 취지를 공고해야 하고, 상호회사로 되지 않은 경우에도 또한 같다.

● 해설 및 정답

18 자본감소의 결의를 할 때 주식 금액 또는 주식 수의 감소에 따른 자본금의 실질적 감소를 하려면 미리 금융위원회의 승인을 받아야 한다(보험업법 제18조 제1항, 동법 시행령 제23조의2).
① 보험업법 제18조 제1항
③ 보험업법 제18조 제3항, 제141조 제2항
④ 보험업법 제18조 제3항, 제151조 제3항

정답 ❷

19 주식회사는 그 조직을 변경하여 상호회사로 할 수 있다(보험업법 제20조 제1항).
① 보험업법 제18조 제1항
② 보험업법 제18조 제2항
④ 보험업법 제21조 제1항

정답 ❸

20 ④ 보험업법 제31조, 제145조
① 상호회사는 기금의 총액을 300억원 미만으로 하거나 설정하지 아니할 수 있다(보험업법 제20조 제2항).
② 주식회사의 조직변경은 출석한 주주의 의결권의 3분의 2 이상의 수와 발행주식 총수의 3분의 1 이상의 수로써 하여야 한다(보험업법 제21조 제2항, 상법 제434조).
③ 주식회사의 보험계약자는 조직변경에 따라 해당 상호회사의 사원이 된다(보험업법 제30조).

정답 ❹

21 보험회사인 주식회사의 조직변경에 대한 설명으로 옳은 것은 몇 개인가? 기출수정 19

> 가. 주식회사가 보험업법 제22조(조직변경의 결의의 공고와 통지) 제1항에 따른 공고를 한 날 이후에 보험계약을 체결하려면 보험계약자가 될 자에게 조직변경 절차가 진행 중임을 알리고 그 승낙을 받아야 하며, 승낙을 한 자는 승낙을 한 때로부터 보험계약자가 된다.
> 나. 주식회사에서 상호회사로의 조직변경에 따른 기금 총액은 300억원 미만으로 하거나 설정하지 아니할 수는 있으나, 손실 보전을 충당하기 위하여 금융위원회가 필요하다고 인정하는 금액을 준비금으로 적립하여야 한다.
> 다. 주식회사의 상호회사로의 조직변경을 위한 주주총회의 결의는 주주의 과반수 출석과 그 의결권의 4분의 3의 동의를 얻어야 한다.
> 라. 주식회사가 상호회사로 조직변경을 하는 경우에는 그 결의를 한 날로부터 2주 이내에 결의의 요지와 재무상태표를 공고하고, 주주명부에 적힌 질권자에게는 개별적으로 알려야 한다.
> 마. 주식회사의 보험계약자는 상호회사로의 조직변경에 따라 해당 상호회사의 사원이 된다.

① 1개
② 2개
③ 3개
④ 4개

22 보험업법상 보험계약자 등의 우선취득권과 예탁자산의 우선변제권에 관한 설명으로 옳지 않은 것은? 기출 25

① 보험계약자나 보험금을 취득할 자는 피보험자를 위하여 적립한 금액을 다른 법률의 특별한 규정이 있는 경우에도 불구하고 주식회사의 자산에서 우선하여 취득한다.
② 보험업법 제108조에 따라 특별계정이 설정된 경우에는 우선취득권은 특별계정과 그 밖의 계정을 구분하여 적용한다.
③ 보험계약자나 보험금을 취득할 자는 피보험자를 위하여 적립한 금액을 주식회사가 보험업법에 따른 금융위원회의 명령에 따라 예탁한 자산에서 다른 채권자보다 우선하여 변제를 받을 권리를 가진다.
④ 보험업법 제108조에 따라 특별계정이 설정된 경우에는 우선변제권은 특별계정과 그 밖의 계정을 구분하여 적용한다.

23 보험업법상 상호회사의 설립에 관한 설명으로 옳은 것은? 기출 23

① 상호회사의 기금은 금전 이외에 객관적 가치의 평가가 가능한 자산으로 납입이 가능하다.
② 발기인은 상호회사의 정관이 작성되고 기금의 납입이 시작되면 그 날부터 7일 이내에 창립총회를 소집하여야 한다.
③ 상호회사 성립 전의 입사청약에 대하여는 「민법」상 착오에 관한 규정을 적용하지 아니한다.
④ 설립등기는 이사 및 감사의 공동신청으로 하여야 한다.

• 해설 및 정답

21 가. (×) 주식회사가 보험업법 제22조(조직변경의 결의의 공고와 통지) 제1항에 따른 공고를 한 날 이후에 보험계약을 체결하려면 보험계약자가 될 자에게 조직변경 절차가 진행 중임을 알리고 그 승낙을 받아야 하며, 승낙을 한 보험계약자는 조직변경 절차를 진행하는 중에는 보험계약자가 아닌 자로 본다(보험업법 제23조 제2항).
나. (○) 주식회사에서 상호회사로의 조직변경에 따른 기금 총액은 300억원 미만으로 하거나 설정하지 아니할 수는 있으나, 손실 보전을 충당하기 위하여 금융위원회가 필요하다고 인정하는 금액을 준비금으로 적립하여야 한다(보험업법 제20조).
다. (×) 주식회사의 상호회사로의 조직변경을 위한 주주총회의 결의는 출석한 주주의 의결권의 3분의 2 이상의 수와 발행주식 총수의 3분의 1 이상의 수로써 하여야 한다(보험업법 제21조 제2항, 상법 제434조).
라. (○) 주식회사가 상호회사로 조직변경을 하는 경우에는 그 결의를 한 날로부터 2주 이내에 결의의 요지와 재무상태표를 공고하고, 주주명부에 적힌 질권자에게는 개별적으로 알려야 한다(보험업법 제22조 제1항).
마. (○) 주식회사의 보험계약자는 상호회사로의 조직변경에 따라 해당 상호회사의 사원이 된다(보험업법 제30조).

정답 ③

22 보험계약자나 보험금을 취득할 자는 피보험자를 위하여 적립한 금액을 다른 법률에 특별한 규정이 없으면 주식회사의 자산에서 우선하여 취득한다(보험업법 제32조 제1항).
② 보험업법 제32조 제2항
③ 보험업법 제33조 제1항
④ 보험업법 제33조 제2항

정답 ①

23 설립등기는 이사 및 감사의 공동신청으로 하여야 한다(보험업법 제40조 제3항).
① 상호회사의 기금은 금전 이외의 자산으로 납입하지 못한다(보험업법 제36조 제1항).
② 상호회사의 발기인은 상호회사의 기금의 납입이 끝나고 사원의 수가 예정된 수가 되면 그 날부터 7일 이내에 창립총회를 소집하여야 한다(보험업법 제39조 제1항).
③ 상호회사 성립 전의 입사청약에 대하여는 「민법」 제107조 제1항(진의 아닌 의사표시) 단서를 적용하지 아니한다(보험업법 제38조 제3항).

정답 ④

24 보험업법상 상호회사의 계산에 관한 설명으로 옳은 것은? 기출 23

① 손실보전준비금의 총액과 매년 적립할 최고액은 정관으로 정한다.
② 설립비용과 사업비의 전액을 상각하고 손실보전준비금을 공제하기 전에는 기금의 상각 또는 잉여금의 분배를 하지 못한다.
③ 상호회사가 이 법의 규정을 위반하여 기금이자의 지급, 기금의 상각 또는 잉여금의 분배를 한 경우에는 회사의 사원은 이를 반환하게 할 수 있다.
④ 상호회사가 기금을 상각할 때에는 상각하는 금액을 초과하는 금액을 적립하여야 한다.

25 보험업법상 상호회사의 기관에 관한 설명으로 옳지 않은 것은? 기출 23

① 상호회사는 사원총회를 갈음할 기관을 정관으로 정한 때에는 그 기관에 대하여는 사원총회에 관한 규정을 준용한다.
② 정관에 특별한 규정이 없는 한, 상호회사의 사원은 사원총회에서 각각 1개의 의결권을 가진다.
③ 사원의 적법한 사원총회의 소집청구가 있은 후, 지체 없이 총회 소집의 절차를 밟지 아니한 때에는 청구한 사원은 금융위원회의 허가를 받아 사원총회를 소집할 수 있다.
④ 상호회사의 사원은 영업시간 중에는 언제든지 사원총회 및 이사회의 의사록을 열람하거나 복사할 수 있다.

26 보험업법상 상호회사의 해산 및 청산에 관한 내용으로 옳은 것은? 기출 22

① 해산을 결의한 경우에는 그 결의가 이사회의 승인을 받은 날부터 2주 이내에 결의의 요지와 재무상태표를 공고하여야 한다.
② 합병이나 파산에 의하여 해산한 경우, 상호회사의 청산에 관한 보험업법 규정에 따라 청산을 하여야 한다.
③ 청산인은 회사자산을 처분함에 있어서, 일반채무의 변제보다 기금의 상각을 먼저 하여야 한다.
④ 정관에 특별한 규정이 없으면, 회사자산의 처분 후 남은 자산은 잉여금을 분배할 때와 같은 비율로 사원에게 분배하여야 한다.

• 해설 및 정답

24 설립비용과 사업비의 전액을 상각하고 손실보전준비금을 공제하기 전에는 기금의 상각 또는 잉여금의 분배를 하지 못한다(보험업법 제61조 제2항).
   ① 손실보전준비금의 총액과 매년 적립할 최저액은 정관으로 정한다(보험업법 제60조 제2항).
   ③ 상호회사가 이 법의 규정을 위반하여 기금이자의 지급, 기금의 상각 또는 잉여금의 분배를 한 경우에는 회사의 채권자는 이를 반환하게 할 수 있다(보험업법 제61조 제3항).
   ④ 상호회사가 기금을 상각할 때에는 상각하는 금액과 같은 금액을 적립하여야 한다(보험업법 제62조).

   정답 ❷

25 사원총회의 소집청구가 있은 후 지체 없이 총회 소집의 절차를 밟지 아니한 때에는 청구한 사원은 법원의 허가를 받아 총회를 소집할 수 있다. 이 경우 주주총회의 의장은 법원이 이해관계인의 청구나 직권으로 선임할 수 있다(보험업법 제56조 제2항, 상법 제366조 제2항).
   ① 보험업법 제54조 제1항, 제2항
   ② 보험업법 제55조
   ④ 보험업법 제57조 제2항

   정답 ❸

26 ④ 보험업법 제72조 제2항
   ① 해산을 결의한 경우에는 그 결의가 금융위원회의 인가를 받은 날부터 2주 이내에 결의의 요지와 재무상태표를 공고하여야 한다(보험업법 제69조 제1항).
   ② 상호회사가 해산한 경우에는 합병과 파산의 경우가 아니면 보험업법 규정에 따라 청산을 하여야 한다(보험업법 제71조).
   ③ 청산인은 회사자산을 처분함에 있어서, 기금의 상각보다 일반채무의 변제를 먼저 하여야 한다(보험업법 제72조 제1항).

   정답 ❹

27 보험업법상 외국보험회사국내지점의 허가 취소사유에 해당하는 사항을 모두 고른 것은? 기출 20

> 가. 합병, 영업양도 등으로 소멸한 경우
> 나. 휴업하거나 영업을 중지한 경우
> 다. 외국보험회사국내지점 직원이 주의·경고조치를 받은 경우
> 라. 6개월간의 영업정지 처분을 받은 경우

① 가, 나
② 나, 라
③ 나, 다
④ 다, 라

28 보험업법상 금융위원회가 외국보험회사국내지점에 대하여 영업정지의 조치를 할 수 있는 사유가 아닌 것은? 기출 23

① 이 법에 따른 명령이나 처분을 위반한 경우
② 외국보험회사의 본점이 그 본국의 법령을 위반한 경우
③ 외국보험회사국내지점의 보험업 수행이 어렵다고 인정되는 경우
④ 외국보험회사의 본점이 위법행위로 인하여 외국감독기관으로부터 영업 전부의 정지 조치를 받은 경우

29 보험업법상 외국보험회사국내지점에 관한 설명으로 옳지 않은 것은? 기출 25

① 외국보험회사국내지점은 대한민국에서 체결한 보험계약에 관하여 보험업법 제120조에 따라 적립한 책임준비금에 상당하는 자산은 국내에 보유하여야 하나, 비상위험준비금에 상당하는 자산은 외국에 있는 외국보험회사 본점에서 보유할 수 있다.
② 외국보험회사국내지점의 대표자는 보험업법에 따른 보험회사의 임원으로 본다.
③ 금융위원회는 외국보험회사의 본점이 합병, 영업양도 등으로 소멸한 경우에는 그 외국보험회사국내지점에 대하여 청문을 거쳐 보험업의 허가를 취소할 수 있다.
④ 허가를 받은 외국보험회사의 본점이 보험업을 폐업하거나 해산한 경우 또는 대한민국에서의 보험업을 폐업하거나 그 허가가 취소된 경우에는 금융위원회가 필요하다고 인정하면 잔무(殘務)를 처리할 자를 선임하거나 해임할 수 있다.

해설 및 정답

27 금융위원회는 외국보험회사의 본점이 다음 각 호의 어느 하나에 해당하게 되면 그 외국보험회사국내지점에 대하여 청문을 거쳐 보험업의 허가를 취소할 수 있다(보험업법 제74조 제1항).
1. 합병, 영업양도 등으로 소멸한 경우
2. 위법행위, 불건전한 영업행위 등의 사유로 외국감독기관으로부터 보험업법 제134조 제2항에 따른 처분에 상당하는 조치를 받은 경우
3. 휴업하거나 영업을 중지한 경우

> **TIP** 보험업법 제134조 제2항에 따른 처분
> 금융위원회는 보험회사가 다음 각 호의 어느 하나에 해당하는 경우에는 6개월 이내의 기간을 정하여 영업 전부의 정지를 명하거나 청문을 거쳐 보험업의 허가를 취소할 수 있다.
> 1. 거짓이나 그 밖의 부정한 방법으로 보험업의 허가를 받은 경우
> 2. 허가의 내용 또는 조건을 위반한 경우
> 3. 영업의 정지기간 중에 영업을 한 경우
> 4. 해당 위반행위에 대한 시정명령을 이행하지 아니한 경우
> 5. 「금융회사의 지배구조에 관한 법률」 별표 각 호의 어느 하나에 해당하는 경우(영업의 전부정지를 명하는 경우로 한정한다)
> 6. 「금융소비자 보호에 관한 법률」 제51조 제1항 제4호 또는 제5호에 해당하는 경우
> 7. 「금융소비자 보호에 관한 법률」 제51조 제2항 각 호 외의 부분 본문 중 대통령령으로 정하는 경우(영업 전부의 정지를 명하는 경우로 한정한다)

정답 ❶

28 금융위원회는 외국보험회사국내지점이 다음 각 호의 어느 하나에 해당하는 사유로 해당 외국보험회사국내지점의 보험업 수행이 어렵다고 인정되면 공익 또는 보험계약자 보호를 위하여 영업정지 또는 그 밖에 필요한 조치를 하거나 청문을 거쳐 보험업의 허가를 취소할 수 있다(보험업법 제74조 제2항).
1. 이 법 또는 이 법에 따른 명령이나 처분을 위반한 경우
2. 「금융소비자 보호에 관한 법률」 또는 같은 법에 따른 명령이나 처분을 위반한 경우
3. 외국보험회사의 본점이 그 본국의 법령을 위반한 경우
4. 그 밖에 해당 외국보험회사국내지점의 보험업 수행이 어렵다고 인정되는 경우

정답 ❹

29 외국보험회사국내지점은 대한민국에서 체결한 보험계약에 관하여 보험업법 제120조에 따라 적립한 책임준비금 및 비상위험준비금에 상당하는 자산을 대한민국에서 보유하여야 한다(보험업법 제75조 제1항).
② 보험업법 제76조 제3항
③ 보험업법 제74조 제1항 제1호
④ 보험업법 제77조 제1항

정답 ❶

30 보험업법상 보험설계사에 관한 설명으로 옳지 않은 것은? 기출 24

① 보험설계사는 생명보험설계사, 손해보험설계사(간단손해보험설계사를 포함), 제3보험설계사로 구분한다.
② 보험회사·보험대리점 및 보험중개사는 보험설계사가 되려는 자를 금융위원회에 등록하여야 한다.
③ 보험설계사가 교차모집을 하려는 경우에는 교차모집을 하려는 보험회사의 명칭 등 금융위원회가 정하여 고시하는 사항을 적은 서류를 금융위원회에 제출해야 한다.
④ 보험회사는 소속 보험설계사에게 최초로 유효한 등록을 한 날부터 2년이 지날 때마다 2년이 된 날부터 6개월 이내에 보험업법에 정해진 기준에 따라 교육을 해야 한다.

31 보험설계사의 모집 제한의 예외에 해당하는 것을 모두 고른 것은? 기출 21

> 가. 생명보험회사에 소속된 보험설계사가 소속 이외의 1개의 생명보험회사를 위하여 모집하는 경우
> 나. 손해보험회사에 소속된 보험설계사가 1개의 생명보험회사를 위하여 모집하는 경우
> 다. 제3보험업을 겸업으로 하는 보험회사에 소속된 보험설계사가 1개의 손해보험회사를 위하여 모집을 하는 경우
> 라. 생명보험회사에 소속된 보험설계사가 1개의 손해보험회사를 위하여 모집을 하는 경우

① 가, 나
② 다, 라
③ 가, 다
④ 나, 라

32 보험업법상 교차모집보험설계사(이하 '설계사'라 한다)가 속한 보험회사 또는 교차모집을 위탁한 보험회사의 금지행위에 해당하는 것은 모두 몇 개인가? 기출 22

> 가. 설계사에게 자사 소속의 보험설계사로 전환하도록 권유하는 행위
> 나. 설계사에게 자사를 위하여 모집하는 경우 보험회사가 정한 수수료·수당 외에 추가로 대가를 지급하기로 약속하거나 이를 지급하는 행위
> 다. 설계사가 다른 보험회사를 위하여 모집한 보험계약을 자사의 보험계약으로 처리하도록 유도하는 행위
> 라. 설계사에게 정당한 사유에 의한 위탁계약 해지, 위탁범위 제한 등 불이익을 주는 행위
> 마. 설계사의 소속 영업소를 변경하거나 모집한 계약의 관리자를 변경하는 등 교차모집을 제약·방해하는 행위
> 바. 설계사를 합리적 근거에 따라 소속 보험설계사보다 우대하는 행위

① 3개
② 4개
③ 5개
④ 6개

● 해설 및 정답

30 보험설계사가 교차모집을 하려는 경우에는 교차모집을 하려는 보험회사의 명칭 등 금융위원회가 정하여 고시하는 사항을 적은 서류를 보험협회에 제출해야 한다(보험업법 시행령 제29조 제1항).
① 보험업법 시행령 제27조 제1항
② 보험업법 제84조 제1항
④ 보험업법 시행령 제29조의2 제1항

정답 ③

31 보험설계사의 모집 제한의 예외사항(보험업법 제85조 제3항)
1. 생명보험회사 또는 제3보험업을 전업(專業)으로 하는 보험회사에 소속된 보험설계사가 1개의 손해보험회사를 위하여 모집을 하는 경우
2. 손해보험회사 또는 제3보험업을 전업으로 하는 보험회사에 소속된 보험설계사가 1개의 생명보험회사를 위하여 모집을 하는 경우
3. 생명보험회사나 손해보험회사에 소속된 보험설계사가 1개의 제3보험업을 전업으로 하는 보험회사를 위하여 모집을 하는 경우

정답 ④

32 교차모집보험설계사의 소속 보험회사 또는 교차모집을 위탁한 보험회사의 금지행위(보험업법 시행령 제29조 제3항)
1. 교차모집보험설계사에게 자사 소속의 보험설계사로 전환하도록 권유하는 행위 (가)
2. 교차모집보험설계사에게 자사를 위하여 모집하는 경우 보험회사가 정한 수수료·수당 외에 추가로 대가를 지급하기로 약속하거나 이를 지급하는 행위 (나)
3. 교차모집보험설계사가 다른 보험회사를 위하여 모집한 보험계약을 자사의 보험계약으로 처리하도록 유도하는 행위 (다)
4. 교차모집보험설계사에게 정당한 사유 없이 위탁계약 해지, 위탁범위 제한 등 불이익을 주는 행위
5. 교차모집보험설계사의 소속 영업소를 변경하거나 모집한 계약의 관리자를 변경하는 등 교차모집을 제약·방해하는 행위 (마)
6. 그 밖에 보험계약자 보호와 모집질서 유지를 위하여 총리령으로 정하는 행위(동법 시행규칙 제16조 제1항)
   • 소속 보험설계사에게 특정 보험회사를 지정하여 교차모집 위탁계약의 체결을 강요하는 행위
   • 소속 보험설계사에게 교차모집보험설계사가 될 자의 유치를 강요하는 행위
   • 합리적 근거 없이 교차모집보험설계사를 소속 보험설계사보다 우대하는 행위

정답 ②

33 보험업법상 보험설계사의 등록 제한에 관한 설명으로 옳지 않은 것은? 기출 25

① 보험업법 또는 「금융소비자 보호에 관한 법률」에 따라 벌금 이상의 형을 선고받고 그 집행이 끝나거나(집행이 끝난 것으로 보는 경우를 포함) 집행이 면제된 날부터 3년이 지나지 아니한 자는 보험설계사가 될 수 없다.
② 이전에 모집과 관련하여 받은 보험료, 대출금 또는 보험금을 다른 용도에 유용(流用)한 후 3년이 지나지 아니한 자는 보험설계사가 될 수 없다.
③ 보험업법 또는 「금융소비자 보호에 관한 법률」에 따라 금고 이상의 형의 집행유예를 선고받고 그 유예기간 중에 있는 자는 보험설계사가 될 수 없다.
④ 보험업법에 따라 보험설계사·보험대리점 또는 보험중개사 등록취소 처분을 2회 이상 받은 경우 최종 등록취소 처분을 받은 날부터 3년이 지나지 아니한 자는 보험설계사가 될 수 없다.

34 보험업법상 보험회사의 보험설계사에 대한 불공정행위가 아닌 것은? 기출 23

① 위탁계약서상 계약사항을 이행하지 아니하는 행위
② 보험설계사에게 보험계약의 모집에 관한 교육을 받도록 하는 행위
③ 정당한 사유 없이 보험설계사가 요청한 위탁계약 해지를 거부하는 행위
④ 보험설계사에게 보험료 대납을 강요하는 행위

35 보험업법상 보험회사의 고객응대 직원에 대한 보호조치 의무에 관한 설명으로 옳지 않은 것은? 기출 25

① 보험회사는 직원이 요청하는 경우 해당 고객으로부터 분리하고 업무담당자를 교체하여야 한다.
② 보험회사는 「근로자참여 및 협력증진에 관한 법률」 제26조에 따라 전담 고충처리위원을 선임 또는 위촉하는 경우에도 고객을 직접 응대하는 직원을 위한 상시적 고충처리기구를 마련하여야 한다.
③ 보험회사는 고객의 폭언이나 성희롱, 폭행 등이 관계 법률의 형사처벌 규정에 위반된다고 판단되고 그 행위로 피해를 입은 직원이 요청하는 경우에는 관할 수사기관 등에 고발하여야 한다.
④ 보험회사는 고객의 폭언이나 성희롱, 폭행 등이 관계 법률의 형사처벌규정에 위반되지는 아니하나, 그 행위로 피해를 입은 직원의 피해정도 및 그 직원과 다른 직원에 대한 장래 피해발생 가능성 등을 고려하여 필요하다고 판단되는 경우에는 관할 수사기관 등에 필요한 조치를 요구하여야 한다.

33 보험업법 또는 「금융소비자 보호에 관한 법률」에 따라 벌금 이상의 형을 선고받고 그 집행이 끝나거나(집행이 끝난 것으로 보는 경우를 포함) 집행이 면제된 날부터 <u>2년이 지나지 아니한 자는 보험설계사가 될 수 없다</u>(보험업법 제84조 제2항 제3호).
② 보험업법 제84조 제2항 제10호
③ 보험업법 제84조 제2항 제4호
④ 보험업법 제84조 제2항 제6호

정답 ①

34 보험설계사에 대한 불공정행위 금지(보험업법 제85조의3 제1항)
보험회사 등은 보험설계사에게 보험계약의 모집을 위탁할 때 다음 각 호의 행위를 하여서는 아니 된다.
1. 보험모집 위탁계약서를 교부하지 아니하는 행위
2. <u>위탁계약서상 계약사항을 이행하지 아니하는 행위</u>
3. 위탁계약서에서 정한 해지요건 외의 사유로 위탁계약을 해지하는 행위
4. <u>정당한 사유 없이 보험설계사가 요청한 위탁계약 해지를 거부하는 행위</u>
5. 위탁계약서에서 정한 위탁업무 외의 업무를 강요하는 행위
6. 정당한 사유 없이 보험설계사에게 지급되어야 할 수수료의 전부 또는 일부를 지급하지 아니하거나 지연하여 지급하는 행위
7. 정당한 사유 없이 보험설계사에게 지급한 수수료를 환수하는 행위
8. <u>보험설계사에게 보험료 대납(代納)을 강요하는 행위</u>
9. 그 밖에 대통령령으로 정하는 불공정한 행위

정답 ②

35 보험회사는 고객을 직접 응대하는 직원을 위한 상시적 고충처리기구를 마련해야 하지만, 「근로자참여 및 협력증진에 관한 법률」 제26조에 따라 고충처리위원을 두는 경우에는 고객을 직접 응대하는 직원을 위한 전담 고충처리위원을 선임 또는 위촉하여야 한다(보험업법 제85조의4 제1항 제3호).
① 보험업법 제85조의4 제1항 제1호
③ 보험업법 시행령 제29조의3 제1호
④ 보험업법 시행령 제29조의3 제2호

정답 ②

36 보험업법상 법인보험대리점에 관한 설명으로 옳지 않은 것은? (금융기관보험대리점 등은 제외함) 기출 24

① 법인보험대리점은 「방문판매 등에 관한 법률」에 따른 다단계판매업을 하지 못한다.
② 법인보험대리점은 경영하고 있는 업무의 종류, 모집조직에 관한 사항, 모집실적에 관한 사항, 그 밖에 보험계약자 보호를 위하여 금융위원회가 정하여 고시하는 사항을 보험협회의 인터넷 홈페이지를 통하여 반기별로 공시하여야 한다.
③ 미성년자는 법정대리인의 동의를 얻어 법인보험대리점의 임원이 될 수 있다.
④ 보험설계사가 100명 이상인 법인보험대리점으로서 금융위원회가 정하여 고시하는 법인보험대리점은 보험계약자 보호를 위한 업무지침의 준수 여부를 점검하고, 그 위반 사항을 조사하는 임원 또는 직원을 1명 이상 두어야 한다.

37 보험업법상 간단손해보험대리점이 준수해야 할 사항이 아닌 것은? 기출 24

① 소비자에게 재화 또는 용역의 판매·제공·중개를 조건으로 보험가입을 강요하지 아니할 것
② 판매·제공·중개하는 재화 또는 용역과 별도로 소비자가 보험계약을 체결 또는 취소하거나 보험계약의 피보험자가 될 수 있는 기회를 보장할 것
③ 재화·용역을 구매하면서 동시에 보험계약을 체결하는 경우와 보험계약만 체결하는 경우간에 보험료, 보험금의 지급조건 및 보험금의 지급규모 등에 차이가 발생하지 않도록 할 것
④ 보험계약자에게 피보험이익이 없으면서 보험계약자가 보험료 전부를 부담하는 단체보험계약을 체결하는 경우 사전에 서면, 문자메세지, 전자우편 또는 팩스 등의 방법으로 보험업법에서 정하는 내용이 포함된 안내자료를 피보험자가 되려는 자에게 제공할 것

38 보험업법상 보험중개사(금융기관보험중개사는 제외)에 관한 설명으로 옳지 않은 것은? 기출 23

① 금고 이상의 실형을 선고받고 그 집행이 끝나거나 집행이 면제된 날로부터 3년이 지나지 아니한 자는 법인인 보험중개사의 임원이 되지 못한다.
② 금융위원회는 보험중개사가 보험계약 체결 중개와 관련하여 보험계약자에게 입힌 손해의 배상을 보장하기 위하여 보험중개사로 하여금 금융위원회가 지정하는 기관에 영업보증금을 예탁하게 하거나 보험가입 등을 하게 할 수 있다.
③ 금융위원회는 보험모집에 관한 이 법의 규정을 위반한 보험중개사에 대하여 6개월 이내의 기간을 정하여 그 업무의 정지를 명하거나 그 등록을 취소할 수 있다.
④ 보험중개사는 보험계약의 체결을 중개할 때 그 중개와 관련된 내용을 장부에 적고 보험계약자에게 알려야 하나, 그 수수료에 관한 사항을 비치할 필요는 없다.

36 미성년자는 법인보험대리점의 임원이 될 수 없다(보험업법 제87조의2 제1항 제1호).
    TIP 「금융회사의 지배구조에 관한 법률」 제5조 제1항 제1호·제2호 및 제4호에 해당하는 자는 금융회사의 임원이 되지 못한다.
      1. **미성년자**·피성년후견인 또는 피한정후견인(제1호)
      2. 파산선고를 받고 복권(復權)되지 아니한 사람(제2호)
      3. 금고 이상의 형의 집행유예를 선고받고 그 유예기간 중에 있는 사람(제4호)

    ① 보험업법 시행령 제33조의4 제1항 제1호
    ② 보험업법 시행령 제33조의4 제2항, 제3항
    ④ 보험업법 시행령 제33조의2 제1항 제2호

    정답 ③

37 간단손해보험대리점의 준수사항(보험업법 시행령 제33조의2 제4항)
    1. 소비자에게 재화 또는 용역의 판매·제공·중개를 조건으로 보험가입을 강요하지 아니할 것
    2. 판매·제공·중개하는 재화 또는 용역과 별도로 소비자가 보험계약을 체결 또는 취소하거나 보험계약의 피보험자가 될 수 있는 기회를 보장할 것
    3. 단체보험계약(보험계약자에게 피보험이익이 없고, 피보험자가 보험료의 전부를 부담하는 경우만 해당한다)을 체결하는 경우 사전에 서면, 문자메세지, 전자우편 또는 팩스 등의 방법으로 다음 각 목의 사항이 포함된 안내자료를 피보험자가 되려는 자에게 제공할 것
      가. 제42조의2 제1항 제1호부터 제11호까지에서 규정한 사항
      나. 단체보험계약의 피보험자에서 제외되는 방법 및 절차에 관한 사항
      다. 제2호에 따라 소비자에게 보장되는 기회에 관한 사항
      라. 보험계약자 등 소비자 보호를 위하여 금융위원회가 정하여 고시하는 사항
    4. 재화·용역을 구매하면서 동시에 보험계약을 체결하는 경우와 보험계약만 체결하는 경우간에 보험료, 보험금의 지급조건 및 보험금의 지급규모 등에 차이가 발생하지 아니하도록 할 것
    5. 제32조 세2항에 따라 등록한 간단손해보험대리점의 경우에는 인터넷 홈페이지[이동통신단말장치에서 사용되는 애플리케이션(Application) 및 그 밖에 이와 비슷한 응용프로그램을 통하여 가상의 공간에 개설하는 장소를 포함한다]를 통해서만 다음 각 목의 행위를 할 것
      가. 보험을 모집하는 행위
      나. 단체보험계약을 위하여 피보험자로 이루어진 단체를 구성하는 행위

    정답 ④

38 보험중개사는 보험계약의 체결을 중개할 때 그 중개와 관련된 내용을 대통령령으로 정하는 바에 따라 장부에 적고 보험계약자에게 알려야 하며, 그 수수료에 관한 사항을 비치하여 보험계약자가 열람할 수 있도록 하여야 한다(보험업법 제92조 제1항).
    ① 보험업법 제89조의2 제1항 제3호
    ② 보험업법 제89조 제3항
    ③ 보험업법 제90조 제2항 제1호

    정답 ④

39 보험중개사에 관한 설명으로 옳지 않은 것은? 기출 20

① 보험중개사는 보험회사의 임직원이 될 수 없으며, 보험계약의 체결을 중개하면서 보험회사·보험설계사·보험대리점·보험계리사 및 손해사정사의 업무를 겸할 수 없다.
② 법인보험중개사는 보험계약자 보호를 위한 업무지침을 정하여야 하며, 그 업무지침의 준수여부를 점검하고 위반사항을 조사하기 위한 임원 또는 직원을 2인 이상 두어야 한다.
③ 보험중개사가 소속 보험설계사와 보험모집을 위한 위탁을 해지한 경우에는 금융위원회에 신고하여야 한다.
④ 보험중개사는 보험계약 체결의 중개행위와 관련하여 보험계약자에게 손해를 입힌 경우에는 영업보증금예탁기관에서 보험계약자 측에 지급하는 금액만큼 손해배상책임을 면한다.

40 보험중개사에 관한 설명으로 옳지 않은 것은? 기출 21

① 부채가 자산을 초과하는 법인은 보험중개사 등록이 제한된다.
② 등록한 보험중개사는 보험계약자에게 입힌 손해의 배상을 보장하기 위하여 「은행법」상의 은행에 영업보증금을 예탁하여야 한다.
③ 보험중개사의 영업보증금은 개인은 1억원 이상, 법인은 3억원 이상이지만, 금융기관보험중개사에 대해서는 영업보증금 예탁의무가 면제된다.
④ 보험중개사는 개인보험중개사와 법인보험중개사로 구분하고, 각각 생명보험중개사, 손해보험중개사 및 제3보험중개사로 구분한다.

41 보험업법상 금융위원회가 보험중개사(금융기관보험중개사는 제외)에게 영업보증금의 전부 또는 일부를 반환해야 하는 사유에 해당하지 않는 것은? 기출 23

① 보험중개사가 보험중개 업무를 일시 중단한 경우
② 보험중개사인 법인이 파산 또는 해산하거나 합병으로 소멸한 경우
③ 보험중개사인 개인이 사망한 경우
④ 보험중개사의 업무상황 변화 등으로 이미 예탁한 영업보증금이 예탁하여야 할 영업보증금을 초과하게 된 경우

• 해설 및 정답

39 법인보험중개사는 보험계약자 보호를 위한 업무지침을 정하여야 하며, 그 업무지침의 준수 여부를 점검하고 위반사항을 조사하기 위한 임원 또는 직원을 <u>1인 이상</u> 두어야 한다(보험업법 시행령 제36조 제1항 제1호, 제2호).
① 보험업법 제92조 제2항
③ 보험업법 제93조 제1항 제7호
④ 보험업법 시행령 제38조 제1항, 제3항

정답 ②

40 금융위원회는 등록을 한 보험중개사가 보험계약 체결 중개와 관련하여 보험계약자에게 입힌 손해의 배상을 보장하기 위하여 보험중개사로 하여금 <u>금융위원회가 지정하는 기관</u>에 영업보증금을 예탁하게 하거나 보험 가입, 그 밖에 필요한 조치를 하게 할 수 있다(보험업법 제89조 제3항).
① 보험업법 제89조 제2항 제5호
③ 보험업법 시행령 제37조 제1항
④ 보험업법 시행령 제34조 제1항

정답 ②

41 금융위원회는 보험중개사가 다음 각 호의 어느 하나에 해당하는 경우에는 총리령으로 정하는 바에 따라 영업보증금의 전부 또는 일부를 반환한다(보험업법 시행령 제37조 제3항).
1. 보험중개사가 보험중개 업무를 폐지한 경우
2. <u>보험중개사인 개인이 사망한 경우</u>
3. <u>보험중개사인 법인이 파산 또는 해산하거나 합병으로 소멸한 경우</u>
4. 법 제90조 제1항에 따라 등록이 취소된 경우
5. <u>보험중개사의 업무상황 변화 등으로 이미 예탁한 영업보증금이 예탁하여야 할 영업보증금을 초과하게 된 경우</u>

정답 ①

42 보험업법상 보험대리점 또는 보험중개사로 등록할 수 있는 금융기관을 모두 고른 것은? 기출 25

> 가. 「상호저축은행법」에 따른 상호저축은행
> 나. 「한국산업은행법」에 따라 설립된 한국산업은행
> 다. 「중소기업은행법」에 따라 설립된 중소기업은행
> 라. 「한국은행법」에 따라 설립된 한국은행
> 마. 「농업협동조합법」에 따라 설립된 조합

① 가, 나, 다
② 가, 나, 마
③ 가, 나, 다, 마
④ 나, 다, 라, 마

43 보험업법상 보험설계사·보험대리점 또는 보험중개사가 지체 없이 금융위원회에 신고하여야 할 사항에 해당하지 않는 것은? 기출 25

① 등록을 신청할 때 제출한 서류에 적힌 사항이 변경된 경우
② 개인의 경우에는 본인이 사망한 경우
③ 보험대리점 또는 보험중개사가 소속 보험설계사의 보험모집을 일시 중지하도록 한 경우
④ 보험설계사가 다른 보험회사를 위하여 모집을 한 경우

44 보험업법상 보험회사가 보험계약 체결단계에서 일반보험계약자에게 설명하여야 하는 중요사항이 아닌 것은? (일반보험계약자가 설명을 거부하는 경우는 제외함) 기출 23

① 보험사고 조사에 관하여 설명 받아야 하는 사항으로서 금융위원회가 정하여 고시하는 사항
② 보험계약의 승낙절차 및 보험계약 승낙거절시 거절사유
③ 보험의 모집에 종사하는 자가 보험료나 고지의무사항을 보험회사를 대신하여 수령할 수 있는지 여부
④ 보험모집에 종사하는 자가 보험회사를 위하여 보험계약의 체결을 대리할 수 있는지 여부

42 보험대리점 또는 보험중개사로 등록할 수 있는 금융기관(보험업법 제91조 제1항)

1. 「은행법」에 따라 설립된 은행
2. 「자본시장과 금융투자업에 관한 법률」에 따른 투자매매업자 또는 투자중개업자
3. 「상호저축은행법」에 따른 상호저축은행 (가)
4. 그 밖에 다른 법률에 따라 금융업무를 하는 기관으로서 대통령령으로 정하는 기관(동법 제40조 제1항)
   - 「한국산업은행법」에 따라 설립된 한국산업은행 (나)
   - 「중소기업은행법」에 따라 설립된 중소기업은행 (다)
   - 「여신전문금융업법」에 따라 허가를 받은 신용카드업자(겸영여신업자는 제외한다)
   - 「농업협동조합법」에 따라 설립된 조합 및 농협은행 (마)

정답 ③

43 신고사항(보험업법 제93조 제1항)

보험설계사·보험대리점 또는 보험중개사는 다음 각 호의 어느 하나에 해당하는 경우에는 지체 없이 그 사실을 금융위원회에 신고하여야 한다.

1. 제84조(보험설계사의 등록)·제87조(보험대리점의 등록) 및 제89조(보험중개사의 등록)에 따른 등록을 신청할 때 제출한 서류에 적힌 사항이 변경된 경우
2. 제84조 제2항(보험설계사의 결격사유) 각 호의 어느 하나에 해당하게 된 경우
3. 모집업무를 폐지한 경우
4. 개인의 경우에는 본인이 사망한 경우
5. 법인의 경우에는 그 법인이 해산한 경우
6. 법인이 아닌 사단 또는 재단의 경우에는 그 단체가 소멸한 경우
7. 보험대리점 또는 보험중개사가 소속 보험설계사와 보험모집에 관한 위탁을 해지한 경우
8. 제85조 제3항(보험설계사의 교차모집)에 따라 보험설계사가 다른 보험회사를 위하여 모집을 한 경우나, 보험대리점 또는 보험중개사가 생명보험계약의 모집과 손해보험계약의 모집을 겸하게 된 경우

정답 ③

44

보험사고 조사에 관하여 설명 받아야 하는 사항으로서 금융위원회가 정하여 고시하는 사항은 보험금 청구단계에서 일반보험계약자에게 설명하여야 하는 중요사항에 해당된다(보험업법 시행령 제42조의2 제3항 제2호 다목).

TIP 보험계약 체결단계에서 일반보험계약자에게 설명하여야 하는 중요사항(보험업법 시행령 제42조의2 제3항 제1호)

가. 보험의 모집에 종사하는 자의 성명, 연락처 및 소속
나. 보험의 모집에 종사하는 자가 보험회사를 위하여 보험계약의 체결을 대리할 수 있는지 여부
다. 보험의 모집에 종사하는 자가 보험료나 고지의무사항을 보험회사를 대신하여 수령할 수 있는지 여부
라. 보험계약의 승낙절차
마. 보험계약 승낙거절시 거절사유
바. 「상법」제638조의3 제2항에 따라 3개월 이내에 해당 보험계약을 취소할 수 있다는 사실 및 그 취소 절차·방법
사. 그 밖에 일반보험계약자가 보험계약 체결단계에서 설명받아야 하는 사항으로서 금융위원회가 정하여 고시하는 사항

정답 ①

45 보험업법상 모집을 위하여 사용하는 보험안내자료의 기재사항을 모두 고른 것은? 기출 22

> 가. 보험금 지급제한 조건에 관한 사항
> 나. 해약환급금에 관한 사항
> 다. 변액보험계약에 최고로 보장되는 보험금이 설정되어 있는 경우에는 그 내용
> 라. 다른 보험회사 상품과 비교한 사항
> 마. 보험금이 금리에 연동되는 경우 적용금리 및 보험금 변동에 관한 사항
> 바. 보험안내자료의 제작자, 제작일, 보험안내자료에 대한 보험회사의 심사 또는 관리번호

① 가, 나, 마, 바 ② 가, 다, 라, 마
③ 나, 다, 마, 바 ④ 나, 라, 마, 바

46 보험업법상 보험모집에 관한 설명으로 옳은 것은? 기출수정 21

① 보험회사는 사망보험계약의 모집에 있어서 피보험자가 다른 사망보험계약을 체결하고 있는지를 확인할 의무를 진다.
② 보험회사는 보험계약의 체결시부터 보험금 지급시까지의 주요 과정을 모든 보험계약자에게 설명하여야 한다.
③ 보험회사는 보험안내자료에 보험계약에 관한 모든 사항을 명백하고 알기 쉽게 적어야 한다.
④ 통신수단을 이용하여 보험모집을 한 경우 보험회사는 보험계약자가 계약을 해지하기 전에 안전성 및 신뢰성이 확보되는 방법을 이용하여 보험계약자 본인임을 확인받은 경우에 한정하여 통신수단을 이용할 수 있도록 하여야 한다.

47 보험업법상 보험계약의 모집 등에 있어서 모집종사자 등의 금지행위에 관한 설명으로 옳은 것은? 기출 21

① 모집종사자 등은 다른 모집종사자의 동의가 있다 하더라도 다른 모집종사자의 명의를 이용하여 보험계약을 모집하는 행위를 하여서는 아니 된다.
② 모집종사자 등은 기존 보험계약이 소멸된 날부터 1개월이 경과하지 않는 한 그 보험계약자가 손해발생 가능성을 알고 있음을 자필로 서명하더라도 그와 새로운 보험계약을 체결할 수 없다.
③ 모집종사자 등은 실제 명의인의 동의가 있다 하더라도 보험계약 청약자와 보험계약을 체결하여서는 아니 된다.
④ 모집종사자 등은 피보험자의 자필서명이 필요한 경우에 그 피보험자로부터 자필서명을 받지 아니하고, 서명을 대신하여 보험계약을 체결할 수 있다.

해설 및 정답

45 다. 변액보험계약에 <u>최저로 보장되는 보험금</u>이 설정되어 있는 경우에는 그 내용을 기재해야 한다(보험업법 시행령 제42조 제1항 제2호).
라. <u>다른 보험회사 상품과 비교한 사항은 보험안내자료에 기재해서는 안 된다</u>(보험업법 시행령 제42조 제2항 제3호).

정답 ❶

46 보험회사는 보험계약자가 체결한 계약을 해지하고자 하는 경우(보험계약자가 계약을 해지하기 전에 <u>안전성 및 신뢰성이 확보되는 방법을 이용하여 보험계약자 본인임을 확인받은 경우에 한정한다</u>) 통신수단을 이용할 수 있도록 하여야 한다(보험업법 제96조 제2항 제3호).
① 중복계약 체결 확인 의무에 해당하는 보험계약은 실제 부담한 의료비만 지급하는 제3보험상품계약(실손의료보험계약)과 실제 부담한 손해액만을 지급하는 것으로서 금융감독원장이 정하는 보험상품계약(기타 손해보험계약)을 말한다(보험업법 시행령 제42조의5 제1항). <u>사망보험계약은 해당되지 않는다.</u>
② 보험회사는 보험계약의 체결시부터 보험금 지급시까지의 주요 과정을 대통령령으로 정하는 바에 따라 <u>일반보험계약자에게 설명하여야 한다.</u> 다만, 일반보험계약자가 설명을 거부하는 경우에는 그러하지 아니하다(보험업법 제95조의2 제3항). 모든 보험계약자에게 설명할 필요가 없다.
③ 보험회사는 보험안내자료에는 보험업법 제95조 제1항에 규정된 사항을 명백하고 알기 쉽게 적어야 한다(보험업법 제95조 제1항). <u>보험계약에 관한 모든 사항을 기재해야 하는 것은 아니다.</u>

정답 ❹

47 ① 보험업법 제97조 제1항 제8호
② 보험계약자가 기존 보험계약 소멸 후 새로운 보험계약 체결시 손해가 발생할 가능성이 있다는 사실을 알고 있음을 자필로 서명하는 등 대통령령으로 정하는 바에 따라 본인의 의사에 따른 행위임이 명백히 증명되는 경우에는 새로운 <u>보험계약을 체결할 수 있다</u>(보험업법 제97조 제3항 제1호 단서).
③ 모집종사자 등은 실제 명의인의 동의가 있는 경우 보험계약 청약자와 <u>보험계약을 체결할 수 있다</u>(보험업법 제97조 제1항 제6호).
④ 모집종사자 등은 피보험자의 자필서명이 필요한 경우에 그 피보험자로부터 자필서명을 받지 아니하고, 서명을 대신하여 <u>보험계약을 체결할 수 없다</u>(보험업법 제97조 제1항 제7호).

정답 ❶

48 보험업법상 보험회사의 중복계약 체결 확인의무에 관한 설명으로 옳지 않은 것은? 기출 23

① 중복계약 체결 확인의무와 관련된 실손의료보험계약이란 실제 부담한 의료비만 지급하는 제3보험상품계약을 말한다.
② 보험회사는 실손의료보험계약을 모집하기 전에 보험계약자가 되려는 자의 동의를 얻어 모집하고자 하는 보험계약과 동일한 위험을 보장하는 보험계약을 체결하고 있는지를 확인하여야 한다.
③ 보험의 모집에 종사하는 자가 실손의료보험계약을 모집하는 경우에는 피보험자가 되려는 자가 이미 다른 실손의료보험계약의 피보험자로 되어 있는지를 확인하여야 한다.
④ 보험회사는 국외여행, 연수 또는 유학 등 국외체류 중 발생한 위험을 보장하는 보험계약에 대하여 중복계약 체결 확인의무를 부담한다.

49 보험업법상 통신수단을 이용하여 모집·철회 및 해지 등을 하는 자가 준수해야 할 사항에 관한 내용으로 옳은 것은? 기출 22

① 전화·우편·컴퓨터통신 등 통신수단을 이용하여 보험업법에 따라 모집을 할 수 있는 자는 금융위원회로부터 별도로 이에 관한 허가를 받아야 한다.
② 보험회사는 보험계약자가 통신수단을 이용하여 체결한 계약을 해지하고자 하는 경우, 그 보험계약자가 계약을 해지하기 전에 안정성 및 신뢰성이 확보되는 방법을 이용하여 보험계약자 본인임을 확인받은 경우에 한하여 이용하도록 할 수 있다.
③ 사이버몰을 이용하여 모집하는 자는 보험계약자가 보험약관 또는 보험증권을 전자문서로 볼 수 있도록 하고, 보험계약자의 요청이 없더라도 해당 문서를 우편 또는 전자메일로 발송해 주어야 한다.
④ 보험회사는 보험계약자가 전화를 이용하여 계약을 해지하려는 경우에는 상대방의 동의 여부와 상관없이 보험계약자 본인인지를 확인하고 그 내용을 음성녹음을 하는 등 증거자료를 확보·유지해야 한다.

• 해설 및 정답

48 국외여행, 연수 또는 유학 등 국외체류 중 발생한 위험을 보장하는 보험계약은 제외된다(보험업법 시행령 제42조의5 제1항 제3호).
  ① 보험업법 제95조의5 제1항, 동법 시행령 제42조의5 제1항
  ② 보험업법 제95조의5 제1항
  ③ 보험업법 시행령 제42조의5 제2항

정답 ④

49 ② 보험업법 제96조 제2항 제3호
  ① 전화·우편·컴퓨터통신 등 통신수단을 이용하여 모집을 하는 자는 보험업법에 따라 모집을 할 수 있는 자이어야 하며, 금융위원회로부터 별도로 이에 관한 허가를 받아야 하는 것은 아니다(보험업법 제96조 제1항).
  ③ 사이버몰을 이용하여 모집하는 자가 보험약관 또는 보험증권을 전자문서로 발급하는 경우에는 보험계약자가 해당 문서를 수령하였는지를 확인하여야 하며, 보험계약자가 서면으로 발급해 줄 것을 요청하는 경우에는 서면으로 발급해 주어야 한다(보험업법 시행령 제43조 제5항 제3호). 〈2023.6.27. 개정〉
  ④ 보험회사는 보험계약을 청약한 자가 전화를 이용하여 청약의 내용을 확인·정정 요청하거나 청약을 철회하려는 경우에는 상대방의 동의를 받아 청약 내용, 청약자 본인인지를 확인하고 그 내용을 음성녹음을 하는 등 증거자료를 확보·유지하여야 한다(보험업법 시행령 제43조 제6항). 〈2023.6.27. 개정〉

정답 ②

50 다음은 보험업법상 승환계약 금지행위에 관한 설명이다. (   ) 안에 들어갈 숫자를 순서대로 나열한 것은? 기출 25

> 가. 기존보험계약이 소멸된 날부터 (   )개월 이내에 새로운 보험계약을 청약하게 하거나 새로운 보험계약을 청약하게 한 날부터 (   )개월 이내에 기존보험계약을 소멸하게 하는 행위. 다만, 보험계약자가 기존 보험계약 소멸 후 새로운 보험계약 체결시 손해가 발생할 가능성이 있다는 사실을 알고 있음을 자필로 서명하는 등 대통령령으로 정하는 바에 따라 본인의 의사에 따른 행위임이 명백히 증명되는 경우에는 그러하지 아니하다.
> 나. 기존보험계약이 소멸된 날부터 (   )개월 이내에 새로운 보험계약을 청약하게 하거나 새로운 보험계약을 청약하게 한 날부터 (   )개월 이내에 기존보험계약을 소멸하게 하는 경우로서 해당 보험계약자 또는 피보험자에게 기존보험계약과 새로운 보험계약의 보험기간 및 예정이자율 등 대통령령으로 정하는 중요한 사항을 비교하여 알리지 아니하는 행위
> 다. 보험계약자는 보험계약의 체결 또는 모집에 종사하는 자(보험중개사는 제외)가 보험업법 제97조 제1항 제5호를 위반하여 기존보험계약을 소멸시키거나 소멸하게 하였을 때에는 그 보험계약의 체결 또는 모집에 종사하는 자가 속하거나 모집을 위탁한 보험회사에 대하여 그 보험계약이 소멸한 날부터 (   )개월 이내에 소멸된 보험계약의 부활을 청구하고 새로운 보험계약은 취소할 수 있다.

① 1, 1, 6, 3, 6
② 1, 1, 6, 6, 6
③ 1, 3, 6, 3, 6
④ 3, 3, 6, 6, 6

51 보험업법상 보험계약의 체결 또는 모집과 관련하여 모집 종사자가 보험계약자 등에게 제공할 수 있는 특별이익에 해당하는 것은 모두 몇 개인가? 기출 21

> 가. 보험계약 체결시부터 최초 1년간 납입되는 보험료의 총액이 40만원인 경우 3만원
> 나. 기초서류에서 정한 사유에 근거한 보험료의 할인
> 다. 기초서류에서 정한 보험금액보다 많은 보험금액의 지급 약속
> 라. 보험계약자를 위한 보험료의 대납
> 마. 보험료로 받은 수표 또는 어음에 대한 이자 상당액의 대납

① 1개
② 2개
③ 3개
④ 4개

50 가. 기존보험계약이 소멸된 날부터 (1)개월 이내에 새로운 보험계약을 청약하게 하거나 새로운 보험계약을 청약하게 한 날부터 (1)개월 이내에 기존보험계약을 소멸하게 하는 행위. 다만, 보험계약자가 기존 보험계약 소멸 후 새로운 보험계약 체결시 손해가 발생할 가능성이 있다는 사실을 알고 있음을 자필로 서명하는 등 대통령령으로 정하는 바에 따라 본인의 의사에 따른 행위임이 명백히 증명되는 경우에는 그러하지 아니하다(보험업법 제97조 제3항 제1호).

나. 기존보험계약이 소멸된 날부터 (6)개월 이내에 새로운 보험계약을 청약하게 하거나 새로운 보험계약을 청약하게 한 날부터 (6)개월 이내에 기존보험계약을 소멸하게 하는 경우로서 해당 보험계약자 또는 피보험자에게 기존보험계약과 새로운 보험계약의 보험기간 및 예정이자율 등 대통령령으로 정하는 중요한 사항을 비교하여 알리지 아니하는 행위(보험업법 제97조 제3항 제2호).

다. 보험계약자는 보험계약의 체결 또는 모집에 종사하는 자(보험중개사는 제외)가 보험업법 제97조 제1항 제5호를 위반하여 기존보험계약을 소멸시키거나 소멸하게 하였을 때에는 그 보험계약의 체결 또는 모집에 종사하는 자가 속하거나 모집을 위탁한 보험회사에 대하여 그 보험계약이 소멸한 날부터 (6)개월 이내에 소멸된 보험계약의 부활을 청구하고 새로운 보험계약은 취소할 수 있다(보험업법 제97조 제4항).

정답

51 **특별이익의 제공 금지**(보험업법 제98조, 동법 시행령 제46조)
보험계약의 체결 또는 모집에 종사하는 자는 그 체결 또는 모집과 관련하여 보험계약자나 피보험자에게 다음 각 호의 어느 하나에 해당하는 특별이익을 제공하거나 제공하기로 약속하여서는 아니 된다.

1. 금품(대통령령으로 정하는 금액을 초과하지 아니하는 금품은 제외한다)
   ※ "대통령령으로 정하는 금액"이란 보험계약 체결시부터 최초 1년간 납입되는 보험료의 100분의 10과 3만원(보험계약에 따라 보장되는 위험을 감소시키는 물품의 경우에는 20만원) 중 적은 금액을 말한다(보험업법 시행령 제46조). 〈2023.6.27. 개정〉
2. 기초서류에서 정한 사유에 근거하지 아니한 보험료의 할인 또는 수수료의 지급
3. 기초서류에서 정한 보험금액보다 많은 보험금액의 지급 약속
4. 보험계약자나 피보험자를 위한 보험료의 대납
5. 보험계약자나 피보험자가 해당 보험회사로부터 받은 대출금에 대한 이자의 대납
6. 보험료로 받은 수표 또는 어음에 대한 이자 상당액의 대납
7. 「상법」 제682조에 따른 제3자에 대한 청구권 대위행사의 포기

정답

52 보험업법상 모집에 대한 수수료 지급에 관한 설명으로 옳지 않은 것은? 기출 25

① 보험회사는 모집할 수 있는 자 이외의 자에게 모집을 위탁하거나 모집에 관하여 수수료, 보수, 그 밖의 대가를 지급하지 못하는 것이 원칙이다.
② 보험회사가 대한민국 밖에서 외국보험사와 공동으로 원보험계약(原保險契約)을 인수하거나 대한민국 밖에서 외국의 모집조직(외국의 법령에 따라 모집을 할 수 있도록 허용된 경우만 해당)을 이용하여 원보험계약 또는 재보험계약을 인수하는 경우에는 모집할 수 있는 자 이외의 자에게 수수료를 지급할 수 있다.
③ 보험중개사는 보험계약 체결의 중개와는 별도로 보험계약자에게 특별히 제공한 서비스에 대하여 일정 금액으로 표시되는 보수나 그 밖의 대가를 지급할 것을 미리 보험계약자와 합의한 서면약정서에 의하여 청구하는 경우에는 보험계약 체결의 중개와 관련한 수수료를 보험회사에게 청구할 수 있다.
④ 보험중개사는 보수나 그 밖의 대가를 청구하려는 경우에는 해당 서비스를 제공하기 전에 제공할 서비스별 내용이 표시된 보수명세표를 보험계약자에게 알려야 한다.

53 금융기관보험대리점 등의 보험 모집에 관한 설명으로 옳지 않은 것은? 기출 21

① 해당 금융기관이 보험회사가 아니라, 보험대리점 또는 보험중개사라는 사실을 보험계약을 청약하는 자에게 알려야 한다.
② 보험업법상 모집할 수 있는 자 이외에 해당 금융기관의 임직원에게 모집하도록 하여서는 아니 된다.
③ 금융기관보험대리점 등은 해당 금융기관의 점포 외의 장소에서 보험 모집을 할 수 없다.
④ 보험계약자 등의 보험민원을 접수하여 처리할 전담창구를 모집행위를 한 해당 지점별로 설치·운영하여야 한다.

• 해설 및 정답

52 보험중개사는 <u>대통령령으로 정하는 경우</u> 이외에는 보험계약 체결의 중개와 관련한 수수료나 그 밖의 대가를 보험계약자에게 청구할 수 없다(보험업법 제99조 제3항). 즉, 보험계약 체결의 중개와는 별도로 보험계약자에게 특별히 제공한 서비스에 대하여 일정 금액으로 표시되는 보수나 그 밖의 대가를 지급할 것을 미리 보험계약자와 합의한 서면약정서에 의하여 청구하는 경우에는 보험계약 체결의 중개와 관련한 수수료를 <u>보험계약자에게 청구할 수 있다</u>(동법 시행령 제47조 제1항).
① 보험업법 제99조 제1항
② 보험업법 제99조 제1항 제2호
④ 보험업법 시행령 제47조 제2항

정답 ③

53 보험계약자 등의 보험민원을 접수하여 처리할 전담창구를 해당 금융기관의 <u>본점</u>에 설치·운영하여야 한다(보험업법 제100조 제2항 제4호, 동법 시행령 제48조 제2항).
① 보험업법 제100조 제2항 제2호
② 보험업법 제100조 제1항 제3호
③ 보험업법 제100조 제1항 제4호

정답 ④

54 금융기관보험대리점 등에게 금지되어 있는 행위를 모두 고른 것은? 기출수정 19

> 가. 모집에 종사하는 자 외에 소속 임직원으로 하여금 보험상품의 구입에 대한 상담 또는 소개를 하게 하거나 상담 또는 소개의 대가를 지급하는 행위
> 나. 대출 등을 받는 자의 동의를 미리 받지 아니하고 보험료를 대출 등의 거래에 포함시키는 행위
> 다. 해당 금융기관의 임·직원(보험업법 제83조에 따라 모집할 수 있는 자는 제외)에게 모집을 하도록 하거나 이를 용인하는 행위
> 라. 해당 금융기관의 점포 내에서 모집을 하는 행위
> 마. 모집과 관련이 없는 금융거래를 통하여 취득한 개인정보를 미리 그 개인의 동의를 받고 모집에 이용하는 행위

① 가, 나, 라
② 나, 다, 마
③ 가, 나, 다
④ 다, 라, 마

55 보험업법상 자기계약금지 및 보험계약자의 권리와 의무에 관한 설명으로 옳지 않은 것은?
기출 23

① 보험대리점은 자기 또는 자기를 고용하고 있는 자를 보험계약자 또는 피보험자로 하는 보험을 모집하는 것을 주된 목적으로 하지 못한다.
② 보험중개사가 모집한 자기 또는 자기를 고용하고 있는 자를 보험계약자 또는 피보험자로 하는 보험의 보험료누계액이 그 보험중개사가 모집한 보험의 보험료의 100분의 40을 초과하게 된 경우는 자기계약의 금지에 해당된다.
③ 보험설계사는 보험계약자로 하여금 고의로 보험사고를 발생시키거나 발생하지 아니한 보험사고를 발생한 것처럼 조작하여 보험금을 수령하도록 하는 행위를 해서는 아니 된다.
④ 보험계약자가 보험중개사의 보험계약 체결 중개행위와 관련하여 손해를 입은 경우에는 그 손해액을 이 법에 따른 영업보증금에서 다른 채권자보다 우선하여 변제 받을 권리를 가진다.

해설 및 정답

54 가. (○) 모집에 종사하는 자 외에 소속 임직원으로 하여금 보험상품의 구입에 대한 상담 또는 소개를 하게 하거나 상담 또는 소개의 대가를 지급하는 행위(보험업법 시행령 제48조 제1항 제1호)
나. (○) 대출 등을 받는 자의 동의를 미리 받지 아니하고 보험료를 대출 등의 거래에 포함시키는 행위(보험업법 제100조 제1항 제2호)
다. (○) 해당 금융기관의 임직원(보험업법 제83조에 따라 모집할 수 있는 자는 제외한다)에게 모집을 하도록 하거나 이를 용인하는 행위(보험업법 제100조 제1항 제3호)
라. (×) 해당 금융기관의 점포 외의 장소에서 모집을 하는 행위(보험업법 제100조 제1항 제4호)
마. (×) 모집과 관련이 없는 금융거래를 통하여 취득한 개인정보를 미리 그 개인의 동의를 받지 아니하고 모집에 이용하는 행위(보험업법 제100조 제1항 제5호)

정답 ❸

55 보험중개사가 모집한 자기 또는 자기를 고용하고 있는 자를 보험계약자나 피보험자로 하는 보험의 보험료 누계액이 그 보험중개사가 모집한 보험의 보험료의 100분의 50을 초과하게 된 경우에는 그 보험중개사는 자기 또는 자기를 고용하고 있는 자를 보험계약자 또는 피보험자로 하는 보험을 모집하는 것을 그 주된 목적으로 한 것으로 본다(보험업법 제101조 제2항). 즉 자기계약의 금지에 해당된다.
① 보험업법 제101조 제1항
③ 보험업법 제102조의3 제1호
④ 보험업법 제103조

정답 ❷

56 보험업법상 보험회사의 자산운용 원칙에 관한 내용으로 옳은 것은? 기출 22

① 자산을 운용함에 있어 수익성·안정성·비례성·공익성이 확보되도록 하여야 한다.
② 직접·간접을 불문하고 다른 보험회사의 주식을 사도록 하기 위한 대출을 하여서는 아니 된다.
③ 신용공여계약을 체결하려는 자에게 계약 체결 이후 재산 증가나 신용등급 상승 등으로 신용개선상태가 나타난 경우 금리인하 요구를 할 수 있음을 알려야 한다.
④ 특별계정의 자산을 운용할 때에는 보험계약자의 지시에 따라 자산을 운용할 수 있다.

57 보험업법상 금지 또는 제한되는 자산운용 방법에 해당하는 것을 모두 고른 것은? 기출 20

> 가. 연면적의 100분의 20을 보험회사가 직접 사용하고 있는 영업장의 소유
> 나. 상품이나 유가증권에 대한 투기를 목적으로 하는 자금의 대출
> 다. 직접·간접을 불문하고 정치자금의 대출
> 라. 직접·간접을 불문하고 해당 보험회사의 주식을 사도록 하기 위한 대출
> 마. 해당 보험회사의 임직원에 대한 보험약관에 따른 약관대출

① 가, 나, 마
② 나, 다, 라
③ 다, 라, 마
④ 가, 다, 마

58 보험회사의 자산운용 원칙으로 옳은 것을 모두 고른 것은? 기출 18

> 가. 보험회사는 그 자산을 운용할 때 공평성·유동성·수익성 및 공익성이 확보되도록 하여야 한다.
> 나. 보험회사는 특별계정에 속하는 이익을 그 계정상의 보험계약자에게 분배할 수 있다.
> 다. 보험회사는 다른 회사의 의결권 있는 발행주식(출자지분을 포함한다) 총수의 100분의 10을 초과하는 주식을 소유할 수 없다.
> 라. 보험회사가 일반계정에 속하는 자산과 특별계정에 속하는 자산을 운용할 때, 동일한 개인 또는 법인에 대한 신용공여 한도는 일반계정의 경우 총자산의 100분의 3, 특별계정의 경우 각 특별계정자산의 100분의 5를 초과할 수 없다.
> 마. 보험회사는 특별계정에 속하는 자산은 다른 특별계정에 속하는 자산 및 그 밖의 자산과 구분하여 회계처리하여야 한다.

① 가, 나, 라
② 나, 라, 마
③ 가, 라, 마
④ 나, 다, 라

해설 및 정답

56 ③ 보험업법 제110조의3(금리인하 요구) 제1항
① 보험회사는 그 자산을 운용할 때 안정성·유동성·수익성 및 공익성이 확보되도록 하여야 한다(보험업법 제104조 제1항).
② 보험회사는 그 자산을 직접·간접을 불문하고 해당 보험회사의 주식을 사도록 하기 위한 대출을 하여서는 아니 된다(보험업법 제105조 제4호).
④ 보험회사는 특별계정의 자산을 운용할 때 보험계약자의 지시에 따라 자산을 운용하는 행위를 하여서는 아니 된다(보험업법 시행령 제53조 제3항 제1호).

정답 ③

57 가. 연면적의 100분의 20을 보험회사가 직접 사용하고 있는 영업장은 대통령령으로 정하는 업무용 부동산에 해당되어 금지 또는 제한되는 자산에서 제외된다.
마. 해당 보험회사의 임직원에 대한 대출 중 보험약관에 따른 대출 및 금융위원회가 정하는 소액대출은 제외한다.

정답 ②

58 가. (×) 보험회사는 그 자산을 운용할 때 안정성·유동성·수익성 및 공익성이 확보되도록 하여야 한다(보험업법 제104조 제1항).
나. (○) 보험업법 제108조 제3항
다. (×) 보험회사는 다른 회사의 의결권 있는 발행주식(출자지분을 포함한다) 총수의 100분의 15를 초과하는 주식을 소유할 수 없다(보험업법 제109조).
라. (○) 보험업법 제106조 제1항 제1호
마. (○) 보험업법 제108조 제2항

정답 ②

59 보험업법상 다음의 보기 중 보험회사의 자산운용방법으로 허용되는 것을 모두 고른 것은?

기출 24

> 가. 저당권의 실행으로 인한 비업무용 부동산의 소유
> 나. 유가증권에 대한 투기를 목적으로 하는 자금의 대출
> 다. 간접적으로 해당 보험회사의 주식을 사도록 하기 위한 대출
> 라. 간접적인 정치자금의 대출
> 마. 해당 보험회사의 임직원에 대한 보험약관에 따른 대출

① 가, 다
② 가, 마
③ 나, 라
④ 나, 다, 마

60 보험업법상 특별계정의 설정·운용에 관한 설명으로 옳은 것은? 기출 25
① 보험회사는 특별계정에 속하는 자산과 다른 특별계정에 속하는 자산 및 그 밖의 자산과 혼합하여 회계처리하여야 한다.
② 보험회사는 특별계정에 속하는 이익을 다른 계정상의 보험계약자에게 분배할 수 있다.
③ 퇴직보험계약은 일반계정으로 설정하여 운용하여야 한다.
④ 보험회사는 보험계약자의 지시에 따라 특별계정의 자산을 운용해서는 안 된다.

61 보험업법상 보험회사의 자산운용 제한의 적용 예외 사유에 해당하지 않는 것은? 기출 25
① 보험회사의 경영능력 혁신으로 자산상태가 변동된 경우
② 보험회사에 적용되는 회계처리기준의 변경으로 보험회사의 자산 또는 자기자본 상태가 변동된 경우
③ 보험회사가 재무건전성 기준을 지키기 위하여 필요한 경우로서 금융위원회의 승인을 받은 경우
④ 보험회사가 「기업구조조정 촉진법」에 따른 출자전환 또는 채무재조정 등 기업의 구조조정을 지원하기 위하여 필요한 경우로서 금융위원회의 승인을 받은 경우

59 금지 또는 제한되는 자산운용(보험업법 제105조)

보험회사는 그 자산을 다음 각 호의 어느 하나에 해당하는 방법으로 운용하여서는 아니 된다.

1. 대통령령으로 정하는 업무용 부동산이 아닌 부동산(저당권 등 담보권의 실행으로 취득하는 부동산은 제외한다)의 소유 **(가)**
2. 제108조 제1항 제2호에 따라 설정된 특별계정을 통한 부동산의 소유
   ※ **제108조 제1항 제2호** : 「근로자퇴직급여보장법」 제29조 제2항에 따른 보험계약 및 법률 제10967호 근로자퇴직급여보장법 전부개정법률 부칙 제2조 제1항 본문에 따른 퇴직보험계약
3. 상품이나 유가증권에 대한 투기를 목적으로 하는 자금의 대출
4. 직접·간접을 불문하고 해당 보험회사의 주식을 사도록 하기 위한 대출
5. 직접·간접을 불문하고 정치자금의 대출
6. 해당 보험회사의 임직원에 대한 대출(보험약관에 따른 대출 및 금융위원회가 정하는 소액대출은 제외한다) **(마)**
7. 자산운용의 안정성을 크게 해칠 우려가 있는 행위로서 대통령령으로 정하는 행위

60
보험회사는 보험계약자의 지시에 따라 특별계정의 자산을 운용해서는 안 된다. 즉 특별계정을 설정·운용하는 보험회사는 보험업법 제108조 제1항의 구분에 따른 보험계약별로 별도의 특별계정을 설정·운용하여야 한다(보험업법 시행령 제52조 제1항).

① 보험회사는 특별계정에 속하는 자산은 다른 특별계정에 속하는 자산 및 그 밖의 자산과 구분하여 회계처리하여야 한다(보험업법 제108조 제2항).
② 보험회사는 특별계정에 속하는 이익을 그 계정상의 보험계약자에게 분배할 수 있다(보험업법 제108조 제3항).
③ 퇴직보험계약은 특별계정으로 설정하여 운용할 수 있다(보험업법 제108조 제1항 제2호).

61 자산운용 제한에 대한 예외 사유(보험업법 제107조 제1항)

1. 보험회사의 자산가격의 변동 등 보험회사의 의사와 관계없는 사유로 자산상태가 변동된 경우
2. 보험회사에 적용되는 회계처리기준(「주식회사 등의 외부감사에 관한 법률」 제5조 제1항 제1호에 따른 회계처리기준을 말한다)의 변경으로 보험회사의 자산 또는 자기자본 상태가 변동된 경우
3. 다음의 어느 하나에 해당하는 경우로서 금융위원회의 승인을 받은 경우
   가. 보험회사가 재무건전성 기준을 지키기 위하여 필요한 경우
   나. 「기업구조조정 촉진법」에 따른 출자전환 또는 채무재조정 등 기업의 구조조정을 지원하기 위하여 필요한 경우
   다. 그 밖에 보험계약자의 이익을 보호하기 위하여 필수적인 경우

62 보험업법 제111조의 대주주와 거래제한 등에 관한 설명 중 옳지 않은 것은? 기출 17

① 보험회사는 직접 또는 간접으로 대주주가 다른 회사에 출자하는 것을 지원하기 위한 신용공여를 하여서는 아니 된다.
② 보험회사는 자산을 대통령령으로 정하는 바에 따라 무상으로 양도하거나 일반적인 거래 조건에 비추어 해당 보험회사에 뚜렷하게 불리한 조건으로 자산에 대하여 매매·교환·신용공여 또는 재보험계약을 하는 행위를 하여서는 아니 된다.
③ 보험회사는 그 보험회사의 대주주와 대통령령으로 정하는 금액 이상의 신용공여 행위를 하였을 때에는 14일 이내에 그 사실을 금융위원회에 보고하고, 인터넷 홈페이지 등을 이용하여 공시하여야 한다.
④ 보험회사의 대주주는 해당 보험회사의 이익에 반하여 대주주 개인의 이익을 위하여 경제적 이익 등 반대급부를 제공하는 조건으로 다른 주주 또는 출자자와 담합(談合)하여 해당 보험회사의 인사 또는 경영에 부당한 영향력을 행사하는 행위를 하여서는 아니 된다.

63 보험업법상 보험회사와 그 대주주와의 거래제한 등에 관한 설명으로 옳은 것은? 기출 25

① 대주주가 다른 회사에 출자하는 것을 지원하기 위한 신용공여는 허용된다.
② 보험회사는 그 보험회사의 대주주에 대하여 대통령령으로 정하는 금액 이상의 신용공여를 할 경우에는 미리 이사회의 의결을 거쳐야 하며, 재적이사 3분의 2 이상의 찬성으로 의결하여야 한다.
③ 보험회사는 해당 보험회사의 대주주에 대한 신용공여나 그 보험회사의 대주주가 발행한 채권 또는 주식의 취득에 관한 사항을 대통령령으로 정하는 바에 따라 분기별로 금융위원회에 보고하고, 인터넷 홈페이지 등을 이용하여 공시하여야 한다.
④ 보험회사는 해당 보험회사의 대주주가 발행한 주식에 대한 의결권을 행사하는 행위를 하였을 때에는 10일 이내에 그 사실을 금융위원회에 보고하고 인터넷 홈페이지 등을 이용하여 공시하여야 한다.

64 보험업법상 보험회사가 자회사를 소유함에 있어서 금융위원회에 신고하고 자회사를 소유할 수 있는 업무를 모두 고른 것은? 기출수정 20

> 가. 보험계약의 유지·해지·변경 또는 부활 등을 관리하는 업무
> 나. 보험수리업무
> 다. 보험대리업무
> 라. 보험계약 체결 및 대출 업무
> 마. 보험사고 및 보험계약 조사업무
> 바. 손해사정업무
> 사. 기업의 후생복지에 관한 상담 및 사무처리 대행업무

① 가, 나, 다, 마
② 나, 다, 마, 바
③ 다, 라, 바, 사
④ 가, 마, 바, 사

해설 및 정답

62 보험회사는 그 보험회사의 대주주에 대하여 대통령령으로 정하는 금액 이상의 신용공여를 하였을 때에는 <u>7일 이내</u>에 그 사실을 금융위원회에 보고하고 인터넷 홈페이지 등을 이용하여 공시하여야 한다(보험업법 제111조 제3항 제1호).
① 보험업법 제111조 제1항 제1호
② 보험업법 제111조 제1항 제2호
④ 보험업법 제111조 제5항 제2호

정답 ③

63 ③ 보험업법 제111조 제4항
① 보험회사는 직접 또는 간접으로 그 보험회사의 <u>대주주(그의 특수관계인인 보험회사의 자회사는 제외한다)</u>가 <u>다른 회사에 출자하는 것을 지원하기 위한 신용공여의 행위를 하여서는 아니 된다</u>(보험업법 제111조 제1항 제1호).
② 보험회사는 그 보험회사의 대주주에 대하여 대통령령으로 정하는 금액 이상의 신용공여를 하거나 그 보험회사의 대주주가 발행한 채권 또는 주식을 대통령령으로 정하는 금액 이상으로 취득하려는 경우에는 미리 이사회의 의결을 거쳐야 한다. <u>이 경우 이사회는 재적이사 전원의 찬성으로 의결하여야 한다</u>(보험업법 제111조 제2항).
④ 보험회사는 해당 보험회사의 대주주가 발행한 주식에 대한 의결권을 행사하는 행위를 하였을 때에는 <u>7일 이내</u>에 그 사실을 금융위원회에 보고하고 인터넷 홈페이지 등을 이용하여 공시하여야 한다(보험업법 제111조 제3항 제3호).

정답 ③

64 가. <u>금융위원회의 승인을 받아</u> 자회사로 소유할 수 있는 경우(보험업법 제115조 제1항 제3호)
라. <u>보험계약 및 대출 등과 관련된</u> 상담업무(보험업법 시행령 제59조 제3항 제8호)
사. <u>금융위원회의 승인을 받아</u> 자회사로 소유할 수 있는 경우(보험업법 시행령 제59조 제2항 제2호)

정답 ②

65 보험업법상 보험회사는 보험의 경영과 밀접한 관련이 있는 업무를 주로 하는 회사를 미리 금융위원회에 신고하고 자회사로 소유할 수 있는데, 이에 해당하는 업무가 아닌 것은? 기출 23

① 보험계약의 유지·해지·변경 또는 부활 등을 관리하는 업무
② 보험계약자 등에 대한 위험관리 업무
③ 건강·장묘·장기간병·신체장애 등의 사회복지사업
④ 보험에 관한 인터넷 정보서비스의 제공 업무

66 보험업법상 A 손해보험주식회사(모회사)와 B 주식회사(자회사)간에 금지되는 행위를 모두 고른 것은? 기출 21

> 가. A가 B 보유의 주식을 담보로 B에게 대출하는 행위
> 나. A가 자신이 보유하고 있는 토지를 B에게 정상가격으로 매도하는 행위
> 다. B가 A의 대표이사에게 무이자로 대여하는 행위
> 라. B가 C회사를 설립할 때 A가 B에게 C회사 주식을 취득할 자금을 지원하는 행위
> 마. A가 외국에서 보험업을 경영하는 B를 설립한 지 3년이 되는 시점에 A의 무형자산을 무상으로 제공하는 행위

① 가, 나, 다
② 나, 다, 라
③ 다, 라, 마
④ 가, 다, 라

67 다음 중 보험회사가 보험계약자를 보호하기 위하여 즉시 공시하여야 할 사항을 모두 고른 것은? 기출 25

> 가. 재무 및 손익에 관한 사항
> 나. 자금의 조달 및 운용에 관한 사항
> 다. 보험약관 및 사업방법서, 보험료 및 해약환급금, 공시이율 등 보험료 비교에 필요한 자료
> 라. 보험회사가 재무건전성 기준을 지키지 아니하여 금융위원회로부터 제재조치를 받은 경우 그 내용

① 가, 나
② 가, 나, 다
③ 가, 나, 라
④ 가, 나, 다, 라

65 보험회사는 보험업의 경영과 밀접한 관련이 있는 업무 등으로서 대통령령으로 정하는 업무를 주로 하는 회사를 미리 금융위원회에 신고하고 자회사로 소유할 수 있다. "대통령령으로 정하는 업무"란 다음 각 호의 업무를 말한다 (보험업법 제115조 제2항, 동법 시행령 제59조 제3항).
1. 보험회사의 사옥관리업무
2. 보험수리업무
3. 손해사정업무
4. 보험대리업무
5. 보험사고 및 보험계약 조사업무
6. 보험에 관한 교육・연수・도서출판・금융리서치 및 경영컨설팅 업무
7. 보험업과 관련된 전산시스템・소프트웨어 등의 대여・판매 및 컨설팅 업무
8. 보험계약 및 대출 등과 관련된 상담업무
9. 보험에 관한 인터넷 정보서비스의 제공업무
10. 자동차와 관련된 긴급출동・차량관리 및 운행정보 등 부가서비스 업무
11. 보험계약자 등에 대한 위험관리 업무
12. 건강・장묘・장기간병・신체장애 등의 사회복지사업 및 이와 관련된 조사・분석・조언 업무
13. 「노인복지법」 제31조에 따른 노인복지시설의 설치・운영에 관한 업무 및 이와 관련된 조사・분석・조언 업무
14. 건강 유지・증진 또는 질병의 사전 예방 등을 위해 수행하는 업무
15. 외국에서 하는 보험업, 보험수리업무, 손해사정업무, 보험대리업무, 보험에 관한 금융리서치 업무, 투자자문업, 투자일임업, 집합투자업 및 부동산업

정답

66 나. A가 자신이 보유하고 있는 토지를 B에게 정상가격으로 매도하는 행위는 가능하다(보험업법 시행령 제57조 제1항).
   마. A가 외국에서 보험업을 경영하는 B를 설립한 지 3년이 되는 시점에 A의 무형자산을 무상으로 제공하는 행위는 가능하다(보험업법 시행령 제59조의2 단서).

> TIP **자회사와의 금지행위(보험업법 제116조)**
> 보험회사는 자회사와 다음 각 호의 행위를 하여서는 아니 된다.
> 1. 자산을 대통령령으로 정하는 바에 따라 무상으로 양도하거나 일반적인 거래 조건에 비추어 해당 보험회사에 뚜렷하게 불리한 조건으로 매매・교환・신용공여 또는 재보험계약을 하는 행위(다)
> 2. 자회사가 소유하는 주식을 담보로 하는 신용공여(가) 및 자회사가 다른 회사에 출자하는 것을 지원하기 위한 신용공여(라)
> 3. 자회사 임직원에 대한 대출(보험약관에 따른 대출과 금융위원회가 정하는 소액대출은 제외한다)

정답

67 공시사항(보험업법 제124조 제1항, 동법 시행령 제67조 제1항)
보험회사는 보험계약자를 보호하기 위하여 필요한 사항으로서 대통령령으로 정하는 사항을 금융위원회가 정하는 바에 따라 즉시 공시하여야 한다.
1. 재무 및 손익에 관한 사항 (가)
2. 자금의 조달 및 운용에 관한 사항 (나)
3. 법 제123조 제2항(재무건전성의 유지), 제131조 제1항(금융위원회의 명령권), 제134조(보험회사에 대한 제재) 및 「금융산업의 구조개선에 관한 법률」 제10조(적기시정조치), 제14조(행정처분)에 따른 조치를 받은 경우 그 내용 (라)
4. 보험약관 및 사업방법서, 보험료 및 해약환급금, 공시이율 등 보험료 비교에 필요한 자료 (다)
5. 그 밖에 보험계약자의 보호를 위하여 공시가 필요하다고 인정되는 사항으로서 금융위원회가 정하여 고시하는 사항

정답

68 보험업법상 보험회사의 책임준비금으로 계상할 사항으로 옳지 않은 것은? 기출수정 16

① 매 결산기 말 현재 보험계약상 지급사유가 발생한 보험금 등을 지급하기 위해 미래현금흐름에 대한 현행추정치를 적용하여 적립한 금액
② 재보험에 기한 보험위험의 전가가 있는 경우, 해당 재보험계약으로 인하여 재보험을 받은 회사에 손실발생 가능성 여부를 불문하고 해당 재보험을 받은 회사가 재보험을 받은 부분
③ 매 결산기 말 현재 보험계약상 보험금 등의 지급사유가 발생하지 않았으나, 장래에 그 보험금 등을 지급하기 위해 미래현금흐름에 대한 현행추정치를 적용하여 적립한 금액
④ 투자계약으로 분류된 보험계약에 대해 보험회사가 장래에 보험금 등을 지급하기 위해 적립한 금액

69 보험업법상 보험회사의 재무제표 등의 제출에 관한 설명으로 옳지 않은 것은? 기출 24

① 보험회사는 매년 12월 31일에 그 장부를 폐쇄하여야 한다.
② 보험회사는 장부를 폐쇄한 날부터 3개월 이내에 금융위원회가 정하는 바에 따라 재무제표 및 사업보고서를 금융위원회에 제출하여야 한다.
③ 보험회사는 매월의 업무 내용을 적은 보고서를 다음 달 말일까지 금융위원회가 정하는 바에 따라 금융위원회에 제출하여야 한다.
④ 보험회사는 재무제표 또는 월간업무보고서 등 제출서류를 대통령령으로 정하는 바에 따라 전자문서로 제출하여야 한다.

70 보험업법상 계산에 관한 설명으로 옳은 것은? 기출 25

① 직전 사업연도 말의 재무상태표에 따른 자산총액이 1조원 이상인 보험회사는 독립계리업자 또는 보험요율산출기관으로부터 계상된 책임준비금의 적정성에 대하여 검증을 받아야 한다.
② 보험회사는 매월의 업무 내용을 적은 보고서를 다음 달 15일까지 금융위원회가 정하는 바에 따라 금융감독원에 제출하여야 한다.
③ 보험회사는 매월 보험계약의 종류에 따라 대통령령으로 정하는 책임준비금과 비상위험준비금을 계상(計上)하고, 따로 작성한 장부에 각각 기재하여야 한다.
④ 보험회사는 매년 대통령령으로 정하는 날에 그 장부를 폐쇄하여야 하고, 장부를 폐쇄한 날부터 3개월 이내에 금융감독원이 정하는 바에 따라 부속명세서를 포함한 재무제표 및 사업보고서를 금융감독원에 제출하여야 한다.

해설 및 정답

68 보험회사가 다음 각 호의 요건을 모두 충족하는 재보험에 가입하는 경우로서 그 재보험을 받은 보험회사는 재보험을 받은 부분에 대해 보험계약부채의 방법으로 산출한 금액을 책임준비금으로 계상해야 한다. 이 경우 재보험에 가입한 보험회사는 원보험계약 당시 계상한 책임준비금과 일관된 가정으로 산출한 금액을 별도의 자산(이하 "재보험자산"이라 한다)으로 계상해야 한다(보험업법 시행령 제63조 제2항). 〈2022.12.27. 개정〉

1. 보험위험의 전가가 있을 것
2. 해당 재보험계약으로 인하여 재보험을 받은 회사에 손실발생 가능성이 있을 것

TIP 책임준비금 등의 계상(보험업법 시행령 제63조 제1항) 〈2022.12.27. 개정〉

보험회사는 법 제120조 제1항에 따라 장래에 지급할 보험금·환급금 및 계약자배당금(이하 "보험금 등"이라 한다)의 지급에 충당하기 위해 다음 각 호의 구분에 따라 산출한 금액을 책임준비금으로 계상해야 한다.

1. 보험계약부채 : 다음 각 목의 구분에 따른 금액을 합한 금액
   가. 발생사고요소 : 매 결산기 말 현재 보험계약상 지급사유가 발생한 보험금 등을 지급하기 위해 미래현금흐름에 대한 현행추정치를 적용하여 적립한 금액
   나. 잔여보장요소 : 매 결산기 말 현재 보험계약상 보험금 등의 지급사유가 발생하지 않았으나, 장래에 그 보험금 등을 지급하기 위해 미래현금흐름에 대한 현행추정치를 적용하여 적립한 금액
2. 투자계약부채 : 보험계약 중 「주식회사 등의 외부감사에 관한 법률」 제5조 제1항 제1호에 따른 회계처리기준 제1117호의 적용을 받지 않아 투자계약으로 분류된 보험계약에 대해 보험회사가 장래에 보험금 등을 지급하기 위해 적립한 금액
3. 그 밖에 금융위원회가 정하는 방법에 따라 미래현금흐름에 대한 현행추정치를 적용하여 적립한 금액

정답 ❷

69 보험회사는 재무제표 또는 월간업무보고서 등 제출서류를 대통령령으로 정하는 바에 따라 전자문서로 제출할 수 있다(보험업법 제118조 제3항).
① · ② 보험업법 제118조 제1항
③ 보험업법 제118조 제2항

정답 ❹

70 ① 보험업법 제120조의2 제1항, 동법 시행령 제63조의2 제1항 제1호
② 보험회사는 매월의 업무 내용을 적은 보고서를 다음 달 말일까지 금융위원회가 정하는 바에 따라 금융위원회에 제출하여야 한다(보험업법 제118조 제2항).
③ 보험회사는 결산기마다 보험계약의 종류에 따라 대통령령으로 정하는 책임준비금과 비상위험준비금을 계상(計上)하고, 따로 작성한 장부에 각각 기재하여야 한다(보험업법 제120조 제1항).
④ 보험회사는 매년 대통령령으로 정하는 날에 그 장부를 폐쇄하여야 하고, 장부를 폐쇄한 날부터 3개월 이내에 금융위원회가 정하는 바에 따라 재무제표(부속명세서를 포함한다) 및 사업보고서를 금융위원회에 제출하여야 한다(보험업법 제118조 제1항).

정답 ❶

71 보험업법상 보험회사의 계산에 대한 설명으로 옳지 않은 것은? 기출수정 18

① 배당보험계약이라 함은 해당 보험계약으로부터 발생하는 이익의 일부를 보험회사가 보험계약자에게 배당하기로 약정한 보험계약을 말한다.
② 보험회사는 매 결산기 말에 배당보험계약의 손익과 무배당보험계약의 손익을 구분하여 회계처리하고, 배당보험계약 이익의 계약자지분 중 일부는 금융위원회가 정하여 고시하는 범위에서 배당보험계약의 손실 보전을 위한 준비금으로 적립할 수 있다.
③ 보험회사는 배당을 할 때 이익 발생에 대한 기여도, 보험회사의 재무건전성 등을 고려하여 총리령으로 정하는 기준에 따라 계약자지분과 주주지분을 정하여야 한다.
④ 배당보험계약의 계약자지분은 계약자배당을 위한 재원과 지급준비금 적립을 위한 목적 외에 다른 용도로 사용할 수 없다.

72 배당보험계약의 회계처리 등에 관한 설명으로 옳지 않은 것은? 기출 17

① 보험회사는 대통령령으로 정하는 바에 따라 배당보험계약을 다른 보험계약과 구분하여 회계처리할 수 있다.
② 보험회사는 대통령령으로 정하는 바에 따라 배당보험계약의 보험계약자에게 배당을 할 수 있다.
③ 보험계약자에 대한 배당기준은 배당보험계약자의 이익과 보험회사의 재무건전성 등을 고려하여 정하여야 한다.
④ 보험회사가 「자산재평가법」에 따른 재평가를 한 경우 그 재평가에 따른 재평가적립금은 금융위원회의 허가를 받아 보험계약자에 대한 배당을 위하여도 처분할 수 있다.

73 보험업법상 보험회사가 지켜야 하는 재무건전성 기준에 관한 설명 중 옳은 것을 모두 고른 것은? 기출수정 18

> 가. "지급여력기준금액"이란 보험업을 경영함에 따라 발생할 수 있는 손실위험을 금융위원회가 정하여 고시하는 방법에 따라 금액으로 환산한 것을 말한다.
> 나. "지급여력비율"이란 지급여력금액을 지급여력기준금액으로 나눈 비율을 말한다.
> 다. 보험회사가 지켜야 하는 재무건전성 기준에는 대출채권 등 보유자산의 건전성을 정기적으로 분류하고 대손충당금을 적립할 것이 포함된다.
> 라. 금융위원회는 보험회사가 재무건전성 기준을 지키지 아니하여 경영안정성을 해칠 우려가 있다고 판단하여 필요한 조치를 하고자 하는 경우 보험계약자 보호 등을 고려해야 하는 것은 아니다.

① 가, 나
② 나, 라
③ 가, 나, 다
④ 나, 다, 라

71 배당보험계약의 계약자지분은 계약자배당을 위한 재원과 <u>배당보험계약의 손실을 보전</u>하기 위한 목적 외에 다른 용도로 사용할 수 없다(보험업법 시행령 제64조 제5항).
① 보험업법 제121조 제1항
② 보험업법 시행령 제64조 제1항
③ 보험업법 시행령 제64조 제2항

정답 ❹

72 보험회사는 배당보험계약(해당 보험계약으로부터 발생하는 이익의 일부를 보험회사가 보험계약자에게 배당하기로 약정한 보험계약을 말한다)에 대하여는 대통령령으로 정하는 바에 따라 다른 보험계약과 구분하여 회계처리하여야 한다(보험업법 제121조 제1항). 즉, '<u>할 수 있다</u>'가 아니고, '<u>하여야 한다</u>'이다.

정답 ❶

73 가. (○) 보험업법 시행령 제65조 제1항 제2호 〈2022.12.27. 개정〉
나. (○) 보험업법 시행령 제65조 제1항 제3호
다. (○) 보험업법 시행령 제65조 제2항 제2호
라. (×) 금융위원회가 보험회사에 대하여 자본금 또는 기금의 증액명령, 주식 등 위험자산 소유의 제한 등의 조치를 하려는 경우에는 해당 조치가 <u>보험계약자의 보호를 위하여 적절한지 여부를 고려하여야 한다</u>(보험업법 시행령 제65조 제3항 제1호).

정답 ❸

74 보험업법상 보험회사가 지켜야 하는 재무건전성 기준에 관한 설명으로 옳지 않은 것은?

① 보험회사는 보험금 지급능력과 경영건전성 기준을 확보하기 위하여 대출채권 등 보유자산의 건전성을 정기적으로 분류하고 대손충당금을 적립하여야 한다.
② 보험회사의 위험, 유동성 및 재보험의 관리에 관하여 금융위원회가 정하여 고시하는 기준을 충족하여야 한다.
③ 금융위원회는 보험회사가 재무건전성 기준을 지키지 아니하여 경영건전성을 해칠 우려가 있다고 인정되는 경우에는 주식 등 위험자산의 소유제한을 할 수 있다.
④ 보험회사가 적립하여야 하는 지급여력금액에는 자본금, 이익잉여금, 후순위차입금, 영업권 등을 합산한 금액이 포함된다.

75 보험상품의 비교·공시에 관한 설명으로 옳지 않은 것은?

① 보험협회는 보험료 등 보험계약에 관한 사항으로서 대통령령으로 정하는 사항을 금융위원회가 정하는 바에 따라 보험소비자가 쉽게 알 수 있도록 비교·공시하여야 한다.
② 보험협회가 보험료 등 보험계약에 관한 사항으로서 대통령령으로 정하는 사항을 비교·공시를 하는 경우에는 대통령령으로 정하는 바에 따라 보험상품공시위원회를 구성하여야 한다.
③ 보험상품공시위원회는 보험협회가 실시하는 보험상품의 비교·공시에 관한 중요 사항을 심의·의결한다.
④ 보험상품공시위원회는 비교·공시가 거짓이거나 사실과 달라 보험계약자 등을 보호할 필요가 있다고 인정되는 경우에는 공시의 중단이나 시정조치 등을 요구할 수 있다.

76 보험업법상 상호협정에 관한 내용으로 옳은 것은? (대통령령으로 정하는 경미한 사항을 변경하려는 경우는 제외함)

① 보험회사가 그 업무에 관한 공동행위를 하기 위하여 다른 보험회사와 상호협정을 체결하려는 경우에는 대통령령으로 정하는 바에 따라 금융위원회의 허가를 받아야 한다.
② 금융위원회는 공익 또는 보험업의 건전한 발전을 위하여 특히 필요하다고 인정되는 경우에는 보험회사에 대하여 상호협정의 체결 및 변경을 명할 수 있지만, 폐지를 명할 수는 없다.
③ 금융위원회는 보험회사에 대하여 상호협정에 따를 것을 명하려면 미리 공정거래위원회와 협의하여야 한다.
④ 금융위원회는 상호협정 체결을 위한 신청서를 받았을 때에는 그 내용이 보험회사간의 공정한 경쟁을 저해하는지와 보험계약자의 이익을 침해하는지를 심사하여 그 허가 여부를 결정하여야 한다.

> 해설 및 정답

74 보험회사가 적립하여야 하는 지급여력금액에는 <u>자본금, 이익잉여금, 후순위차입금, 그 밖에 이에 준하는 것으로서 금융위원회가 정하여 고시하는 금액을 합산한 금액에서 영업권, 그 밖에 이에 준하는 것으로서 금융위원회가 정하여 고시하는 금액을 뺀 금액을 말한다</u>(보험업법 시행령 제65조 제1항 제1호). 〈2022.12.27. 개정〉
① 보험업법 시행령 제65조 제2항 제2호
② 보험업법 시행령 제65조 제2항 제3호
③ 보험업법 제123조 제2항

정답 ④

75 <u>금융위원회</u>는 비교·공시가 거짓이거나 사실과 달라 보험계약자 등을 보호할 필요가 있다고 인정되는 경우에는 공시의 중단이나 시정조치 등을 요구할 수 있다(보험업법 제124조 제6항).
① 보험업법 제124조 제2항
② 보험업법 제124조 제3항
③ 보험업법 시행령 제68조 제1항

정답 ④

76 ③ 보험업법 제125조 제3항
① 보험회사가 그 업무에 관한 공동행위를 하기 위하여 다른 보험회사와 상호협정을 체결(변경하거나 폐지하려는 경우를 포함한다)하려는 경우에는 대통령령으로 정하는 바에 따라 <u>금융위원회의 인가</u>를 받아야 한다(보험업법 제125조 제1항).
② 금융위원회는 공익 또는 보험업의 건전한 발전을 위하여 특히 필요하다고 인정되는 경우에는 보험회사에 대하여 협정의 체결·변경 또는 폐지를 명하거나 그 협정의 전부 또는 일부에 따를 것을 명할 수 있다(보험업법 제125조 제2항).
④ 금융위원회는 상호협정 체결을 위한 신청서를 받았을 때에는 그 내용이 보험회사간의 공정한 경쟁을 저해하는지와 보험계약자의 이익을 침해하는지를 심사하여 그 <u>인가 여부를 결정하여야 한다</u>(보험업법 시행령 제69조 제2항).

정답 ③

77 보험업법상 상호협정에 관한 설명으로 옳지 않은 것은? 기출 23

① 보험회사는 대통령령으로 정하는 경미한 사항의 변경이 아닌 한, 그 업무에 관한 공동행위를 하기 위하여 금융위원회의 인가를 받아 다른 보험회사와 상호협정을 체결할 수 있다.
② 금융위원회는 공익 또는 보험업의 건전한 발전을 위하여 특히 필요하다고 인정되는 경우에는 보험회사에 대하여 상호협정의 체결·변경 또는 폐지를 명할 수 있다.
③ 금융위원회는 공익 또는 보험업의 건전한 발전을 위하여 특히 필요하다고 인정되는 경우에는 보험회사에 대하여 상호협정의 전부 또는 일부에 따를 것을 명할 수 있다.
④ 금융위원회가 보험회사의 신설로 상호협정의 구성원이 변경되어 상호협정의 변경을 인가하는 경우 미리 공정거래위원회와 협의하여야 한다.

78 보험업법상 일정한 사유가 발생한 경우 보험회사가 금융위원회에 보고해야 하는 기간에 관한 설명으로 옳은 것은? 기출 23

① 보험회사는 정관을 변경한 경우에는 변경한 날부터 7일 이내
② 보험회사는 상호나 명칭을 변경한 경우에는 변경한 날부터 7일 이내
③ 보험회사는 본점의 영업을 중지하거나 재개한 경우에는 그 날부터 7일 이내
④ 보험회사는 최대주주가 변경된 경우에는 변경된 날부터 7일 이내

79 보험업법상 보험회사는 취급하려는 보험상품에 관한 기초서류를 작성하고 일정한 경우 금융위원회에 신고해야 하는데 이에 관한 설명으로 옳은 것은? 기출 24

① 금융위원회는 보험회사로부터 기초서류의 신고를 받은 경우 그 내용을 검토하여 이 법에 적합하더라도 대통령령이 정하는 바에 따라 신고의 수리를 거절할 수 있다.
② 금융위원회는 보험회사가 신고한 기초서류의 내용이 보험요율산출의 원칙을 위반하는 경우에는 대통령령으로 정하는 바에 따라 기초서류의 변경을 명할 수 있다.
③ 금융위원회는 보험회사가 기초서류를 신고할 때 필요하면 금융감독원의 확인을 받도록 할 수 있다.
④ 금융위원회는 보험회사가 기초서류를 신고하는 경우 보험료 및 해약환급금 산출방법서에 대하여 보험요율산출기관 또는 독립계리업자의 검증확인서를 첨부하도록 해야 한다.

● 해설 및 정답

77 보험회사의 신설 등으로 상호협정의 구성원이 변경되는 사항은 "대통령령으로 정하는 경미한 사항"에 해당되므로 공정거래위원회와의 사전협의 사항이 아니다(보험업법 제125조 제3항 단서, 동법 시행령 제69조 제3항 제1호).
① 보험업법 제125조 제1항
②·③ 보험업법 제125조 제2항

정답 ④

78 보험회사는 정관을 변경한 경우에는 변경한 날부터 7일 이내에 금융위원회에 알려야 한다(보험업법 제126조).
② 보험회사는 상호나 명칭을 변경한 경우에는 변경한 날부터 5일 이내(보험업법 제130조 제1호)
③ 보험회사는 본점의 영업을 중지하거나 재개한 경우에는 그 날부터 5일 이내(보험업법 제130조 제3호)
④ 보험회사는 최대주주가 변경된 경우에는 변경된 날부터 5일 이내(보험업법 제130조 제4호)

정답 ①

79 금융위원회는 보험회사가 기초서류를 신고할 때 필요하면 「금융위원회의 설치 등에 관한 법률」에 따라 설립된 금융감독원의 확인을 받도록 할 수 있다(보험업법 제128조 제1항).
① 금융위원회는 보험회사로부터 기초서류의 신고를 받은 경우 그 내용을 검토하여 이 법에 적합하면 신고를 수리하여야 한다(보험업법 제127조 제4항).
② 금융위원회는 보험회사가 신고한 기초서류의 내용이 보험요율산출의 원칙을 위반하는 경우에는 대통령령으로 정하는 바에 따라 기초서류의 변경을 권고할 수 있다(보험업법 제127조의2 제1항).
④ 금융위원회는 보험회사가 기초서류를 신고하는 경우 보험료 및 해약환급금 산출방법서에 대하여 보험요율산출기관 또는 독립계리업자의 검증확인서를 첨부하도록 할 수 있다(보험업법 제128조 제2항).

정답 ③

80 보험회사의 기초서류 작성 또는 변경에 관한 설명으로 옳은 것을 모두 고른 것은?

기출수정 20

> 가. 보험회사는 법령의 제정·개정에 따라 새로운 보험상품이 도입되거나 보험상품의 가입이 의무화되는 경우에는 금융위원회에 신고하여야 한다.
> 나. 보험회사는 보험계약자 보호 등을 위하여 대통령령으로 정하는 경우에는 금융위원회에 신고하여야 한다.
> 다. 금융위원회는 보험계약자 보호 등을 위하여 필요하다고 인정되면 보험회사에 대하여 기초서류에 관한 자료 제출을 요구할 수 있다.
> 라. 금융위원회는 보험회사가 기초서류를 제출할 때 보험료 및 해약환급금 산출방법서에 대하여 금융감독원의 검증확인서를 첨부하도록 할 수 있다.

① 가, 나, 다
② 나, 다, 라
③ 나, 다
④ 가, 라

81 보험업법상 보험요율산출의 원칙에 관한 설명으로 옳지 않은 것은? 기출 23

① 보험요율이 보험금과 그 밖의 급부에 비하여 지나치게 높지 않아야 한다.
② 보험요율이 보험회사의 재무건전성을 크게 해칠 정도로 낮지 않아야 한다.
③ 자동차보험의 보험요율인 경우 보험금과 그 밖의 급부와 비교할 때 공정하고 합리적인 수준이어야 한다.
④ 보험회사가 보험요율산출의 원칙을 위반한 경우, 금융위원회는 그 위반사실로 과징금을 부과할 수 있다.

82 보험약관 등의 이해도 평가에 관한 설명으로 옳지 않은 것은? 기출 25

① 금융위원회는 보험약관 등의 이해도를 평가하고 그 결과를 대통령령으로 정하는 바에 따라 공시할 수 있다.
② 금융위원회는 보험약관 등의 이해도를 평가하기 위해 평가대행기관을 지정하여야 한다.
③ 이해도 평가의 대상자는 보험소비자와 보험의 모집에 종사하는 자 등 대통령령으로 정하는 자이다.
④ 이해도 평가의 대상자에는 보험요율산출기관의 장이 추천하는 보험 관련 전문가 1명이 포함된다.

80 가. (○) 보험업법 제127조 제2항 제1호
　　나. (○) 보험업법 제127조 제2항 제3호
　　다. (○) 보험업법 제127조 제3항
　　라. (×) 금융위원회는 보험회사가 기초서류를 신고하는 경우 보험료 및 해약환급금 산출방법서에 대하여 보험요율산출기관 또는 대통령령으로 정하는 보험계리업자(이하 "독립계리업자"라 한다)의 검증확인서를 첨부하도록 할 수 있다(보험업법 제128조 제2항).

정답 ①

81 보험회사가 보험요율산출의 원칙을 위반한 경우, 금융위원회는 대통령령으로 정하는 바에 따라 기초서류의 변경을 권고할 수 있다(보험업법 제127조의2 제1항).

TIP 보험요율산출의 원칙(보험업법 제129조)

보험회사는 보험요율을 산출할 때 객관적이고 합리적인 통계자료를 기초로 대수(大數)의 법칙 및 통계신뢰도를 바탕으로 하여야 하며, 다음 각 호의 사항을 지켜야 한다.
1. 보험요율이 보험금과 그 밖의 급부(給付)에 비하여 지나치게 높지 아니할 것
2. 보험요율이 보험회사의 재무건전성을 크게 해칠 정도로 낮지 아니할 것
3. 보험요율이 보험계약자간에 부당하게 차별적이지 아니할 것
4. 자동차보험의 보험요율인 경우 보험금과 그 밖의 급부와 비교할 때 공정하고 합리적인 수준일 것

정답 ④

82 금융위원회는 보험약관과 보험안내자료(이하 "보험약관 등"이라 한다)에 대한 보험소비자 등의 이해도를 평가하기 위해 평가대행기관을 지정할 수 있다(보험업법 제128조의4 제2항).
① · ③ 금융위원회는 보험소비자와 보험의 모집에 종사하는 자 등 대통령령으로 정하는 자(이하 "보험소비자 등"이라 한다)를 대상으로 보험약관 등에 대한 이해도를 평가하고 그 결과를 대통령령으로 정하는 바에 따라 공시할 수 있다(보험업법 제128조의4 제1항).
④ 보험소비자와 보험의 모집에 종사하는 자 등 이해도 평가의 대상자에는 보험요율산출기관의 장이 추천하는 보험 관련 전문가 1명이 포함된다(보험업법 시행령 제71조의6 제4호).

정답 ②

83 보험업법상 보험회사는 일정한 사유가 발생한 경우에는 그 사유가 발생한 날부터 5일 이내에 금융위원회에 보고해야 하는데 이러한 사유에 해당하지 않는 것은? 기출 24

① 자본금 또는 기금을 감액한 경우
② 조세 체납 처분을 받거나 조세에 관한 법령을 위반하여 형벌을 받은 경우
③ 보험회사의 주주 또는 주주였던 자가 제기한 소송의 당사자가 된 경우
④ 대주주가 소유하고 있는 주식 총수가 의결권 있는 발행주식 총수의 100분의 1 이상만큼 변동된 경우

84 보험회사의 자산상황이 불량하여 보험계약자 및 피보험자 등의 권익을 해칠 우려가 있다고 인정되는 경우에 금융위원회가 명할 수 있는 조치에 해당하지 않는 것은? 기출 25

① 보험금 전부 또는 일부의 지급정지
② 금융위원회가 지정하는 기관에의 자산 예탁
③ 자산의 장부가격 변경
④ 불건전한 자산에 대한 적립금의 보유

85 보험업법상 자료제출 및 검사에 관한 설명으로 옳지 않은 것은? 기출 23

① 금융감독원장은 공익 또는 보험계약자 등을 보호하기 위하여 보험회사에 이 법에서 정하는 감독업무의 수행과 관련한 주주 현황, 그 밖에 사업에 관한 보고 또는 자료 제출을 명할 수 있다.
② 보험회사는 그 업무 및 자산상황에 관하여 금융감독원의 검사를 받아야 한다.
③ 보험회사의 업무 및 자산상황에 관하여 검사를 하는 자는 그 권한을 표시하는 증표를 지니고 이를 관계인에게 내보여야 한다.
④ 금융감독원장은 「주식회사 등의 외부감사에 관한 법률」에 따라 보험회사가 선임한 외부감사인에게 그 보험회사를 감사한 결과 알게 된 정보나 그 밖에 경영건전성과 관련되는 자료의 제출을 요구할 수 있다.

83 자본금 또는 기금을 증액한 경우 그 사유가 발생한 날부터 5일 이내에 금융위원회에 보고하여야 한다(보험업법 시행령 제72조 제1호).

> **TIP** 보고사항(보험업법 제130조)
> 보험회사는 다음 각 호의 어느 하나에 해당하는 사유가 발생한 경우에는 그 사유가 발생한 날부터 5일 이내에 금융위원회에 보고하여야 한다.
> 1. 상호나 명칭을 변경한 경우
> 2. 본점의 영업을 중지하거나 재개(再開)한 경우
> 3. 최대주주가 변경된 경우
> 4. 대주주가 소유하고 있는 주식 총수가 의결권 있는 발행주식 총수의 100분의 1 이상만큼 변동된 경우
> 5. 그 밖에 해당 보험회사의 업무 수행에 중대한 영향을 미치는 경우로서 대통령령으로 정하는 경우(동법 시행령 제72조)
>   - 자본금 또는 기금을 증액한 경우
>   - 법 제21조에 따른 조직변경의 결의를 한 경우
>   - 법 제13장에 따른 처벌을 받은 경우
>   - 조세 체납 처분을 받은 경우 또는 조세에 관한 법령을 위반하여 형벌을 받은 경우
>   - 「외국환거래법」에 따른 해외투자를 하거나 외국에 영업소, 그 밖의 사무소를 설치한 경우
>   - 보험회사의 주주 또는 주주였던 자가 제기한 소송의 당사자가 된 경우

정답

84 **금융위원회의 명령권**(보험업법 제131조, 동법 시행령 제73조 제1항)
금융위원회는 보험회사의 업무운영이 적정하지 아니하거나 자산상황이 불량하여 보험계약자 및 피보험자 등의 권익을 해칠 우려가 있다고 인정되는 경우에는 다음 각 호의 어느 하나에 해당하는 조치를 명할 수 있다.
1. 업무집행방법의 변경
2. 금융위원회가 지정하는 기관에의 자산 예탁
3. 자산의 장부가격 변경
4. 불건전한 자산에 대한 적립금의 보유
5. 가치가 없다고 인정되는 자산의 손실처리
6. 그 밖에 대통령령으로 정하는 필요한 조치(보험계약자 보호에 필요한 사항의 공시를 명하는 것)

정답

85 금융위원회는 공익 또는 보험계약자 등을 보호하기 위하여 보험회사에 이 법에서 정하는 감독업무의 수행과 관련한 주주 현황, 그 밖에 사업에 관한 보고 또는 자료 제출을 명할 수 있다(보험업법 제133조 제1항).
② 보험업법 제133조 제2항
③ 보험업법 제133조 제4항
④ 보험업법 제133조 제6항

정답

86 보험업법상 금융위원회가 금융감독원장으로 하여금 조치를 할 수 있도록 한 제재는 모두 몇 개인가? 기출 22

> 가. 보험회사에 대한 주의·경고 또는 그 임직원에 대한 주의·경고·문책의 요구
> 나. 임원(「금융회사의 지배구조에 관한 법률」에 따른 업무집행책임자는 제외)의 해임권고·직무정지의 요구
> 다. 6개월 이내의 영업의 일부정지
> 라. 해당 위반행위에 대한 시정명령

① 없음   ② 1개
③ 2개   ④ 3개

87 보험업법상 주식회사인 보험회사의 보험계약 이전에 관한 설명으로 옳지 않은 것은? 기출 23

① 보험회사는 계약의 방법으로 책임준비금 산출의 기초가 같은 보험계약의 전부를 포괄하여 다른 보험회사에 이전할 수 있으며, 이는 금융위원회의 인가를 받아야 한다.
② 보험계약을 이전하려는 보험회사는 그 이전 결의를 한 날부터 2주 이내에 계약 이전의 요지와 각 보험회사의 재무상태표를 공고하고, 대통령령으로 정하는 방법에 따라 보험계약자에게 통지하여야 한다.
③ 보험계약을 이전하려는 보험회사에 대하여 이의제기 기간 내에 이의를 제기한 보험계약자가 이전될 보험계약자 총수의 10분의 1을 초과하거나 그 보험금액이 이전될 보험금 총액의 10분의 1을 초과하는 경우에는 보험계약을 이전하지 못한다.
④ 보험회사는 해산한 후에도 6개월 이내에는 보험계약 이전을 결의할 수 있다.

88 보험업법상 주식회사인 보험회사가 해산결의 인가신청서에 첨부하여 금융위원회에 제출하여야 하는 서류를 모두 고른 것은? 기출 22

> 가. 주주총회 의사록
> 나. 청산 사무의 추진계획서
> 다. 보험계약자 및 이해관계인의 보호절차 이행을 증명하는 서류
> 라. 「상법」 등 관계법령에 따른 절차의 이행에 흠이 없음을 증명하는 서류

① 가, 나   ② 가, 나, 다
③ 나, 다, 라   ④ 가, 나, 다, 라

• 해설 및 정답

86 금융위원회는 보험회사(그 소속 임직원을 포함한다)가 보험업법 또는 보험업법에 따른 규정·명령 또는 지시를 위반하여 보험회사의 건전한 경영을 해치거나 보험계약자, 피보험자, 그 밖의 이해관계인의 권익을 침해할 우려가 있다고 인정되는 경우 또는 「금융회사의 지배구조에 관한 법률」 별표 각 호의 어느 하나에 해당하는 경우(제4호에 해당하는 조치로 한정한다), 「금융소비자 보호에 관한 법률」 제51조 제1항 제4호, 제5호 또는 같은 조 제2항 각 호 외의 부분 본문 중 대통령령으로 정하는 경우에 해당하는 경우(제4호에 해당하는 조치로 한정한다)에는 금융감독원장의 건의에 따라 다음 각 호의 어느 하나에 해당하는 조치를 하거나 <u>금융감독원장으로 하여금 제1호의 조치를 하게 할 수 있다</u>(보험업법 제134조 제1항).
1. <u>보험회사에 대한 주의·경고 또는 그 임직원에 대한 주의·경고·문책의 요구</u>
2. 해당 위반행위에 대한 시정명령
3. 임원(「금융회사의 지배구조에 관한 법률」 제2조 제5호에 따른 업무집행책임자는 제외한다)의 해임권고·직무정지
4. 6개월 이내의 영업의 일부정지

정답 ❷

87 보험회사는 해산한 후에도 <u>3개월 이내</u>에는 보험계약 이전을 결의할 수 있다(보험업법 제148조 제1항).
① 보험업법 제140조 제1항, 제139조
② 보험업법 제141조 제1항
③ 보험업법 제141조 제3항

정답 ❹

88 해산결의의 인가신청(보험업법 시행규칙 제35조)
보험회사는 해산결의의 인가를 받으려면 인가신청서에 다음 각 호의 서류를 첨부하여 금융위원회에 제출하여야 한다.
1. 주주총회 의사록(상호회사인 경우에는 사원총회 의사록)
2. 청산 사무의 추진계획서
3. 보험계약자 및 이해관계인의 보호절차 이행을 증명하는 서류
4. 「상법」 등 관계법령에 따른 절차의 이행에 흠이 없음을 증명하는 서류
5. 그 밖에 금융위원회가 필요하다고 인정하는 서류

정답 ❹

89. 보험업법상 주식회사인 보험회사에서 보험계약의 이전에 관한 설명 중 옳지 않은 것은 모두 몇 개인가? 기출 18

> 가. 보험회사는 책임준비금 산출의 기초가 동일한지 여부와 무관하게 보험계약의 전부를 포괄하여 계약의 방법으로 다른 보험회사에 이전할 수 있다.
> 나. 보험계약 등의 이전에 관한 공고에는 이전될 보험계약의 보험계약자로서 이의가 있는 자는 1개월 이상의 일정한 기간 동안 이의를 제출할 수 있다는 뜻을 덧붙여야 한다.
> 다. 이의제기 기간 중 이의를 제기한 보험계약자가 이전될 보험계약자 총수의 100분의 5를 초과하거나 그 보험금액이 이전될 보험금 총액의 100분의 5를 초과하는 경우에는 보험계약을 이전하지 못한다.
> 라. 보험계약을 이전하려는 보험회사는 주주총회 등의 결의가 있었던 때부터 보험계약을 이전하거나 이전하지 아니하게 될 때까지 그 이전하려는 보험계약과 같은 종류의 보험계약을 하지 못한다.
> 마. 보험회사가 보험계약의 전부를 이전하는 경우에 이전할 보험계약에 관하여 이전계약의 내용으로 보험금액의 삭감과 장래 보험료의 감액을 정할 수 없다.

① 1개
② 2개
③ 3개
④ 4개

90. 보험업법상 보험회사의 합병에 관한 설명으로 옳지 않은 것은? 기출 24

① 상호회사와 주식회사가 합병하는 경우에는 이 법 또는 「상법」의 합병에 관한 규정에 따른다.
② 보험회사가 합병을 결의한 경우에는 그 결의를 한 날부터 2주 이내에 합병계약의 요지와 각 보험회사의 재무상태표를 공고하여야 한다.
③ 상호회사가 다른 보험회사와 합병하는 경우에 합병 후 존속하는 보험회사는 상호회사이어야 하지만, 합병하는 보험회사의 한 쪽이 주식회사인 경우에는 합병 후 존속하는 보험회사는 주식회사로 할 수 있다.
④ 보험회사는 합병을 하는 경우에는 7일 이내에 그 취지를 공고해야 하지만, 합병을 하지 아니하게 된 경우에는 그러하지 아니하다.

91. 보험업법상 보험회사의 청산에 관한 설명으로 옳지 않은 것은? 기출 20

① 보험회사가 파산으로 해산한 경우에는 금융위원회가 청산인을 선임한다.
② 금융위원회는 감사, 3개월 전부터 계속하여 자본금의 100분의 5 이상의 주식을 가진 주주, 100분의 5 이상의 사원 중 어느 하나의 청구에 따라 청산인을 해임할 수 있다.
③ 보험회사는 해산을 명하는 재판으로 해산한 경우에는 보험금 지급사유가 해산한 날부터 3개월 이내에 발생한 경우에만 보험금을 지급하여야 한다.
④ 보험회사는 보험업의 허가취소로 해산한 경우 해산한 날부터 3개월의 기간이 지난 후에는 피보험자를 위하여 적립한 금액이나 아직 지나지 아니한 기간에 대한 보험료를 되돌려주어야 한다.

• 해설 및 정답

89 가. (×) 보험회사는 계약의 방법으로 책임준비금 산출의 기초가 같은 보험계약의 전부를 포괄하여 다른 보험회사에 이전할 수 있다(보험업법 제140조 제1항).
나. (○) 보험업법 제141조 제2항
다. (×) 이의제기 기간 중 이의를 제기한 보험계약자가 이전될 보험계약자 총수의 10분의 1을 초과하거나 그 보험금액이 이전될 보험금 총액의 10분의 1을 초과하는 경우에는 보험계약을 이전하지 못한다(보험업법 제141조 제3항).
라. (○) 보험업법 제142조
마. (×) 보험회사가 보험계약의 전부를 이전하는 경우에 이전할 보험계약에 관하여 이전계약의 내용으로 보험금액의 삭감과 장래 보험료의 감액을 정할 수 있다(보험업법 제143조 제2호).

정답 ③

90 보험회사는 합병을 하는 경우에는 7일 이내에 그 취지를 공고해야 한다. 합병을 하지 아니하게 된 경우에도 또한 같다(보험업법 제151조 제2항, 제145조). 즉 합병을 하지 아니하게 된 경우에도 공고해야 한다.
① 보험업법 제153조 제3항
② 보험업법 제151조 제1항
③ 보험업법 제153조 제2항

정답 ④

91 보험회사가 보험업의 허가취소로 해산한 경우에는 금융위원회가 청산인을 선임한다. 보험회사가 파산으로 해산한 경우에는 해당하지 않는다(보험업법 제156조 제1항, 제2항).
② 보험업법 제156조 제4항
③ 보험업법 제158조 제1항
④ 보험업법 제158조 제2항

정답 ①

92 금융위원회가 공익 또는 건전한 보험거래질서의 확립을 위하여 필요한 경우에 일정한 자를 대상으로 조사를 할 수 있는데, 이에 해당되는 자를 모두 고른 것은? 기출 25

> 가. 보험회사
> 나. 보험계약자, 피보험자
> 다. 보험금을 취득할 자
> 라. 보험계약에 관하여 이해관계가 있는 자

① 가
② 나, 다
③ 가, 나, 다
④ 가, 나, 다, 라

93 보험업법상 보험요율산출기관에 관한 설명으로 옳은 것은? 기출 24

① 보험요율산출기관은 보험회사가 적용할 수 있는 순보험요율을 산출하여 금융위원회에 신고하여야 한다.
② 보험회사는 이 법에 따라 금융위원회에 제출하는 기초서류를 보험요율산출기관으로 하여금 확인하게 할 수 있다.
③ 보험요율산출기관은 이 법 또는 이 법에 따른 명령에 특별한 규정이 없으면 「민법」 중 재단법인에 관한 규정을 준용한다.
④ 보험요율산출기관이 그 업무와 관련하여 정관으로 정하는 바에 따라 보험회사로부터 수수료를 받기 위해서는 금융위원회의 승인이 있어야 한다.

94 보험업법상 제3자에 대한 보험금 지급보장절차 등에 관한 설명으로 옳지 않은 것은?

기출 20

① 손해보험회사는 손해보험계약의 제3자에 대한 보험금 지급을 보장하기 위하여 수입보험료 및 책임준비금을 고려하여 대통령령으로 정하는 비율을 곱한 금액을 손해보험협회에 출연하여야 한다.
② 보증보험을 전업으로 하는 손해보험회사도 제3자에 대한 보험금 지급을 보장하기 위하여 수입보험료 및 책임준비금을 고려하여 대통령령으로 정하는 비율을 곱한 금액을 손해보험협회에 출연하여야 한다.
③ 손해보험협회의 장은 지급불능을 보고받은 때에는 금융위원회의 확인을 거쳐 손해보험계약의 제3자에게 대통령령이 정하는 보험금을 지급하여야 한다.
④ 손해보험협회의 장은 출연금을 산정하고 보험금을 지급하기 위하여 필요한 범위에서 손해보험회사의 업무 및 자산상황에 관한 자료 제출을 요구할 수 있다.

• 해설 및 정답

92 조사대상 및 방법 등(보험업법 제162조 제1항)
금융위원회는 다음 각 호의 어느 하나에 해당하는 경우에는 보험회사, 보험계약자, 피보험자, 보험금을 취득할 자, 그 밖에 보험계약에 관하여 이해관계가 있는 자(이하 "관계자"라 한다)에 대한 조사를 할 수 있다.
1. 이 법 및 이 법에 따른 명령 또는 조치를 위반한 사실이 있는 경우
2. 공익 또는 건전한 보험거래질서의 확립을 위하여 필요한 경우

정답 ④

93 ② 보험업법 제176조 제7항
① 보험요율산출기관은 보험회사가 적용할 수 있는 순보험요율을 산출하여 금융위원회에 신고할 수 있다(보험업법 제176조 제4항).
③ 보험요율산출기관은 이 법 또는 이 법에 따른 명령에 특별한 규정이 없으면 「민법」 중 사단법인에 관한 규정을 준용한다(보험업법 제180조).
④ 보험요율산출기관이 그 업무와 관련하여 정관으로 정하는 바에 따라 보험회사로부터 수수료를 받을 수 있다(보험업법 제176조 제8항). 금융위원회의 승인사항이 아니다.

정답 ②

94 손해보험회사(재보험과 보증보험을 전업으로 하는 손해보험회사는 제외한다)는 손해보험계약의 제3자에 대한 보험금의 지급을 보장하기 위하여 수입보험료 및 책임준비금을 고려하여 대통령령으로 정하는 비율을 곱한 금액을 손해보험협회에 출연(出捐)하여야 한다(보험업법 제168조 제1항, 동법 시행령 제81조 제1항).
① 보험업법 제168조 제1항
③ 보험업법 제169조 제1항
④ 보험업법 제170조

정답 ②

95 보험업법상 손해보험계약의 제3자 보호에 관한 설명으로 옳지 않은 것은? 기출 25

① 손해보험회사는 법령에 따라 가입이 강제되는 손해보험계약으로서 대통령령으로 정하는 손해보험계약의 제3자가 보험사고로 입은 손해에 대한 보험금의 지급을 보험업법에서 정하는 바에 따라 보장하여야 한다.
② 자동차보험계약의 경우에는 법령에 따라 가입이 강제되지 아니하는 보험계약의 경우에도 손해보험회사는 제3자가 보험사고로 입은 손해에 대한 보험금의 지급을 보험업법에서 정하는 바에 따라 보장하여야 한다.
③ 대통령령으로 정하는 법인을 계약자로 하는 손해보험계약의 경우 제3자 보호규정이 적용되지 아니한다.
④ 손해보험회사는 「예금자보호법」제2조 제8호의 사유로 손해보험계약의 제3자에게 보험금을 지급하지 못하게 된 경우에는 즉시 그 사실을 금융위원회에게 보고하여야 한다.

96 보험업법상 보험협회의 업무에 해당하지 않는 것은? 기출 23

① 보험 관련 정보의 수집·제공 및 통계의 작성
② 차량수리비 실태 점검 업무
③ 모집 관련 전문자격제도의 운영·관리 업무
④ 보험설계사에 대한 보험회사의 불공정한 모집위탁행위를 막기 위하여 보험회사가 지켜야 할 규약의 제정

97 보험업법상 선임계리사의 임면에 관한 설명으로 옳지 않은 것은? 기출 24

① 선임계리사를 해임하려는 경우에는 선임계리사의 해임 전에 이사회의 의결을 거쳐 금융위원회에 신고해야 하지만, 외국보험회사의 국내지점의 경우에는 이사회의 의결을 거치지 아니할 수 있다.
② 보험회사는 선임계리사가 업무정지 명령을 받은 경우에는 업무정지 기간 중 그 업무를 대행할 사람을 선임하여 금융위원회에 보고하여야 한다.
③ 금융위원회는 선임계리사가 그 직무를 게을리 하거나 직무를 수행하면서 부적절한 행위를 하였다고 인정되는 경우에는 6개월 이내의 기간을 정하여 업무의 정지를 명하거나 해임하게 할 수 있다.
④ 보험회사가 선임계리사를 선임한 경우에는 금융위원회의 해임 요구가 있는 때에도 그 선임일이 속한 사업연도의 다음 사업연도부터 연속하는 3개 사업연도가 끝나는 날까지 그 선임계리사를 해임할 수 없다.

95 손해보험회사는 「예금자보호법」 제2조 제8호의 사유로 손해보험계약의 제3자에게 보험금을 지급하지 못하게 된 경우에는 즉시 그 사실을 보험협회 중 손해보험회사로 구성된 협회(이하 "손해보험협회"라 한다)의 장에게 보고하여야 한다(보험업법 제167조 제1항).
① 보험업법 제165조
② 보험업법 제166조, 동법 시행령 제80조 제1항 제16호
③ 보험업법 제166조 단서

정답 ④

96 보험 관련 정보의 수집·제공 및 통계의 작성은 보험요율산출기관의 업무에 해당한다(보험업법 제176조 제3항 제2호).

TIP 보험협회의 업무(보험업법 제175조 제3항) 〈2024.2.6. 개정〉
1. 보험회사간의 건전한 업무질서의 유지
1의2. 제85조의3 제2항(보험설계사에 대한 보험회사의 불공정한 모집위탁행위 금지)에 따른 보험회사 등이 지켜야 할 규약의 제정·개정
1의3. 대통령령으로 정하는 보험회사간 분쟁의 자율조정 업무
2. 보험상품의 비교·공시 업무
3. 정부로부터 위탁받은 업무
4. 제1호·제1호의2 및 제2호의 업무에 부수하는 업무
5. 그 밖에 대통령령으로 정하는 업무(동법 시행령 제84조) 〈2023.6.27. 개정〉
   - 법 제194조 제1항 및 제4항에 따라 위탁받은 업무
   - 다른 법령에서 보험협회가 할 수 있도록 정하고 있는 업무
   - 보험회사의 경영과 관련된 정보의 수집 및 통계의 작성 업무
   - 차량수리비 실태 점검 업무
   - 모집 관련 전문자격제도의 운영·관리 업무
   - 보험설계사 및 개인보험대리점의 모집에 관한 경력(금융위원회가 정하여 고시하는 사항으로 한정한다)의 수집·관리·제공에 관한 업무
   - 보험가입 조회 업무
   - 설립 목적의 범위에서 보험회사, 그 밖의 보험 관계 단체로부터 위탁받은 업무
   - 보험회사가 공동으로 출연하여 수행하는 사회 공헌에 관한 업무
   - 「보험사기방지특별법」에 따른 보험사기행위를 방지하기 위한 교육·홍보 업무
   - 「보험사기방지특별법」에 따른 보험사기행위를 방지하는데 기여한 자에 대한 포상금 지급 업무

정답 ①

97 보험회사가 선임계리사를 선임한 경우에는 금융위원회의 해임 요구가 있는 때에는 그 선임일이 속한 사업연도의 다음 사업연도부터 연속하는 3개 사업연도가 끝나는 날까지 그 선임계리사를 해임할 수 있다(보험업법 제184조 제4항 제4호).
① 보험업법 제181조의2 제1항
② 보험업법 제181조의2 제4항
③ 보험업법 제192조 제1항

정답 ④

98 보험업법상 선임계리사는 수행할 수 없고, 보험계리사 및 보험계리업자만 수행할 수 있는 업무는? 기출 24

① 기초서류 내용의 적정성에 관한 사항
② 잉여금의 배분·처리 및 보험계약자 배당금의 배분에 관한 사항
③ 지급여력비율 계산 중 보험료 및 책임준비금과 관련된 사항
④ 상품 공시자료 중 기초서류와 관련된 사항

99 보험업법상 공제에 대한 협의에 관한 설명으로 옳지 않은 것은? 기출 25

① 금융위원회는 법률에 따라 운영되는 공제업과 보험업간의 균형 있는 발전을 위하여 필요하다고 인정하는 경우에는 그 공제업을 운영하는 자에게 기초서류에 해당하는 사항에 관한 협의를 요구할 수 있다.
② 금융위원회는 법률에 따라 운영되는 공제업과 보험업간의 균형 있는 발전을 위하여 필요하다고 인정하는 경우에는 그 공제업 관련 중앙행정기관의 장에게 재무건전성에 관한 사항에 관한 협의를 요구할 수 있다.
③ 금융위원회로부터 협의를 요구받은 그 공제업을 운영하는 자 또는 그 공제업 관련 중앙행정기관의 장은 정당한 사유가 없으면 그 요구에 따라야 한다.
④ 중앙행정기관의 장은 공제업의 재무건전성 유지를 위하여 필요하다고 인정하는 경우에는 공제업을 운영하는 자에 대한 공동검사에 관한 협의를 금융위원회에 요구할 수 있고, 금융위원회는 그 요구에 따라야 한다.

100 보험업법상 벌칙에 관한 설명으로 옳은 것은? 기출 23

① 보험계리사가 그 임무를 위반하여 재산상 이익을 취하고 보험회사에 재산상 손해를 입힌 경우, 그 죄를 범한 자에게는 정상에 따라 징역과 벌금을 병과할 수 있지만, 그 미수범에 대하여는 징역과 벌금을 병과하지 아니한다.
② 손해사정사가 그 직무에 관하여 부정한 청탁을 받고 재산상의 이익을 수수·요구 또는 약속한 경우, 범인이 수수한 이익은 몰수하고 그 전부 또는 일부를 몰수할 수 없을 때에는 그 가액을 추징하지만, 범인이 공여하려한 이익은 그러하지 아니하다.
③ 법인의 대표자의 위반행위로 벌금형의 부과가 문제되는 경우, 법인이 그 위반행위를 방지하기 위하여 해당 업무에 관하여 상당한 주의와 감독을 게을리하지 아니한 때에는, 그 대표자 이외에 그 법인에게는 벌금형을 감경할 수 있다.
④ 법인이 아닌 사단 또는 재단에 대하여 벌금형을 과하는 경우, 그 대표자가 그 소송행위에 관하여 그 사단 또는 재단을 대표하는 법인을 피고인으로 하는 경우의 형사소송에 관한 법률을 준용한다.

● 해설 및 정답

98 보험계리사 등의 업무(보험업법 시행규칙 제44조)
보험계리사, 선임계리사 또는 보험계리업자의 업무는 다음 각 호와 같다. 다만, 제5호의 업무는 보험계리사 및 보험계리업자만 수행한다. 〈2023.6.30. 개정〉
1. 기초서류 내용의 적정성에 관한 사항
2. 책임준비금, 비상위험준비금 등 준비금의 적립에 관한 사항
3. 잉여금의 배분·처리 및 보험계약자 배당금의 배분에 관한 사항
4. 지급여력비율 계산 중 보험료 및 책임준비금과 관련된 사항
5. 상품 공시자료 중 기초서류와 관련된 사항
6. 계리적 최적가정의 검증·확인에 관한 사항

정답 ④

99 중앙행정기관의 장은 공제업의 재무건전성 유지를 위하여 필요하다고 인정하는 경우에는 공제업을 운영하는 자에 대한 공동검사에 관한 협의를 금융위원회에 요구할 수 있다. 그러나 금융위원회가 그 요구에 따라야 한다는 규정은 없다(보험업법 제193조 제3항).
① · ② 금융위원회는 법률에 따라 운영되는 공제업과 이 법에 따른 보험업간의 균형 있는 발전을 위하여 필요하다고 인정하는 경우에는 그 공제업을 운영하는 자에게 기초서류에 해당하는 사항에 관한 협의를 요구하거나 그 공제업 관련 중앙행정기관의 장에게 재무건전성에 관한 사항에 관한 협의를 요구할 수 있다(보험업법 제193조 제1항).
③ 금융위원회로부터 협의를 요구받은 그 공제업을 운영하는 자 또는 그 공제업 관련 중앙행정기관의 장은 정당한 사유가 없으면 그 요구에 따라야 한다(보험업법 제193조 제2항).

정답 ④

100 법인이 아닌 사단 또는 재단에 대하여 벌금형을 과하는 경우, 그 대표자가 그 소송행위에 관하여 그 사단 또는 재단을 대표하는 법인을 피고인으로 하는 경우의 형사소송에 관한 법률을 준용한다(보험업법 제208조 제2항).
① 보험계리사가 그 임무를 위반하여 재산상 이익을 취하고 보험회사에 재산상 손해를 입힌 경우, 그 죄를 범한 자에게는 정상에 따라 징역과 벌금을 병과할 수 있지만, 그 미수범에 대해서도 징역과 벌금을 병과할 수 있다(보험업법 제206조).
② 손해사정사가 그 직무에 관하여 부정한 청탁을 받고 재산상의 이익을 수수·요구 또는 약속한 경우, 범인이 수수한 이익은 몰수하고 그 전부 또는 일부를 몰수할 수 없을 때에는 그 가액을 추징하지만, 범인이 공여하려 한 이익도 몰수한다(보험업법 제207조).
③ 법인 또는 개인이 그 위반행위를 방지하기 위하여 해당 업무에 관하여 상당한 주의와 감독을 게을리하지 아니한 경우에는 벌금형을 과(科)하지 아니한다(보험업법 제208조 제1항 단서).

정답 ④

참고도서 및 사이트

- 보험업법, 최영호 저, 보험연수원, 2024
- 보험업법, 박소연 저, 배움, 2024
- 보험업법, 김광준 저, 고시아카데미, 2024
- 보험업법, 김종희 저, 이패스코리아, 2023
- 보험업법, 김학선 편저, 로이즈, 2021
- 보험업법, 한기정 저, 박영사, 2019

- 법제처 www.moleg.go.kr
- 보험연수원 www.in.or.kr
- 보험개발원 www.kidi.or.kr
- 금융감독원 www.fss.or.kr
- 한국손해사정사회 www.kicaa.or.kr
- 보건복지부 www.mohw.go.kr
- 고용노동부 www.moel.go.kr
- 국민건강보험공단 www.nhic.or.kr
- 국민연금공단 www.nps.or.kr
- 근로복지공단 www.kcomwel.or.kr

2026 시대에듀 손해사정사 1차 보험업법 한권으로 끝내기

개정2판1쇄 발행	2026년 01월 15일(인쇄 2025년 09월 22일)
초 판 발 행	2024년 01월 05일(인쇄 2023년 10월 18일)
발 행 인	박영일
책 임 편 집	이해욱
저　　　자	김명규 · 강문우 · 김창영
편 집 진 행	서정인
표지디자인	하연주
편집디자인	장성복 · 유주하
발 행 처	(주)시대고시기획
출 판 등 록	제10-1521호
주　　　소	서울시 마포구 큰우물로 75 [도화동 538 성지 B/D] 9F
전　　　화	1600-3600
팩　　　스	02-701-8823
홈 페 이 지	www.sidaegosi.com
I S B N	979-11-434-0047-5 (14320)
정　　　가	24,000원

※ 이 책은 저작권법의 보호를 받는 저작물이므로 동영상 제작 및 무단전재와 배포를 금합니다.
※ 잘못된 책은 구입하신 서점에서 바꾸어 드립니다.

아이들이 답이 있는 질문을 하기 시작하면
그들이 성장하고 있음을 알 수 있다.

— 존 J. 플롬프 —

 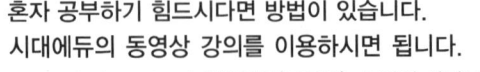 

혼자 공부하기 힘드시다면 방법이 있습니다.
시대에듀의 동영상 강의를 이용하시면 됩니다.

www.sdedu.co.kr → 회원가입(로그인) → 강의 살펴보기

손해사정사

현직 손해사정사의 이론중심 전략강의로 단기간 합격을 보장합니다.

1차 시험 이렇게 공부하라!

회독과 반복
생소한 개념, 어려운 용어
반복적으로 학습

선택과 집중
자신있는 과목에 집중하여
평균 점수 올리기

정답과 오답
오답을 놓치지 않고
따로 정리하여 오답확률↓

시대에듀 합격 전략 커리큘럼과 함께하면 1차 합격! 아직 늦지 않았습니다.

기본이론
기본 개념 확립을 위한
핵심이론 학습

문제풀이
단원별 문제풀이로
문제해결능력 향상

기출문제해설
최근 기출문제 분석으로
출제 포인트 집중학습

핵심 3단계 구성으로
한방에 끝내는 합격 이론서

1차 한권으로 끝내기

핵심이론 + **기출유형문제** + **기출분석문제**

기본개념을 요약한 실전핵심 NOTE
최신 개정법령을 반영한 핵심이론
시험에 출제될 가능성이 높은 기출유형문제
대표 문제만 엄선한 기출분석문제 100선

손해사정사
시험의 처음과 끝

시대에듀의 손해사정사 수험서

손해사정사 1차 보험업법
한권으로 끝내기(4×6배판)

손해사정사 1차 보험계약법
한권으로 끝내기(4×6배판)

손해사정사 1차 손해사정이론
한권으로 끝내기(4×6배판)

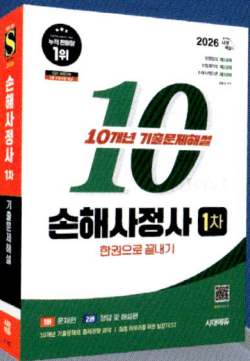
손해사정사 1차
기출문제해설(4×6배판)

신체손해사정사 2차
한권으로 끝내기(4×6배판)

신체손해사정사 2차
기출문제해설(4×6배판)

차량손해사정사 2차
한권으로 끝내기(4×6배판)

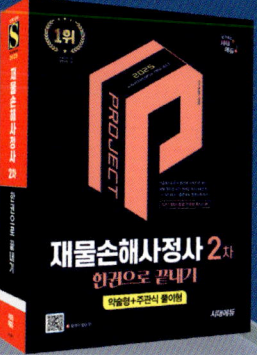
재물손해사정사 2차
한권으로 끝내기(4×6배판)

※ 본 도서의 이미지는 변경될 수 있습니다.